Christian Immler



# Dein Samsung Galaxy S10, S10+ und S10e

## Einfach alles können





Markt+Technik

ISBN 978-3-95982-176-6


Espenpark 1a
90559 Burgthann

**Produktmanagement** Christian Braun, Burkhardt Lühr
**Herstellung** Jutta Brunemann
**Covergestaltung** David Haberkamp
**Coverfotos** © Samsung Electronics GmbH
**Satz** inpunkt[w]o, Haiger (www.inpunktwo.de)
**Druck** mediaprint solutions GmbH, Paderborn
Printed in Germany

# Inhaltsverzeichnis

# Kapitel 1

# Samsung Galaxy S10 – viel Neues zum zehnten Geburtstag

Zum zehnten Mal stellt Samsung ein Smartphone der Galaxy-S-Serie vor, die seit dem ersten Gerät Standards für Oberklasse-Smartphones setzt, an denen sich die anderen Hersteller orientieren.

Die offizielle Vorstellung des Samsung Galaxy S10 war wieder einmal ein Showevent riesigen Ausmaßes. Diesmal wurde unter dem Namen Galaxy gleich eine ganze Familie neuer Hardware vorgestellt. Neben dem neuen faltbaren Smartphone Galaxy Fold und drahtlosen Kopfhörern, Galaxy Buds, sind die wichtigsten Geräte der Familie die neuen Smartphones der Galaxy-S-Serie.

*Präsentation der Samsung-Galaxy-S10-Geräteserie.*

Das Samsung Galaxy S10 ist zurzeit das weltweit leistungsfähigste Smartphone. Wenn man sich von dem Gedanken löst, es sei ein Handy, sondern es als mobile Multimediakonsole, persönlichen Assistenten und leistungsfähige Kamera sieht, schreckt auch der Preis nicht mehr so ab. Bei der Präsentation wurde kein einziges Mal mit dem Samsung Galaxy S10 telefoniert.

### AnTuTu-Benchmark

Im bekannten AnTuTu-Benchmark (*www.antutu.com/en*) erreicht unser Testgerät Samsung Galaxy S10+ 335.895 Punkte und ist damit im März 2019 das leistungsfähigste Smartphone der Welt.

Zum Vergleich: Das Samsung Galaxy S9+ erreichte 283.383 Punkte. In einem internen Test erreichte das Samsung Galaxy S8 seinerzeit als erstes Smartphone über 200.000 Punkte. Das Samsung Galaxy S7 erreichte 128.000 Punkte, das Samsung Galaxy S6 67.125 Punkte, das Samsung Galaxy S5 schaffte nur 35.827 Punkte und das Samsung Galaxy S4 sogar nur 29.090 Punkte.

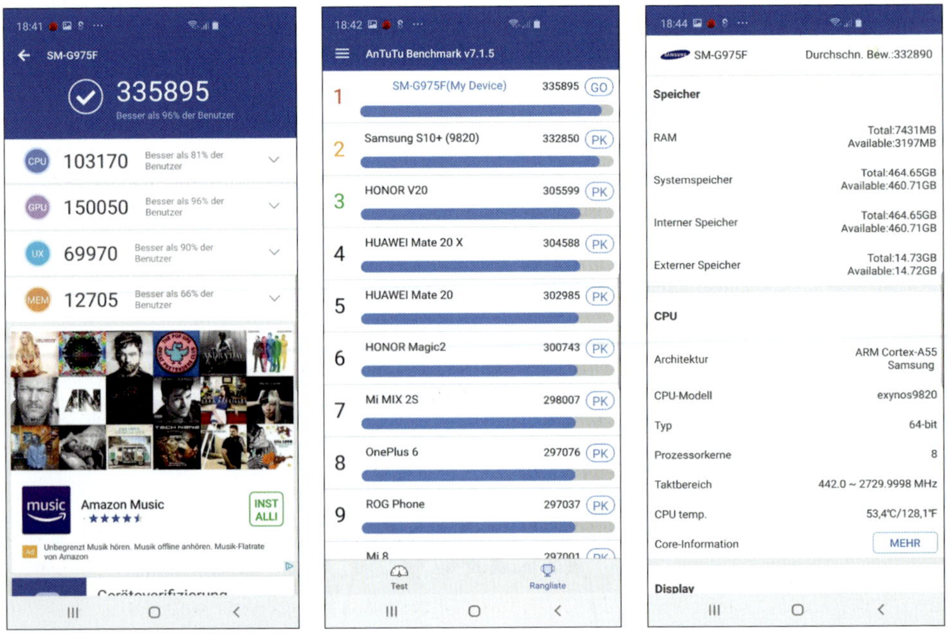


*Ergebnisse des AnTuTu-Benchmarks.*

## Daten und Fakten zum S10, S10+ und S10e

Das Samsung Galaxy S10 ist diesmal sogar in drei – eigentlich sogar vier – Varianten erschienen. Das »normale« Samsung Galaxy S10, das Samsung Galaxy S10+ mit einem etwas größeren Bildschirm sowie das etwas kleinere Samsung Galaxy S10e. Im Sommer 2019 erscheint das Samsung Galaxy S10 5G für die neuste Generation des Mobilfunknetzes, das in

Deutschland aber voraussichtlich erst Ende 2022 98 % aller Haushalte erreichen wird. Mit seinem 6,7-Zoll-Bildschirm ist es noch etwas größer als das Samsung Galaxy S10+. In diesem Buch sprechen wir der Einfachheit halber allgemein vom Samsung Galaxy S10, auch wenn die gesamte Geräteserie gemeint ist. Bei technischen Unterschieden werden die Modelle explizit erwähnt.

*Samsung Galaxy S10e,Samsung Galaxy S10 und Samsung Galaxy S10+ im Größenvergleich (Foto: Samsung).*

Allen Geräten gleich ist wie schon beim Samsung Galaxy S9 das schmale Bildschirmformat 19:9, das dazu beiträgt, dass man auch ein großes Smartphone mit über 6 Zoll Bildschirmdiagonale noch bequem in einer Hand halten und auch bedienen kann. Die Bildschirmauflösung ist allerdings beim kleinsten Modell auch geringer.

Die Frontscheiben der größeren Modelle sind auf beiden Längsseiten nach hinten gewölbt, wie auch schon beim Samsung Galaxy S9. Das sieht nicht nur gut aus, sondern bietet auch interessante Zusatzfunktionen, da die Seitenbildschirme auch sichtbar sind, wenn das Gerät mit der Bildschirmseite auf dem Tisch liegt. Sie zeigen in auffälliger Farbe an, wenn eine als VIP gespeicherte Person anruft, sind aber auch für andere Anzeigen nutzbar. Das Samsung Galaxy S10e hat einen ebenen Bildschirm mit minimalem Rand an beiden Längsseiten.

Samsung verzichtet wie schon seit dem Samsung Galaxy S8 auf die ehemals typische Taste unterhalb des Bildschirms auf der Vorderseite, sodass auch der untere Rand sehr schmal ausfällt. Im Gegensatz zum Samsung Galaxy S9 ist diese Taste auch nicht mehr als druckempfindliche Taste unter dem Bildschirm versteckt vorhanden.

Die Samsung-Galaxy-S10-Serie definiert wieder einmal eine neue Topklasse für Smartphones. Die technischen Daten liegen am oberen Rand dessen, was Smartphones zurzeit bieten können.

| Parameter | Samsung Galaxy S10e | Samsung Galaxy S10 | Samsung Galaxy S10+ | Samsung Galaxy S10 G5 |
|---|---|---|---|---|
| Größe | 142,2 x 69,9 x 7,9 mm | 149,9 x 70,4 x 7,8 mm | 157,6 x 74,1 x 7,8 mm | 162,6 x 77,1 x 7,94 mm |
| Gewicht | 150 g | 157 g | 198 g | 198 g |
| Bildschirm-diagonale | 5,8"/147,3 mm | 6,1"/154,9 mm | 6,4"/162,6 mm | 6,7"/170,2 mm |
| Bildschirm-auflösung | FHD+ 2.280 x 1.080 | WQHD+ 3.040 x 1.440 | WQHD+ 3.040 x 1.440 | WQHD+ 3.040 x 1.440 |
| Akkukapazität | 3.100 mAh | 3.400 mAh | 4.100 mAh | 4.500 mAh |
| Arbeitsspeicher | 6 GB | 8 GB | 8/12 GB | 8 GB |
| Interner Speicher | 128 GB | 128/512 GB | 512 GB/1 TB | 256 GB |
| Hauptkamera | 2 x 16 MP | 2 x 12 + 1 x 16 MP | 2 x 12 + 1 x 16 MP | 2 x 12 + 1 x 16 MP |
| Frontkamera | 10 MP | 10 MP | 10 + 8 MP | 10 + 8 MP |

**Hohe Bildschirmauflösung verbraucht viel Strom**

Da die volle Bildschirmauflösung WQHD+ sehr viel Strom verbraucht, laufen das Samsung Galaxy S10 und das Samsung Galaxy S10+ in den Werkseinstellungen »nur« mit der Bildschirmauflösung FHD+ (2.280 x 1.080 Pixel). In den *Einstellungen* unter *Anzeige/Bildschirmauflösung* können Sie auf die volle Auflösung umschalten.

Die weiteren technischen Daten sind für alle drei Modellvarianten – außer dem Samsung Galaxy S10 5G – gleich. Alle drei Modelle verfügen über einen Kartensteckplatz für eine microSD-Speicherkarte bis 512 GByte, der alternativ für eine zweite SIM-Karte nutzbar ist. Mit (theoretisch) bis zu 1,4 Gbit/s Download im LTE-Netz (Cat 21) sowie HSDPA, UMTS, EDGE und GPRS werden alle Mobilfunkstandards für Internet in schnellster Übertragungsrate unterstützt. Für den Zugang zu Hause oder in öffentlichen WLANs bieten die Geräte neben den bekannten Standards 802.11a, b, g, n auch den neusten über 6 Gbit/s schnellen Standard 802.11ac. Auch bei der drahtlosen Datenübertragung unabhängig vom Internet setzt das Samsung Galaxy S10 gegenüber anderen Smartphones Maßstäbe mit WiFi Direct, DLNA, Miracast, NFC und Bluetooth 5.0.

### Mitgeliefertes Zubehör

Ladegerät, Lade-/Datenkabel (USB Typ C), OTG-USB-Adapter, Micro-USB-Adapter zum Aufladen, Headset, Steckplatzwerkzeug.

Zum Aufladen des Akkus und zum Datenaustausch mit dem PC ist wie bei vielen modernen Smartphones ein USB-Typ-C-Anschluss verbaut. Die extrem schnelle Ladefunktion sorgt in Minuten für mehrere Nutzungsstunden. Micro-USB-Typ-C-Stecker sind symmetrisch, lassen sich also in beiden Richtungen einstecken.

Zusätzlich wird noch ein Adapter auf den klassischen Micro-USB-Stecker mitgeliefert, um das Gerät z. B. an einem Autoladegerät oder einer Powerbank aufzuladen. Dieser Adapter unterstützt keine Datenübertragung nach OTG-Standard. Weiterhin kann das Samsung Galaxy S10 drahtlos über eine spezielle Ladestation aufgeladen werden, die nicht im Lieferumfang enthalten ist.

Der Fingerabdruckscanner wurde von der Rückseite wieder nach vorne in den Bildschirm verlegt. Eine neue Ultraschalltechnologie scannt den Fingerabdruck durch das Glas, wenn man den Finger an die richtige Stelle auf dem Bildschirm legt. Die beliebten Bildschirmschutzfolien und Panzerglasscheiben stören die Erkennung. Dank Gorilla Glass 6 sind die Bildschirme des Samsung Galaxy S10 und Samsung Galaxy S10+ auch ohne zusätzliche Folie deutlich besser gegen Kratzer geschützt. Das Samsung Galaxy S10e verwendet nur das etwas schwächere Gorilla Glass 5.

Wie schon das Samsung Galaxy S8 und Samsung Galaxy S9 verfügen auch das Samsung Galaxy S10+, Samsung Galaxy S10 und S10e über ein staub- und wasserdichtes Gehäuse nach IP65 und IP68.

### IP68-Zertifizierung

Die internationale Zertifizierung IP68 steht für Schutz gegen Staub und dauerndes Untertauchen in Wasser, IP65 für Schutz gegen Strahlwasser aus einer Düse in beliebigem Winkel zum Gerät. Dabei beziehen sich beide Klassen ausdrücklich nur auf klares, kaltes Wasser. Das Samsung Galaxy S10 sollte also nicht in säurehaltige Flüssigkeiten wie Cola oder Kaffee, in Waschlauge, heißes Wasser, Alkohol und auch nicht in Meerwasser getaucht werden. Das Gehäuse ist außerdem nicht druckfest gegen Tauchen in größeren Tiefen.

Dieses Buch zeigt Ihnen, was das Samsung Galaxy S10 bietet, und liefert auch nützliche Tipps zu zusätzlichen Apps, um sich den Smartphone-Alltag noch weiter zu erleichtern und natürlich auch Spaß damit zu haben.

## Smartphone oder Handy – und was ist Android?

Das Samsung Galaxy S10 ist weit mehr als nur ein Telefon. Aktuelle Smartphones sind eher moderne und wirklich mobile Nachfolger von Computern als von Telefonen. Klassische Handys gibt es – außer in Form von Großtastenhandys – so gut wie gar nicht mehr. Der typische Smartphone-Nutzer verwendet nur etwa 10 % der Gerätezeit zum Telefonieren. Andere Anwendungen sind deutlich wichtiger.

Im Sommer des Jahres 2018 gab es auf der Welt 4,02 Milliarden Internetnutzer insgesamt, was annähernd 50 % der Weltbevölkerung entspricht. Diese Menschen nutzen das Internet aktiv auf 5,13 Milliarden mobilen Geräten wie Smartphones und Tablets. Die Bedeutung des PCs als Zugang zum Internet geht zugunsten von Smartphones und Tablets deutlich zurück.

Am 5. November 2007 präsentierte Google erstmals eines seiner für die Zukunft wichtigsten Produkte: Android, das im Laufe der Jahre zum bekanntesten Betriebssystem für Smartphones und andere mobile Geräte wurde. Android läuft nicht nur auf Smartphones und Tablets, sondern auch auf Armbanduhren, Fernsehern und Bordcomputern in Autos. Alle Android-Versionen sind in alphabetischer Folge nach Süßigkeiten benannt. Auf dem Samsung Galaxy S10 läuft die aktuelle Version Android 9 Pie.

**INFO:** Jeden Tag werden fast 4.000.000 neue Android-Smartphones auf der Welt neu aktiviert – etwa zehnmal so viel, wie an einem Tag Menschen auf der Welt geboren werden. Im Jahr 2014 wurden erstmals weltweit über eine Milliarde Android-Geräte verkauft, 2017 waren es bereits 1,3 Milliarden. Nach aktuellen Studien hält Android mit einem Marktanteil von rund 87 % die Spitze unter den Smartphone-Betriebssystemen weltweit – Tendenz steigend. Apple hat mit iOS rund 13 %. Damit verfügen diese beiden Hersteller über eine Marktpräsenz von nahezu 100 %.

Windows Mobile, Tizen, BlackBerry sowie Nokias Symbian-Plattform, ehemaliger Marktführer, sind mittlerweile völlig bedeutungslos und wurden in der letzten Statistik des Marktforschungsunternehmens Gartner erstmals mit 0 % gelistet.

Etwa jedes fünfte weltweit verkaufte Android-Smartphone stammt aus dem Hause Samsung. In Deutschland hatte Samsung Ende des Jahres 2018 einen Marktanteil von 34 %.

## Android und Samsung One UI

Android ist mehr als nur eine elegante Oberfläche für Touchscreen-Smartphones, sondern ein echtes Betriebssystem wie auf einem PC, mit dem man das Smartphone für noch viel mehr als nur zum Telefonieren nutzen kann. Google gibt Softwareentwicklern wie auch Geräteherstellern viele Freiheiten – deutlich mehr als die Hersteller der anderen Plattformen, sodass in kurzer Zeit jede Menge Apps entstanden sind, der größte Teil davon für den Nutzer kostenlos.

Samsung hat an der Benutzeroberfläche von Android so viele Anpassungen vorgenommen, um die Bedienung noch leichter und intuitiver zu gestalten, dass von der Original-Android-Optik kaum noch etwas übrig geblieben ist. Alle Screenshots und Tipps in diesem Buch beziehen sich auf Samsungs Benutzeroberfläche **One UI**, die auf dem Samsung Galaxy S10 als Nachfolger von Samsung Experience und TouchWiz vorinstalliert ist. Auf anderen Android-Smartphones sehen die meisten Systemfunktionen und Apps anders aus. Besonders im Bereich der *Einstellungen* wurden auch gegenüber den Vorgängermodellen deutliche Veränderungen vorgenommen.

*Die neuste Samsung-Benutzeroberfläche Samsung One UI auf dem Samsung Galaxy S10. Startbildschirm, App-Liste und Ordner mit vorinstallierten Google-Apps.*

## Kapitel 2

# Alltag mit dem Samsung Galaxy S10

In diesem Kapitel werden die wichtigsten Grundlagen der Bedienung des Samsung Galaxy S10 erklärt, die Sie in den folgenden Kapiteln sicher gebrauchen werden.

Selbst wer schon einige Zeit mit einem Android-Smartphone herumgespielt hat, wird noch das ein oder andere Interessante finden, besonders was die Samsung-eigene Benutzeroberfläche One UI betrifft, die gegenüber ihren Vorgängern Samsung Experience und TouchWiz wieder einmal überarbeitet wurde.

## Die wichtigsten Fingergesten zur Touchscreen-Steuerung

Um den Touchscreen fehlerfrei zu bedienen, noch ein wenig technischer Hintergrund: Fast alle Android-Smartphones verwenden kapazitive Touchscreens, die auf das Energiefeld der Hand reagieren und nicht auf mechanischen Druck wie ältere Handys.

Ein moderner Touchscreen lässt sich ausschließlich mit dem Finger bedienen, Stifte oder andere mechanische Hilfsmittel sowie auch Handschuhe sind wirkungslos. Wassertropfen auf dem Bildschirm beeinträchtigen ebenfalls die Funktion.

Berühren Sie den Touchscreen am besten nur mit einem Finger. Die anderen Finger der Hand können, selbst wenn sie das Glas nicht direkt berühren, schon eine ungewollte Reaktion auslösen. Nur ganz wenige Gesten, etwa das Zoomen sowie Spezialgesten bei Google Earth, benötigen zwei Finger

Die grundlegenden Fingergesten auf dem Bildschirm werden im Buch mit Handsymbolen in den jeweiligen Abbildungen erklärt, sodass Sie sofort sehen, wohin Sie tippen oder von wo nach wo Sie mit dem Finger über den Bildschirm streichen, um eine bestimmte Aktion auszulösen.

**Einfaches Antippen** – Tippen Sie mit einem Finger kurz auf die angegebene Stelle auf dem Bildschirm.

**Halten/Langes Antippen** – Halten Sie einen Finger länger auf die angegebene Stelle auf dem Bildschirm. Das angetippte Bildschirmelement zeigt eine Reaktion, z. B. leuchtet auf oder lässt sich auf dem Bildschirm verschieben. Beim Loslassen erscheint oft ein Auswahlmenü.

**Fingerstrich** – Streichen Sie mit dem Finger über den Bildschirm – in die Richtung, die der Pfeil angibt. Das bedeutet: Berühren Sie den Bildschirm am Fußpunkt des Pfeils und streichen Sie mit dem Finger, ohne loszulassen, zur Spitze des Pfeils, erst dort lassen Sie los.

**Wischen** – Beim Wischen oder Scrollen streichen Sie mit dem Finger vertikal oder horizontal über den Bildschirm, ohne eine genaue Position beachten zu müssen. Damit verschieben Sie den gesamten Bildschirminhalt nach oben oder unten bzw. nach links oder rechts. Fotos, Landkarten und auch einige Webseiten lassen sich auch in andere Richtungen über den Bildschirm verschieben.

**Benachrichtigungsleiste nach unten ziehen** – Erscheinen Benachrichtigungen über neue E-Mails, entgangene Anrufe oder heruntergeladene Apps in der Benachrichtigungsleiste am oberen Bildschirmrand, können Sie diese anzeigen lassen, indem Sie die Benachrichtigungsleiste nach unten ziehen. Tippen Sie dazu an den oberen Bildschirmrand und streichen Sie mit dem Finger, ohne loszulassen, bis zum unteren Rand.

**Zoom** – Berühren Sie den Bildschirm mit zwei Fingern dicht nebeneinander und spreizen Sie dann die Finger, ohne den Bildschirm loszulassen, auseinander. Damit zoomen Sie in ein Foto, eine Landkarte oder eine Webseite hinein. Die umgekehrte Bewegung zoomt wieder zurück. Die genaue Position, an der Sie dazu den Bildschirm berühren, spielt keine Rolle.

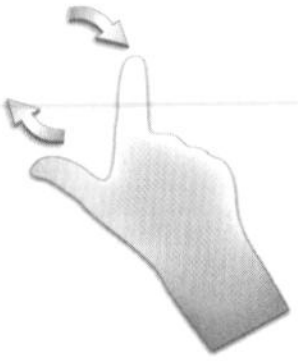

**Drehen** – Berühren Sie den Bildschirm mit zwei Fingern und führen Sie dann, ohne den Bildschirm loszulassen, eine bogenförmige Bewegung aus. Damit drehen Sie ein Foto oder eine Landkarte. Die genaue Position, an der Sie dazu den Bildschirm berühren, spielt keine Rolle.

# Die Ersteinrichtung des Samsung Galaxy S10

Setzen Sie zuerst die SIM-Karte und bei Bedarf noch eine microSD-Karte in das Samsung Galaxy S10 ein. Aufgrund internationaler Sicherheitsvorschriften dürfen Akkus im Gerät nicht in vollgeladenem Zustand verschickt werden. Der Akku des Samsung Galaxy S10 ist bei Auslieferung nur zu etwa 50 % aufgeladen, was aber ausreicht, um das Gerät sofort in Betrieb nehmen und einrichten zu können.

Im Gegensatz zu vielen anderen Smartphones kann der Akku wie schon beim Samsung Galaxy S9 nicht herausgenommen werden.

### Akku laden

Das Samsung Galaxy S10 verwendet wie die meisten aktuellen Android-Smartphones ein USB-Ladegerät. Diese sind beliebig zwischen den Smartphones austauschbar. Wer mehrere Geräte nutzt, braucht nicht immer verschiedene Ladegeräte mit sich herumzutragen. Allerdings benötigen Sie für das Samsung Galaxy S10 das mitgelieferte Ladekabel, das auf der Seite zum Ladegerät einen klassischen USB-Stecker hat, auf der Seite zum Smartphone aber einen USB-Typ-C-Stecker.

Zum Aufladen des Samsung Galaxy S10 sollte nach Möglichkeit trotzdem das mitgelieferte Ladegerät verwendet werden, da dieses die Schnellladefunktion unterstützt. Alternativ können Sie auch ein Quick-Charge-2.0-kompatibles Ladegerät verwenden. Bereits nach zehn Minuten ist ein zuvor komplett leerer Akku so weit aufgeladen, dass sich das Smartphone einige Stunden lang nutzen lässt. Nach etwa 1,5 Stunden ist der Akku dann komplett geladen.

Das alte Gerücht, ein Akku sollte vor jedem Aufladen erst komplett leer sein, gilt bei modernen Akkus nicht mehr. Sorgen Sie im Gegenteil lieber dafür, dass der Akku nie ganz leer ist, sondern laden Sie ihn schon spätestens bei 30 % Kapazität wieder auf. Kurze Ladevorgänge – über den Tag verteilt – verlängern die Lebensdauer des Akkus. Im Gegensatz dazu schadet es dem Akku, wenn er regelmäßig komplett entladen wird oder das Gerät längere Zeit mit vollgeladenem Akku am Ladegerät hängt.

## Akku kabellos aufladen

Das Samsung Galaxy S10 unterstützt auch das kabellose Aufladen mit einem speziellen induktiven Ladegerät. Das Smartphone muss mit dem Bildschirm nach oben auf das Ladegerät gelegt werden.

Eine ungültige Ladeposition erkennt man daran, dass die LED des Ladegerätes blinkt.

**ACHTUNG:** Das kabellose Ladegerät erzeugt ein induktives Feld, das magnetische Datenträger wie z. B. Kreditkarten beschädigen kann. Legen Sie diese also nicht auf oder direkt neben das Ladegerät. Weiterhin beeinträchtigt dieses Feld den Mobilfunkempfang. Wenn Sie sich an einem Ort aufhalten, an dem die Mobilfunknetzqualität ohnehin schwach ist, kann der Empfang während des kabellosen Aufladens ganz ausfallen.

## SIM-Karte und microSD-Karte einstecken

Das Samsung Galaxy S10 verwendet wie die meisten Android-Smartphones Nano-SIM-Karten und nicht mehr die lange Zeit weitverbreiteten Micro-SIM-Karten. Wer sein Samsung Galaxy S10 nicht direkt mit einem Mobilfunkvertrag kauft, muss also darauf achten, von seinem Provider eine Nano-SIM-Karte zu bekommen. Viele Netzbetreiber und Mobilfunk-Discounter bieten inzwischen sogenannte Kombi-SIM-Karten an: Mehrere Stanzlinien ermöglichen es, den SIM-Chip in unterschiedlichen SIM-Kartenformen aus dem Kartenträger herauszudrücken. Die Nano-SIM-Karten sind einfach nur kleiner, die Kontakte aber gleich angeordnet und elektronisch voll kompatibel zu Mini-SIM- und Micro-SIM-Karten.

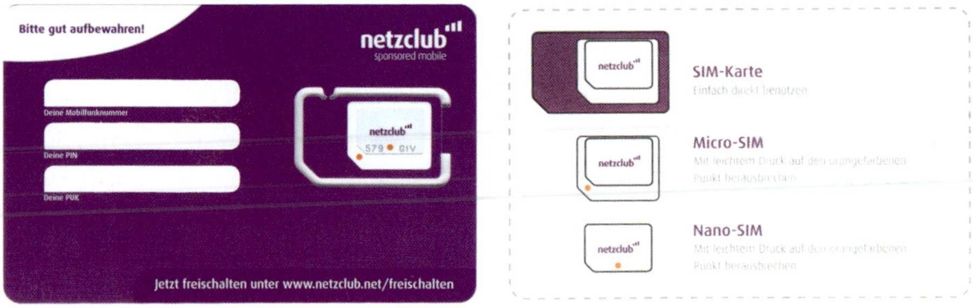


*Kombi-SIM-Karte mit Bedienungsanleitung (Foto: netzclub SIM-Karte).*

### Micro-SIM und Nano-SIM selbst basteln

Obwohl dies offiziell nicht empfohlen wird, findet man im Internet Anleitungen und Schneidevorlagen, um normale Mini-SIM-Karten auf die Größe einer Micro-SIM oder Nano-SIM zurechtzustutzen. Der eigentliche Chip in den SIM-Karten liegt genau unter der Kontaktfläche und kann, sofern man mit einem scharfen Messer sauber schneidet und die SIM-Karte dabei nicht zerspringt, nicht beschädigt werden. Also am besten einmal mit einer abgelaufenen oder einer kostenlosen Promo-SIM-Karte üben, bevor man das Messer an der echten SIM-Karte ansetzt. Für weniger Mutige gibt es im Zubehörhandel einfache Stanzmaschinen für unter 10 Euro (z. B. *amzn.to/1M1hSjR*), mit denen man kaum etwas falsch machen kann.

Der Steckplatz für die SIM-Karte ist beim Samsung Galaxy S10 von außen an der oberen Geräteseite über eine kleine Schublade zugänglich. Wie bei den meisten Smartphones mit Nano-SIM-Karte braucht man den Akku nicht herauszunehmen, um die SIM-Karte zu wechseln, was beim Samsung Galaxy S10 auch gar nicht geht.

1. Drücken Sie das mitgelieferte Werkzeug vorsichtig in das runde Loch des SIM-Kartenträgers. Dieser rutscht dann wegen der Gummidichtung zur Wasserdichtigkeit nur langsam automatisch heraus.

2. Legen Sie die Nano-SIM-Karte mit den Kontaktflächen nach unten in das mit *SIM1* bezeichnete kleinere Fach des SIM-Kartenträgers.

3. Legen Sie bei Bedarf auch noch eine microSD-Karte oder eine zweite SIM-Karte in das dafür vorgesehene größere Fach des SIM-Kartenträgers.

4. Schieben Sie dann den SIM-Kartenträger in das Smartphone zurück.

## Dual-SIM-Technik

Es gibt viele Gründe, zwei SIM-Karten zu verwenden. Dafür aber immer zwei Smartphones mit sich herumzutragen, kann schnell lästig werden. Dual-SIM-Smartphones bieten eine Lösung, die Tarifvorteile von zwei SIM-Karten zu nutzen und so z. B. eine Telefon-Flatrate bei einem billigen E-Netz-Anbieter mit einem Internettarif im deutlich besser ausgebauten D-Netz zu kombinieren. Außerdem braucht man statt eines beruflichen und eines privaten Smartphones nur noch ein Gerät. Im Urlaub oder nachts schaltet man die berufliche SIM-Karte einfach aus. In grenznahen Gebieten lassen sich mit Dual-SIM-Smartphones Roamingkosten vermeiden, wenn das Mobilfunknetz des Nachbarlandes einmal stärker ist. Stecken Sie einfach SIM-Karten beider Länder ins Smartphone. Das Samsung Galaxy S10 bietet die Möglichkeit, zwei SIM-Karten einzustecken. Allerdings wird einer der Steckplätze alternativ für die microSD-Karte benutzt. Bei Verwendung von zwei SIM-Karten kann also keine Speicherkarte eingesteckt werden.

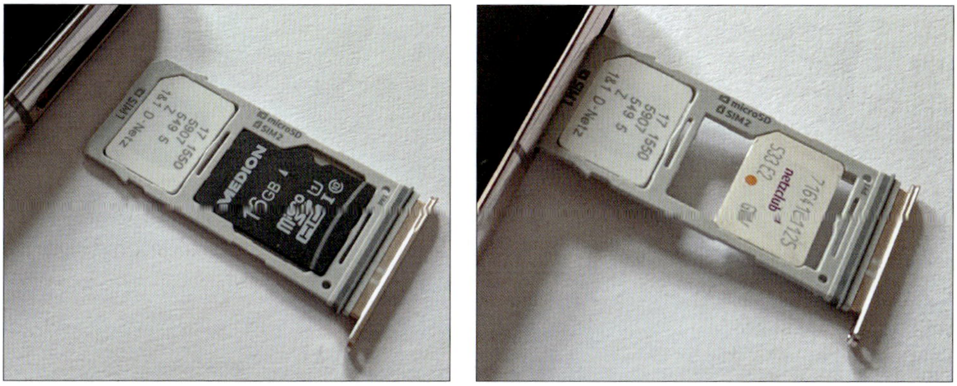


*microSD-Karte oder zwei SIM-Karten im SIM-Kartenträger.*

## Samsung Galaxy S10 erstmals einschalten

Das Samsung Galaxy S10 zeigt beim ersten Start wie alle Android-Smartphones einen Einrichtungsassistenten, der die Ersteinrichtung des Gerätes in wenigen Schritten erledigt. Samsung hat diese Ersteinrichtung optisch verändert und gegenüber dem Standard-Android noch um einige Schritte ergänzt.

1. Drücken Sie zum Erststart länger (etwa eine Sekunde) auf den Einschalter auf der rechten Seite des Samsung Galaxy S10. Der Bildschirm wird leicht heller, und nach kurzer Zeit erscheint ein Samsung-Logo.
2. Nach dem Einschalten müssen Sie als Erstes wie bei jedem Smartphone die PIN Ihrer SIM-Karte eingeben. Ist die PIN-Abfrage auf der SIM-Karte deaktiviert, entfällt dieser Schritt natürlich.
3. Die meisten Funktionen von Android-Smartphones lassen sich im WLAN auch ohne SIM-Karte nutzen. Ist keine SIM-Karte eingelegt, wird die PIN-Eingabe übersprungen. Anhand der SIM-Karte wird bei der Ersteinrichtung automatisch auch ein Internetzugang über diese SIM-Karte eingerichtet, der allein durch Hintergrunddienste schon Kosten verursachen kann. Wenn Sie keinen Internettarif auf Ihrer SIM-Karte haben oder sich nicht sicher sind, führen Sie die Erstinstallation am besten per WLAN durch und stecken dazu keine SIM-Karte in das Gerät.
4. Wählen Sie im nächsten Schritt des Assistenten als Sprache *Deutsch* aus. So bekommen Sie sämtliche Menüs und Systemdialoge in deutscher Sprache angezeigt.
5. Tippen Sie nach der Sprachauswahl auf den blauen Pfeil und bestätigen Sie danach die Datenschutzhinweise.

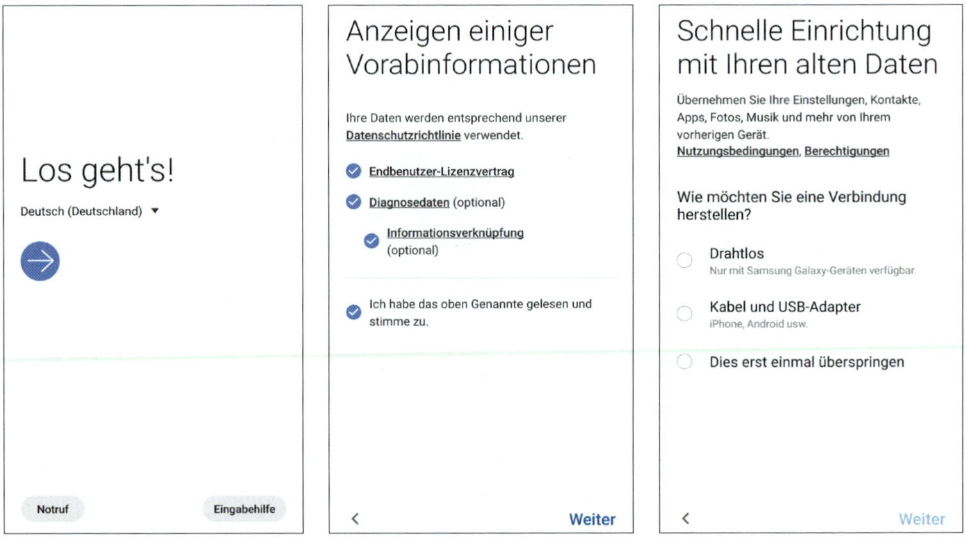


*Die ersten Schritte bei der Einrichtung eines neuen Samsung Galaxy S10.*

**Android auf Deutsch**

Immer wieder behaupten besonders schlaue Nutzer in Internetforen, moderne Elektronik ließe sich nur auf Englisch richtig bedienen und manche Funktionen blieben in der deutschen Oberfläche verborgen. Das ist natürlich völliger Quatsch und galt vielleicht vor 20 Jahren. Heute ist der deutsche Markt einer der wichtigsten Märkte für Elektronikhersteller weltweit. Das Samsung Galaxy S10 ist in allen verfügbaren Sprachen gleichermaßen nutzbar.

# Daten eines älteren Smartphones übernehmen

Für die meisten Nutzer ist das Samsung Galaxy S10 nicht ihr erstes Android-Smartphone, oft nicht einmal das erste von Samsung. Natürlich will man seine persönlichen Daten vom alten Smartphone auf das neue übertragen – und das gilt nicht nur für die Daten, die über das Google-Konto ohnehin automatisch synchronisiert werden. Kontakte und Termine, die nur auf dem Telefon gespeichert sind, Anrufprotokolle, SMS, lokal gespeicherte Notizen, Fotos, Musik und Dokumente werden über das Google-Konto nicht synchronisiert und müssten sonst mühsam über einen PC auf das neue Smartphone übertragen werden.

Aus diesen Gründen bietet Samsung die Möglichkeit zur Übernahme von Daten eines älteren Smartphones auf dem Samsung Galaxy S10 an. Möchten Sie Daten übernehmen, wählen Sie die Übertragungsmethode aus. Sie können diesen Schritt auch überspringen und das Samsung Galaxy S10 als neues Smartphone einrichten. Die automatische Datensynchronisation mit dem Google-Konto ist trotzdem möglich. Solange Sie keine lokal gespeicherten Daten auf dem alten Smartphone haben, können Sie sich die Datenübertragung sparen.

## Drahtlose Datenübertragung

Handelt es sich bei dem alten Smartphone um ein Samsung-Gerät einer früheren Galaxy-Serie, können Sie die Daten drahtlos über Wi-Fi Direct übertragen.

1. Starten Sie auf dem alten Gerät die App *Smart Switch*.
2. Folgen Sie auf beiden Geräten den Anweisungen auf dem Bildschirm. Je nach Typ des alten Smartphones können Sie dieses über ein Hochfrequenz-Audiosignal finden, oder auf dem Samsung Galaxy S10 wird eine PIN angezeigt, die auf dem alten Smartphone zur Verbindung eingegeben werden muss.
3. Wählen Sie anschließend auf dem alten Gerät die Inhalte, die auf das neue Smartphone übertragen werden sollen, und tippen Sie dann auf *Senden*.

4. Bestätigen Sie danach auf dem neuen Samsung Galaxy S10 die Meldung über zu empfangende Inhalte. Danach startet die eigentliche Datenübertragung, die je nach Datenmenge einige Minuten dauert.

5. Auf diesem Weg übertragene Kontakte werden nicht in das Google-Konto importiert, sondern lokal auf dem Samsung Galaxy S10 gespeichert. Sie werden also auch nicht synchronisiert und gesichert.

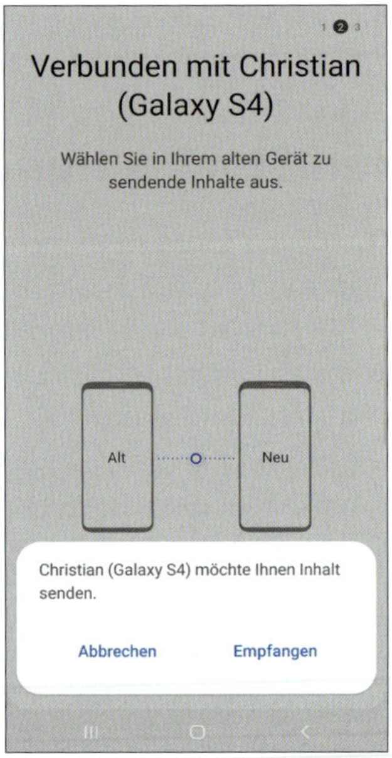

## Daten per USB-Kabel übertragen

Sie können die Daten des alten Smartphones per USB-Kabel übertragen. Diese Methode funktioniert fast immer, die drahtlose Übertragung dagegen nur mit Samsung-Galaxy-Smartphones, die Wi-Fi Direct unterstützen.

1. Samsung liefert zwei USB-Adapter mit. Schließen Sie den mit dem großen USB-Anschluss am Samsung Galaxy S10 an und auf der anderen Seite des Adapters das alte Smartphone mit seinem vorhandenen Datenkabel.

2. Auf dem alten Smartphone erscheint eine Benachrichtigung über eine USB-Verbindung. Wählen Sie dort die Option *Daten übertragen* oder *Mediendateien übertragen – MTP*.

3. Installieren Sie auf dem alten Smartphone die App *Smart Switch* aus dem Play Store und starten Sie diese. Im ersten Schritt müssen Sie der App alle geforderten Berechtigungen gewähren, da sonst die jeweiligen Daten nicht übertragen werden können.

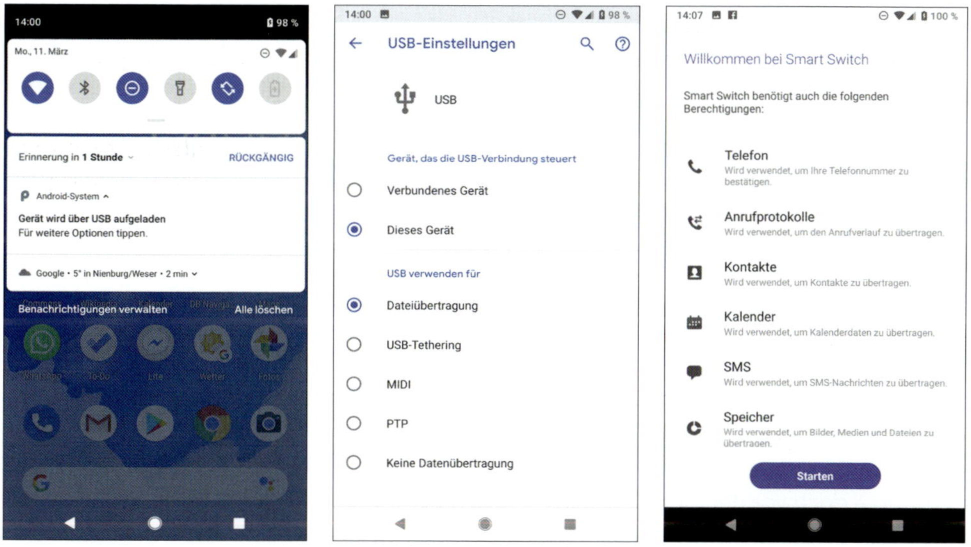


*Verbindung auf einem älteren Android-Smartphone herstellen und Berechtigungen für Samsung Smart Switch gewähren.*

4. Nachdem die Verbindung hergestellt wurde, wählen Sie auf dem Samsung Galaxy S10 die Daten aus, die vom alten Smartphone übertragen werden sollen. Kontakte, die im Google-Konto gespeichert sind, brauchen nicht übertragen zu werden.

*Verbindung auf einem Samsung Galaxy S10 herstellen und Daten von einem älteren Android-Smartphone empfangen.*

Bilder und Musik, die auf der Speicherkarte des alten Smartphones liegen, brauchen Sie ebenfalls nicht zu übertragen. Hier ist es einfacher, die Speicherkarte direkt in das neue Samsung Galaxy S10 zu stecken. Schreibgeschützte Kontakte im ROM oder auf der SIM-Karte können nicht übertragen werden.

5. Tippen Sie ganz unten auf *Übertragen*, um die Übertragung zu starten. Danach startet die eigentliche Datenübertragung, die je nach Datenmenge einige Minuten dauert.

## WLAN als schneller Internetzugang zu Hause

Zu Hause bietet das eigene WLAN eine schnelle, zuverlässige Internetverbindung auch für Smartphones. Hinzu kommt, dass dieser Internetzugang kostenlos ist, das übertragene Datenvolumen also nicht auf das wertvolle Datenvolumen der Mobilfunk-Flatrate angerechnet wird. Aus diesen Gründen bietet das Samsung Galaxy S10 gleich bei der Ersteinrichtung – noch vor der datenintensiven Synchronisation mit dem Google-Konto – an, eine WLAN-Verbindung einzurichten.

### WLAN oder WiFi?

Wi-Fi ist die englische Bezeichnung für WLAN. Der in Deutschland gebräuchliche Begriff WLAN (**W**ireless **L**ocal **A**rea **N**etwork) für drahtloses Netzwerk ist nur ein deutscher Anglizismus und wird von englischen oder amerikanischen Muttersprachlern nie verwendet. Diese sprechen immer von Wi-Fi.

1. Automatisch erscheint ein Bildschirm für die WLAN-Einstellungen. Wählen Sie in der Liste das Netzwerk aus, mit dem Sie sich verbinden möchten. Diese Symbole zeigen auch die ungefähre Signalstärke der WLANs. Ist das gewünschte WLAN verschlüsselt, wird es in der Liste mit einem Schloss-Symbol dargestellt und Sie müssen bei der ersten Verbindung den Schlüssel eingeben. Dazu wird auf dem Bildschirm automatisch eine Tastatur eingeblendet. Das Samsung Galaxy S10 unterstützt alle gängigen WLAN-Verschlüsselungsverfahren.

2. Tippen Sie auf das durchgestrichene Augensymbol, um das Passwort während der Eingabe anzuzeigen. Damit verhindern Sie, dass Sie sich auf der zunächst ungewohnten Tastatur des neuen Smartphones vertippen. *Automatisch erneut verbinden* sollte ebenfalls eingeschaltet sein, damit sich das Samsung Galaxy S10 automatisch wieder verbindet, wenn zwischenzeitlich die Reichweite des WLANs verlassen wurde. Dazu wird diese Verbindung gespeichert, es ist keine weitere Schlüsseleingabe mehr nötig.

3. Tippen Sie anschließend auf *Verbinden*.

4. Eine aktive WLAN-Verbindung wird mit einem WLAN-Symbol in der Systemleiste am rechten oberen Bildschirmrand angezeigt.

5. Nachdem die Verbindung erfolgreich hergestellt wurde, werden neben der MAC-Adresse auch die IP-Adressen für IPv6 (falls unterstützt) und IPv4 angezeigt. Tippen Sie auf *Weiter*, um mit der Ersteinrichtung des Smartphones fortzufahren.

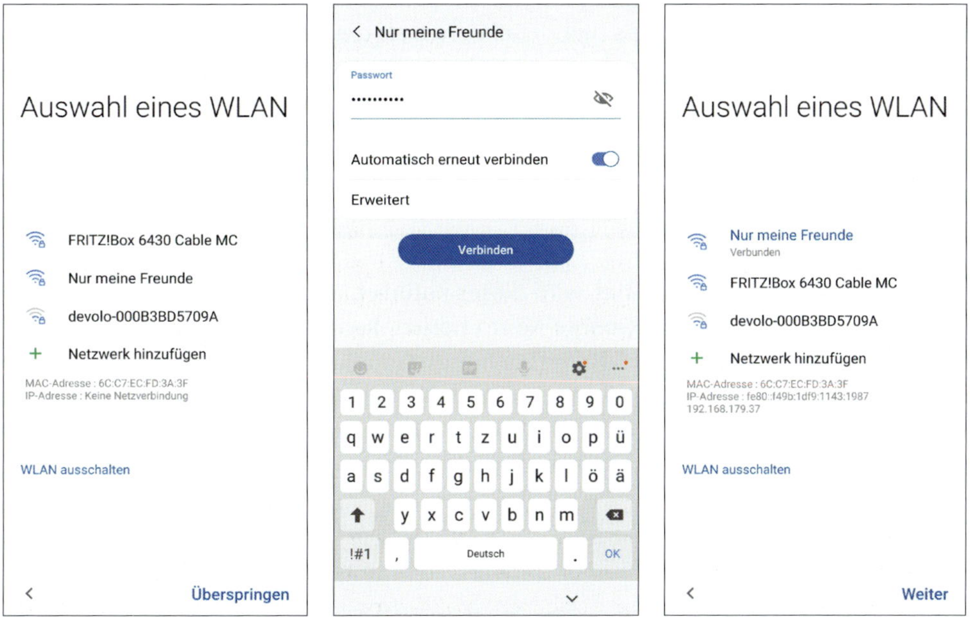


*WLAN bei der Ersteinrichtung des Samsung Galaxy S10 einrichten.*

Im nächsten Schritt möchte das Samsung Galaxy S10 wie alle Android-Smartphones ein Google-Konto einrichten.

# Das Google-Konto

Wer seine Adressen, E-Mails und andere Daten online speichert, kann sie mit jedem neuen Computer, Smartphone oder Tablet synchronisieren, ohne Adressbücher zu importieren oder gar Daten abzutippen.

Google bietet dazu jedem Anwender kostenlos ein persönliches Google-Konto an, in dem man seine Daten speichern kann. Diese Daten stehen dann auf jedem internetfähigen Gerät, das mit Google-Diensten synchronisiert werden kann, zur Verfügung. Welche Daten man bei Google ablegt, bleibt jedem selbst überlassen. Besonders beliebt ist es, seinen Kalender, das Adressbuch sowie die persönliche Lesezeichensammlung bei Google abzulegen, um sie automatisch auf jedem PC, Smartphone oder Tablet zur Verfügung zu haben.

Android-Smartphones sind sehr eng mit Google-Konten verbunden, viele Funktionen können aber auch ohne diese – mit Einschränkungen – verwendet werden. Zur Nutzung des Google Play Store ist ein Google-Konto allerdings zwingend nötig.

### Google-Apps als Alternative zu Samsung-Apps

Google liefert außer seiner Suchmaschine zahlreiche Apps für diverse Anwendungsfälle, unter anderem Kalender, Fotogalerie, Notizen, Aufgaben bis hin zum Fitness-Tracker. Oft bieten diese Apps mehr Funktionen als die vergleichbaren vorinstallierten Samsung-Apps. Außerdem laufen sie auf allen Android-Smartphones, sodass man auch beim Wechsel von einem anderen Gerät auf ein Samsung Galaxy S10 die gewohnte Oberfläche wiederfindet und bisher gespeicherte Daten weiternutzen kann. Für alle Google-Apps ist ein Google-Konto erforderlich. Dieses Buch zeigt bei den Beschreibungen der vorinstallierten Samsung-Apps zusätzlich auch die Alternativen von Google.

Wer bereits ein Google-Konto hat, wird dieses natürlich auch auf dem neuen Smartphone weiternutzen. Wer noch kein Google-Konto besitzt, kann jetzt eines anlegen. Es ist auch möglich, das Samsung Galaxy S10 mit mehreren Google-Konten zu synchronisieren oder den Schritt ganz zu überspringen und das Smartphone zunächst ohne Google-Konto zu betreiben, wobei allerdings zahlreiche Funktionen und Apps nicht zur Verfügung stehen. Alle Beschreibungen in diesem Buch gehen davon aus, dass ein Google-Konto eingerichtet ist.

1. Wählen Sie im ersten Schritt des Assistenten, ob Sie sich mit einem vorhandenen Google-Konto anmelden oder ein neues Google-Konto auf dem Smartphone anlegen möchten.

2. Wenn Sie bereits ein Google-Konto haben, geben Sie Ihre E-Mail-Adresse und das Passwort ein.

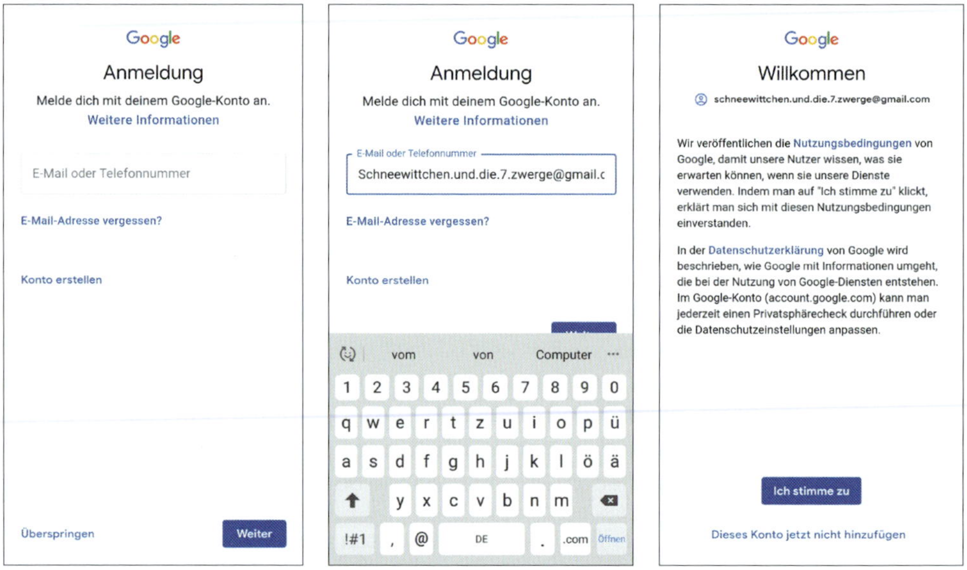


*Die ersten Schritte bei der Anmeldung mit einem vorhandenen Google-Konto auf dem Samsung Galaxy S10.*

## Daten eines alten Smartphones übernehmen

Jeder hat auf seinem Smartphone eine Vielzahl persönlicher Daten, Telefonnummern, Adressen, Fotos und Musik. Früher war es mühsam, diese Daten vom alten Handy auf ein neues zu übernehmen. Heute bietet Android bequeme Lösungen zur Datenübertragung. Daten, die im Google-Konto gespeichert sind – z. B. von einem früheren Smartphone – stehen automatisch auch auf jedem neuen Smartphone zur Verfügung – je nach Geschwindigkeit der Netzwerkverbindung erst nach ein paar Minuten.

1. Die einfachste Methode ist, Daten aus einer Cloud-Sicherung bei Google Drive zurückzuspielen, wenn das vorher genutzte Smartphone so eingestellt ist, dass es regelmäßig eine Sicherung anlegt. Diese Sicherung enthält neben den ohnehin im Google-Konto gespeicherten Kontakten, Terminen, Fotos und Browserlesezeichen auch installierte Apps, App-Daten, WLAN-Passwörter, Anruflisten, SMS, Hintergrundbild und Anordnung der Apps auf dem Startbildschirm. Sie können das neue Smartphone also bis auf Kleinigkeiten nahtlos weiterverwenden.

2. Haben Sie mehrere Smartphones mit dem demselben Google-Konto verknüpft, können Sie auswählen, von welchem frühere Daten übernommen werden sollen.

3. Datensicherungen werden mit der Sperrmethode des Smartphones verschlüsselt. Um eine Datensicherung von einem anderen Smartphone auf dem Samsung Galaxy S10 zu verwenden, müssen Sie die PIN oder das Sperrmuster des anderen Smartphones eingeben.

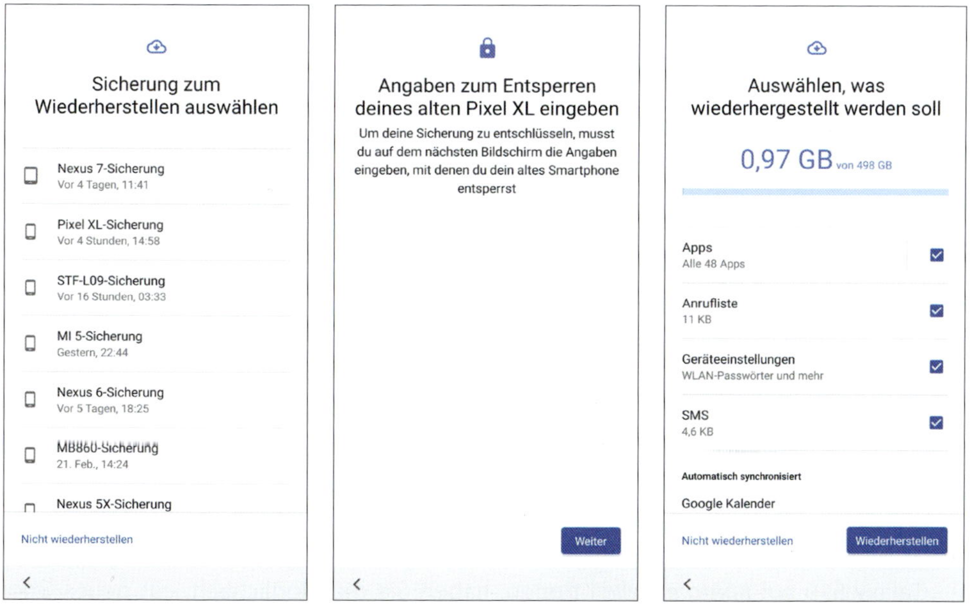


*Apps und Daten von einem anderen Smartphone mit dem eigenen Google-Konto übernehmen.*

4. Wählen Sie anschließend, welche Daten, Einstellungen und Apps aus der Sicherung auf dem Samsung Galaxy S10 wieder installiert werden sollen.

5. Alternativ richten Sie das Samsung Galaxy S10 als neues Gerät ein, indem Sie ganz unten auf *Nicht wiederherstellen* tippen. Es werden keine Apps installiert. Fotos, E-Mails, Dokumente, Kontakte und Termine aus dem Google-Konto stehen aber trotzdem zur Verfügung.

## Neues Google-Konto anlegen

Haben Sie noch kein Google-Konto, können Sie es direkt auf dem Smartphone auch ohne PC einrichten, wie es im Folgenden beschrieben wird. Alternativ können Sie das Google-Konto auf dem PC anlegen. Klicken Sie dazu auf einer beliebigen Google-Seite oben rechts auf *Anmelden*. Auf der Anmeldeseite finden Sie den Link *Erstellen Sie ein kostenloses Konto*. Dieses Verfahren ist komfortabler, da Sie eine »echte« Tastatur zur Eingabe der diversen Daten nutzen können. Das Konto können Sie anschließend sofort auf dem Smartphone einsetzen.

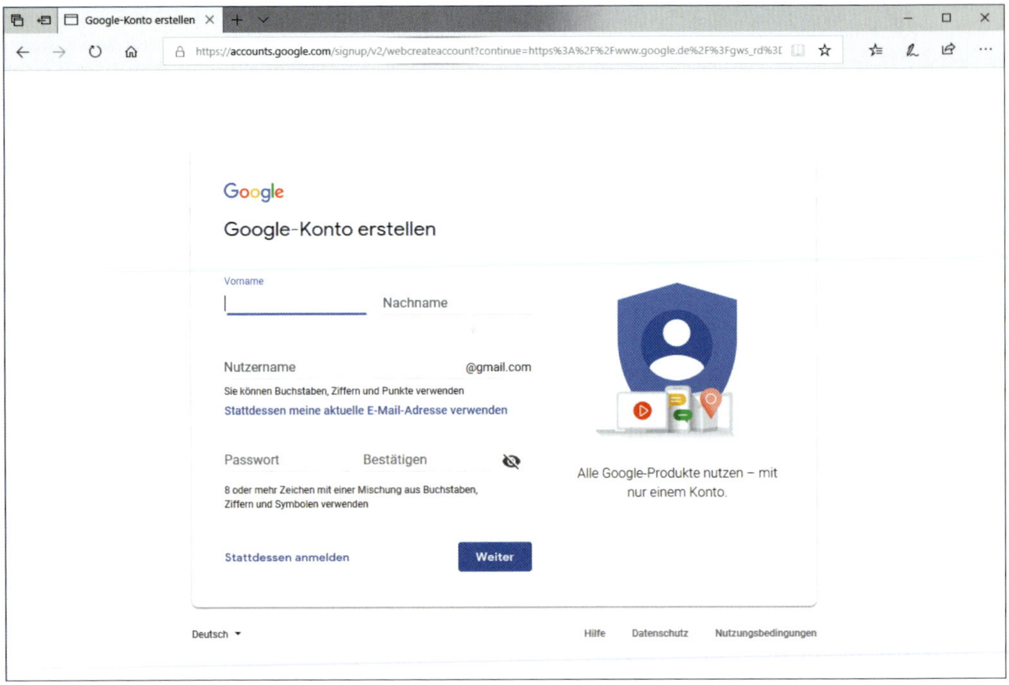


*Google-Konto auf dem PC erstellen.*

1. Wenn Sie im ersten Schritt bei der Anmeldung des Google-Kontos auf dem Samsung Galaxy S10 auf *Konto erstellen* tippen, haben Sie die Möglichkeit, ein neues Google-Konto zu erstellen. Wählen Sie hier die Option *Für mich selbst*.

2. Hier erscheinen Formulare, auf denen Sie Ihren Namen und das Geburtsdatum angeben müssen.

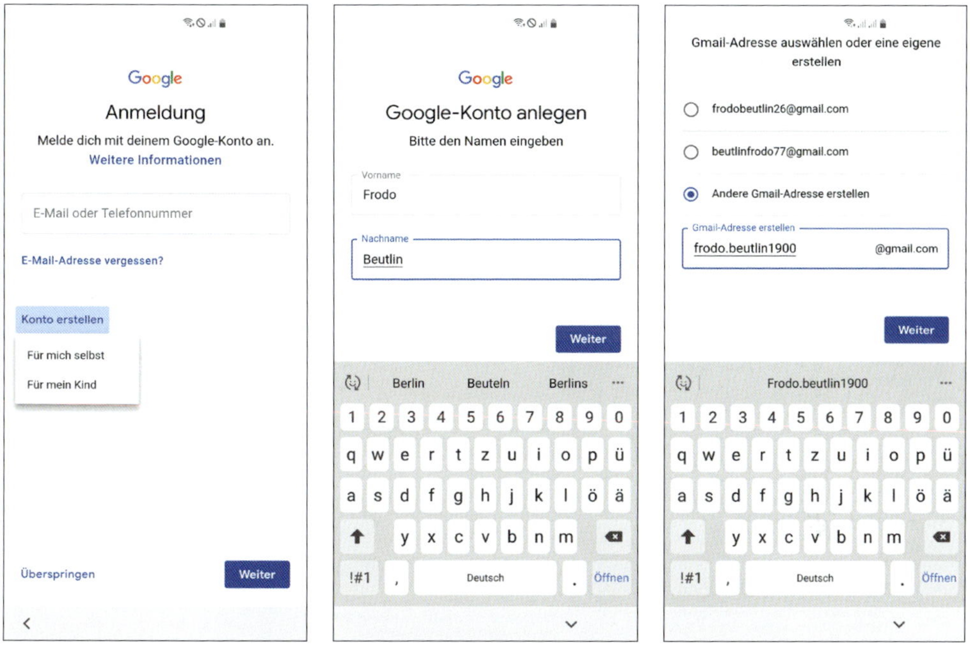


*E-Mail-Adresse und Passwort des neuen Google-Kontos auf dem Smartphone einrichten.*

3. Wählen Sie danach die gewünschte E-Mail-Adresse für das neue Google-Konto aus.

## E-Mail-Adressen bei Gmail

Bei gängigen Namen wird die E-Mail-Adresse *vorname.nachname@gmail.com* möglicherweise nicht mehr verfügbar sein. Bei Google sind weltweit über 1,5 Milliarden Nutzer regelmäßig aktiv, registriert sind noch mehr. Gmail ist damit der E-Mail-Anbieter mit den meisten Nutzern weltweit. Sollte die Adresse bereits vergeben sein, werden automatisch Alternativvorschläge angezeigt. Hier können Sie einen auswählen oder sich auch eine ganz andere E-Mail-Adresse ausdenken.

4. Legen Sie im nächsten Schritt ein Passwort fest. Um sicherzustellen, dass Sie sich nicht vertippt haben, muss dieses Passwort ein zweites Mal eingegeben werden.

5. Sollten Sie Ihr Passwort vergessen, können Sie es wiedererlangen, indem Sie sich an eine Mobilfunknummer einen Wiederherstellungscode schicken lassen. Geben Sie dazu die entsprechenden Daten an. Die Telefonnummer der SIM-Karte im Smartphone wird automatisch vorgeschlagen und die eingehende SMS auch automatisch bestätigt.

6. Zur endgültigen Einrichtung des Google-Kontos müssen Sie noch die Nutzungsbedingungen und die Datenschutzerklärung bestätigen.

7. Zum Abschluss meldet sich das neue Google-Konto auf dem Smartphone an. Jetzt dauert es nur noch wenige Schritte, dann ist Ihr Samsung Galaxy S10 mit dem neuen Google-Konto einsatzbereit.

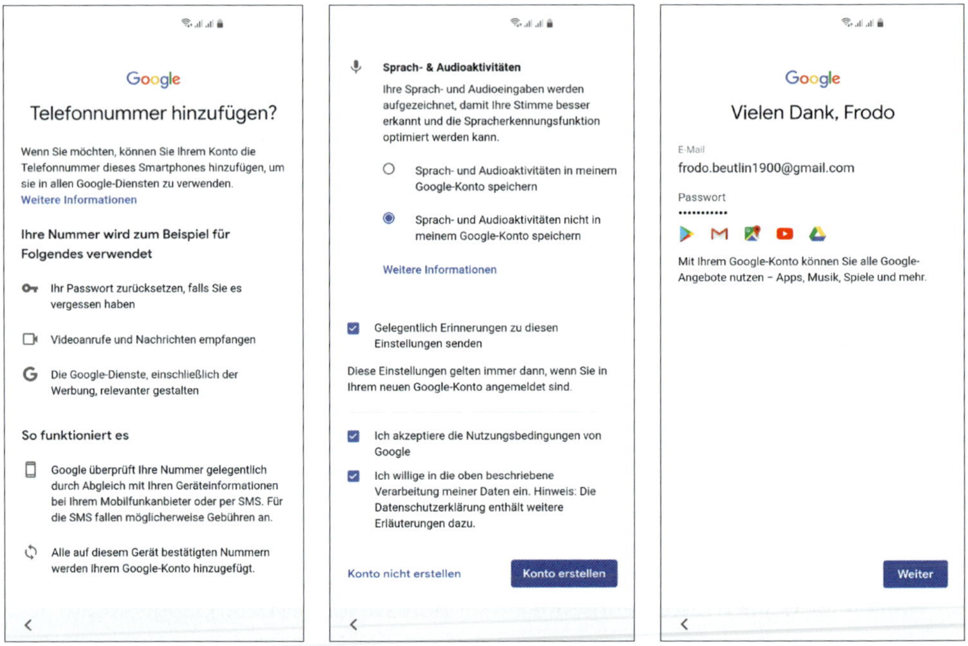


*Nutzungsbedingungen bestätigen und Google-Konto auf dem Smartphone anmelden.*

## Google-Konto auf dem PC nutzen

Mit denselben Kontodaten können Sie sich auch auf dem PC bei Google anmelden, um Gmail, Google Kalender, Google Fotos Webalben, persönliche Webeinstellungen oder ein eigenes YouTube-Profil zu nutzen.

Klicken Sie dazu auf einer beliebigen Google-Seite oben rechts auf *Anmelden*.

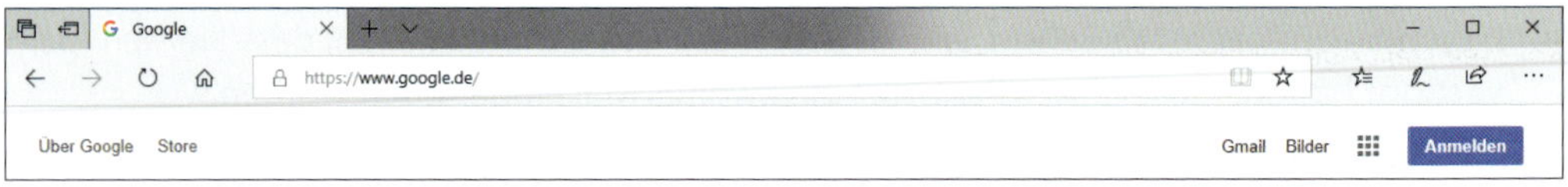


*Anmelden auf einer Google-Seite.*

Hier erscheint ein Anmeldeformular, in das Sie Ihre Gmail-Adresse und das Passwort eingeben müssen.

*Anmeldung mit dem Google-Konto auf dem PC.*

In den Kontoeinstellungen des Google-Kontos auf dem PC können Sie jederzeit das Passwort und die Wiederherstellungsoptionen ändern. Hier lassen sich auch weitere mit dem Konto verknüpfte E-Mail- sowie Datenschutzeinstellungen festlegen.

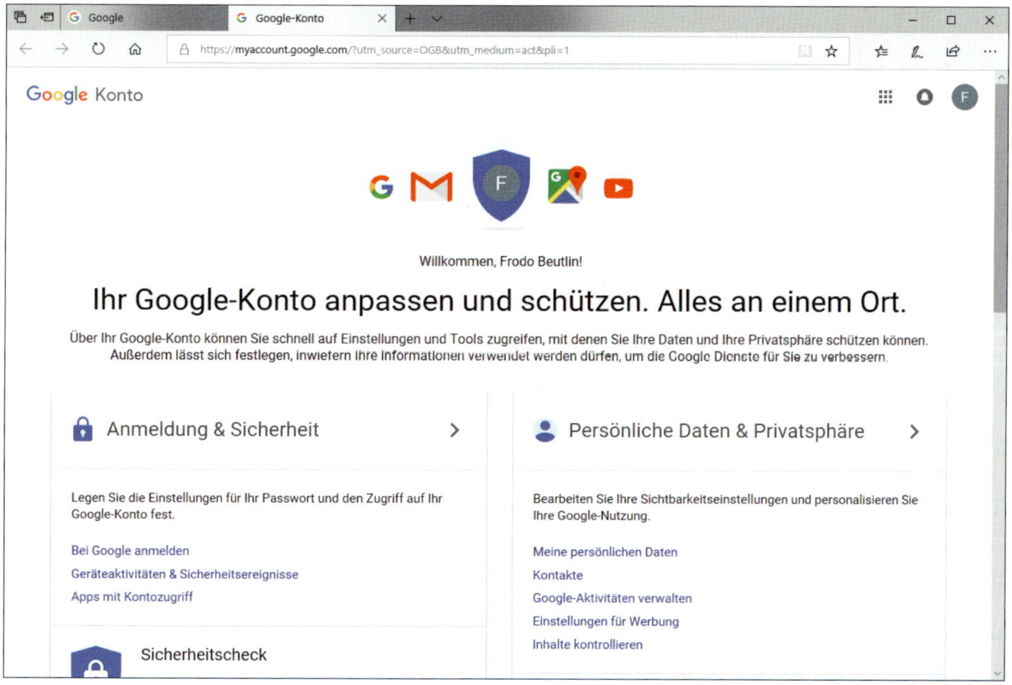


*Kontoeinstellungen des eigenen Google-Kontos.*

Geänderte Einstellungen werden automatisch auch auf dem Smartphone übernommen.

Wenn Sie das Passwort des Google-Kontos am PC ändern, müssen Sie dieses natürlich auf dem Smartphone neu eingeben.

# Sicherheitssperre einrichten

Der Sperrbildschirm dient nicht nur als Schutz vor versehentlichem Berühren, er kann auch als Zugangssperre eingesetzt werden, um Fremden die Nutzung des Smartphones zu verweigern. Der Einrichtungsassistent fragt nach der Einrichtung des Google-Kontos, ob Sie eine Sicherheitssperre zum Schutz Ihres Telefons einrichten möchten. Dieser Schritt kann natürlich auch übersprungen werden.

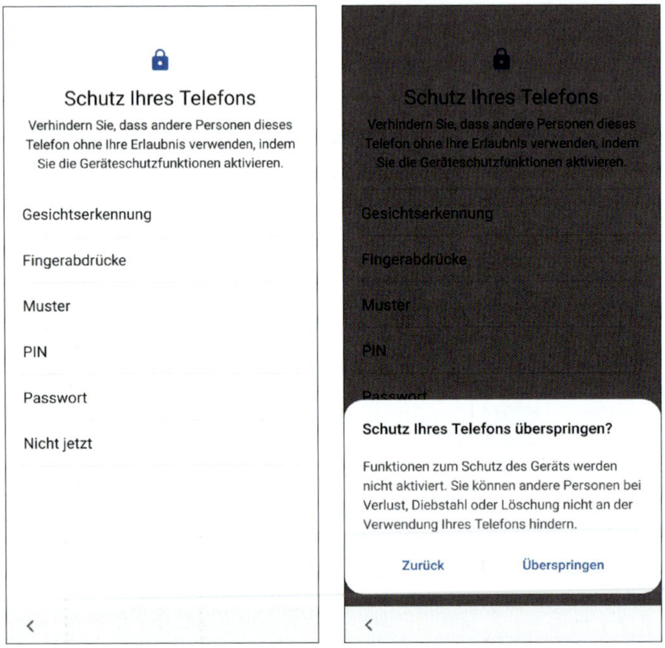


*Unterschiedliche Sicherheitssperren auswählen oder Einrichtung des Geräteschutzes überspringen.*

Möchten Sie später wieder auf eine andere Methode der Bildschirmsperre umschalten, muss aus Sicherheitsgründen die festgelegte PIN oder das Sperrmuster noch einmal eingegeben werden. Auch bei Verwendung des Fingerabdrucksensors oder der Gesichtserkennung müssen Sie ein Sperrmuster, eine PIN oder ein Passwort festlegen, um bei Versagen der anderen Erkennungsmerkmale Ihr Smartphone freischalten zu können.

### Entsperrungsmethode vergessen

Sollten Sie Ihre Entsperrungsmethode, das Passwort, die PIN oder das Sperrmuster vergessen haben, können Sie es über Ihr Samsung-Konto bei *findmymobile.samsung.com* zurücksetzen. Dabei werden auch die gespeicherten biometrischen Daten für Gesichtserkennung und Fingerabdrücke gelöscht und Sie können eine neue Entsperrungsmethode festlegen. Weitere Informationen zum Samsung-Dienst **Find My Mobile** finden Sie in Kapitel 10.

## PIN oder Passwort

Wer es vom PC gewohnt ist, bei jedem Einschalten ein Passwort oder eine PIN einzugeben, kann dies auch auf dem Smartphone tun. Beim Festlegen der PIN oder des Passworts muss diese/dieses zweimal eingegeben werden, um Tippfehler zu vermeiden. Zusätzlich können Sie noch festlegen, ob die PIN nach der letzten Ziffer automatisch das Smartphone freischaltet oder ob man erst noch auf *OK* tippen muss. Auf dem Sperrbildschirm erscheint nach dem gewohnten Wischen nach oben ein Eingabefeld für die PIN.

> INFO: Eine PIN (persönliche Identifikationsnummer) ist eine Zahlenkombination, ein Passwort kann aus beliebigen Zeichen bestehen. Android unterscheidet diese beiden Verfahren, um bei einer PIN-Eingabe eine Zifferntastatur mit deutlich größeren Tasten einzublenden, als sie die Buchstabentastatur für die Passworteingabe hat.

## Sperrmuster

Viel eleganter und einfacher als die Eingabe eines Passworts ist ein grafisches Sperrmuster. Hier muss man Rasterpunkte auf dem Bildschirm mit einer Linie verbinden. Um Fehler zu vermeiden, muss auch dieses Muster beim Einrichten zweimal gezeichnet werden. Auf dem Sperrbildschirm erscheint dann ein Punktraster, auf dem man das zuvor definierte Muster zeichnen muss, um die Bildschirmsperre zu lösen.

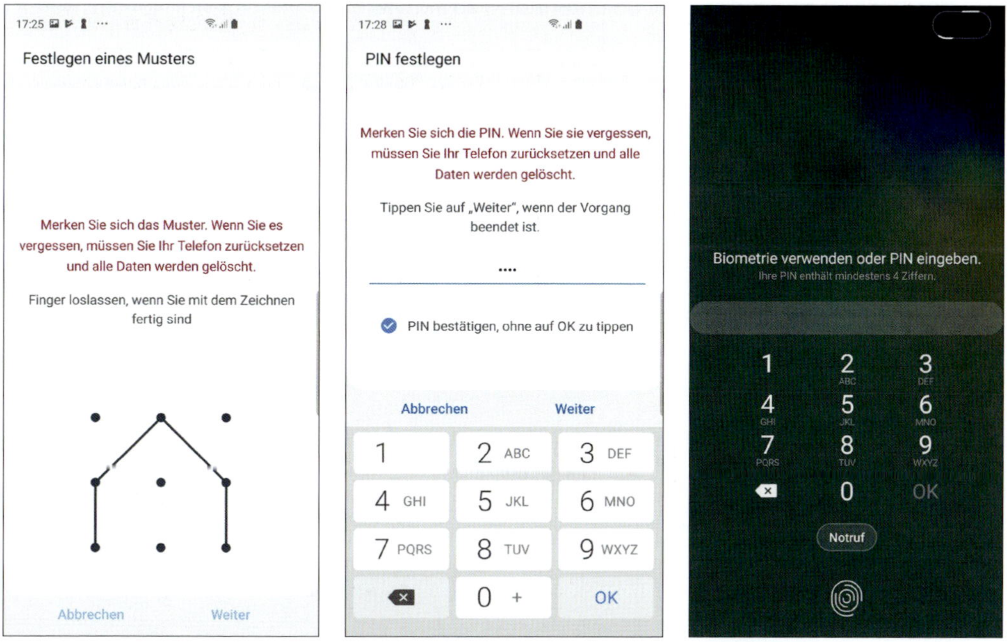


*Muster oder PIN als Bildschirmsperre. Rechts: PIN-Eingabe auf dem Sperrbildschirm.*

## Gesichtserkennung

Sie können das Samsung Galaxy S10 entsperren, indem Sie es einfach nur ansehen. Die Frontkamera kann ein gespeichertes Gesicht erkennen und genau dieser Person Zugriff auf das Smartphone gewähren und anderen nicht. Die Gesichtserkennung funktioniert erstaunlich zuverlässig.

1. Nach einem Hinweisbildschirm mit Erklärungen, wie Sie klar erkennbare Gesichtsfotos machen, erscheint das Bild der Frontkamera. Halten Sie das Gerät so, dass Ihr Gesicht innerhalb des Rahmens liegt. Wählen Sie zuerst noch aus, ob Sie gerade eine Brille tragen.
2. Die Gesichtserkennung startet. Wenn das Gesicht erkannt wurde, erscheint eine entsprechende Meldung.
3. Haben Sie die Gesichtserkennung mit Brille durchgeführt, sollten Sie danach die Brille abnehmen und noch eine weitere kurze Erkennung laufen lassen, um die Erkennungsqualität zu verbessern.
4. Am Ende kann eine schnelle Erkennung aktiviert werden, die das Gesicht deutlich schneller erkennt, in Einzelfällen aber durch ein Foto oder Video getäuscht werden kann. Hier legen Sie auch fest, ob Sie nach der Gesichtserkennung auf dem Sperrbildschirm bleiben möchten, um Benachrichtigungen zu sehen, oder direkt zum Startbildschirm oder in die zuletzt verwendete App wechseln. Mit der Option *Zum Aktivieren hochheben* sparen Sie sich einen Tastendruck oder das Streichen über den Bildschirm, um den Sperrbildschirm mit der Gesichtserkennung zu aktivieren. Diese ist sofort einsatzbereit.

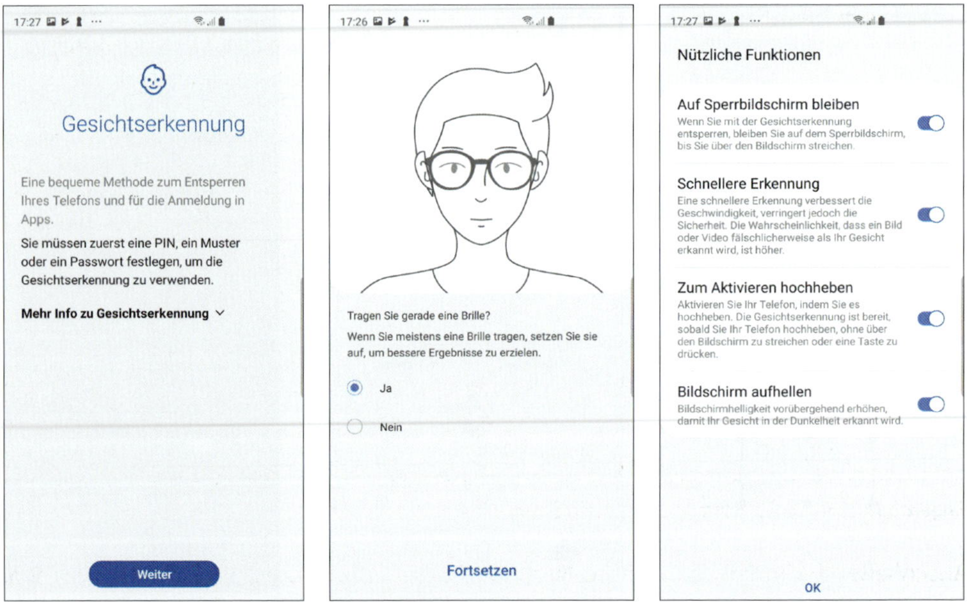


*Gesichtserkennung als Sicherheitssperre einrichten.*

Beim nächsten Einschalten wird das Smartphone sofort entsperrt, wenn Sie in die Frontkamera blicken. Konnte einige Sekunden kein gültiges Gesicht erkannt werden, können Sie die alternative Entsperrmethode verwenden.

## Fingerabdruck als Sicherheitsmerkmal

Das Samsung Galaxy S10 kann auch einen Fingerabdruck zum Entsperren verwenden. Im unteren Teil des Bildschirms ist ein neuartiger Fingerabdruckscanner eingebaut, der den Fingerabdruck mithilfe von Ultraschall erkennt. Die Vorgängermodelle hatten den Fingerabdruckscanner noch auf der Geräterückseite.

Legen Sie vor der Registrierung des Fingerabdrucks ein Sicherungspasswort, eine PIN oder ein Sperrmuster fest, mit dem Sie das Smartphone entsperren können, wenn die Erkennung des Fingerabdrucks versagt. Legen Sie dann den Finger, den Sie zum Entsperren verwenden möchten, auf den Fingerabdruckscanner. Ein Fingerabdrucksymbol zeigt dessen Lage auf dem Bildschirm. Heben Sie den Finger, nachdem Sie eine Vibration gespürt haben, wieder an. Dieses Verfahren müssen Sie so oft durchführen, wie die Fingerabdruckerkennung Sie dazu auffordert, bis der Fingerabdruck erkannt wurde. Wichtig ist natürlich, dass Sie immer denselben Finger verwenden.

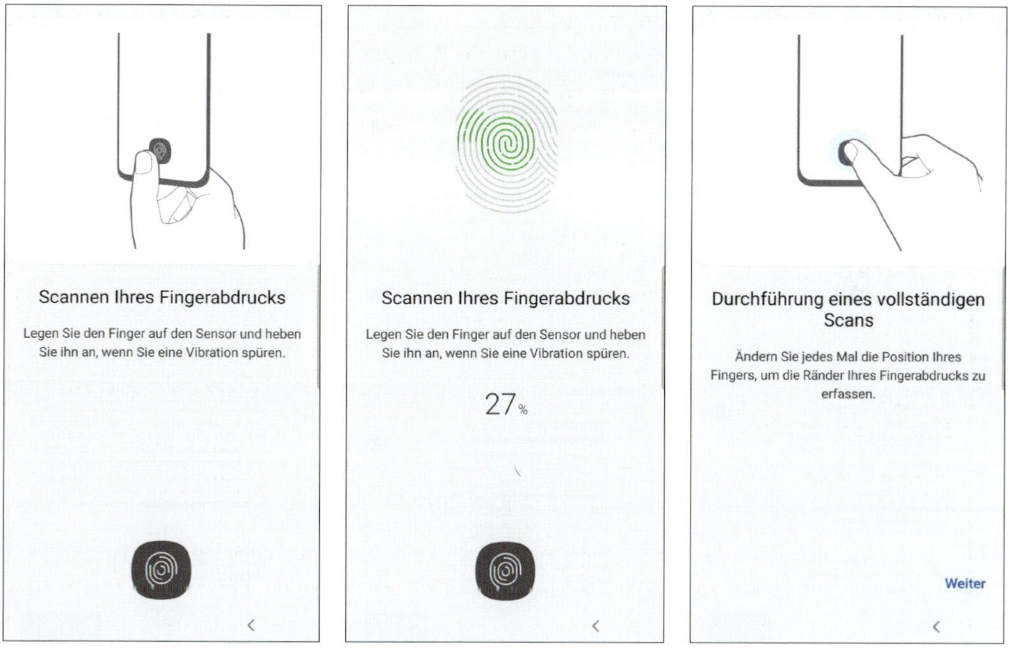


*Fingerabdruck als Sicherheitsmerkmal hinzufügen.*

Anschließend können Sie weitere Fingerabdrücke hinzufügen, die ebenfalls das Smartphone entsperren, wie zum Beispiel Finger der anderen Hand.

Auf dem Sperrbildschirm erscheint eine Meldung, die den Benutzer darauf hinweist, seinen Fingerabdruck zu scannen. Danach wird das Smartphone entsperrt. Alternativ kann man auch das Sicherungspasswort oder Sperrmuster eingeben. Bei mehreren Fehlversuchen mit dem Fingerabdruckscanner erscheint die Passwortabfrage automatisch. Die Fingerabdrucksperre funktioniert nur, wenn zusätzlich ein Muster, eine PIN oder ein Passwort eingerichtet ist. Wird der Sperrbildschirm einfach durch eine Streichgeste entsperrt, ist kein Fingerabdruck nötig.

### Keine Iris-Erkennung auf dem Samsung Galaxy S10

Im Gegensatz zum Vorgänger Samsung Galaxy S9 ist im Samsung Galaxy S10 kein Iris-Scanner mehr eingebaut. Das Samsung Galaxy S9 konnte die Iris im Auge, die genauso eindeutig wie ein Fingerabdruck ist, als Sicherheitsmerkmal nutzen.

## Google-Dienste einrichten

Nach dem Abschluss der Schutzeinstellungen werden auf der Seite *Google-Dienste* verschiedene Dienste angeboten, die Sie nutzen können oder auch nicht.

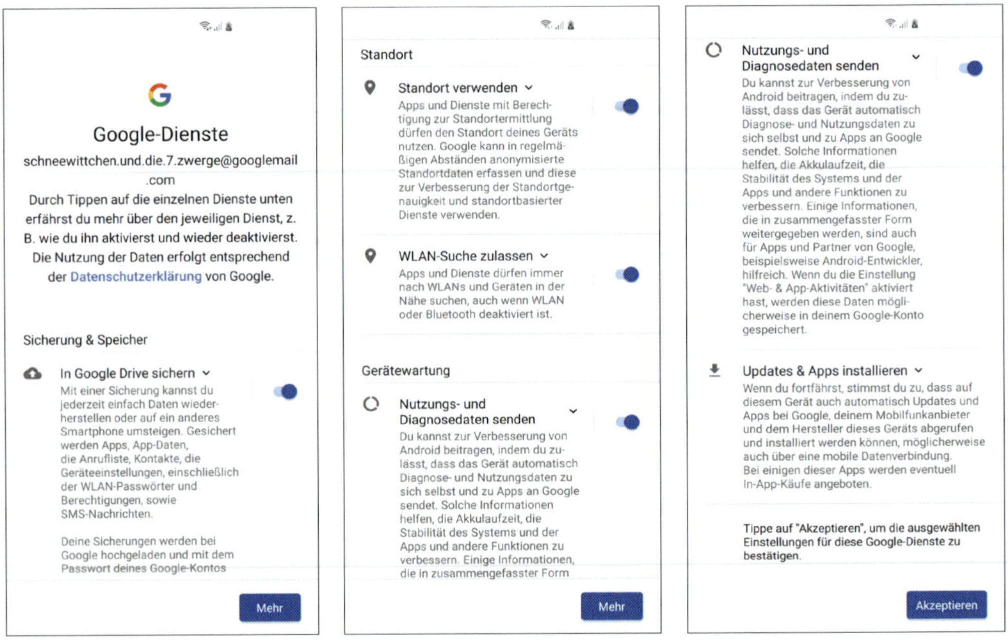


*Google-Dienste einrichten.*

Nach dem Übertragen der Daten erfolgt im nächsten Schritt die Einrichtung der Google-Dienste. Die Option *In Google Drive sichern* sollten Sie auf jeden Fall eingeschaltet lassen. So werden Ihre Apps und Einstellungen im Google-Konto gesichert und lassen sich im Notfall oder bei einem Hard-Reset leicht wiederherstellen. Mit dieser Einstellung können Sie auch Daten von früheren Android-Smartphones, die im Google-Konto gesichert wurden, auf dem neuen Smartphone wiederherstellen.

Weiter unten sollten Sie noch zustimmen, dass Google Standortdaten Ihres Gerätes nutzen darf. Viele Apps werden dadurch erst sinnvoll, dass Informationen aus der näheren Umgebung angezeigt werden können. So funktionieren unter anderem weder die Routenplanung auf Google Maps noch die Ortung eines gestohlenen Smartphones ohne Standortinformationen. Wer sich unbedingt verstecken möchte und dafür bereit ist, diverse Einschränkungen bei Apps in Kauf zu nehmen, kann die Standorterfassung hier abschalten. Die Einstellung kann später jederzeit wieder geändert werden. Im Buch gehen wir davon aus, dass alle Google-Dienste eingeschaltet sind.

Lassen Sie auch die automatischen Updates eingeschaltet, um Ihr Smartphone immer auf dem neusten Stand zu halten.

# Weitere Apps installieren

Auf früheren Geräten der Samsung-Galaxy-Serie waren zahlreiche Apps von Samsung vorinstalliert. Auf dem Samsung Galaxy S10 erscheint stattdessen eine Liste, in der Sie auswählen können, welche der Samsung-Apps Sie automatisch herunterladen und installieren möchten.

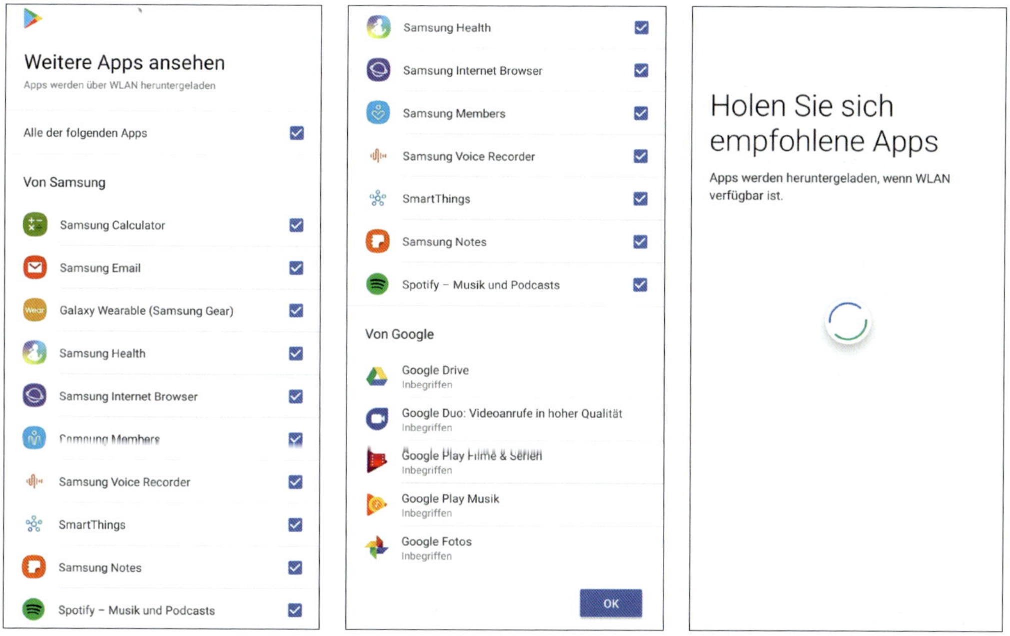


*Vorgeschlagene Samsung- und Google-Apps installieren.*

- **Samsung Calculator** – ein einfacher Taschenrechner mit Einheitenkonverter.
- **Samsung Email** – die klassische E-Mail-App auf Samsung-Smartphones ist heute in den meisten Fällen nicht mehr nötig, da die vorinstallierte Gmail-App auch andere Mailkonten nutzen kann.
- **Galaxy Wearable (Samsung Gear)** – eine App zur Kommunikation mit der Samsung-Smartwatch Gear. Wer keine Samsung-Smartwatch nutzt, braucht auch diese App nicht.
- **Samsung Health** – eine Fitness-Tracker-App, die sportliche Aktivitäten aufzeichnet und Fitnesstipps liefert.
- **Samsung Internet Browser** – der klassische Browser auf Samsung-Smartphones ist heute nicht mehr nötig, da wie auf jedem Android-Smartphone Google Chrome vorinstalliert ist.
- **Samsung Members** – eine Werbe-App von Samsung, die zusätzlich auch Diagnosefunktionen für das Smartphone enthält.
- **Samsung Voice Recorder** – eine App zur Aufnahme kurzer Sprachnotizen.
- **SmartThings** – Steuerung von Smarthome-Geräten über das Samsung Galaxy S10. Wer keine IoT-Geräte von Samsung nutzt, braucht auch diese App nicht.
- **Samsung Notes** – ein einfacher Notizblock auf dem Smartphone.
- **Spotify** – die App des beliebten Musik-Streamingdienstes.

Die Google-Apps weiter unten in dieser Liste sind zum sinnvollen Betrieb des Smartphones erforderlich und werden automatisch installiert.

## Das Samsung-Konto

Nach der Einrichtung des Google-Kontos fordert Sie das Samsung Galaxy S10 – wie alle Samsung-Smartphones – auf, bei der Ersteinrichtung ein Samsung-Konto einzurichten. Diesen Schritt können Sie überspringen, dann stehen aber einige Samsung-Dienste nicht zur Verfügung. Samsung bietet unter anderem eine Onlinedatensicherung an sowie die Möglichkeit, ein verlorenes oder gestohlenes Smartphone zu orten. Dafür ist ein Samsung-Konto erforderlich. Außerdem gibt es von Zeit zu Zeit speziell für Nutzer von Galaxy-Smartphones Apps kostenlos, die im Google Play Store kostenpflichtig sind.

1. Wenn Sie bereits ein Samsung-Konto haben, weil Sie früher schon ein Samsung-Smartphone genutzt haben, tippen Sie auf *Anmelden* und geben Ihre Benutzerdaten ein.
2. Haben Sie noch kein Samsung-Konto, tippen Sie auf *Konto erstellen*. Danach sind einige persönliche Daten einzugeben. Alternativ können Sie sich auch mit Ihrem Google-Konto registrieren. Sie müssen dann nur noch ein eigenes Passwort für das Samsung-Konto festlegen.
3. Sollten Sie Daten eines früheren Samsung-Smartphones in der Samsung Cloud gespeichert haben, können Sie diese auf dem Samsung Galaxy S10 auf dem nächsten Einrich-

tungsbildschirm wiederherstellen. Wählen Sie dazu das alte Gerät und die wiederherzustellenden Sicherungsdaten aus.

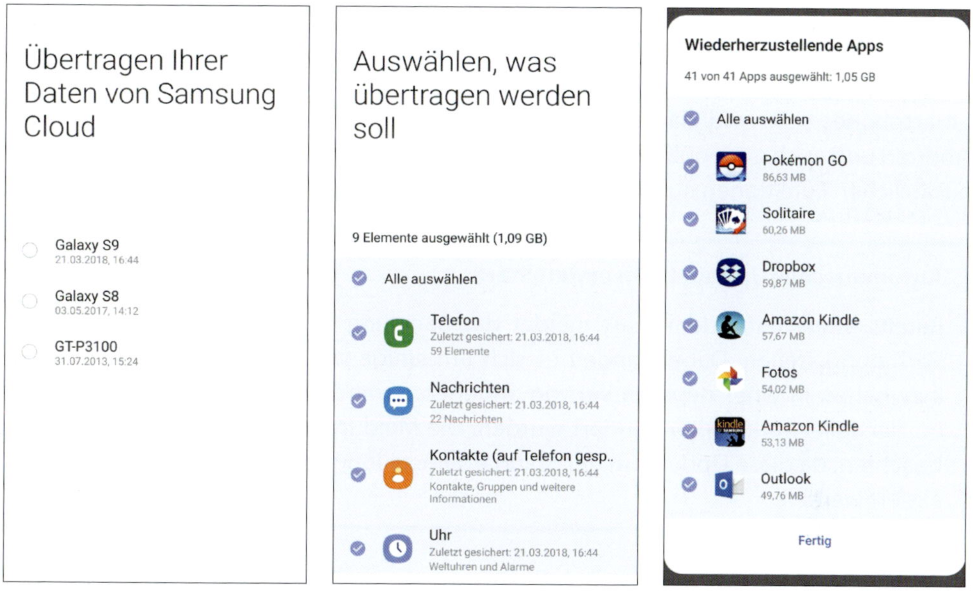


*Samsung-Konto anmelden und Daten und Apps vom alten Smartphone übertragen.*

4. Die Benachrichtigungen diverser Apps, die beim Erststart auftauchen, können Sie zunächst mal ignorieren. Je nach Geschwindigkeit der Internetverbindung dauert es noch einige Minuten, bis die Apps automatisch installiert und eingerichtet sind.

## SIM-Karten auswählen

Im nächsten Schritt legen Sie fest, welche der eingelegten SIM-Karten zum Telefonieren, welche für SMS und welche für die Internetverbindung (*Mobile Daten*) genutzt werden soll. Wenn Sie eine Nummer wählen, haben Sie immer die Auswahl zwischen beiden SIM-Karten.

Danach erscheint der Startbildschirm und Sie können Ihr neu eingerichtetes Smartphone nutzen.

*SIM-Karte für Telefon und Daten auswählen.*

# One UI – die Benutzeroberfläche des Samsung Galaxy S10

Nachdem Sie den letzten Schritt der Ersteinrichtung durchlaufen haben, zeigt das Samsung Galaxy S10 seinen Startbildschirm, der in Zukunft die alltägliche Oberfläche Ihres neuen Smartphones sein wird. Samsung hat diesen Startbildschirm gegenüber dem Standard-Android und auch gegenüber früheren Samsung-Smartphone-Modellen erweitert und mit zusätzlichen Funktionen ausgestattet.

### Automatisches Update beim ersten Start

Bereits direkt nach dem Start meldet das Samsung Galaxy S10, dass Updates zur Verfügung stehen. Dabei handelt es sich um einige vorinstallierte Google-Apps, die inzwischen in einer neueren Version angeboten werden als der, mit der die Geräte im Herstellerwerk vorkonfiguriert wurden. Die Meldung brauchen Sie nicht weiter zu beachten, da diese Updates in der Standardeinstellung über WLAN automatisch aktualisiert werden.

Die Benutzeroberfläche von Android-Smartphones wird über den Touchscreen bedient und zeigt für jede Funktion wie auch für jede App klare Symbole an, sodass Sie sich nicht wie auf dem PC unter Windows durch verschachtelte Menüs klicken müssen.

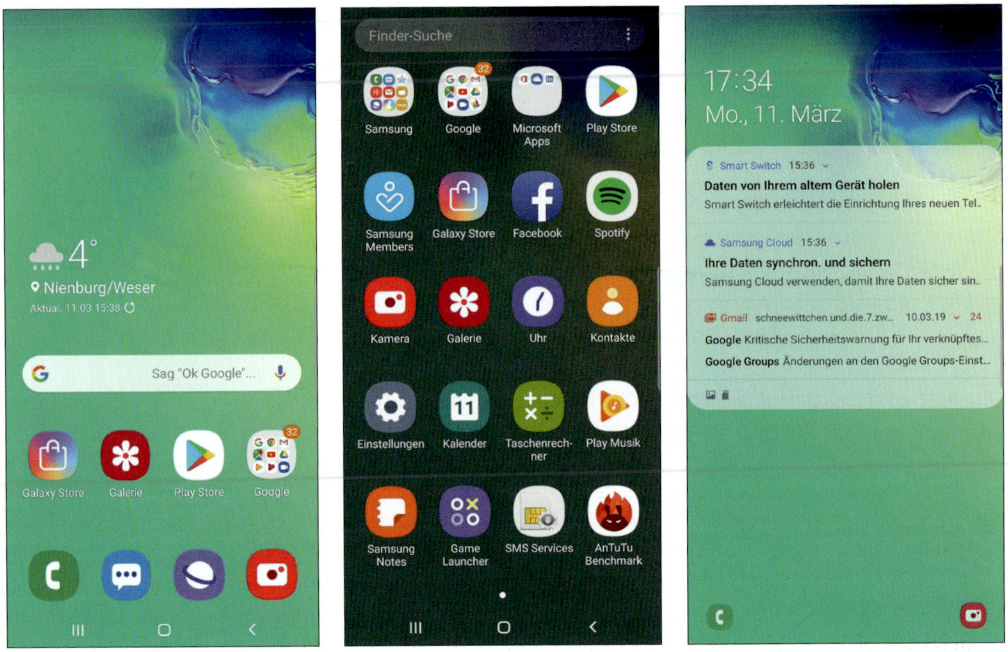


*Startbildschirm, App-Liste und Sperrbildschirm auf dem Samsung Galaxy S10.*

Samsung verwendet eine eigene Android-Oberfläche **One UI** auf dem Samsung Galaxy S10. Diese wurde gegenüber dem ehemaligen Samsung Experience des Samsung Galaxy S9 und TouchWiz früherer Galaxy-Modelle wieder einmal wesentlich verändert. Sie unterscheidet sich aber immer noch deutlich vom Android-Standard.

## Startbildschirm und Apps

In der Grundeinstellung zeigt der Startbildschirm ein Google-Suchfeld und ein paar vordefinierte App-Symbole an. Als Benutzer kann man seine wichtigsten Apps und Widgets auf dem Startbildschirm zum schnellen Zugriff ablegen.

Der Startbildschirm auf dem Samsung Galaxy S10 besteht aus mehreren Bildschirmseiten, die persönlich konfigurierbar sind. Zwischen diesen können Sie mit einer horizontalen Fingerbewegung auf dem Touchscreen hin- und herschalten. Auf welchem der Bildschirme Sie sich gerade befinden, zeigt der leuchtende Punkt in der Reihe im unteren Bildschirmbereich. Das kleine Haussymbol bezeichnet den Standard-Startbildschirm. Am Anfang ist nur die erste Startbildschirmseite mit Apps belegt.

*Eine vertikale Wischgeste öffnet vom Startbildschirm aus die App-Liste und umgekehrt. Eine horizontale Wischgeste wechselt zwischen den Startbildschirmseiten.*

Wischen Sie auf dem Startbildschirm von unten nach oben, öffnet sich eine Liste aller installierten Apps. Von hier aus lässt sich jede App durch Antippen ihres Symbols starten. Mit der gleichen Geste kommen Sie auch wieder zurück zum Startbildschirm.

Füllt die App-Liste mehr als einen Bildschirm, kann man wie auf dem Startbildschirm mit einer horizontalen Fingerbewegung zwischen mehreren Seiten wechseln.

### App-Liste sortieren

Standardmäßig werden neu installierte Apps am Ende der App-Liste angehängt, was nicht gerade zur Übersichtlichkeit beiträgt. Über das Menü mit den drei Punkten rechts oben können Sie die App-Liste alphabetisch sortieren.

Apps, die Sie häufig benötigen, können Sie direkt auf dem Startbildschirm ablegen. Halten Sie dazu den Finger länger auf einer App in der Liste. Es erscheint ein kleines Menü. Tippen Sie hier auf *Zu Start hinzufügen*.

*App auf dem Startbildschirm ablegen und verschieben.*

Neu hinzugefügte Apps erscheinen standardmäßig nicht auf der ersten Startbildschirmseite, sondern auf einer neuen. Zwischen beiden Seiten wechseln Sie mit einer horizontalen Wischbewegung hin und her.

Sie können Apps auf eine andere Position oder eine andere Bildschirmseite auf dem Startbildschirm ziehen. Tippen Sie länger auf die zu verschiebende App. Auf dem Startbildschirm erscheint ein Punktraster zur Anordnung der Apps. Schieben Sie das App-Symbol an die gewünschte Position und lassen Sie es dort wieder los.

Am linken Bildschirmrand der neuen Startbildschirmseite erscheint der angedeutete Rand der ersten Startbildschirmseite. Schieben Sie ein App-Symbol über den Rand hinaus, wird sie auf die erste Seite verschoben. Genauso können Sie eine App nach rechts über den Rand schieben. Dann wird eine neue Startbildschirmseite angelegt, auf der Sie diese App platzieren können. Es ist auch möglich, eine App direkt aus der App-Liste an die gewünschte Position auf dem Startbildschirm zu ziehen.

Um eine App vom Startbildschirm wieder zu entfernen, halten Sie den Finger länger darauf, bis ein Menü erscheint. Tippen Sie auf *Von Start entfernen*, wird die App vom Startbildschirm gelöscht, aber nicht deinstalliert. In der Liste der Apps bleibt sie weiterhin verfügbar und kann auch jederzeit wieder auf den Startbildschirm geholt werden.

## Mehr Apps auf dem Startbildschirm und in der App-Liste anzeigen

In der Grundeinstellung zeigen der Startbildschirm und die App-Liste nur ein Raster von 4 x 5, insgesamt maximal 20 Apps auf einer Bildschirmseite. Durch engere Abstände und eine etwas kleinere Darstellung lassen sich aber wesentlich mehr – genauer bis zu 30 – Apps gleichzeitig auf einer Bildschirmseite darstellen.

1. Tippen Sie länger auf eine freie Fläche auf dem Startbildschirm, bis der Bearbeitungsmodus mit zusätzlichen Symbolen erscheint.
2. Tippen Sie auf das Symbol *Startseiten-Einstellungen*.

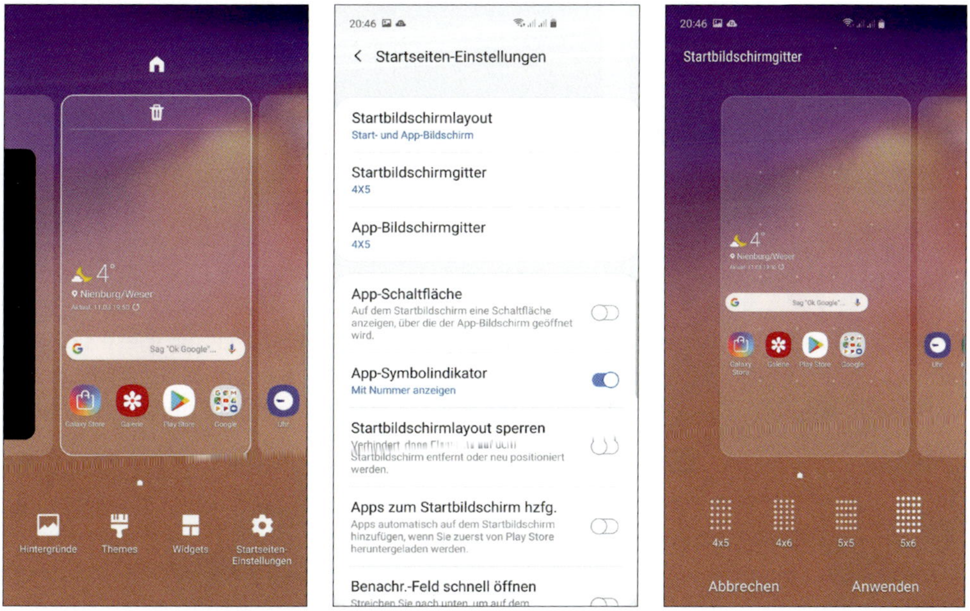


*Bildschirmgitter auf dem Startbildschirm verändern, um mehr Apps anzuzeigen.*

3. Auf dem nächsten Bildschirm sehen Sie die aktuellen Einstellungen für *Startbildschirmgitter* und *App-Bildschirmgitter.*

4. Tippen Sie auf eine dieser Einstellungen, können Sie das Raster für die App-Symbole auf dem Startbildschirm und dem App-Bildschirm verändern. Vorschaubilder zeigen die Wirkung sofort an.

5. Der Schalter *App-Schaltfläche* zeigt unten rechts auf dem Startbildschirm ein Symbol, mit dem man wie in früheren Android-Versionen vom Startbildschirm zur App-Liste kommt – anstatt den Bildschirm nach oben zu schieben.

*Bildschirmgitter auf dem App-Bildschirm verändern. Rechts unten: Die App-Schaltfläche auf dem Startbildschirm.*

## Startbildschirmseiten anordnen

Haben Sie für Ihre Apps mehrere Startbildschirmseiten angelegt, lassen diese sich frei anordnen. Halten Sie den Finger länger auf eine freie Stelle auf dem Startbildschirm, um in den Bearbeitungsmodus zu gelangen. Hier können Sie die Seiten in die gewünschte Reihenfolge ziehen.

Um eine Startbildschirmseite zu löschen, tippen Sie auf das Papierkorbsymbol oben rechts. Um eine neue Seite anzulegen, tippen Sie auf das Vorschaubild der Seite ganz rechts außen mit dem Pluszeichen. Tippen Sie in einer Seitenvorschau oben auf das Haussymbol, um diese Seite als Startseite festzulegen, die aufgerufen wird, wenn Sie die Home-Taste drücken.

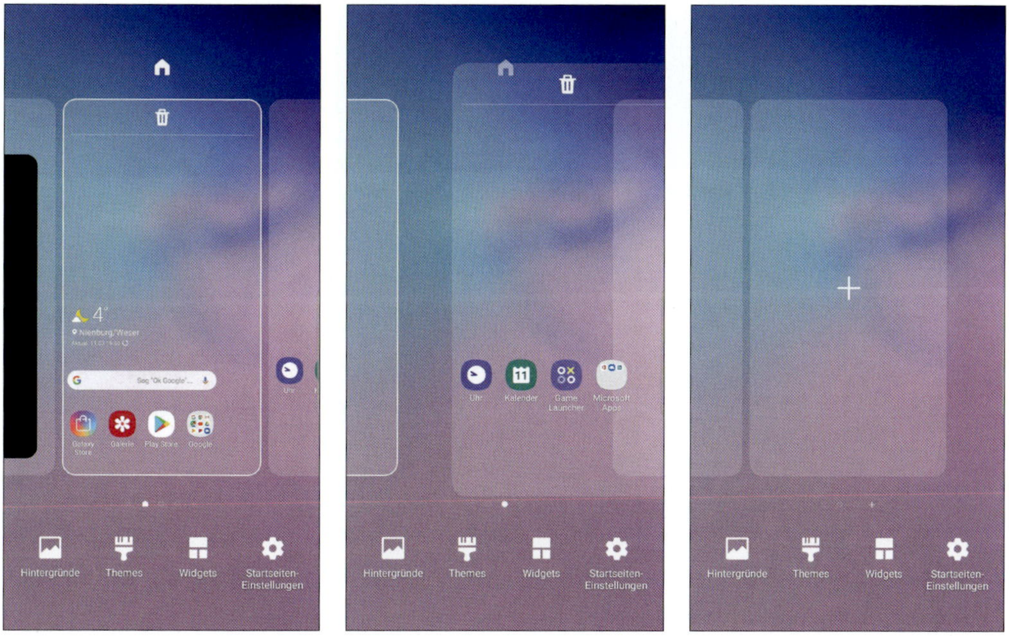


*Startbildschirmseiten verschieben und neu anlegen.*

## Ordner für Apps

Bei vielen installierten Apps verliert man schnell die Übersicht auf dem Startbildschirm. Ordner für Apps bringen Ordnung auf den Startbildschirm und in die App-Liste. Diese Ordner sind Symbole mit den automatisch darin gestapelten Symbolen der Apps, die in dem Ordner liegen. Ordner mit *Samsung-Apps*, *Google-Apps* und *Microsoft-Apps* sind in der App-Liste auf dem Samsung Galaxy S10 bereits vorinstalliert.

1. Ziehen Sie zunächst eine App auf den Startbildschirm.
2. Ziehen Sie eine zweite App aus der App-Liste auf ein vorhandenes App-Symbol, wird automatisch ein Ordner erstellt.
3. Tippen Sie auf einen Ordner, werden die darin enthaltenen Apps angezeigt und können durch Antippen gestartet werden.
4. Weitere Apps können einfach auf das Ordnersymbol gezogen und dann im Ordner an eine beliebige Position geschoben werden.
5. Tippen Sie auf die Bezeichnung *Ordnernamen eingeben* und geben Sie dem Ordner einen Namen.
6. Tippen Sie auf das Farbsymbol oben rechts neben dem Ordnernamen, um dem Ordnersymbol eine Hintergrundfarbe zu geben.

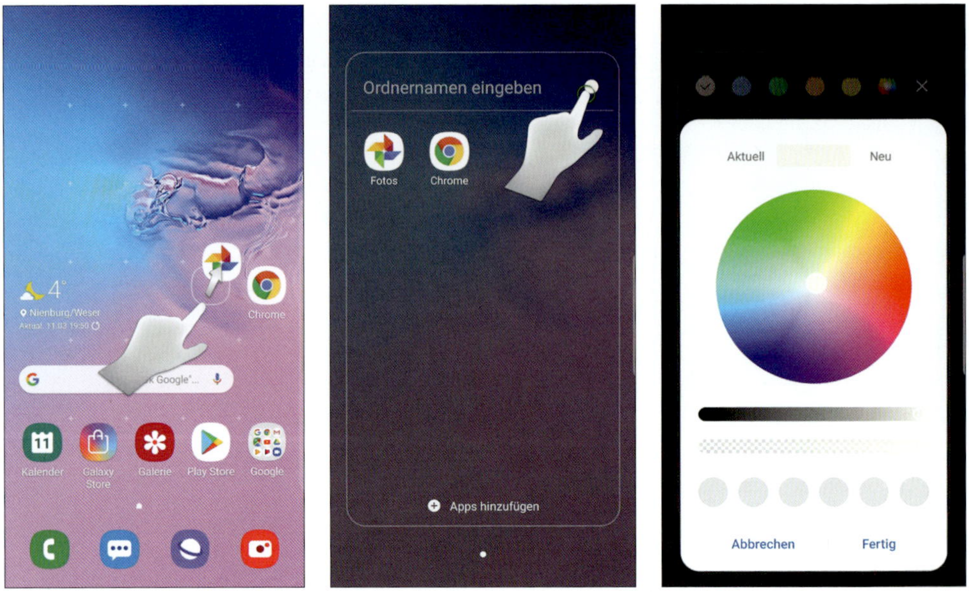


*Ordner anlegen und bearbeiten.*

7. Tippen Sie im Ordner auf *Apps hinzufügen*, um aus einer alphabetischen Liste mehrere Apps auszuwählen und dem Ordner hinzuzufügen. Weitere Apps können auch einfach auf das Ordnersymbol gezogen und dann im Ordner an eine beliebige Position geschoben werden.

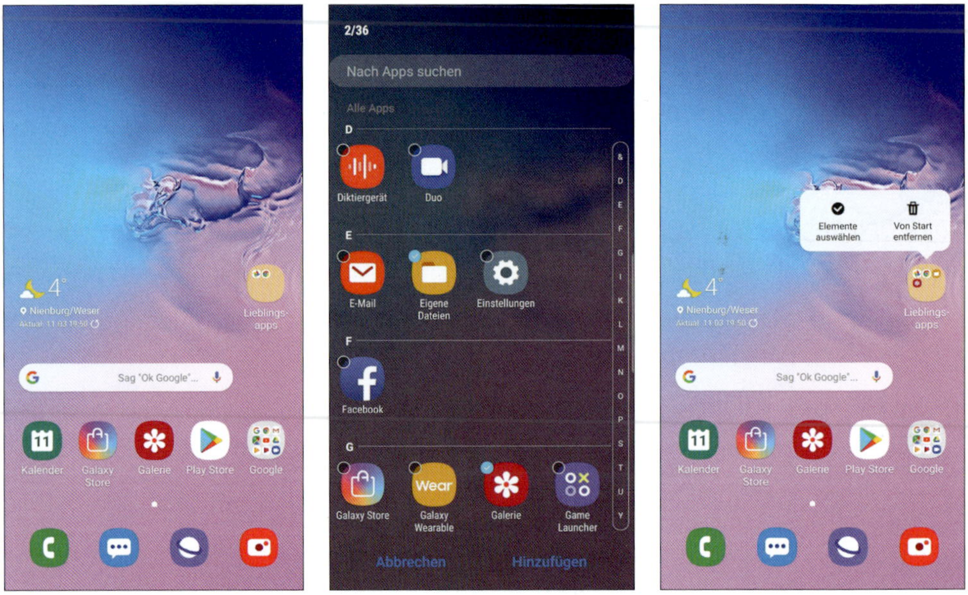


*Links: der neue Ordner, Mitte: mehrere Apps zu einem Ordner hinzufügen, rechts: Ordner löschen.*

Ordner können mehr Apps aufnehmen, als auf eine Bildschirmseite passen. Weitere Apps erreichen Sie mit einer senkrechten Wischbewegung im Ordner. Die Anordnung der Apps im Ordner lässt sich durch Ziehen der App-Symbole verändern.

Um den Ordner vom Startbildschirm zu entfernen, halten Sie den Finger länger darauf und tippen auf das Symbol *Von Start entfernen*. Der Ordner wird entfernt. Die Apps bleiben installiert. Wenn Sie die vorinstallierten Ordner in der App-Liste stören, können Sie diese auf die gleiche Weise löschen. Die Apps bleiben erhalten und erscheinen dann direkt in der App-Liste.

Um einzelne Apps aus einem Ordner herausnehmen, halten Sie den Finger länger auf dem App-Symbol im Ordner und ziehen es nach oben aus dem Ordner heraus. Das App-Symbol wird aus dem Ordner auf eine freie Fläche des Startbildschirms verschoben. Wenn sich nur noch eine App im Ordner befindet, wird der Ordner automatisch aufgelöst und die App erscheint ohne Ordner auf dem Startbildschirm.

## Die Schnellstartleiste für wichtige Apps

Vier besonders wichtige Apps sind in der sogenannten Schnellstartleiste auf jeder Seite des Startbildschirms am unteren Rand immer zu sehen. In der Grundeinstellung sind das die Apps *Telefon*, *Nachrichten* (SMS), *Internet* (Browser) und *Kamera*.

*Die vorinstallierte Schnellstartleiste mit vier wichtigen Apps.*

Auch wenn Sie auf dem Startbildschirm ein engeres Raster für die Apps verwenden, bleibt es zunächst bei vier Apps in der Schnellstartleiste. Eine fünfte App können Sie einfach zwischen zwei Symbole ziehen. Die vorhandenen Symbole rutschen automatisch etwas zusammen und geben Platz frei. So lassen sich fünf Apps in der Schnellstartleiste anzeigen.

Auf den vorhandenen Positionen können Sie statt der vorgegebenen Apps auch andere platzieren, die Sie häufig benötigen. Verwenden Sie z. B. lieber den gewohnten Browser Google Chrome, der deutlich mehr Möglichkeiten bietet als der einfache Samsung-Browser, ersetzen Sie das Internetsymbol einfach:

1. Tippen Sie länger auf die nicht mehr benötigte App in der Schnellstartleiste und wählen Sie im Menü *Von Start entfernen*.
2. Öffnen Sie mit einer vertikalen Wischbewegung die App-Liste. Halten Sie dann den Finger länger auf einer App, zum Beispiel den Chrome-Browser, und tippen Sie auf *Zu Start hinzufügen*. Das App-Symbol erscheint auf dem Startbildschirm.
3. Ziehen Sie das Symbol nach unten auf die freie Position in der Schnellstartleiste.

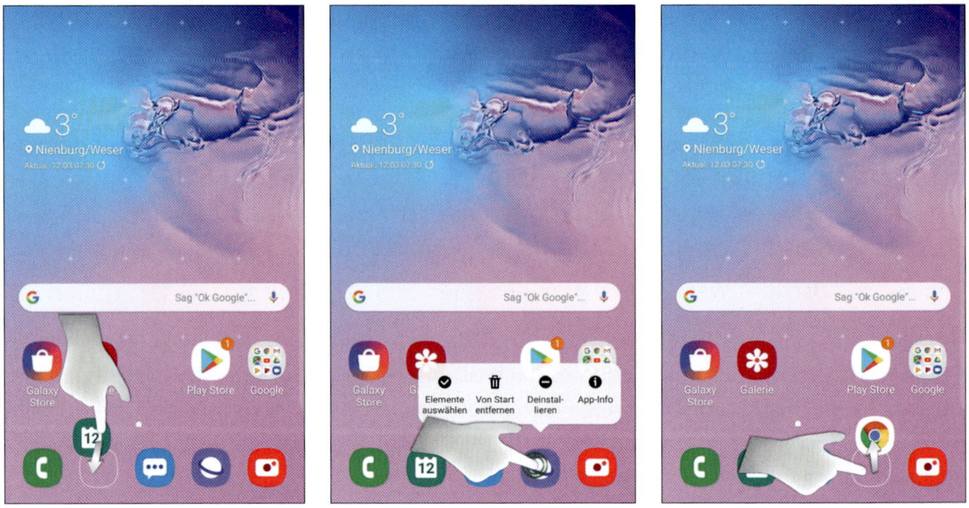


*Links: Fünfte App zur Schnellstartleiste hinzufügen, Mitte und rechts: Browser in der Schnellstartleiste austauschen.*

## App-Shortcuts

Unterstützt eine App die sogenannten App-Shortcuts, erscheinen wichtige Funktionen dieser App als Symbole, wenn Sie auf dem Startbildschirm oder in der App-Liste länger auf diese App tippen.

1. Tippen Sie auf eines dieser Symbole, wird direkt die jeweilige Funktion der App aufgerufen, zum Beispiel ein Termin angelegt oder eine E-Mail geschrieben.

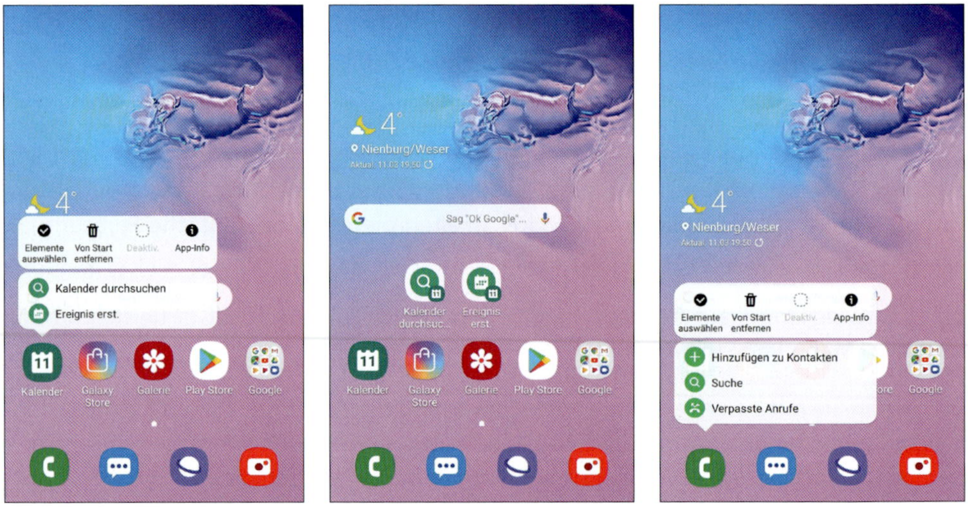


*App-Shortcuts nutzen und auf den Startbildschirm legen. Rechts: Auch Symbole der Schnellstartleiste unterstützen App-Shortcuts.*

2. Ziehen Sie eines der Symbole auf den Startbildschirm, können Sie es dort einfach wie ein App-Symbol antippen, um die jeweilige Funktion der App aufzurufen. Das Symbol lässt sich wie jedes andere App-Symbol frei verschieben oder auch wieder entfernen.

## Wetter auf dem Startbildschirm

Auf dem Startbildschirm des Samsung Galaxy S10 ist in der Grundeinstellung in der Mitte ein kleines Wolkensymbol mit einem Pluszeichen zu sehen. Hier können Sie sich direkt auf dem Startbildschirm Wetterdaten zum aktuellen Standort anzeigen lassen. Tippen Sie darauf, um den aktuellen Standort festzulegen.

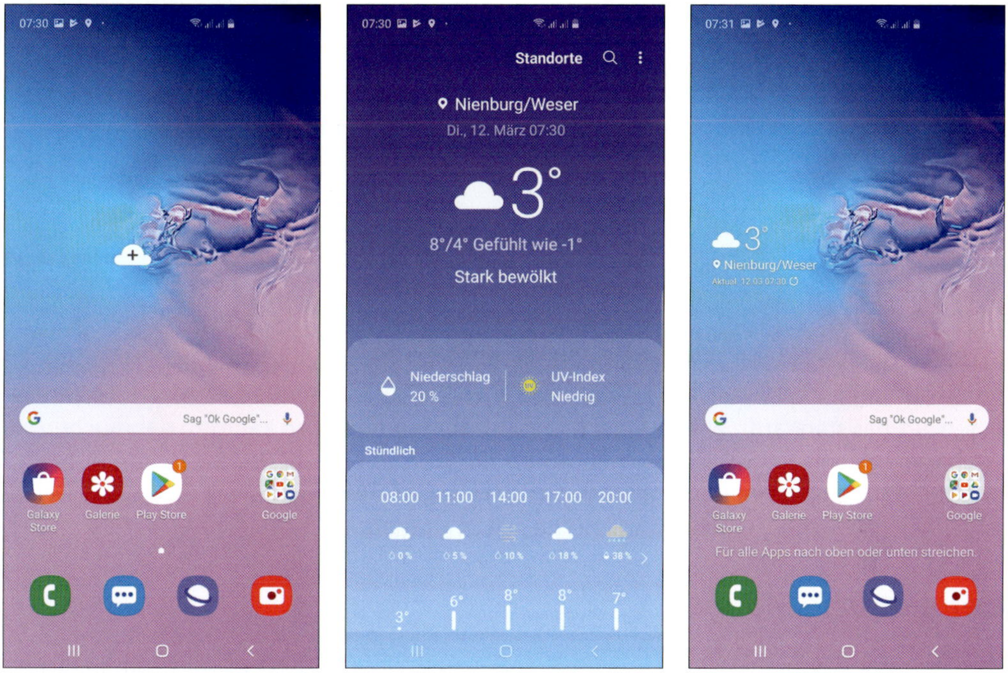


*Wetter-Widgets auf dem Startbildschirm hinzufügen.*

Tippen Sie auf das neue Wetter-Widget auf dem Startbildschirm, sehen Sie jederzeit die aktuellen Wetterdaten. Weiter unten in der Wetteransicht finden Sie die Zeiten für Sonnenauf- und -untergang sowie Daten zum Luftindex. Wischen Sie einmal auf dem Bildschirm von oben nach unten, um die Daten zu aktualisieren. Das Wetter-Widget zeigt die Uhrzeit der letzten Aktualisierung an.

Das Symbol *Standorte* oben in der Detailansicht ermöglicht es, neben dem aktuellen Standort auch persönliche Lieblingsorte hinzuzufügen, die dann in der Wetter-App mit angezeigt werden. Eine senkrechte Wischbewegung auf dem Wettersymbol auf dem Startbildschirm wechselt dort zwischen den voreingestellten Orten.

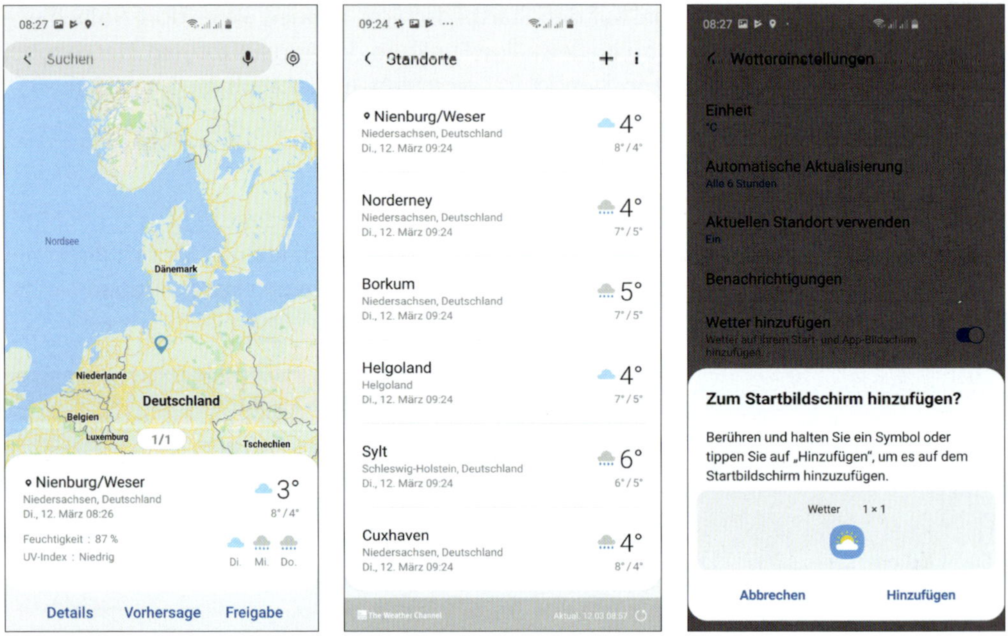


*Orte hinzufügen und Einstellungen der Wetter-App.*

In den Einstellungen der Wetter-App, die Sie über das Menüsymbol mit den drei Punkten oben rechts erreichen, stellen Sie unter anderem das Aktualisierungsintervall für die Wetterdaten ein, das standardmäßig nur auf sechs Stunden steht und so kaum zu gebrauchen ist. Weiterhin können Sie ein Symbol zum Aufruf der Wetter-App auf den Startbildschirm und den App-Bildschirm legen und die Wetter-App Benachrichtigungen zum aktuellen Wetter in der Benachrichtigungsleiste und auf dem Sperrbildschirm anzeigen lassen.

## Der einfache Modus

Wem die Standardoberfläche zu kleinteilig oder zu unübersichtlich ist, kann das Samsung Galaxy S10 auch im sogenannten einfachen Modus betreiben. Dabei handelt es sich um eine vereinfachte Oberfläche, auf der Apps und Kontakte mit großen Symbolen dargestellt werden. Die Schrift in allen Apps wird vergrößert.

Um in den einfachen Modus zu wechseln, tippen Sie in den *Einstellungen* unter *Anzeige* auf *Einfacher Modus*, wählen den einfachen Modus aus und tippen anschließend auf *Anwenden*. Mit der Option *Standardmodus* kommen Sie jederzeit wieder zurück. Im Gegensatz zu früheren Smartphones der Samsung-Galaxy-Serie sind die Apps und Einstellungen im einfachen Modus auf dem Samsung Galaxy S10 nicht mehr eingeschränkt.

Links neben der ersten Startbildschirmseite befindet sich im einfachen Modus eine weitere Bildschirmseite, auf der Sie wichtige Kontaktpersonen als Symbole hinzufügen können.

*Kontakte, Startbildschirm und App-Liste im einfachen Modus.*

# Die Tasten auf dem Samsung Galaxy S10

Das Samsung Galaxy S10 verfügt über insgesamt vier mechanische Tasten, obwohl in den meisten Fällen die Bedienung ausschließlich über den Touchscreen erfolgt.

1. Der obere Teil der Lautstärketaste schaltet den Klingelton oder laufende Musik lauter.
2. Der untere Teil der Lautstärketaste schaltet den Klingelton oder laufende Musik leiser.
3. Die Bixby-Taste ruft den Samsung-Sprachassistenten Bixby auf. Diese Taste kann aber auch für andere Apps belegt werden.
4. Der Ein-/Ausschalter schaltet den Bildschirm ein oder aus. Das Samsung Galaxy S10 bleibt weiterhin aktiv, um eingehende Anrufe oder Nachrichten anzunehmen. Bei langem Drücken des Ausschalters erscheinen Symbole, um das Gerät neu zu starten oder wirklich ganz auszuschalten.

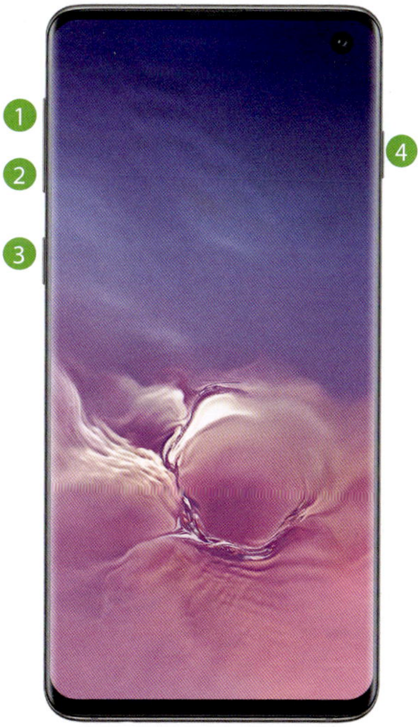


*Die Tasten auf dem Samsung Galaxy S10.*

## Die Touch-Symbole am unteren Bildschirmrand

Auf allen Android-Smartphones wird am unteren Bildschirmrand eine Navigationsleiste mit drei Symbolen eingeblendet, die allerdings auf dem Samsung Galaxy S10 anders aussehen und auch anders angeordnet sind.

*Navigationsleiste am unteren Bildschirmrand.*

### Home-Taste

Die Home-Taste führt immer zurück zum Startbildschirm, egal, in welcher App man gerade ist. Drückt man länger auf die Home-Taste, erscheint der Google Assistant, die Sprachsteuerung von Google für Android-Smartphones. Beim ersten Aufruf müssen Sie ein paar Berechtigungen erteilen, damit der Google Assistant seine Arbeit leisten kann.

### App-Übersicht

Das Quadrat rechts unten hat die Funktion, die App-Übersicht anzuzeigen. Hier wird eine Liste der zuletzt verwendeten Apps eingeblendet. Auf diesem Weg können Sie schnell zu einer der angezeigten Apps wechseln, indem Sie horizontal durch die Liste scrollen. Schieben Sie eine App nach oben aus der Liste heraus, um sie zu entfernen. Tippen Sie unten auf *Alle schließen*, um alle Apps zu schließen.

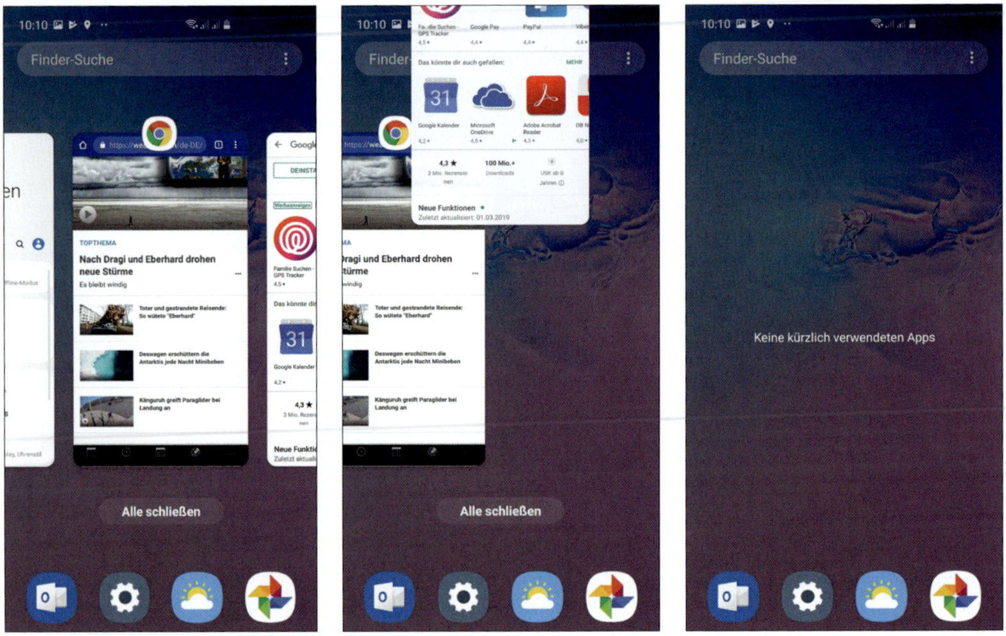


*Die Liste aktuell verwendeter Apps und Bildschirmteilung.*

Am unteren Bildschirmrand werden häufig verwendete, aber nicht unbedingt im Hintergrund laufende Apps als Symbole angezeigt, um schnell zu diesen Apps zu wechseln.

> **Schneller App-Wechsel**
>
> Tippen Sie zweimal kurz hintereinander auf das Quadratsymbol, wechseln Sie damit zwischen den beiden zuletzt verwendeten Apps, ohne den langen Weg über die App-Liste gehen zu müssen.

### Zurück

Mit der Zurück-Taste geht man immer einen Schritt zurück. Die meisten Apps unterstützen diese Taste auf eigene Weise. So gelangt man zum Beispiel im Browser zur zuletzt angezeigten Webseite zurück. In einigen Dateimanagern kommt man damit eine Ordnerebene nach oben. Langes Drücken der Zurück-Taste kann ebenfalls von jeder App anders genutzt werden. Das entscheiden die App-Entwickler, hier gibt es keinen Standard.

> **Symbole auf Android-Standard setzen**
>
> Wer von einem anderen Android-Smartphone auf ein Samsung Galaxy S10 umgestiegen ist, wird oft auf das falsche Symbol tippen, da sich Samsung hier nicht an den Standard von Android hält. Auf klassischen Android-Smartphones befindet sich die Zurück-Taste links und die App-Übersicht rechts. In den *Einstellungen* unter *Anzeige/Navigationsleiste* können Sie die Anordnung der drei Schaltflächen vom Samsung-Stil auf den Android-Standard umstellen. Hier können Sie auch festlegen, die Navigationsleiste ganz auszublenden und stattdessen Wischgesten vom unteren Bildschirmrand aus zu verwenden.

## Der Sperrbildschirm

Um ein versehentliches Aktivieren durch Berührung zu verhindern, wird beim Drücken der Einschalttaste oder beim Wischen über den Always-On-Bildschirm im gesperrten Zustand zunächst der Sperrbildschirm eingeblendet. Dieser zeigt Uhrzeit, Datum, Akkuladestand sowie eventuelle Benachrichtigungen über eingegangene E-Mails und andere Nachrichten an.

Um den Bildschirm freizugeben und das Smartphone normal benutzen zu können, wischen Sie auf dem Sperrbildschirm mit dem Finger. Wischen Sie auf dem Sperrbildschirm von links unten nach rechts, öffnet sich die Telefon-App. Wischen Sie von rechts unten nach links, öffnet sich die Kamera.

*Sperrbildschirm freigeben oder Telefon starten.*

Über eine Bildschirmsperre können Sie verhindern, dass eine fremde Person den Sperrbildschirm wegwischt und so Zugriff auf das Smartphone hat.

## Die Benachrichtigungsleiste

Kommt eine E-Mail oder eine SMS an oder möchte der Kalender an einen Termin erinnern, geschieht dies über die Benachrichtigungsleiste am oberen Bildschirmrand, ohne dass Meldungen mitten auf dem Bildschirm die Nutzung des Smartphones einschränken. In den meisten Fällen ertönt zusätzlich ein Signalton. Auch wenn eine Datei aus dem Internet heruntergeladen oder eine App aus Google Play installiert wurde, wird dies in der Benachrichtigungsleiste angezeigt. Am oberen Bildschirmrand links erscheinen entsprechende Benachrichtigungssymbole.

Die Leiste oben bleibt immer eingeblendet, egal, in welcher App man sich gerade befindet. Nur die Kamera und Apps oder Spiele im Vollbildmodus blenden diese Leiste aus. Tippen Sie auf den oberen Bildschirmrand und ziehen Sie die Benachrichtigungsleiste nach unten, um die einzelnen Benachrichtigungen zu sehen. Eine umgekehrte Wischbewegung nach oben klappt die Benachrichtigungsleiste wieder zu.

In der heruntergezogenen Benachrichtigungsleiste können Sie einzelne Benachrichtigungen direkt antippen, um zum Beispiel eine E-Mail zu lesen oder eine heruntergeladene Datei zu öffnen. Möchten Sie einzelne Benachrichtigungen entfernen, ohne die zugehörige App zu öffnen, halten Sie den Finger darauf und ziehen die Benachrichtigung nach links oder rechts aus dem Bildschirm heraus. Tippen Sie auf *Löschen*, um alle Benachrichtigungen auf einmal zu entfernen. Dies gilt nur für die Benachrichtigungen, die zugehörigen E-Mails, Nachrichten oder heruntergeladene Dateien werden nicht gelöscht.

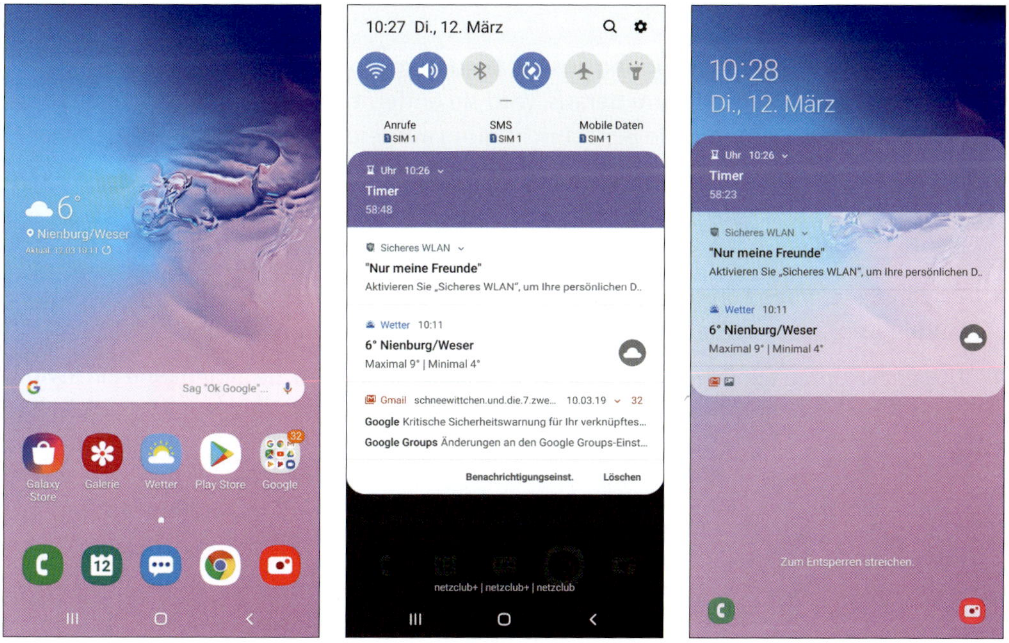


*Benachrichtigungsleiste nach unten ziehen. Rechts: Benachrichtigungen auf dem Sperrbildschirm.*

### Benachrichtigungen auf dem Sperrbildschirm öffnen

Auf dem Sperrbildschirm müssen Sie die Benachrichtigung doppelt antippen, um sie zu öffnen.

Mehrere Benachrichtigungen einer App werden zu einer Gruppe zusammengefasst. Die Überschrift der Benachrichtigung zeigt an, wie viele Benachrichtigungen vorliegen. Tippen Sie darauf, sehen Sie alle Benachrichtigungen und können diese einzeln abarbeiten oder löschen.

### Benachrichtigungsleiste einfacher öffnen

Um die Benachrichtigungsleiste zu öffnen, müssen Sie sie von ganz weit oben auf dem Bildschirm herunterziehen. Nur zu leicht öffnet sich dabei die App-Liste. Aktivieren Sie in den *Einstellungen* unter *Anzeige/Startbildschirm* den Schalter *Benachr.-Feld schnell öffnen*. Jetzt öffnet eine vertikale Wischgeste von oben nach unten auf dem Startbildschirm – egal an welcher Stelle – die Benachrichtigungen.

## Einstellungen für Benachrichtigungen

Benachrichtigungen von Apps, die erfahrungsgemäß sehr oft benachrichtigen oder sogar Werbung in Form von Benachrichtigungen anzeigen, können automatisch unterdrückt werden.

- Ziehen Sie eine Benachrichtigung aus der heruntergezogenen Benachrichtigungsleiste horizontal aus dem Bildschirm heraus, wird sie entfernt. Die E-Mail, Nachricht oder heruntergeladene Datei, die die Benachrichtigung ausgelöst hat, bleibt aber erhalten.
- Ziehen Sie eine Benachrichtigung nur ein Stück heraus und tippen Sie auf das Glockensymbol, können Sie die Benachrichtigung schlummern und nach einer wählbaren Zeit erneut benachrichtigen lassen.
- Tippen Sie auf das Zahnradsymbol, erscheint ein Einstellungen-Bildschirm der betreffenden App, auf dem Sie die Art der Benachrichtigung auswählen können.
- Tippen Sie unten auf *Benachrichtigungseinstellungen*, können Sie allgemeine Einstellungen zu Benachrichtigungen festlegen.

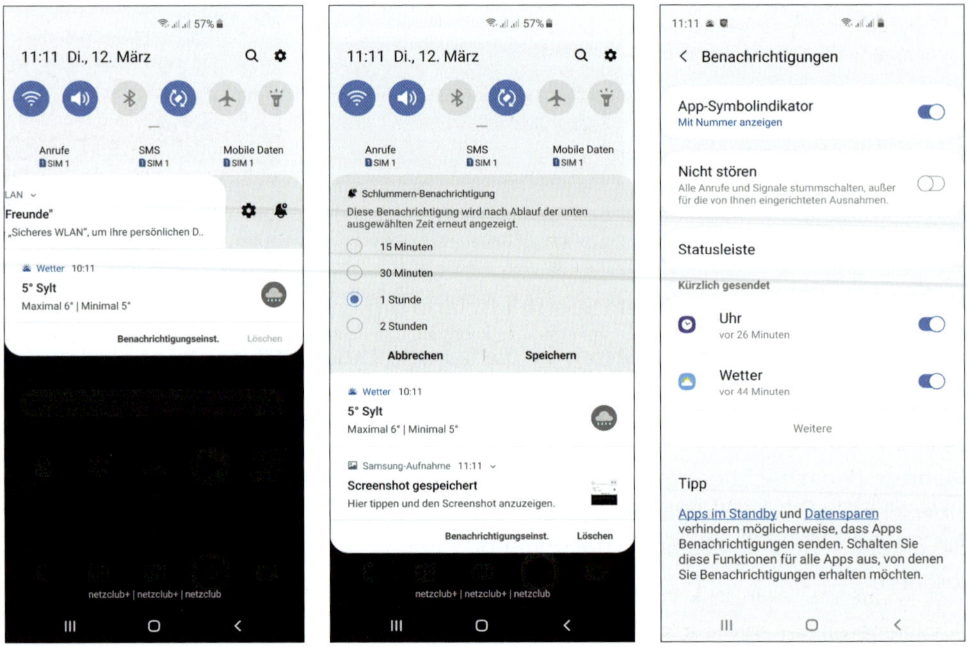


*Benachrichtigungseinstellungen aufrufen und Benachrichtigungen schlummern lassen.*

Der Schalter *App-Symbolindikator* sorgt dafür, dass bei Benachrichtigungen eine rote Zahl am jeweiligen App-Symbol auf dem Startbildschirm und in der App-Liste erscheint, die die Anzahl ungelesener Benachrichtigungen dieser App angibt.

In den *Einstellungen* unter *Sperrbildschirm/Benachrichtigungen* legen Sie fest, ob Benachrichtigungen auch auf dem Sperrbildschirm erscheinen sollen und ob diese auch die Inhalte der Benachrichtigungen oder nur die Symbole anzeigen sollen.

Wenn Sie die Transparenz erhöhen, erscheint das Hintergrundbild durch die Benachrichtigungen durch. Hier empfiehlt es sich, den Schalter *Textfarbe automatisch umkehren* zu aktivieren, damit der Benachrichtigungstext auch auf dunklem Hintergrund lesbar bleibt. Ein kleines Vorschaufeld zeigt, wie die Benachrichtigungen aussehen.

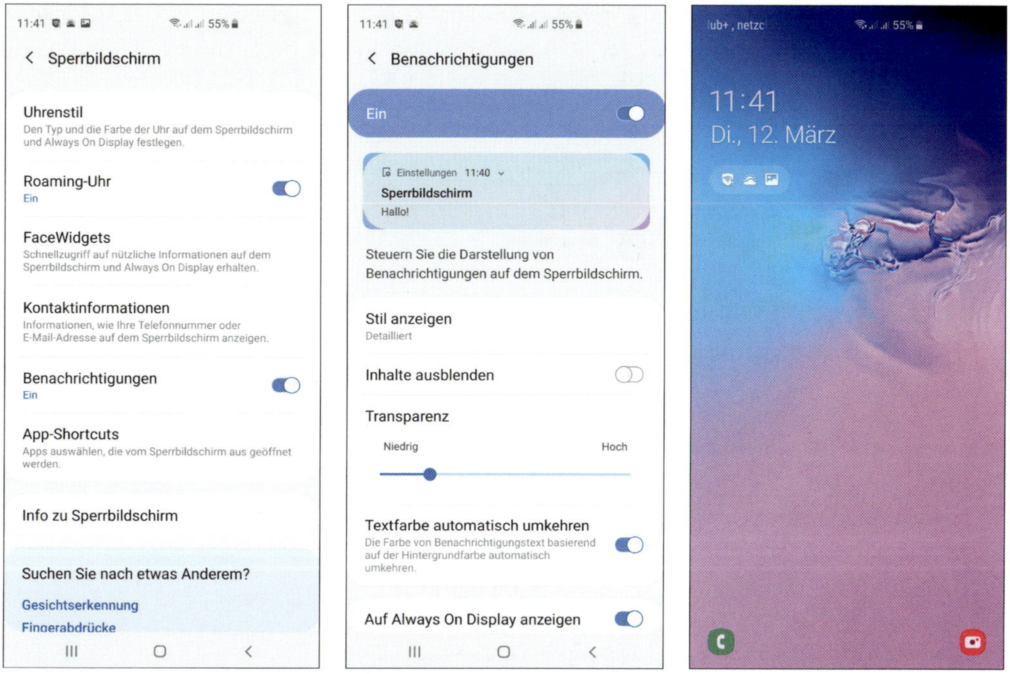


*Einstellungen für Benachrichtigungen auf dem Sperrbildschirm. Rechts: Sperrbildschirm mit Benachrichtigungssymbolen statt kompletten Benachrichtigungen.*

Tippen Sie in der heruntergezogenen Benachrichtigungsleiste ganz unten auf *Benachrichtigungseinstellungen*, sehen Sie, welche Apps zuletzt Benachrichtigungen gesendet haben.

Tippen Sie auf *Weitere*, können Sie in einer Liste für jede App einzeln festlegen, ob diese App generell Benachrichtigungen ausgeben darf oder nicht. Die Liste lässt sich auch nach Apps sortieren, die besonders häufig benachrichtigen.

Über das Menüsymbol mit den drei Punkten oben rechts blenden Sie auch Systemanwendungen in der Liste ein, die standardmäßig nicht angezeigt werden.

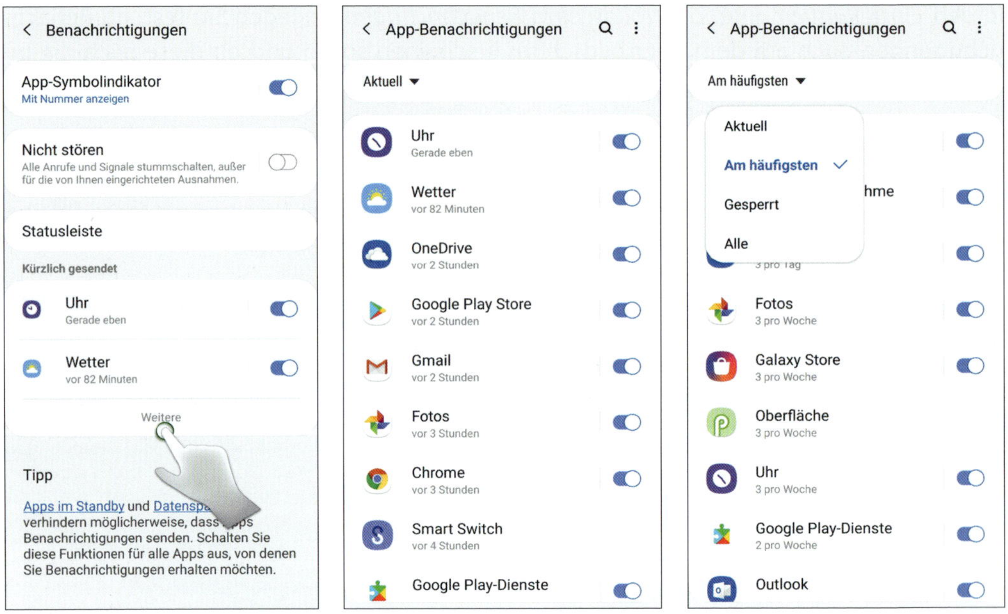


*Welche Apps dürfen Benachrichtigungen senden?*

Tippen Sie auf eine App, um Benachrichtigungskategorien zu wählen. Diese können für jede App unterschiedlich sein.

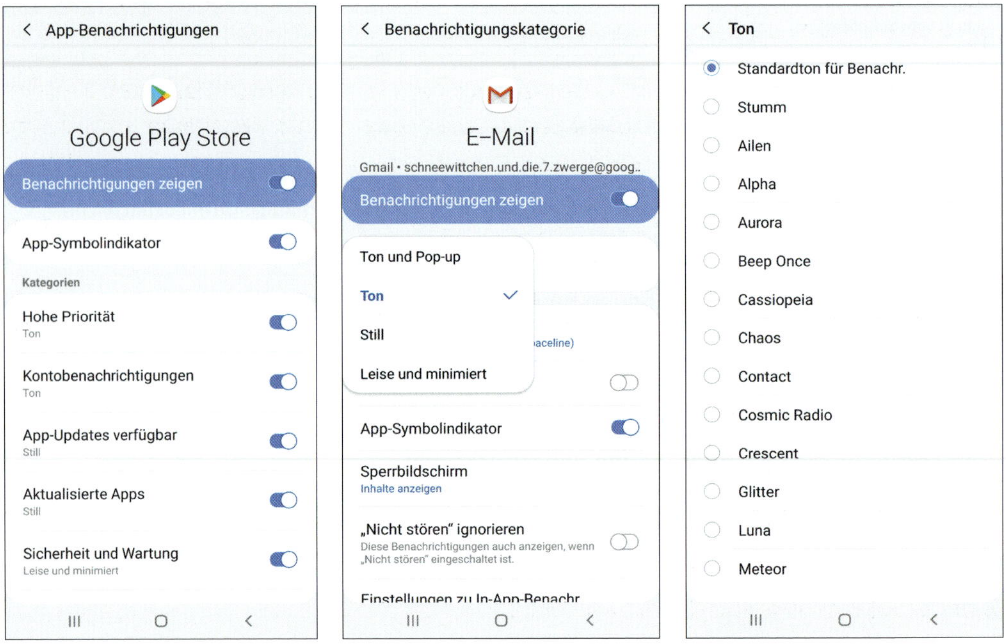


*Links: Benachrichtigungseinstellungen einer App. Mitte und rechts: Töne abschalten und auswählen.*

Bei Apps, deren Benachrichtigungen Sie zwar nicht komplett unterdrücken möchten, aber doch als unwichtig empfinden, können Sie in einzelnen Benachrichtigungskategorien den Ton abschalten.

Für einzelne Kategorien lassen sich, wenn von der App unterstützt, auch unterschiedliche Töne einstellen, um wichtige Benachrichtigungen sofort zu erkennen.

Außerdem können Sie wählen, ob die Benachrichtigungen auch auf dem Sperrbildschirm oder nur in der Benachrichtigungsleiste angezeigt werden sollen. Besonders wichtige Apps und Benachrichtigungskategorien dürfen auch im Nicht-stören-Modus Benachrichtigungen ausgeben.

Die Benachrichtigungskategorie *Marketing* können Sie in allen Apps abschalten, wenn Sie keine Werbung sehen möchten. Auf diese Weise können Sie lästige Werbebenachrichtigungen von Spielen oder anderen Freeware-Apps unterbinden.

# Die Schnelleinstellungen

Die Statusleiste, der rechte Teil der Benachrichtigungsleiste am oberen Bildschirmrand, zeigt Informationen zur WLAN- und Mobilfunk-Signalstärke sowie den Akkuladestand an.

In den *Einstellungen* auf dem Samsung Galaxy S10 können Sie diverse Systemparameter nach persönlichen Nutzergewohnheiten anpassen. Allerdings sind es nur wenige Einstellungen, die man im Alltag regelmäßig braucht. Diese sind auf dem Samsung Galaxy S10 besonders schnell erreichbar.

Ziehen Sie die Benachrichtigungsleiste nach unten, erscheint ganz oben eine Symbolleiste, in der Sie wichtige Systemkomponenten wie *WLAN*, *Lautstärke*, *Bluetooth*, *Bildschirm drehen*, *Flugmodus* oder die *Taschenlampe* einfach ein- und ausschalten können. Ist ein Symbol nur blassgrau dargestellt, ist die jeweilige Funktion ausgeschaltet. Auf diese Weise können Sie die größten Stromfresser des Smartphones – WLAN und Bluetooth – einfach abschalten, wenn Sie diese nicht benötigen.

Unterhalb dieser Symbole wird angezeigt, welche der eingebauten SIM-Karten für Anrufe, SMS und mobile Daten verwendet wird.

Ziehen Sie die Symbolleiste ein zweites Mal herunter, erscheinen weitere Symbole für wichtige Systemkomponenten. Tippen Sie kurz auf ein Symbol, schalten Sie die jeweilige Komponente ein oder aus. Halten Sie den Finger länger auf einem Symbol, kommen Sie zu den Einstellungen dieser Komponente.

Samsung hat das Design und auch die Funktionalität dieser Schnelleinstellungen gegenüber dem Standard-Android erheblich verändert.

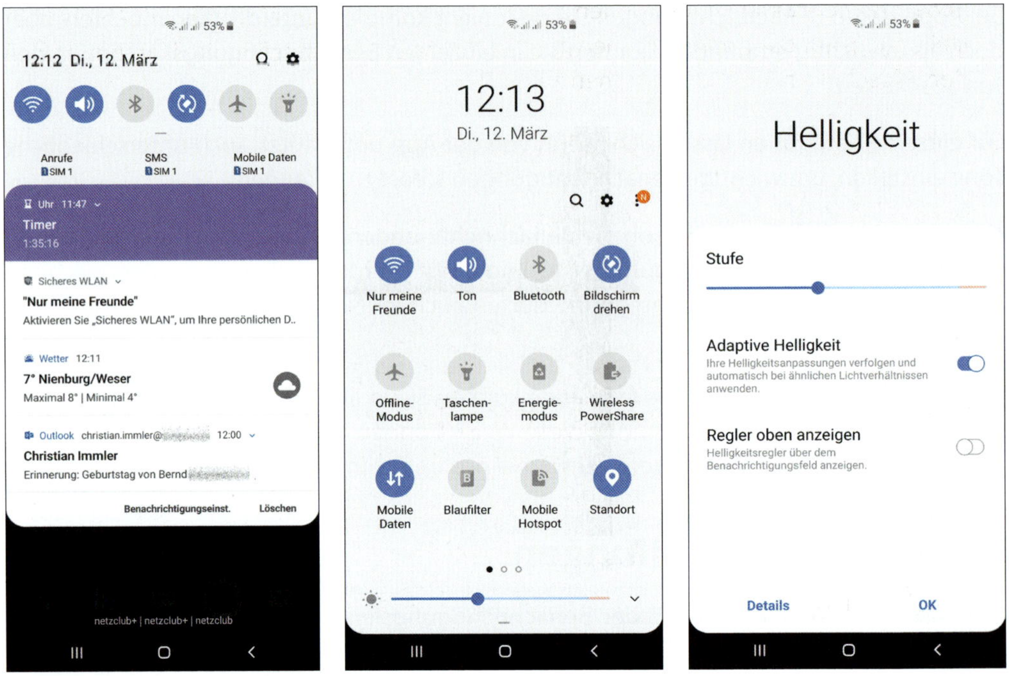


*Systemkomponenten über die Schnelleinstellungen in der heruntergezogenen Benachrichtigungsleiste ein- und ausschalten.*

Die Bildschirmhelligkeit kann mit einem Schieberegler stufenlos eingestellt werden. In dunklen Räumen reicht die geringste Stufe fast immer aus, im Freien bei Tageslicht braucht man häufig die höchste Stufe, die allerdings auch den meisten Strom verbraucht. Tippen Sie auf den kleinen Pfeil rechts neben dem Regler, können Sie die Bildschirmhelligkeit anhand der Umgebungshelligkeit automatisch regeln. Aktivieren Sie auch noch den Schalter *Regler oben anzeigen*, wird der Helligkeitsregler bereits beim ersten Herunterziehen der Benachrichtigungsleiste bei den Schnelleinstellungssymbolen angezeigt.

Das Samsung Galaxy S10 bietet wesentlich mehr Schnelleinstellungen, als auf eine Bildschirmseite passen. Zwischen den Seiten wechseln Sie mit einer horizontalen Wischbewegung.

Tippen Sie auf das Menüsymbol mit den drei Punkten ganz oben rechts in den Schnelleinstellungen, erscheint ein Menü mit zwei wichtigen Optionen:

- **Schaltflächenanordnung** – Benötigen Sie bestimmte Schnelleinstellungen häufiger, haben Sie die Möglichkeit, die Symbole, die beim Herunterziehen der Benachrichtigungsleiste erscheinen, auszutauschen. Dort können Sie per Drag-and-drop auch die Reihenfolge der Symbole auf der heruntergezogenen Palette verändern. Tippen Sie zum Schluss auf *OK*, um diesen Bildschirm zu verlassen und die Änderungen zu speichern.

- **Schaltflächenraster** – Hier wählen Sie die Rastergröße auf der Palette der Schnelleinstellungen. Auf diese Weise können mehr Symbole gleichzeitig angezeigt werden, ohne den Bildschirm nach rechts wischen zu müssen.

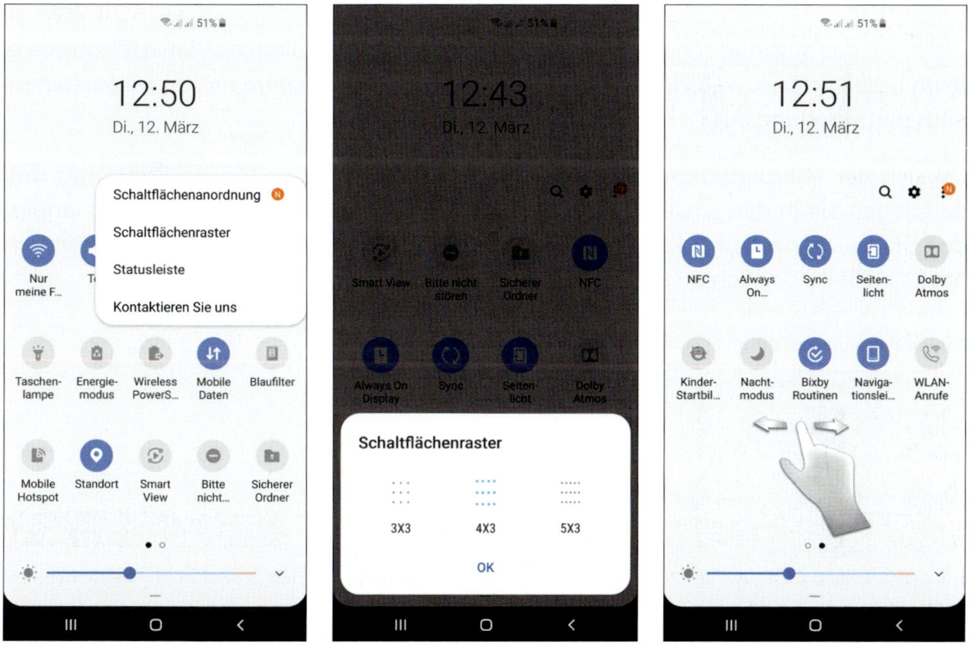


*Ein engeres Schaltflächenraster zeigt mehr Schnelleinstellungssymbole auf einer Seite.*

Das *WLAN*-Symbol zeigt den Namen des verbundenen WLANs. Tippen Sie einfach auf das Symbol, um das WLAN aus- oder einzuschalten. Auf diese Weise können Sie unterwegs ohne WLAN deutlich Strom sparen. Halten Sie den Finger länger darauf, kommen Sie zu den WLAN-Einstellungen, über die Sie ein anderes WLAN auswählen oder einen Schlüssel eingeben können.

Das Symbol *Ton* schaltet bei mehrfachem Antippen auf Vibrationsalarm oder komplett lautlos. Die Lautstärke lässt sich mit den Lautstärketasten an der linken Geräteseite einstellen.

Da Bluetooth extrem viel Strom verbraucht, sollten Sie es nur einschalten, wenn Sie es wirklich benötigen. Halten Sie den Finger länger auf diesem Symbol, erscheint bei eingeschaltetem Bluetooth die Liste der sichtbaren Bluetooth-Geräte in der Umgebung. Hier können Sie ein Gerät zur Verbindung auswählen.

Das Samsung Galaxy S10 hat einen Lagesensor, der den Bildschirminhalt automatisch dreht, wenn das Smartphone quer gehalten wird. Beim Betrachten von Fotos oder Videos, in der Kamera-App und bei bestimmten Spielen ist der Quer-

formatmodus nützlich. Einige Apps zeigen im Querformat andere Inhalte oder verwenden ein anderes Layout. So zeigt beispielsweise der Taschenrechner im Querformat eine wissenschaftliche Tastatur. Andere Apps, z. B. viele Spiele, unterstützen die Bildschirmdrehung dagegen nicht.

Wenn Sie das automatische Drehen des Bildschirms beim Halten des Smartphones – etwa beim Lesen im Bett – stört, tippen Sie auf das Symbol *Bildschirm drehen* und schalten die Bildschirmdrehung aus.

Ob sich der Startbildschirm ebenfalls abhängig von der Lage des Smartphones drehen darf, legen Sie in den Einstellungen des Startbildschirms fest. Tippen Sie dazu länger auf den Startbildschirm und wählen Sie dann *Startseiten-Einstellungen*. Aktivieren Sie auf der nächsten Seite den Schalter *Drehung des Startbildschirms zulassen*.

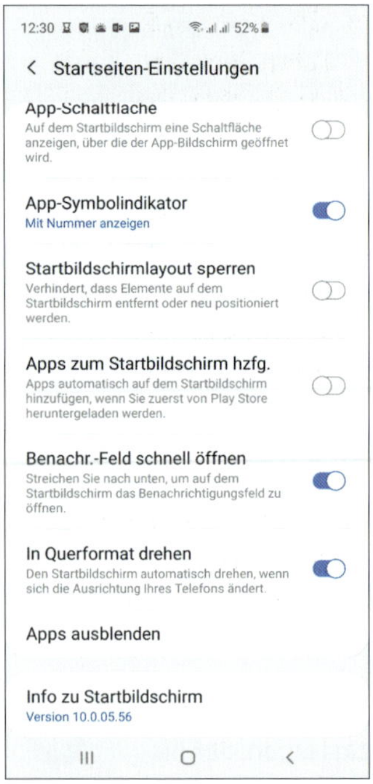

*Startbildschirm ins Querformat drehen.*

Über das Symbol *Mobile Daten* lässt sich die Datenübertragung per Mobilfunkverbindung abschalten, wenn Sie zum Beispiel im Nicht-EU-Ausland teure Roamingkosten vermeiden möchten, oder um zu verhindern, dass zu Hause, wo das Smartphone normalerweise WLAN-Empfang haben sollte, versehentlich große Datenmengen per Mobilfunk übertragen werden. Halten Sie den Finger länger auf diesem Symbol, erscheint eine Übersicht des Datenverbrauchs im aktuellen Abrechnungszeitraum.

Das Symbol *Offline-Modus* schaltet alle Funkverbindungen aus, WLAN, Bluetooth, NFC und natürlich auch das Mobilfunknetz. In diesem Modus, auch als Flugmodus bezeichnet, kann das Smartphone im Flugzeug oder an anderen Orten verwendet werden, an denen keine Funksignale zulässig sind, wie z. B. auch in einigen wissenschaftlichen Labors oder Intensivstationen von Krankenhäusern. Im Alltag empfiehlt sich der Flugmodus, um Strom zu sparen, wenn man unterwegs in schnell fahrenden Zügen, in Kellern oder abgelegenen Regionen ohnehin keine Internetverbindung hat.

Verschiedene Hersteller bieten Apps an, die die Fotoleuchte ein- und ausschalten, um das Smartphone als Taschenlampe zu verwenden. Die meisten dieser Apps scheinen im Wesentlichen dazu zu dienen, das Smartphone regelmäßig mit Werbung zu überfluten. Einige sind sogar schon in puncto Datenschutz in die Kritik geraten, da sie im Hintergrund Benutzerdaten sammeln. Seit Android 5 Lollipop löst Google dieses Problem sehr elegant, indem in den Schnelleinstellungen ein Schalter angeboten wird, mit dem man jederzeit die Fotoleuchte als Taschenlampe ein- und wieder ausschalten kann.

Das Symbol *Standort* schaltet GPS und die Standortdienste ein oder aus. Viele Apps können erst dann sinnvoll genutzt werden, wenn sie wissen, wo Sie sich aktuell aufhalten. Dies gilt nicht nur für Navigationssysteme, auch die Suche ist mit Standortangabe deutlich hilfreicher, wenn es z. B. darum geht, Läden, Restaurants, Haltestellen oder Geldautomaten zu finden. Foto-Apps können den Standort in Bilder eintragen, um diese in Onlinegalerien auf Landkarten zu positionieren.

Allerdings verbrauchen die Standortdienste, die im Hintergrund GPS- und WLAN-Daten auswerten, auch einiges an Strom und können, wenn sie nicht genutzt werden, ausgeschaltet werden. Halten Sie den Finger länger auf diesem Symbol, können Sie festlegen, welche Dienste zur Standortermittlung genutzt werden sollen.

**Standortdaten immer eingeschaltet lassen**

Überlegen Sie sich genau, ob Sie die Standortdaten wirklich ausschalten. Sie helfen nämlich auch dabei, ein verlorenes oder gestohlenes Handy zu orten und eventuell wiederzufinden. Nähere Informationen dazu finden Sie in Kapitel 10 zum Thema Sicherheit.

## Ruhe vor dem Handy – Bitte nicht stören

Benachrichtigungen auf dem Smartphone können interessant, aber auch lästig sein. Nicht immer möchte man ständig durch Nachrichten unterbrochen werden. Nachts oder auch beim Betrachten eines Films oder beim Spielen sollen nur wirklich wichtige Unterbrechungen erscheinen.

Über das Symbol *Bitte nicht stören* in den Schnelleinstellungen lässt sich das Samsung Galaxy S10 in einen Ruhemodus versetzen, in dem nur noch wichtige oder auch gar keine Benachrichtigungen mehr auf dem Bildschirm erscheinen.

Zur Erinnerung, dass der Nicht-stören-Modus aktiv ist, erscheinen in der Benachrichtigungsleiste am oberen Bildschirmrand ein Nicht-stören-Symbol und eine Benachrichtigung, in der sich dieser Modus jederzeit wieder deaktivieren lässt. Auch beim Drücken der Lautstärketaste erscheint eine Information. Hier können Sie den Nicht-stören-Modus ebenfalls beenden.

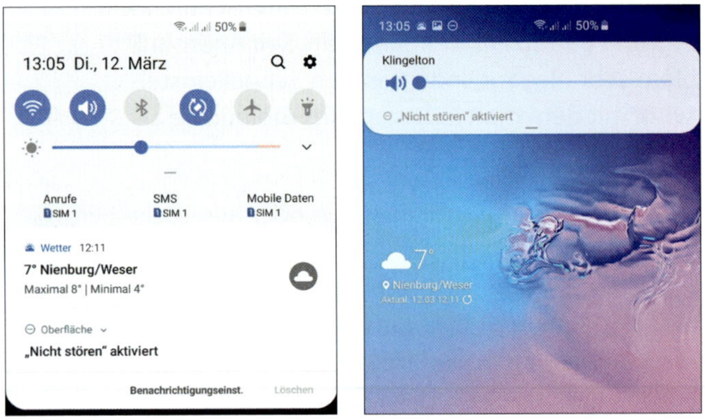


*Benachrichtigung für den Nicht-stören-Modus und Symbol beim Drücken der Lautstärketaste.*

Der Nicht-stören-Modus kann manuell oder auch automatisch zeitgesteuert aktiviert werden. Diese Einstellungen erreichen Sie durch längeres Halten des Nicht-stören-Symbols. Legen Sie einen Zeitplan fest, an welchen Wochentagen und zu welchen Zeiten das Samsung Galaxy S10 nicht stören soll.

Wenn Sie nur wichtige Unterbrechungen zulassen möchten, müssen Sie noch festlegen, welche Arten von Unterbrechungen als wichtig gelten und weiterhin zu hören sein sollen. Diese legen Sie im Bereich *Ausnahmen zulassen* fest.

Bei Anrufen und Nachrichten haben Sie die Wahl, ob alle Anrufe von Kontakten im Adressbuch oder nur von den mit einem Sternchen als wichtig markierten Kontakten unterbrechen dürfen. Das Gleiche gilt für Nachrichten, allerdings nur für SMS, nicht für Nachrichten aus Messengern wie WhatsApp. Diese Apps haben eigene Einstellungen für Benachrichtigungen.

Um wirklich ungestört zu bleiben, können Sie im Nicht-stören-Modus auch alle – oder zumindest bestimmte – Benachrichtigungen ausblenden. Diese können Sie dann auch nicht mehr stören.

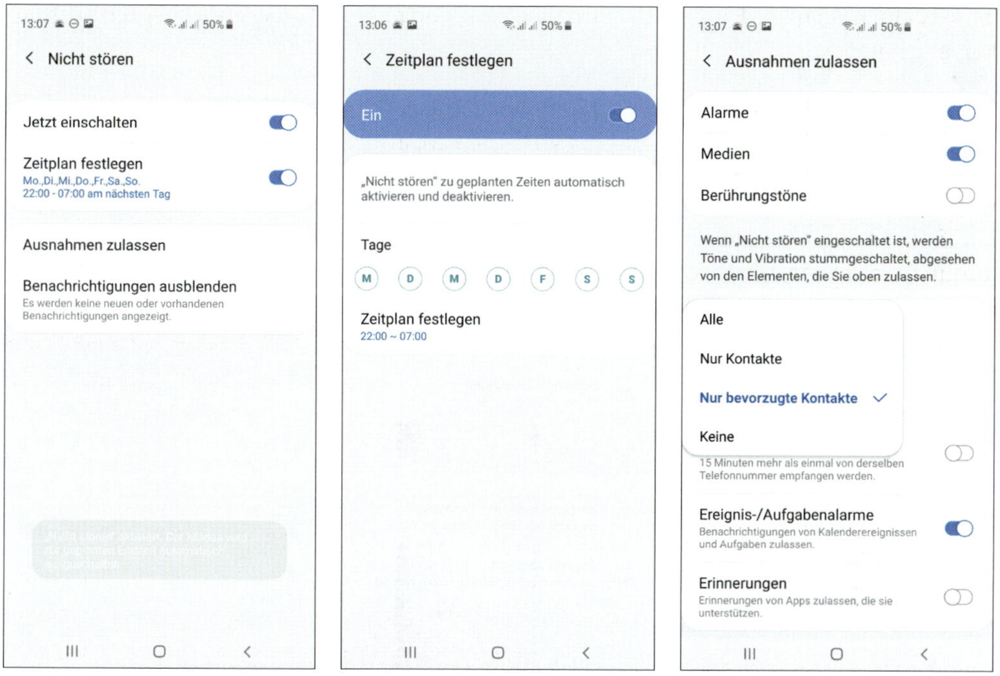


*Einstellungen für den Nicht-stören-Modus festlegen.*

### Ruhig schlafen und Wecker hören

Im Gegensatz zum Standard-Android gelten Alarme des Weckers auf dem Samsung Galaxy S10 nicht automatisch als Ausnahme. Es gibt jetzt aber auf der Seite *Ausnahmen zulassen* einen eigenen Schalter *Alarme*, um Wecker-Alarme im Nicht-stören-Modus zuzulassen. Dann können Sie in der Nacht den Nicht-stören-Modus aktivieren und alle Benachrichtigungen abschalten, aber trotzdem morgens den Wecker hören.

Auch ein persönlicher Weckruf der Freundin ist möglich. Schalten Sie dazu unter *Anrufe von* auf die Option *Nur bevorzugte Kontakte*. Wenn Sie jetzt im Adressbuch nur eine einzige Person als Favoriten markieren, kann niemand anderes Sie morgens aus dem Schlaf reißen (siehe weiter unten auch den Abschnitt »Adressbuch – Kontakte«).

## Alle Einstellungen schnell zugänglich

Android enthält seit der ersten Version eine System-App, in der Sie alle Einstellungen des Smartphones finden. Sie brauchen diese App nicht aus der App-Liste zu starten – tippen Sie einfach auf das *Einstellungen*-Symbol ganz oben in den Schnelleinstellungen.

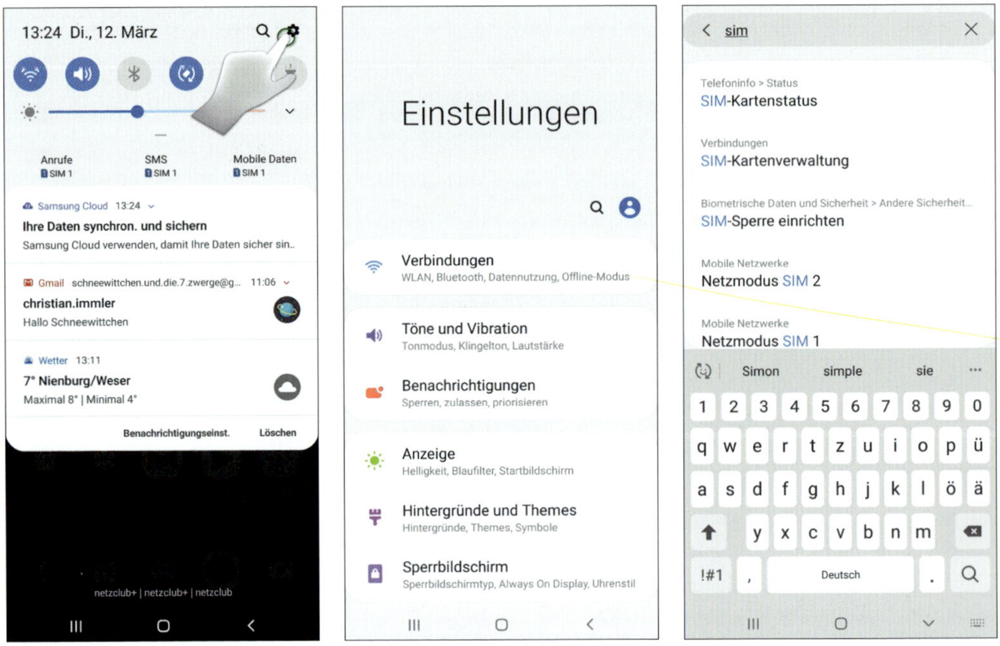


*Einstellungen über das Schnelleinstellungen-Symbol aufrufen. Rechts: Einstellungen suchen.*

Mit einer senkrechten Wischbewegung finden Sie in der langen Liste weitere Einstellungen. Nicht immer ist es ganz einfach, eine bestimmte Einstellung innerhalb der verschachtelten Struktur zu finden. Auf dem Hauptbildschirm der *Einstellungen* finden Sie oben ein Suchfeld. Geben Sie hier einen Suchbegriff ein. Schon während der Eingabe werden passende Einstellungen vorgeschlagen.

Tippen Sie oben rechts in den *Einstellungen* auf das Profilbild, erscheinen die Einstellungen des Samsung-Kontos.

## Datum und Uhrzeit richtig einstellen

Prüfen Sie bei dieser Gelegenheit gleich, ob Datum und Uhrzeit auf dem Smartphone richtig eingestellt sind. Eine falsch gehende Uhr ist nicht nur lästig, sondern kann auch zu Fehlern mit Zeitstempeln bei internationalen Onlinediensten und beim E-Mail-Versand führen. Die meisten Android-Smartphones sind so vorkonfiguriert, dass sie Datum, Uhrzeit und Zeitzone aus dem Mobilfunknetz beziehen. Leider kommt es immer wieder vor, dass Netzbetreiber hier falsche oder gar keine Informationen übertragen.

1. Sollte die angezeigte Zeit oder das Datum falsch sein, wischen Sie in den *Einstellungen* nach unten in den Bereich *Allgemeine Verwaltung* und tippen Sie dort auf *Datum und Uhrzeit*.
2. Tippen Sie oben auf *Automatisch Datum und Uhrzeit*, um die Automatik auszuschalten.

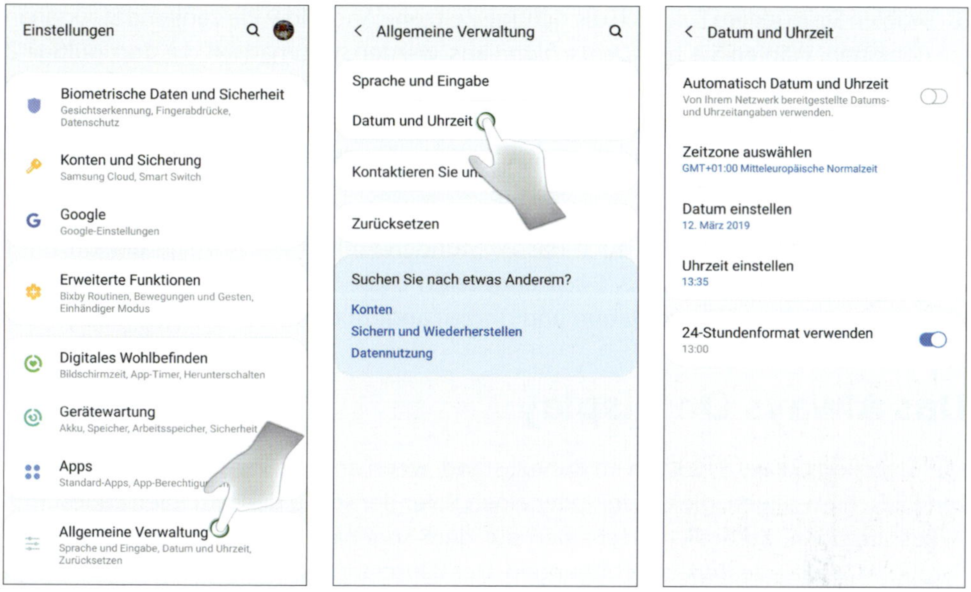


*Datum und Uhrzeit in den Einstellungen.*

3. Tippen Sie dann auf die Option *Uhrzeit einstellen*. Auf dem nächsten Bildschirm können Sie auf einer Uhr die Stunden und Minuten richtig einstellen.

4. Auf die gleiche Weise legen Sie auch das Datum fest, wenn es nicht automatisch richtig übernommen wurde.

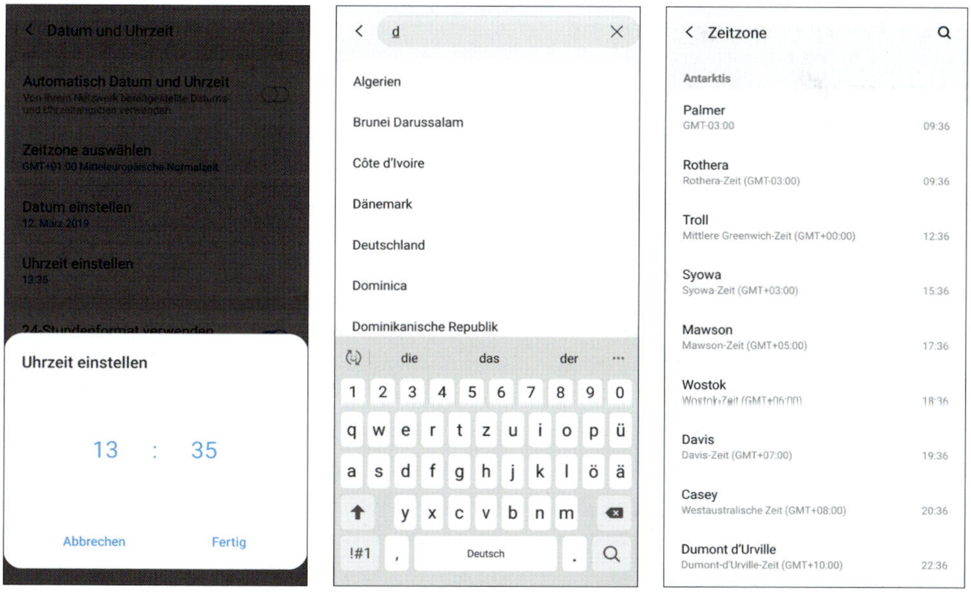


*Uhrzeit, Region und Zeitzone auf dem Samsung Galaxy S10 einstellen.*

5. Wählen Sie in jedem Fall auch die richtige Zeitzone Android 9 Pie verwendet sogenannte Regionen. Wählen Sie hier *Deutschland* aus, werden automatisch die dort gültige Zeitzone sowie die Sommerzeitregelung eingestellt. In den afrikanischen Städten der gleichen Zeitzone gelten andere Sommerzeitregeln. In Regionen mit mehreren Zeitzonen, wie Russland oder der Antarktis, können Sie anschließend die gewünschte Zeitzone auswählen.

6. Legen Sie an dieser Stelle auch das 24-Stunden-Format zur Anzeige der Uhrzeit fest, sonst würde z. B. *16:00* als *04:00* angezeigt. Diese Einstellung gilt überall auf dem Samsung Galaxy S10, wo Datum und Uhrzeit angezeigt werden.

## Das Always On Display

Das Samsung Galaxy S10 kann im Ruhezustand, wenn andere Smartphones einen schwarzen Bildschirm zeigen, die Uhrzeit oder einen Kalender sowie den aktuellen Ladestand des Akkus anzeigen. Zusätzlich erscheinen auf dem sogenannten Always On Display kleine Symbole für aktuelle Benachrichtigungen. Der Bildschirm wird dazu in einen stromsparenden Modus versetzt und reagiert auch nur eingeschränkt auf Berührung. Kurzes Doppeltippen auf das Always On Display schaltet auf den normalen Sperrbildschirm um, um das Samsung Galaxy S10 einzuschalten.

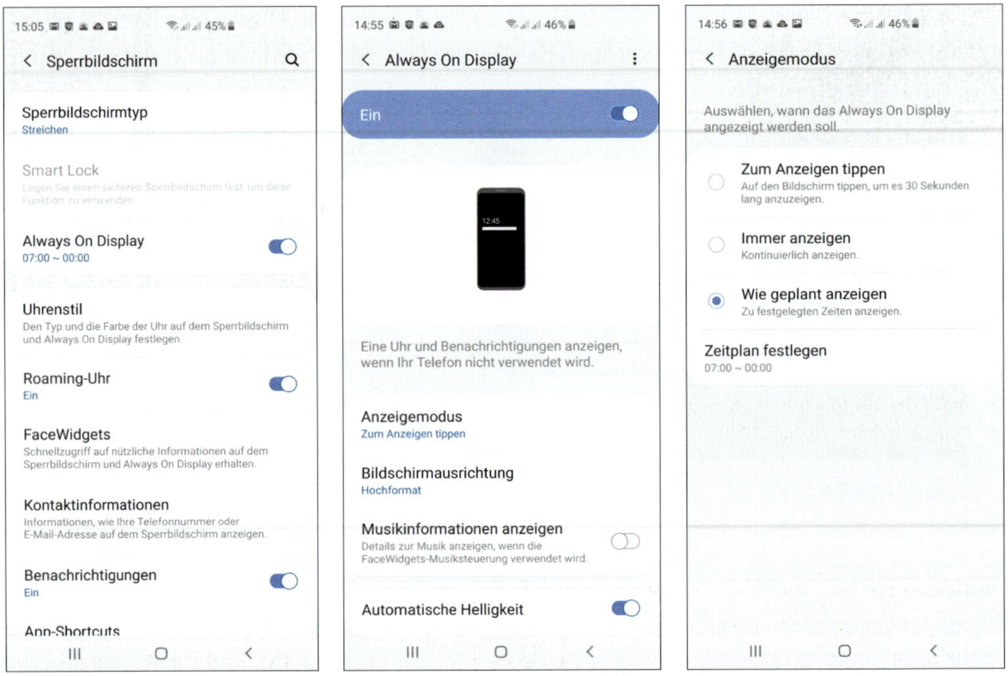


*Einstellungen für das Always On Display.*

In den *Einstellungen* unter *Sperrbildschirm/Always On Display* wählen Sie aus, was angezeigt werden soll. Hier können Sie auch einen Zeitplan einstellen, wann das Always On Display inaktiv sein soll, wenn Sie das Smartphone während der Nachtstunden völlig dunkel haben möchten. Sie können es auch ganz abschalten, da es trotz stromsparender Darstellung immer noch zum Stromverbrauch beiträgt.

Unter *Sperrbildschirm/FaceWidgets* können zusätzlich zur Uhr weitere Informationen wie aktuelle Termine, nächster Alarm oder eine Musiksteuerung eingeblendet werden.

Für Uhr und Kalender werden unter *Uhrenstil* unterschiedliche Darstellungsstile, Farben und Hintergründe angeboten. Für Always On Display und Sperrbildschirm können Sie unterschiedliche Designs verwenden.

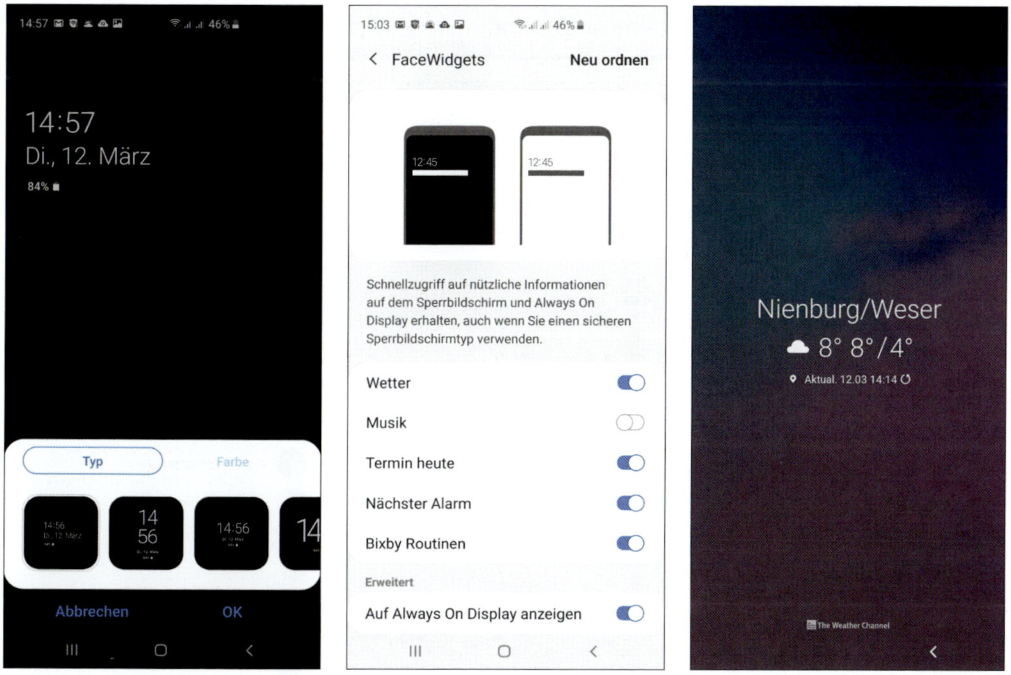


*Einstellungen für Uhr und FaceWidgets auf dem Always On Display. Rechts: FaceWidget mit aktuellem Wetter auf dem Sperrbildschirm.*

# Telefonieren mit dem Samsung Galaxy S10

Wundern Sie sich nicht, dass erst an dieser Stelle im Buch erwähnt wird, dass man mit dem Samsung Galaxy S10 auch telefonieren kann. Telefonieren ist schon lange nicht mehr die wichtigste Funktion eines Smartphones, das heute als persönlicher, jederzeit verfügbarer Begleiter auch noch ganz andere Aufgaben erfüllt.

Die klassische grüne und rote Taste, die man von früheren Handys zum Telefonieren kennt, sind auf aktuellen Smartphones längst verschwunden. Der Startbildschirm zeigt, wie bei jedem Android-Smartphone – solange vom Benutzer nicht verändert – unten links ein Telefonsymbol an, das die Telefonfunktion des Samsung Galaxy S10 aufruft.

Jetzt können Sie über eine Zifferntastatur auf dem Touchscreen wählen. Nach dem Tippen einiger Ziffern wird eine Liste mit Kontakten aus dem Adressbuch angezeigt, deren Telefonnummer die eingegebene Ziffernfolge enthält.

> **TIPP:** Kennen Sie die Telefonnummer einer Person nicht auswendig, verwenden Sie die Buchstaben auf der Zifferntastatur und tippen damit den Namen ein. Auch hier werden sofort passende Kontakte angezeigt.

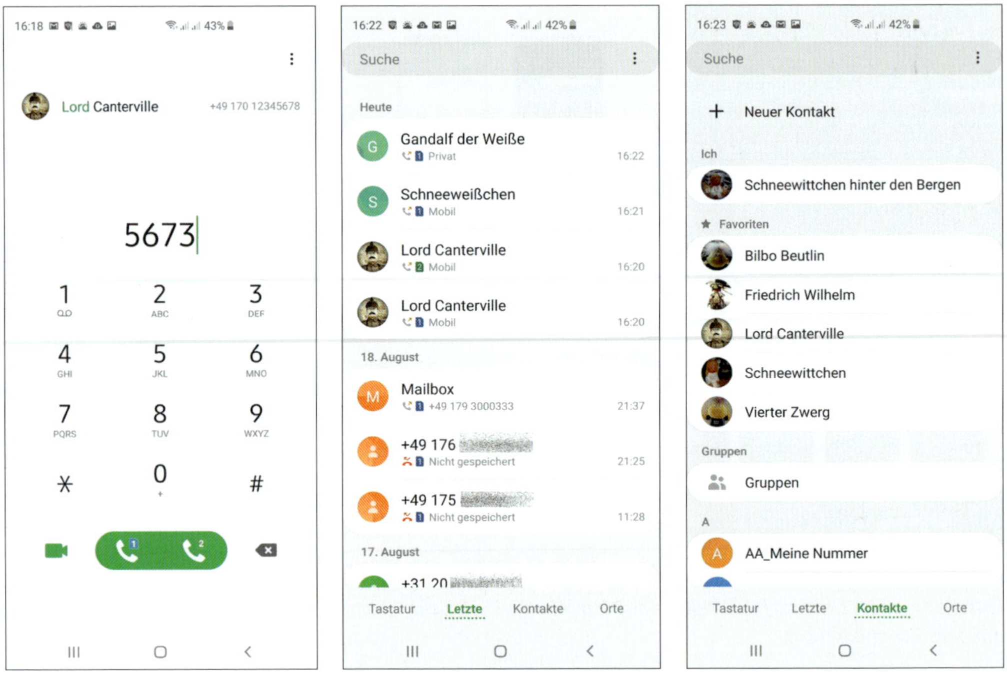


*Die Telefonfunktion auf dem Samsung Galaxy S10 beim Wählen, die Anrufliste und die Kontakte in der Telefon-App.*

Mit den beiden grünen Tasten in der Mitte unten bauen Sie das Gespräch auf. Dabei können Sie jedes Mal auswählen, mit welcher der beiden SIM-Karten Sie telefonieren möchten.

Haben Sie mit der Person, die Sie anrufen möchten, schon einmal gesprochen, können Sie die Anrufliste verwenden. Tippen Sie dazu in der Telefon-App unten auf *Letzte*. Dann erscheint eine Liste der zuletzt gewählten Nummern und der eingegangenen Anrufe, in der

Sie einfach nur auf einen Anruf zu tippen brauchen, um die Nummer zu sehen oder die betreffende Person wieder anzurufen. Auch hier können Sie die SIM-Karte wählen.

Tippen Sie anschließend auf das grüne Telefonsymbol der gewünschten SIM-Karte, um die Verbindung aufzubauen. Noch einfacher geht es, wenn Sie mit dem Finger von links nach rechts über einen Eintrag im Anrufprotokoll streifen. Damit rufen Sie die Person an, ohne noch eine weitere Taste drücken zu müssen. Hier wird die in der SIM-Kartenverwaltung voreingestellte SIM-Karte für Anrufe verwendet. Statt eine Nummer zu wählen, können Sie auch über das Symbol *Kontakte* unten in der Telefon-App eine Person im Adressbuch suchen und anrufen.

## Schnellwahl für Lieblingskontakte

Bei den meisten Menschen beschränkt sich die alltägliche Kommunikation auf weniger als zehn Personen, obwohl im Adressbuch des Telefons Hunderte gespeichert sind. Die Kontaktliste der Telefon-App macht sich diese Tatsache zunutze und zeigt wichtige Kontaktpersonen übersichtlich in der Liste *Favoriten* oberhalb der eigentlichen Kontaktliste an. Tippen Sie auf einen der Namen, um die jeweilige Person anzurufen.

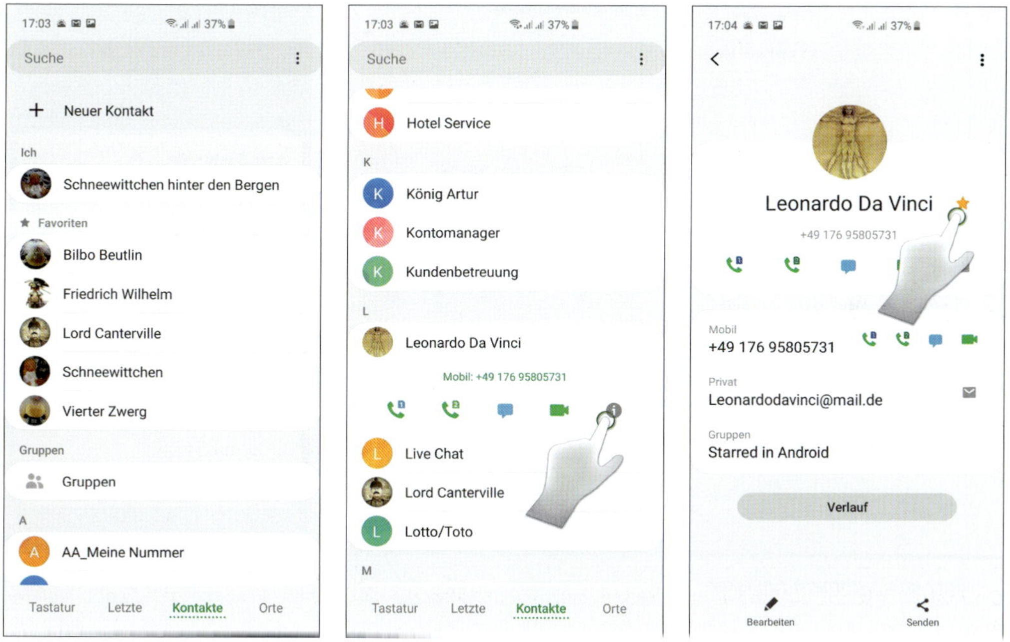


*Favoritenliste und Kontakt als Favoriten markieren.*

Möchten Sie eine neue Person in die Favoritenliste aufnehmen, tippen Sie in der Liste weiter unten auf den Kontakt und dann auf das Symbol *Info*. Tippen Sie jetzt auf das Sternchen oben rechts im Kontaktbild der Person. Danach erscheint diese Person automatisch in der Favoritenliste.

## Kurzwahl in der Telefon-App

Samsung liefert in der Telefon App noch eine zusätzliche Kurzwahlfunktion über Zifferntasten im Stil alter Handys. So nutzen Sie diese:

1. Tippen Sie oben rechts in der Telefon-App auf das Menü mit den drei Punkten und wählen Sie *Kurzwahlnummern*.
2. In der Liste der Kurzwahlnummern ist die 1 standardmäßig mit der Mailboxnummer belegt. Um eine neue Kurzwahl hinzuzufügen, geben Sie eine Nummer in das Eingabefeld ein oder tippen auf das Personensymbol ganz rechts und wählen eine Person aus den Kontakten aus.
3. Sind bei dieser Person mehrere Telefonnummern gespeichert, erscheint ein Auswahlfeld, in dem Sie die gewünschte Nummer auswählen. Tippen Sie anschließend auf *Auswählen*.

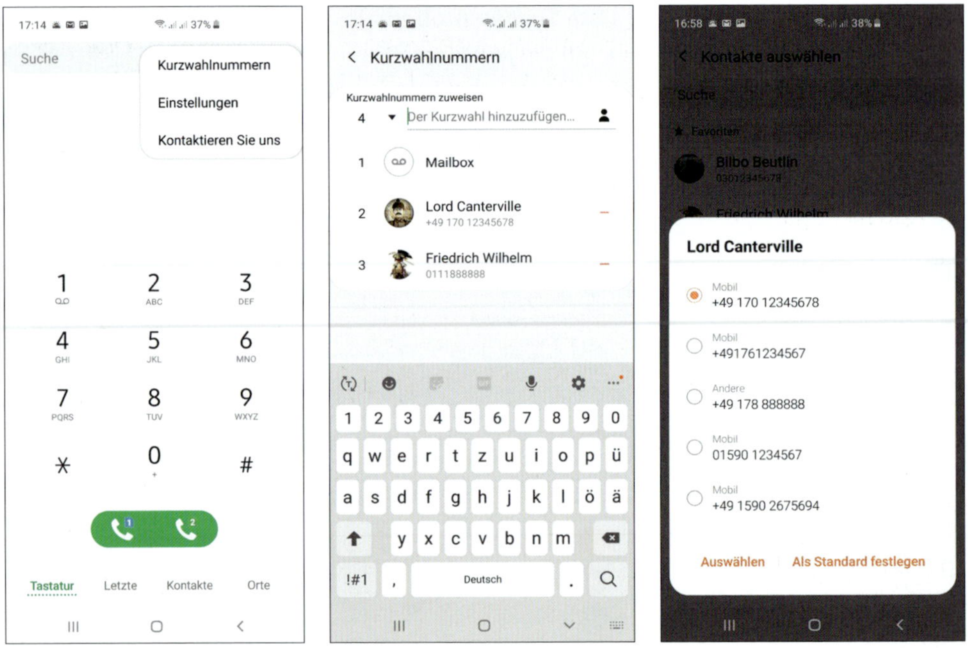


*Kurzwahlnummern zuweisen.*

Um eine Kurzwahl zu nutzen, halten Sie den Finger einfach länger auf der entsprechenden Zifferntaste in der Telefon-App. Dann wird automatisch die gespeicherte Nummer gewählt.

Möchten Sie eine Kurzwahl ändern, tippen Sie auf das rote Minussymbol in der Kurzwahlliste und weisen die Kurzwahlnummer neu zu.

## Eigene Telefonnummer herausfinden

Seit man alle Telefonnummern nur noch in Kontaktlisten speichert und kaum noch eine Nummer eintippt, wissen viele Anwender nicht einmal mehr ihre eigene Handynummer auswendig. Wer mehrere SIM-Karten und mehrere Handys hat, kommt schnell durcheinander. Früher war es oft der einfachste Weg, mit einem Handy das andere anzurufen, um die Nummer zu erfahren, da die Geräte selbst oft keine Möglichkeit boten, die Telefonnummer der eingesteckten SIM-Karte anzuzeigen. Das Samsung Galaxy S10 zeigt in der Kontaktliste der Telefon-App als ersten Kontakt, mit Namen *ICH*, noch vor den Favoriten die eigene Telefonnummer an.

In den *Einstellungen* ganz unten unter *Telefoninfo* finden Sie ebenfalls die Nummern der beiden SIM-Karten.

## Das Telefon klingelt

Klingelt das Telefon, weil jemand anruft, erscheinen automatisch Kontaktbild und Name der Person, soweit diese im Adressbuch gespeichert sind, sowie die Telefonnummer auf dem Bildschirm. Tippen Sie auf das grüne Telefonsymbol, um das Gespräch anzunehmen, oder auf das rote Telefonsymbol, um das Gespräch abzulehnen. Sind Sie gerade in einer App, erscheint der Anruf nur im oberen Bildschirmteil als größere Benachrichtigung, um die App nicht ganz zu verdecken.

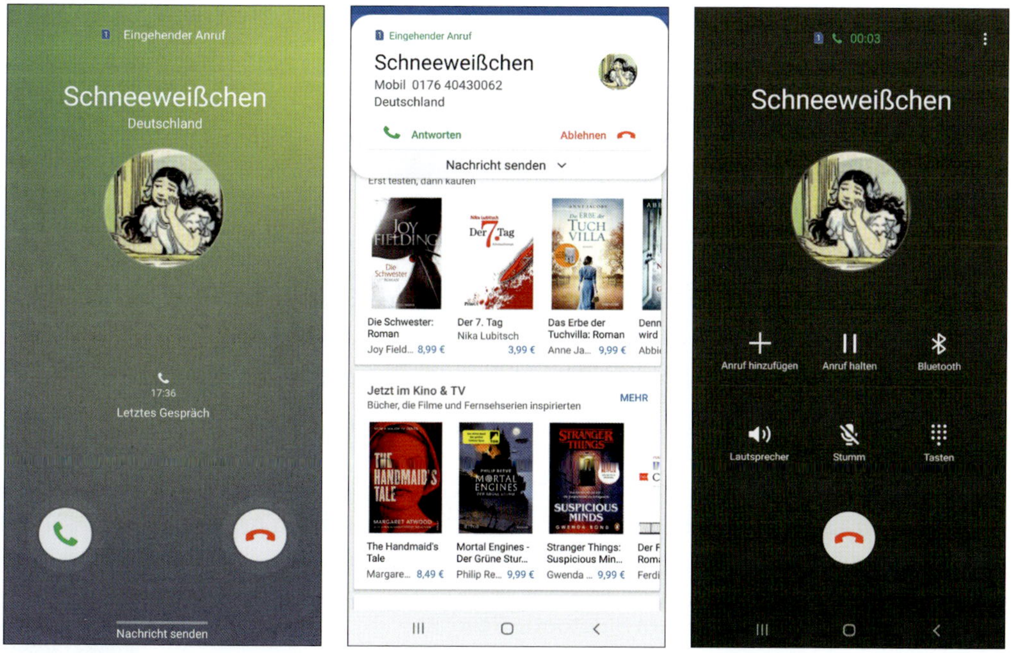


*Eingehender Anruf als Vollbild und Benachrichtigung. Rechts: Bildschirm während eines Anrufs.*

**Klingeln ausschalten**

Klingelt das Telefon in einem unpassenden Moment, drücken Sie den Einschalter und die Lauter-Taste gleichzeitig, um das Klingeln auszuschalten.

## Funktionen während des Gesprächs

Während des Gesprächs werden Telefonnummer und Gesprächsdauer angezeigt. Ist zu der angerufenen Person ein Foto im Adressbuch hinterlegt, erscheint dieses ebenfalls auf dem Bildschirm.

Tippen Sie nach dem Gespräch auf das rote Symbol unten, um die Verbindung zu trennen, »den Hörer aufzulegen«, wie es früher hieß.

INFO: Das Samsung Galaxy S10 verfügt über einen Annäherungssensor, der den Bildschirm automatisch ausschaltet, sobald man das Gerät ans Ohr hält. Dies spart nicht nur Strom, sondern verhindert auch, dass man versehentlich durch Berührung mit dem Ohr eine Aktion auf dem Touchscreen auslöst. Nehmen Sie das Smartphone vom Ohr, wird der Bildschirm wieder benutzbar.

Die Symbole auf dem Anrufbildschirm stellen einige nützliche Funktionen während eines Telefongesprächs zur Verfügung.

**Lautsprecher** – schaltet den Lautsprecher ein, dann kann man das Smartphone auf den Tisch legen und frei sprechen, auch mit mehreren Personen im Raum.

**Stumm** – schaltet das Mikrofon stumm, um Rückfragen zu stellen, die der Gesprächspartner nicht hört.

**Tasten** – blendet eine Zifferntastatur ein, um zum Beispiel Sprachcomputer oder Mailboxen per Tonwahl zu steuern oder um bei Callthrough-Anbietern während des Gesprächs eine weitere Telefonnummer zu wählen.

**Anruf hinzufügen** – startet eine Telefonkonferenz. Jetzt können Sie weitere Personen zum Gespräch hinzufügen.

**Anruf halten** – hält den Anruf, um zwischendurch einen anderen Anruf zu tätigen oder anzunehmen.

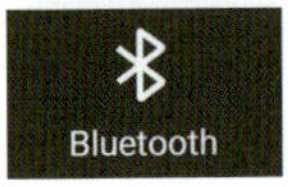


**Bluetooth** – verbindet mit einem Bluetooth-Headset.

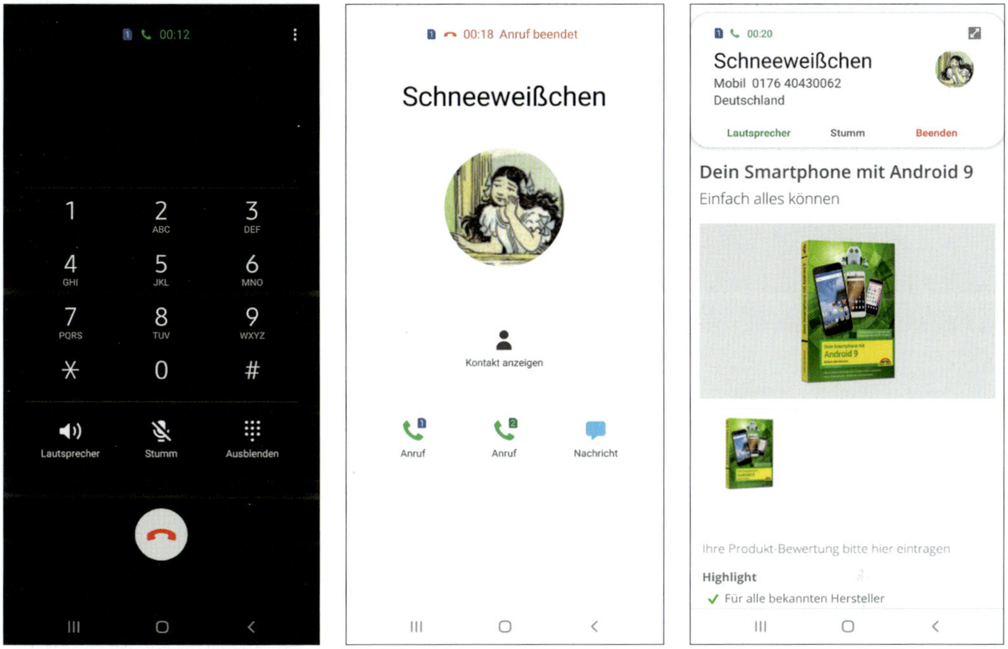


*Links: Tonwahltastatur während eines Gesprächs. Mitte: Bildschirm nach dem Gespräch. Rechts: Gespräch in einem Pop-up.*

Nach dem Gespräch erscheint ein Bildschirm, der wichtige Funktionen zeigt, die man häufig nach einem Telefongespräch braucht.

Mit dem Schalter *Anrufe in Pop-ups anzeigen* in den Einstellungen der Telefon-App belegen Anrufe nicht mehr den ganzen Bildschirm. Sie können leichter nebenbei noch andere Apps nutzen. Das graue Pfeilsymbol rechts oben im Pop-up schaltet auf den klassischen Anrufbildschirm um.

Auch ohne diese Einstellung können Sie jederzeit während eines Gesprächs andere Apps nutzen. Über eine Benachrichtigung kommen Sie immer wieder zurück zum Anrufbildschirm.

## Entgangene Anrufe

Haben Sie einen Anruf auf dem Smartphone verpasst, wird dies in der Benachrichtigungsleiste und auch auf dem Sperrbildschirm und dem Always On Display angezeigt. So sehen Sie sofort, ob und wann jemand in Abwesenheit angerufen hat.

*Das Symbol der Telefon-App zeigt verpasste Anrufe auffällig an.*

Wenn oben links in der Benachrichtigungsleiste ein Symbol für entgangene Anrufe erscheint, ziehen Sie die Benachrichtigungsleiste herunter. In der Benachrichtigung können Sie direkt die Anrufliste der Telefon-App aufrufen. Tippen Sie dort auf einen Eintrag, sehen Sie die Telefonnummer und können wahlweise mit einer der beiden SIM-Karten zurückrufen oder per SMS antworten.

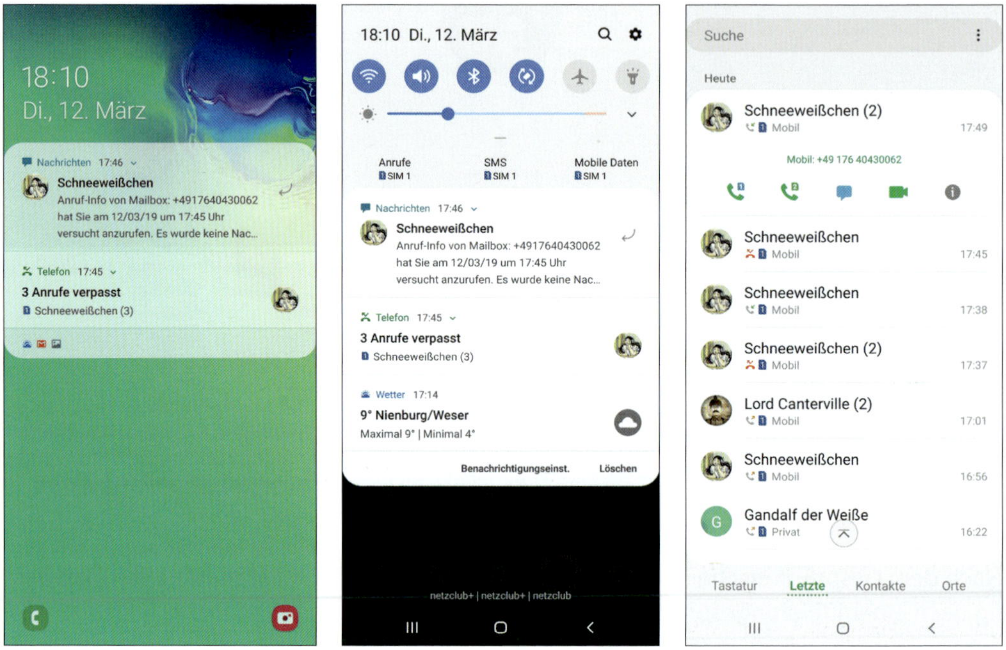


*Entgangene Anrufe auf dem Sperrbildschirm und in der Benachrichtigungsleiste. Rechts: aus der Anrufliste zurückrufen oder per SMS antworten.*

## Klingelton auswählen

Klingeltöne auf dem Smartphone sind für viele etwas ganz Persönliches und müssen je nach Tagesstimmung geändert werden. Anderen kommt es eher darauf an, einen im Alltag deutlich hörbaren Klingelton zu verwenden, oder einen, mit dem nicht 100 andere Handys in der Umgebung klingeln. Früher gab es sogar Leute – und nicht gerade wenige –, die für Klingeltöne Geld ausgegeben haben. Das Samsung Galaxy S10 liefert diverse Klingeltöne mit.

Tippen Sie in den *Einstellungen* auf *Töne und Vibration*. Tippen Sie auf dem nächsten Bildschirm auf *Klingelton*, um einen Klingelton für das Telefon auszuwählen. Um die Anrufe auf den beiden SIM-Karten leicht zu unterscheiden, können Sie unterschiedliche Klingeltöne wählen.

Mit dem Plussymbol oben rechts können Sie einen lokal gespeicherten Musiktitel als Klingelton verwenden.

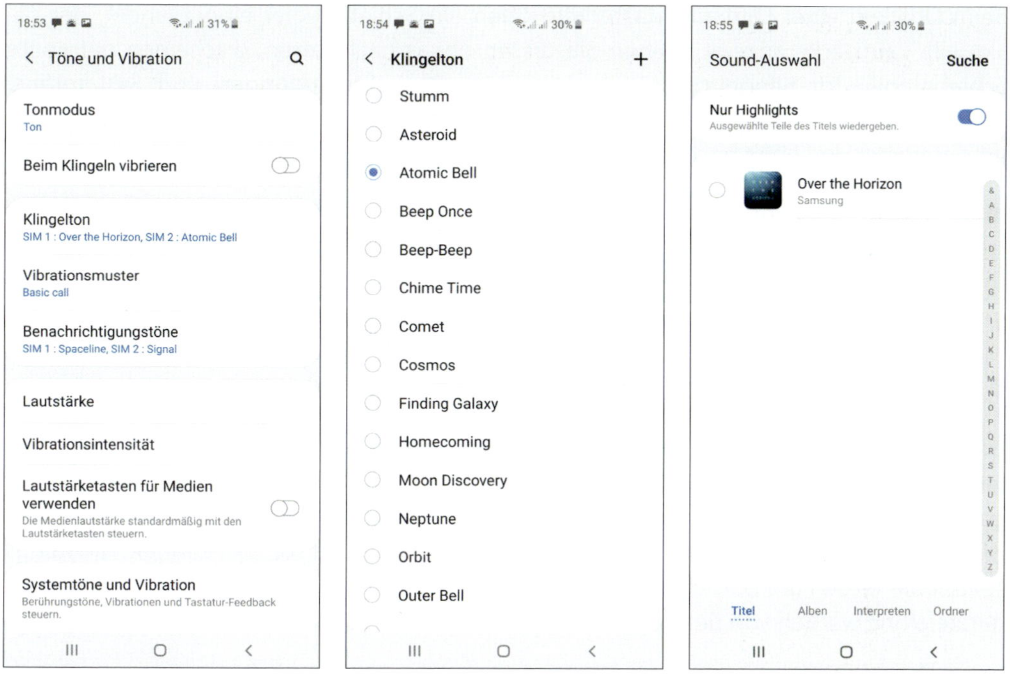


*Klingelton auswählen.*

In den *Einstellungen* wählen Sie auch die Töne für Benachrichtigungen und stellen ein, ob das Telefon zusätzlich zum Klingeln auch vibrieren soll. Weiter unten legen Sie zudem fest, ob beim Eintippen von Telefonnummern oder allgemein beim Bedienen der Bildschirmtastatur Tastentöne, Berührungstöne und Bildschirmsperrtöne zu hören sein sollen. Deaktivieren Sie diese Töne am besten alle, da sie nicht nur Sie selbst, sondern auch Ihre Mitmenschen nerven, wenn Sie das Smartphone in einer öffentlichen Umgebung nutzen.

Die Klingeltonlautstärke stellen Sie mit den Lautstärketasten an der Seite des Smartphones ein. Dazu müssen Sie sich in der Telefon-App oder auf dem Startbildschirm befinden, da Android zwischen Klingeltonlautstärke und Medienlautstärke unterscheidet. Im Musikplayer oder in einem Spiel regeln diese Tasten die Medienlautstärke.

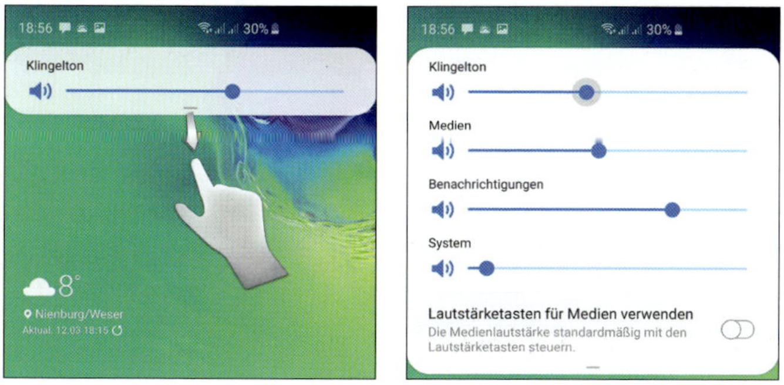


*Lautstärke über die Lautstärketasten regeln.*

Beim Drücken einer Lautstärketaste wird oben ein Schieberegler eingeblendet, der die aktuelle Lautstärke anzeigt. Ziehen Sie diesen etwas nach unten, erscheinen getrennte Schieberegler für Klingelton, Medienlautstärke, Benachrichtigungen und Systemtöne. Tippen Sie in der Schnelleinstellungsleiste auf den Lautsprecher, wird auf Vibrationsalarm umgeschaltet und beim nächsten Antippen das Klingeln ganz ausgeschaltet.

Ist der Schalter *Lautstärketasten für Medien verwenden* aktiviert, stellen die Lautstärketasten standardmäßig immer die Lautstärke des Medienplayers ein und nicht die Lautstärke des Telefonklingelns. Beim Herunterziehen werden weiterhin die anderen Lautstärkeregler eingeblendet.

## Automatische SMS bei unpassenden Anrufen

Das Smartphone klingelt oft in unpassenden Momenten. Wenn man gerade in einer Konferenz ist oder beim Essen sitzt, möchte man zwar nicht gestört werden, den Anrufer aber auch nicht einfach »wegdrücken«. Das Samsung Galaxy S10 bietet hier Kurzantworten an, die mit einem Fingerstrich per SMS an einen Anrufer geschickt werden können. Allerdings sollten Sie diese Funktion nur bei Anrufen von Handys nutzen. SMS-Antworten an Festnetztelefone werden von den meisten Anrufern nicht verstanden.

Tippen Sie in der Telefon-App oben rechts auf das Menü, wählen Sie *Einstellungen* und auf dem nächsten Bildschirm *Schnellnachrichten zum Ablehnen*. Hier sind einige Kurzantworten vordefiniert, die Sie ändern und ergänzen können.

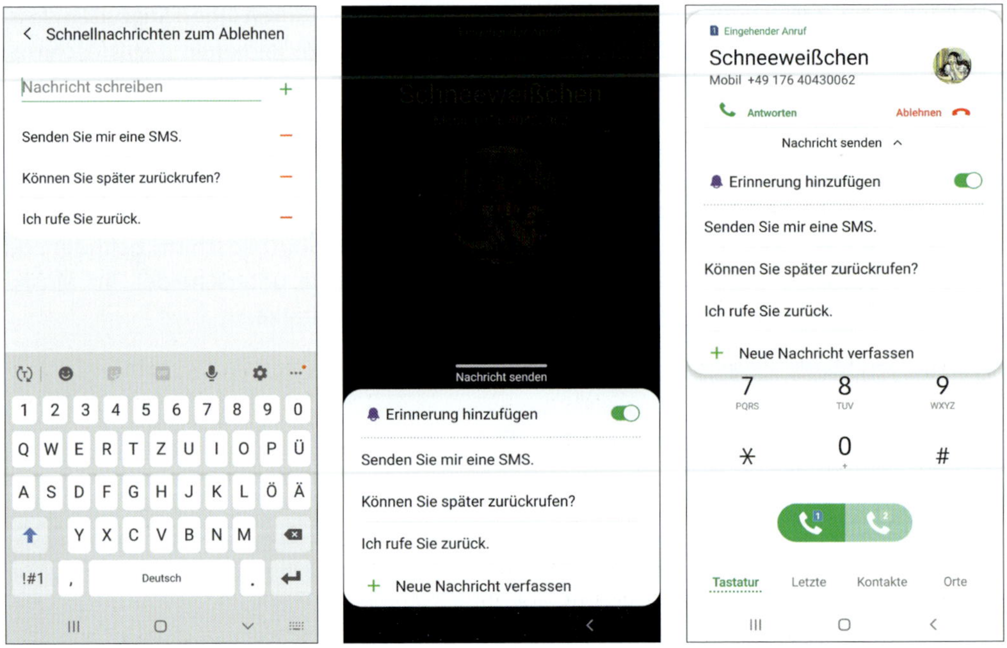

*Kurzantworten bearbeiten und eingehenden Anruf mit einer Kurzantwort beantworten.*

Wenn das Telefon klingelt, erscheint auf dem Bildschirm die Nummer oder der Name des Anrufers. Mit einer Wischgeste vom unteren Bildschirmrand nach oben erscheint eine Liste der vordefinierten Kurzantworten. Erscheint der Anruf nur in einem Benachrichtigungsfenster, finden Sie dort ebenfalls eine Schaltfläche *Nachricht senden*. Wählen Sie eine Kurzantwort aus, wird diese automatisch per SMS an den Anrufer geschickt. Über den Punkt *Neue Nachricht verfassen* können Sie selbst eine kurze SMS an den Anrufer tippen.

## Rufumleitung einrichten

Die von einfachen Handys bekannten Einstellungen zur Rufumleitung auf die Mailbox finden Sie über den Menüpunkt *Einstellungen* in der Telefon-App. Wählen Sie hier *Zusatzdienste/Rufumleitung/Sprachanruf*.

*Einstellungen zur automatischen Rufumleitung.*

Jetzt können Sie für *besetzt*, *keine Antwort* oder *nicht erreichbar* unterschiedliche Rufumleitungen unabhängig für beide SIM-Karten festlegen. Bei den meisten SIM-Karten sind standardmäßig Umleitungen auf die Mailbox voreingestellt.

### Achtung! Kostenfalle

Für Rufumleitungen können je nach Mobilfunkvertrag teilweise erhebliche Kosten entstehen. Viele Anbieter schließen umgeleitete Gespräche von der Flatrate aus, sodass die Weiterleitungen im teuren Minutentakt bezahlt werden müssen, obwohl Sie selbst gar nicht telefonieren.

Die Rufumleitung wird direkt im Mobilfunknetz eingerichtet und ist nicht nur eine Einstellung auf dem Smartphone selbst. Das bedeutet, zur Einrichtung muss ausreichender Empfang vorhanden sein und der eigene Mobilfunkvertrag muss Rufumleitungen zulassen. Mit dem Symbol *Deaktivieren* auf dem Bildschirm zum Eintragen der Nummer für die Rufumleitung können Sie die voreingestellten Umleitungen auf die Mailbox abschalten. Allerdings unterstützen manche Mobilfunkanbieter diese Möglichkeit nicht und zwingen dem Nutzer eine Mailbox sozusagen auf, um zusätzliche Gesprächsminuten zu generieren.

Die Nummer der Mailbox können Sie in den Anrufeinstellungen unter *Mailbox/Mailboxeinstellungen* für beide SIM-Karten getrennt eintragen, wenn sie nicht von der SIM-Karte automatisch übernommen wurde.

## Unerwünschte Anrufer blockieren

Das Samsung Galaxy S10 bietet in der Telefon-App die Möglichkeit, bestimmte Anrufer oder solche, die ihre Nummer nicht übertragen, standardmäßig abzuweisen. Android bietet diese Möglichkeit standardmäßig auch, löst das Problem aber etwas anders als Samsung.

Tippen Sie in den *Einstellungen* der Telefon-App auf *Nummern sperren*. Tragen Sie hier die Telefonnummern ein, die automatisch abgewiesen werden sollen. Sie können die Nummern auch aus dem Anrufprotokoll oder aus der Kontaktliste auswählen.

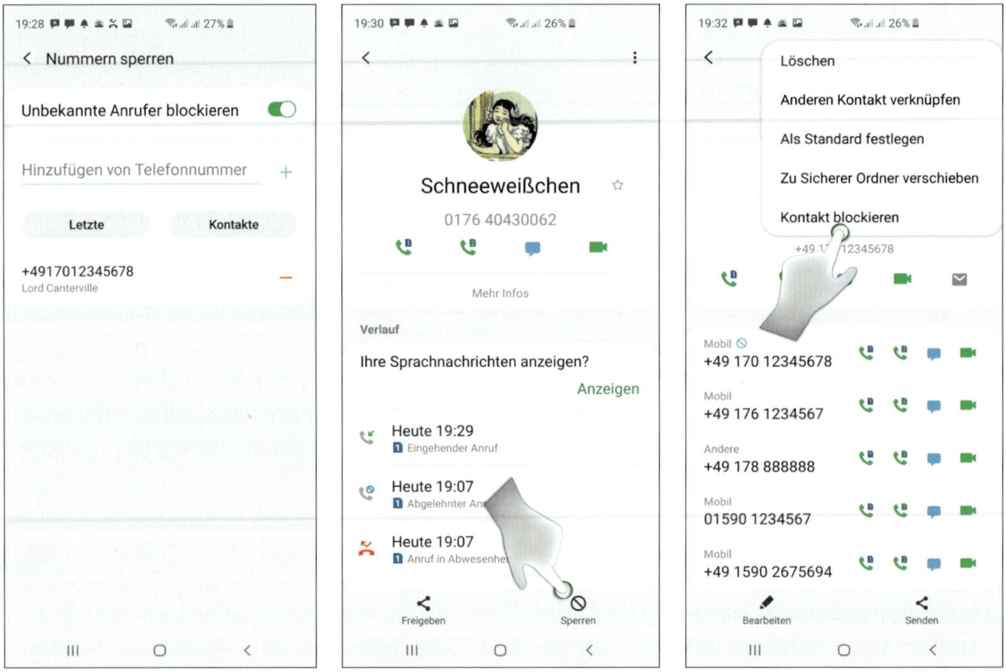


*Unerwünschte Anrufer automatisch abweisen.*

Aktivieren Sie noch den Schalter *Unbekannte Anrufer blockieren*, um alle Anrufer automatisch abzuweisen, die ihre Rufnummer unterdrücken. Die Anrufer hören dann: »Der gewünschte Gesprächspartner ist vorübergehend nicht erreichbar.«

Hat die betreffende Person bereits mindestens einmal angerufen, können Sie die Telefonnummer direkt übernehmen, ohne sie neu eintippen zu müssen.

1. Tippen Sie im Anrufprotokoll auf den Eintrag des unerwünschten Anrufers und dann auf das *i*-Symbol.
2. Tippen Sie auf dem nächsten Bildschirm unten rechts auf *Sperren* und bestätigen Sie die Auswahl mit *Blockieren*, um die Nummer in die Blockierliste aufzunehmen.
3. Steht die Person bereits in Ihrer Kontaktliste, erscheint dort im Menü *Kontakt blockieren*. Hier werden automatisch alle bei diesem Kontakt gespeicherten Telefonnummern in die Blockierliste übernommen.

Bei Bedarf können Sie später jederzeit in der Blockierliste der Telefon-App mit dem roten Minussymbol einzelne blockierte Nummern wieder freigeben. Die betreffende Person kann dann wieder ganz normal anrufen. Im Menü eines blockierten Kontaktes können Sie die Blockierung auch leicht wieder aufheben.

## Anrufer-ID und Spam-Schutz

Über den Dienst *Anrufer-ID und Spam-Schutz* in den Einstellungen der Telefon-App können auch Namen von Anrufern angezeigt werden, die nicht in den Kontakten gespeichert sind.

Ist dieser Dienst in den Einstellungen der Telefon-App aktiviert, wird bei einem eingehenden Anruf über die Internetverbindung eine Datenbank abgefragt und, wenn möglich, der Name sowie das Profilbild des Anrufers angezeigt. Diese Daten werden aber nicht automatisch in den Kontakten gespeichert.

Der Dienst hilft auch, Spam-Anrufer zu identifizieren, um diese, bevor sie das erste Mal angerufen haben, in die Blockierliste aufzunehmen. Hat ein Werbeanrufer einmal eine Person am Telefon erreicht, wird er diese immer wieder anrufen. Leider findet dieser Dienst in Deutschland bis jetzt kaum typische Spam-Telefonnummern.

## Rufnummernunterdrückung

In den Telefoneinstellungen können Sie unter *Zusatzdienste/Eigene Rufnummer anzeigen* bei Bedarf die Anzeige Ihrer Rufnummer – für beide SIM-Karten unabhängig – bei der angerufenen Person unterdrücken.

### Kein Freibrief für illegale Aktivitäten

Eine ausgeschaltete Rufnummer ist kein Freibrief für kriminelle Aktivitäten am Telefon. Die Rufnummer wird bei jedem Gespräch übertragen, bei abgeschalteter Anrufer-ID wird nur zusätzlich ein spezielles Signal gesendet, das das Telefon des Gesprächspartners anweist, die Nummer nicht zu zeigen. Die Notrufzentralen von Feuerwehr, Rettungsdiensten und Polizei sehen die Nummer trotzdem. Auch in den Anrufprotokollen der Telefongesellschaften taucht die Nummer weiterhin auf. Nach dem *Gesetz zur Bekämpfung unlauterer Telefonwerbung und zur Verbesserung des Verbraucherschutzes* sind Anrufe von Firmen und Geschäftstreibenden mit unterdrückter Rufnummer aus Deutschland nicht mehr zulässig.

# Tipps zur Wahl eines Tarifs für Android-Smartphones

Da es so gut wie keine klassischen Handys ohne Internetzugang mehr gibt, ist mobiles Internet heute bei den allermeisten Handytarifen dabei.

Der mobile Internetzugang per UMTS, HSPA und auch LTE wird fast überall nach verbrauchtem Datenvolumen abgerechnet und nicht mehr nach Onlinezeit, wie es früher bei den ersten Handys der Fall war. Zur Ermittlung des Datenverbrauchs spielt es keine Rolle, ob Daten aus dem Internet heruntergeladen oder vom Smartphone gesendet werden, wie z. B. E-Mails oder Fotos, die man bei Facebook hochlädt. Jedes MByte zählt.

Mittlerweile enthalten fast alle Mobilfunktarife standardmäßig ein Datenpaket mit typischerweise 200–500 MByte. Seit die Internetverbindung nicht mehr komplett getrennt, sondern nur noch drastisch abgebremst wird, bezeichnen fast alle Anbieter ihre Datentarife als Internetflatrate. Entscheidend für die Preisunterschiede ist das Datenvolumen, bei dem die Bremse zuschlägt.

Die Internetverbindung wird nach dem Verbrauch des Inklusivvolumens in den meisten Tarifen nicht gestoppt, sondern auf GPRS-Geschwindigkeit gebremst, sodass man nicht komplett vom Internet abgeschnitten ist, da viele Funktionen von Smartphones ohne Internetanbindung gar nicht mehr funktionieren. Man kann das Freivolumen zwar ohne zusätzliche Kosten überschreiten, wird dann aber vom flotten LTE oder HSDPA auf GPRS-Niveau heruntergebremst, was die Nutzung für den Rest des Monats unattraktiv macht und höchstens noch für WhatsApp-Textnachrichten und E-Mails ohne Anhang reicht. Denn es handelt sich dabei nicht um eine Bremse von wenigen Prozent, sondern eher um ein »vor die Wand fahren« von theoretisch bis zu 1,4 Gbit/s bei LTE (Cat 21) oder 42 Mbit/s bei HSPA+ (schneller als DSL 32.000) auf 64 Kbit/s (vergleichbar ISDN), also einen Geschwindigkeitsverlust von mehr als 99 %!

### Vorsicht bei Datenautomatik

Einige Tarife von O2 und auch von Discountern, die dieses Netz nutzen, wie zum Beispiel Yourfone, DeutschlandSIM und Smartmobil beinhalten eine sogenannte Datenautomatik. Damit wird die Geschwindigkeit nach Erreichen des Inklusivvolumens nicht reduziert, dafür aber automatisch ein kostenpflichtiges Datenpaket von 100 oder 200 MByte hinzugebucht. Diese Zusatzkosten sind im Verhältnis zu den eigentlichen Tarifkosten unverhältnismäßig hoch (bis zu 2 Euro pro 100 MByte) und werden bis zu dreimal in Folge automatisch abgebucht. Achten Sie genau auf die Tarifbedingungen. Bei einigen Discountertarifen lässt sich diese Datenautomatik nicht abschalten.

### Tariftipps

sim.de (*www.sim.de*) bietet den derzeit (Mai 2019) günstigsten LTE-Tarif an. Dieser kostet mit 1 GByte Datenvolumen und 100 Freiminuten 5,99 Euro im Monat. Noch günstiger geht es mit Tarifen ohne Telefonie. Ein Smartphone ohne Telefonfunktion zu nutzen, ist heute nicht mehr so abwegig, da die meisten Messenger auch Gespräche – oft sogar mit Video – unterstützen, was nur zulasten des Datenverbrauchs geht, aber kein klassisches Telefonnetz nutzt.

**Netzclub** (*www.netzclub.net*) ist ein Mobilfunk-Discounter im O2-Netz, bei dem man 200 MByte Datenvolumen jeden Monat geschenkt bekommt, wenn man zustimmt, Werbung per E-Mail und SMS zu erhalten. Die Werbung hält sich in vertretbaren Grenzen, alle paar Tage kommt mal eine E-Mail oder SMS. Guthaben für Gespräche oder größere Datenpakete lässt sich bequem per Prepaid ohne Vertragspflichten aufladen. Dieser Tarif ist ideal für alle, die ihr Smartphone im Wesentlichen im WLAN nutzen und nur sehr wenig damit telefonieren. Über eine spezielle App, die Werbung auf dem Sperrbildschirm anzeigt, kann man zusätzlich 300 MByte Datenvolumen jeden Monat gratis erhalten.

Telefónica bewirkt unter der Marke **WhatsApp SIM** (*www.whatsappsim.de*) einen Prepaid-Tarif ohne Vertragsbindung speziell für WhatsApp-Nutzer im O2-Netz. Dahinter verbergen sich Prepaid-Pakete mit 500 (5 Euro für vier Wochen) oder 2.000 (10 Euro für vier Wochen) sogenannten Einheiten, die als Gesprächsminuten, SMS oder MByte Datenvolumen genutzt werden können. Nach Verbrauch der Einheiten kostet jede Gesprächsminute 9 Cent, Internetnutzung ist weiterhin möglich, wird aber auf 56 Kbit/s gedrosselt. Da die Drosselung bei reinen Textnachrichten über WhatsApp so gut wie gar nicht auffällt, spricht der Anbieter hier von unbegrenzt kostenloser WhatsApp-Nutzung. Der Versand von Bildern und Sprachnachrichten wird extrem langsam, Videotelefonie ist gar nicht mehr möglich. Die WhatsApp SIM ist im sogenannten Basistarif mit einer Geschwindigkeit von 32 Kbit/s kostenfrei nutzbar, womit WhatsApp-Textnachrichten noch gesendet und empfangen werden können. Allerdings muss man mindestens 5 Euro Guthaben alle sechs Monate aufladen, damit die SIM-Karte aktiv bleibt.

Ein weiteres wichtiges Auswahlkriterium für einen Internettarif ist neben dem Preis die Netzqualität bzw. Verfügbarkeit in der Region, in der man das Smartphone vorrangig nutzen möchte. Telefonieren kann man inzwischen in Deutschland fast überall, mit dem Internetzugang über schnelles HSPA sieht es jedoch ganz anders aus. Während die D-Netze von Vodafone und Telekom fast flächendeckend UMTS/HSPA oder auch LTE mit bis zu 50 Mbit/s, in Ballungszentren bis zu 1,4 Gbit/s bieten, hängen die E-Netze von O2 und ehemals E-Plus noch deutlich hinterher. Hier stehen HSPA und auch UMTS nur in den großen Ballungsräumen zur Verfügung, in Kleinstädten muss man sich häufig mit EDGE zufriedengeben. Dafür können die Nutzer von E-Plus und O2 seit dem Zusammenschluss beide Netze nutzen. Die Umschaltung erfolgt automatisch, wenn eines der Netze nicht verfügbar ist.

Auf dem flachen Land gibt es noch große Versorgungslücken, wo mobiles Internet überhaupt nicht möglich ist. Auf diesen weißen Flecken der deutschen Landkarte bieten die D-Netze zumindest noch EDGE-Anbindung. Die Netzbetreiber werben zwar mit sehr hohen Prozentzahlen, wie viele Einwohner Deutschlands mittlerweile schnelles Internet über HSPA nutzen können, allerdings beziehen sich diese auf die Bevölkerung und deren Wohnorte, nicht auf die Fläche Deutschlands. 80 % der Deutschen wohnen auf 20 % der Landesfläche. Demnach blieben selbst bei 80 % UMTS-Versorgung der Bevölkerung theoretisch 80 % der Fläche unterversorgt.

In ländlichen Regionen und Mittelgebirgen sowie im Osten und äußersten Süden Deutschlands haben alle Mobilfunkprovider noch erhebliche Versorgungslücken im UMTS-Netz. In großstädtischen Ballungsräumen und den Tourismusregionen entlang der Küsten sind die Netze hingegen sehr gut ausgebaut. Die Telekom hat im Osten der Republik noch große weiße Flecken auf der Ausbaukarte, Vodafone im Süden.

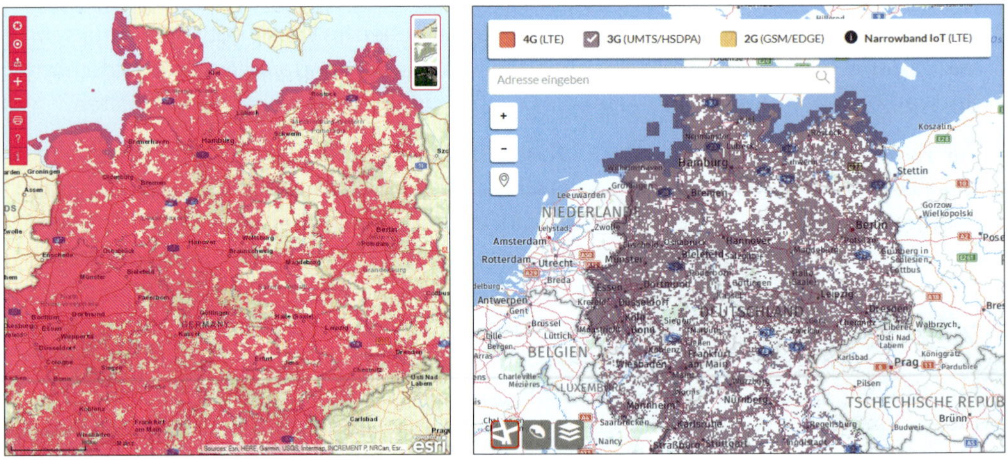


*3G-Netzausbau von Telekom und Vodafone (Stand: März 2019).*

Alle deutschen Netzbetreiber bieten interaktive Landkarten an, auf denen man die Netzabdeckung für 2G (GSM/GPRS/EDGE), 3G (UMTS/HSDPA) und 4G (LTE) ablesen kann. Diese

Angaben gelten natürlich immer unter optimalen Bedingungen im Freien ohne Verschattung durch Gebäude und ohne schnelle Bewegung.

### Netzabdeckungskarten

Interaktive Karten zur Netzabdeckung der großen deutschen Mobilfunkanbieter:

| | |
|---|---|
| Telekom | *goo.gl/gp8ADp* |
| Vodafone | *goo.gl/lR2oF* |
| O2 | *goo.gl/mbG1k* |

Das LTE-Netz ist mittlerweile an vielen Stellen besser ausgebaut als das UMTS-Netz, aber nur mit einem teureren LTE-Mobilfunkvertrag nutzbar.

### LTE – Mobilfunk der vierten Generation

Mit dem Mobilfunkstandard LTE (**L**ong **T**erm **E**volution = langfristige Entwicklung), auch als Mobilfunk der vierten Generation bezeichnet, sollen in erster Linie ländliche Regionen versorgt werden, in denen bisher keine DSL-Festnetzanschlüsse zur Verfügung standen. Anstatt über ein Telefonkabel kommt das Internetsignal dabei über Funk ins Haus und das mit theoretisch bis zu 1,2 Gbit/s. LTE wird zwar von den Netzbetreibern als Festnetzersatz vermarktet, basiert aber wie UMTS auf Mobilfunktechnik und kann sogar die vorhandene UMTS-Mobilfunk-Infrastruktur in Teilen mit verwenden.

Natürlich eignet sich diese Technik auch für den schnellen Internetzugang bei entsprechend ausgestatteten Smartphones. Voraussetzung ist, dass das Smartphone und der Mobilfunkvertrag LTE unterstützen. Handyverträge mit LTE-Nutzung sind zurzeit allerdings bei vielen Anbietern noch teurer als reine UMTS-Verträge.

Mit zunehmender Verbreitung der LTE-Technik sind auch schon Engpässe absehbar. Die Bundesnetzagentur versteigerte daher bereits im Frühjahr 2015 weitere LTE-Frequenzbänder an die drei großen Mobilfunkanbieter.

## Die EU-Roamingverordnung

Nach jahrelangen Diskussionen führte die EU-Kommission am 15. Juni 2017 den sogenannten Euro-Tarif ein, der Telefonieren, SMS und auch mobiles Internet im EU-Ausland zu Inlandskonditionen möglich macht.

Eigentlich müsste es statt EU-Roaming EWR-Roaming heißen, da die gleichen Bedingungen für alle Länder des europäischen Wirtschaftsraums EWR gelten. Das sind außer den EU-Mitgliedsstaaten auch Norwegen, Island und Liechtenstein, aber nicht die Schweiz. Zusätzlich gilt die EU-Roamingverordnung auf den britischen Kanalinseln, die nicht EU-Gebiet sind, in den französischen Überseegebieten, in San Marino und im Vatikan. Auf Schiffen und Flugzeugen, die satellitengestützte Mobilfunkverbindungen für ihre Passagiere anbieten, gilt die EU-Roamingverordnung nicht.

Die früher extrem hohen Roaminggebühren bei der Nutzung einer deutschen SIM-Karte im EU-Ausland waren für die Netzbetreiber eine gern gesehene Einnahmequelle. Deshalb versuchen viele, die Schlupflöcher im neuen EU-Gesetz geschickt zu nutzen. Bei der Anmeldung eines Smartphones in einem ausländischen Netz erhalten Sie eine SMS, die die genauen Tarifdetails enthält. Lesen Sie diese sorgfältig durch.

## Die wichtigsten Regelungen im Überblick

- Datenpakete und Inklusivvolumen können im EU-Ausland wie zu Hause genutzt werden.
- Freiminuten für Telefonie können wie zu Hause genutzt werden, wenn diese netzübergreifend gelten. Community-Flatrates zum kostenlosen Telefonieren zwischen Teilnehmern des gleichen Anbieters (wie z. B. Aldi Talk) gelten im EU-Ausland nicht.
- Telefongespräche aus Deutschland ins EU-Ausland werden wie früher teuer berechnet. Hier gelten die Freiminuten des deutschen Tarifs weiterhin nicht, solange keine EU-Flatrate gebucht ist.
- Alte Roamingtarife gelten weiter und werden nicht automatisch umgestellt. Wer früher Roaming für bestimmte Länder gebucht hat, muss diesen Tarif auch weiterhin innerhalb der EU bezahlen oder auf einen anderen Tarif wechseln.
- Mobilfunkanbieter dürfen Tarife explizit ohne Roaming anbieten. Diese SIM-Karten funktionieren dann nur in Deutschland.

### Fair Use Policy

Die sogenannte Fair Use Policy verhindert, dass ein Tarif zum überwiegenden Teil im Ausland genutzt wird. Jeder Anbieter legt diese Richtlinie unterschiedlich aus. Bei einigen muss man nach einer bestimmten Zeit wieder im deutschen Netz angemeldet sein, bei anderen darf nur ein bestimmter Teil des Inklusivvolumens im Ausland verbraucht werden. Die genauen Bedingungen stehen in der SMS bei der Anmeldung im ausländischen Netz.

Diese Fair Use Policy wurde vor allem auf Drängen der deutschen Mobilfunkbetreiber in das Gesetz aufgenommen. Da die deutschen Mobilfunktarife zu den teuersten innerhalb der EU gehören, befürchteten die deutschen Netzbetreiber mit Einführung des EU-Roamings Einnahmeeinbußen, wenn Kunden sich SIM-Karten aus anderen Ländern besorgen und diese ohne Zusatzkosten dauerhaft in Deutschland nutzen.

## Datenverbrauch ermitteln

Wegen der oft knapp begrenzten Flatrates in günstigen Mobilfunkverträgen ist die Anzeige der Datennutzung für viele Benutzer sehr interessant.

Halten Sie den Finger länger auf dem Schnelleinstellungssymbol *Mobile Daten*, können Sie rechtzeitig abschätzen, wann das Freivolumen Ihrer Flatrate aufgebraucht ist und welche Apps den größten Datenverkehr verursachen. Tippen Sie auf *Mobildatennutzung*, um eine Kurve des Datenverbrauchs im aktuellen Abrechnungszeitraum zu sehen.

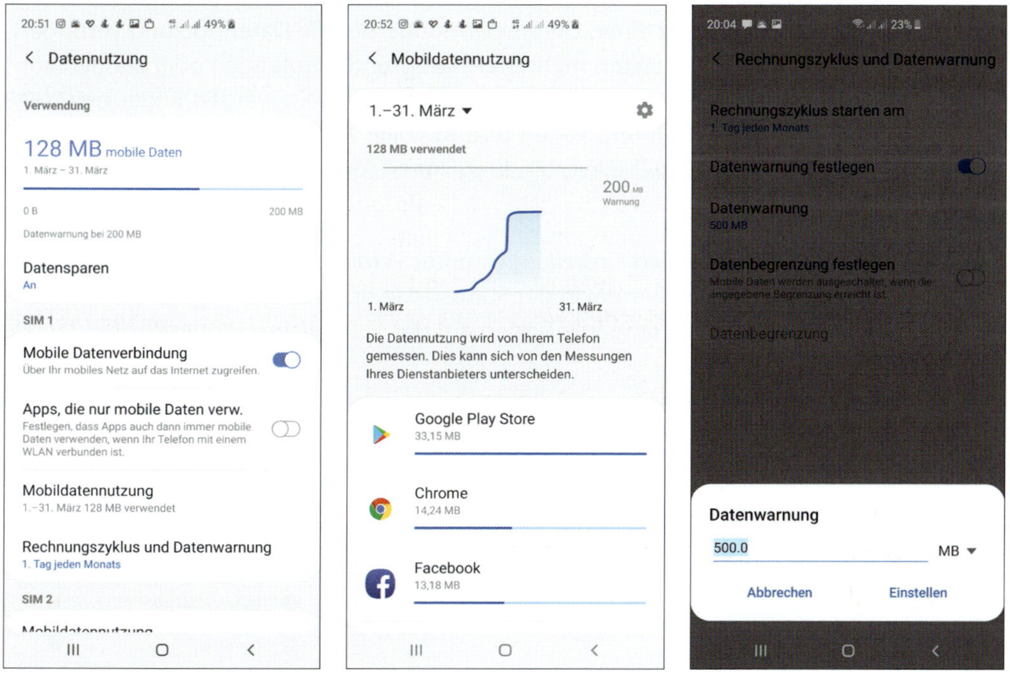


*Datenverbrauch anzeigen und Warnlimit festlegen.*

Damit diese Anzeige optimal nutzbar ist, stellen Sie über das Zahnradsymbol oben rechts auf dem Bildschirm *Rechnungszyklus und Datenwarnung* den Tag des Monats ein, an dem Ihr Mobilfunkanbieter das monatliche Datenvolumen der Flatrate zurücksetzt. Diesen Tag finden Sie üblicherweise auf Ihrer Mobilfunkrechnung.

Hier stellen Sie auch eine Datenwarnung ein, die auch zur Skalierung der Kurve verwendet wird. Dies sollte dem Limit entsprechen, bei dem Ihr Mobilfunkvertrag die Geschwindigkeit abbremst, oder knapp darunterliegen, um noch etwas Spielraum zu haben, da die Netzbetreiber oft leicht von dem auf dem Smartphone ermittelten Datenverbrauch abweichende Berechnungsverfahren nutzen.

Falls Sie einen Mobilfunkvertrag mit sogenannter Datenautomatik haben, können Sie unter *Rechnungszyklus und Datenwarnung* auch eine *Datenbegrenzung festlegen*. Bei Erreichen dieses Wertes wird die mobile Datennutzung ganz abgeschaltet, um hohe Kosten durch automatisch gebuchte Datenpakete zu vermeiden.

Zum Vergleich können Sie weiter unten auch die *WLAN-Datennutzung* anzeigen lassen. Mit dem Schalter *Mobile Datenverbindung* lässt sich die Datennutzung im Mobilfunknetz jederzeit ganz abschalten.

## Datenverbrauch reduzieren

Das Samsung Galaxy S10 bietet einen Datensparmodus, der die Datennutzung verringert, indem die meisten Apps keine Daten mehr im Hintergrund empfangen oder senden können. Aktive Apps empfangen weiterhin Daten, aber seltener. So werden Bilder beispielsweise erst beim Antippen heruntergeladen und in voller Auflösung sichtbar. Der Datensparmodus betrifft nur die Mobilfunkverbindung. Im WLAN laufen alle Apps ganz normal weiter.

Der Datensparmodus wird in den *Einstellungen* unter *Verbindungen/Datennutzung/Datensparen* aktiviert und durch ein Symbol in der Statusleiste oben rechts angezeigt. Diese Einstellungsseite wird auch durch längeres Tippen auf das Schnelleinstellungssymbol *Mobile Daten* aufgerufen.

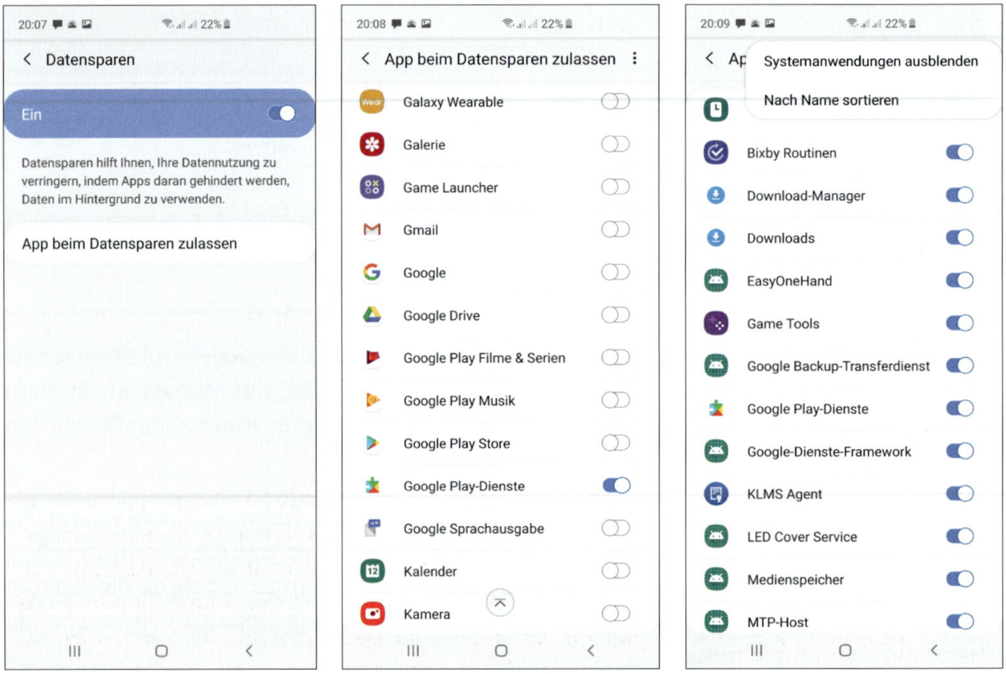

*Bestimmten Apps im Datensparmodus uneingeschränkten Datenzugriff gewähren.*

Tippen Sie auf die Zeile *App beim Datensparen zulassen*, um bestimmten Apps auch im Datensparmodus die uneingeschränkte Datennutzung zu ermöglichen. Dies ist z. B. bei Messenger-Apps wie WhatsApp wichtig. Die Google Play Dienste sowie diverse Systemdienste, die standardmäßig in der Liste ausgeblendet sind, haben uneingeschränkten Datenzugriff, da andernfalls einige andere Apps nicht zuverlässig funktionieren würden.

## Adressbuch – Kontakte

Seit den ersten Handys kann man dort seine wichtigsten Telefonnummern mit Namen speichern. Die Zeiten, in denen man beim Wechsel auf ein neues Handy Termine und Telefonnummern abtippen musste, sind lange vorbei. Heute synchronisiert man seine Daten mit PCs und anderen Geräten in der Cloud.

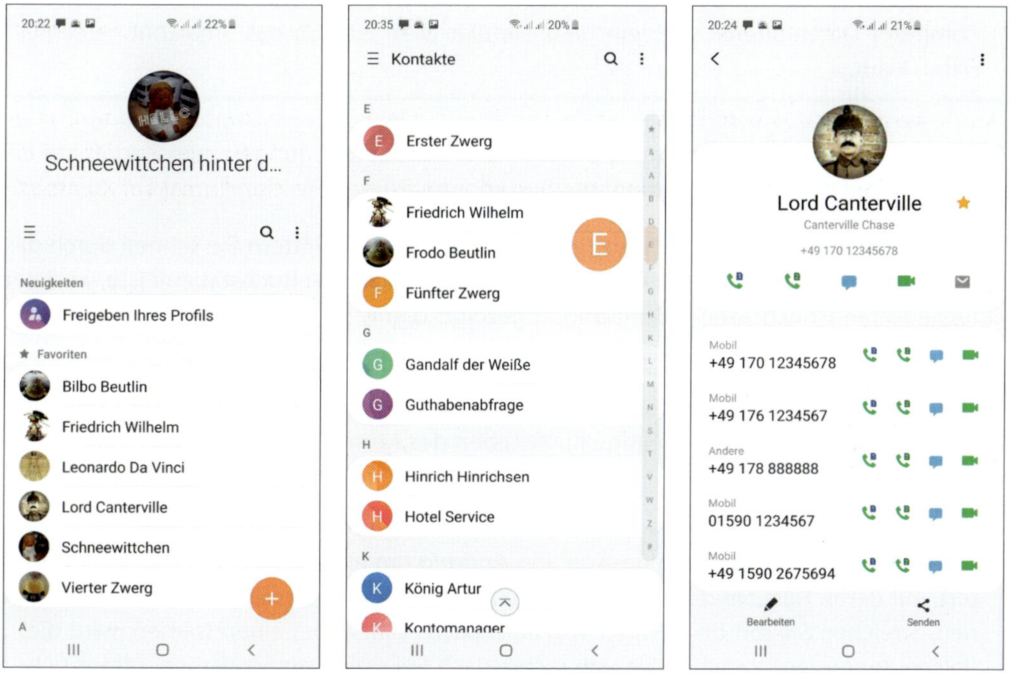


*Das Adressbuch auf dem Samsung Galaxy S10.*

Auf dem Samsung Galaxy S10 ist eine komplette Kontaktverwaltung enthalten, mit der Sie Ihr Adressbuch nicht nur auf dem Smartphone, sondern auch auf dem PC über ein Google-Konto verwalten können. Die Kontakte-App synchronisiert automatisch die Adressen, die in dem Google-Konto gespeichert sind, das bei der Einrichtung des Smartphones festgelegt wurde. Damit haben Sie die gleiche Kontaktliste auf dem Smartphone, auf dem PC und jedem anderen Gerät, das mit dem Google-Konto synchronisieren kann, zur Verfügung.

Alternativ lassen sich Kontakte auch ganz klassisch auf dem Telefon oder auf der SIM-Karte speichern. Allerdings sind hier die Möglichkeiten eingeschränkt. So lassen sich zum Beispiel zu Kontakten auf der SIM-Karte keine Fotos speichern.

Das Samsung-Konto bietet ebenfalls die Möglichkeit, Kontakte zu speichern. Bei jedem neuen Kontakt erscheint eine Frage, wo dieser gespeichert werden soll. Sie können aber auch einen Speicherort – am besten das Google-Konto – als Standard festlegen.

**Datenschutz**

Immer wieder hört man die Medien gegen Google wettern. Tatsächlich ist aber kein Fall bekannt, dass Google mit den anvertrauten Daten irgendetwas Vertragswidriges gemacht hätte. Auch ist die Wahrscheinlichkeit, ein fremder Hacker könnte bei Google einbrechen und die persönlichen Daten stehlen, dank erhöhter Sicherheit der Großrechenzentren deutlich geringer, als dass ein Hacker per Trojaner auf dem eigenen Computer Daten stiehlt oder ein ganz simpler Dieb einfach das Smartphone samt Daten klaut.

Beim ersten Aufruf der Kontakte-App benötigt diese Berechtigungen zum Zugriff auf Ereignisse, damit die Anrufe angezeigt werden können. Tippen Sie hier einmal auf *Zulassen*.

Mit einer vertikalen Fingerbewegung auf dem Touchscreen blättern Sie schnell durch das Adressbuch. Bewegen Sie den Finger ganz rechts außen auf der Buchstabenleiste, wird der aktuelle Anfangsbuchstabe großflächig angezeigt, damit Sie im richtigen Moment stoppen können.

Außerdem finden Sie bestimmte Personen schnell im Adressbuch, indem Sie oben über das Lupensymbol im Suchfeld einige Buchstaben des Namens eintippen. Das Adressbuch filtert die Liste immer genauer, je mehr Buchstaben bereits eingegeben sind.

**TIPP:** Samsung hat die Kontakte-App von Android um eine nützliche Funktion erweitert, mit deren Hilfe Sie direkt aus der Liste Anrufe tätigen oder SMS verschicken können. Streichen Sie mit dem Finger von links nach rechts über einen Namen, wird die Person angerufen, streichen Sie von rechts nach links über einen Namen, öffnet sich die SMS-App.

Sind bei einer Person mehrere Telefonnummern eingetragen, können Sie für diese Funktion eine Standardnummer festlegen. Tippen Sie dazu auf den Namen einer Person in der Liste und anschließend auf die angezeigte Telefonnummer. Wählen Sie im nächsten Fenster die gewünschte Telefonnummer und tippen Sie dann auf *Als Standard festlegen*.

Tippen Sie auf einen Eintrag, können Sie die Person direkt anrufen oder eine SMS senden. Hier werden alle zu dieser Person gespeicherten Daten angezeigt. Diese sind automatisch mit der passenden App verknüpft. Tippen Sie also auf das Telefonsymbol bei einer Telefonnummer, ruft das Smartphone die Person an, tippen Sie auf eine E-Mail-Adresse, öffnet sich eine E-Mail.

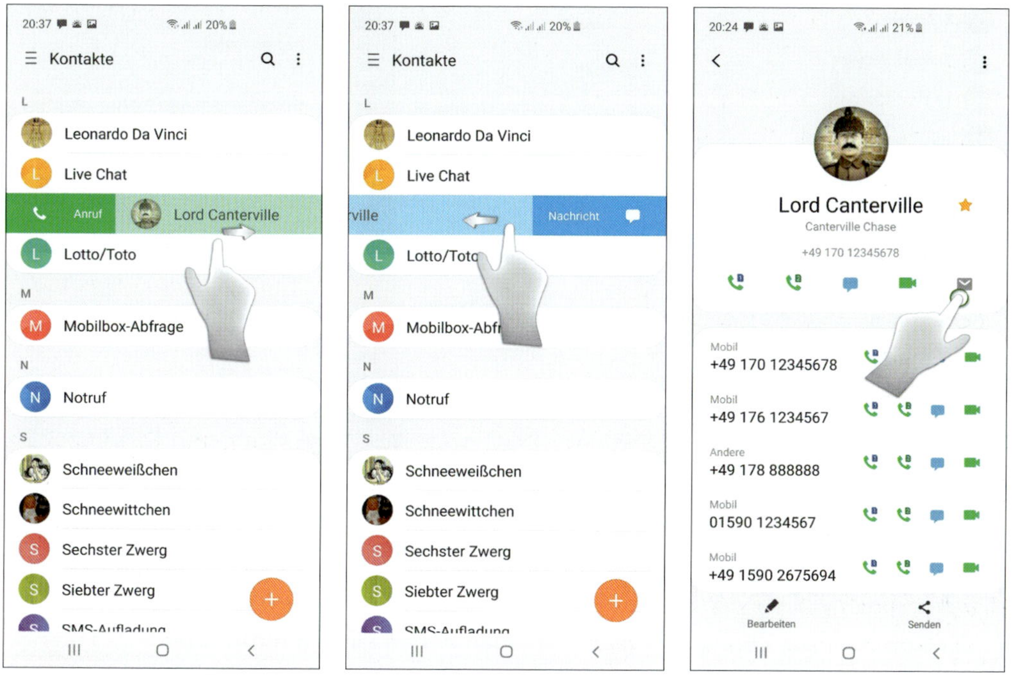


*Personen direkt aus der Kontaktliste anrufen und SMS oder E-Mail schreiben.*

## Kontakte sortieren

Die App *Kontakte* bietet verschiedene Möglichkeiten zur Darstellung und Sortierung von Namen. So können Sie entweder die in Westeuropa übliche Schreibweise mit Vor- und Nachname verwenden – *Hans Müller* – oder das sogenannte bayerische Namensformat – *Müller, Hans*. Unabhängig von der Darstellung lassen sich die Kontakte nach Vorname oder Nachname in der Liste sortieren.

Um die Einstellungen zu ändern, tippen Sie in der Kontaktliste oben links auf das Seitenmenü und dann auf das Zahnradsymbol. Hier finden Sie die Optionen *Sortieren nach* und *Namensformat*.

Im Seitenmenü finden Sie alle Speicherorte für Kontakte, Samsung-Konto, Google-Konto, Telefon und SIM-Karten. Hier können Sie filtern, ob alle Kontakte oder nur Kontakte einzelner Speicherorte angezeigt werden sollen.

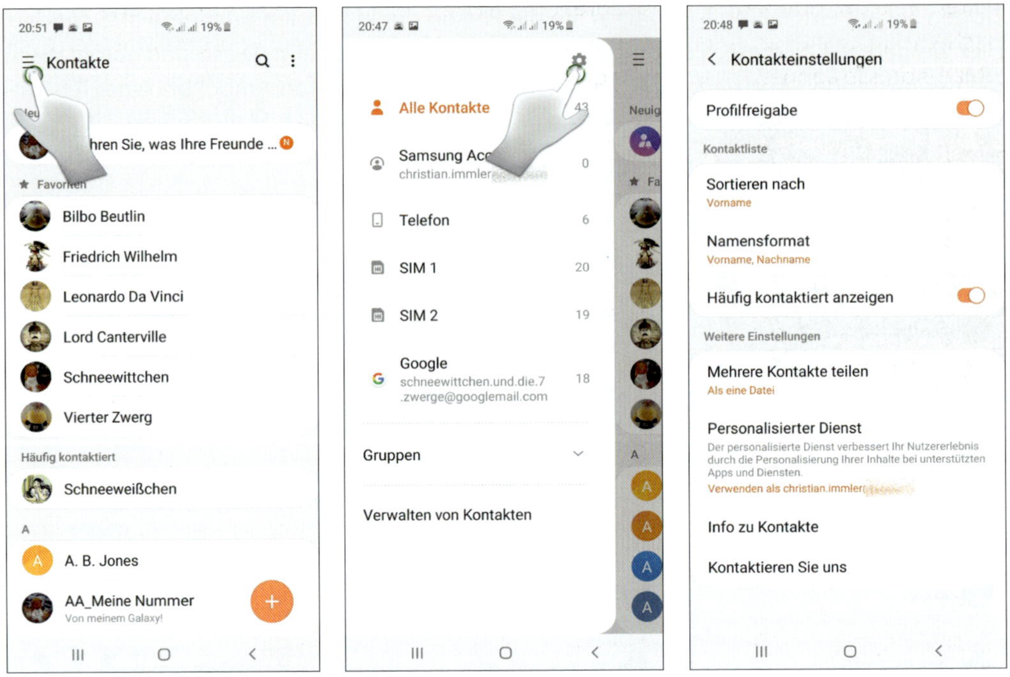


*Seitenmenü, Speicherorte und Einstellungen für Kontakte.*

## Neue Adresse eintragen

In der App *Kontakte* können Sie jederzeit einen neuen Eintrag hinzufügen. Tippen Sie dazu in der Liste auf das orangefarbene Symbol mit dem Pluszeichen unten rechts in der Namensliste.

Legen Sie als Erstes fest, wo der neue Kontakt gespeichert werden soll. Am besten speichern Sie alle Kontakte im Google-Konto, da Sie diese dann auch auf dem PC und anderen Geräten zur Verfügung haben und sich beim Wechsel auf ein neues Smartphone keine Gedanken machen müssen. Alternativ können Kontakte auch auf dem Telefon, der SIM-Karte oder im Samsung-Konto gespeichert werden, wobei je nach Speicherort nicht immer alle Funktionen zur Verfügung stehen.

Danach öffnet sich ein Formular zur Eingabe der Kontaktdaten einer neuen Person. Mit einer vertikalen Fingerbewegung auf dem Touchscreen können Sie nach oben und unten zwischen den Feldern hin- und herblättern. Geben Sie hier die jeweiligen Daten ein. Sie brauchen nicht alle Felder auszufüllen.

Das Namensfeld können Sie rechts mit dem kleinen Pfeil aufklappen, um zweite Vornamen oder Namenszusätze einzutragen. Vorname und Nachname werden bei der Eingabe automatisch erkannt. In den Feldern für die Telefonnummer und E-Mail-Adresse können Sie noch weitere Telefonnummern und Mailadressen hinzufügen. Zur Eingabe von Telefonnummern erscheint automatisch eine Zifferntastatur. Nach der Eingabe einer Telefonnummer oder E-Mail-Adresse können Sie über das grüne Plussymbol weitere Eingabefelder anlegen.

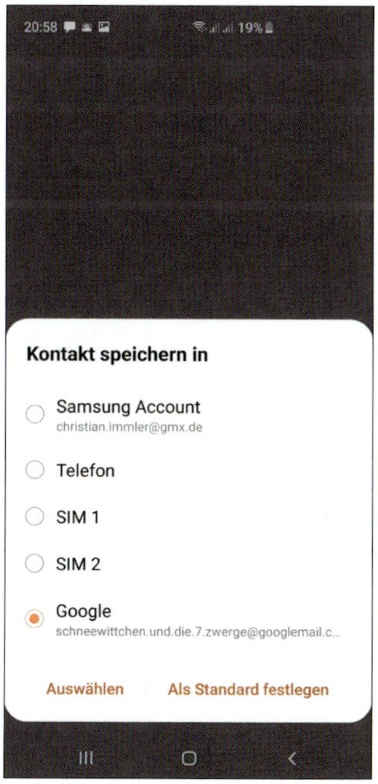


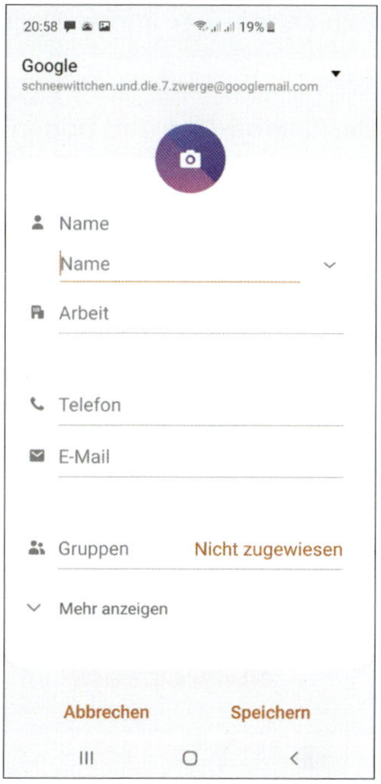


*Neuen Kontakt hinzufügen.*

Wählen Sie die Art der Telefonnummer sowie der E-Mail-Adresse aus, indem Sie auf das Feld rechts daneben tippen. Hier erscheint eine Liste verschiedener Typen von Telefonnummern: *Privat*, *Mobil*, *Arbeit* usw.

Spezielle, selten gebrauchte Felder werden standardmäßig nicht zur Eingabe angeboten, dazu zählen auch Felder für die Adresse des Wohnorts bzw. der Firma. Diese können Sie über die Zeile *Mehr anzeigen* am unteren Rand einblenden. Ganz unten können Sie für jeden Kontakt noch einen eigenen Klingelton oder ein Vibrationsmuster festlegen, um sofort am Klingeln zu hören, wer anruft.

## Adresse bearbeiten

Natürlich können Sie einen gespeicherten Adressbucheintrag auch nachträglich bearbeiten. Tippen Sie dazu in der Anzeige des jeweiligen Eintrags unten auf *Bearbeiten*.

Sie haben dann die gleichen Funktionen zur Verfügung wie beim Anlegen eines neuen Eintrags im Adressbuch, nur kann ein gespeicherter Kontakt nicht nachträglich in ein anderes Konto verschoben werden.

## Anrufer in Adressbuch übernehmen

Ruft eine Person auf dem Smartphone an, deren Telefonnummer nicht gespeichert ist, wird in der Anrufliste nur die Nummer, aber kein Name angezeigt. Nehmen Sie den Anrufer ins Adressbuch auf, um in Zukunft zu sehen, wer anruft. Dazu brauchen Sie keine Nummer abzutippen.

1. Öffnen Sie die Anrufliste in der Telefon-App und tippen Sie auf die angezeigte Nummer.
2. Tippen Sie auf *Zu Kontakten hinzufügen* und in der nächsten Meldung auf *Aktualisieren*.
3. Ist die Person noch nicht im Adressbuch, tippen Sie auf dem nächsten Bildschirm auf *Neuer Kontakt*. Hier öffnet sich ein Formular, in dem die Telefonnummer bereits eingetragen ist. Sie brauchen nur noch den Namen einzugeben sowie gegebenenfalls weitere Informationen wie Postanschrift, E-Mail-Adresse usw.

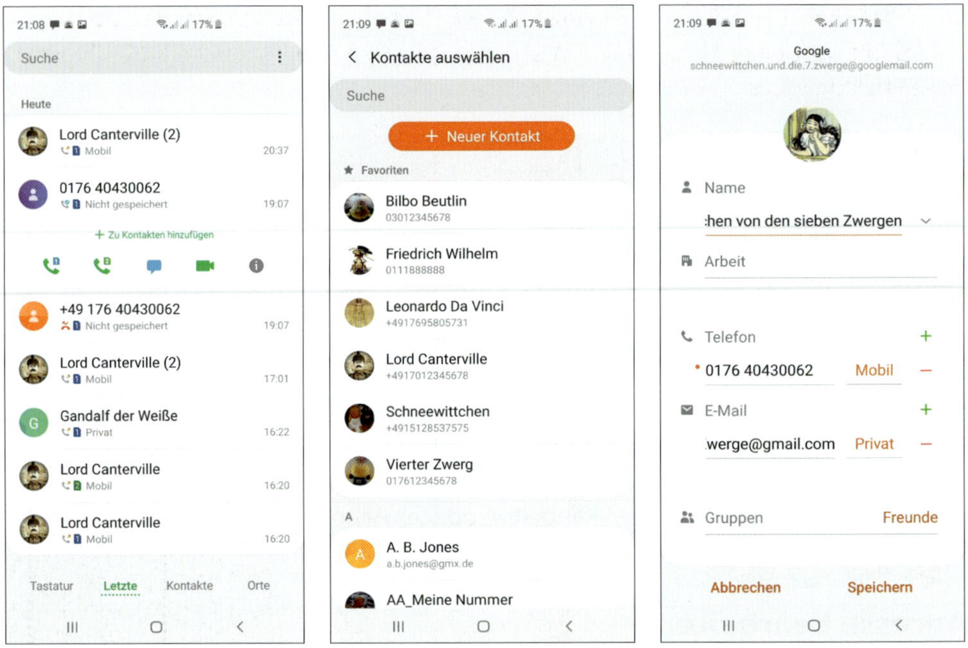


*Kontakt aus Anruf übernehmen.*

4. Steht die Person bereits im Adressbuch, aber noch nicht mit dieser Telefonnummer, können Sie im Adressbuch den gewünschten Kontakt auswählen. Die neue Telefonnummer wird automatisch ergänzt und mit einem orangefarbenen Punkt gekennzeichnet, um sie leicht zu finden. Beim Speichern verschwindet dieser Punkt wieder.

5. Wenn die Telefonnummer nur im nationalen Format mit führender *0* übernommen wird, ändern Sie sie am besten gleich in das internationale Format mit *+49* statt der *0* in der Vorwahl, damit Sie diese Nummer auch aus dem Ausland anrufen können.

6. Tippen Sie in beiden Fällen danach auf *Speichern*, um den bearbeiteten Kontakt im Adressbuch zu sichern.

## Kontaktfotos

Hat eine Person in ihrem persönlichen Google-Konto ein persönliches Foto abgelegt, erscheint dieses bei jedem, der diese Person in seinem Adressbuch hat, automatisch als Kontaktfoto. Alternativ können Sie selbst den Personen in Ihrem Adressbuch eigene Fotos zuordnen, die Sie dann aber nur selbst sehen.

Tippen Sie im Bearbeitungsbildschirm für eine Person oben auf das Profilbild oder bei Personen ohne Profilbild auf das farbige Fotosymbol. Hier können Sie eines der vorgegebenen Bilder auswählen oder mit der Kamera ein neues Foto aufnehmen. Anschließend haben Sie noch die Möglichkeit, Farbeffekte anzuwenden. Tippen Sie dazu auf das Bearbeitungssymbol im Bild. Mit einer horizontalen Wischbewegung wählen Sie unter dem Bild verschiedene Effektfilter aus.

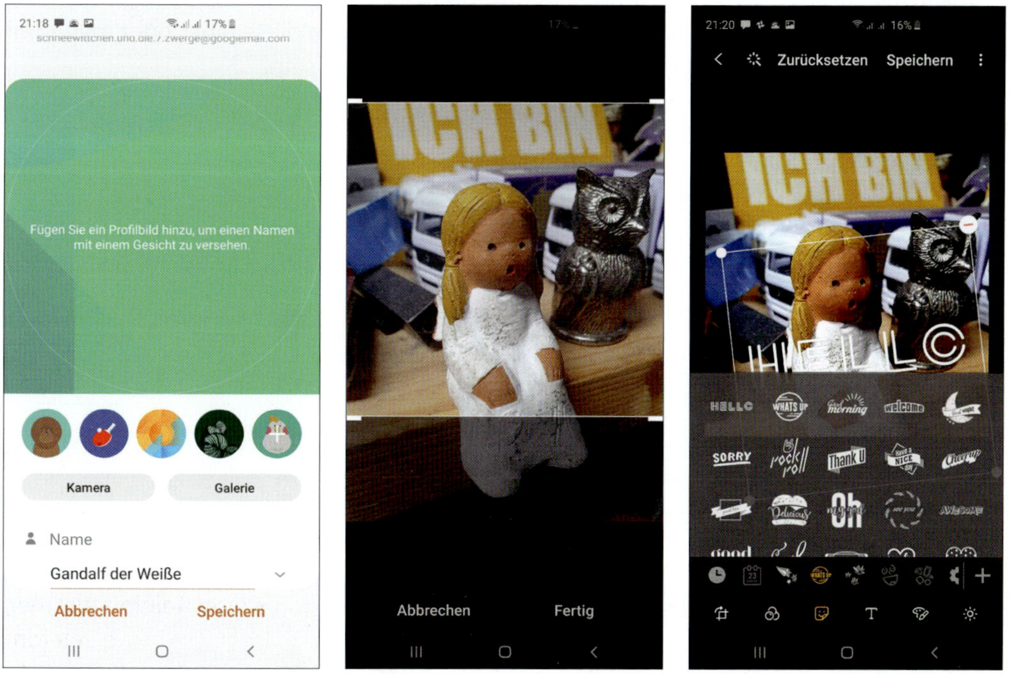


*Kontaktfoto fotografieren und bearbeiten.*

Das Palettensymbol unten bietet einfache Malfunktionen. Das Sticker-Symbol bietet zahlreiche Sticker an, um ein Bild zu verschönern. Alle Sticker können interaktiv beliebig platziert, gedreht und skaliert werden.

> **ACHTUNG:** Kontakten, die auf der SIM-Karte gespeichert sind, können keine Kontaktfotos und auch keine Adresse und weiteren Felder zugeordnet werden.

## Kontaktgruppen

Über Kontaktgruppen finden Sie Ihre wichtigsten Kontaktpersonen leichter in langen Listen. Außerdem bieten diese Kontaktgruppen die Möglichkeit, E-Mails oder SMS automatisch an alle Kontakte der Gruppe oder auch nur an eine bestimmte Auswahl zu schicken.

Tippen Sie im Seitenmenü der Kontakte-App auf *Gruppen*, werden alle im Google-Konto gespeicherten Gruppen angezeigt. Hier können Sie auch neue Gruppen erstellen. Im unteren Teil der Liste finden Sie alle Organisationen und Firmen, die bei Kontakten gespeichert sind. Auf diese Weise finden Sie schnell Mitarbeiter der gleichen Firma.

Tippen Sie auf eine Gruppe, sehen Sie alle Gruppenmitglieder und können über *Gruppe bearbeiten* im Menü oben rechts weitere Mitglieder zur Gruppe hinzufügen oder entfernen. Umgekehrt kann man in der Bearbeitungsansicht einer Person diese einer oder mehreren Gruppen hinzufügen. Jede Person kann in mehreren Gruppen sein.

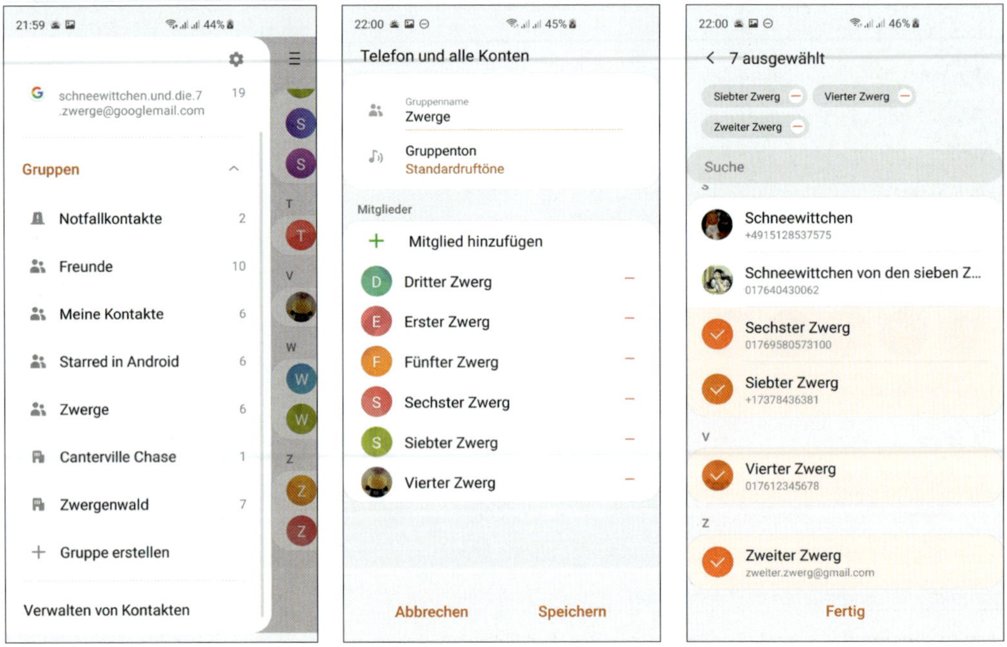


*Kontaktgruppen und Gruppenmitglieder verwalten.*

## Eigenes Profil einrichten

Ganz oben in der Kontaktliste sehen Sie Ihr persönliches Profilbild. Hier können Sie außer der von der SIM-Karte übernommenen Telefonnummer ein eigenes Profil wie eine Visitenkarte mit Ihrer Adresse und weiteren Daten anlegen.

Diese Daten auf dem Smartphone schnell greifbar zu haben, hat viele Vorteile:

- Möchten Sie Ihre Daten wie eine Visitenkarte an eine andere Person weitergeben, brauchen Sie nicht lange im Adressbuch zu suchen.
- Ein ehrlicher Finder kann ein verloren gegangenes Smartphone leichter zurückgeben, wenn er weiß, wem es gehört.
- Sollte das Smartphone in einem Notfall bei Ihnen gefunden werden, können Sie leichter identifiziert werden. Deshalb bietet das eigene Profil auch Felder für wichtige medizinische Informationen an, die ein Notarzt dort sofort sehen kann.

Tragen Sie Ihre persönlichen Daten, je nachdem, was Sie zur Verfügung stellen möchten, an dieser Stelle ein. Das eigene Profil wird immer auf dem Gerät gespeichert. Zusätzlich können Sie persönliche Beziehungen oder Orte eingeben. Wenn Sie sich an diesen Orten befinden, können Sie automatisch bestimmte Benachrichtigungen oder Erinnerungen erhalten.

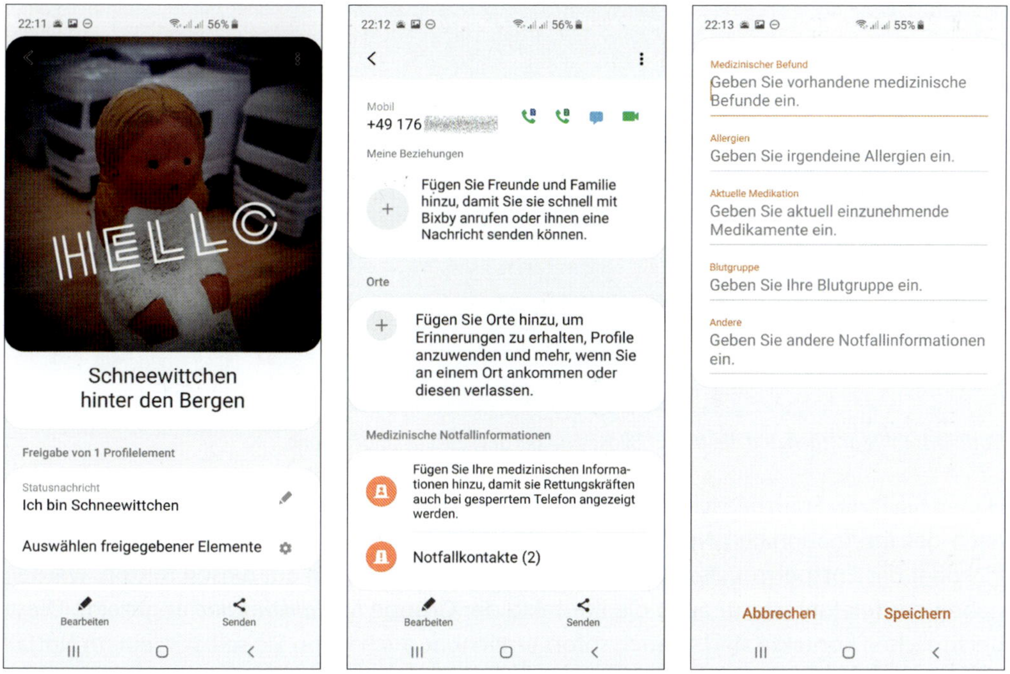


*Persönliches Profil und Notfallinformationen auf dem Smartphone speichern.*

Weiterhin können Sie festlegen, welche Daten über die Samsung-Profilfreigabe freigegeben werden sollen. Hier können Sie beispielsweise Ihr Profilbild und Ihren Namen bei anderen Nutzern von Samsung-Galaxy-Smartphones bei einem Anruf anzeigen lassen, auch wenn diese Sie nicht in den Kontakten gespeichert haben.

Tragen Sie im Feld *Medizinische Notfallinformationen* wichtige medizinische Notfalldaten ein, die für Hilfskräfte auf dem Notrufbildschirm leicht sichtbar sind. Diese Daten werden nicht über die Profilfreigabe freigegeben, sondern sind nur für Personen sichtbar, die das Smartphone in die Hand bekommen.

## Notfallkontakte

Über die Gruppe *Notfallkontakte* im Adressbuch können Sie Telefonnummern zur Verfügung stellen, die im Notfall angerufen werden sollen – auch für den Fall, dass Sie selbst nicht in der Lage sind, solche Personen zu benennen.

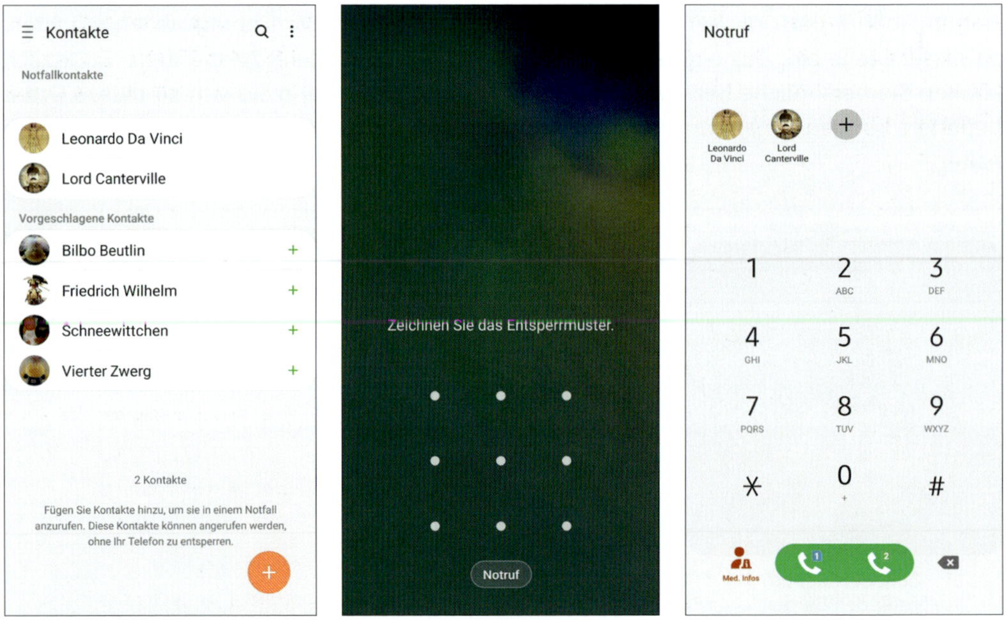


*Notfallkontakte anlegen und der Notruf-Bildschirm bei gesperrtem Smartphone.*

Haben Sie Ihren Sperrbildschirm durch eine PIN oder ein Sperrmuster geschützt, erscheint nach der internationalen Notrufverordnung dort der Button *Notruf*, der auch, ohne die PIN oder das Entsperrmuster zu kennen, nutzbar ist. Tippt man auf diesen Button, werden neben der Telefontastatur auch die Kontakte der Gruppe *Notfallkontakte* angezeigt. Diese persönlichen Kontakte sind so auch sofort erreichbar, auch wenn Sie selbst in einem Notfall schnell zum Handy greifen. Ohne das Smartphone zu entsperren, stehen nur die Kontakte aus der Gruppe *Notfallkontakte* zur Verfügung.

## App-Shortcuts

Tippen Sie länger auf die Kontakte-App auf dem Startbildschirm oder in der App-Liste, erscheinen App-Shortcuts, Symbole zum schnellen Aufruf häufig verwendeter Funktionen der App. Bei den Kontakten sind das ein Symbol zum Anlegen eines neuen Kontaktes sowie zum direkten Zugriff auf das eigene Profil. Diese Symbole können direkt auf den Startbildschirm gezogen werden, um sie so noch einfacher aufzurufen.

*App-Shortcuts der Kontakte-App.*

## Kontakte zusammenführen

Neben den Kontakten aus dem Google-Konto kann das Samsung Galaxy S10 auch noch Kontakte aus weiteren Quellen nutzen, wie zum Beispiel weitere Google-Konten, Exchange-Konten oder WhatsApp. Dadurch kann es passieren, dass einige Personen mehrfach in der Kontaktliste auftauchen. Um Übersicht in die Kontaktliste zu bringen, können Sie mehrere Kontakte miteinander verknüpfen, sodass alle zugehörigen Daten auch wirklich wie eine Person angezeigt werden.

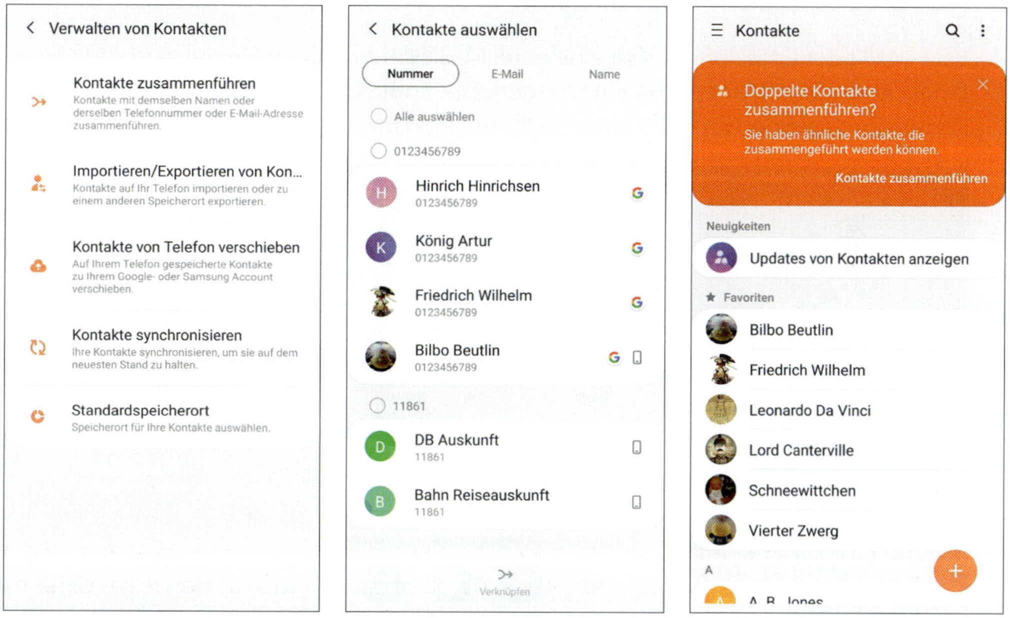


*Kontakte verknüpfen. Rechts: Die Kontakte-App empfiehlt von Zeit zu Zeit, Kontakte zu verknüpfen, wenn doppelte auftauchen.*

Im Seitenmenü der Kontakte-App finden Sie den Menüpunkt *Verwalten von Kontakten*. Tippen Sie dort auf *Kontakte zusammenführen*. Damit lassen sich anhand von Telefonnummer,

E-Mail-Adresse oder Name doppelte oder sehr ähnliche Kontakte schnell finden und dann auch ganz einfach verknüpfen. Markieren Sie eine vorgeschlagene Auswahl von Kontakten und tippen Sie unten auf *Verknüpfen*, um sie zusammenzufassen.

Verknüpfen Sie aber nicht wahllos alle angezeigten Kontakte, da in der Liste gleicher Telefonnummern auch Familienmitglieder, die dieselbe Festnetznummer nutzen, angezeigt werden. Das Gleiche gilt für Mitarbeiter von Firmen, die alle mit der Haupttelefonnummer der Firma eingetragen sind.

## Visitenkarten drahtlos übertragen

Viel einfacher als über klassische Visitenkarten auf Papier lassen sich Kontaktdaten drahtlos von einem Smartphone auf ein anderes übertragen und beim Empfänger direkt ins Adressbuch übernehmen.

1. Wählen Sie den Kontakt, den Sie als Visitenkarte versenden möchten, im Adressbuch aus. Tippen Sie dann unten rechts auf *Senden*.
2. Im nächsten Schritt können Sie zwischen VCF-Datei und reinem Textformat wählen.
3. Wählen Sie in der Liste installierter Kommunikations-Apps die gewünschte Versandart aus. Häufig kontaktierte Personen werden direkt als Verknüpfung angezeigt.
4. Bei *E-Mail* oder *Gmail* öffnet sich eine neue Mail. Hier brauchen Sie nur noch den Empfänger und einen kurzen Text einzutragen. Die Kontaktdaten sind bereits angehängt. Kontaktfotos werden im VCF-Format nicht mit übertragen.

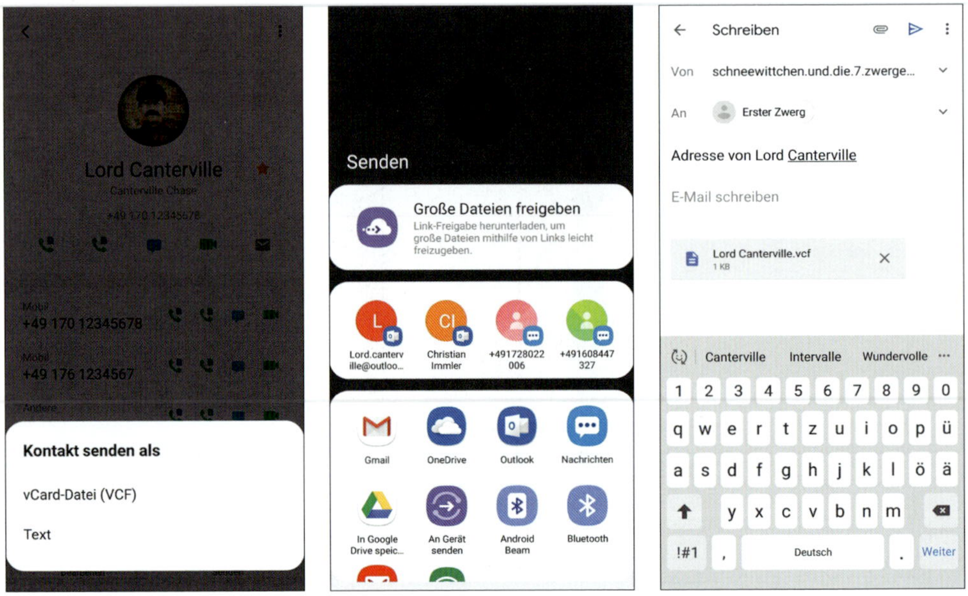


*Kontaktdaten als Visitenkarte aus dem Adressbuch versenden.*

5. Der Empfänger kann den Kontakt direkt in sein Adressbuch auf dem Smartphone importieren, indem er den Mailanhang öffnet. Vor dem Importieren muss nur noch das Konto ausgewählt werden, in dem der neue Kontakt gespeichert wird, wenn mehrere Konten auf dem Smartphone eingerichtet sind.

### Kontakte an PCs und einfache Handys verschicken

Verwenden Sie zum Teilen von Kontakten das Format VCF (vCard). Diese Dateien können auch auf dem PC von verschiedenen Anwendungen, z. B. Microsoft Outlook, importiert werden. Im reinen Textformat lassen sich Kontakte sogar per SMS auf ganz einfache Handys schicken. Über die Option *Importieren/Exportieren von Kontakten* im Menüpunkt *Verwalten von Kontakten* in der Kontakte-App können Sie auch direkt VCF-Dateien einlesen oder erstellen, um sie weiterzugeben.

## Kontakte vom Telefon verschieben

Übertragene und importierte Kontakte werden standardmäßig auf dem Telefon gespeichert und damit auch nicht synchronisiert. Sie stehen also auf anderen Geräten nicht zur Verfügung. Verschieben Sie solche Kontakte in Ihr Google-Konto.

1. Um einen einzelnen Kontakt zu verschieben, tippen Sie bei diesem Kontakt in der Kontakte-App oben rechts auf das Menü mit den drei Punkten und wählen dort *Kontakt vom Telefon verschieben zu*. Wählen Sie danach das gewünschte Konto.

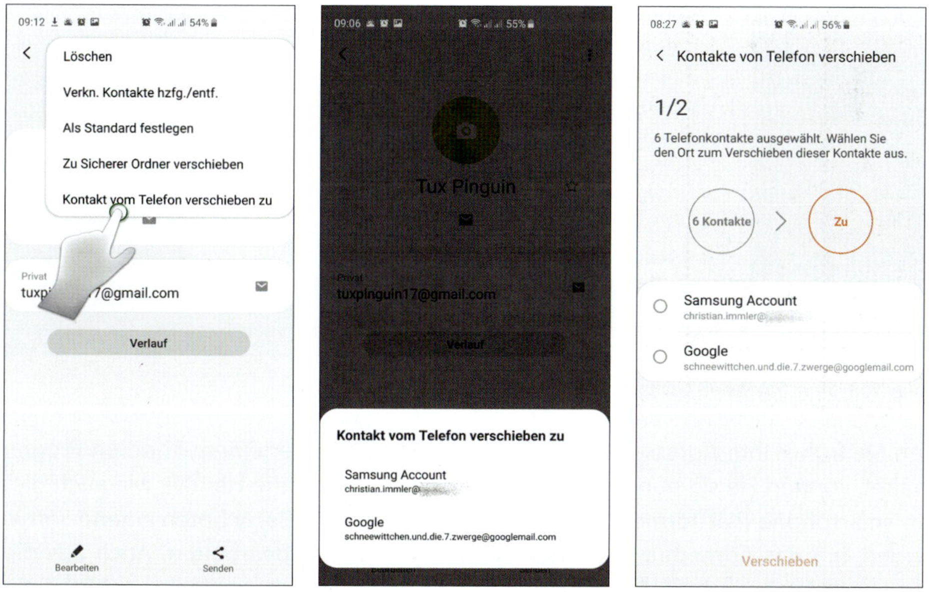


*Einzelne oder alle Kontakte vom Telefon in das Google-Konto oder Samsung-Konto verschieben.*

2. Über die Option *Verwalten von Kontakten* im Seitenmenü der Kontakte-App können Sie alle lokal auf dem Telefon gespeicherten Kontakte auf einmal verschieben. Tippen Sie dazu auf *Kontakte von Telefon verschieben* und wählen Sie dann das gewünschte Konto.

Kontakte, die auf einer der SIM-Karten gespeichert sind, können nicht verschoben werden.

## Adressbuch auf dem PC bearbeiten

Wesentlich komfortabler als auf dem Smartphone selbst kann man das Adressbuch auf dem PC im Google-Konto bearbeiten.

Melden Sie sich mit den gleichen Zugangsdaten bei *contacts.google.com* an, die Sie auch auf dem Smartphone verwenden. Hier finden Sie das komplette Adressbuch des Google-Kontos und können alle Daten direkt bearbeiten sowie neue Kontakte hinzufügen.

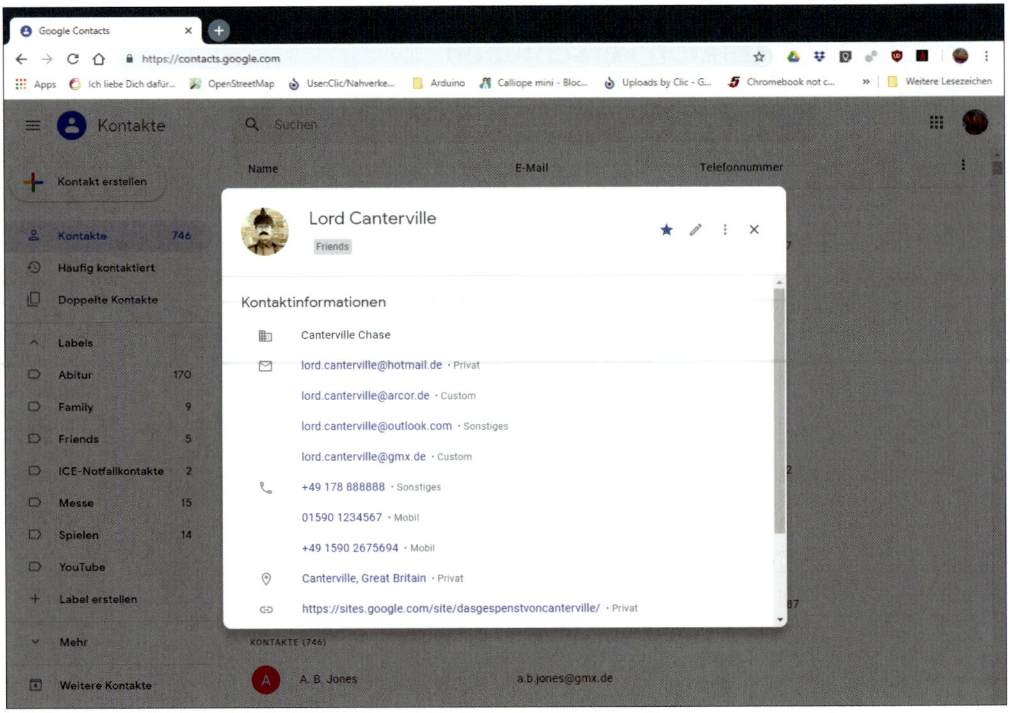


*Kontakte vom Smartphone im Google-Konto auf dem PC bearbeiten.*

Haben Sie früher Ihre Adressen auf dem PC mit Outlook oder einem anderen Programm verwaltet, können Sie sie nun ins Google-Konto einlesen. Ältere Handys wie auch die früheren Smartphone-Plattformen Symbian, Palm OS und BlackBerry boten eigene Softwarelösungen, um das Adressbuch des Handys auf dem PC zu bearbeiten. Auch aus diesen Programmen lassen sich CSV-Dateien mit den Kontaktdaten exportieren und ins Google-Konto einlesen.

1. Suchen Sie dazu in Ihrer bisherigen Adressverwaltung eine Funktion zum Export im CSV-Format. Dabei handelt es sich um ein einfaches Textformat, das sogar mit einem Texteditor bearbeitet werden kann. In Outlook heißt der Menüpunkt *Datei/Importieren/Exportieren/Exportieren*. Wählen Sie dort *Kommagetrennte Werte (Windows)* und *Kontakte*.

2. Klicken Sie in der Liste aller Kontakte im Google-Konto auf dem PC links auf *Mehr* und dann auf *Importieren*.

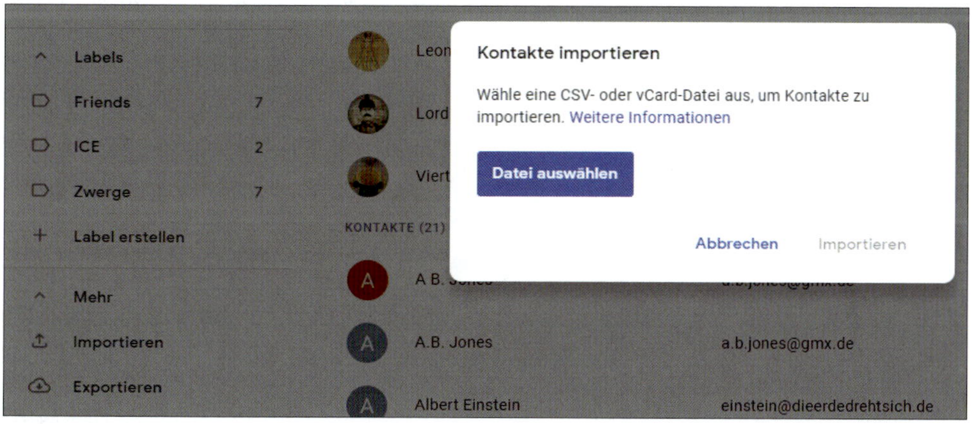


*Kontakte importieren im Google-Konto auf dem PC.*

3. Wählen Sie jetzt die CSV-Datei aus, die Sie aus Ihrer alten Adressverwaltung exportiert haben.

4. Die Kontakte werden importiert und danach im Google-Konto angezeigt. Sollte es Schwierigkeiten beim Import geben, klicken Sie auf den Link *Weitere Informationen*. Hier finden Sie detaillierte Hinweise zu den CSV-Formaten, die Google importieren kann.

Die Synchronisation der Daten mit dem Smartphone erfolgt vollautomatisch im Hintergrund. Nach wenigen Sekunden ist eine bearbeitete Adresse auf dem Smartphone, ohne dass Sie irgendetwas tun müssen.

### Kontakte mit Outlook synchronisieren

Wer sein Outlook noch nicht ganz aufgeben will, kann die Kontakte aus Outlook auch mit dem Google-Konto synchronisieren, sodass sie bei Veränderungen in beiden Anwendungen zur Verfügung stehen.

Weder Google noch Microsoft bieten eigene Tools zu diesem Zweck an. Das kostenlose Programm *GO Contact Sync Mod* (*googlesyncmod.sourceforge.net*) erfüllt diesen Zweck aber sehr gut.

## Google Kontakte – die Alternative von Google

Google bietet die originale App *Google Kontakte* über den Play Store zum Download an. Die Unterschiede zur Samsung-Kontakte-App sind eher optischer Natur. Die Funktionen sind weitgehend ähnlich. Beide Apps greifen auf die Daten des persönlichen Google-Kontos zu. Die Google-Kontakte-App kann auf dem Samsung Galaxy S10 auch die Kontaktdaten, die auf dem Telefon sowie im Samsung-Konto gespeichert sind, nutzen.

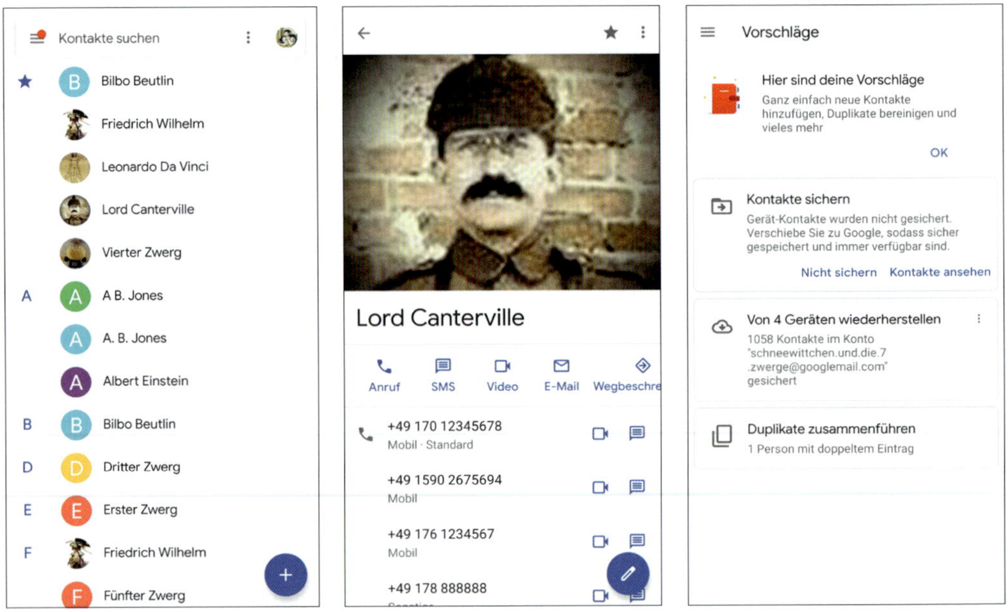


*Die Google-Kontakte-App.*

Auf der Seite *Vorschläge* findet die App automatisch Kontakte, die aus mehreren Konten zusammengeführt werden sollten. Weiterhin können Sie lokal auf dem Telefon gespeicherte Kontakte in das Google-Konto übertragen sowie Kontakte aus Sicherungen von anderen Geräten wiederherstellen – beides Funktionen, die die Samsung-Kontakte-App so nicht kennt.

## Der Terminkalender auf dem Samsung Galaxy S10

Neben dem Adressbuch verfügt das Samsung Galaxy S10 wie jedes Android-Smartphone auch über einen handlichen Terminkalender, der immer greifbar ist.

Samsung verwendet statt der Standard-Android-Kalender-App einen eigenen Kalender. Hier können Termine und Aufgaben, wie bei Android üblich, im Google-Konto gespeichert werden, auf dem Smartphone oder im Samsung-Konto. Das Kalendersymbol zeigt immer das aktuelle Tagesdatum an. Mit dem Google Kalender sind die Termine auf dem Smartphone und dem PC immer synchron. Bei Bedarf können Sie über das Seitenmenü in der Kalender-App auch einzelne Kalender ausblenden. Sie können natürlich auch jederzeit neue Termine eintragen sowie weitere Kalender einbinden.

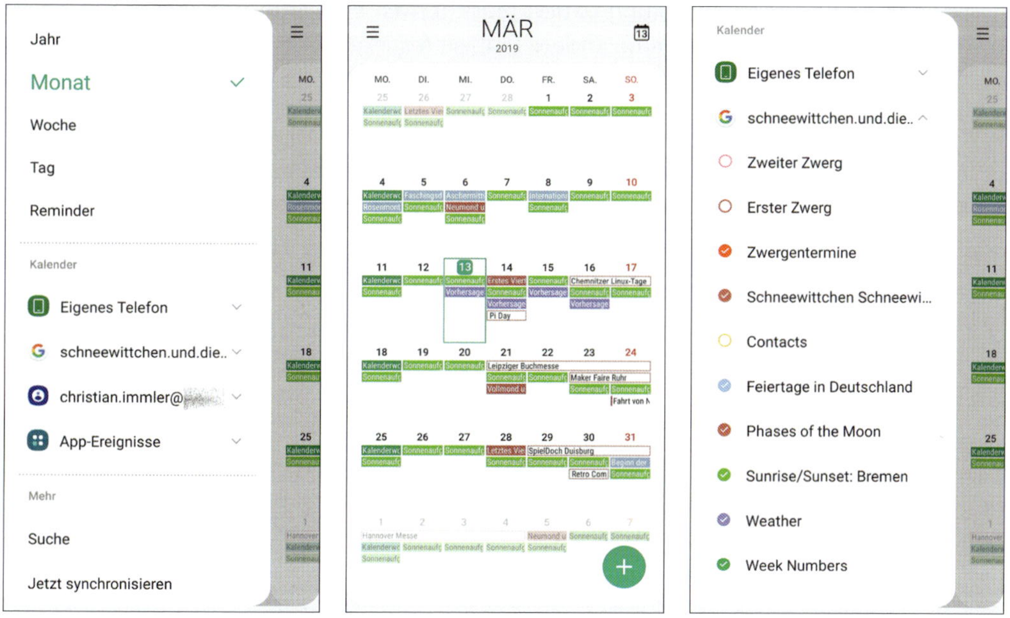


*Verschiedene Ansichten im Kalender umschalten. Rechts: einzelne Kalender aus- und einschalten.*

Im Seitenmenü schalten Sie zwischen verschiedenen Ansichten um. Mit einer horizontalen Fingerbewegung kommen Sie innerhalb einer Ansicht zu einem späteren Datum, zum Beispiel zum nächsten Monat oder in die nächste Woche. Das aktuelle Datum innerhalb der gerade dargestellten Ansicht *Monat* oder *Woche* ist hervorgehoben. In der Tages- und Wochenansicht zeigt eine rote Linie die aktuelle Zeit in der Terminliste. Über das Datumssymbol rechts oben springen Sie in jeder Ansicht zum aktuellen Tag.

### Google-Kalender auf dem PC

Im Browser auf dem PC finden Sie Ihren persönlichen Google-Kalender unter *calendar.google.com*. Dort können Sie Termine anlegen und auch auf dem Smartphone angelegte Termine einsehen und bearbeiten. Die Synchronisation mit dem Google-Kalender wird bei der Einrichtung des Google-Kontos auf dem Smartphone automatisch mit eingestellt.

## Neuen Termin im Kalender eintragen

Neue Termine können Sie auf dem Samsung Galaxy S10 oder im Google Kalender auf dem PC eintragen. Nach kurzer Zeit sind sie auf beiden Geräten synchron.

1. Um einen neuen Termin einzutragen, platzieren Sie die Markierung auf den gewünschten Zeitpunkt und tippen darauf. Es erscheint ein Formular, in dem Datum und Zeit bereits vorgewählt sind. Sie können diese aber auch jederzeit ändern. In der Grundeinstellung dauert jeder Termin eine Stunde. Sie können allerdings auch immer eine andere Endzeit festlegen. Alternativ tippen Sie auf das grüne Plussymbol unten rechts und geben die Daten manuell ein.
2. Geben Sie als Erstes dem neuen Termin einen Namen. Wichtigen Terminen können Sie mit dem farbigen Punkt oben rechts eine besondere Farbe zuweisen. Standardmäßig bezeichnet die Farbe des Termins den Kalender, in dem dieser Termin gespeichert ist.

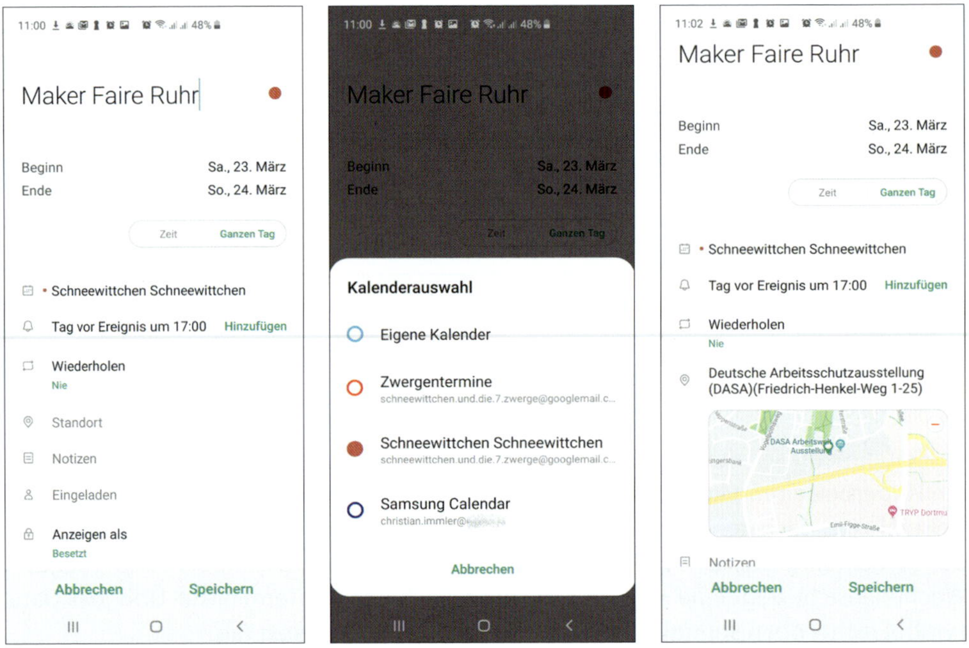


*Kalender auswählen und Termin mit Standort im Kalender eintragen.*

3. Schalten Sie für ganztägige Termine die Option *Ganzen Tag* ein. Diese Termine erhalten dann keine Zeitangabe und erscheinen ganz oben in der Tages- und Wochenansicht.
4. Darunter wählen Sie, in welchem Kalender der Termin eingetragen werden soll, nur auf dem Smartphone, im Samsung-Konto oder am besten im Google-Konto.

5. Bei Bedarf können Sie auch noch Teilnehmer oder Notizen hinzufügen und einen Standort eingeben. Dieser kann auf einer Google-Maps-Karte gewählt werden. Bei bekannten Orten macht Google automatisch Vorschläge. In der Terminansicht finden Sie dann einen direkten Link zur Routenplanung.

6. Bei Bedarf können Sie auch noch Gäste hinzufügen und unten eine Notiz anhängen. Tippen Sie auf *Speichern*, dann erscheint der Termin im Kalender.

Tippen Sie später auf einen Termin, werden alle im Termin gespeicherten Angaben angezeigt. Durch einfaches Antippen der jeweiligen Felder können Sie den Termin auch nachträglich noch bearbeiten. Tippen Sie oben links auf den Pfeil, um aus einer Terminansicht wieder zurück in den Kalender zu kommen.

Möchten Sie sich an einen Termin erinnern lassen, fügen Sie in der Terminanzeige eine Erinnerung hinzu. Das Samsung Galaxy S10 erinnert Sie dann über die Benachrichtigungsleiste mit Signalton rechtzeitig an den Termin. Den Zeitraum können Sie selbst festlegen.

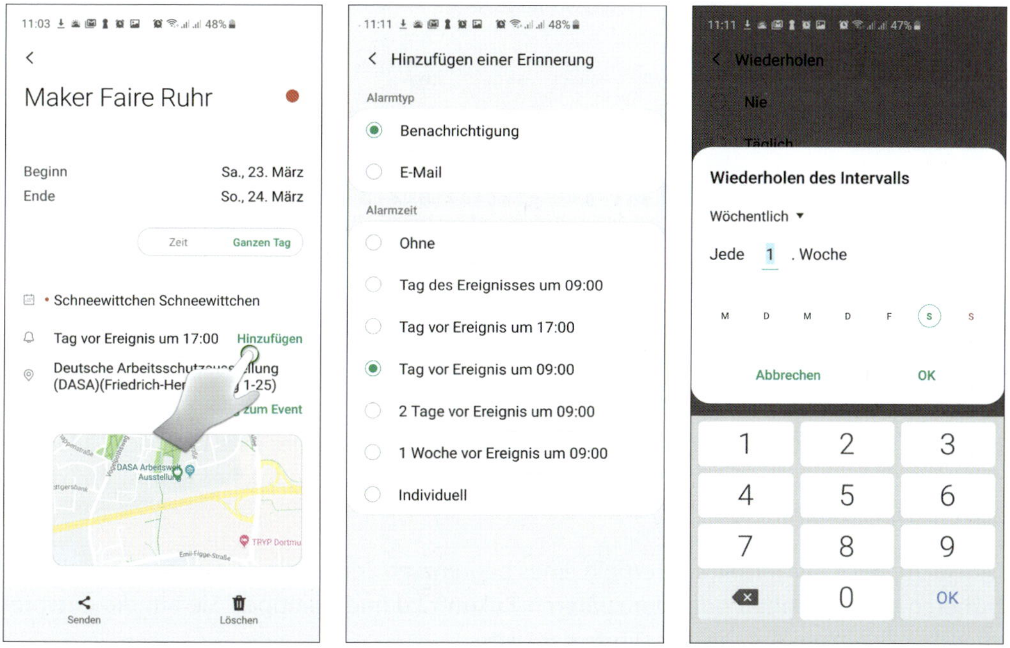


*Einstellungen zur Erinnerung und Terminwiederholung.*

Regelmäßige Termine brauchen nicht jedes Mal neu eingetragen zu werden. Der Kalender bietet diverse Möglichkeiten zur Terminwiederholung. Tippen Sie in einem Termin auf die Zeile *Wiederholen* und wählen Sie eine Methode aus. Über die Option *Individuell* in der Liste haben Sie noch mehr Möglichkeiten für variable Terminwiederholungen, wie zum Beispiel jeden dritten Monat.

## Termine suchen

Haben Sie viele Termine im Kalender, ist es oft nicht einfach, einen bestimmten wiederzufinden, besonders wenn man sich nicht an das Datum erinnert. Hier hilft die Suchfunktion im Kalender weiter. Tippen Sie auf das Seitenmenü oben links und wählen Sie im Menü *Suche*.

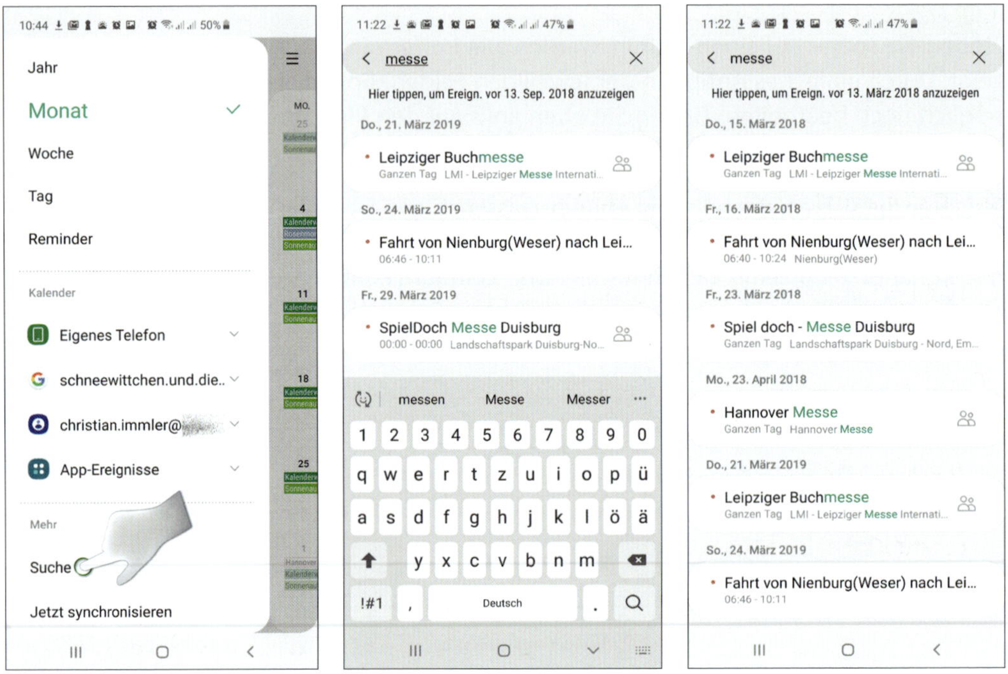


*Nach einem Termin suchen.*

Nach der Eingabe eines Stichworts im Suchfeld zeigt der Kalender eine Übersicht aller Termine, in denen dieses Stichwort vorkommt. Tippen Sie auf ein Suchergebnis, um direkt zum Termin zu kommen.

Die Suche zeigt nur Termine innerhalb eines begrenzten Zeitraums an. Um Termine aus der früheren Vergangenheit oder der späteren Zukunft zu finden, tippen Sie auf die entsprechenden Zeilen am Anfang oder Ende der Liste.

## App-Shortcuts

Tippen Sie länger auf die Kalender-App auf dem Startbildschirm oder in der App-Liste, erscheinen App-Shortcuts zum schnellen Aufruf häufig verwendeter Funktionen der App. Im Kalender sind das *Ereignis erstellen* sowie die Suche nach Terminen. Diese Symbole können direkt auf den Startbildschirm gezogen werden, um sie so noch einfacher aufzurufen.

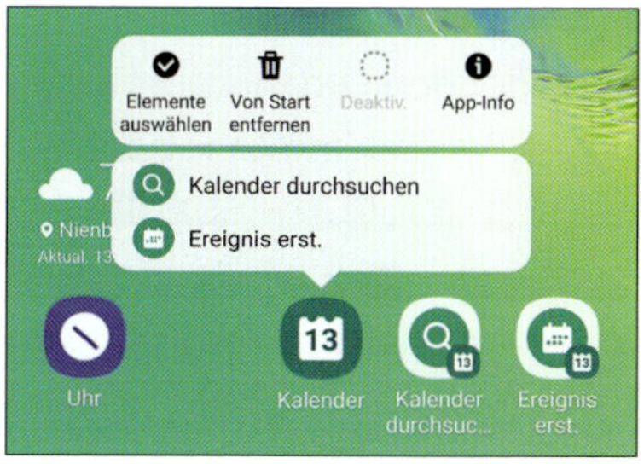


*App-Shortcuts der Kalender-App.*

## Zu Terminen einladen

Andere Personen zu einem Termin einzuladen, ist häufig mit Missverständnissen verbunden. Da vergisst jemand den Ort oder den Zeitpunkt oder versäumt es einfach, den Termin in den Kalender einzutragen. Mit Android lassen sich Termine ganz einfach »teilen«.

1. Wählen Sie im Kalender den Termin und tippen Sie unten auf *Mehr anzeigen* und dann in der Zeile *Eingeladen* auf *Kontakte*.
2. Wählen Sie die Namen von Gästen aus dem Adressbuch aus. Tippen Sie auf *Fertig* und danach im Termin auf *Speichern*.
3. Jeder eingeladene Gast bekommt automatisch eine Benachrichtigung per E-Mail und den Termin auch direkt in seinem Kalender angezeigt, allerdings noch mit weißem Hintergrund. Auch bei Terminänderungen erhalten die Gäste E-Mails.

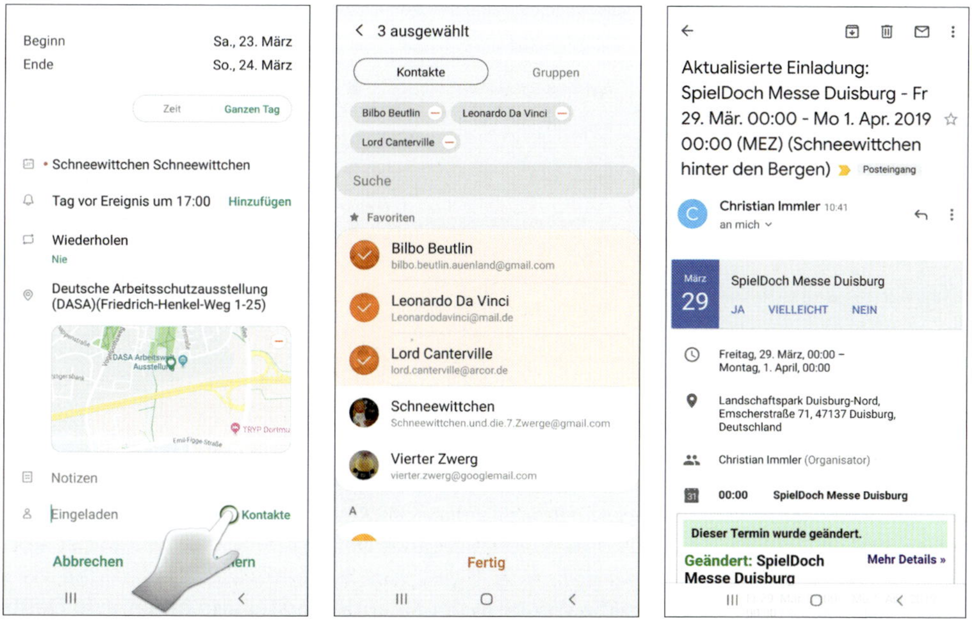


*Gäste zu einem Termin einladen. Rechts: Termineinladung als E-Mail.*

4. Wenn ein eingeladener Gast in seinem Kalender zusagt, erscheint der Termin in Farbe. Bei einer Zu- oder Absage wird diese im Kalender des einladenden Organisators angezeigt.

> **Termineinladungen an PCs verschicken**
>
> Android verwendet für den Versand von Terminen das Format VCS (vCalendar). Diese Dateien können auch auf dem PC von verschiedenen Kalendern wie z. B. Microsoft Outlook importiert werden.

## Wichtige Kalendereinstellungen

Im Seitenmenü der Kalender-App legen Sie fest, welche Kalender auf dem Samsung Galaxy S10 angezeigt werden sollen. Haben Sie im Google-Konto mehrere Kalender, brauchen Sie nicht unbedingt immer alle Termine auf dem Smartphone. In der Liste können Sie für jeden Kalender eine Farbe wählen und festlegen, ob er auf dem Smartphone synchronisiert werden soll oder nicht. Die weiteren Einstellungen für den Kalender erreichen Sie über das Zahnradsymbol oben rechts im Seitenmenü.

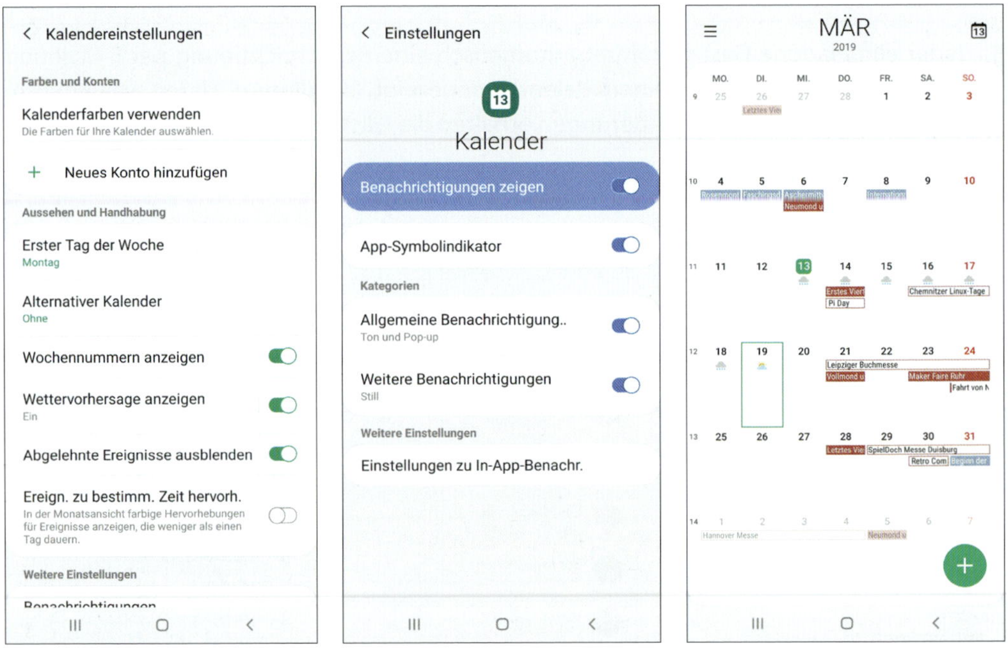


*Kalendereinstellungen und Einstellungen für Benachrichtigungen. Rechts: Kalender mit Wochennummern und Wettersymbolen.*

Legen Sie fest, mit welchem Tag die Woche in der Kalenderdarstellung beginnt. In Deutschland ist das üblicherweise der Montag und das Wochenende liegt am Ende der Woche. In anderen Regionen sind andere Darstellungen üblich. Zusätzlich können Sie die Wochennummern und kleine Symbole mit einer Wettervorhersage im Kalender einblenden.

Die Standardzeit für Erinnerungen legen Sie in den *Einstellungen* unter *Warnungseinstellungen* für Highlights und ganztägige Ereignisse im Kalender fest. Diese lässt sich für jeden Termin allerdings auch noch verändern. Unter *Benachrichtigungen* wählen Sie, auf welche Weise das Samsung Galaxy S10 an Termine erinnern soll.

## Kalender und Termine importieren

Der Google Kalender bietet die Möglichkeit, weitere Kalender von Freunden, Firmenkalender oder öffentliche Kalender mit Feiertagen, Schulferien oder anderen Terminen zu importieren. Diese werden dann in anderer Farbe im eigenen Google-Kalender auf dem PC wie auch auf dem Smartphone angezeigt.

Um einen Kalender zu importieren, melden Sie sich auf dem PC im Browser bei *calendar.google.com* mit Ihrem Google-Konto an. Unter *Kalender hinzufügen/importieren* können Sie weitere Kalender importieren. Welche dieser Kalender auf dem Smartphone angezeigt werden sollen, legen Sie dort im Seitenmenü fest.

Webseiten von Veranstaltungen bieten Termine oft als ICS-Dateien, auch als iCal bezeichnet, zum Download an. Tippen Sie auf so einen Link im Browser, wird die Datei zunächst heruntergeladen. Tippen Sie in der Meldung unten rechts auf *Öffnen*, werden die Termine angezeigt. Tippen Sie dann auf *Speichern*, um die Termine in den Kalender zu übernehmen.

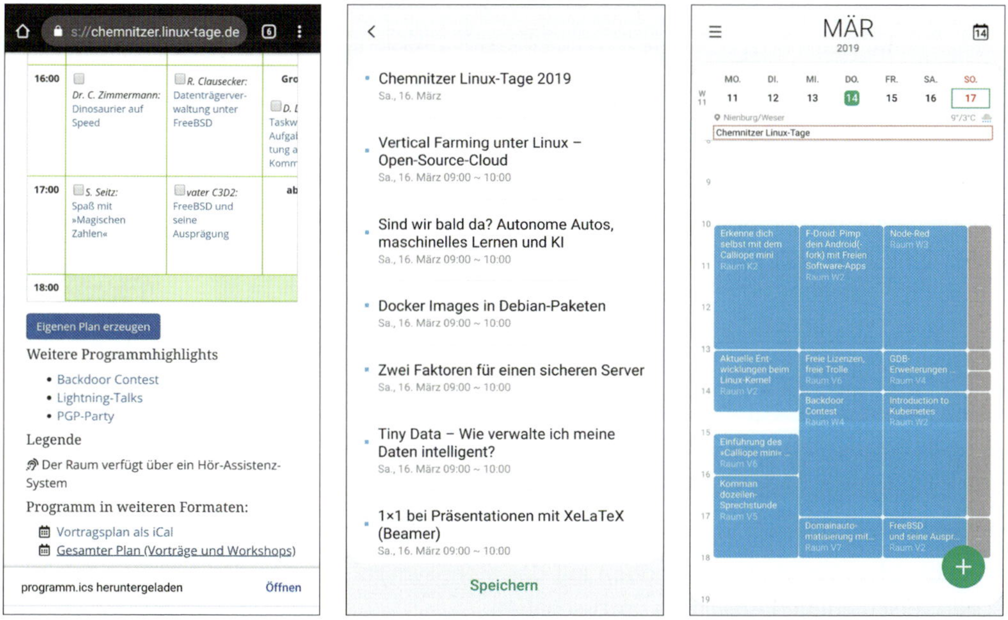


*Termine aus einer ICS-Datei importieren.*

Einige Apps können einzelne Termine direkt in den Google-Kalender auf dem Smartphone eintragen, ohne dass ein ganzer Kalender importiert werden muss. Diese werden dann auch synchronisiert und stehen auf dem PC im Browser zur Verfügung. Ein gutes Beispiel ist der *DB Navigator*, der den Fahrplan für eine ausgewählte Fahrt auf Wunsch in den Kalender einträgt.

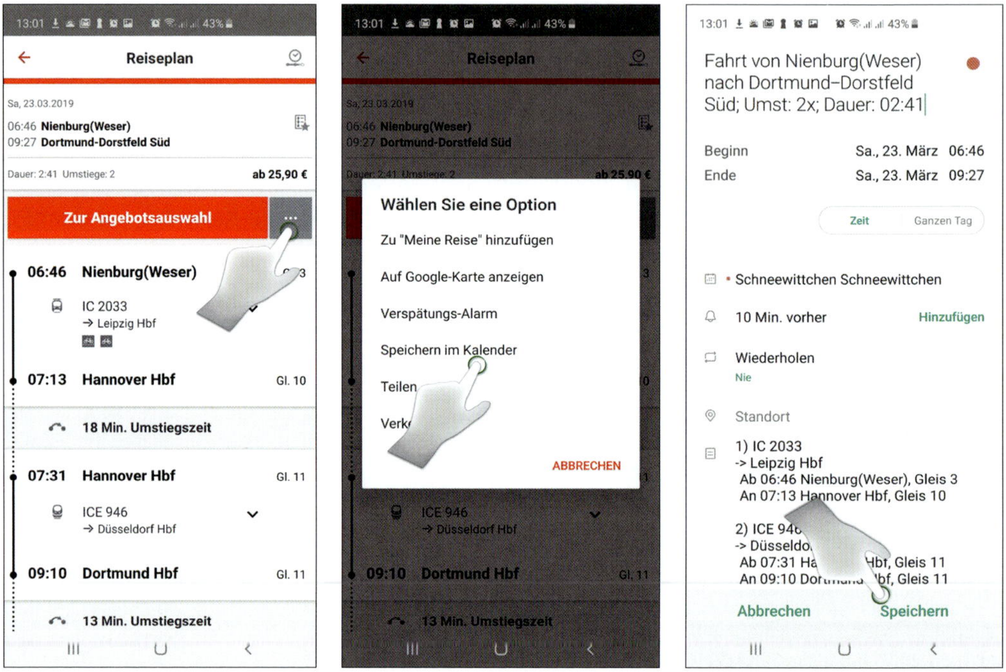


*Fahrt aus dem DB Navigator im Kalender speichern.*

## Google Kalender – die Alternative von Google

Google bietet den originalen *Google Kalender* über den Play Store zum Download an. Die Unterschiede zum Samsung-Kalender sind eher optischer Natur. Die Funktionen sind weitgehend gleich.

Beide Kalender-Apps greifen auf die Daten des persönlichen Google-Kalenders zu. Die App *Google Kalender* kann auf dem Samsung Galaxy S10 auch den Kalender des Telefons sowie den Kalender des Samsung-Kontos nutzen.

Tippen Sie oben im Kalender auf den Monat, um eine Monatsübersicht in der Terminliste einzublenden. Tippen Sie links oben auf das Menüsymbol mit den drei Strichen, um zwischen verschiedenen Ansichten umzuschalten.

Mit einer vertikalen oder horizontalen Fingerbewegung kommen Sie innerhalb einer Ansicht zu einem späteren Datum oder zu einer späteren Uhrzeit. In der Monatsübersicht oben springen Sie schnell zu einem bestimmten Tag, oder Sie verschieben die Ansicht horizontal, um zu einem anderen Monat zu kommen.

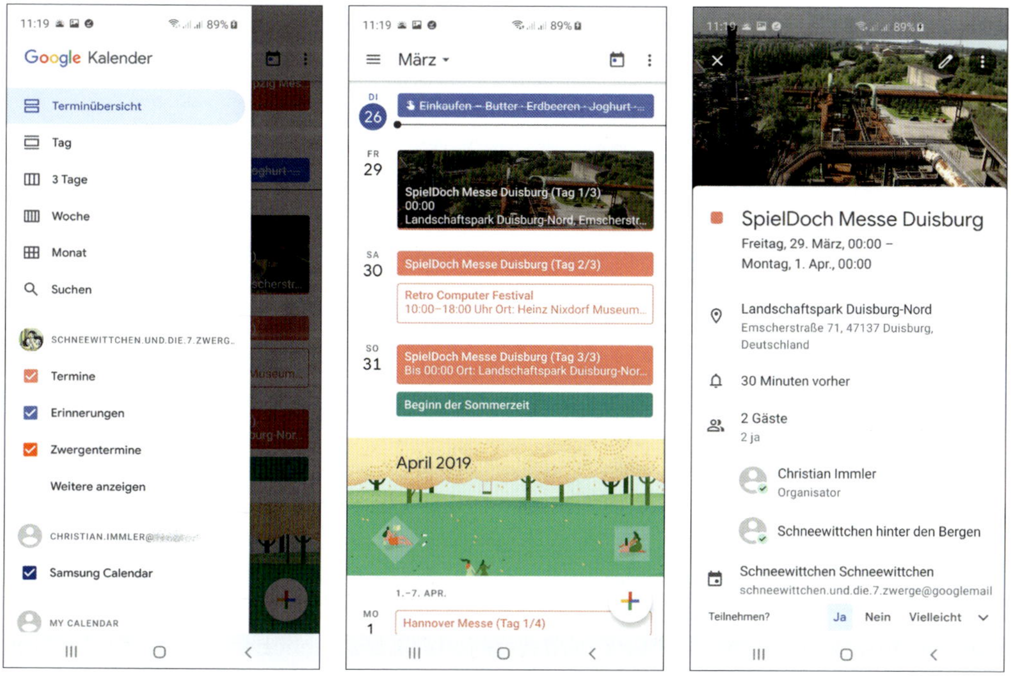


*Die Google-Kalender-App auf dem Samsung Galaxy S10.*

Ist bei einem Termin ein Ort eingetragen, zeigt *Google Kalender* nicht nur einen Kartenlink zu Google Maps, sondern versucht auch, ein passendes Foto des Ortes bei Google zu finden.

# Tipps zur Bildschirmtastatur

Das Samsung Galaxy S10 hat wie die meisten Android-Smartphones keine wirkliche Tastatur. Beim Antippen eines Texteingabefeldes erscheint dafür automatisch eine Bildschirmtastatur, auf der Buchstaben, Ziffern und auch Sonderzeichen eingegeben werden können. Die meisten Apps machen bereits während des Tippens sinnvolle Wortvorschläge, die durch einfaches Antippen übernommen werden können.

Ein angetippter Buchstabe wird vor dem Loslassen deutlich hervorgehoben, um Tippfehler zu vermeiden. Oberhalb der Tastatur werden beim Tippen Wortvorschläge gemacht, die Sie antippen und damit übernehmen können. Hat man sich an diese Vorschläge einmal gewöhnt, schreibt es sich deutlich schneller, da längst nicht mehr jedes Wort vollständig eingegeben werden muss.

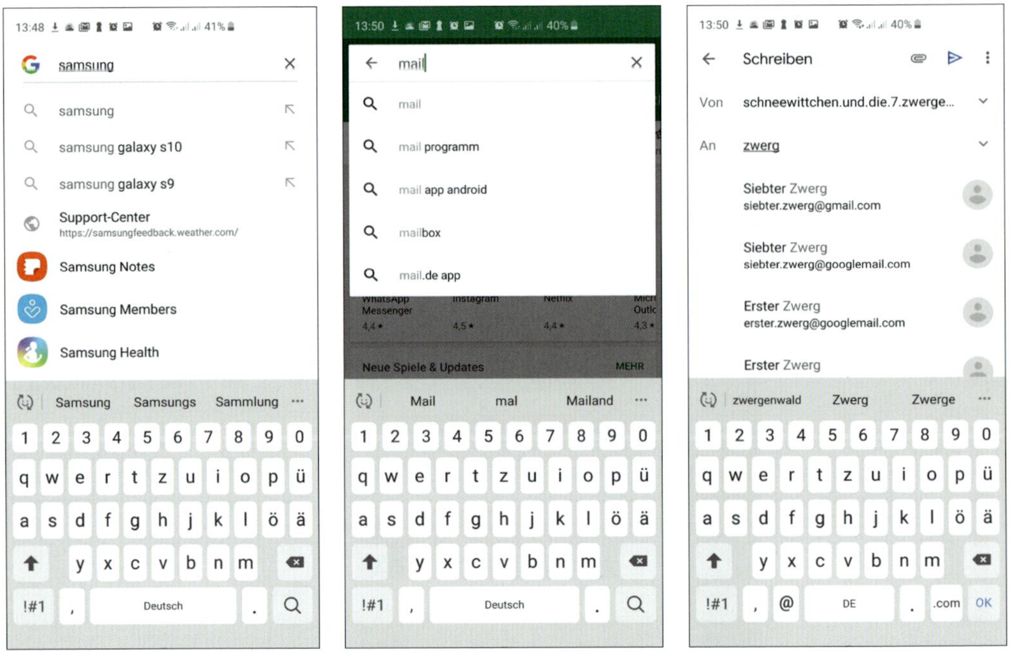


*Bildschirmtastaturen und Wortvorschläge in verschiedenen Apps.*

Zur Eingabe von Großbuchstaben muss zuerst die [⇧]-Taste links unten angetippt werden, die die Bildschirmtastatur für den nächsten Buchstaben auf Großbuchstaben umschaltet. Tippt man zweimal auf die [⇧]-Taste, wird diese farbig hervorgehoben und die Großschreibung wird festgestellt, bis man sie mit einem weiteren Antippen wieder löst. Auf dem PC bezeichnet man die gleiche Funktion als Feststelltaste oder Caps Lock.

Zur Eingabe von Umlauten oder Buchstaben mit Akzent halten Sie den Finger länger auf dem jeweiligen Buchstaben. Es erscheint ein Zusatzfeld mit einer Auswahl von Varianten dieses Buchstabens. Auf diese Weise finden Sie auch das **ß** auf der Taste [S]. Bei einer Auswahl mehrerer Zeichen wird das eingegeben, auf dem Sie den Finger vom Bildschirm loslassen.

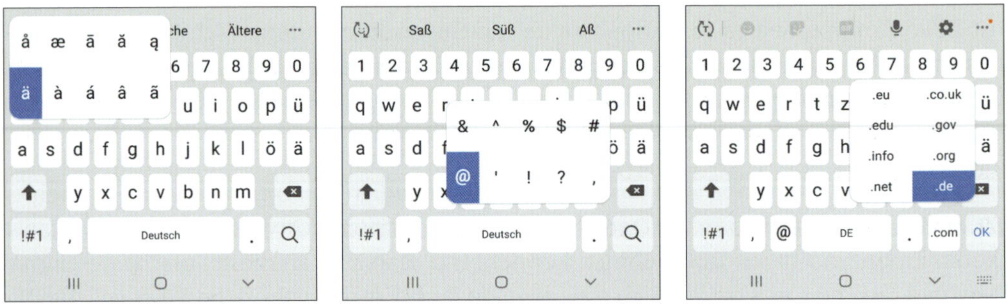


*Umlaute und Sonderzeichen auf der Bildschirmtastatur eingeben. Rechts: Tastatur für E-Mail-Adressen.*

> **Sondertastatur für E-Mails**
>
> Im Eingabefeld für E-Mail-Adressen in der Gmail-App ändert die Tastatur ihr Layout. Hier gibt es eine eigene Taste für das @-Zeichen, das sonst nur über die Punkt-Taste erreichbar ist, sowie eine Sondertaste für die gängigsten Domainendungen.

Die Taste mit den Symbolen [!#1] ganz links unten schaltet auf ein Tastaturlayout zur Eingabe mathematischer und grafischer Sonderzeichen um. Dort bietet die Taste [1/2] eine weitere Sonderzeichentastatur mit selteneren Zeichen an. Von der Sonderzeichentastatur kommt man mit der Taste [ABC] links unten wieder zurück zur normalen Buchstabentastatur.

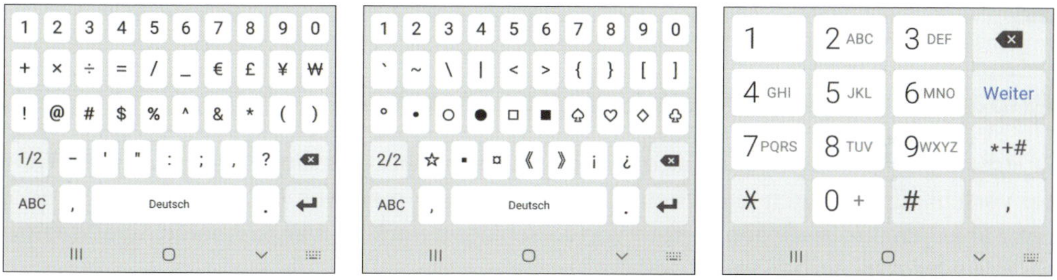


*Bildschirmtastatur für Sonderzeichen. Rechts Zifferntastatur in Zahleneingabefeldern.*

In Eingabefeldern für Zahlen, zum Beispiel dem Feld für Telefonnummern in der Kontakte-App, wird automatisch eine Zifferntastatur angezeigt.

Tippen Sie auf eine Stelle auf dem Bildschirm, an der keine Texteingabe möglich ist, verschwindet die Bildschirmtastatur automatisch wieder. Sie können diese auch jederzeit mit einem Druck auf das Zurück-Symbol in der Navigationsleiste ganz unten, das zu einem Pfeil nach unten wechselt, ausblenden, wenn sie wichtige Bildschirmteile verdeckt.

## Tippen im Querformat

Beim Betrachten von Fotos oder Videos, in der Kamera-App und bei bestimmten Spielen ist der Querformatmodus nützlich. Halten Sie das Smartphone quer, schalten die meisten Apps auf eine Querformatdarstellung um. Einige Apps zeigen im Querformat andere Inhalte oder verwenden ein anderes Layout. So zeigt zum Beispiel der Taschenrechner im Querformat eine wissenschaftliche Tastatur. Andere Apps unterstützen die Umschaltung auf das Querformat dagegen nicht.

Zum flüssigen Schreiben von Texten ist die Bildschirmtastatur sehr klein. Hinzu kommt, dass man im Hochformat kaum mit zwei Fingern gleichzeitig auf dem Smartphone tippen kann. Halten Sie das Smartphone beim Schreiben quer, dreht sich der Bildschirminhalt automatisch und die Tastatur füllt die gesamte

Bildschirmbreite, dafür verdeckt sie aber noch größere Teile des Bildschirms. Voraussetzung ist natürlich, dass das automatische Drehen in den Schnelleinstellungen eingeschaltet ist.

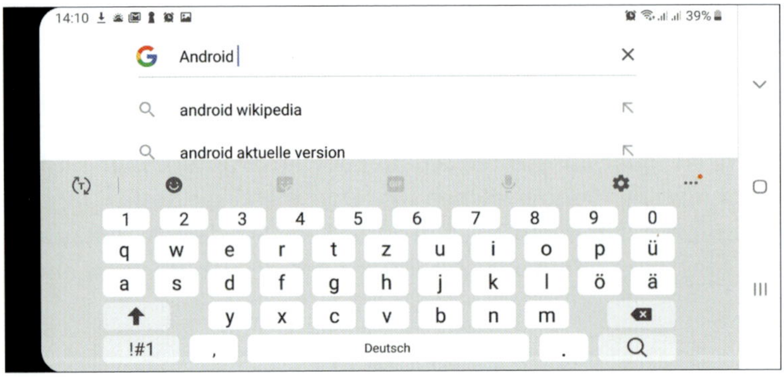


*Die Bildschirmtastatur im Querformat.*

## Anpassbare Symbolleiste auf der Tastatur

Oberhalb der Tastatur befindet sich eine Leiste, die anhand der eingetippten Zeichen Wörter vorschlägt, die durch einfaches Antippen übernommen werden können. Das Symbol ganz links schaltet zwischen diesen Wortvorschlägen und einer anpassbaren Symbolleiste für besondere Tastaturen um.

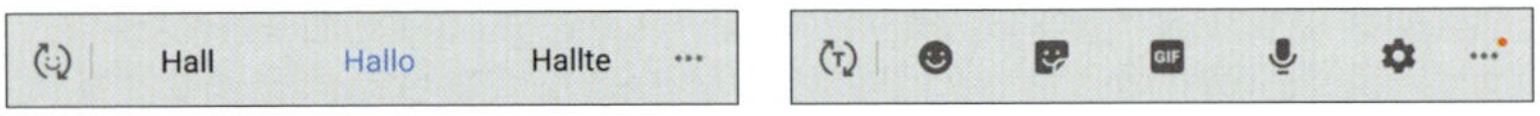


*Wortvorschläge und Leiste für besondere Tastaturen.*

Tippen Sie auf das Symbol mit den drei Punkten ganz rechts, erscheinen weitere Symbole, die Sie in die Symbolleiste ziehen können, um sie so jederzeit zur Verfügung zu haben.

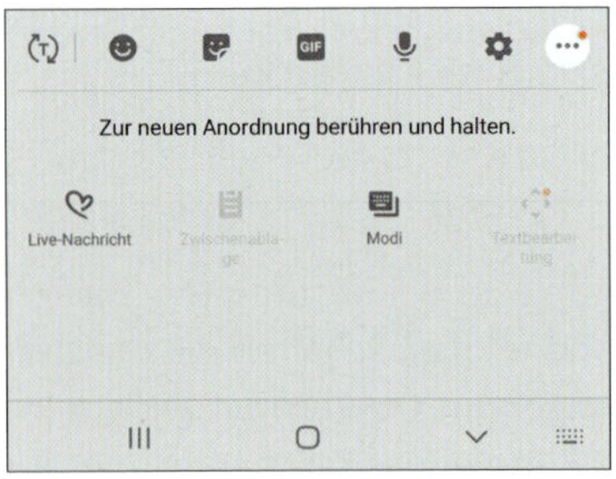


*Symbolleiste anpassen.*

## Die neuen Emojis

Emojis sind kleine Bildchen zur Darstellung von Stimmungs- und Gefühlszuständen in der schriftlichen Kommunikation. Ursprünglich waren das reine ASCII-Zeichen, etwa :-) für ein lächelndes Gesicht, auch als Smiley bezeichnet. Android 9 Pie unterstützt den neuen Unicode-Standard Emoji 11, der 157 neue grafische Emojis im Zeichensatz enthält, darunter neue Haarfarben, Glatzköpfe, gleichgeschlechtliche Paare, weitere Lebensmittel und eine Wasserpistole anstelle einer realitätsnahen Schusswaffe.

Diese können über eine spezielle Tastatur ausgewählt werden. Tippen Sie in der Tastatursymbolleiste auf das Gesicht, wird eine Palette mit Emojis angezeigt. Die Emojis sind nach Kategorien geordnet. Über horizontale Wischbewegungen tauchen weitere Emojis auf.

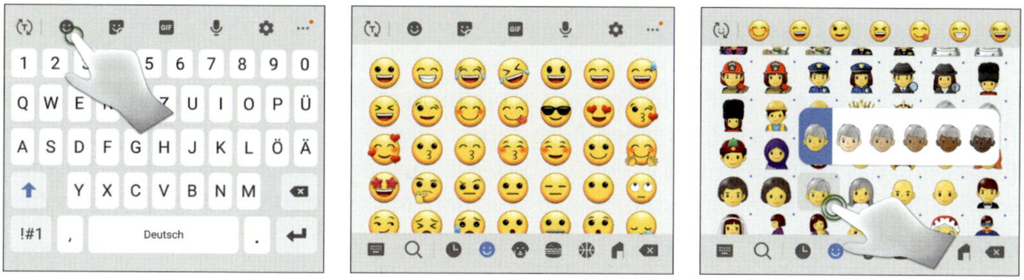


*Bildschirmtastatur für grafische Emojis. Die meisten menschlichen Figuren lassen sich durch längeres Antippen auf unterschiedliche Haut- oder Haarfarben umstellen.*

**Bitte beachten!**

In der privaten Korrespondenz durchaus sinnvoll und lustig, sollten Emojis aber im offiziellen Schriftverkehr nur sparsam eingesetzt werden. Emojis sollte man nur verwenden, wenn man sicher ist, dass der Empfänger darunter den gleichen Sinn versteht. Gleiche Emojis werden auf unterschiedlichen Systemplattformen unter Umständen grafisch unterschiedlich dargestellt.

## Sticker und GIFs

Die beiden Symbole *Sticker* und *GIFs* funktionieren nur in unterstützten Apps, unter anderem *Gmail* und *Nachrichten*. Sticker sind kleine Cartoons, die aus drei verschiedenen Sammlungen ausgewählt werden können, GIFs sind kurze animierte Bildsequenzen. Diese werden anhand von Schlagwörtern aus dem Internet heruntergeladen. Die Dateien werden nicht wie Emojis anstelle von Buchstaben in den Text eingebaut, sondern als Anhang mitgesendet.

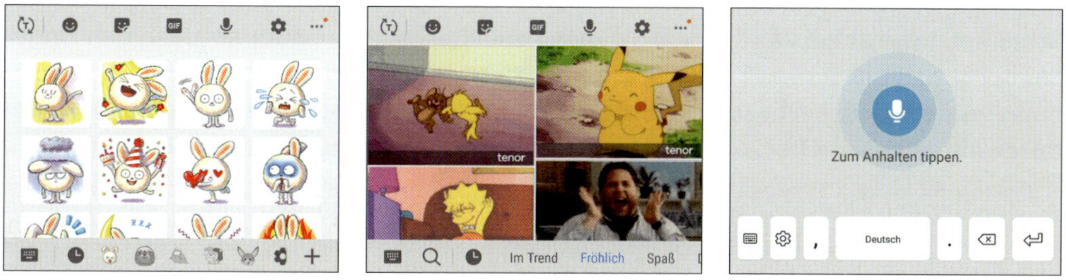


*Paletten mit Stickern, GIFs und Spracheingabe anstelle der Tastatur.*

## Spracheingabe

Das Mikrofonsymbol startet die Samsung-Spracheingabe. Gesprochener Text wird automatisch in Text umgewandelt. Tippen Sie auf das Zahnrad, um die verwendete Sprache einzustellen. Nur wenn diese dem gesprochenen Text entspricht, kann dieser richtig umgesetzt werden.

## Wischen statt tippen

Nach einer gewissen Eingewöhnungszeit schreibt man mit Wischbewegungen auf der Tastatur noch viel schneller, als jeden Buchstaben einzeln anzutippen. Tippen Sie auf der Tastatur auf das Zahnradsymbol in der Symbolleiste, auf dem nächsten Bildschirm auf *Intelligentes Tippen* und dann auf *Tastaturstreichsteuerung* und schalten Sie dort die Option *Zum Tippen streichen* ein.

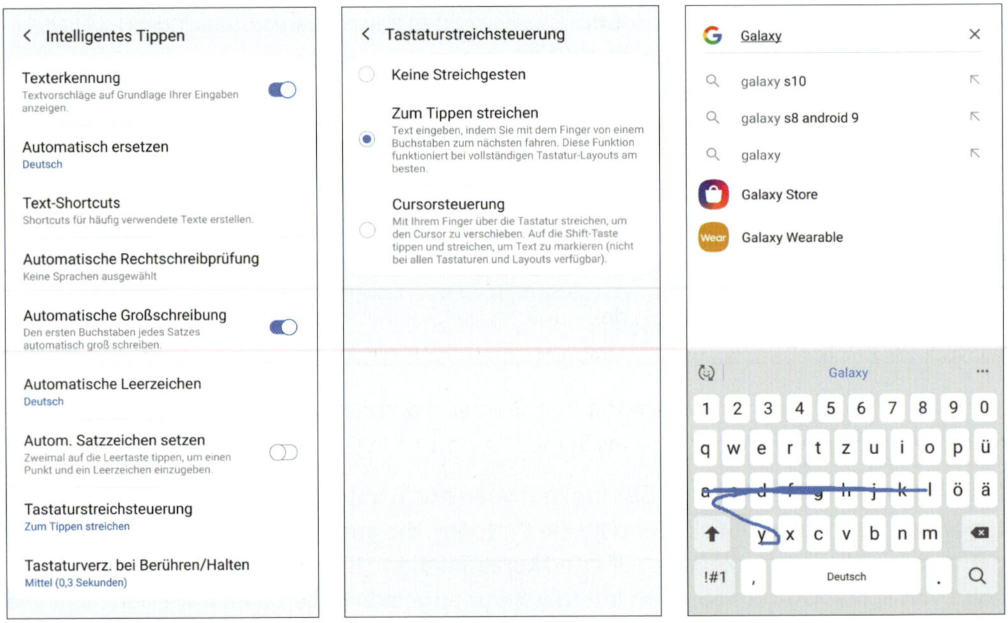


*Mit Wischen schreibt es sich schneller.*

Schreiben Sie jetzt ein Wort, indem Sie den ersten Buchstaben antippen, dann den Finger auf der Tastatur lassen und einfach von Buchstabe zu Buchstabe wischen. Die Texterkennung erkennt meist recht schnell das gewünschte Wort, selbst wenn Sie die Buchstabentasten nicht genau treffen, sodass Sie längst nicht alle Wörter zu Ende schreiben müssen.

- Zur Eingabe eines doppelten Buchstabens wischen Sie mit dem Finger auf der Taste kurz hin und her oder verlassen sich auf die Texterkennung, die viele Wörter auch erkennt, wenn doppelte Buchstaben nur einfach geschrieben werden.

- Am Ende eines Wortes wird automatisch ein Leerzeichen eingefügt.
- Zur Eingabe von Großbuchstaben am Wortanfang brauchen Sie keine [⇧]-Taste mehr. Tippen Sie auf den ersten Buchstaben, wischen Sie kurz aus dem Tastaturfeld in den oberen Bildschirmbereich und dann, ohne abzusetzen, auf den nächsten Buchstaben.

## Einfachere Cursorsteuerung zum Markieren

Oftmals ist es schwierig, den Anfangspunkt richtig zu setzen, um einen Textbereich genau zu markieren. Zu leicht trifft man mit dem Cursor daneben. Das Samsung Galaxy S10 hat zwar auf der Tastatur keine Cursortasten wie manche andere Android-Smartphones, bietet aber eine komfortable Möglichkeit, über Wischbewegungen auf der Tastatur den Cursor zu versetzen.

Schalten Sie in den Tastatureinstellungen unter *Intelligentes Tippen/Tastaturstreichsteuerung* die *Cursorsteuerung* ein. Wischen Sie dann mit dem Finger über die Tastatur, um den Cursor genau zu positionieren. Natürlich lässt sich diese Art der Cursorsteuerung nicht nutzen, wenn die Option *Zum Tippen streichen* verwendet wird.

## Einhändige Tastatur

Menschen mit kleinen Händen tun sich auf modernen Smartphones mit ihren immer größeren Bildschirmen oft schwer, die Tastatur noch mit einer Hand zu bedienen. Das Samsung Galaxy S10 bietet alternativ noch eine kleinere und eine größenverstellbare Tastatur an.

Tippen Sie auf das Symbol mit den drei Punkten ganz rechts in der Tastatursymbolleiste, wird das Symbol *Modi* eingeblendet. Hier können Sie unterschiedliche Tastaturtypen wählen.

Die einhändige Tastatur lässt sich mit den Pfeilsymbolen an den Seiten auf die linke oder rechte Bildschirmseite schieben. Das Symbol oben in der Ecke schaltet auf die Vollformattastatur zurück.

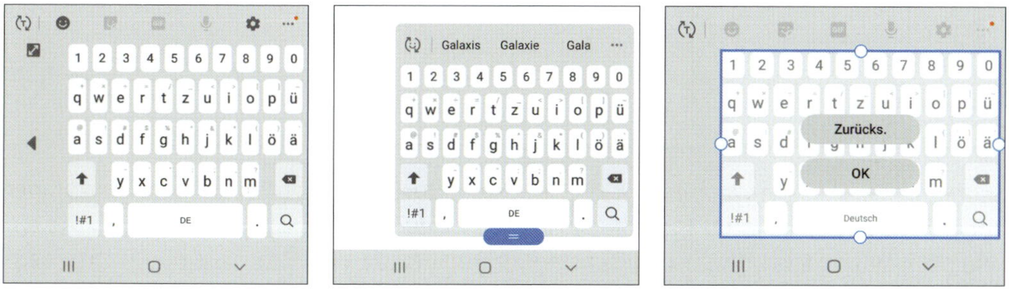


*Von links nach rechts: einhändige Tastatur, schwebende Tastatur, Tastaturgröße anpassen.*

Wenn die Tastatur in bestimmten Apps wichtige Elemente verdeckt, können Sie die schwebende Tastatur nutzen, die sich frei auf dem Bildschirm verschieben lässt. Bei der

Standardtastatur lässt sich die Tastaturgröße innerhalb vorgegebener Grenzen interaktiv einstellen.

## Tastaturlayout mit Sonderzeichen

In den Tastatureinstellungen, erreichbar über das Zahnradsymbol auf der Tastatursymbolleiste, können Sie unter *Tastaturlayout und -feedback/Tastatur-Layout* das Layout der Tastatur Ihren Bedürfnissen anpassen.

- Der Schalter *Zahlentasten* zeigt oberhalb der oberen Buchstabenreihe eine Reihe mit Zifferntasten an. Ohne diese Einstellung sind die Ziffern durch längeres Antippen eines Buchstabens der oberen Reihe oder über die Sonderzeichentastatur erreichbar.
- Der Schalter *Alternative Zeichen* zeigt auf allen Buchstaben jeweils noch ein Sonderzeichen an. Dieses wird zusätzlich zu den Umlauten beim längeren Antippen des Buchstabens in der Auswahlpalette angeboten.
- Über *Benutzerdefinierte Symbole* lassen sich häufig gebrauchte Zeichen auswählen, die in der Auswahlpalette bei längerem Drücken der Punkt-Taste angezeigt werden.

Alle Einstellungen sind an der eingeblendeten Tastatur zu sehen und können direkt ausprobiert werden.

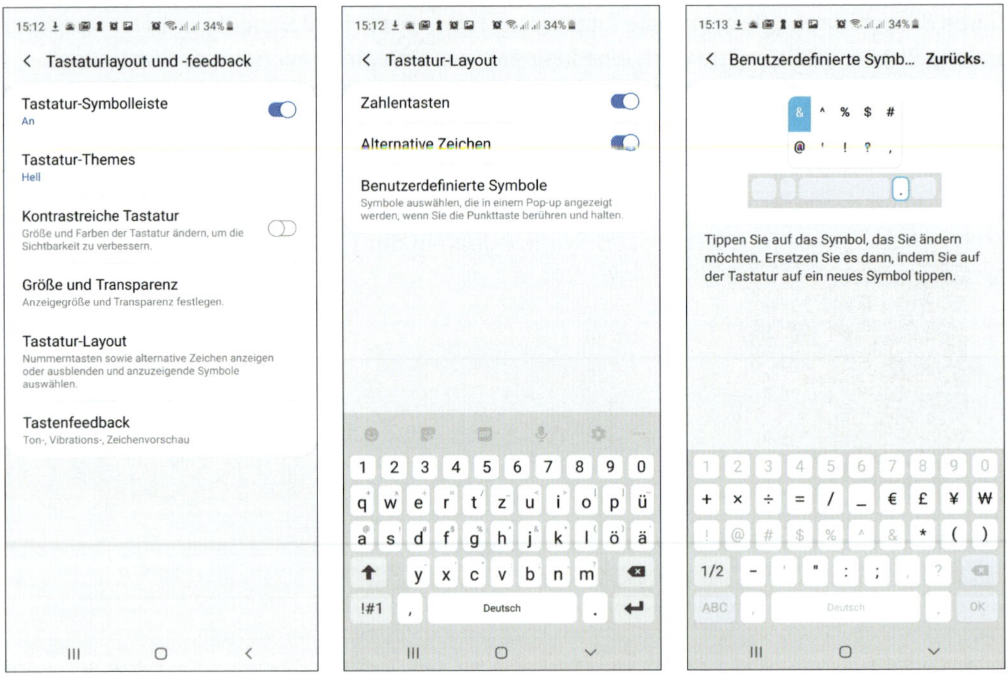


*Einstellungen zum Tastaturlayout.*

## Tastaturdesign

Auch das Aussehen der Tastatur kann verändert werden, wenn die Tastatur unter bestimmten Bedingungen schwer erkennbar ist.

- Unter *Tastatur-Themes* wählen Sie zwischen einem hellen und einem dunklen Tastatur-Theme. Das adaptive Theme passt sich automatisch je nach Hintergrundfarbe der gerade verwendeten App an.
- Bei beiden Themes lassen sich Tastenumrandungen ein- oder ausschalten.
- Im Feld *Vorschau* können Sie die Tastatur nutzen, um die Auswirkung der neuen Einstellungen sofort zu sehen.
- Unter *Kontrastreiche Tastatur* können Sie zwischen vier Tastaturdesigns mit besonders hohem Kontrast wählen. Diese sind nützlich, wenn Sie das Samsung Galaxy S10 in sehr heller Umgebung verwenden, wo die normale Bildschirmtastatur nur schwer zu erkennen ist.

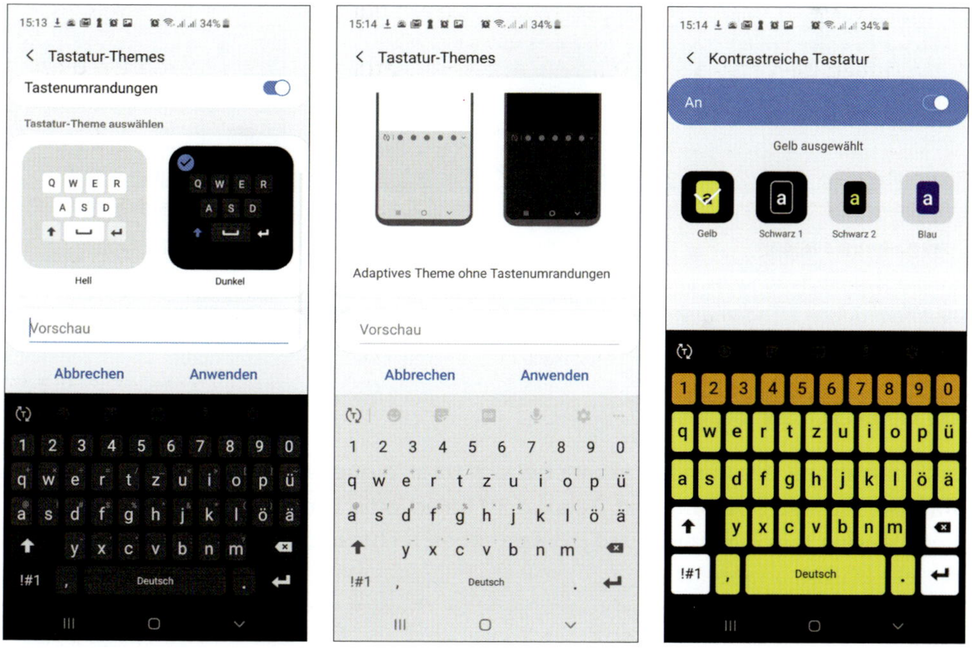


*Tastatur-Themes und kontrastreiche Tastatur.*

## Handytastatur wie früher

Auf klassischen Handys mit Zifferntastatur gibt es wahre Künstler, was das schnelle – und oft auch fehlerfreie – Tippen von SMS-Texten angeht. Jede Zifferntaste war damals mit drei bis vier Buchstaben belegt. Mithilfe der Texterkennung T9 (Text mit neun Tasten) brauchte trotzdem jede Taste nur einmal gedrückt zu werden, die passenden Wörter wurden automatisch erkannt. Ein bestimmtes der vier Zeichen gab man an der Worterkennung vorbei durch langes Antippen einer Taste ein. Auf die gleiche Weise wurden auch Umlaute eingegeben.

Für diese Schnelltipper bietet das Samsung Galaxy S10 anstelle der typischen QWERTZ-Computertastatur auch eine Handytastatur an, die zusätzlich den Vorteil deutlich größerer Tasten hat, aber kein T9 unterstützt. Das bedeutet, viele Buchstaben müssen durch mehrfaches Antippen einer Taste eingegeben werden.

Tippen Sie auf das Zahnradsymbol auf der Tastatursymbolleiste und schalten Sie auf dem nächsten Bildschirm bei *Sprachen und Typen* von *Deutsche Tastatur* auf *3x4-Tastatur* um. Jetzt wird die Zifferntastatur jedes Mal automatisch angezeigt, wenn man in ein Texteingabefeld tippt.

Mit der Sonderzeichentaste unten links kommt man zur Eingabe von Sonderzeichen kurzfristig zurück zur QWERTZ-Tastatur.

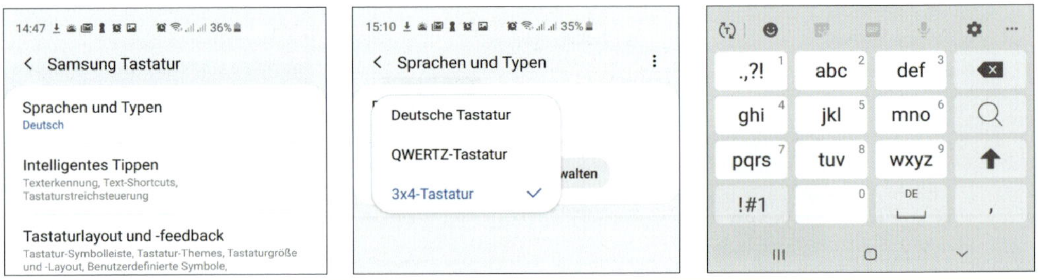


*Die Zifferntastatur als Alternative zur Standardtastatur.*

# Uhr und Wecker

Ein Smartphone, das man fast immer bei sich trägt, eignet sich geradezu ideal als Taschenuhr oder Wecker. Das Samsung Galaxy S10 liefert eine Uhr auf dem Startbildschirm und einen Wecker mit. Zusätzlich wird jederzeit oben rechts in der Benachrichtigungsleiste die aktuelle Uhrzeit angezeigt.

## Uhr

Das Samsung Galaxy S10 liefert eine Uhr-App mit, die über einen Wecker, eine Weltuhr, Stoppuhr sowie einen Timer verfügt. Das Symbol dieser Uhr zeigt die aktuelle Uhrzeit, synchronisiert sich aber nicht in Echtzeit, sondern immer nur, wenn die App-Liste bzw. die entsprechende Startbildschirmseite neu angezeigt wird.

Auf der Seite *Weltuhr* können Sie über das Suchfeld oben weitere Städte hinzufügen. Der Zeitzonenrechner, der über das Menü mit den drei Punkten oben rechts aufgerufen wird, berechnet beliebige Zeiten in den ausgewählten Städten anhand einer frei einstellbaren Zeit.

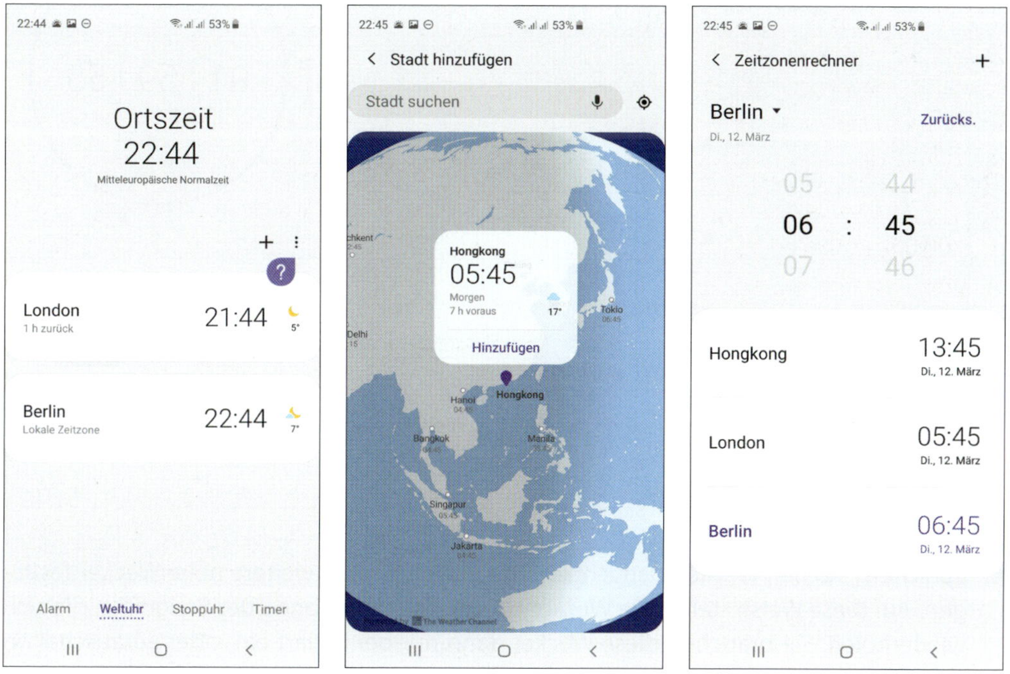


*Weltuhr und Zeitzonenrechner.*

## Wecker einstellen

In dieser App können Sie auch verschiedene Wecker einstellen.

1. Tippen Sie unten links auf *Alarm*, erscheint der Bildschirm mit den Weckereinstellungen.
2. Legen Sie die Weckzeit fest sowie die Wochentage, an denen der Wecker klingeln soll, wenn es sich nicht um ein einmaliges Ereignis handelt, an das Sie sich vom Wecker erinnern lassen möchten. Bei einmaligen Ereignissen wählen Sie oben rechts über das Kalendersymbol ein Datum. Wenn kein Datum gewählt wurde, klingelt der Wecker bei nächster Gelegenheit, wenn die eingestellte Uhrzeit erreicht wird.
3. In der Zeile *Alarmton* wählen Sie den gewünschten Alarmton. Die Option *Uhrzeit vorlesen* lässt den Wecker die aktuelle Zeit ansagen.

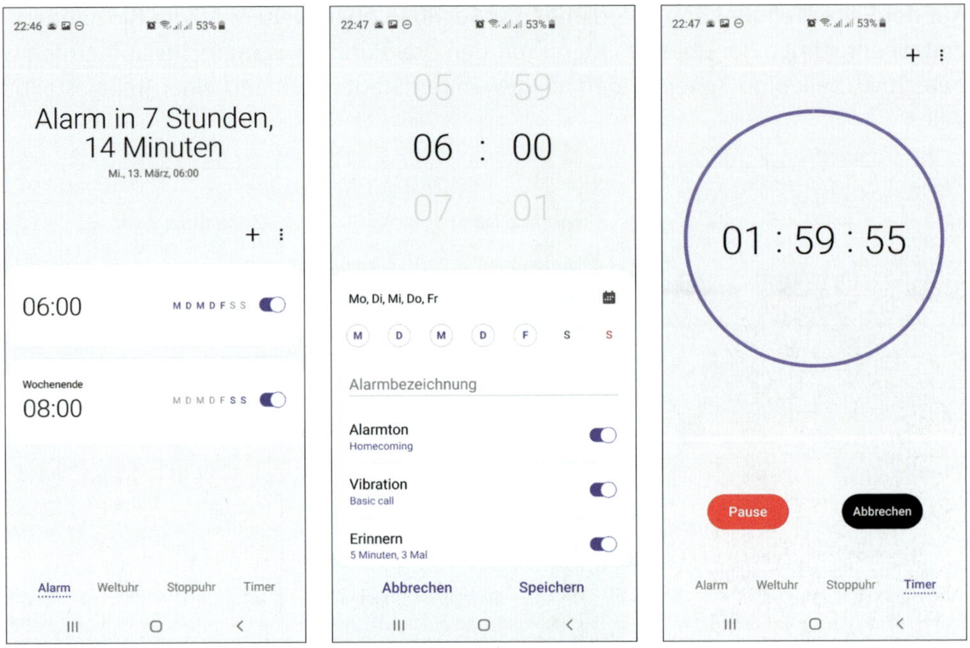


*Wecker und Kurzzeit-Timer auf dem Samsung Galaxy S10 einstellen.*

4. Speichern Sie den Wecker, danach können Sie auch noch weitere neue Wecker festlegen. Auf diese Weise stellen Sie Wecker für verschiedene Tage oder Ereignisse, die sich wiederholen. Sie brauchen diese Wecker dann nur bei Bedarf ein- oder auszuschalten und müssen sie nicht jedes Mal neu einstellen.

5. Ein Weckersymbol in der Benachrichtigungsleiste oben rechts weist darauf hin, dass ein Wecker aktiv ist. Wenn dieser klingelt, erscheint zusätzlich eine auffällige Anzeige auf dem Bildschirm, unabhängig davon, welche App gerade läuft. Klingelt der Wecker bei ausgeschaltetem Bildschirm, erscheint er im Vollbildmodus und nicht nur als kleines Benachrichtigungsfenster.

Wenn der Wecker klingelt, tippen Sie auf *Verwerfen*, um ihn auszuschalten. Im Vollbildmodus müssen Sie dieses Symbol ein Stück über den Bildschirm ziehen, um es nicht versehentlich zu berühren.

Wurde bei dem Alarm eine Erinnerung eingeschaltet, erscheint zusätzlich die Schaltfläche *Erinnern*. Tippen Sie darauf, wird der Alarm zwar still, er ertönt aber nach der festgelegten Erinnerungszeit erneut. Standardmäßig ertönt der Wecker auch im Nicht-stören-Modus.

Die App *Uhr* bietet auch noch eine Stoppuhr sowie einen Timer (Kurzzeitwecker), deren Bedienung weitgehend selbsterklärend sind.

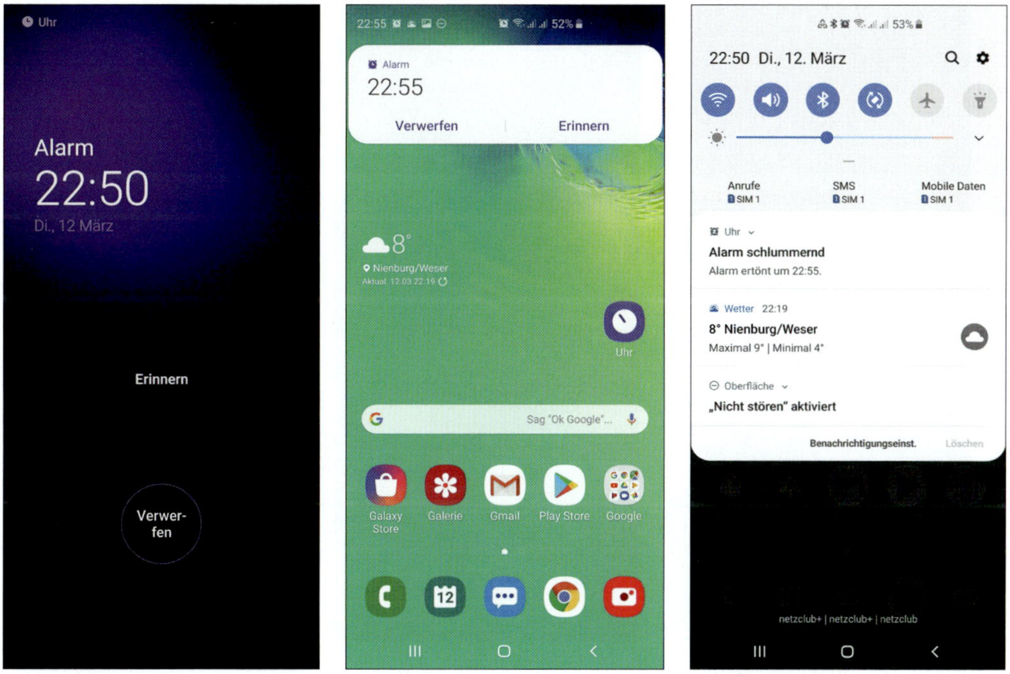

*Der Wecker klingelt. Rechts ein schlummernder Alarm und Timer in der Benachrichtigungsleiste.*

## Uhren für den Startbildschirm

Android 9 Pie liefert standardmäßig verschiedene Widgets mit Uhren für den Startbildschirm mit. Auf dem Samsung Galaxy S10 werden nicht alle davon angeboten. Die Analoguhr fehlt, Samsung liefert aber eigene Uhren mit, die auch Wetterinformationen enthalten.

Das vorinstallierte Widget zeigt zwar das Wetter, aber keine Uhr an. Sie können es aber durch eine andere Darstellung ersetzen.

1. Haben Sie bereits ein Wetter- oder Uhr-Widget auf dem Startbildschirm, müssen Sie dieses zuerst entfernen, da immer nur eins angezeigt werden kann. Halten Sie dazu den Finger länger darauf und wählen Sie *Vom Startbildschirm entfernen*.
2. Tippen Sie dann auf dem Startbildschirm lange auf eine freie Fläche. Tippen Sie danach auf das Symbol *Widgets*.
3. Blättern Sie die Liste der Widgets ganz nach rechts. Unter *Wetter* finden Sie weitere Wetter-Widgets und die Samsung-Uhr mit Wetteranzeige. Wählen Sie hier die gewünschte Darstellung aus.

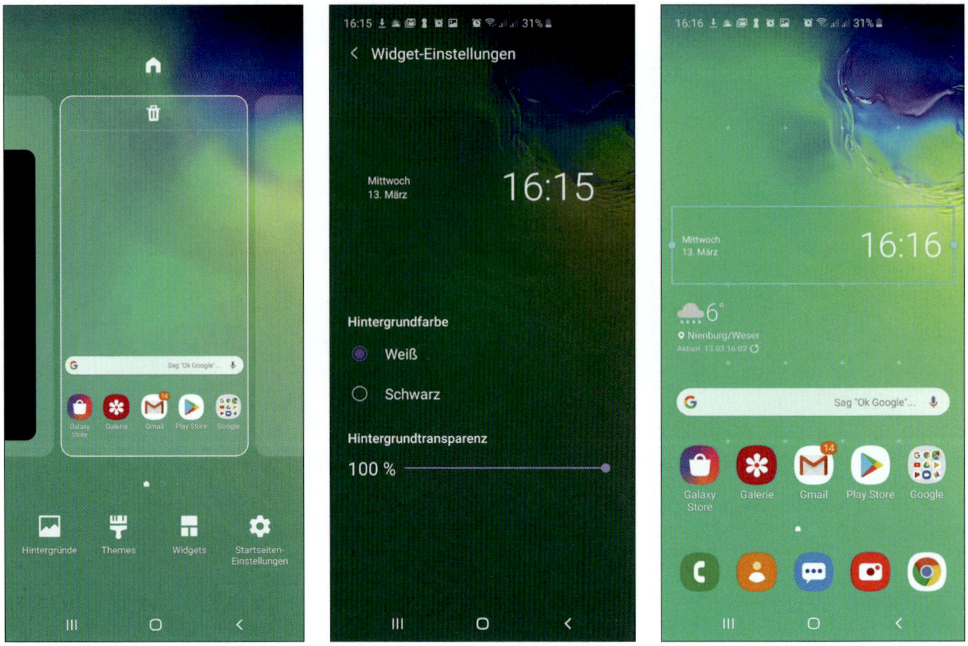

*Wetter- und Uhren-Widget auf dem Samsung Galaxy S10 austauschen.*

4. Tippen Sie etwas länger auf das gewünschte Widget, bis der Startbildschirm erscheint.
5. Jetzt können Sie das Widget an der geplanten Position auf dem Startbildschirm ablegen, dort loslassen und auch noch die Größe festlegen. Bei einigen Widgets können Sie noch Einstelllungen zu Farbe und Transparenz vornehmen.

Unter *Uhr* finden Sie in der Liste der Widgets zwei der klassischen Android-Uhren. Das Alarm-Widget bietet direkten Zugriff auf den Wecker. Hier sehen Sie immer die Weckzeit und können direkt einen neuen Alarm einstellen. Mehrere Alarm-Widgets können unterschiedliche Wecker auf dem Startbildschirm anzeigen. Beim Dual-Uhr-Widget mit zwei Zeiten können Sie gleich noch eine Stadt für die zweite Zeitzone auswählen. Widgets können wie App-Symbole wieder vom Startbildschirm entfernt werden.

## Kapitel 3

# Apps finden und installieren

Ähnlich wie es für PCs Tausende verschiedene Programme gibt, wird auch der Markt an Apps immer umfangreicher und zugleich unübersichtlicher. So ziemlich jedes erdenkliche Thema lässt sich mit der passenden App auf dem Handy darstellen. Für Android sind mittlerweile weit über 3.600.000 verschiedene Apps erhältlich, etwa zwei Drittel davon kostenlos, etwa 40 % aller Apps sind Spiele. Insgesamt wurden bereits weit über 100 Milliarden Apps aus dem Google Play Store heruntergeladen. Allerdings werden Sie, wenn Sie sich einige Zeit mit diesem Thema beschäftigt haben, feststellen, dass Sie über 99 % dieser Apps nicht brauchen.

**Microsoft-Apps**

Es ist noch nicht lange her, da waren Microsoft und Android zwei Welten, die möglichst wenige Verbindungspunkte miteinander haben wollten. Das hat sich inzwischen deutlich geändert, Microsoft bietet mittlerweile für einige seiner Dienste eigene Android-Apps an. Auf dem Samsung Galaxy S10 sind als Microsoft-Office-Apps der Cloud-Speicherdienst *OneDrive* und *LinkedIn* in einem eigenen Ordner *Microsoft Apps* in der App-Liste vorinstalliert. Installiert man über einen Werbelink in der OneDrive-App zusätzlich die E-Mail-App *Outlook*, bekommt man bis zu 100 GByte kostenlosen OneDrive-Speicher zusätzlich. Zur Nutzung der Microsoft-Apps ist ein kostenloses Microsoft-Konto erforderlich, wie es unter anderem zur Anmeldung bei Windows 10 verwendet wird.

## Der Google Play Store

Die erste Anlaufstelle, um Apps auf das Samsung Galaxy S10 herunterzuladen, ist der Google Play Store. Zum Download aus dem großen Angebot ist eine spezielle App nötig, die auf allen Android-Smartphones mit Google-Zertifizierung direkt auf dem Startbildschirm vorinstalliert ist.

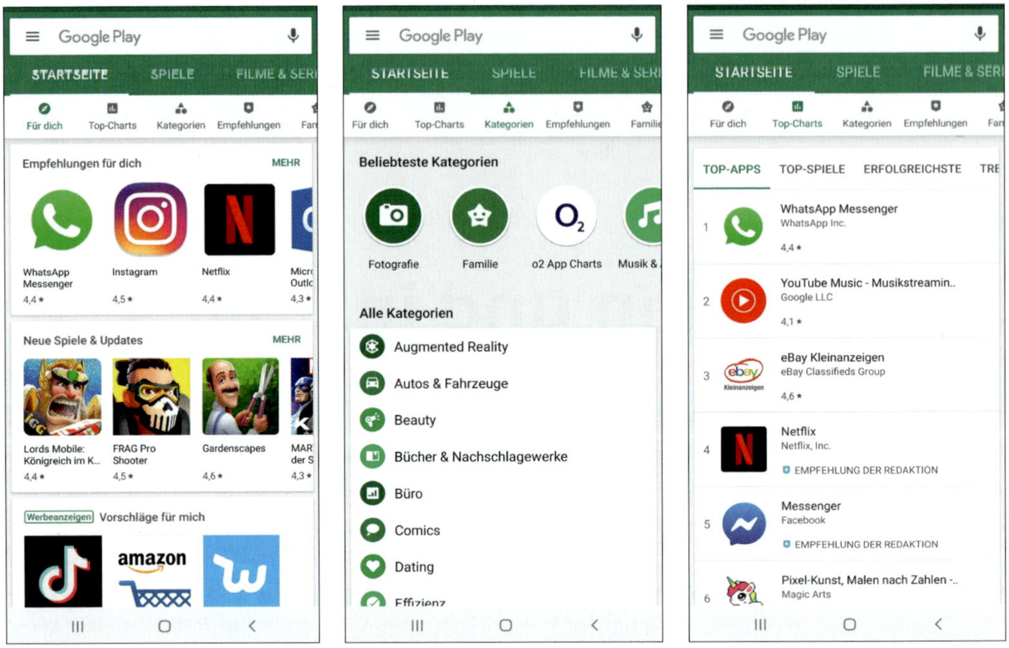


*Der Google Play Store auf dem Samsung Galaxy S10.*

Der Google Play Store enthielt im November 2018 etwa 2.500.000 Apps getrennt nach Anwendungen und Spielen in unterschiedlichen Kategorien, nachdem Google im Sommer 2018 gründlich aufgeräumt und mehrere Hundertausend Apps aufgrund gefährlicher Funktionen oder verwerflicher Inhalte aus dem Play Store geworfen hatte.

Im Google Play Store kann man sich anhand von Bestenlisten und Empfehlungslisten inspirieren lassen. Diese Listen sollen zwar zur Orientierung dienen, sind aber weitgehend aussagelos, da sich Entwickler dort »einkaufen« können. Um eine bestimmte App zu finden, verwenden Sie am besten die Suchfunktion.

Der Google Play Store listet auf dem Smartphone immer nur die Apps auf, die auf dem jeweiligen Gerät auch tatsächlich laufen. Zu jeder App werden eine Beschreibung sowie Screenshots angezeigt. Bei einigen Apps gibt es auch YouTube-Videos, die die Funktion näher erläutern. Da die Beschreibungen sowie die Videos nicht von Google selbst stammen, sondern von den Entwicklern geliefert werden müssen und nur minimalen Qualitätskontrollen unterliegen, sind sie häufig kaum brauchbar.

### Anmeldung mit Google-Konto

Der Google Play Store erfordert eine Anmeldung mit einem Google-Konto. Falls Sie bei der Einrichtung Ihres Samsung Galaxy S10 kein Google-Konto angegeben haben, müssen Sie dies spätestens tun, wenn Sie den Google Play Store nutzen wollen.

## Apps auf dem Smartphone installieren

Zur Installation auf dem Galaxy S10 braucht man nach Auswahl der App nur noch auf *Installieren* zu tippen. Danach wird die App installiert und Sie können sie direkt aus dem Google Play Store heraus öffnen. Selbstverständlich ist die neu installierte App auch in der Liste aller Apps zu finden.

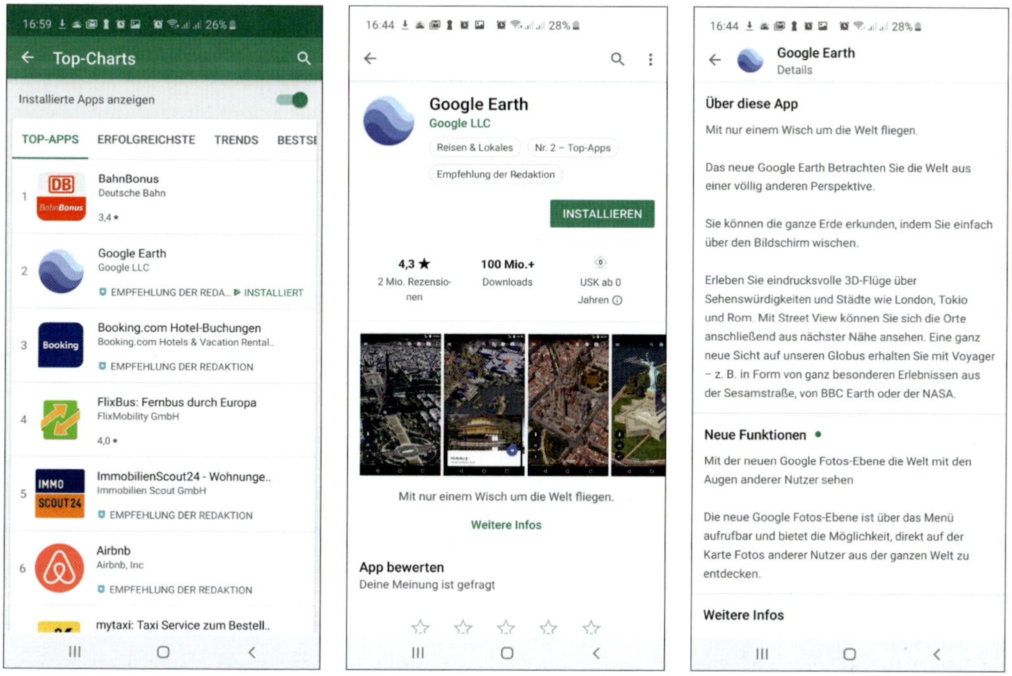


*Neue App aus dem Google Play Store installieren.*

Um den Google Play Store übersichtlicher zu halten, werden die teilweise sehr umfangreichen Beschreibungstexte der Apps erst beim Tippen auf *Weitere Infos* angezeigt.

### Bewertungen und Nutzerkommentare

Das Symbol *Empfehlung der Redaktion* sowie die Anzahl der Sterne und auch die Gesamtzahl der Installationen sind noch ein guter Richtwert für die Qualität der App.

Die Nutzerkommentare sollten Sie dagegen besser ignorieren. Wie in fast allen Onlineshops zeugen diese von absolut mangelhaftem technischem Verständnis, dafür umso mehr von übersteigertem Geltungsbewusstsein einiger Nutzer. Besonders die Bewerter mit wenigen Sternen würden bereits im Deutschunterricht der ersten Klasse durchfallen. Wie viele andere Webseiten auch, würde sich Google Play einen Gefallen tun, wenn die Kommentare redaktionell gefiltert oder ganz abgeschaltet würden.

## App-Berechtigungen

Der Google Play Store zeigte früher direkt auf der Seite einer App an, auf welche Systemkomponenten die jeweilige App zugreifen kann. Diese Berechtigungen wurden von vielen Medien missverstanden und in Verruf gebracht. Trotz der damals teilweise bedenklich klingenden Bezeichnungen sind die meisten Berechtigungen für das Funktionieren einer App wirklich nötig.

In Android 6 Marshmallow war es erstmals möglich, bestimmte Berechtigungen von Apps nachträglich einzuschränken. Dies gilt für Android 9 Pie gleichermaßen. Ob die App ohne die jeweiligen Berechtigungen noch sinnvolle Arbeit leistet, bleibt dem Nutzer überlassen. Da viele Nutzer aus blinder Paranoia Berechtigungen verwehrt und anschließend schlechte Kritiken über die App veröffentlicht haben, werden die Berechtigungen mittlerweile nur noch über den Link *Weitere Infos* ganz am Ende der App-Beschreibung angezeigt. Nutzer, die technisch nicht so versiert sind, sollen so weniger verwirrt werden. Alle Beschreibungen in diesem Buch gehen davon aus, dass alle von Apps angeforderten Berechtigungen auch gewährt wurden.

## Automatische App-Updates

Unter *Meine Apps und Spiele*, erreichbar mit einer Wischgeste vom linken Bildschirmrand, speichert der Google Play Store alle von dort heruntergeladenen Apps. In dieser Liste werden auch Update-Benachrichtigungen angezeigt, wenn von einer App eine neue Version verfügbar ist.

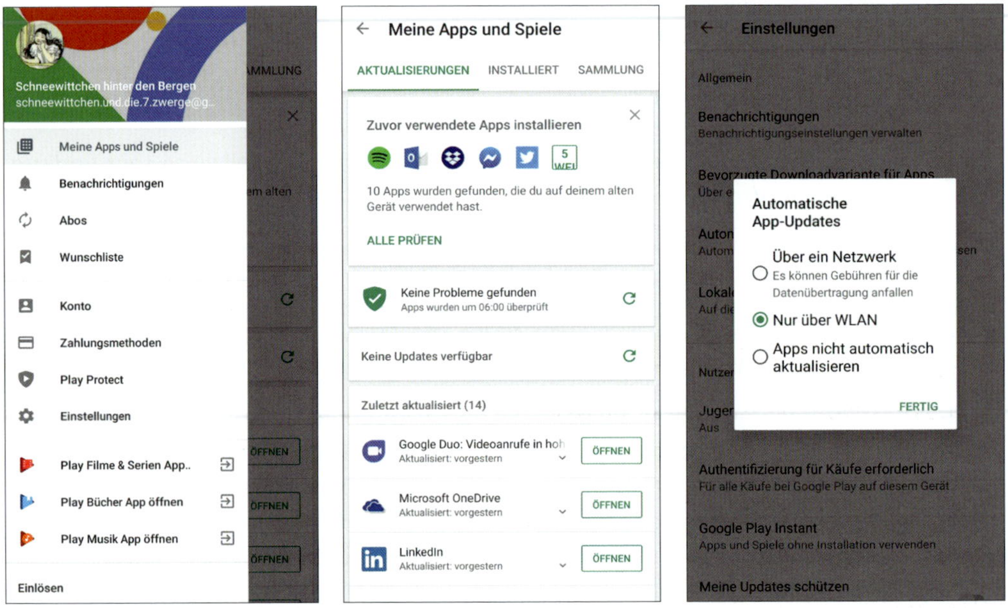


*Automatische App-Updates im Google Play Store.*

Einige Apps erhalten häufig Updates. Um nicht jede App manuell updaten zu müssen, können Sie auch alle anstehenden Updates auf einmal aktualisieren.

**TIPP:** Möchten Sie sich über Updates keine Gedanken machen müssen, schalten Sie über den Menüpunkt *Einstellungen* im Google Play Store die Funktion *Automatische App-Updates* ein. Um Mobilfunk-Datenvolumen zu sparen, sollten Sie gleichzeitig die Option *Automatische App-Updates nur über WLAN* aktivieren. Damit werden automatische Updates nur heruntergeladen, wenn das Smartphone in einem WLAN ist. Manuell können Sie trotzdem jederzeit App-Updates auch über Mobilfunk installieren.

Auch wenn automatische Updates aktiv sind, können Sie bei einzelnen Apps über das Menü oben rechts die automatischen Updates abschalten, wenn zum Beispiel bekannt ist, dass neue App-Versionen Kompatibilitätsprobleme oder Funktionseinschränkungen – wie beim früher sehr guten *DB Navigator* – mit sich bringen.

Sowie ein Update neue Berechtigungen erfordert, wird es nicht mehr automatisch installiert. In diesem Fall müssen Sie zuerst den neuen Berechtigungen zustimmen. Danach kann das Update manuell installiert werden.

### Automatisches Update beim ersten Start

Bereits direkt nach dem Start meldet fast jedes Smartphone, dass Updates zur Verfügung stehen. Dabei handelt es sich um einige Google-Apps, die inzwischen in einer neueren Version angeboten werden als der, mit der die Geräte im Herstellerwerk vorkonfiguriert wurden. Die Meldung brauchen Sie nicht weiter zu beachten, da diese Updates automatisch installiert werden.

## So kann man Apps kaufen

Kostenpflichtige Apps können im Google Play Store mit verschiedenen Zahlungsmethoden bezahlt werden, unter anderem mit einer gültigen Kreditkarte oder über die Mobilfunkrechnung. Spätestens beim ersten Kauf einer App müssen Benutzer in ihrem Google-Konto eine Zahlungsmethode und auch eine gültige Postanschrift hinterlegen. Vor jedem Kauf können Sie die Zahlungsmethode wechseln und es muss sicherheitshalber noch einmal das Passwort des Google-Kontos eingegeben werden, solange Sie diese Abfrage nicht deaktiviert haben.

Alternativ können Sie Prepaid-Guthaben für den Google Play Store in Form von Geschenkkarten bei verschiedenen Supermarkt-, Drogerie- und Tankstellenketten kaufen und beim Onlinekauf einlösen. Der Google Play Store unterstützt auch das Prepaid-System paysafecard sowie PayPal als Zahlungsmethode. Dabei kann ein beliebiges PayPal-Konto eingetragen werden. Dieses muss nicht mit der E-Mail-Adresse Ihres Google-Kontos übereinstimmen.

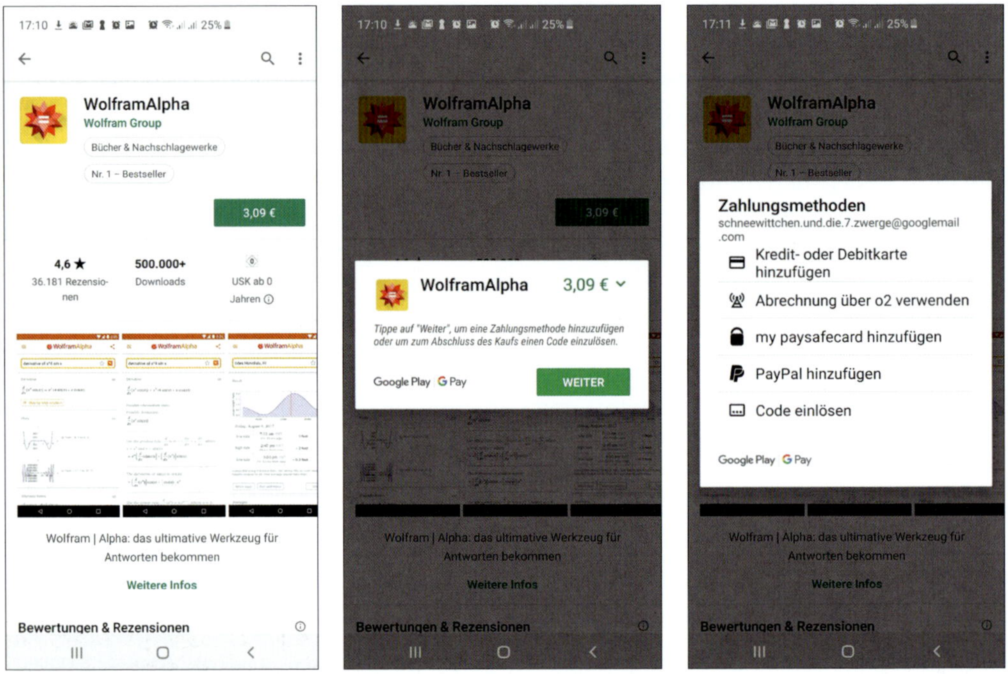


*App kaufen und Zahlungsmethode wählen.*

Eine App, die Sie einmal auf einem Android-Gerät gekauft haben, können Sie auf weiteren Geräten mit demselben Google-Konto installieren, ohne sie neu zu kaufen. Wählen Sie dazu im Menü von Google Play *Meine Apps und Spiele*. Dort finden Sie neben den installierten Apps noch die Liste *Sammlung*, die alle Apps enthält, die Sie jemals mit diesem Google-Konto auf irgendeinem Android-Gerät heruntergeladen haben – Freeware und auch Kauf-Apps. Hier werden auch Apps angezeigt, die mit dem Samsung Galaxy S10 nicht kompatibel sind. Diese können dann aus der Liste aber nicht installiert werden.

## Google-Play-Guthaben mit Umfragen verdienen

Möchten Sie kostenpflichtige Apps ab und zu mal kostenlos bekommen? Durch regelmäßiges Beantworten einfacher statistischer Fragen kann man Google-Play-Guthaben verdienen. Die App *Google Umfrage* liefert alle paar Tage eine einfach zu beantwortende statistische Frage. Für das Beantworten bekommt man ein paar Cent gutgeschrieben. Nach wenigen Wochen bis Monaten hat man sich damit die erste App verdient.

## Der Google Play Store auf dem PC

Der Google Play Store ist auch vom PC über einen beliebigen Webbrowser unter *play.google.com/store/apps* zu erreichen. Hier kann man Apps finden und auch direkt auf seinen Geräten installieren.

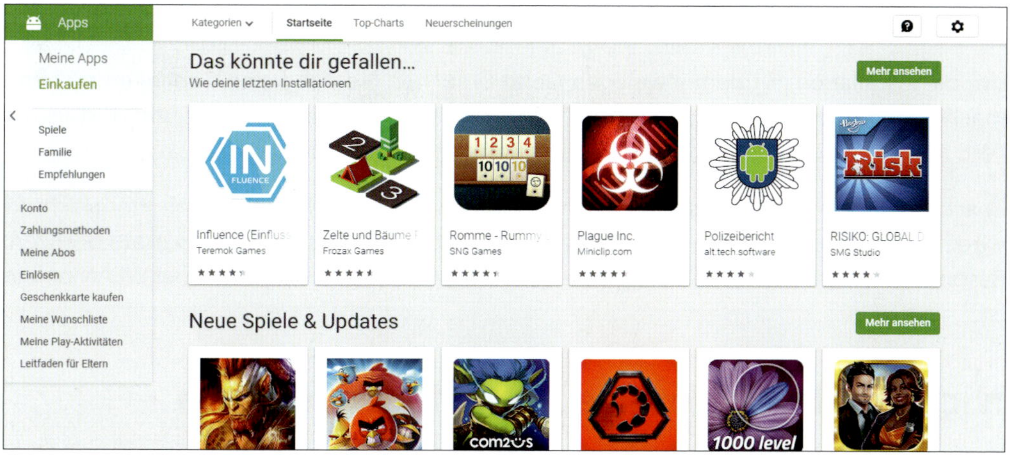


*Der Google Play Store auf dem PC.*

Zur Installation von Apps muss man auf dem PC im Browser mit dem Google-Konto angemeldet sein, das auch auf dem Smartphone verwendet wird. Mit dem Zahnradsymbol rechts oben können Benutzer die verwendeten Geräte verwalten. Unter dem Link *Apps/Meine Apps* sehen Sie alle auf Ihren Android-Geräten installierten Apps.

Bevor Sie eine App zur Installation auswählen, prüfen Sie unterhalb des grünen Installationsbuttons die Gerätekompatibilität.

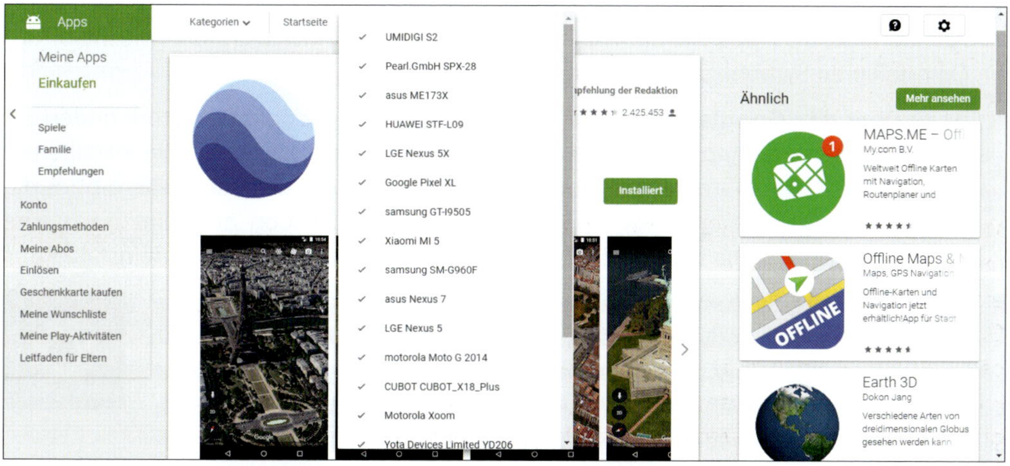


*Anzeige der Gerätekompatibilität im Google Play Store auf dem PC.*

Ein Klick auf das *i*-Symbol zeigt alle in diesem Google-Konto eingetragenen Android-Geräte. Anhand von Betriebssystemversion, Bildschirmgröße und einigen anderen technischen Kriterien wird ermittelt, mit welchen der Geräte die App kompatibel ist.

Um eine App auf dem Smartphone zu installieren, klicken Sie auf dem PC auf die Schaltfläche *Installieren* bei der jeweiligen App. Wählen Sie jetzt noch das gewünschte Gerät aus, wenn Sie unter Ihrem Google-Konto mehrere Android-Geräte angemeldet haben.

Um die Installation auf dem jeweiligen Gerät brauchen Sie sich keine Gedanken mehr zu machen. Die App wird nun vollautomatisch an Ihr Smartphone geschickt und dort installiert. Sie werden darüber in der Benachrichtigungszeile informiert.

Beachten Sie hierbei, dass die Bestellung sofort per Push auf Ihr Smartphone geschickt wird. Das verbraucht Datenvolumen oder erzeugt Kosten, falls Sie keine Flatrate besitzen. Besonders schnell und kostenlos geht es natürlich, wenn Ihr Smartphone per WLAN online ist.

## Nicht mehr benötigte Apps deinstallieren

Irgendwann ist der Speicher des Smartphones voll oder Sie wollen mal wieder den Überblick in der App-Liste haben. Wie auch immer, es wird der Zeitpunkt kommen, an dem Sie bestimmte Apps wieder vom Samsung Galaxy S10 entfernen möchten. Leider funktioniert dies nicht mit allen der auf manchen Smartphones vorinstallierten Werbe-Apps.

Apps können auf drei verschiedenen Wegen wieder deinstalliert werden. Leider funktioniert nicht immer jede Methode bei jeder App, was unterschiedliche Gründe haben kann.

- **Apps über die App-Liste deinstallieren** – Am einfachsten deinstallieren Sie Apps direkt aus der App-Liste. Halten Sie den Finger länger auf die zu deinstallierende App, bis Symbole erscheinen. Tippen Sie auf *Deinstallieren* und bestätigen Sie die Sicherheitsabfrage. Bei Apps, die im ROM des Smartphones vorinstalliert sind, erscheint das Deinstallieren-Symbol gar nicht erst.
- **Apps über den Google Play Store deinstallieren** – Im Google Play Store finden Sie auf der Seite *Meine Apps und Spiele* unter *Installiert* alle aus dieser Quelle installierten Apps. Wählen Sie die App aus, die entfernt werden soll. Auf der Detailseite gibt es die Schaltfläche *Deinstallieren*. Vor der endgültigen Deinstallation erscheint noch eine Sicherheitsabfrage. Die ausgewählte App wird mit einem weiteren Klick deinstalliert.
- **Apps über die Systemeinstellungen deinstallieren** – Apps, die aus anderen Quellen installiert wurden, werden im Google Play Store nicht immer gefunden. Über die *Einstellungen* können Sie normalerweise jede App deinstallieren. Wählen Sie hier *Apps*, sehen Sie eine Liste aller installierten Apps mit Angaben, wie viel Speicherplatz jede einzelne App be-

legt. Wählen Sie in dieser Liste die App aus, die Sie entfernen möchten. Auf der nächsten Bildschirmseite können Sie diese App deinstallieren.

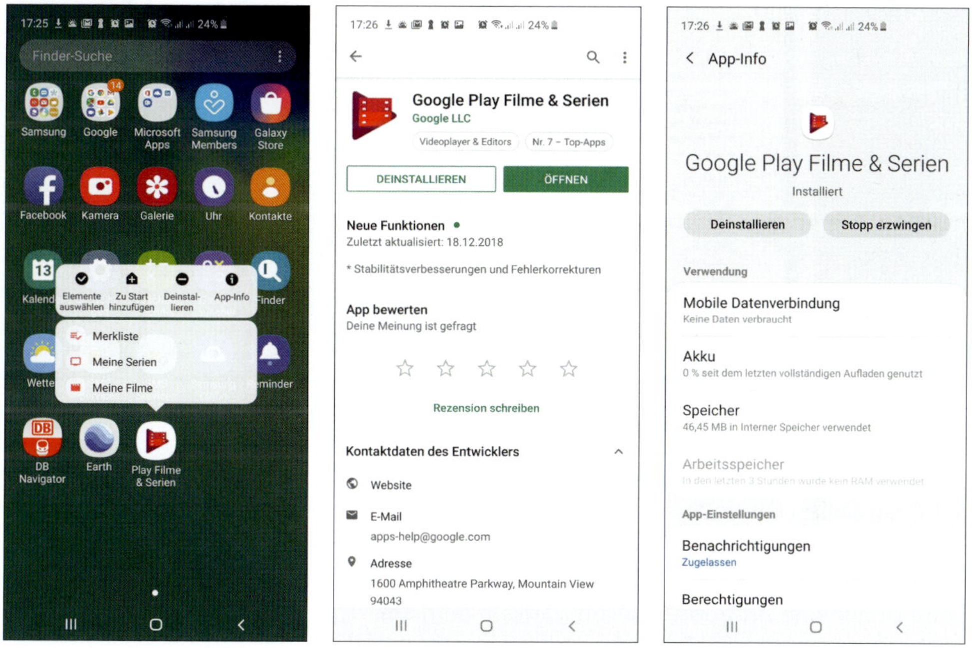


*App über die App-Liste, den Google Play Store oder die Einstellungen deinstallieren.*

Apps, die im ROM des Smartphones vorinstalliert sind, lassen sich auf diesem Weg nur deaktivieren. Das heißt, sie laufen nicht mehr automatisch im Hintergrund und erscheinen auch nicht auf dem App-Bildschirm oder dem Startbildschirm.

Bei App-Symbolen, die fest zum Betriebssystem gehören, erscheint das *Deinstallieren* Symbol erst gar nicht.

## Apps per QR-Code installieren

Immer mehr Plakate und andere Offlinewerbeformen zeigen Internetadressen, die sich der vorbeigehende Betrachter allerdings merken oder aufschreiben muss. Im Gegensatz zur Bannerwerbung kann man eine URL auf einem Plakat nicht einfach anklicken.

QR-Codes (**Q**uick **R**esponse = schnelle Antwort) bieten hier eine komfortable Lösung. Sie sind der schnelle Weg zu einer Webseite, ohne Adressen abzutippen. Diese grobpixeligen Schwarz-Weiß-Grafiken findet man inzwischen auch auf Fahrscheinen, Visitenkarten und T-Shirts. Auch an Straßenbahnhaltestellen, Fahrkartenautomaten und touristischen Sehenswürdigkeiten sind aktuelle Infos häufig per QR-Code abrufbar.

*Infotafel mit QR-Code.*

Um die mobile Version einer Webseite zu bewerben, bieten auch viele Webseitenbetreiber auf ihren Seiten QR-Codes an, die einen Link auf die mobile Seite enthalten. Scannt man mit der Kamera so einen Code, wird dieser von der entsprechenden Software ausgewertet, und die darin enthaltenen Daten werden direkt an den Browser übergeben. Voraussetzung dafür ist nur eine QR-Code-Lesesoftware auf dem Smartphone.

Die auf dem Samsung Galaxy S10 vorinstallierte Software *Bixby Vision* kann QR-Codes auswerten und startet automatisch den Browser, wenn es sich bei der im QR-Code gespeicherten Information um einen Weblink handelt. QR-Codes können neben Weblinks auch Telefonnummern, Kurztexte oder Kontaktdaten enthalten. Beim ersten Start von *Bixby Vision* müssen diverse Berechtigungen gewährt und Datenschutzhinweise bestätigt werden, ohne die *Bixby Vision* nicht funktionieren kann. Anschließend können Sie direkt ein App-Symbol für *Bixby Vison* auf den Startbildschirm legen.

Mithilfe von QR-Codes können Sie auch Apps auf dem Smartphone installieren. Scannen Sie dazu die im Buch abgedruckten QR-Codes. Diese führen direkt in den Google Play Store.

1. Starten Sie die Kamera-App auf dem Samsung Galaxy S10 und halten Sie die Kamera auf einen QR-Code. Tippen Sie oben links auf das Symbol *Bixby Vision*.

2. Alternativ können Sie *Bixby Vision* auch über das Symbol auf dem Startbildschirm direkt starten, wenn Sie es bei der Installation eingerichtet haben.

3. Wurde der QR-Code erkannt, erscheint bei den Vorschlägen von *Bixby Vision* am unteren Bildschirmrand ein QR-Code-Symbol mit einem Vorschaubildausschnitt.

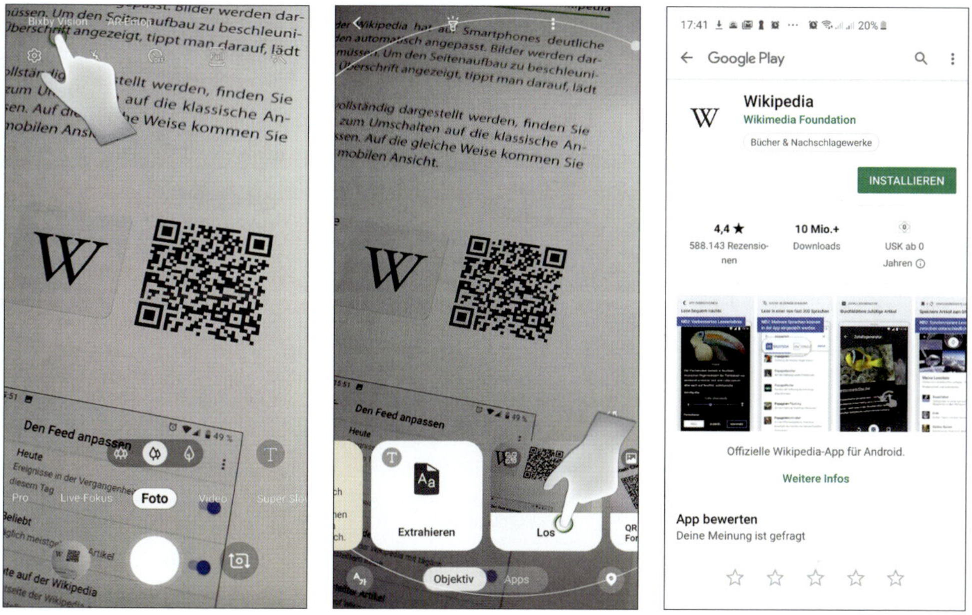


*QR-Code mit der Kamera scannen.*

4. Tippen Sie darauf, startet der Google Play Store und Sie können die App installieren, auf die der QR-Code verlinkt.

# Alternativen zum Google Play Store

Neben dem Google Play Store gibt es noch weitere unabhängige Anbieter von Android-Apps, die auch andere Zahlungsmethoden anbieten, wie etwa Lastschrift oder Sofortüberweisung. Hobby-Programmierer und Open-Source-Projekte können auch nicht immer für jede Betaversion oder Neuentwicklung die Gebühr bezahlen, die Google für das Einstellen in den Play Store verlangt. Zahlreiche Entwickler sind daher dazu übergegangen, ihre Apps zusätzlich oder gar ausschließlich über ihre eigenen Webseiten oder unabhängige Downloadportale anzubieten.

Apps werden außerhalb des Google Play Store als APK-Dateien zum Download angeboten. Diese können direkt über den Browser oder auch aus dem Dateianhang einer E-Mail auf dem Smartphone installiert werden. Die heruntergeladenen Dateien sind über den Dateimanager *Eigene Dateien* auf dem Samsung Galaxy S10 unter *APK Installationsdateien* oder direkt nach dem Herunterladen über die Benachrichtigungen zu finden. Bei der ersten Installation einer APK-Datei aus einer anderen App, zum Beispiel einem Browser, erscheint ein Hinweis, dass Installationen aus unbekannten Quellen nicht zulässig sind. Direkt aus dieser Meldung besteht Zugriff auf die zugehörige Systemeinstellung, mit der man die Installation aus unbekannter Herkunft zulassen kann.

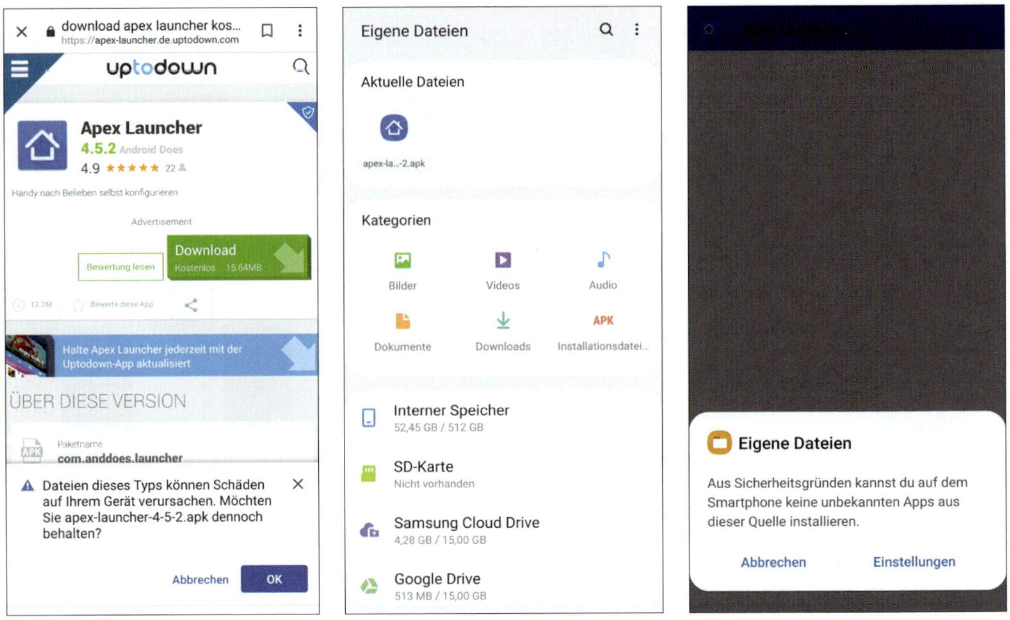


*Dateien aus unbekannter Herkunft herunterladen und installieren.*

### Hintergrund – gefährliche Apps

Die Installation einer App aus einer APK-Datei einer anderen vertrauenswürdigen Quelle ist technisch gleichermaßen sicher wie aus dem Google Play Store. Mit den Warnungen innerhalb des Betriebssystems macht Google Marketing für seinen Play Store. Auch dort haben es Entwickler immer wieder geschafft, bösartige Software zu verbreiten. Letztendlich ist jeder Anwender selbst dafür verantwortlich, welche Apps er auf seinem Smartphone installiert. Diese Verantwortung kann einem kein App-Shop-Betreiber abnehmen, egal ob Google Play oder ein anderer. Apps von unbekannten chinesischen Downloadseiten oder gar über ein Werbebanner zu installieren, ist dagegen leichtsinnig.

Seit Android 8 Oreo wird die Berechtigung zur Installation unbekannter Apps für einzelne Apps vergeben. Damit wird es leichter möglich, aus einem Browser oder einem App Store eines anderen Anbieters als Google Play Apps zu installieren. Die automatischen Downloads und Installationen von Werbe- und Spam-Apps aus Spielen heraus bleiben aber unterbunden.

Tippen Sie in den *Einstellungen* unter *Apps* oben rechts auf das Menü und wählen Sie *Spezieller Zugriff/Unbekannte Apps installieren*. Hier sind alle Apps aufgelistet, und bei jeder wird angezeigt, ob die Berechtigung zur Installation anderer Apps gewährt wurde. Hier können Sie den Apps dieses Recht neu gewähren oder auch wieder entziehen.

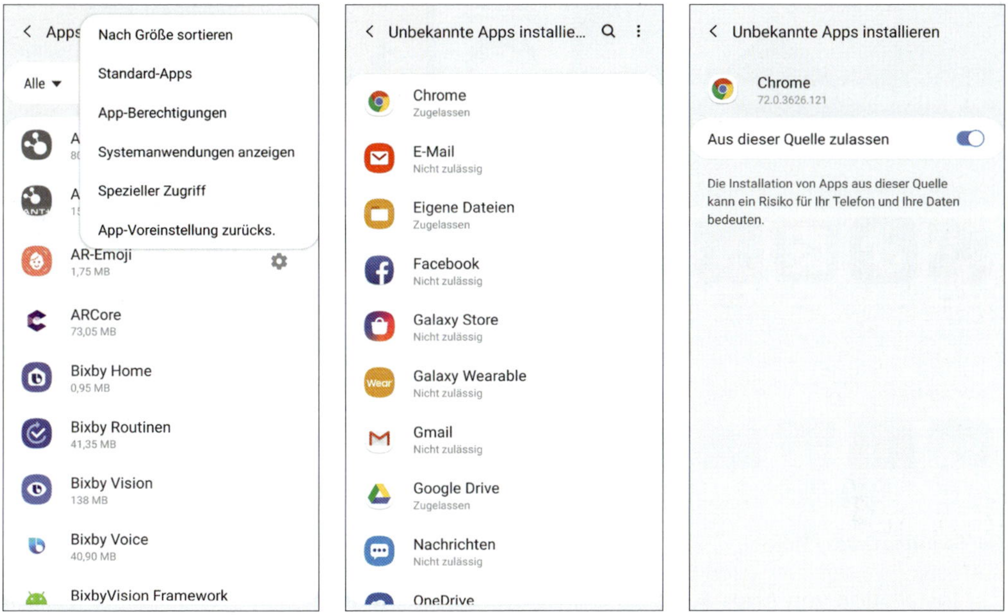


*Apps mit der Berechtigung, andere Apps zu installieren.*

## Samsung Galaxy Store statt Bloatware

Samsung bietet einen eigenen App-Shop *Galaxy Store* an, der auf dem Samsung Galaxy S10 über eine vorinstallierte App im Ordner *Samsung* in der App-Liste genutzt werden kann. Der Shop *Galaxy Store* bietet spezielle Apps für Samsung-Nutzer an. Hier gibt es immer mal wieder Apps kostenlos, die bei Google Play bezahlt werden müssen. Außerdem bekommen Samsung-Kunden bei speziellen Aktionen Gutscheincodes zum Download von Apps aus dem *Galaxy Store*. Dieser Store wird auch benutzt, um diverse vorinstallierte System-Apps regelmäßig zu aktualisieren oder Erweiterungen wie zusätzliche Bildschirmthemen oder Seiten-Paneele für das Samsung Galaxy S10 anzubieten.

### Bloatware

Frühere Generationen von Samsung-Smartphones enthielten jede Menge sogenannte Bloatware, Werbe-Apps für Pizzalieferdienste, Hotelbuchungsportale oder Taxirufe. Bloatware bedeutet auf Deutsch »Blähware«, Software, die das Betriebssystem aufbläht. Derartige Apps sind moderne Formen von Werbebannern, man sieht sie ständig in der App-Liste seines Smartphones, ohne sie wirklich zu brauchen. Auf dem Samsung Galaxy S10 hat Samsung die vorinstallierte Bloatware deutlich reduziert.

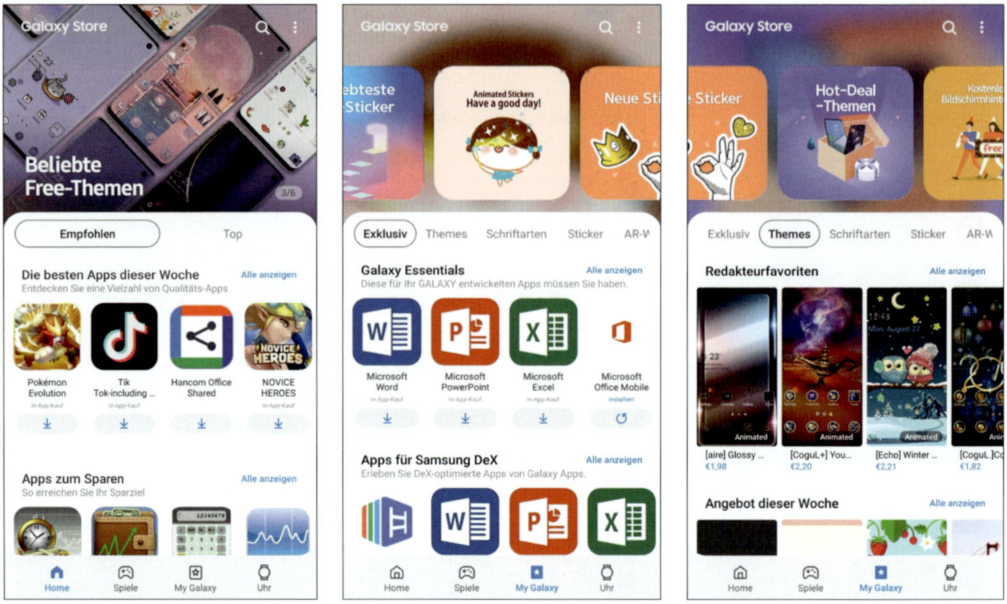


*Der Samsung Galaxy Store.*

Zur Installation von Apps aus dem Galaxy Store braucht der Schalter *Unbekannte Quellen* nicht aktiviert zu sein. Dieser Store gilt auf Samsung-Smartphones automatisch als genauso vertrauenswürdig wie der Google Play Store. Der Samsung Galaxy Store enthält neben einigen bekannten Apps und Spielen im Bereich *My Galaxy* diverse Apps speziell für Samsung-Galaxy-Smartphones.

- **Galaxy Essentials** sind Apps, die von Samsung, Microsoft und anderen Herstellern besonders für Galaxy-Smartphones angepasst wurden.
- **Apps für Samsung DeX** sind Apps, die speziell für den Desktop-Betrieb mit Samsungs Dockingstation DeX optimiert sind.
- Unter **Exklusive Spieleangebote** sind einige Spiele zu finden, bei denen Samsung seinen Nutzern Premium-Funktionen, die im Google Play Store bezahlt werden müssen, kostenlos anbietet.
- **Made for Samsung** sind Apps, die speziell für Samsung-Geräte angepasst oder mit Zusatzfunktionen versehen wurden.
- **Apps für den Seitenbildschirm** sind zusätzliche Paneele für den Seitenbildschirm des Samsung Galaxy S10 und Samsung Galaxy S10+.
- **Kamera- und Fotoeffekte** sind Plug-ins für die Samsung-Kamera-App, die zusätzliche Effekte bieten.

Zur Verwendung ist auf dem Smartphone wie auch auf dem PC ein Samsung-Konto erforderlich, das in den meisten Fällen bereits bei der Ersteinrichtung eines Samsung-Galaxy-Smartphones angelegt wurde.

## Kapitel 4

# Online mit dem Samsung Galaxy S10

Internet unterwegs ist heute Alltag. Viele Nutzer verbringen inzwischen mehr Zeit mit dem Smartphone im Internet, als damit zu telefonieren. Schnell eine Fahrplanauskunft holen, eine eBay-Auktion verfolgen oder die aktuellsten Nachrichten des Tages lesen – die vorinstallierten Webbrowser auf dem Samsung Galaxy S10 machen es möglich.

Samsung liefert auf dem Samsung Galaxy S10 einen eigenen Browser, der über das Symbol in der Schnellstartleiste aufgerufen wird, mit. Zusätzlich ist wie auf allen aktuellen Android-Smartphones der Google-Chrome-Browser vorinstalliert.

## Tipps zum Samsung-Browser

Die Bedienung des Samsung-Browsers ähnelt einem Browser auf dem PC mit ein paar Besonderheiten für den kleinen Touchscreen und die für Android typischen Bedienelemente.

Oben in die Browserzeile gibt man die gewünschte URL ein. Diese Zeile verschwindet automatisch, wenn eine Webseite angezeigt wird, um Platz auf dem Bildschirm freizugeben. Schieben Sie den Bildschirm ganz nach oben, um wieder zu dieser Eingabezeile zu kommen.

### Schnellzugriffsymbole unter der Browserzeile

Der Browser zeigt meistens beim Start eine Samsung-Werbung an. Tippen Sie in die Browserzeile zur Eingabe einer Adresse, werden bis zu 15 vordefinierte Schnellzugriffsymbole angezeigt. Tippen Sie auf *Bearbeiten*, können Sie unerwünschte Werbesymbole entfernen. Um die aktuell besuchte Webseite zu den Schnellzugriffen hinzuzufügen, tippen Sie unterhalb der Symbole auf *Hinzufügen*.

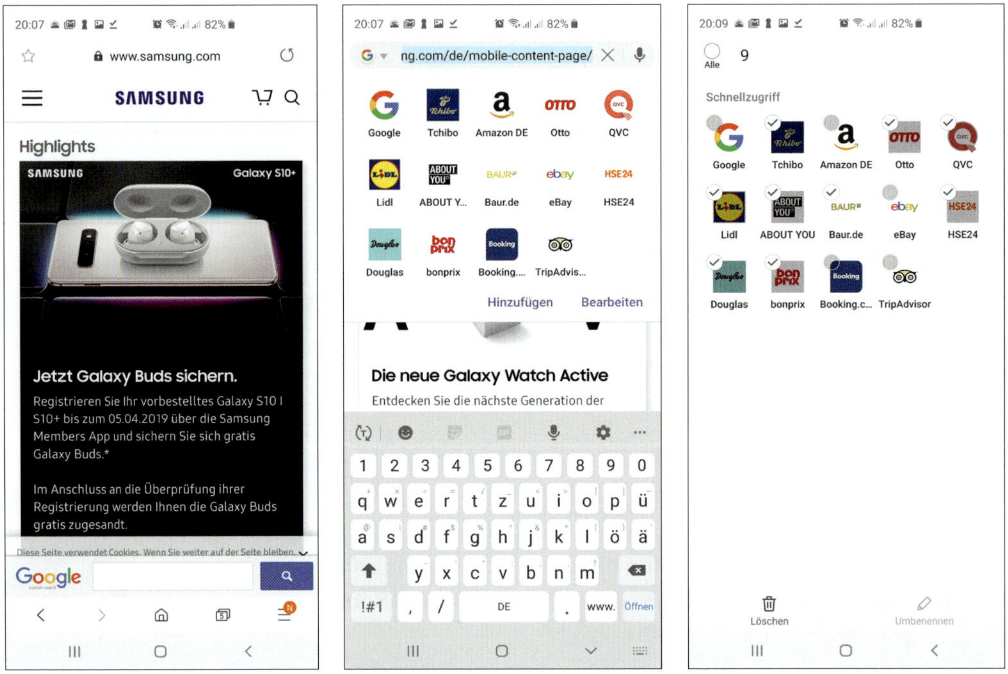


*Der Standardbrowser auf dem Samsung Galaxy S10. Rechts: Schnellzugriffsymbole löschen.*

Webseiten, die nicht speziell für Smartphones optimiert sind, lassen sich im Querformat oft besser darstellen. Halten Sie das Galaxy S10 quer, dreht sich die Darstellung automatisch, sodass in der Breite mehr Platz zur Verfügung steht.

*Eine Webseite im Querformat auf dem Samsung Galaxy S10.*

Der Browser auf dem Samsung Galaxy S10 zeigt die meisten normalen Webseiten in einer gut lesbaren Schriftgröße an. Gibt es doch einmal Schwierigkeiten mit der Lesbarkeit, kann man auf der Seite zoomen. Dazu können Sie die Multitouch-Technik nutzen. Berühren Sie den Bildschirm mit zwei Fingern gleichzeitig und ziehen Sie beide Finger auseinander. Damit wird die Darstellung vergrößert und umgekehrt beim Zusammenschieben der Finger wieder verkleinert. Für Smartphones optimierte Webseiten lassen sich oft nicht zoomen.

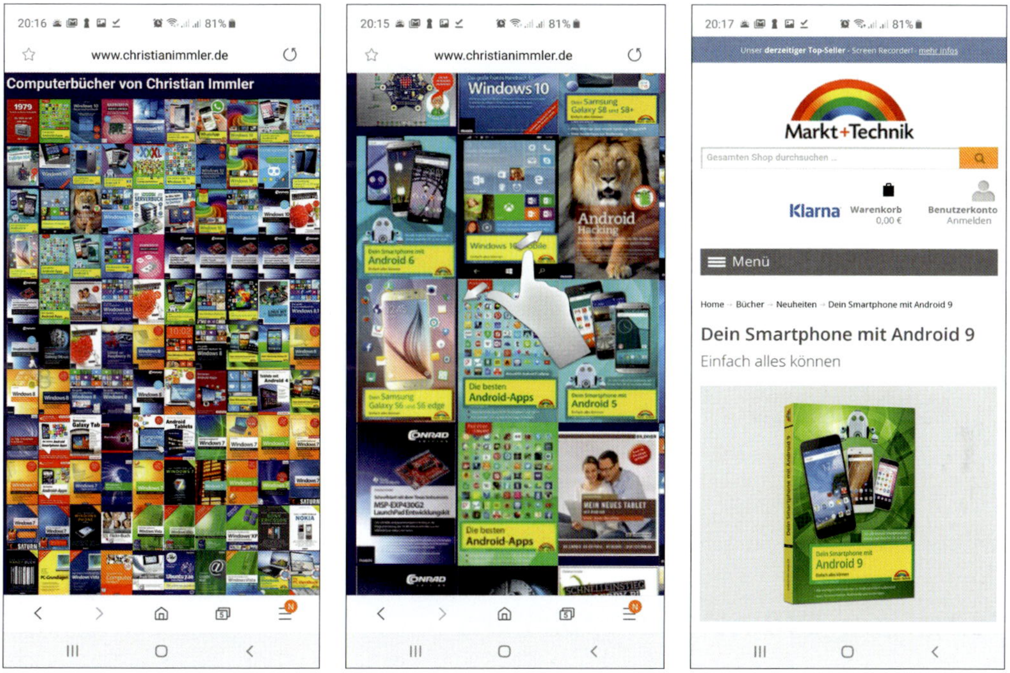


*Gezoomte Seite im Samsung-Browser. Rechts: für Smartphones optimierte Webseite.*

Noch einfacher zoomt man durch kurzes Doppeltippen auf den Bildschirm. Die Seite wird vergrößert dargestellt. Nochmaliges Doppeltippen schaltet wieder auf die ursprüngliche Darstellung zurück. Links an der entsprechenden Stelle werden ignoriert, wenn man schnell genug doppeltippt.

## Lesezeichen im Browser

Lesezeichen helfen, im Webbrowser eine bestimmte Webseite wiederzufinden. Speichern Sie deshalb Internetadressen, die Sie voraussichtlich später noch einmal brauchen, als Lesezeichen ab.

Tippen Sie dazu oben links auf das Sternchen. Damit wird die Seite automatisch als Lesezeichen gespeichert. Es können keine weiteren Angaben gemacht werden.

Über das Menüsymbol unten rechts in der Symbolleiste des Browsers kommen Sie jederzeit schnell zur Liste aller gespeicherten Lesezeichen. Samsung und die Mobilfunk-Netzbetreiber haben auf einigen Geräten bereits ein paar Lesezeichen vordefiniert. Neben den Lesezeichen finden Sie hier auch noch die Verlaufsliste der zuletzt besuchten Seiten.

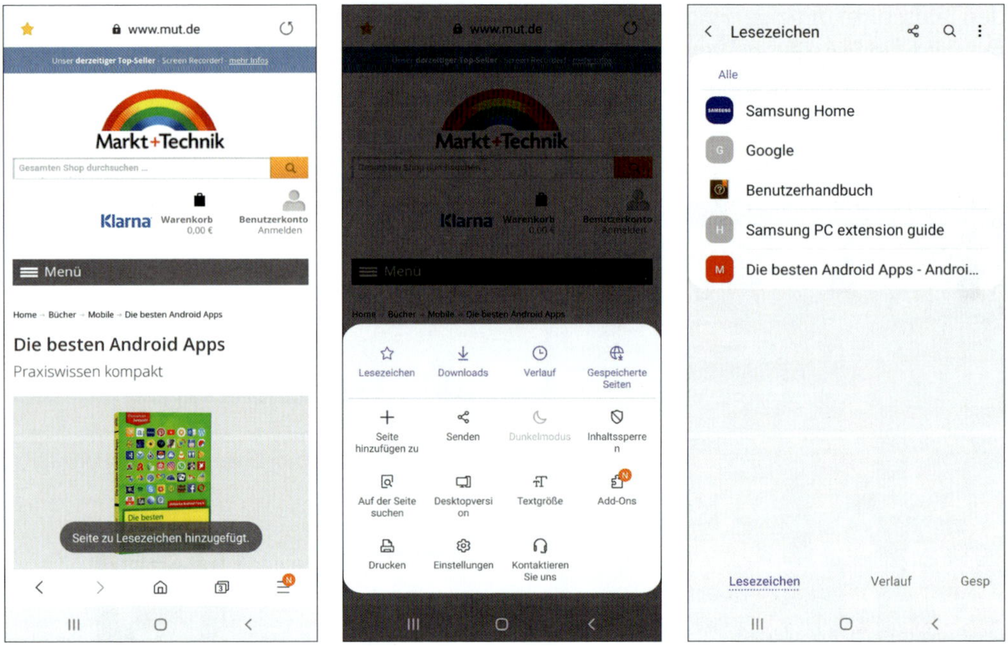


*Webseite als Lesezeichen speichern.*

## Seiten zum Offlinelesen speichern

Nicht immer hat man mit dem Smartphone ausreichenden Mobilfunkempfang, um im Internet zu surfen. Dabei braucht man aber manchmal gerade in abgelegenen Gegenden oder im fahrenden Zug bestimmte Informationen, die man schon einmal auf einer Webseite gefunden hat.

Der Samsung-Browser bietet die Möglichkeit, einzelne Seiten zum Offlinelesen zu speichern, sodass sie auch ohne Internetverbindung verfügbar sind. Tippen Sie dazu auf das Menüsymbol rechts unten im Browser und dann auf *Seite hinzufügen zu*, nachdem die gewünschte Seite vollständig im Browser geladen ist. Wählen Sie im nächsten Fenster *Gespeicherte Seiten*. Auf die gleiche Weise können Sie den Link zu einer Webseite auch als Lesezeichen speichern, als Schnellzugriff oder als Symbol auf dem Startbildschirm.

Offline gespeicherte Webseiten lassen sich auf der Seite *Gespeicherte Seiten* in den Favoriten oder über das Menüsymbol im Browser aufrufen.

> **ACHTUNG:** Hier können Sie immer nur einzelne Artikel einer Webseite zum Offlinelesen speichern. Das Speichern kompletter Webangebote funktioniert nicht, da diese häufig Serverfunktionen benötigen, um die einzelnen Unterseiten aufzubauen. Interaktive Elemente lassen sich ebenfalls nicht offline speichern.

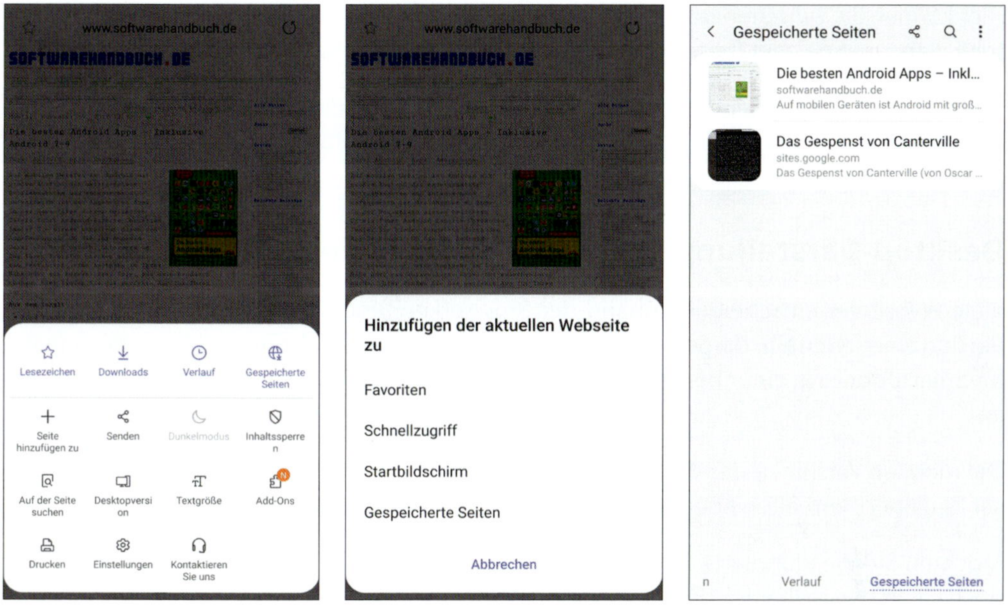


*Zum Offlinelesen gespeicherte Webseiten.*

## Mehrere Webseiten gleichzeitig anzeigen

Das Symbol *Tabs* unten rechts zeigt die Anzahl der geöffneten Browserfenster und öffnet beim Antippen eine Liste der offenen Browsertabs.

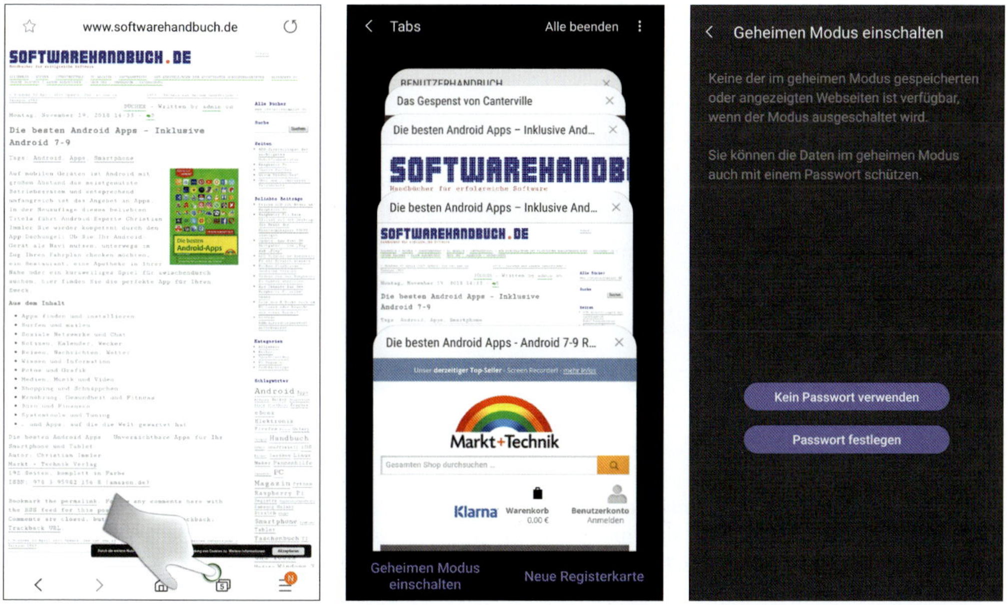


*Mehrere offene Browsertabs zum schnellen Umschalten zwischen Webseiten. Rechts: geheimen Modus öffnen.*

Hier können Sie zwischen den Tabs hin- und herwechseln sowie nicht mehr benötigte Tabs schließen, um Speicher freizugeben. Sie können zudem jederzeit neue Tabs öffnen.

Hier können Sie auch den geheimen Modus einschalten. In diesem Modus geöffnete Webseiten tauchen in keiner Verlaufsliste auf und sind außerhalb des geheimen Modus nicht zu sehen.

## Desktop-Darstellung von Webseiten auf dem Smartphone

Viele Webserver entscheiden anhand der Browserkennung, die ein Gerät sendet, welche Version einer Webseite dargestellt werden soll. Immer mehr Webportale bieten ihre Inhalte für Smartphones in einer besonders schlanken, auf kleine Bildschirme optimierten Version an.

Die mobilen Versionen der Webseiten lassen sich zwar auf dem Smartphone deutlich besser bedienen, enthalten aber oft nicht die kompletten Informationen der Desktop-Version.

Möchten Sie die komplette Seite sehen, selbst wenn diese auf dem Smartphone nur eingeschränkt darstellbar ist, tippen Sie im Menü des Browsers auf *Desktopversion*.

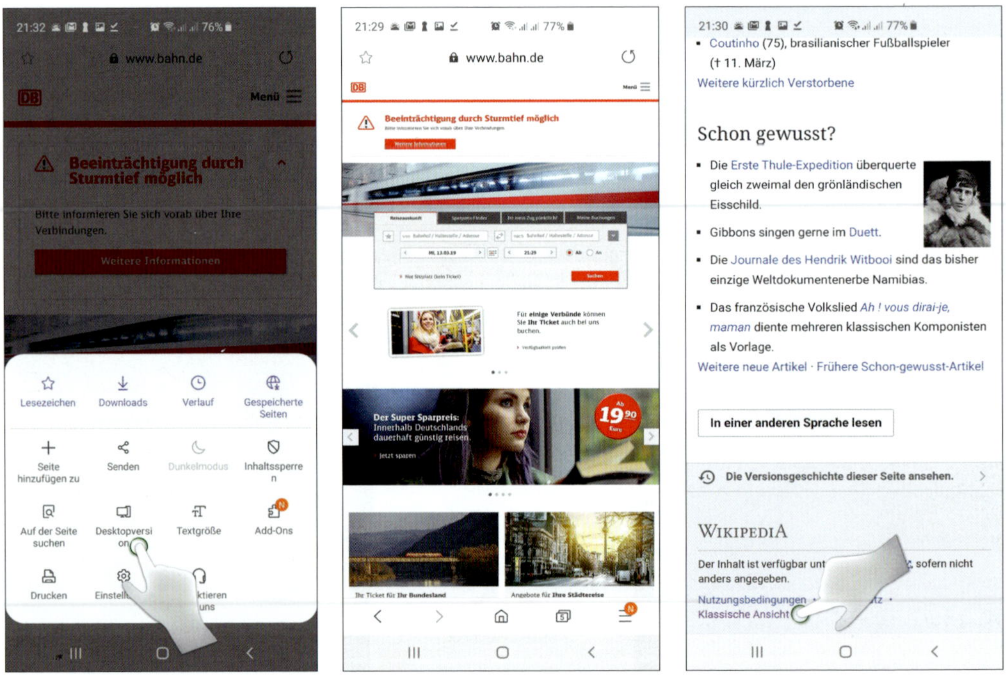


*Die Webseite der Bahn ist ein gutes Beispiel für unterschiedliche Inhalte für mobile Nutzer und Desktop-Nutzer. Die Desktop-Version der Seite ist für Smartphones nur eingeschränkt geeignet. Rechts: Wikipedia bietet ganz unten auf jeder Seite Links zum Umschalten zwischen mobiler und klassischer Version.*

> **ACHTUNG:** Diese Umschaltung funktioniert nicht auf jeder Seite. Das hängt von der Methode ab, die der jeweilige Webserver verwendet, um PCs von Smartphones zu unterscheiden. Bedenken Sie auch, dass die Desktop-Versionen von Webseiten ein deutlich höheres Datenübertragungsvolumen verursachen als die für mobile Geräte optimierten Versionen.

## Begriffe im Wörterbuch nachschlagen

Der Samsung-Browser bietet die Möglichkeit, fremdsprachige Wörter auf einer Webseite in einem Offline-Wörterbuch oder bei Google nachzuschlagen.

Markieren Sie das zu suchende Wort durch langes Antippen im Browser. Sollte die Markierung nicht genau das Wort treffen, ziehen Sie die beiden blauen Marken an die passende Position. Tippen Sie in der eingeblendeten Symbolleiste auf das Symbol mit den drei Punkten und dann auf *Wörterbuch*. Beim ersten Mal wird eine Liste verfügbarer Wörterbücher angezeigt. Laden Sie hier das gewünschte Wörterbuch auf das Samsung Galaxy S10 herunter.

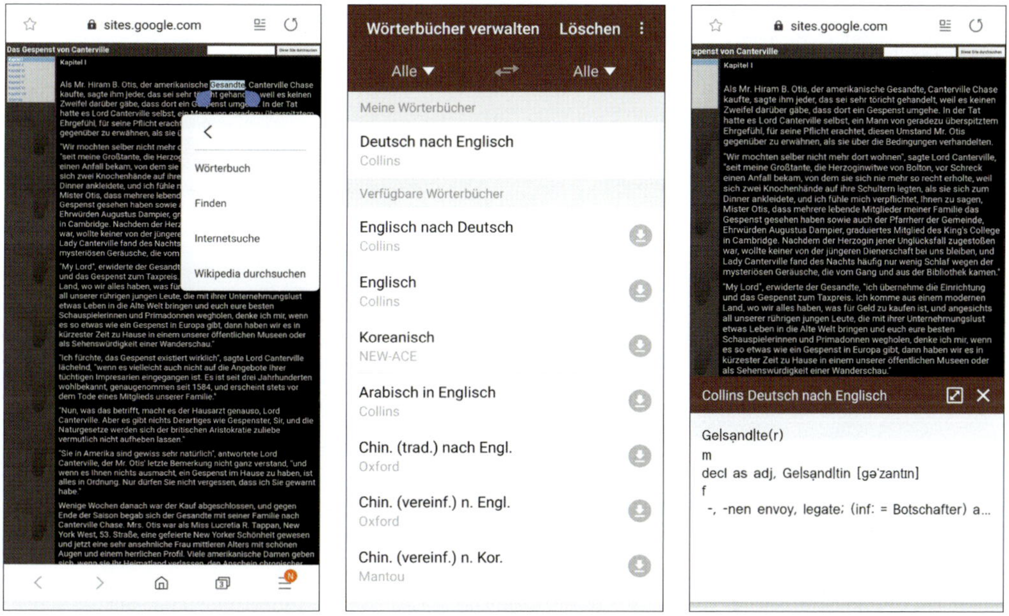


*Wort auf einer Webseite markieren und Wörterbuch auswählen.*

Nachdem das Wörterbuch heruntergeladen ist, können Sie markierte Begriffe direkt in diesem Wörterbuch offline suchen. Bringt das Wörterbuch allein nicht die gewünschten Informationen, tippen Sie in der Symbolleiste auf *Internetsuche*, um den Begriff bei Google zu suchen. Alternativ können Sie auch bei Wikipedia nach einer Begriffserklärung suchen.

Samsung verwendet hier Wörterbücher von Collins, die im Samsung Galaxy Store exklusiv für Nutzer von Samsung-Smartphones angeboten werden. Die Wörterbücher können nach dem Download auch als eigene App unabhängig vom Browser genutzt werden.

## Google Chrome – die Alternative von Google

Google bietet seinen Browser Chrome, der auf dem PC zurzeit weltweit der beliebteste Browser ist, auch für Android an. Auf dem Samsung Galaxy S10 ist Chrome parallel zum Samsung-Browser bereits vorinstalliert, aber nicht als Standardbrowser konfiguriert.

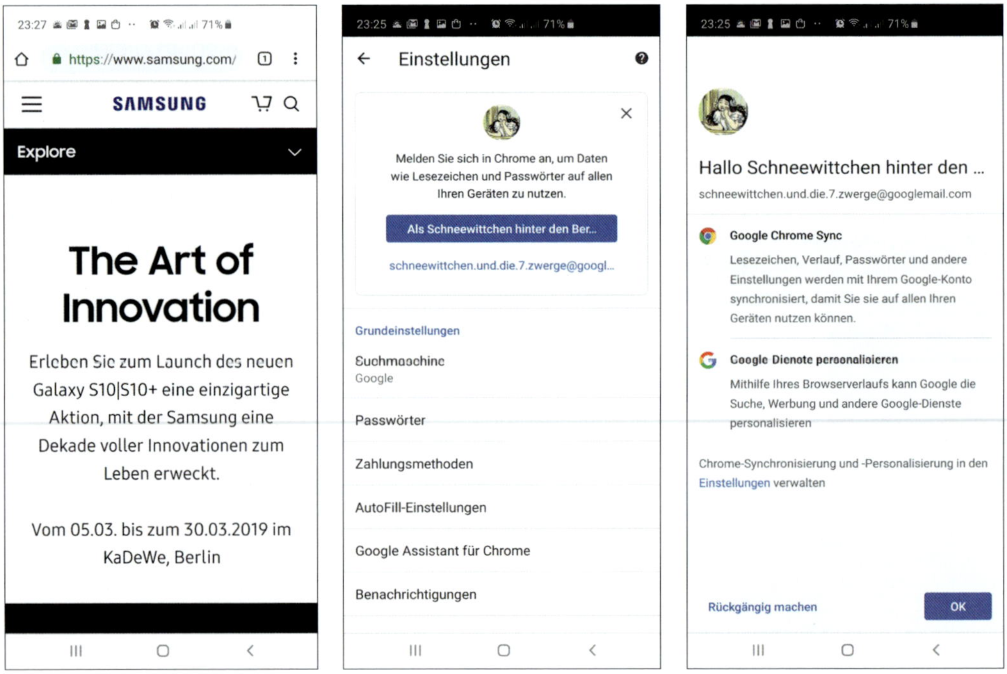


*Die voreingestellte Startseite im Chrome-Browser auf dem Samsung Galaxy S10. Mitte und rechts: Anmeldung mit dem Google-Konto.*

Chrome bietet wie auf dem PC einen sehr schnellen Seitenaufbau, flüssiges Zoomen und Scrollen sowie Surfen in mehreren Tabs.

Tabs und Lesezeichen werden zwischen PC und Smartphone synchronisiert, sodass man zu Hause direkt weitersurfen kann, wenn man unterwegs eine interessante Webseite entdeckt hat. Dazu müssen Sie sich nur beim ersten Start in Chrome mit Ihrem Google-Konto anmelden.

## Surfen in mehreren Tabs

Möchten Sie schnell etwas nachsehen, ohne die gerade geöffnete Webseite zu verlassen, öffnen Sie auf dem PC einen neuen Tab im Browser, in manchen Browsern auch als Registerkarte bezeichnet. Dies funktioniert auf dem Smartphone ebenfalls.

Ein Symbol oben rechts neben der Adresszeile des Browsers öffnet eine Liste der offenen Browserfenster. Hier können Sie zwischen den Tabs hin- und herwechseln sowie nicht mehr benötigte schließen.

Mit dem Plussymbol oben links können Sie einen neuen Tab anlegen. Die Seite für neue Tabs schlägt zuletzt besuchte Webseiten und interessante Nachrichtenartikel vor. Einige Links auf Webseiten öffnen auch automatisch neue Tabs im Browser.

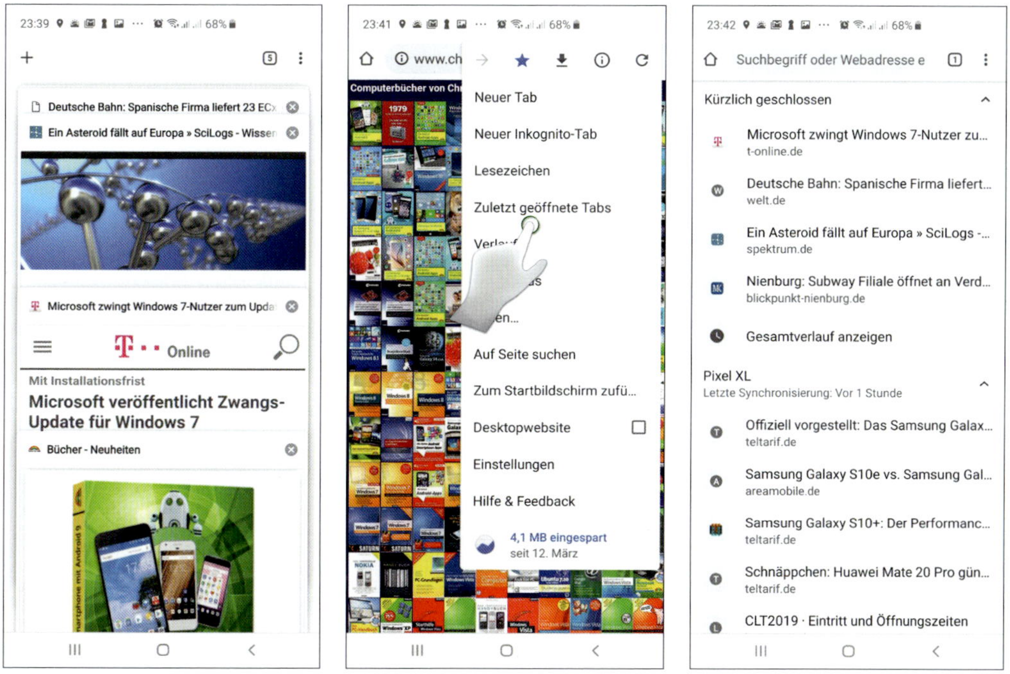


*Die Liste der offenen Browsertabs und die Gesamtliste der Tabs auf allen eigenen Geräten.*

Über den Menüpunkt *Zuletzt geöffnete Tabs* finden Sie nicht nur die auf dem Samsung Galaxy S10 zuletzt geöffneten und wieder geschlossenen Tabs wieder, sondern auch Tabs, die auf anderen Geräten mit dem gleichen Google-Konto geöffnet waren.

So können Sie unterwegs Informationen wiederfinden, die Sie zu Hause auf dem PC oder Tablet gefunden haben, und umgekehrt.

## Lesezeichen im Chrome-Browser

Um ein Lesezeichen im Chrome-Browser zu speichern, tippen Sie auf das Menüsymbol oben rechts und dort dann auf das Sternsymbol. Damit wird, ohne einen weiteren Schritt bestätigen zu müssen, ein Lesezeichen gespeichert. Möchten Sie dieses Lesezeichen bearbeiten, z. B. umbenennen, tippen Sie unten in der Informationsleiste, die aber nur ein paar Sekunden zu sehen ist, auf *Bearbeiten*. Waren Sie nicht schnell genug, tippen Sie einfach noch einmal auf das Sternsymbol im Menü. Jetzt erscheint ein Formular, in dem der Titel der Webseite und die Adresse bereits eingetragen sind. Beide Einträge können an dieser Stelle noch geändert werden. Wählen Sie dann einen der vorgegebenen Lesezeichenordner aus oder legen Sie einen neuen an.

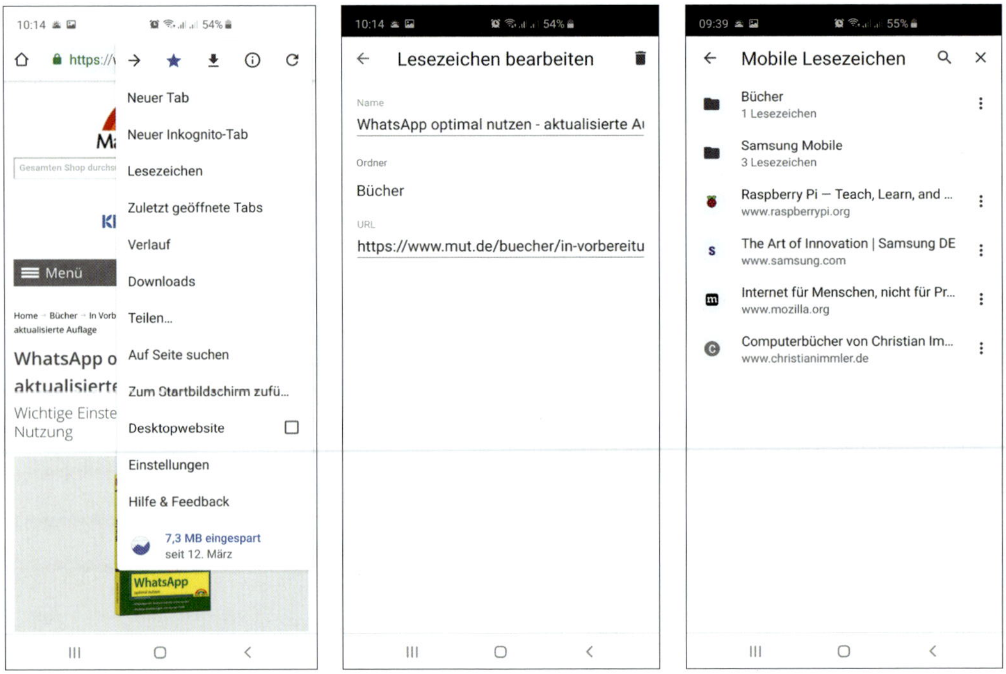


*Links und Mitte: Webseite als Lesezeichen speichern, rechts: Lesezeichenverwaltung.*

Über den Menüpunkt *Lesezeichen* kommen Sie jederzeit schnell in die Liste aller gespeicherten Lesezeichen. Gerätehersteller und Mobilfunk-Netzbetreiber legen häufig auch Lesezeichen im Browser an.

Lesezeichen, die auf dem PC angelegt wurden, werden automatisch mit angezeigt, wenn Sie auf dem PC und dem Smartphone mit demselben Google-Konto in Chrome angemeldet sind. Das Gleiche gilt auch für die Verlaufsliste und zuletzt geöffnete Tabs auf anderen Geräten, die automatisch auch auf dem Smartphone verfügbar sind. Tippen Sie länger auf ein Lesezeichen, können Sie dieses bearbeiten, löschen oder in einen anderen Ordner verschieben.

## Lesezeichen auf dem Startbildschirm

Besonders häufig besuchte Webseiten können Sie sich auch direkt auf den Startbildschirm des Smartphones legen. Tippen Sie auf diese Verknüpfung, startet der Chrome-Browser und ruft direkt das Lesezeichen auf.

Öffnen Sie die gewünschte Webseite im Chrome-Browser, tippen Sie auf das Menüsymbol und wählen Sie *Zum Startbildschirm zufügen*. Tragen Sie dann noch den gewünschten Titel ein, der mit der Verknüpfung angezeigt werden soll.

Wenn Sie jetzt zum Startbildschirm zurückgehen, finden Sie dort ein neues Symbol mit dem Lesezeichen. Tippen Sie darauf, wird automatisch der Browser mit dieser Seite gestartet.

## Das Lesezeichen-Widget

Eine weitere Möglichkeit, Lesezeichen direkt auf dem Startbildschirm abzulegen, ist das Chrome-Lesezeichen-Widget. Dieses aktualisiert sich selbstständig und zeigt in einem scrollbaren Fenster alle im Browser angelegten oder synchronisierten Lesezeichen. Tippen Sie länger auf den Startbildschirm, bis Symbole zur Bearbeitung angezeigt werden. Tippen Sie hier auf das Widget-Symbol, scrollen Sie zu Chrome und ziehen Sie das Chrome-Lesezeichen-Widget auf den Startbildschirm.

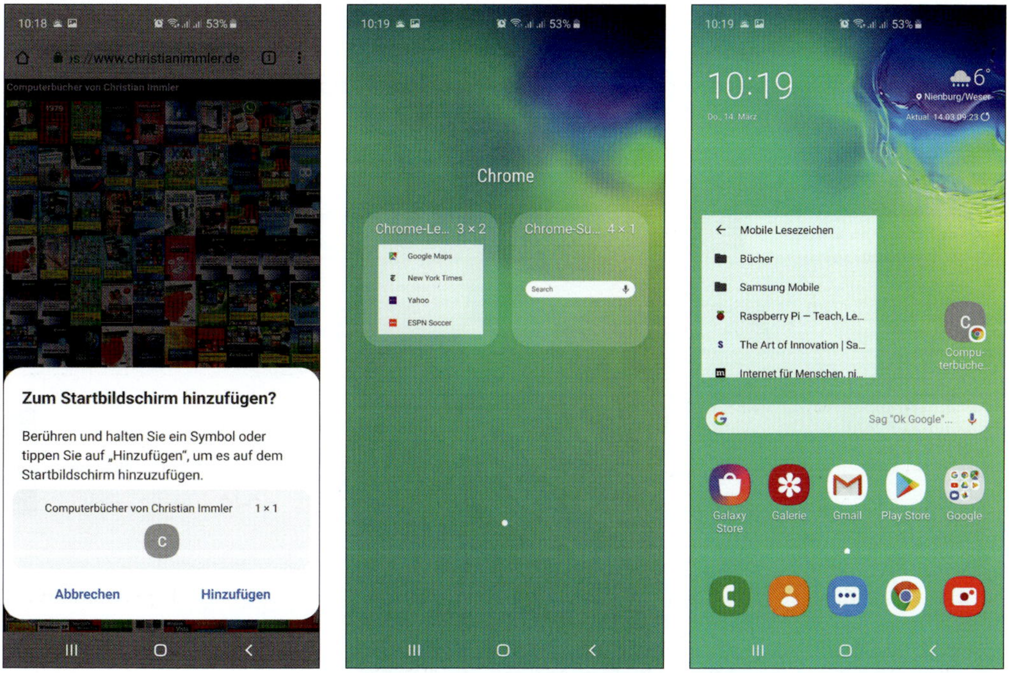


*Links: Lesezeichen zum Startbildschirm hinzufügen, Mitte: Chrome-Widgets, rechts: Lesezeichen-Widget und einzelnes Lesezeichen auf dem Startbildschirm.*

Halten Sie das Lesezeichen-Widget eine kurze Zeit, können Sie es in der Größe verändern und so mehr oder weniger Lesezeichen gleichzeitig auf dem Startbildschirm darstellen. Ziehen Sie es dazu mit den Anfasserpunkten an den Kanten in die gewünschte Form.

## Vereinfachte Ansicht

Noch lange nicht jede Webseite bietet eine für Smartphones optimierte Darstellung an. Der Google-Chrome-Browser stellt Webseiten, die nur als PC-Version existieren, möglichst originalgetreu dar, was sie auf dem Smartphone schwer bedienbar macht. Auf solchen Seiten wird unten die Leiste *Vereinfachte Ansicht anzeigen* eingeblendet. Tippen Sie darauf, versucht Chrome, durch Ignorieren von Formatierungen und Style Sheets eine Smartphone-optimierte Darstellung der Seite, auf der kein Zoomen oder horizontales Scrollen nötig ist, zu bauen und anzuzeigen, was in den meisten Fällen auch gut funktioniert. Durch Verzicht auf Hintergrundfarben und -bilder wird der Text besser lesbar.

## Intelligente Textauswahl

Markieren Sie ein Wort oder einen Textbereich durch Antippen, können Sie diesen direkt in die Zwischenablage kopieren, mit anderen Apps teilen oder über die drei Punkte in der Symbolleiste bei Google oder Wikipedia suchen.

Ziehen Sie an einem der blauen Griffe, können Sie die Markierung auf einen größeren Textbereich ausdehnen. Diese sogenannte intelligente Textauswahl steht nicht nur im Chrome-Browser, sondern auch in diversen anderen unterstützten Apps zur Verfügung.

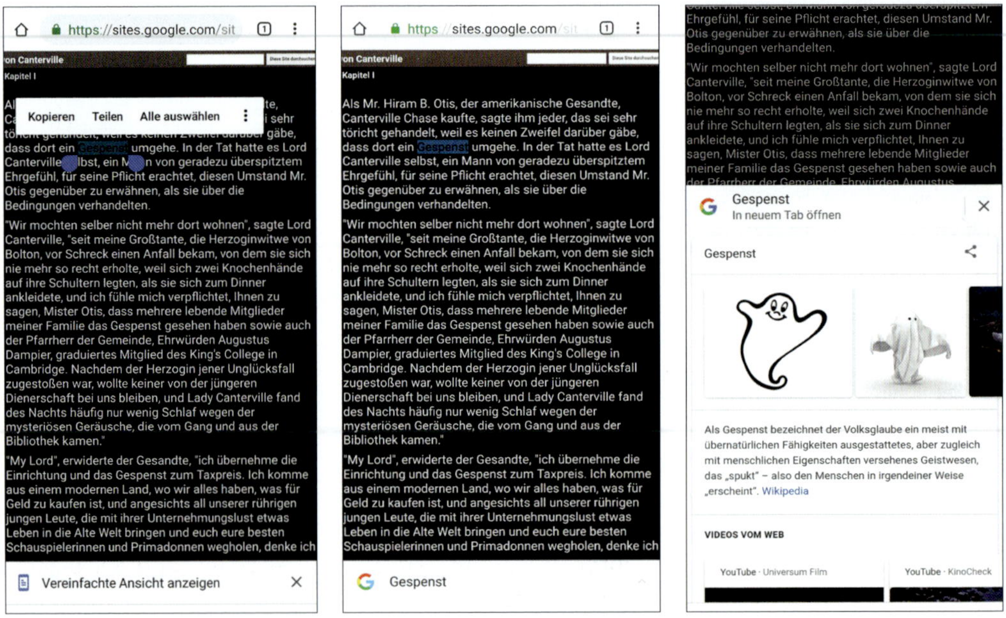


*Die intelligente Textauswahl und Google-Suche im Chrome-Browser.*

Tippen Sie nur einmal kurz auf ein Wort, erscheint unten eine Google-Suchzeile. Tippen Sie hier rechts auf den Pfeil, erscheint die Google-Suche nach diesem Wort in einem kleinen Fenster. Dieses können Sie auch als neuen Browsertab anzeigen lassen.

## Seitenlinks weitergeben

Wer eine interessante Internetseite gefunden hat, kann diese, ohne sie sich zwischendurch merken zu müssen, an Freunde weiterleiten.

Wählen Sie dazu im Menü des Chrome-Browsers die Option *Teilen*. Jetzt öffnet sich die Auswahl aller im System eingetragenen Kommunikationsmethoden, die sich zum Weiterleiten oder Speichern von Internetadressen eignen. Standardmäßig sind auf Android-Smartphones bereits diverse Apps dafür installiert. Nach der Installation weiterer Apps tragen sich unter anderem auch Facebook und Twitter in diese Liste ein. Wählen

Sie hier die gewünschte Methode aus und leiten Sie so den Link zur aktuellen Webseite weiter. Die zuletzt verwendete Teilen-App kann über ein Symbol in der Zeile *Teilen* im Menü direkt ausgewählt werden.

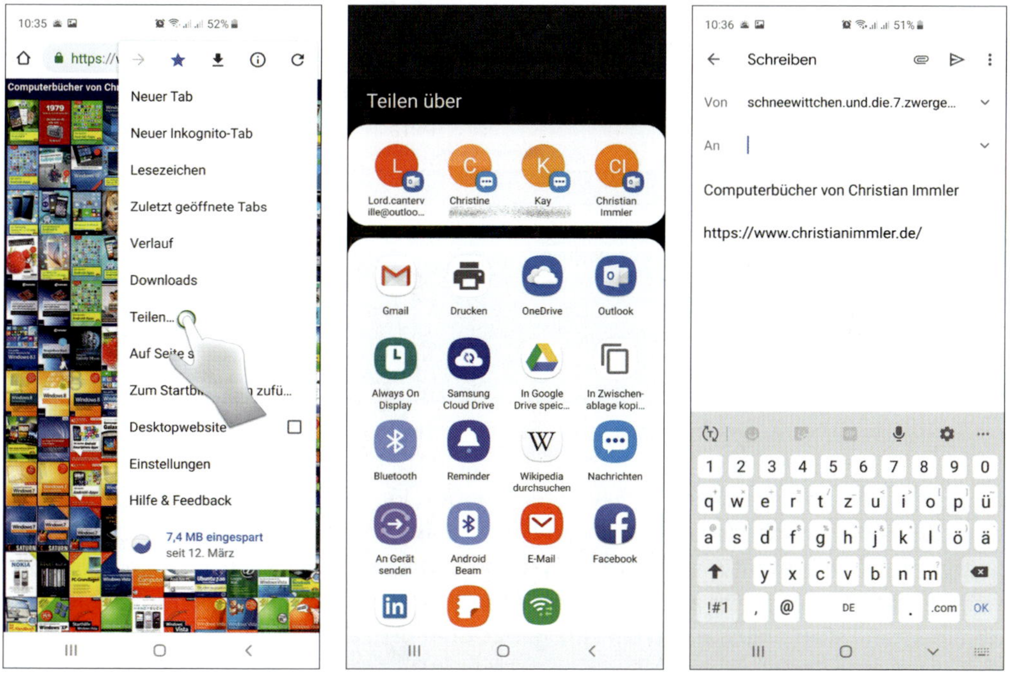


*Seite im Chrome-Browser teilen.*

Bei E-Mails wird die Betreffzeile automatisch mit dem Seitentitel gefüllt und der eigentliche Link in den Mailtext eingetragen, sodass der Empfänger lediglich darauf zu klicken braucht. Sie müssen nur noch den Empfänger angeben und vielleicht noch einen freundlichen Satz in die Mail schreiben, damit die Internetadresse nicht ganz so unvermittelt beim Empfänger ankommt.

Das Symbol *In Zwischenablage kopieren* kopiert die Adresse in die Zwischenablage, um sie als Text in eine beliebige andere App einfügen zu können.

## Downloads und Offline-Webseiten

Chrome bietet die Möglichkeit, komplette Webseiten herunterzuladen, um sie offline weiterlesen zu können. Tippen Sie dazu im Menü oben auf das Downloadsymbol.

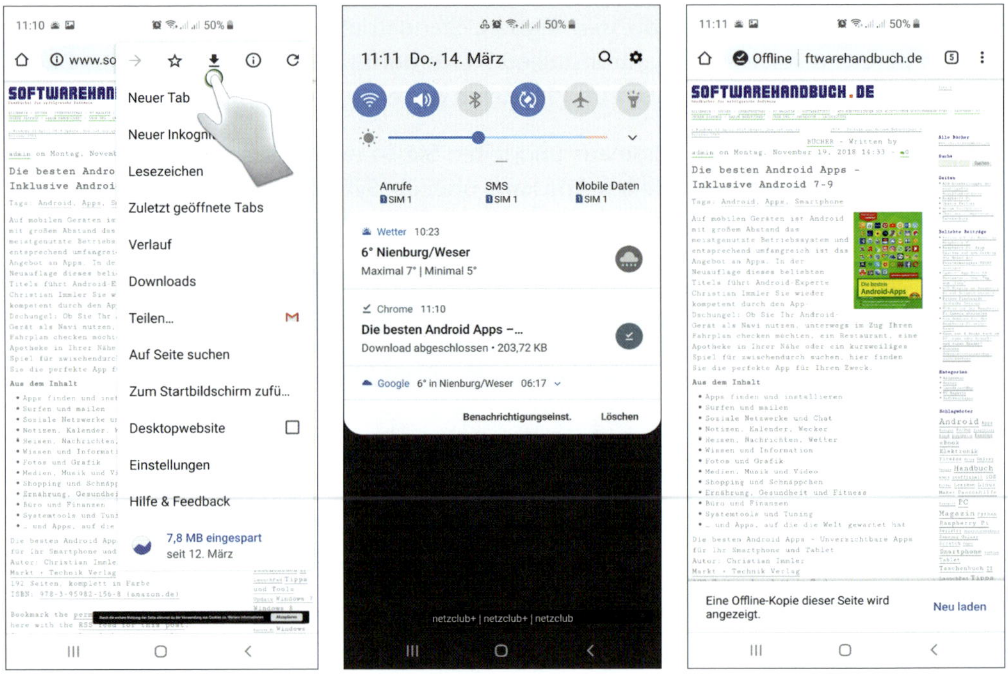


*Herunterladen einer Webseite, um sie offline anzuzeigen.*

Nach dem Herunterladen wird die Seite offline angezeigt und oben in der Adressleiste auch eigens gekennzeichnet. Interaktive Webseiten, die auf PHP basieren, wie heute die meisten Seiten, die über Content-Management-Systeme gebaut sind, zeigen nach dem Download nur die Texte der Startseite an. Menüs und interne Links auf andere Seiten funktionieren in den meisten Fällen offline nicht. Ein Link ganz unten bietet die Möglichkeit, die Ansicht zu aktualisieren, indem die Seite online angezeigt wird.

Über den Menüpunkt *Downloads* finden Sie die offline heruntergeladenen Seiten sowie auch über Links im Browser heruntergeladene Dateien mit einer Angabe zur Datenmenge. Halten Sie länger auf einen Eintrag in der Liste, können Sie diesen löschen oder über verschiedene Apps teilen.

## Durch Kompression Daten sparen

Der Google-Chrome-Browser beinhaltet einen Datensparmodus, um im Mobilfunknetz wertvolles Datenvolumen der Flatrate zu sparen.

Bei eingeschalteter Option werden besuchte Seiten von Google optimiert, um die Größe und damit den Datenverbrauch im Mobilfunk automatisch zu reduzieren, ohne dabei Qualitätseinbußen zu haben. Sie können diese Einstellung jederzeit ganz unten im Menü von Chrome ein- oder ausschalten. Hier sehen Sie auch die aktuelle Statistik eingesparter Daten.

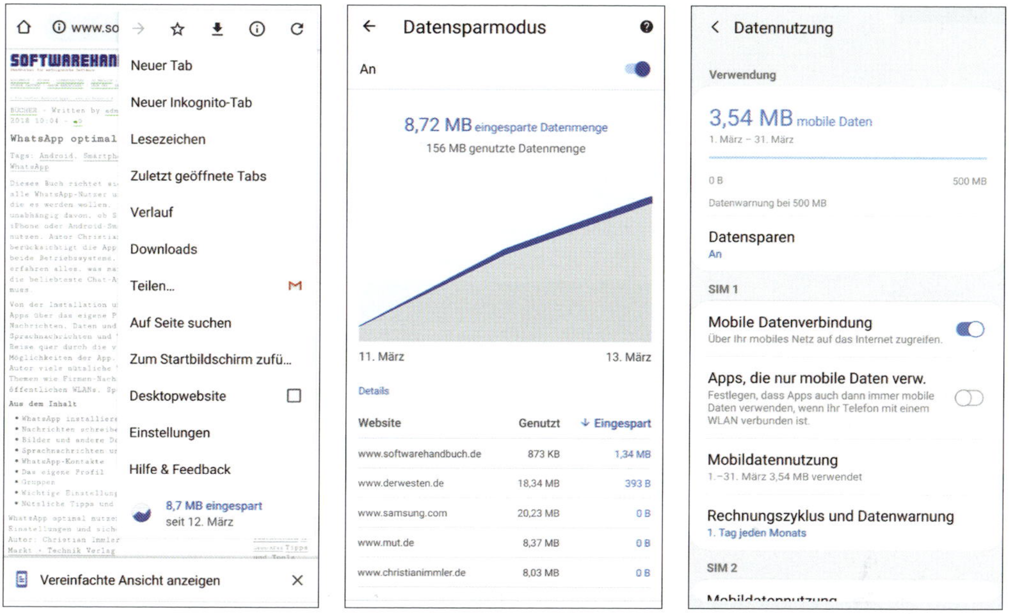


*Der Datensparmodus in Chrome. Rechts: allgemeiner Datensparmodus in den Einstellungen.*

Webseiten, die über https-Verbindungen oder in anonymen Tabs geöffnet werden, werden nicht komprimiert.

Zusätzlich gibt es in Android 9 Pie noch einen systemweiten Datensparmodus, den alle Apps nutzen können. Diesen schalten Sie in den *Einstellungen* unter *Verbindungen/Datennutzung* ein.

## Anonym surfen

Der Chrome-Browser auf Smartphones hinterlässt genauso wie ein PC-Browser in der Verlaufsliste, in Cookies und Temporärdateien Spuren des eigenen Tuns im Netz. Diese bieten jedem, der Zugriff auf das Gerät hat, freien Einblick auf alle Seiten, die Sie zuletzt besucht haben.

Möchten Sie nicht, dass ein anderer Benutzer des Smartphones sieht, dass Sie bestimmte Webseiten besucht haben, können Sie für diese Seiten den Inkognito-Modus nutzen. Dazu wird immer ein neues Browserfenster gestartet. Wählen Sie dazu im Menü *Neuer Inkognito-Tab*. Es öffnet sich ein neues Fenster mit einem Hinweis zum Inkognito-Modus. Zur deutlichen Unterscheidung haben Inkognito-Tabs oben eine dunkle Titelleiste und werden nicht in der Verlaufsliste gespeichert und auch nicht mit anderen Geräten synchronisiert.

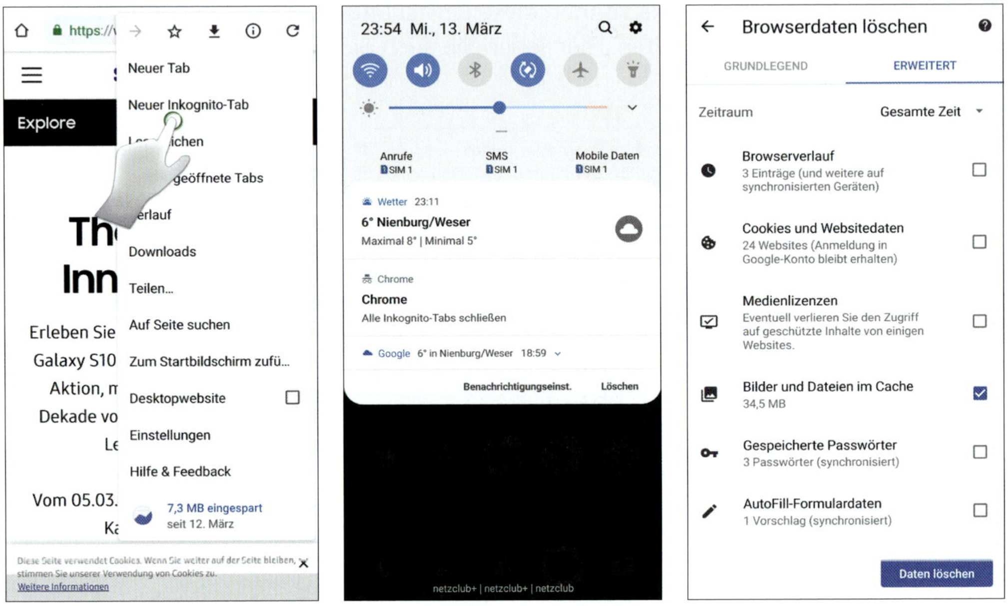


*Links: Inkognito-Modus im Browser aktivieren. Mitte: Benachrichtigung zum Schließen aller Inkognito-Tabs. Rechts: Browserdaten in Chrome löschen.*

Öffnen Sie einen Link aus einem Inkognito-Tab, der einen neuen Tab öffnet, wird dieser ebenfalls im Inkognito-Modus geöffnet. Mit dem Schließen des letzten Inkognito-Tabs wird dieser Modus wieder beendet. Ein Symbol in der Benachrichtigungsleiste erinnert daran, die Inkognito-Tabs wieder zu schließen. Bevor Sie Ihr Smartphone aus der Hand geben, können Sie hier mit einem Antippen alle geöffneten Inkognito-Tabs auf einmal schließen.

Möchten Sie nachträglich Ihre Spuren verwischen, die sich beim Surfen im »normalen« Modus angesammelt haben, wählen Sie im Menü des Browsers *Einstellungen/Datenschutz*. Die Seite *Erweitert* bietet noch mehr Daten zum Löschen an. Dort können Sie den Cache und Verlauf löschen sowie Cookies, gespeicherte Formulardaten und Passwörter.

Wählen Sie einen Zeitraum, aus dem die Daten gelöscht werden sollen. So können Sie kürzlich besuchte Webseiten verschwinden lassen, aber Ihre Verlaufsliste der letzten Tage behalten. Wählen Sie die zu löschenden Daten aus und tippen Sie dann ganz unten auf *Daten löschen*. Bedenken Sie beim Löschen, dass der Browserverlauf des angegebenen Zeitraums auf allen synchronisierten Geräten mit gelöscht wird.

## App-Shortcuts

Über App-Shortcuts (langes Antippen des App-Symbols) lassen sich neue Tabs wie auch Inkognito-Tabs schnell aufrufen. Bei Bedarf können diese Shortcuts auf den Startbildschirm gelegt werden.

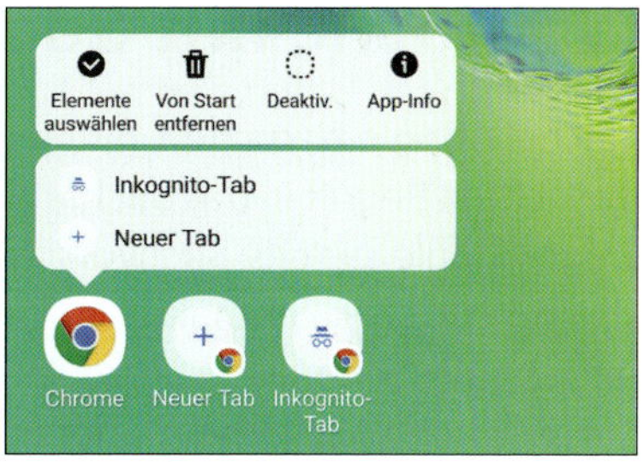


*App-Shortcuts für Chrome.*

## Chrome als Standardbrowser einrichten

Samsung hat den Chrome-Browser zwar auf dem Samsung Galaxy S10 vorinstalliert, aber nicht als Standardbrowser. Wer grundsätzlich lieber Chrome als den einfachen Samsung-Browser nutzt, kann die Standardeinstellung leicht umstellen. Um den Samsung-Browser verschwinden zu lassen, können Sie zusätzlich auch das Symbol in der Schnellstartleiste des Startbildschirms austauschen.

Um die Standardbrowser-Einstellung zu ändern, tippen Sie in den *Einstellungen* auf *Apps*, wählen dort im Menü oben rechts *Standard-Apps* und auf dem nächsten Bildschirm *Browser-App*. Hier wählen Sie den gewünschten Standardbrowser einfach aus. Dies gilt auch für alle zusätzlich installierten Browser wie z. B. Firefox.

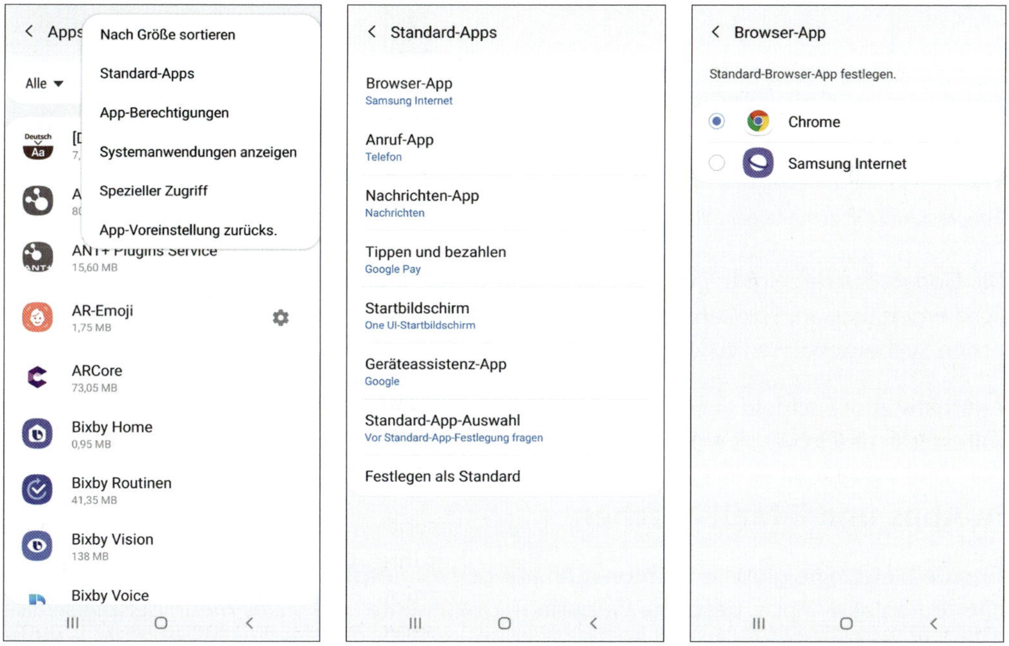


*Standardbrowser wählen.*

# Websuche mit Google

Um bei Google zu suchen, müssen Sie nicht erst den Browser starten, geben Sie einfach den gesuchten Begriff in das Suchfeld auf dem Startbildschirm ein. Bei der Eingabe im Suchfeld zeigt Google bereits Suchvorschläge an. Die Suchergebnisse werden in der Google-App dargestellt. Diese enthält dazu eine eigene Version von Chrome. Über das Menü kann eine angezeigte Seite auch direkt in den Chrome-Browser übernommen werden, um sie als Lesezeichen zu speichern oder mit anderen Geräten zu synchronisieren.

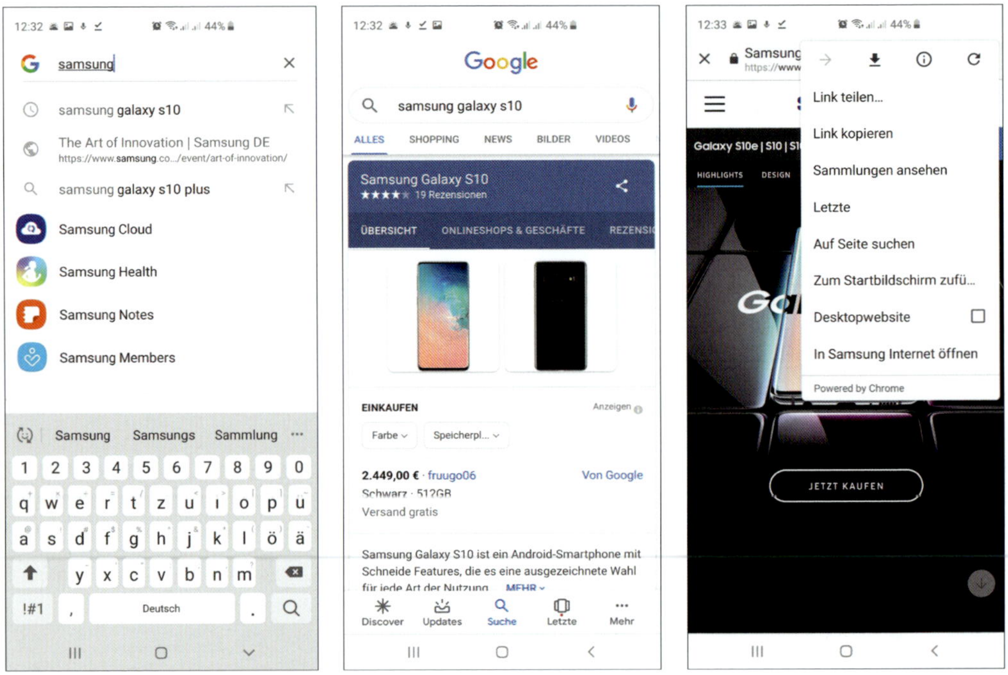


*Google-Suche mit dem Google-Suchfeld auf dem Startbildschirm. Rechts: Seite in Chrome öffnen.*

Die Google-Suche zeigt bei vielen Suchbegriffen am Anfang Werbung und dann erst wirkliche Ergebnisse an. Scrollen Sie auf dem Bildschirm weiter nach unten, um zu den tatsächlichen Suchergebnissen zu kommen.

Alternativ zum Suchfeld auf dem Startbildschirm können Sie einen Suchbegriff auch in die Adresszeile des Browsers eintragen. Er wird dann über Google gesucht.

## In Apps und E-Mails suchen

Google bietet eine globale Suchfunktion auf dem Smartphone. Damit finden Sie gespeicherte Kontakte, Apps, besuchte Webseiten, Dokumente und vieles mehr, beispielsweise auch Inhalte bestimmter Apps.

Geben Sie einen Suchbegriff in das Suchfeld auf dem Startbildschirm ein. Schon während des Tippens werden mögliche Ergebnisse angeboten. Schieben Sie die Leiste unterhalb des Suchfeldes ganz nach links und tippen Sie auf *Persönlich*. Google findet auf diese Weise Kontakte, Termine, E-Mails und sucht nach dem eingegebenen Suchbegriff auch in den Suchfunktionen installierter Apps. Tippen Sie bei einer Kategorie oben rechts auf *Mehr*, werden weitere Suchergebnisse oder Inhalte dieser App angezeigt.

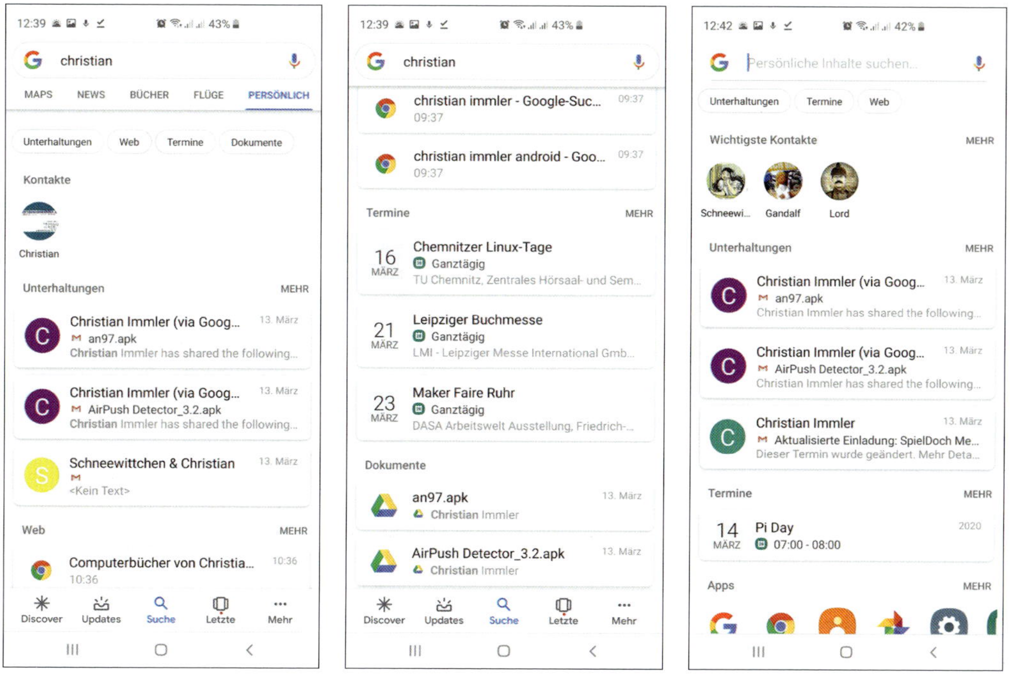


*Suche in persönlichen Daten. Rechts: Vorschläge bei leerem Suchfeld.*

Löschen Sie mit dem *x*-Symbol im Suchfeld den eingegebenen Suchbegriff, schlägt Google wichtige Kontakte, aktuelle Unterhaltungen, Termine und Suchanfragen vor, um so schnell zu finden, wonach Sie möglicherweise suchen möchten.

## Google-Bildersuche

Haben Sie im Internet etwas Interessantes gefunden und suchen ähnliche Informationen, brauchen Sie sich nicht unbedingt einen passenden Suchbegriff auszudenken. Suchen Sie einfach anhand der Bilder andere Webseiten, die die gleichen Dinge darstellen. Tippen Sie dazu länger auf ein Bild im Chrome-Browser, bis ein Kontextmenü erscheint. Wählen Sie hier *In Google nach dem Bild suchen*. Google sucht das gleiche oder ähnliche Bilder im Internet und versucht auch, einen passenden Suchbegriff zum Thema zu finden. Nachdem ein Suchbegriff gefunden wurde, können Sie unterhalb des Suchfeldes auf *Alle* umschalten, um nicht nur Bilder, sondern auch passende Suchergebnisse zu finden.

Tippen Sie auf *Weitere Größen*, finden Sie das gleiche Bild auch noch in anderen – manchmal höheren – Auflösungen. Hier können Sie auch die Bildauswahl auf ähnliche Bilder mit bestimmten Farbtönen beschränken.

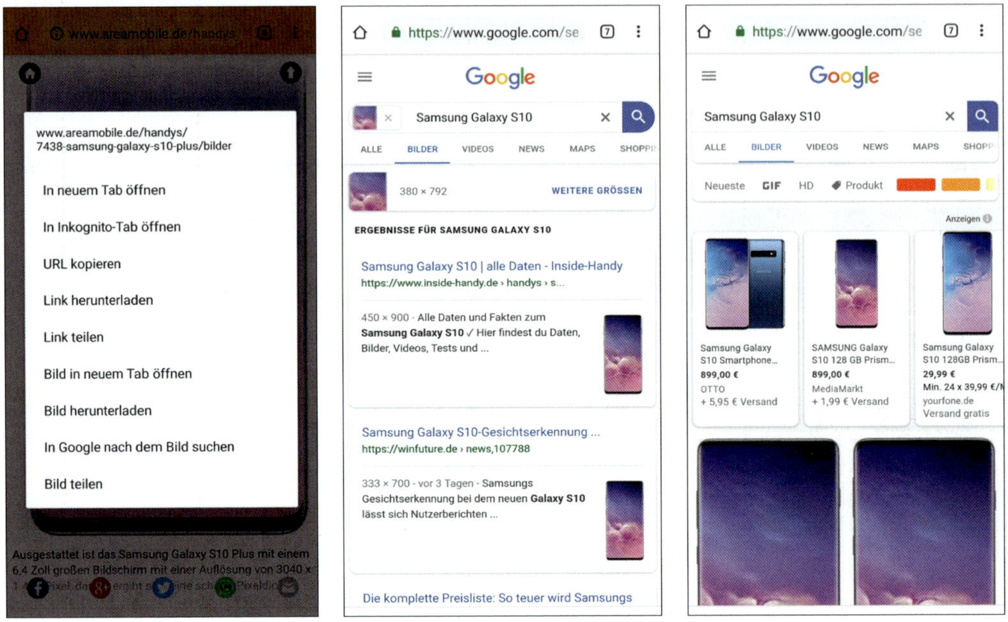


*Google sucht nach einem Bild.*

# Persönliche Assistenten, Bildsuche und Übersetzer

Die neuen Sprachassistenten tauchen in immer mehr Situationen in unserem Alltagsleben auf und erleichtern diverse alltägliche Aufgaben durch Sprachsteuerung oder suchen im Internet per Spracheingabe nach bestimmten Informationen. Die bekanntesten Namen sind Alexa, Cortana und Siri. Der Google Assistant ist auf allen aktuellen Android-Smartphones vorinstalliert.

## Bixby

Samsung bringt mit **Bixby** einen weiteren Sprachassistenten auf den Markt. Mit der Einführung des Samsung Galaxy S10 spricht Bixby jetzt auch Deutsch und wird dies in Kürze auch auf älteren Modellen der Samsung-Galaxy-Serie können, wo er bisher nur in Englisch vorinstalliert war.

Ein Druck auf die Bixby-Taste links unterhalb der Lautstärketasten lässt Bixby zuhören. Sie können auch während der ersten Einrichtung fünfmal »Hi Bixby« sagen, damit Bixby Ihre Stimme erkennt und sich auch mit diesem Sprachkommando starten lässt.

Die Sprachsteuerung *Bixby Voice* bietet verschiedene Möglichkeiten, über Sprachbefehle in klaren deutschen Sätzen Aufgaben zu erledigen oder etwas zu suchen.

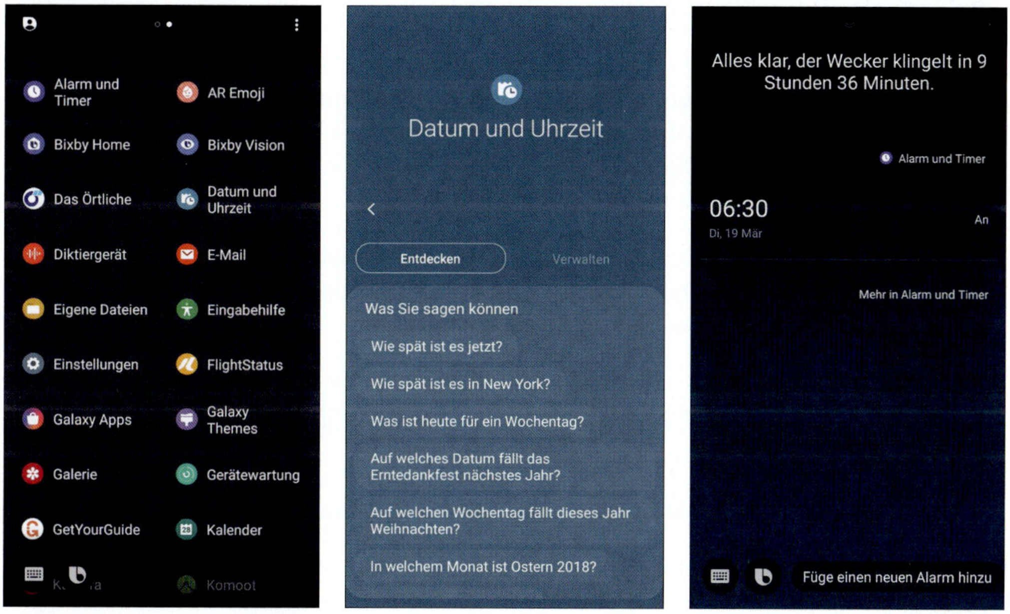


*Bixby zeigt, was es kann, und stellt einen Wecker.*

Wenn *Bixby Voice* einmal nicht wie gewünscht reagiert, sprechen Sie klar und deutlich. Oftmals reicht es auch, die Anfrage mit ein paar anderen Wörtern zu formulieren.

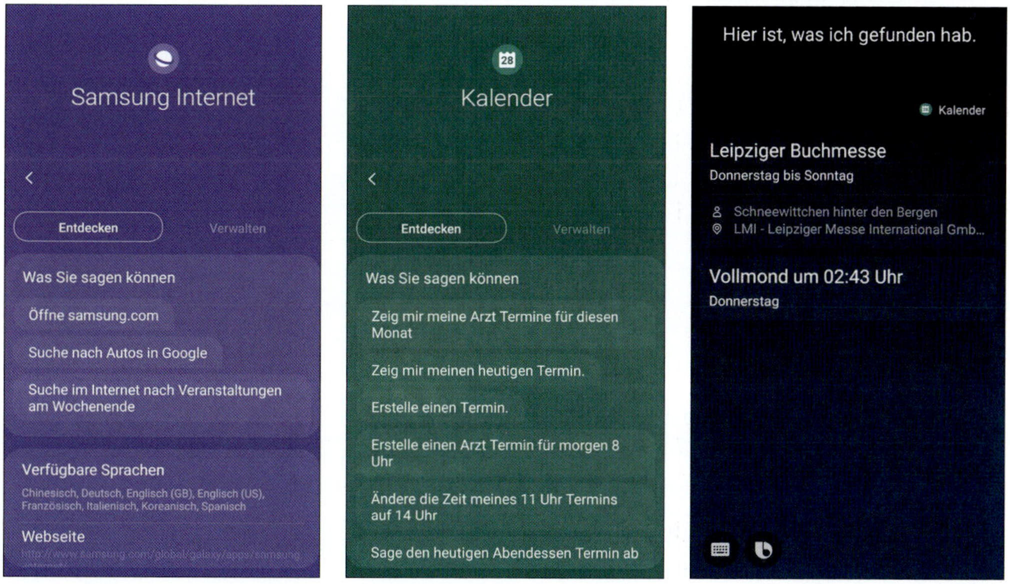


*Bixby sucht im Internet oder Termine im Kalender.*

## Bixby Home

Das Samsung Galaxy S10 zeigt links vom Startbildschirm *Bixby Home*, eine zusätzliche Startbildschirmseite, die aktuelle Aufgaben und Informationen anhand der eigenen Aktivitäten anzeigt – ähnlich wie Google Discover, aber mit mehr Werbung. Der Bixby-Home-Bildschirm besteht aus mehreren sogenannten Karten, die unterschiedliche Informationen anzeigen. Tippen Sie auf eine dieser Karten, werden weitere Informationen dargestellt oder die zugehörige App wird aufgerufen. Der Bixby-Home-Bildschirm wird durch eine Wischbewegung nach rechts auf dem Startbildschirm aufgerufen.

Jede Karte können Sie ausblenden, bis nur noch wirklich wichtige, wie zum Beispiel die eigenen Termine, übrig bleiben. Schieben Sie dazu die Karte auf dem Bildschirm nach rechts, erscheinen drei Symbole:

- **Nicht erneut anzeigen** – zeigt keine gleichartigen Karten der jeweiligen App mehr an.
- **Momentan ausblenden** – blendet die Karte aus. Gibt es neue Informationen zum gleichen Thema, wird sie wieder angezeigt.
- **Abbrechen** – bricht die Aktion ab und lässt die Karte bestehen.

Die Karten können leider nicht einfach per Drag-and-drop in beliebiger Reihenfolge angeordnet werden. Eine besonders wichtige Karte kann aber über das Menü oben auf der Karte angeheftet werden und ist damit sofort beim Aufruf von Bixby zu sehen. So haben Sie zum Beispiel Ihre Termine oder das Wetter immer im Blick.

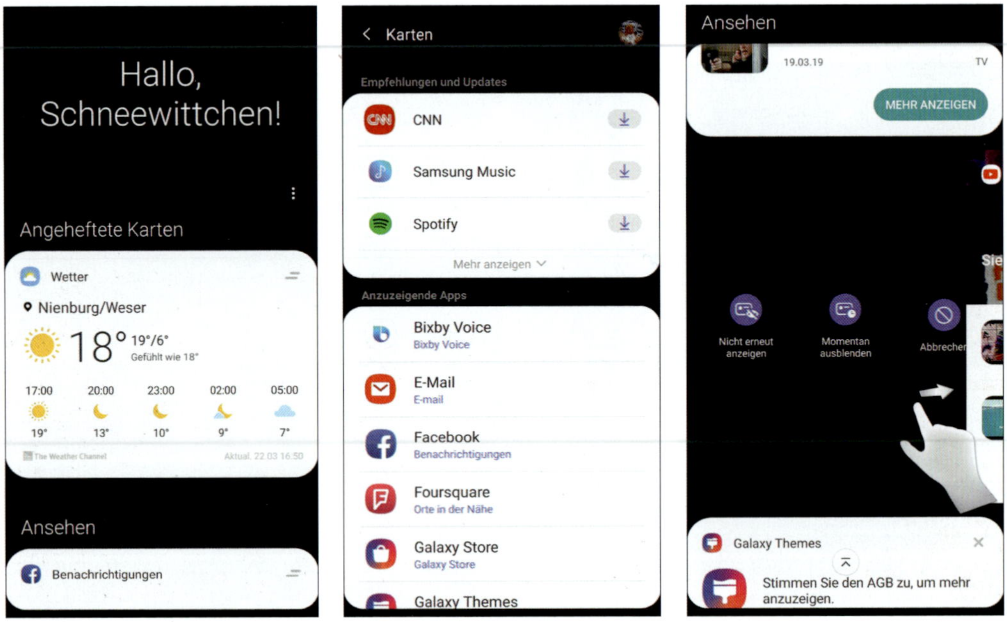


*Links: Bixby Home, Mitte: neue Karten hinzufügen, rechts: Karten ausblenden.*

Über das Menü mit den drei Punkten ganz oben rechts auf dem Bixby-Home-Bildschirm können Sie weitere Karten hinzufügen.

## Bixby Vision

*Bixby Vision* ist eine Erweiterung der Kamera-App, die Gegenstände und Sehenswürdigkeiten auf Fotos erkennt und weitere Informationen dazu findet.

Weiterhin versucht *Bixby Vision*, Texte zu erkennen, und kann diese exportieren oder automatisch mithilfe des Google Übersetzers übersetzen.

Tippen Sie auf die *Bixby Vision*-Schaltfläche im Kamerafenster oben links, versucht *Bixby Vision* im aktuellen Bild etwas zu erkennen. Tippen Sie nicht auf den Auslöser, *Bixby Vision* arbeitet in Echtzeit mit der Kamera.

Wählen Sie in der Symbolleiste unten, wonach *Bixby Vision* suchen soll: Text, Bild oder Gegenstand, Ort, Essen, Weinflasche, QR-Code.

Wenn etwas erkannt wurde, erscheinen Stichwörter im Bild. Am unteren Bildschirmrand zeigen Minikarten mögliche Ergebnisse, die in Apps geöffnet werden können. Produkte zu erkennen, funktioniert in Deutschland allerdings bis jetzt erst bei wenigen Produkten.

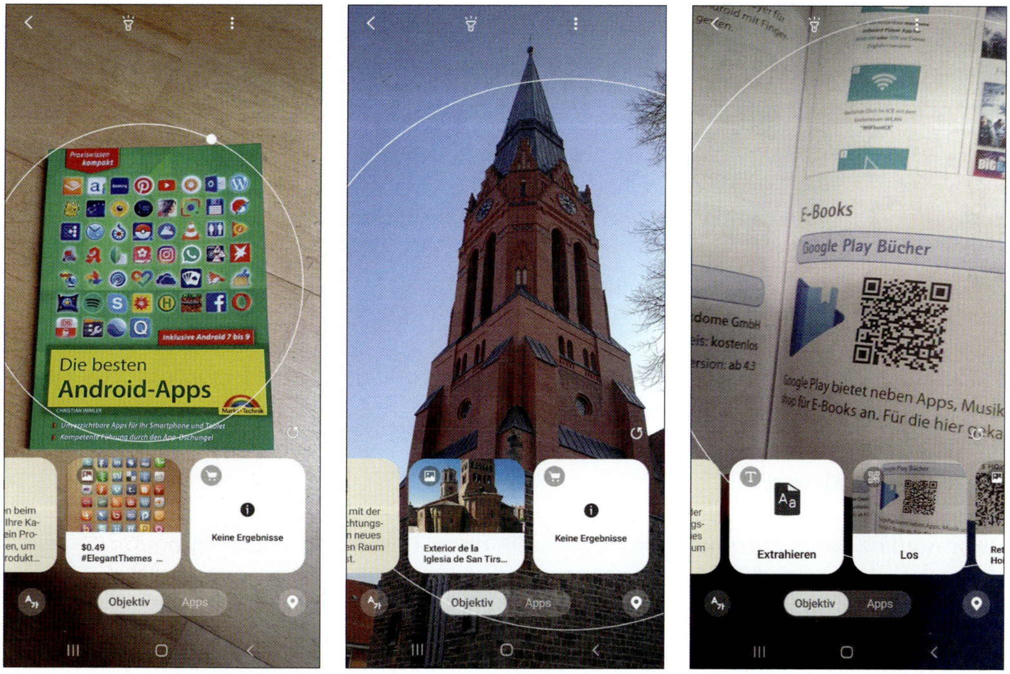


*Bixby Vision versucht, Objekte und Gebäude zu erkennen, was bis jetzt noch oft fehlschlägt. Rechts: Die Erkennung von QR-Codes funktioniert in den meisten Fällen sehr gut.*

Für die besten Ergebnisse halten Sie die Kamera direkt auf Markenlogos. Die reine Erkennung von Objekten funktioniert auch noch nicht besonders gut.

Auf der Karte *Essen* versucht *Bixby Vision*, ein Gericht anhand des Fotos zu erkennen und Nährwertangaben oder ein Rezept dazu zu finden.

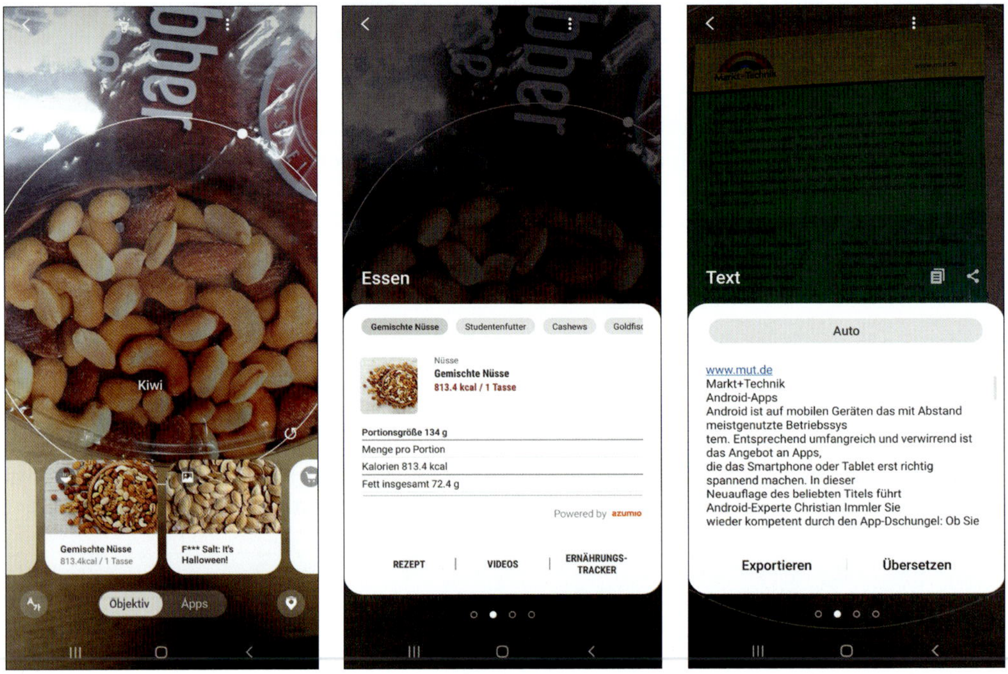


*Bixby Vision sucht Nährwertangaben zu Lebensmitteln. Rechts: Texterkennung mit Bixby Vision.*

Weiterhin kann man mit der Kamera ein Schild, eine Bedienungsanleitung oder eine Speisekarte lesen und den Text exportieren oder von Google in eine andere Sprache übersetzen lassen, was allerdings direkt mit dem Google Translator ohne den Zwischenschritt über Bixby zuverlässiger funktioniert.

Tippen Sie dazu auf die *Text*-Karte in *Bixby Vision*. Ein erkannter und exportierter Text muss in vielen Fällen noch nachbearbeitet werden.

## Bixby Routinen

*Bixby Routinen* sind automatische Regeln, die unter bestimmten Bedingungen oder auch manuell aufgerufen werden und Systemeinstellungen vornehmen.

Tippen Sie länger auf das Symbol *Bixby Routinen* in den Schnelleinstellungen, können Sie unter vordefinierten Regeln auswählen und diese vor dem Aktivieren mit dem Stiftsymbol oben rechts noch bearbeiten.

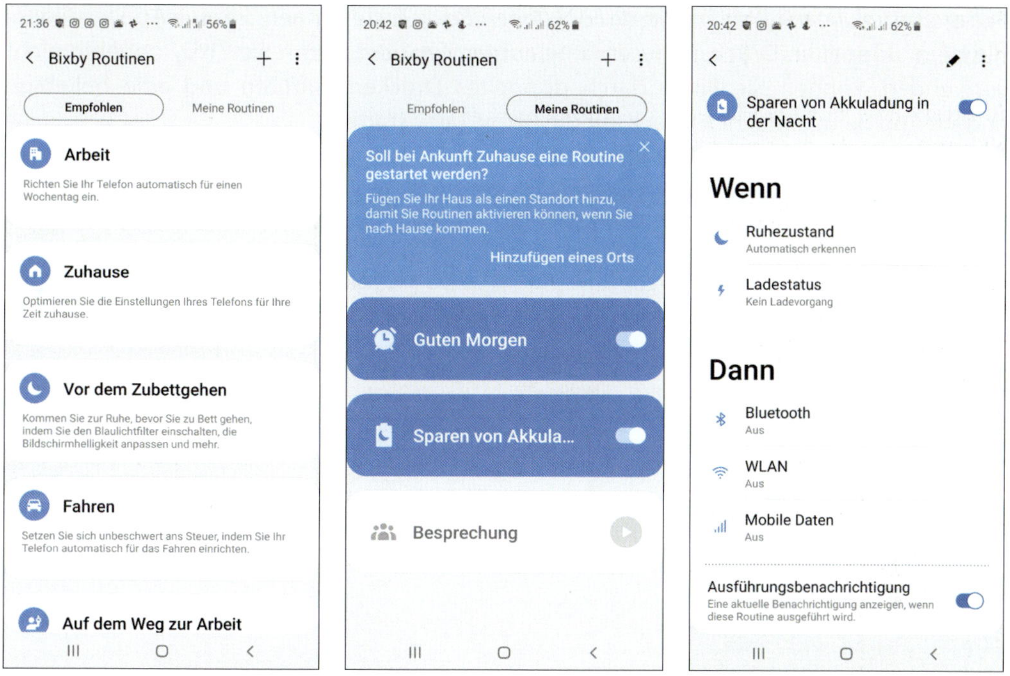


*Bixby Routinen auswählen und aktivieren.*

## Bixby abschalten

Viele Nutzer finden mit Bixby kaum brauchbare Ergebnisse, rufen die diversen Bixby-Funktionen aber zu oft unbeabsichtigt auf. Man hat sich inzwischen so sehr an die vergleichbar hohe Qualität der Antworten und Suchergebnisse des Google Assistant gewöhnt, dass viele Bixby gern abschalten möchten. Aber leider lässt sich Bixby nicht wie eine andere App einfach deinstallieren oder wenigstens deaktivieren.

### Bixby Home abschalten

Am einfachsten lässt sich der Bixby-Home-Bildschirm deaktivieren. Tippen Sie dazu länger auf den Startbildschirm, wischen Sie auf die Seite ganz links und schalten Sie oben den Schalter *Bixby Home* aus. Damit erscheint *Bixby Home* nicht mehr bei einer Wischgeste nach rechts auf dem Startbildschirm.

### Bixby-Taste ersetzen

Im Gegensatz zum Vorgängermodell bietet das Samsung Galaxy S10 die Möglichkeit, die Bixby-Taste zumindest eingeschränkt umzubelegen. Standardmäßig startet einfaches Drücken der Taste den Sprachassistenten Bixby.

In den *Einstellungen* unter *Erweiterte Funktionen/Bixby-Taste* können Sie eine App festlegen, die beim doppelten Drücken dieser Taste aufgerufen wird. Wenn Sie Bixby ohnehin nicht verwenden, können Sie Bixby durch doppeltes Drücken aufrufen und eine beliebige andere App beim einfachen Druck auf die Bixby-Taste starten.

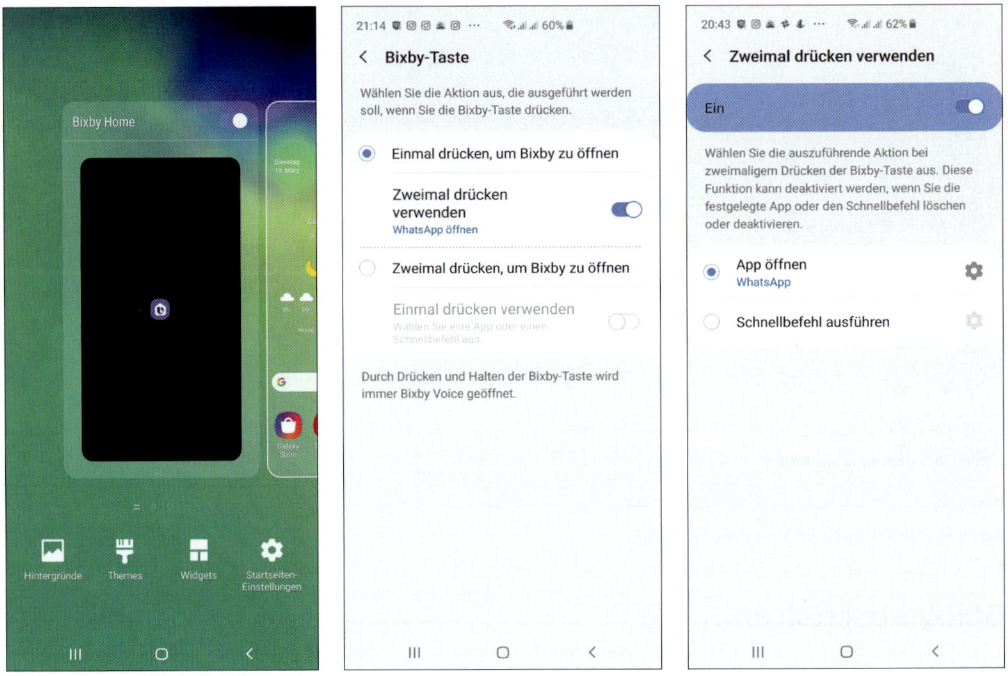


*Links: Wischgeste für Bixby Home abschalten. Mitte und rechts: Bixby-Taste anderweitig nutzen.*

Langes Drücken der Taste startet immer *Bixby Voice*. Ganz abschalten lässt er sich also nicht.

## Bixby Routinen abschalten

*Bixby Routinen* lassen sich in den *Einstellungen* unter *Erweiterte Funktionen* oder über das Symbol in den Schnelleinstellunen ganz leicht alle auf einmal abschalten.

## Bixby-Voice-Sprachaktivierung ausschalten

Wenn Sie *Bixby Voice* nicht verwenden, schalten Sie auch noch die Sprachaktivierung ab, die im Hintergrund viel Strom verbraucht.

Starten Sie dazu noch einmal Bixby, tippen Sie oben rechts auf das Menü und wählen Sie dort *Einstellungen*. Auf der *Einstellungen*-Seite tippen Sie auf *Automatisches Zuhören* und dann auf *Nie*. Schalten Sie dann noch über den Punkt *Sprachaktivierung* die Option *Mit „Hi, Bixby" aktivieren* aus.

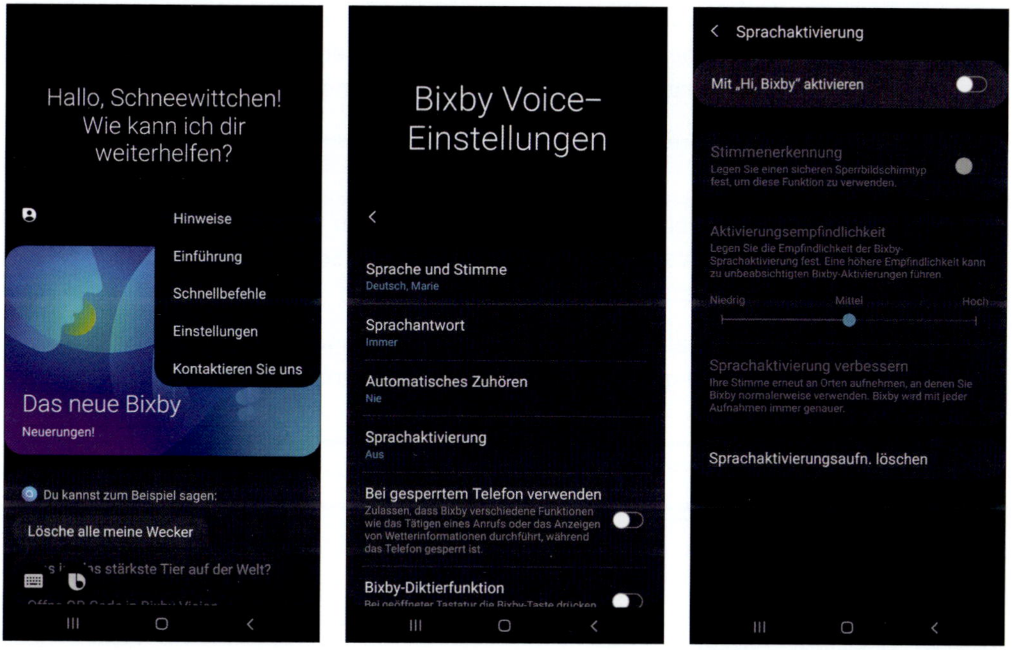


*Bixby-Voice-Sprachaktivierung abschalten.*

### Bixby Vision lässt sich (noch) nicht komplett deaktivieren

*Bixby Vision* wird besonders leicht versehentlich in der Kamera App aufgerufen, da sich die Schaltfläche so weit am Rand befindet, dass man leicht beim Festhalten des Samsung Galaxy S10 den Bildschirm berührt.

Sie können zwar in den *Einstellungen* unter *Apps* der Erweiterung *Bixby Vision* alle Berechtigungen entziehen. Beim Tippen auf die Schaltfläche in der Kamera-App kann Bixby Vision dann nicht mehr starten. Es erscheint aber eine Meldung, die trotzdem jedes Mal weggedrückt werden muss. Bleibt zu hoffen, dass Samsung hier mit einem Update Abhilfe schafft.

## Google Assistant – die Alternative von Google

Der Google Assistant ist als persönlicher Sprachassistent wesentlich bekannter als Bixby und hat auch deutlich mehr Funktionen. Wie auf allen aktuellen Android-Smartphones ist auch auf dem Samsung Galaxy S10 der Google Assistant mit Google-Sprachsuche vorinstalliert.

Halten Sie den Finger lange auf der Home-Taste in der Mitte am unteren Bildschirmrand, bis das Google-Symbol erscheint. Sprechen Sie jetzt einen Sprachbefehl ins Mikrofon. Auf die gleiche Weise können Sie auch durch Antippen des Mikrofonsymbols im Google-Suchfeld einen Suchbegriff eingeben. Google setzt das gesprochene Wort in Text um und sucht den Begriff. Dazu wird automatisch die Google-Suche geöffnet.

> **Achtung! Datenvolumen**
>
> Die Sprachsuche erfolgt bei Google nicht direkt auf dem Smartphone, sondern das gesprochene Wort wird als Audiodatei an einen Google-Server übertragen, auf dem die Auswertung stattfindet.
>
> Hier fällt erheblich mehr Datenvolumen an als bei der Eingabe eines Suchbegriffs mit der Bildschirmtastatur. Die gesprochenen Antworten stammen aus einer lokal installierten Sprachdatei.

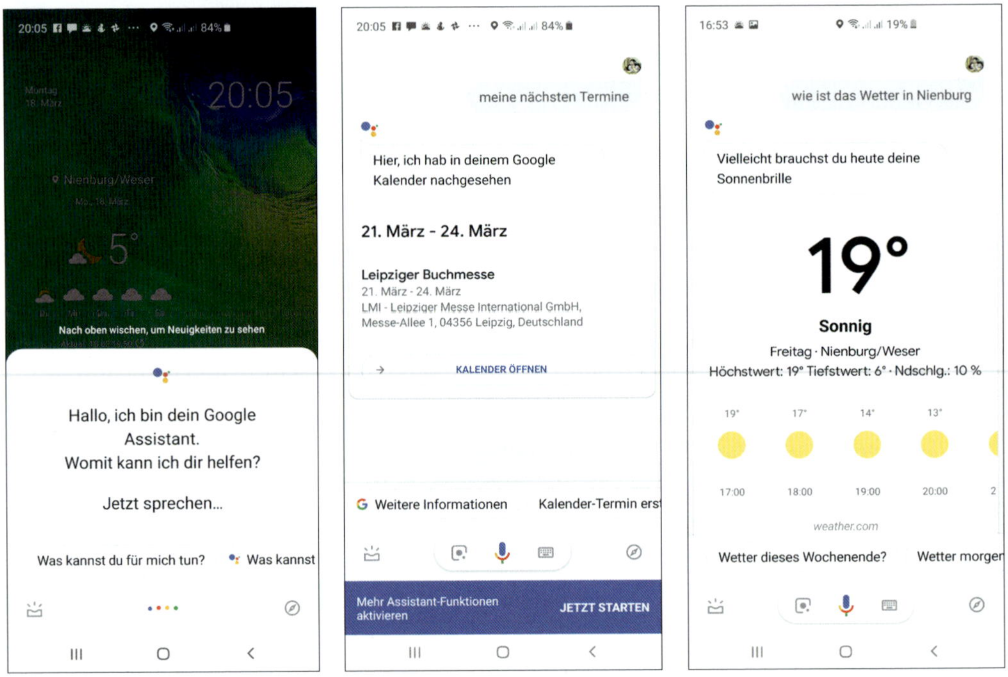


*Der Google Assistant findet Termine, liefert Antworten auf allgemeine Fragen und eine Wettervorhersage.*

Der Google Assistant ermöglicht eine schnelle Routenplanung per Spracheingabe. Dabei wird das in den Einstellungen des Google Assistant angegebene Verkehrsmittel verwendet.

Tippen Sie auf die Landkarte, um die geplante Route in Google Maps zu übernehmen und anzuzeigen. Hier können Sie ein anderes Verkehrsmittel wählen oder direkt die Navigation starten.

Der Google Assistant kann einfache Sätze oder Wörter in eine andere Sprache übersetzen und das Ergebnis direkt aussprechen. Auf diese Weise können Sie sich mit einer Person verständigen, wenn Sie keine gemeinsame Sprache beherrschen. Jeder spricht seine Sätze und Google übersetzt sie. Das funktioniert auch, ohne die andere Sprache lesen zu können.

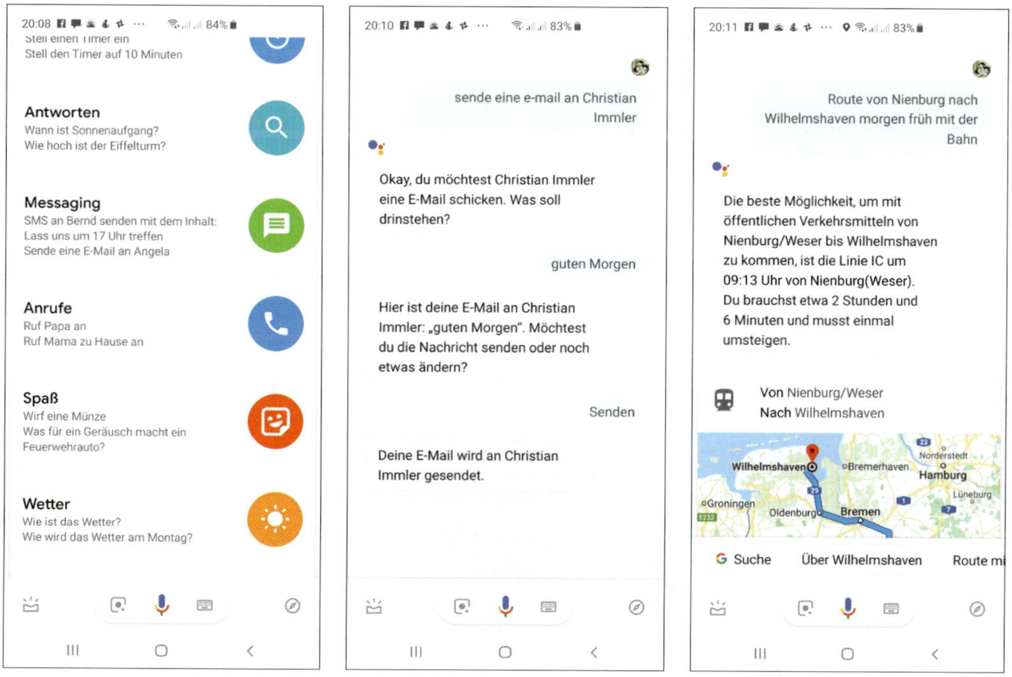


*Mögliche Sprachkommandos, E-Mail senden und Routenplanung mit dem Google Assistant.*

## Sprachbefehle zur Steuerung des Smartphones

Der Google Assistant bietet weit mehr als nur eine Sprachsuche. Mit passenden Sprachbefehlen – als komplette deutsche Sätze gesprochen – lassen sich verschiedene Alltagsaufgaben erledigen.

Um einen neuen Sprachbefehl zu sprechen oder einen Sprachbefehl zu wiederholen, der nicht verstanden wurde, tippen Sie auf das Mikrofonsymbol. Der Sprachbefehl *Was kann ich tun* zeigt eine Liste möglicher Steuerungsoptionen über Sprache.

Die Tabelle zeigt einige beliebte Sprachbefehle:

| Sprachbefehl | Funktion |
|---|---|
| Öffne [URL/App] | Webseite im Browser öffnen oder App starten |
| Stelle Wecker auf [Uhrzeit] | Wecker stellen |
| Erinnere mich um [Uhrzeit] | Erinnerung anlegen |

| Sprachbefehl | Funktion |
|---|---|
| Erstelle einen Termin [Name][Tag/ Uhrzeit] | Termin anlegen |
| Suche [Suchbegriff] | Google-Suche |
| Zeige Bilder von [Suchbegriff] | Google-Bildersuche |
| Karte von [Ort] | Landkarte oder Stadtplan zeigen |
| Wie viele Einwohner hat [Ort] | Einwohnerzahl eines Ortes mit Jahreszahl der letzten Statistik |
| Fahre nach [Ort] | Google-Routenplanung starten |
| Wo ist der nächste [Supermarkt/Baumarkt/Kiosk/Apotheke/Restaurant/ Pizzeria ...] | Orte in der lokalen Google-Suche zeigen |
| [Zahl] [Rechenoperation] [Zahl] | Berechnung ausführen, Google-Taschenrechner anzeigen |
| Wie spät ist es? | Uhrzeit ansagen und anzeigen |
| Wie ist das Wetter in [Ort] | Wettervorhersage anzeigen |
| Regnet es morgen? | Regenvorhersage und Wetter am aktuellen Standort |
| [Name] anrufen | Person anrufen. Bei mehreren Nummern kann eine per Sprachbefehl ausgewählt werden. |
| E-Mail an [Name] | E-Mail per Spracheingabe erstellen |
| [Zahl] [Währung] in [Währung] | Betrag in eine andere Währung umrechnen |
| [Satz] auf [Sprache] | Satz mit dem Google Übersetzer übersetzen |
| Spiele Musik von [Interpret] | Musik im Google-Play-Musik-Player abspielen |
| Installiere [App] | App im Google Play Store suchen |

## Termine mit dem Google Assistant anzeigen und anlegen

Der Google Assistant zeigt Termine aus dem Kalender an und liest sie vor.

Tippen Sie auf das Mikrofonsymbol in der Google-App oder im Google-Suchfeld auf dem Startbildschirm und sagen Sie zum Beispiel *meine nächsten Termine* oder *meine Termine am Freitag*. Die Google-App zeigt die entsprechenden Termine an und liest den ersten auch gleich vor.

Tippen Sie auf das Mikrofonsymbol in der Google-App und sagen Sie zum Beispiel *neuer Termin am Freitag 20 Uhr Abendessen*, wird automatisch ein Termin angelegt, den Sie nur noch mit einem Klick bestätigen müssen.

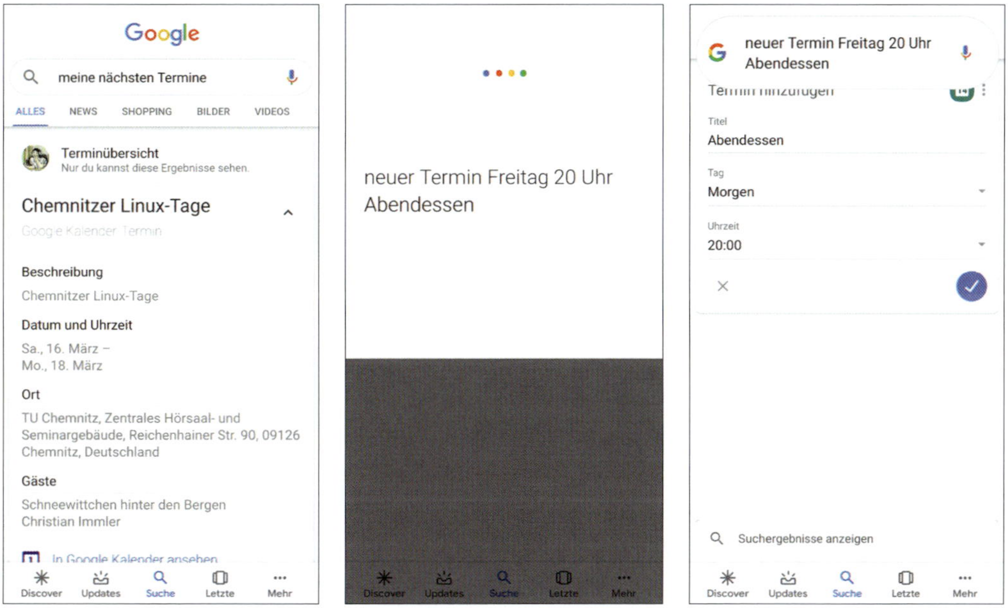


*Termine in der Google-App anzeigen und neuen Termin anlegen.*

## Bildschirmsuche im Google Assistant

Die Google-Bildschirmsuche innerhalb des Google Assistant zeigt abhängig vom gerade angezeigten Bildschirminhalt aus Apps oder Webseiten heraus passende Informationen an.

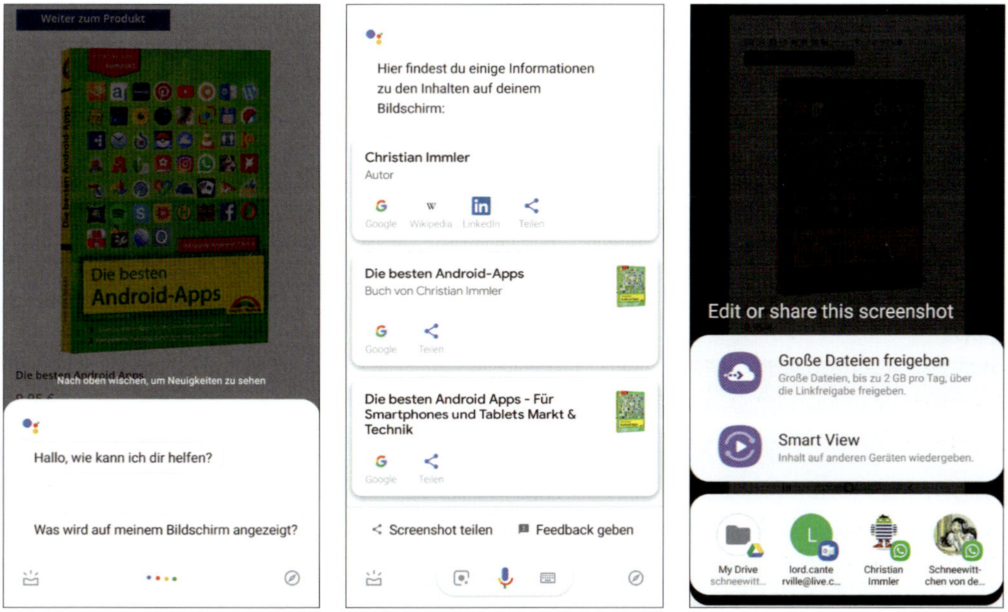


*Ergebnisse der Google-Bildschirmsuche. Rechts: Screenshot erstellen und teilen.*

Tippen Sie länger auf das Kreissymbol in der unteren Symbolleiste, erscheint der Google Assistant und wartet auf eine Spracheingabe. Eine Leiste am unteren Bildschirmrand schlägt ein paar Standardaufgaben vor. Tippen Sie auf *Was wird auf meinem Bildschirm angezeigt?* Kurz darauf werden ein paar Karten mit relevanten Suchergebnissen eingeblendet, die sich auf den aktuellen Bildschirminhalt beziehen.

Die Schaltfläche *Screenshot teilen* erzeugt ein Bildschirmfoto des letzten Bildschirms – ohne die Symbolleiste und Ergebnisse der Google-Bildschirmsuche. Diesen Screenshot können Sie anschließend direkt mit einer passenden App öffnen oder teilen.

## Google Übersetzer

Die App *Google Übersetzer* bringt die bekannten Übersetzungsfunktionen von Google aufs Smartphone. Mit der App können eingetippte oder gesprochene Texte übersetzt werden. Unterwegs kann man mit der Kamera ein Schild oder eine Speisekarte fotografieren und in Echtzeit in eine andere Sprache übersetzen. Beim ersten Starten der App legt man seine eigene Sprache – üblicherweise Deutsch – sowie die am häufigsten übersetzte Sprache fest. Aktivieren Sie den Schalter *Offline übersetzen*, um eine Sprachdatei für die Übersetzung ohne Internetverbindung herunterzuladen.

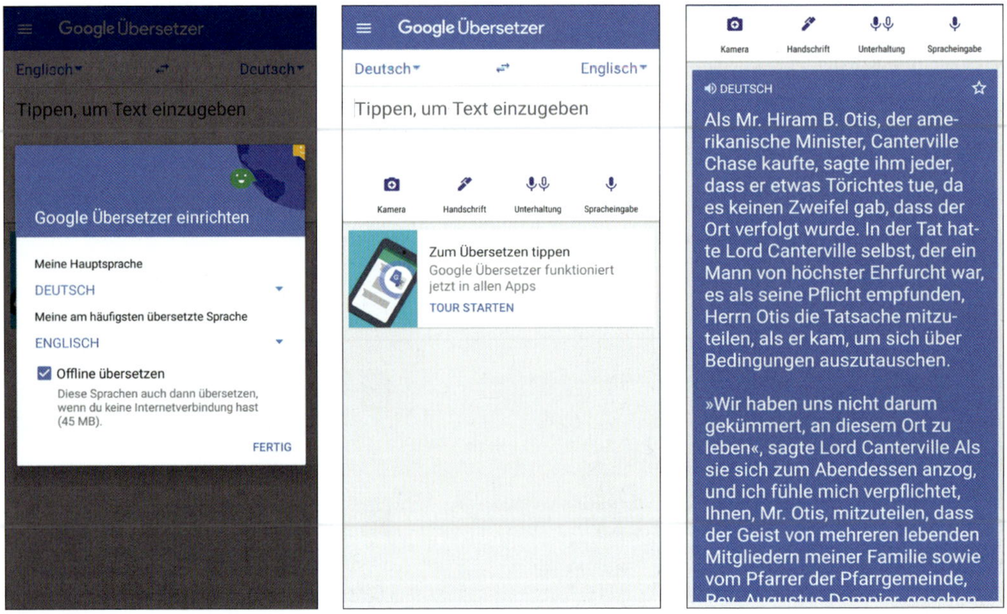


*Automatische Übersetzung mit Google Übersetzer.*

Wenn die App *Google Übersetzer* installiert ist, integriert sich die Übersetzungsfunktion automatisch in die Kontextmenüs oder Symbolleisten unterstützter Apps. Markieren Sie in einer solchen App einen Text, können Sie diesen nicht nur wie bisher in die Zwischenablage kopieren oder direkt teilen, sondern auch in einem über die App geblendeten Fenster übersetzen lassen. Dazu muss nur bei der ersten Verwendung eine Berechtigung erteilt werden.

Fremdsprachige Texte lassen sich mit dem Lautsprechersymbol oben links vorlesen, da man in vielen Sprachen die Texte nicht einmal ohne Weiteres aussprechen kann. Anstatt Texte zu tippen oder zu kopieren, können Sie sie auch ins Mikrofon sprechen. So können Sie sich mit einer Person, die eine fremde Sprache spricht, wirklich unterhalten, indem Sie abwechselnd Sätze in das Smartphone sprechen und sich diese in der anderen Sprache wieder vorsprechen lassen.

> **ACHTUNG:** Zur Veröffentlichung fremdsprachiger Texte ist der *Google Übersetzer* wie jede andere Art automatischer Übersetzung völlig ungeeignet. Die App dient nur dazu, sich ein ungefähres Bild vom Inhalt eines fremdsprachigen Textes zu machen. Besonders bei Sprachen, bei denen man nicht den leisesten Hauch einer Ahnung hat, was ein Text bedeutet, kann eine automatische Übersetzung hilfreich sein.

## Text in einem Foto erkennen und übersetzen

Tippen Sie auf das Kamerasymbol, können Sie einen fremdsprachigen Text mit der Kamera erfassen und automatisch sofort im Bild übersetzen. Allerdings eignet sich diese Methode nur für einfache Hinweisschilder oder Speisekarten. Selbst bei einfachen technischen Texten wie dem abgebildeten Werbetext ist die automatische Übersetzung nahezu unbrauchbar.

*Übersetzung mit der Kamera: Links: Sofortübersetzung, Mitte und rechts: Sofortübersetzung deaktiviert.*

So erreichen Sie eine bessere Übersetzungsqualität:

1. Schalten Sie die Sofortübersetzung mit dem grünen Augensymbol unten rechts aus.
2. Fotografieren Sie den Text mit dem roten Kamerasymbol.
3. Markieren Sie anschließend mit dem Finger die zu übersetzenden Textstellen.
4. Der erkannte Text und die Übersetzung erscheinen in einem Textfenster. Hier können Sie die Übersetzung oder das Original auch über die Zwischenablage in eine andere App übernehmen.

## Webseiten übersetzen

Öffnen Sie eine fremdsprachige Webseite im Chrome-Browser, versucht dieser, die Sprache automatisch zu erkennen, und bietet im Google-Übersetzer-Balken am unteren Bildschirmrand an, die Webseite zu übersetzen. In der Übersetzung wird das Original-Seitenlayout beibehalten. Auch interne Links funktionieren weiter. Zum Vergleich können Sie jederzeit wieder das Original anzeigen lassen.

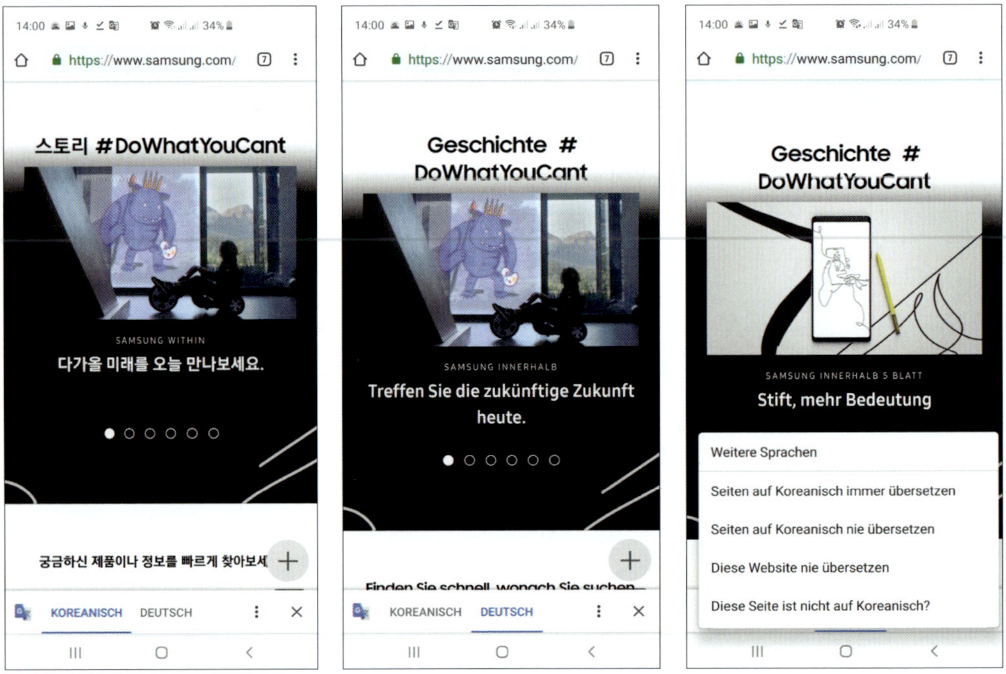


*Koreanische Webseite übersetzen.*

Entscheiden Sie sich, eine Seite nicht zu übersetzen, tippen Sie auf das Menü mit den drei Punkten im Google-Übersetzer-Balken und legen fest, ob Sie die erkannte Sprache grundsätzlich nie übersetzen lassen möchten. Möchten Sie die automatische Übersetzung gar nicht nutzen, können Sie sie in den Einstellungen von Chrome unter *Sprachen/Übersetzung für Seiten in andere Sprachen anbieten* komplett abschalten.

# Wikipedia

Wikipedia ist das beliebteste aller Onlinelexika und wird ständig aktualisiert und erweitert. Wikipedia ist nicht nur auf dem PC interessant, sondern oft auch unterwegs praktisch, wenn man schnell etwas wissen möchte. Ein Smartphone eignet sich dabei hervorragend als mobiles Lexikon.

Die offizielle App der *Wikipedia* bietet mehr als nur eine schnellere Suche und Darstellung der Wikipedia-Artikel auf dem Smartphone. In der App lassen sich Seiten zum Offlinelesen speichern. Außerdem gibt es eine Verlaufsanzeige der zuletzt gelesenen Wikipedia-Artikel. Die Wikipedia-App lässt sich auf alle von Wikipedia unterstützten Sprachen umschalten.

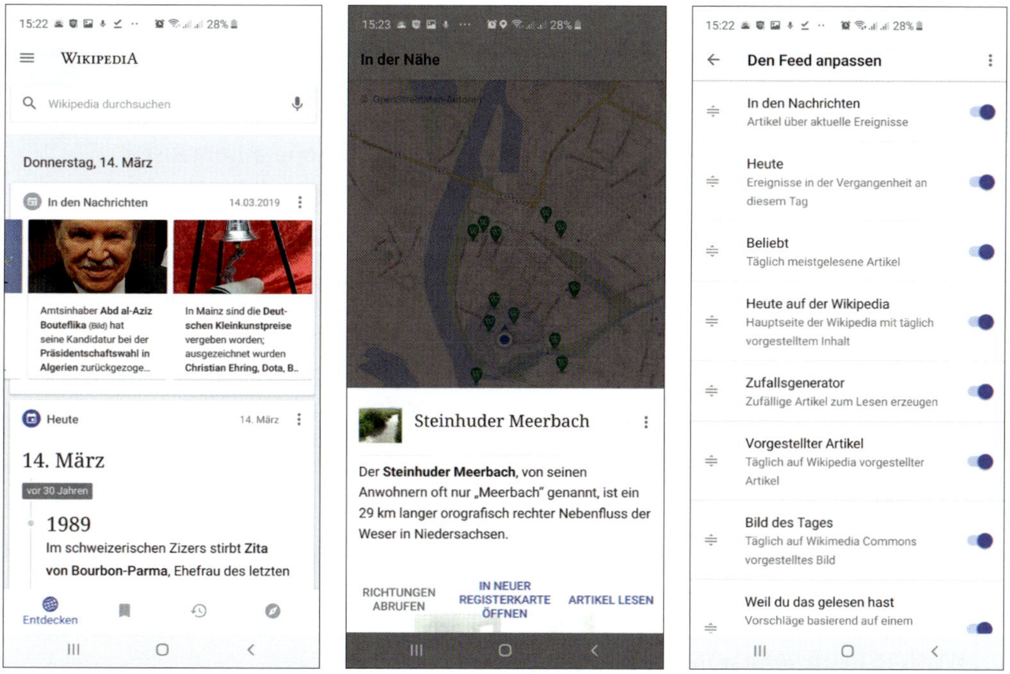


*Startseite der App und Karte mit Wikipedia-Artikeln in der Nähe. Rechts: persönliche Startseite anpassen.*

Die aktuelle Version der Wikipedia-App liefert ähnlich wie die Wikipedia-Webseite bereits beim Suchen Vorschläge passender Wikipedia-Artikel. Eine Wischgeste vom rechten Bildschirmrand blendet ein Inhaltsverzeichnis für den aktuell angezeigten Artikel ein. Die App bietet für Wikipedia-Autoren die Möglichkeit, sich anzumelden und Seiten als Lesezeichen in der App zu speichern. Das Symbol *In der Nähe* findet auf einer Karte Wikipedia-Artikel zu Orten oder Gebäuden in der eigenen Umgebung.

### Wikipedia-Apps

Bevor Wikipedia die eigene offizielle App veröffentlichte, gab es schon diverse andere Wikipedia-Apps, die aber häufig Werbung enthalten und einen geringeren Funktionsumfang bieten. Einige von diesen sind immer noch im Google Play Store zu finden. Achten Sie daher darauf, die offizielle Wikipedia-App zu installieren.

## WLAN optimal nutzen

Zu Hause gehen Sie am besten über Ihren WLAN-Router mit dem Smartphone ins Internet. Dies spart nicht nur wertvolles Datenvolumen Ihrer Mobilfunk-Flatrate, die Übertragungsraten sind auch deutlich höher. Wie ein WLAN eingerichtet wird, haben Sie bereits bei der Ersteinrichtung des Smartphones gesehen.

Über die Schnelleinstellungen in der Benachrichtigungsleiste lässt sich das WLAN schnell ein- und ausschalten. Ziehen Sie die Benachrichtigungsleiste nach unten. Tippen Sie dann auf das WLAN-Symbol. Schalten Sie über das Symbol in den Schnelleinstellungen WLAN ein, sucht sich das Smartphone automatisch unter den gespeicherten WLAN-Verbindungen die zuletzt verwendete oder die mit der besten Signalstärke und verbindet sich damit.

Tippen Sie länger auf dieses Symbol, finden Sie alle WLANs in der Nähe und können sich nach Eingabe des Schlüssels mit einem WLAN verbinden.

Bei einigen WLAN-Routern, unter anderem der FRITZ!Box, wird ein Link *Verwalten des Routers* angezeigt, der direkt zur Anmeldeseite der Router-Konfiguration führt.

Tippen Sie oben rechts auf das Menü und dann auf *Erweitert*. Hier finden Sie ein paar nützliche Einstellungen.

- **Zu mobilen Daten wechseln** schaltet auf die Mobilfunkverbindung um, wenn die WLAN-Verbindung sehr langsam oder instabil ist, was allerdings das verbrauchte Datenvolumen erhöht, da Daten über das Mobilfunknetz übertragen werden, obwohl ein WLAN in Reichweite wäre.
- **WLAN automatisch aktivieren:** Mit dieser Einstellung können Sie deutlich Strom sparen, wenn Sie das WLAN außerhalb der Reichweite bekannter WLANs ausgeschaltet lassen. WLAN mit oder ohne Empfang saugt den Akku schnell leer. Sowie das Smartphone an einen Ort kommt, wo Sie WLAN häufig verwenden und ein WLAN auf dem Gerät gespeichert ist, wird das WLAN automatisch wieder eingeschaltet.

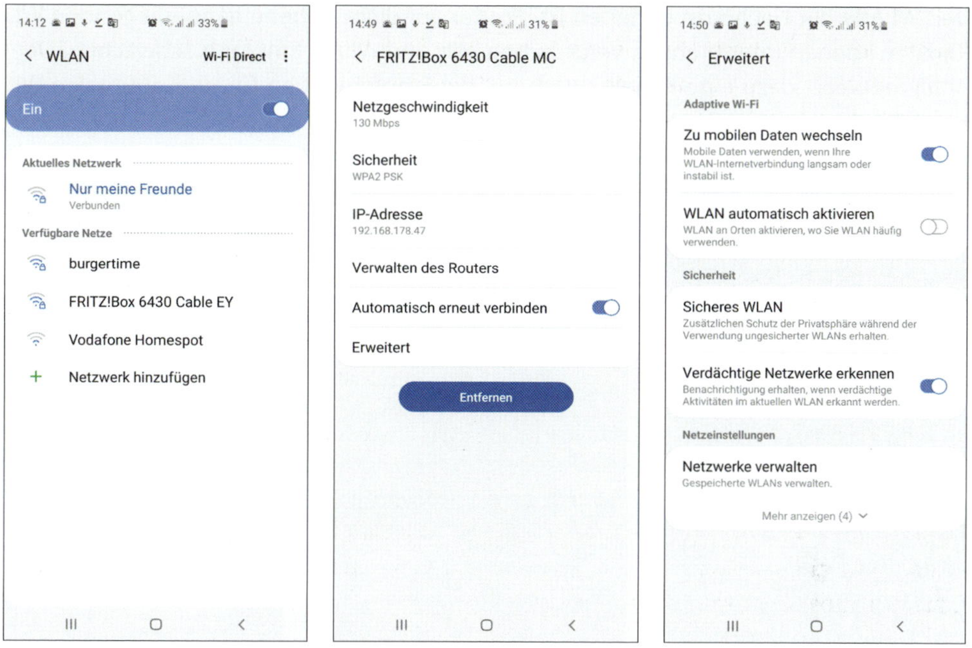


*Die Liste sichtbarer WLANs in der Nähe und WLAN-Einstellungen.*

- **Sicheres WLAN** ist ein VPN-Dienst in Kombination mit einer Datenbank für vertrauenswürdige WLANs, der von McAfee zur Verfügung gestellt wird. Damit können Sie in öffentlichen WLANs sicherer surfen. Allerdings sind nur 250 MByte Datenvolumen pro Monat kostenlos, danach brauchen Sie einen kostenpflichtigen Tarif bei McAfee.
- **Verdächtige Netzwerke erkennen:** Hier wird das verbundene WLAN automatisch auf verdächtige Aktivitäten überwacht. Eigene private Netze können als Ausnahme eingetragen werden, da der Dienst etwas von der verfügbaren Bandbreite wegnimmt.
- **Netzwerke verwalten:** Hier sind alle WLANs aufgelistet, mit denen einmal eine Verbindung bestand. In der Liste können Sie einzelne WLANs wieder entfernen, weil Sie sie nicht mehr verwenden wollen oder eine automatische Verbindung durch Änderung des Schlüssels nicht mehr möglich ist.

## Wifi Analyzer

Die App *Wifi Analyzer* findet WLANs in der Nähe und zeigt deren Kanäle und Signalstärke an.

Läuft man mit dem *Wifi Analyzer* durchs Haus oder auch draußen durch die Straßen, lassen sich die Ausbreitungsbedingungen der verschiedenen WLANs gut ermitteln. Auch beim Aufstellen des eigenen Routers kann diese App eine Hilfe sein. Wählen Sie den Kanal eines neuen WLAN-Routers immer so, dass möglichst viel Abstand zu den WLANs der Nachbarn gegeben ist. Router auf dicht nebeneinanderliegenden WLAN-Kanälen können Interferenzen verursachen, die den WLAN-Empfang schwächen. Der *Wifi Analyzer* bietet dazu eine Kanalbewertung, die Empfehlungen für den optimalen WLAN-Kanal für den eigenen Router gibt.

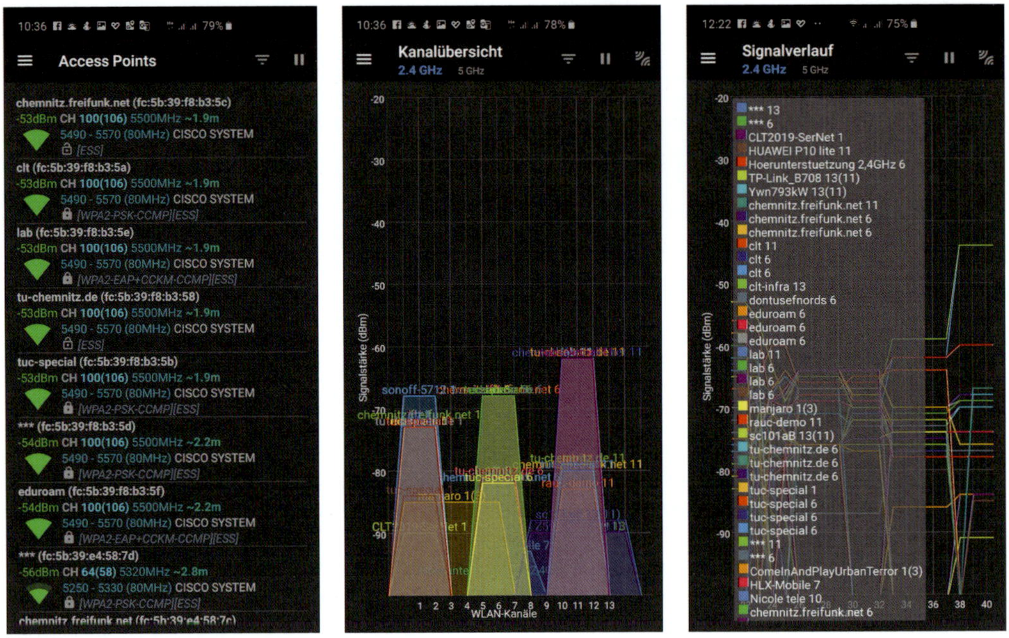

*Wifi Analyzer zeigt Daten aller WLANs in Reichweite.*

## Öffentliche WLANs nutzen

An immer mehr öffentlichen Plätzen, Bahnhöfen, in Hotels oder Cafés kann man per WLAN mit dem Smartphone eine Verbindung ins Internet herstellen, ohne das Datenvolumen der Mobilfunk-Flatrate aufzubrauchen. In vielen Ländern sind öffentliche WLAN-Hotspots kostenlos nutzbar und auffällig gekennzeichnet. Ist der Schalter *Benachrichtigung zu offenen Netzwerken* in den WLAN-Einstellungen aktiviert, erscheint eine Benachrichtigung, wenn ein öffentliches WLAN in der Nähe ist.

### WLAN im Ausland

Im Ausland gibt es fast überall kostenloses WLAN in Restaurants, Hotels und auf öffentlichen Plätzen. Dagegen sind die Roamingkosten für die Mobilfunknutzung außerhalb der EU extrem hoch. Schalten Sie im Nicht-EU-Ausland die mobile Datenübertragung aus. Am besten schützen Sie sich vor Roamingkosten, wenn Sie bei Auslandsreisen die SIM-Karte aus dem Smartphone nehmen.

Die meisten öffentlichen WLANs verlangen vor der Nutzung die Bestätigung der Geschäfts- und Datenschutzbedingungen durch den Nutzer. Dazu wurde früher eine spezielle Anmeldeseite im Browser aufgerufen. Android 9 Pie vereinfacht diesen Anmeldevorgang, indem die Seite direkt in der WLAN-App über eine Benachrichtigung aufgerufen werden kann.

Auch Vodafone bietet immer mehr öffentliche Hotspots in Städten und touristischen Orten an. Einige Vodafone-Hotspots bieten 30 Minuten kostenlose Nutzung jeden Tag an. Über Vodafone Homespot können Nutzer von Kabelanschlüssen einen Teil ihrer Bandbreite freigeben und bekommen im Gegenzug die Nutzungsberechtigung für andere Homespots.

1. Tippen Sie länger auf das WLAN-Symbol in den Schnelleinstellungen, um die Liste der WLANs in der Nähe zu sehen.
2. Tippen Sie auf das gewünschte WLAN in der Liste.
3. Nachdem die Verbindung hergestellt wurde, erscheint unter dem Netzwerknamen der Hinweis *Im Netzwerk anmelden*.
4. Tippen Sie darauf, erscheint automatisch die Anmeldeseite des WLANs, auf der Sie die Bedingungen bestätigen oder Anmeldedaten eingeben müssen. Danach sind Sie mit dem WLAN verbunden.

Tippen Sie in der WLAN-Liste auf ein verbundenes Netzwerk, werden die technischen Daten angezeigt. Auf dieser Seite können Sie sich auch aus dem WLAN abmelden.

## Telekom-HotSpots nutzen

Die Telekom rüstet in Großstädten und an touristisch interessanten Orten Telefonzellen mit Hotspots aus, über die man mit persönlicher Zugangskennung oder über direkte Bezahlung mit einem eigenen Notebook, Tablet oder Smartphone ins Internet kommt.

*Öffentliches Telefon mit Telekom-HotSpot.*

Telekom-HotSpots werden in der Liste verfügbarer WLANs als offene Netzwerke angezeigt. Verbinden Sie das Smartphone mit diesem WLAN. Nach der Verbindung erscheint die Benachrichtigung *In WLAN-Netzwerk anmelden*. Tippen Sie darauf und geben Sie auf der Anmeldeseite, wenn nötig, Ihre Zugangsdaten ein. Erst danach können Sie andere Apps über dieses WLAN nutzen.

### Telekom-HotSpots

Um an einem kostenpflichtigen Telekom-HotSpot surfen zu können, brauchen Sie eine Zugangskennung, die entweder über die Telefonrechnung abgerechnet wird oder – ähnlich wie bei Prepaid-Handys – vorab für einen bestimmten Zeitraum gekauft werden kann. Am einfachsten ist der Zugang an den Telekom-HotSpots, wenn man ein Handy mit Laufzeitvertrag der Telekom hat.

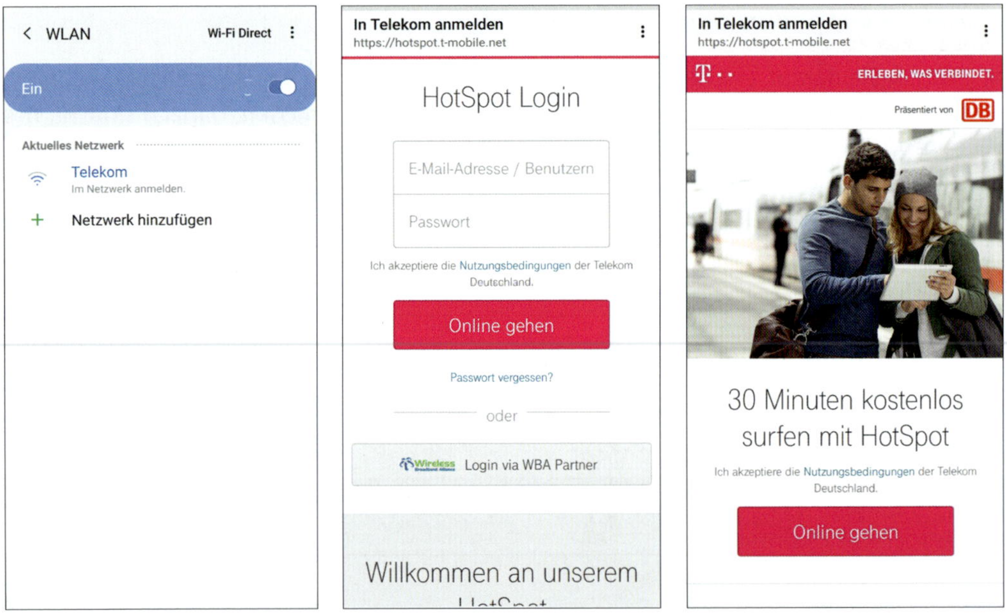


*Anmeldung am Telekom-HotSpot. Rechts: Telekom-HotSpot an einem Bahnhof.*

Die meisten Telekom-Hotspots zeigen auf der Anmeldeseite unterschiedliche Möglichkeiten zur Anmeldung, über einen HotSpot Pass, einen Gutscheincode oder mit Benutzername und Passwort aus einem Telekom-Mobilfunkvertrag. Die als *Telekom_FON* gekennzeichneten Hotspots lassen sich auch mit einem Login der Fon-Community, die vor einigen Jahren von der Telekom übernommen wurde, kostenlos nutzen. An derzeit 105 großen Bahnhöfen Deutschlands bietet die Telekom öffentliche HotSpots an. Dabei sind die ersten 30 Minuten pro Tag kostenlos. An einigen Telekom-HotSpots kann man sich auch mit Zugangsdaten von Roamingpartnern anmelden.

## WLAN in der Bahn

Seit Ende des Jahres 2016 sind fast alle ICE-Züge der Deutschen Bahn in der 1. und 2. Klasse mit kostenlosem WLAN ausgestattet. Das WLAN erscheint unter dem Namen *WIFIonICE* in der Liste der WLANs und verwendet eine Anmeldeseite, bei der Sie aber nur die Nutzungsbedingungen bestätigen müssen.

Das WLAN im ICE funktioniert über gebündelte LTE-Verbindungen mehrerer Mobilfunkanbieter. Dennoch müssen sich mehrere Hundert Fahrgäste die Bandbreite teilen. Damit alle Fahrgäste vom WLAN profitieren können und nicht einzelne mit Videostreams die Geschwindigkeit für alle anderen Mitreisenden bremsen, wird das Datenvolumen nach der Nutzung von 200 MByte pro Tag und Gerät gedrosselt.

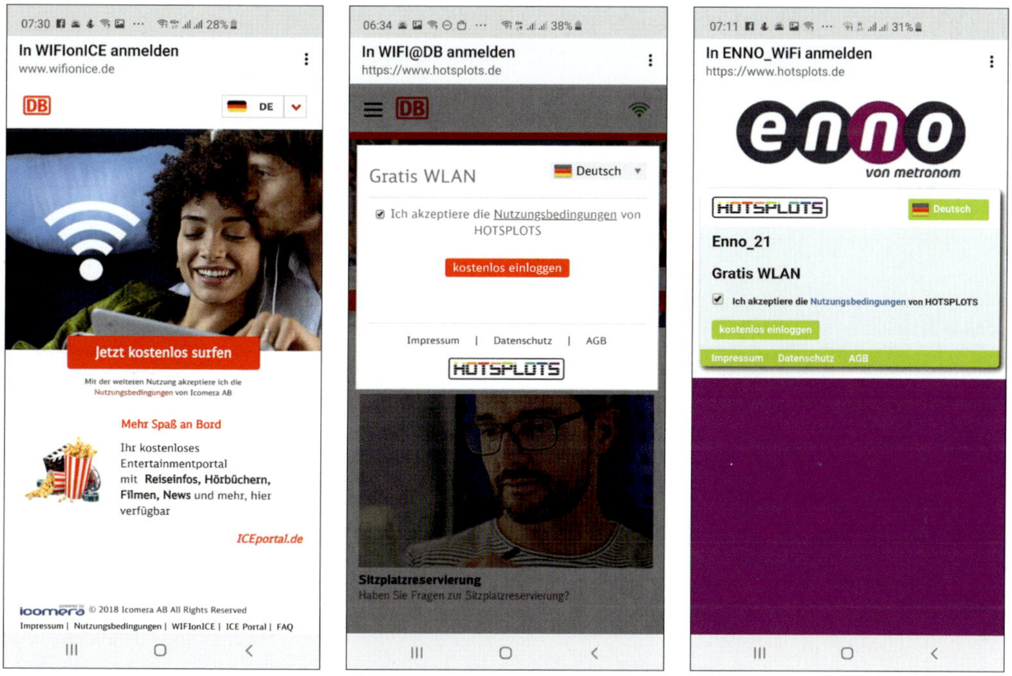


*Anmeldeseiten des WLANs im ICE, in Regionalzügen der DB Regio und bei Enno.*

Nachdem private Bahngesellschaften zunehmend WLAN für ihre Fahrgäste anbieten, stattet auch die Deutsche Bahn nach und nach Regionalzüge und S-Bahnen mit WLAN aus. Die WLAN-Hotspots in den Regionalzügen heißen *Wifi@DB* und funktionieren nach einem ähnlichen Prinzip wie in den ICEs, aber über den aus Hotels bekannten Anbieter Hotsplots.

Besucher der DB-Lounges können die Hotspots im Bereich der DB-Lounges an vielen Bahnhöfen kostenlos nutzen.

## KAPITEL 5

# Kommunikation mit dem Smartphone

Die ursprüngliche Aufgabe eines Handys war schon immer die Kommunikation. Neben Telefonieren und SMS sind auf Smartphones diverse moderne Kommunikationsformen dazugekommen. So ist es heute selbstverständlich, dass man seine E-Mails auf dem Smartphone liest und beantwortet und auch Kontakte in sozialen Netzwerken von unterwegs pflegt.

## Google Mail – Gmail

Android und Google sind zwei enge Verwandte, so wundert es nicht, dass Google-Mail-Konten auf Android-Smartphones besonders gut unterstützt werden. Auf den Geräten ist (fast) immer eine eigene App für Googles Mailservice *Gmail* vorinstalliert, die ständig mit dem Google-Konto synchronisiert wird, sodass man über neue E-Mails automatisch in Echtzeit benachrichtigt wird.

### Gmail = Google Mail

Google Mail tritt in den meisten Ländern inzwischen unter dem Markennamen Gmail auf. In Deutschland und Großbritannien durfte dieser Name wegen eines Rechtsstreits mit dem Betreiber eines privaten Postdienstes lange Zeit nicht genutzt werden. Google verwendet mittlerweile einheitlich *mail.google.com*. Die E-Mail-Adressen *@googlemail.com* und *@gmail.com* können gleichwertig verwendet werden. In Polen und China darf Google den Namen Gmail weiterhin nicht verwenden. Mit über 1,5 Milliarden Nutzerkonten ist Gmail der weltweit größte E-Mail-Anbieter.

Die Gmail-App synchronisiert automatisch mit dem bei der Einrichtung des Smartphones festgelegten Google-Konto. Zusätzlich zu diesem können Sie in der Gmail-App später noch weitere Google-Konten sowie auch E-Mail-Konten anderer Anbieter hinzufügen.

## E-Mails lesen

Kommt eine neue E-Mail an, ertönt ein Benachrichtigungston und in der Benachrichtigungsleiste erscheint das Gmail-Symbol.

Ziehen Sie die Benachrichtigungsleiste nach unten, werden Absender, Betreff, Zeit und die ersten Textzeilen der E-Mail angezeigt. Mehrere eingegangene E-Mails werden in einer Benachrichtigung zusammengefasst. Tippen Sie auf den Pfeil neben der Zeitanzeige in der Benachrichtigung, werden die ersten Zeilen der E-Mail angezeigt.

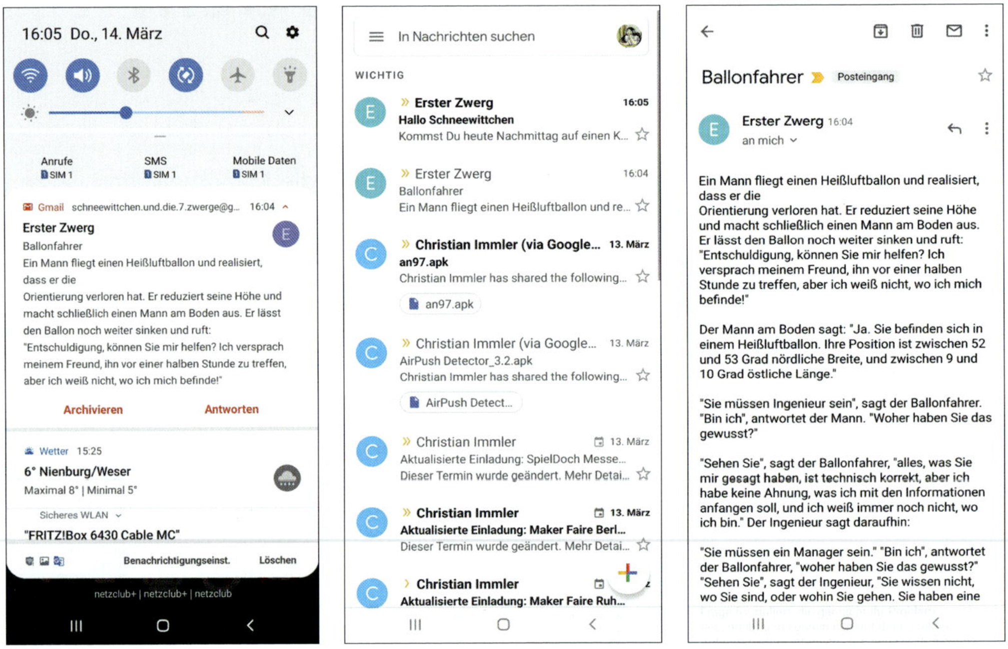


*Neue E-Mails in Gmail.*

Tippen Sie auf den Text einer E-Mail in einer Benachrichtigung, wird diese in voller Länge in der Gmail-App geöffnet. Mit dem Pfeilsymbol oben links kommen Sie aus der Ansicht einer E-Mail zurück in den Posteingang.

Ist vom Absender ein Kontaktfoto bei Google oder im eigenen Google-Konto hinterlegt, wird automatisch ein Bild des Absenders anstelle des Anfangsbuchstabens in der E-Mail angezeigt.

## E-Mails beantworten

Um eine E-Mail zu beantworten, tippen Sie auf das Symbol *Antworten* unterhalb der Mail oder auf das Pfeilsymbol oben rechts. Es öffnet sich ein Antwortformular. Der Cursor wird automatisch an der richtigen Stelle positioniert, sodass man direkt mit dem Schreiben der Antwort beginnen kann.

Tippen Sie auf die drei Punkte, um die Originalmail im Antwortfenster zu sehen. Tippen Sie oben auf *Antworten*, können Sie zwischen der Antwort an den Absender, der Antwort an alle oder Weiterleiten wählen.

Haben Sie die Antwort geschrieben, tippen Sie oben rechts auf das Symbol mit dem Pfeil, um die E-Mail abzuschicken.

## E-Mails schreiben

Eine neue Mail zu schreiben, funktioniert prinzipiell genauso, wie eine Mail zu beantworten. Tippen Sie dazu in der Gmail-App unten rechts auf das farbige Plussymbol.

### Sinnvolle Betreffzeile

Tragen Sie in die Betreffzeile etwas Sinnvolles ein, damit der Empfänger sofort weiß, worum es in der Mail geht. Die Betreffzeile ist unter anderem auch ein wichtiges Kriterium für Spamfiltersoftware. Schreiben Sie hier vollständige deutsche Wörter und nicht nur »Hey« oder Ähnliches, wenn Sie möchten, dass Ihre E-Mail auch ankommt.

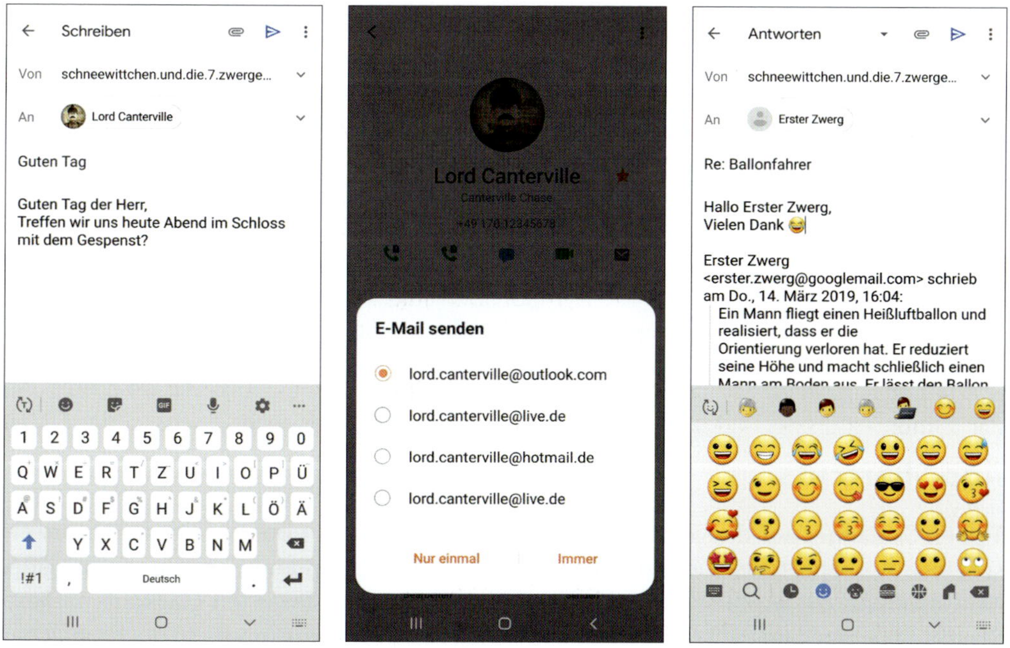


*E-Mail aus Gmail oder aus der Kontaktliste schreiben. Rechts: E-Mail beantworten mit Emojis.*

Beim Eintippen des Empfängers werden automatisch Personen aus der Kontaktliste vorgeschlagen, die Sie durch einfaches Antippen auswählen können. Üblicherweise schreiben Sie eine E-Mail nicht einfach, um eine E-Mail zu schreiben, sondern um einer bestimmten Person etwas mitzuteilen. Da liegt es nahe, direkt aus der Kontakte-App zu starten.

1. Rufen Sie die App *Kontakte* auf und suchen Sie die betreffende Person.
2. Tippen Sie in der Liste auf den gewünschten Personeneintrag und dort auf das E-Mail-Symbol. Sind bei der Person mehrere E-Mail-Adressen gespeichert, wählen Sie die gewünschte aus.
3. Sind mehrere E-Mail-Apps installiert, wählen Sie Gmail oder eine andere E-Mail-App.
4. Danach öffnet sich automatisch die ausgewählte E-Mail-App, und der Cursor springt gleich in die Betreffzeile. Der E-Mail-Empfänger ist automatisch eingetragen, als Absender wird das E-Mail-Konto gewählt, aus dessen Adressbuch der Kontakteintrag stammt.

## E-Mail an mehrere Personen schreiben

Wenn Sie E-Mails an mehrere Empfänger verschicken, gibt es diverse Möglichkeiten, die Adressen anzugeben:

| Adressierung | Beschreibung |
|---|---|
| An: | Diese Empfänger werden direkt adressiert, sie stehen in der Zeile *An:* im Mailtext, die Adressen sind für alle Empfänger zu lesen. |
| Cc: | **C**arbon **C**opy: Die in dieser Zeile aufgeführten Empfänger erhalten einen »Durchschlag« der E-Mail zur Kenntnisnahme. In diesem Fall sind die Empfänger der Carbon Copy für alle anderen Empfänger der Mail zu erkennen. |
| Bcc: | **B**lind **C**arbon **C**opy: Eine Blindkopie verhindert, dass die Empfänger dieser Kopie beim Originalempfänger oder auch bei den Empfängern regulärer Carbon Copys erkannt werden können. |

Wenn Sie eine E-Mail in Gmail schreiben, ist standardmäßig nur das Feld *An:* zu sehen. Die Felder für *Cc:* und *Bcc:* können Sie hinzufügen, indem Sie auf den kleinen Pfeil rechts im Feld *An:* tippen.

## App-Shortcuts

Tippen Sie länger auf die Gmail-App auf dem Startbildschirm oder in der App-Liste, erscheinen App-Shortcuts zum schnellen Aufruf häufig verwendeter Funktionen der App. Bei Gmail sind das *Schreiben* sowie die Posteingänge der installierten Mailkonten. Diese Symbole können direkt auf den Startbildschirm gezogen werden, um sie so noch einfacher aufzurufen.

*App-Shortcuts der Gmail-App.*

## Fotos per E-Mail senden

Ähnlich wie vom PC lassen sich auch vom Android-Smartphone Dateien per E-Mail verschicken. Schreiben Sie dazu zunächst wie gewohnt in der Gmail-App die Mail und tippen Sie dann auf das Symbol mit der Büroklammer. Wählen Sie hier *Datei anhängen*.

Tippen Sie auf das Menüsymbol oben links, können Sie ein beliebiges auf dem Smartphone gespeichertes Foto auswählen. Um ein auf dem Smartphone oder der Speicherkarte gesichertes Foto an die E-Mail anzuhängen, tippen Sie auf *Fotos*. Hier finden Sie alle Ihre Fotos. Wählen Sie ein oder mehrere Fotos aus, beachten Sie dabei aber, dass eine Mail durch Anhänge sehr groß werden kann.

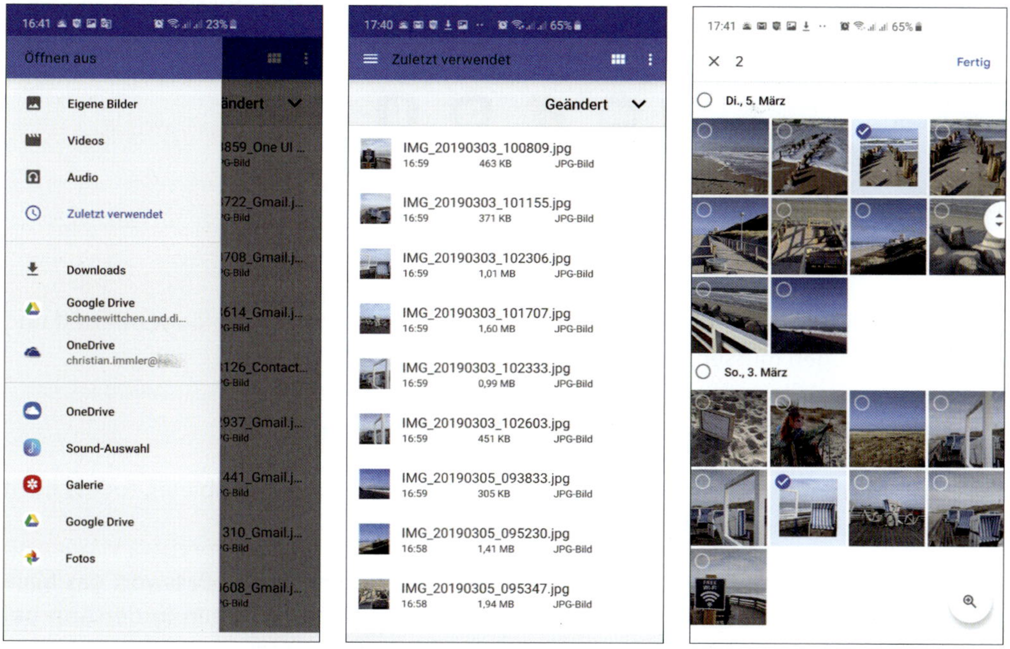


*Datei als Anhang auf dem Smartphone oder aus Google Fotos auswählen und als Mailanhang verschicken.*

Installierte Dateimanager und verschiedene andere Apps klinken sich hier ebenfalls mit ein. Auch darüber können Sie E-Mail-Anhänge auswählen. Sie haben zudem die Möglichkeit, Dateien aus dem Cloud-Speicher Google Drive, aus OneDrive oder aus der Samsung Cloud direkt als E-Mail-Anhang auszuwählen, ohne die Datei erst auf das Smartphone herunterladen zu müssen.

Anstatt die Gmail-App zu starten und dann das Bild auszuwählen, können Sie auch direkt aus der Galerie-App ein Bild verschicken. Tippen Sie in der Bildanzeige unten auf das Symbol *Senden* und wählen Sie dann die Gmail-App aus.

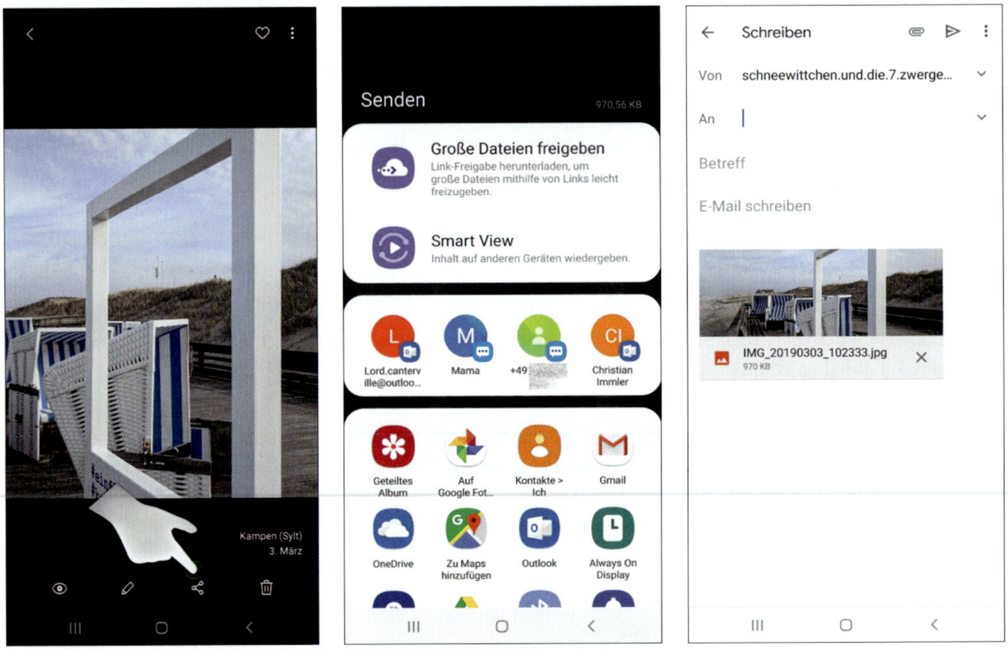

*Foto aus der Galerie-App versenden.*

Automatisch öffnet sich eine neue E-Mail, in der Sie jetzt noch den Empfänger, Betreff und einen Text einfügen müssen. Das Foto ist bereits angehängt.

## Andere E-Mail-Konten einrichten und nutzen

Die Gmail-App unterstützt neben Gmail auch E-Mail-Konten anderer Anbieter, sodass nicht mehr wie früher mehrere E-Mail-Apps nötig sind.

Bei den meisten E-Mail-Anbietern können Sie mit E-Mail-Adresse und Passwort das Mailkonto auf dem Smartphone automatisch einrichten, da die Serverdaten in der App bekannt sind. Bei E-Mails auf eigenen privaten Domains ist die automatische Einrichtung in den meisten Fällen nicht möglich.

1. Tippen Sie oben rechts in der Gmail-App auf Ihr Profilbild und dann auf *Weiteres Konto hinzufügen*
2. Wählen Sie auf der nächsten Seite Ihren E-Mail-Anbieter. Die meisten bekannten E-Mail-Anbieter wie GMX, Web.de, T-Online und andere sind bereits vorkonfiguriert.

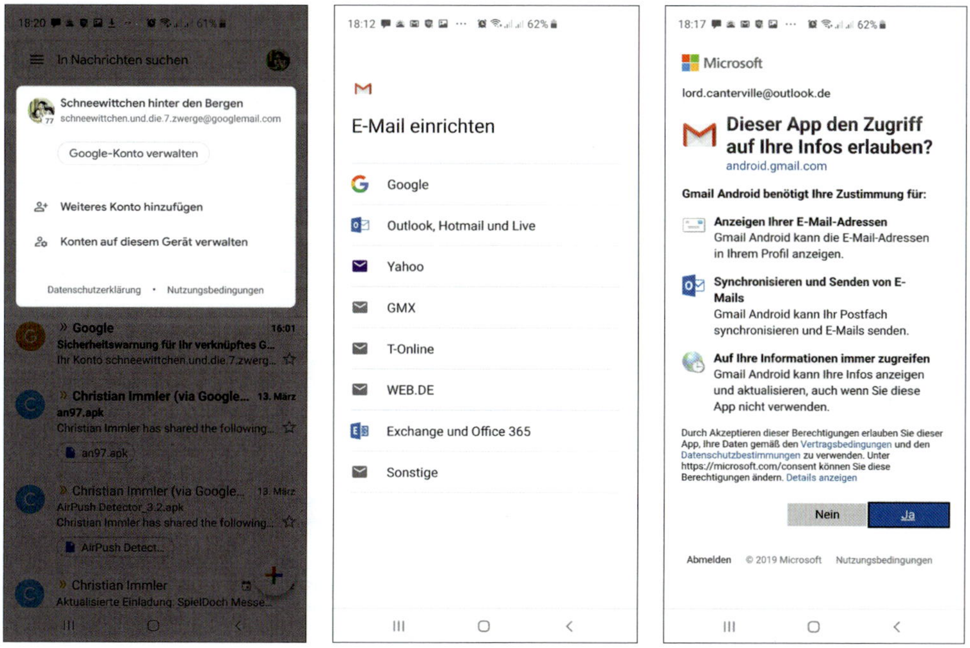


*E-Mail-Konto bei einem anderen Anbieter in der Gmail-App eintragen.*

3. Jetzt erscheint automatisch der Einrichtungsassistent. Geben Sie hier Ihre E-Mail-Adresse und auf der nächsten Seite das Passwort an.
4. Wenn Sie auf *Weiter* tippen, richtet die Gmail-App das E-Mail-Konto automatisch ein, wenn die Serverdaten des E-Mail-Anbieters bekannt sind. Können die Serverdaten nicht automatisch ermittelt werden, schaltet der Einrichtungsassistent automatisch auf die manuelle Einrichtung um, bei der Sie alle Daten manuell eingeben können.
5. Bei Konten von Google und Microsoft erscheinen spezielle Anmeldeseiten dieser Anbieter, auf denen Zugriffsberechtigungen gewährt und Nutzungsbedingungen bestätigt werden müssen.
6. Bei Nicht-Google-Konten wählen Sie noch, wie oft die App auf dem Mailserver nach neuen Nachrichten sehen soll. Hier können Sie auch festlegen, ob beim Eingang neuer E-Mails eine Benachrichtigung erscheinen soll. In den Kontoeinstellungen können Sie später auch noch einen Klingelton für diese Benachrichtigungen auswählen.

7. Im letzten Schritt geben Sie dem neu eingerichteten E-Mail-Konto noch einen eindeutigen Namen. Wird kein Name vergeben, bekommt das Konto in der Liste die E-Mail-Adresse als Namen.

8. Danach ist das Mailkonto eingerichtet. Jetzt wird eine Verbindung zum Server hergestellt und die E-Mails werden abgerufen. Das Konto erscheint in der Liste im Seitenmenü der Gmail-App.

## POP3/IMAP bei GMX und Web.de

GMX und Web.de deaktivieren standardmäßig den Zugriff über externe E-Mail-Apps. Melden Sie sich auf dem PC im Browser dort an und aktivieren Sie in den *E-Mail-Einstellungen* unter *POP3/IMAP Abruf* den Schalter *POP3 und IMAP Zugriff erlauben*.

Bestätigen Sie dann die Änderung mit einem Klick auf *Speichern* sowie der Eingabe eines Sicherheitscodes.

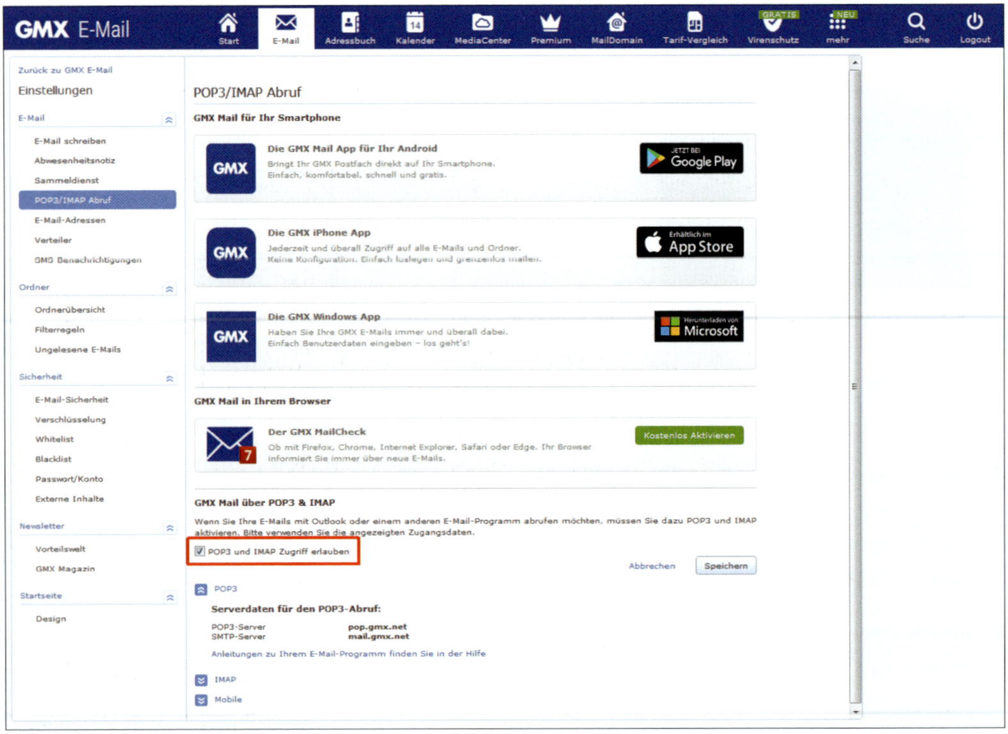


*POP3/IMAP bei GMX aktivieren.*

Wird ein E-Mail-Konto längere Zeit nicht genutzt, wird der POP3-Zugriff automatisch wieder deaktiviert, kann aber jederzeit wieder aktiviert werden.

## E-Mail-Konto manuell einrichten

Nicht alle E-Mail-Konten können automatisch konfiguriert werden, da nicht immer die Serverdaten bekannt sind. Besonders bei E-Mail-Adressen auf eigenen Domains müssen Sie das Mailkonto manuell einrichten. Dazu brauchen Sie die Namen der Posteingangs- und Postausgangsserver sowie den Benutzernamen, das Passwort und teilweise auch Informationen zu Ports und Authentifizierungsverfahren.

1. Bei einigen kostenlosen Mailanbietern muss der POP3-/SMTP-Zugang zunächst über die Weboberfläche freigeschaltet werden. Bei manchen Anbietern funktioniert der E-Mail-Versand per SMTP nur, wenn Sie auch über diese Anbieter im Internet sind.
2. Um ein Mailkonto manuell einzurichten, wählen Sie in der Gmail-App *Weiteres Konto hinzufügen* und tippen dann auf *Sonstige*.
3. Geben Sie Ihre Mailadresse ein und tippen Sie auf *Manuell einrichten*. Danach müssen Sie zwischen IMAP oder POP3 wählen.
4. Auf dem nächsten Bildschirm geben Sie das Passwort an. Mit dem Augensymbol können Sie dies im Klartext anzeigen lassen, um Ihre Eingabe zu überprüfen.
5. Danach tragen Sie die Serverdaten und den Benutzernamen ein. Hier können Sie auch noch das Authentifizierungsverfahren festlegen. Die Gmail-App liefert automatisch Vorschläge, damit Sie nicht alle Daten manuell eintragen müssen.

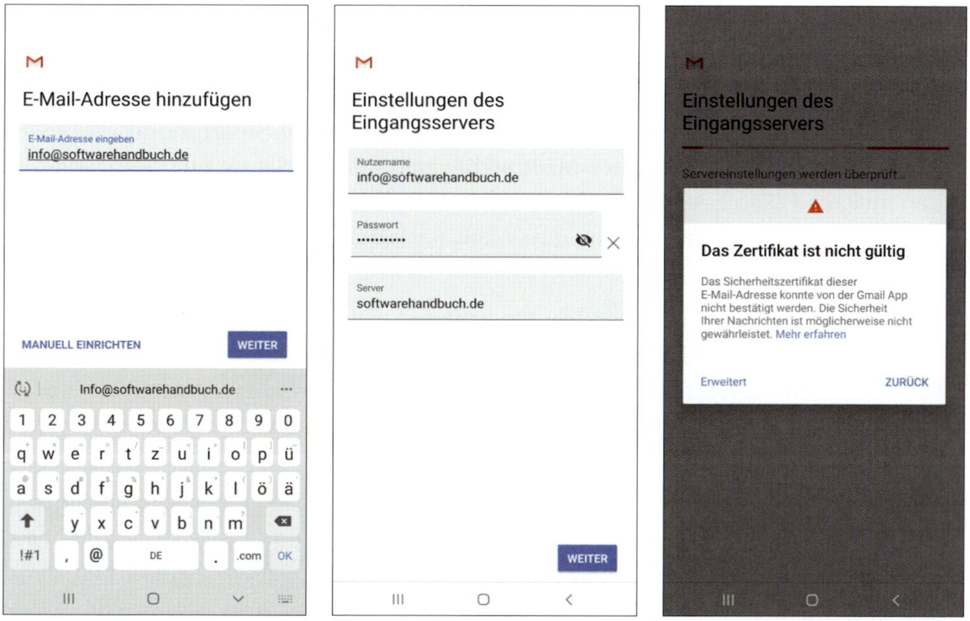


*Einstellungen für Eingangs- und Ausgangsserver manuell eintragen. Rechts: Zertifikatsfehler umgehen.*

6. Das Gleiche machen Sie danach noch für den Postausgangsserver. Danach erfolgt ein automatischer Verbindungstest mit dem Mailserver.

7. Zuletzt müssen Sie noch wie bei der automatischen Einrichtung das Intervall für die Synchronisierung sowie den Anzeigenamen für gesendete E-Mails festlegen. Anschließend werden die E-Mails heruntergeladen und können gelesen sowie beantwortet werden.

### Probleme mit Zertifikatsfehlern

Bei E-Mail-Adressen auf eigenen Domains kann es zu Zertifikatsfehlern kommen, wenn der Anbieter zwar ein Sicherheitszertifikat für seine Server hat, aber nicht für jede einzelne Kundendomain.

Lassen Sie sich in solchen Fällen das Zertifikat mit *Erweitert* anzeigen und scrollen Sie ganz nach unten. Tippen Sie hier auf *Trotzdem fortfahren*.

### Das gleiche E-Mail-Konto auf Smartphone und PC nutzen

Wenn Sie eine E-Mail-Adresse auf PC und Smartphone nutzen, verwenden Sie diese am besten über einen IMAP-Server. Dann haben Sie alle Änderungen immer gleich auf beiden Geräten. Gesendete E-Mails, Vorlagen und Entwürfe sollten in den jeweiligen IMAP-Ordnern gespeichert werden, dann stehen sie ebenfalls auf beiden Geräten zur Verfügung. Die meisten großen E-Mail-Anbieter unterstützen mittlerweile sowohl POP3 als auch IMAP.

Sollte Ihr Mailserver kein IMAP unterstützen, haben Sie alle Mails beim automatischen Abruf vom POP3-Server sowohl auf dem PC als auch auf dem Smartphone. Hier sollten Sie sich gut überlegen, wo Sie E-Mails archivieren und wo Sie sie nur lesen wollen. In den meisten Fällen bewährt es sich, auf dem PC alle Mails aufzubewahren. Stellen Sie also dort das POP3-Konto so ein, dass Mails nach dem Löschen auch auf dem Server gelöscht werden.

Diese Einstellung sollten Sie auf dem Smartphone nicht vornehmen. So können Sie auf dem Smartphone durch das Löschen gelesener E-Mails den Überblick behalten und haben auf dem PC trotzdem alle Mails. Nach dem Herunterladen auf den PC sollten die E-Mails aber weiterhin auf dem Server belassen werden, damit Sie sie auf dem Smartphone auch zur Verfügung haben.

Nutzen Sie auf dem PC in Thunderbird oder Outlook ein E-Mail-Konto per POP3, können Sie dieses nicht einfach auf IMAP umstellen. Das POP3-Konto muss im E-Mail-Programm zunächst entfernt und dann als IMAP-Konto neu installiert werden. E-Mails, die sich noch auf dem Server befinden, bleiben dabei erhalten und stehen später wieder zur Verfügung. Lokal auf dem PC abgelegte E-Mails müssen Sie vorher sichern.

## E-Mail-Konto auf dem Samsung Galaxy S10 entfernen

Entfernen Sie ein E-Mail-Konto vom Smartphone, wird das Konto auch wirklich nur auf dem Smartphone entfernt, als E-Mail-Konto auf dem Server bleibt es erhalten und kann weiter von anderen Geräten genutzt werden.

1. Tippen Sie in der Gmail-App oben rechts auf das Profilbild und dann auf *Konten auf diesem Gerät verwalten*. Auf dem nächsten Bildschirm werden alle zusätzlich eingerichteten E-Mail-Konten aufgelistet.

   Das Haupt-Google-Konto auf dem Smartphone kann auf diesem Weg nicht entfernt werden.

2. Tippen Sie auf das zu entfernende Konto und auf dem folgenden Bildschirm auf *Konto entfernen*.

3. Nach einer Sicherheitsabfrage wird das E-Mail-Konto vom Smartphone entfernt.

## Tipps zur Gmail-App

Die Gmail-App bietet neben der Unterstützung für Mailkonten anderer Anbieter noch ein paar nette Kleinigkeiten, die den Umgang mit E-Mails vereinfachen.

Warten Sie auf eine E-Mail und wollen nicht abwarten, bis die App automatisch synchronisiert, wischen Sie einfach auf dem Bildschirm von oben nach unten. Damit wird eine manuelle Synchronisation mit dem Mailserver durchgeführt.

Das Symbol mit den drei Strichen oben links blendet ein Seitenmenü ein, in dem Sie alle Label und Ordner sehen. Kleine Zahlen zeigen, wie viele ungelesene E-Mails in den einzelnen Labels liegen.

Das Profilbild oben rechts zeigt, welches E-Mail-Konto gerade angezeigt wird. Tippen Sie darauf, um zwischen den Konten zu wechseln.

Mehrere E-Mails auf einmal zu löschen oder als gelesen zu markieren, ist einfacher geworden. Tippen Sie auf die runden Absendersymbole in der Liste der Mails, um diese zu markieren. Anschließend können Sie die markierten E-Mails mit den Symbolen und dem Menü oben rechts alle auf einmal löschen, als gelesen bzw. ungelesen oder als wichtig markieren.

Möchten Sie eine E-Mail jetzt nicht bearbeiten, aber später auch nicht vergessen, können Sie sie über den Menüpunkt *Zurückstellen* auf einen späteren Zeitpunkt zurückstellen. Sie verschwindet erst einmal aus dem Posteingang und wird zum eingestellten Zeitpunkt wieder als neu angezeigt. Sie finden die zurückgestellten E-Mails auch im Seitenmenü unter *Zurückgestellt*.

Haben Sie mehrere E-Mails gelöscht oder archiviert, erscheint kurze Zeit danach eine Leiste am unteren Bildschirmrand, in der sich eine versehentliche Aktion noch schnell rückgängig machen lässt.

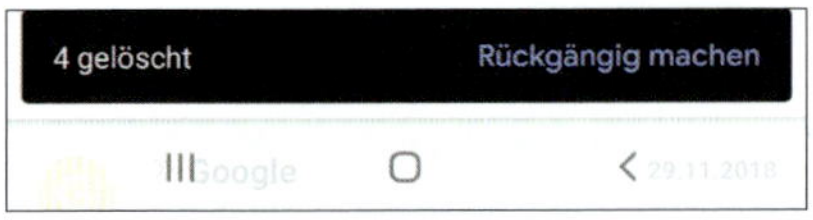


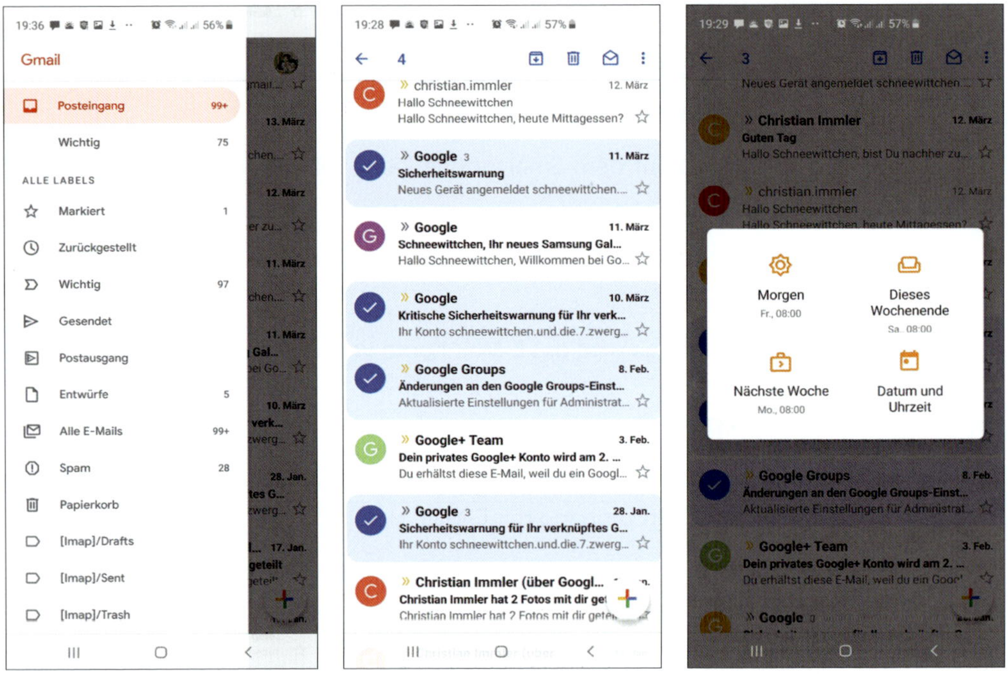


*Seitenmenü und Auswahl mehrerer E-Mails. Rechts: E-Mails zurückstellen.*

## Nicht jede E-Mail muss aufs Smartphone

Wenn Sie viele E-Mails bekommen, richten Sie bei Gmail auf dem PC Filterregeln ein, die den E-Mails Labels zuweisen.

Im Gegensatz zu den starren Ordnern anderer E-Mail-Programme kann eine E-Mail mehrere Labels haben.

In den Einstellungen der Gmail-App können Sie festlegen, welche Labels die App synchronisieren soll, also welche E-Mails auf das Smartphone zugestellt werden sollen und welche nicht. Bei jedem Label legen Sie in den Einstellungen der Gmail-App fest, ob alle E-Mails, nur die der letzten 30 Tage oder gar keine synchronisiert werden sollen.

Die Einstellungen erreichen Sie über das Symbol oben links in der Ecke und dann ganz unten im Seitenmenü. Wählen Sie das Google-Konto und anschließend *Labels verwalten*. Bei synchronisierten Labels können Sie auch die Art der Benachrichtigung festlegen.

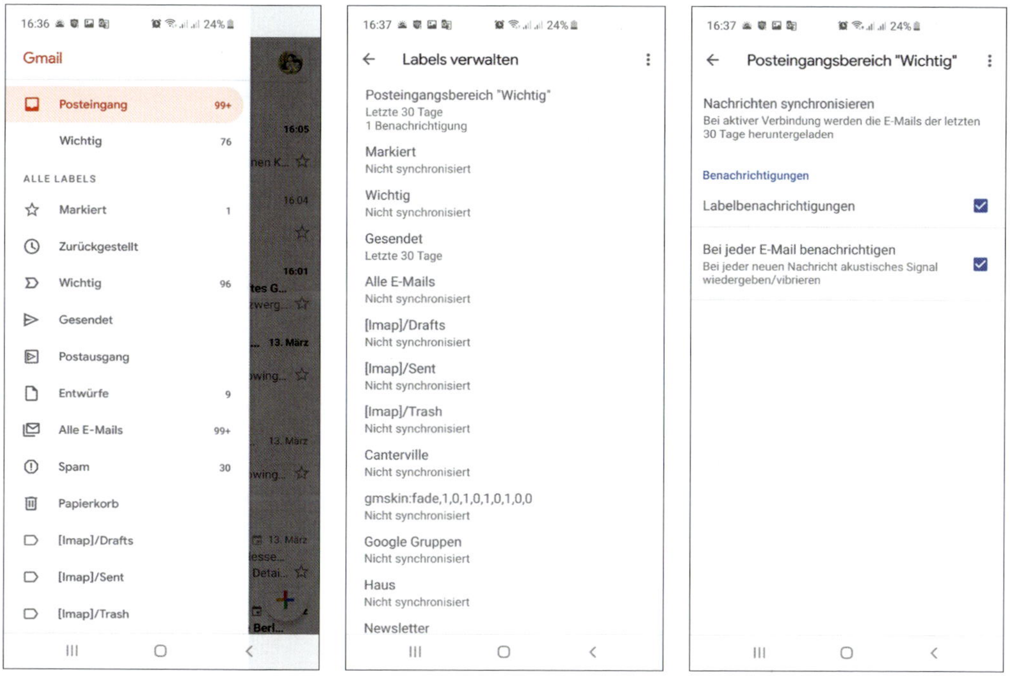


*Labels zur Synchronisation auswählen.*

## Die andere E-Mail-App auf dem Samsung Galaxy S10

Android-Smartphones benötigten früher neben Gmail noch eine weitere App, um auch andere POP3- und IMAP-Mailkonten zu nutzen. Diese zusätzliche App ist seit Android 8 Oreo nicht mehr nötig. Samsung liefert aber aus Kompatibilitätsgründen weiterhin die zweite E-Mail-App im Ordner *Samsung* in der App-Liste mit, wenn Sie diese nicht bei der Ersteinrichtung des Samsung Galaxy S10 abgeschaltet haben.

## Microsoft Outlook

Spätestens seit Windows 10 hat fast jeder Windows-Nutzer ein Microsoft-Konto. Microsoft liefert für Android eine eigene E-Mail-App, mit der Sie Zugriff auf die E-Mails und den Kalender von *Outlook.com* haben.

Der Outlook-Kalender wird nicht mit dem Google Kalender und der Kalender-App auf dem Samsung Galaxy S10 synchronisiert. Die Outlook-App unterstützt den Posteingang mit Relevanz bei Microsoft-Konten, was andere E-Mail-Apps nicht kennen. In der App können Sie außer Ihrem Microsoft-Konto auch Mailkonten anderer bekannter Anbieter einrichten.

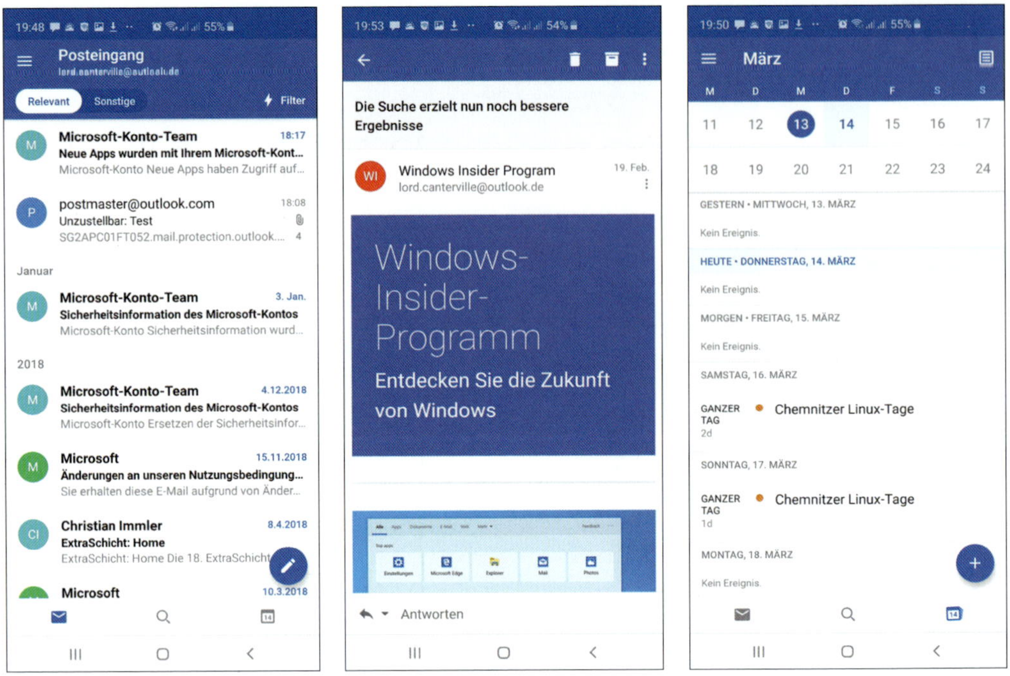


*E-Mail-Posteingang mit Relevanz und Kalender in Outlook.*

### Microsoft-Bonusaktion auf dem Samsung Galaxy S10

Bei der ersten Verwendung der Microsoft-OneDrive-App auf dem Samsung Galaxy S10 erscheint eine Werbung für Microsofts E-Mail-App *Outlook*. Wenn Sie diese aus der Werbung heraus installieren, erhalten Sie bis zu 100 GByte kostenlosen Speicherplatz bei OneDrive.

## Facebook

Die Kommunikation über soziale Netzwerke ist für viele Anwender inzwischen wichtiger als die klassische E-Mail oder SMS. Besonders auf Smartphones, die im Gegensatz zu PCs mehr in der Freizeit genutzt werden, spielen soziale Netzwerke eine große Rolle.

Das beliebteste aller sozialen Netze ist Facebook. Bei Facebook trifft man seine Freunde, erfährt das Neuste von ihnen. Man tauscht sich aus, zeigt sich Fotos und lädt sich zu Partys ein.

Der bequemste Zugang zu Facebook ist die von Facebook selbst gelieferte App für Android, die auf dem Samsung Galaxy S10 vorinstalliert ist. Die Facebook-App benötigt eine einmalige Anmeldung mit den persönlichen Facebook-Nutzerdaten. Die App speichert die Nutzerdaten automatisch, sodass Facebook in Zukunft jederzeit zur Verfügung steht.

**INFO:** Zurzeit hat Facebook weltweit über 2,27 Milliarden regelmäßig aktive Nutzer, mehr als jeder einzelne Staat der Erde Einwohner hat, davon rund 31 Millionen in Deutschland. Etwa 28 % aller Menschen der Erde nutzen Facebook, in Europa sind es etwa 40 %. Etwa drei Viertel davon verwenden Facebook ausschließlich auf mobilen Geräten, Smartphones oder Tablets.

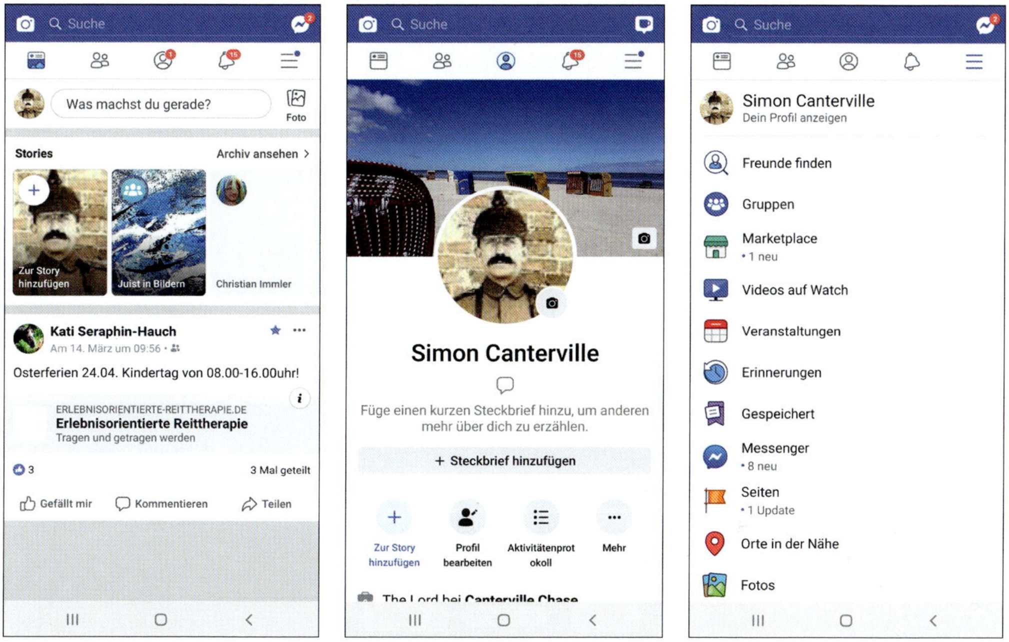


*Facebook-Pinnwand und eigenes Profil in der Facebook-App für Android.*

Die Facebook-App zeigt auf dem Smartphone Neuigkeiten, Freunde, Fotos, das Postfach und das eigene Profil an. Natürlich kann man auch auf Nachrichten antworten oder selbst Statusmitteilungen veröffentlichen.

Das Menü wird in der App über das Menüsymbol rechts oben eingeblendet. Alle wichtigen Funktionen innerhalb der Neuigkeiten sind wie auf der Facebook-Webseite automatisch mit einem Link hinterlegt. So brauchen Sie nur auf den Namen einer Person zu tippen und kommen sofort auf deren Pinnwand, um Nachrichten zu schreiben oder Infos und Fotos dieses Freundes zu sehen.

Über das Eingabefeld *Was machst du gerade?* können Sie jederzeit eine persönliche Statusmeldung eintippen und direkt absenden. Um schnell ein Foto hochzuladen, tippen Sie unten in der Statusmeldung auf das Fotosymbol. Hier haben Sie die übliche Auswahl unter den auf dem Smartphone gespeicherten Bildern.

Haben Sie in Facebook neue Nachrichten erhalten, zeigt das App-Symbol dies an. Sie brauchen also nicht erst die App zu öffnen und nachzusehen.

## Einchecken mit Facebook

Mit dem Standortsymbol in der Statusmeldung können Sie an einem bestimmten Ort »einchecken« und damit Ihren Freunden bekanntgeben, wo Sie sich gerade befinden. Facebook sucht hier nach bekannten Orten in der unmittelbaren Umgebung – Gastronomie, Läden, Bahnhöfe, Schulen, öffentliche Einrichtungen – und bietet eine entsprechende Liste zur Auswahl an. Dabei wird die Positionsbestimmung des Smartphones über GPS, WLAN oder Mobilfunkzellen genutzt. Um diese Funktion anwenden zu können, müssen Sie beim ersten Mal in der Facebook-App über die eingeblendete Meldung die Standortdienste aktivieren.

Schreiben Sie noch einen kurzen Text dazu. Anschließend können Sie noch Freunde aus Ihrer Freundesliste wählen, die auch mit dabei sind. Sie werden über diese Markierung sofort informiert. Der Standort wird anderen Freunden angezeigt, um sich leicht zu verabreden. Wie bei jeder Facebook-Statusmeldung können Sie noch Fotos hinzufügen.

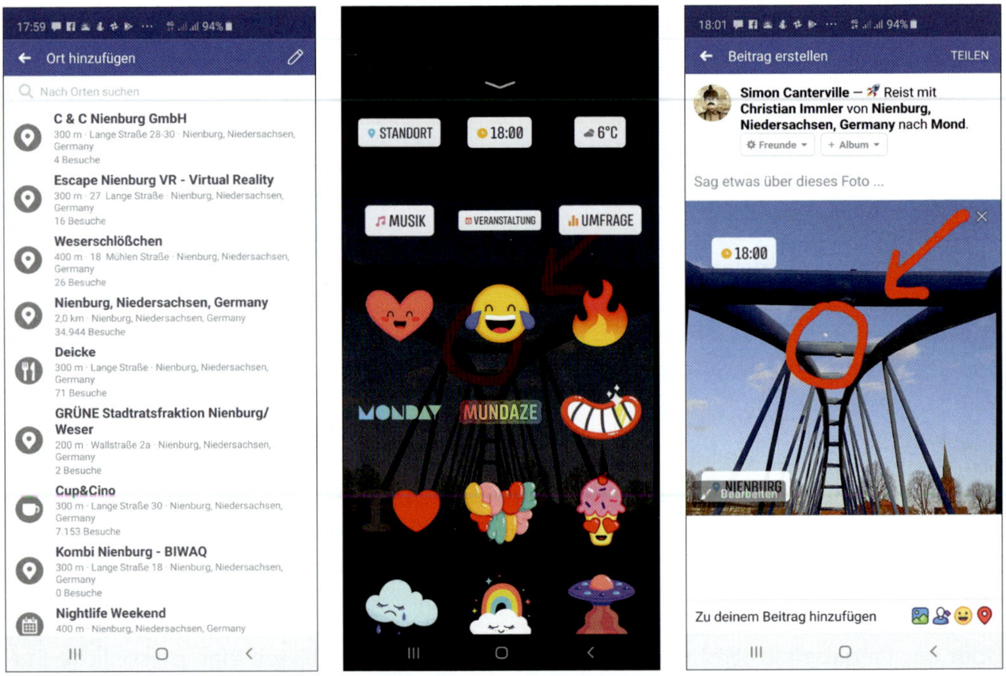


*Einchecken, Standort-Tag hinzufügen und im Newsfeed veröffentlichen.*

In der Facebook-App geben Sie nicht nur an, wo Sie sind, sondern auch, was Sie dort tun. Dabei braucht man keinen Text einzugeben, sondern kann über das Smiley-Symbol und *Gefühl/Aktivität(/Sticker* unter einer Vielzahl von Tätigkeiten und Stimmungen mit Bildsymbolen wählen.

Haben Sie ein Bild eingefügt, können Sie dieses noch bearbeiten. Bei den Stickern finden Sie Tags für die aktuelle Zeit, das Wetter und den Standort. Im Standort-Tag können Sie einen Ort oder eine Sehenswürdigkeit wählen, um in das Foto zu schreiben, wo Sie sich gerade befinden.

Beim Einchecken können Sie wie bei jeder Facebook-Statusmeldung unten noch angeben, ob sie öffentlich oder nur für Freunde sichtbar sein soll.

Das Symbol *Orte in der Nähe* im Menü der Facebook-App zeigt auch – ohne einzuchecken – interessante Orte, Gastronomie, Läden und auch Veranstaltungen in der eigenen Umgebung. Um leicht hinzufinden, können Sie sich eine Route auf einer Landkarte anzeigen lassen und nach dem Besuch natürlich auch eine Bewertung abgeben.

## Fotos auf Facebook posten

Kaum eine Facebook-Meldung ist heute noch ohne Bild. Über das Bildsymbol unten rechts können Sie direkt Fotos vom Smartphone in einen Beitrag einfügen. Alternativ können Sie auch direkt über das Fotosymbol bei *Was machst du gerade?* Fotos auf Facebook hochladen und dort auch Fotoalben anlegen, die Sie bestimmten Freunden oder auch öffentlich zeigen möchten.

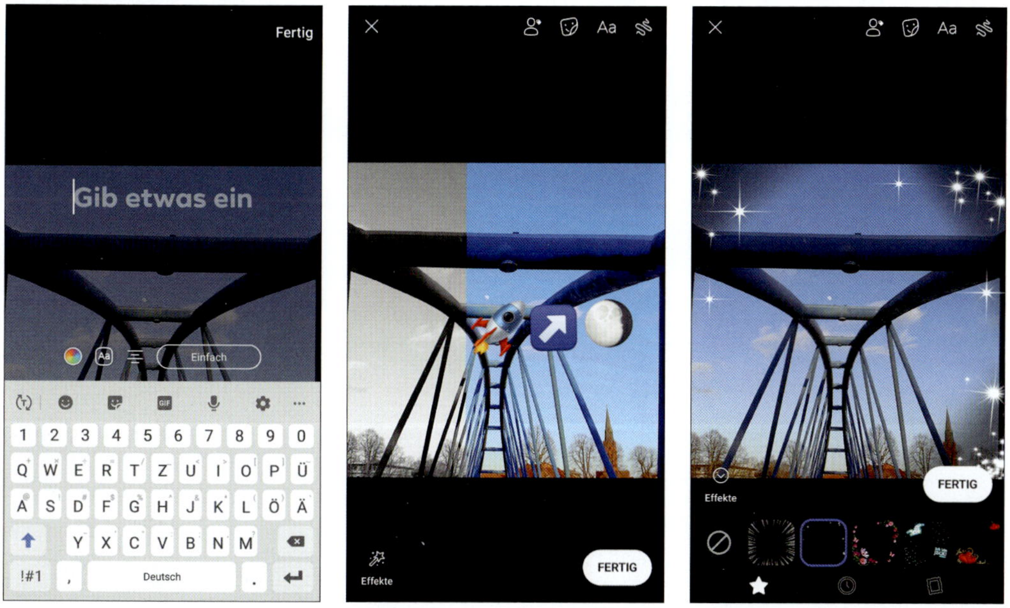


*Foto beschriften, Emojis und Effekte hinzufügen.*

Aus den hochgeladenen Fotos wird automatisch ein Beitrag erstellt. Schreiben Sie noch einen kurzen Text dazu. Haben Sie ein Fotoalbum gewählt, dürfen alle, die das Album bisher sehen durften, jetzt auch die neu hinzugefügten Fotos ansehen.

Facebook bietet verschiedene Funktionen zum Bearbeiten von Fotos an. Über das Symbol *Bearbeiten* beim Hochladen eines Fotos unten links können Sie Text, Sticker und Effekte hinzufügen und auch selbst in das Bild malen, um zum Beispiel besondere Stellen zu kennzeichnen.

## Wichtige Einstellungen in der Facebook-App

Innerhalb der Facebook-App sollten Sie noch ein paar wichtige Einstellungen vornehmen. Die Einstellungen finden Sie über das Menüsymbol rechts oben. Scrollen Sie dann ganz nach unten zu *Einstellungen und Privatsphäre*.

Schalten Sie hier zuallererst unter *Medien und Kontakte* die Funktion *Autoplay* auf *Nur bei WLAN-Verbindungen*, da sie zu einem enormen Datenverbrauch im Mobilfunknetz führen kann. Standardmäßig spielt Facebook seit einiger Zeit Videos – vor allem auch Werbevideos – in der mobilen App automatisch ab. Sie können das automatische Abspielen von Videos auch ganz unterbinden, um nicht ständig von dem damit verbundenen Lärm belästigt zu werden. Ist diese Einstellung aktiv, erscheint bei Videos zunächst nur ein Platzhalter. Erst beim Antippen wird das Video tatsächlich heruntergeladen und abgespielt.

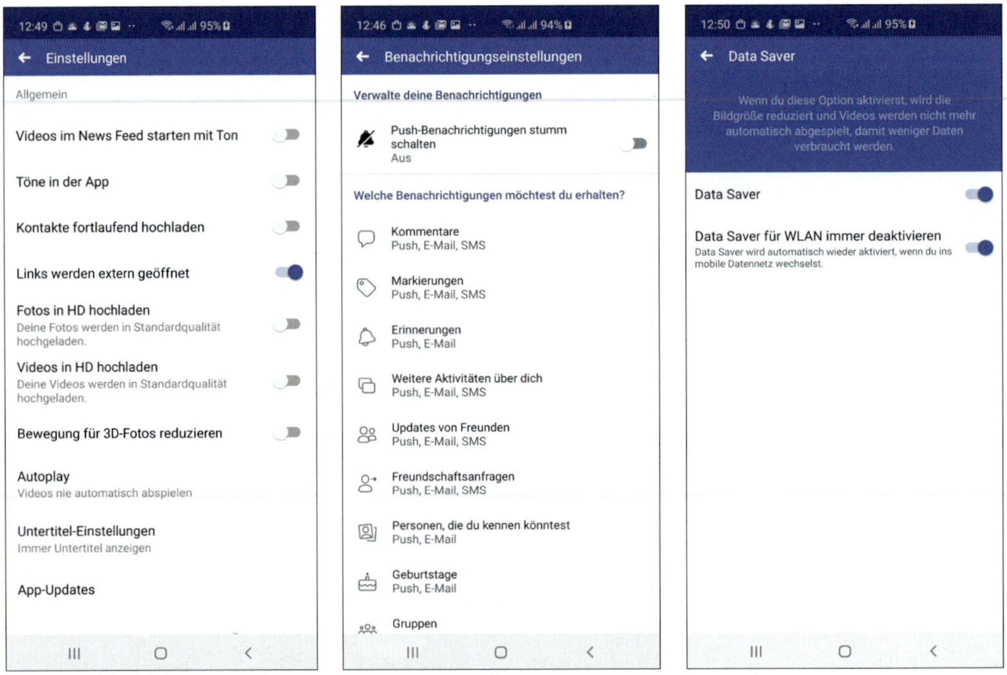


*App-Einstellungen, Benachrichtigungseinstellungen und Data Saver in der Facebook-App.*

Schalten Sie auch die Funktionen *Fotos in HD hochladen* und *Videos in HD hochladen* aus, da diese Einstellungen ebenfalls zu sehr hohem Datenverbrauch nicht nur bei Ihnen selbst, sondern auch bei allen, die Ihre Beiträge ansehen, führen.

In der Standardeinstellung öffnet Facebook externe Links im eingebauten Browser der App. Dies hat den Nachteil, dass sie nicht in der Verlaufsliste auf andere Geräte synchronisiert werden und man auch keine Lesezeichen anlegen kann. Weiterhin unterstützt der eingebaute Browser keine Erweiterungen und auch keine Werbeblocker. Aktivieren Sie den Schalter *Links werden extern geöffnet*, um Links aus Facebook im Chrome-Browser oder einem anderen installierten Browser auf dem Smartphone zu öffnen.

Mit dem *Data Saver* ganz unten im Menü unter den *Einstellungen* sparen Sie noch mehr Datenvolumen im Mobilfunknetz, indem Fotos in geringerer Auflösung gezeigt und Videos nicht mehr automatisch abgespielt werden.

Weiterhin sollten Sie in den Benachrichtigungseinstellungen alle weniger wichtigen Benachrichtigungen ausschalten, da das Smartphone sonst bei jeder Kleinigkeit auf Facebook klingelt und blinkt und Sie wichtige von unwichtigen Meldungen nicht mehr unterscheiden können. Leider lassen sich nicht alle Arten von Benachrichtigungen in der Facebook-App unterdrücken.

# Twitter

Twitter ist ein beliebter Kurznachrichtendienst, der zunehmend auch von Firmen und Infoportalen genutzt wird und auf dem besten Weg ist, die klassischen E-Mail-Newsletter zu ersetzen. Twitter hat derzeit 330 Millionen aktive Nutzer, davon etwa 3,8 Millionen in Deutschland. 1,8 Millionen davon twittern mindestens einmal in der Woche selbst. Deutlich mehr als die Hälfte davon nutzen mobile Endgeräte. Jeder Twitter-Nutzer kann Kurznachrichten öffentlich oder nur an bestimmte Personen schreiben. Über 500 Millionen solcher Tweets werden täglich veröffentlicht.

Mit der Twitter-App für Android kann man von unterwegs twittern, Direktnachrichten, Fotos, Videos und Links an Freunde oder auch an alle schicken. Beim ersten Start der Twitter-App loggen Sie sich mit Ihren Benutzerdaten ein. Wer noch kein Twitter-Konto hat, kann dieses auch in der App anlegen.

Seit einiger Zeit zeigt Twitter ausgewählte Tweets auf der Startseite und nicht mehr automatisch die neusten. Tippen Sie auf der Startseite auf das Symbol rechts oben, um wieder die neusten Tweets der Personen zu sehen, denen Sie folgen.

In der Twitter-App können Sie auch Listen, Trends und Erwähnungen sehen. Im eigenen Profil können Sie sich die letzten eigenen Tweets sowie die Follower – die Personen, die

Ihre Tweets lesen – anzeigen lassen. Weiterhin kann man in der Twitter-Anwendung den Twitter-eigenen Foto-Upload-Dienst nutzen. Man kann Listen und Trends sehen, Tweets, Themen und Hashtags suchen sowie Tweets von Personen in der eigenen näheren Umgebung finden. Mit dem Briefsymbol oben rechts senden Sie private Nachrichten an einzelne Twitter-Nutzer, die nicht öffentlich zu sehen sind.

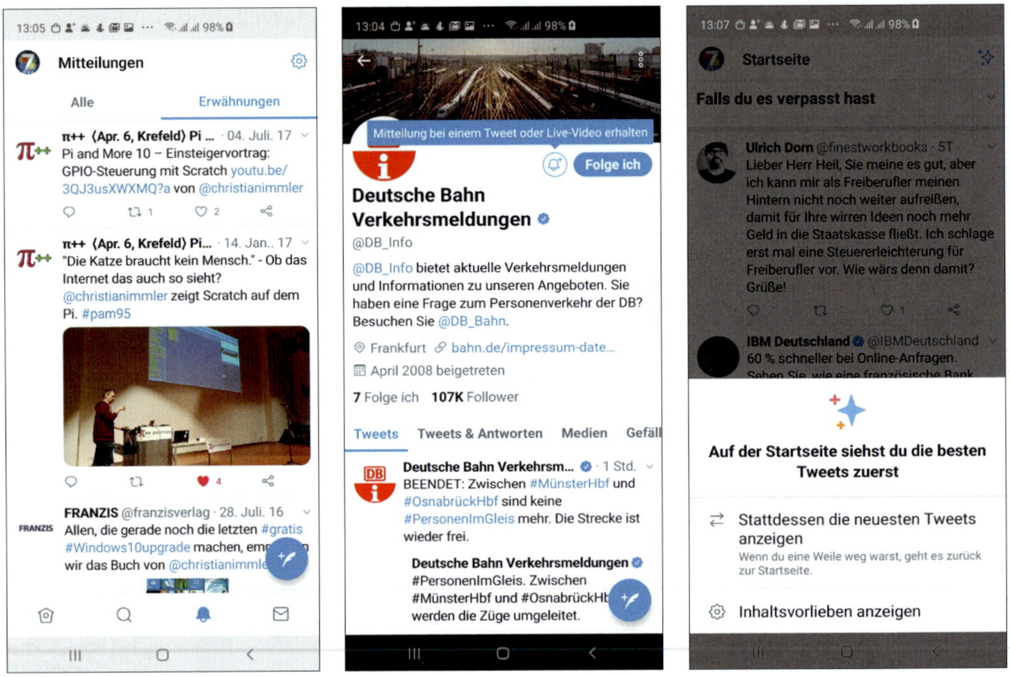


*Links: Persönliche Erwähnungen und Nachrichten in der Twitter-App für Android. Mitte: aktuelle Infos der Deutschen Bahn auf Twitter. Rechts: neuste statt ausgewählte Tweets anzeigen.*

Im Suchfeld oben können Sie nach beliebigen Begriffen suchen. Beginnen Sie die Eingabe mit dem #-Zeichen, um nach sogenannten Hashtags, also Stichwörtern, unter denen aktuelle Trends zusammengefasst werden, zu suchen, oder suchen Sie mit dem @-Symbol nach Personen.

## Wichtige Einstellungen in der Twitter-App

Die Einstellungen der Twitter-App erreichen Sie, indem Sie oben links auf Ihr Profilbild tippen und dann *Einstellungen und Datenschutz* wählen. Auch hier sollten Sie gleich als Erstes unter *Datenverbrauch* die Optionen *Automatische Videowiedergabe* und *High-Quality-Video* abschalten oder gleich den Datensparmodus einschalten.

Unter *Bildschirm und Ton* können Sie unter anderem einen augenschonenden Nachtmodus einstellen, der immer oder ab Sonnenuntergang den Bidschirm auf Schwarz mit weißer Schrift umstellt. Unter *Mitteilungen/Push-Mitteilungen* können Sie festlegen, dass eine Benachrichtigung erscheint, wenn Sie eine Antwort oder eine Erwähnung per Twitter bekommen. Dabei haben Sie die Wahl, ob das für alle Antworten und Erwähnungen gilt oder nur für solche von Benutzern, denen Sie selbst folgen. Über den Qualitätsfilter können Sie belanglose Mitteilungen geringer Qualität ausblenden. Über den Schalter *Krisen- und Notfallwarnungen* können Sie sich von vertrauenswürdigen Organisationen in Notfällen oder bei Katastrophen in der Umgebung per Push-Nachricht benachrichtigen lassen.

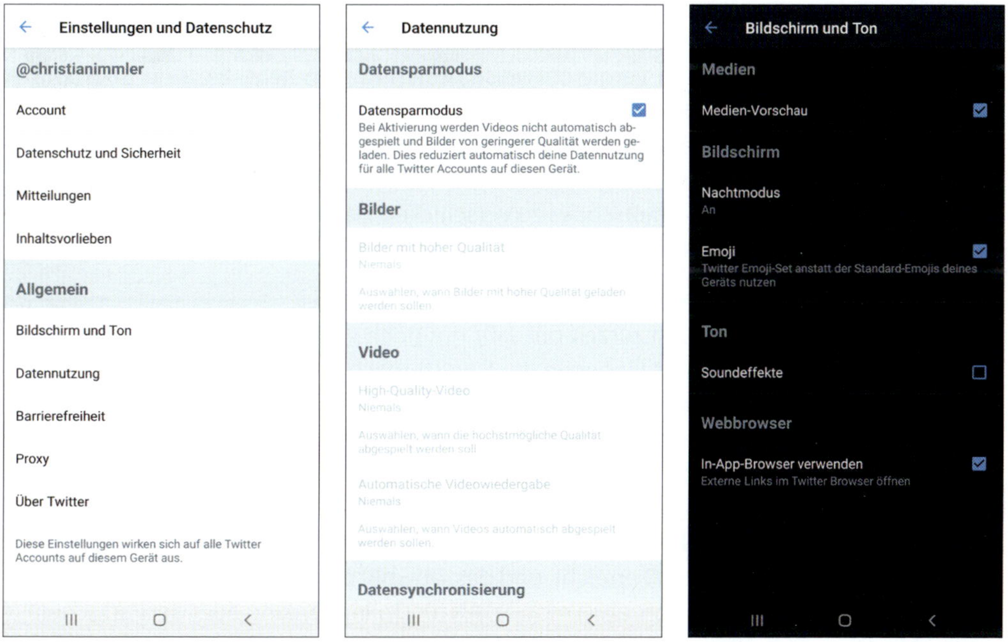


*Twitter-Einstellungen und Datensparmodus. Rechts: augenschonender Nachtmodus.*

> **ACHTUNG:** Theoretisch können Sie sich sogar bei jedem Tweet benachrichtigen lassen. Dies ist standardmäßig aber abgeschaltet. Bei aktiven Twitterern kommen Tweets von anderen Nutzern im Minutentakt an. Hier würde ständig die Benachrichtigung blinken, sodass man wichtige E-Mails oder Termine in der Benachrichtigungsflut gar nicht mehr wahrnehmen würde. Schalten Sie in den *Einstellungen* unter *Bildschirm und Ton* die *Soundeffekte* aus, sonst ertönt bei jedem Tweet ein Geräusch.

## Links aus dem Chrome-Browser twittern

Twitter integriert sich automatisch in den Browser. Um einen interessanten Link auf Twitter zu veröffentlichen, brauchen Sie im Chrome-Browser nur auf das Menüsymbol zu tippen und dann *Teilen* zu wählen. In der Liste der verfügbaren Sendemethoden finden Sie unter anderem auch zwei Symbole der Twitter-App, wenn diese installiert ist – eines für Direktnachrichten an eine bestimmte Person und eines für öffentliche Tweets.

Vor dem endgültigen Twittern können Sie noch einen Kommentar oder ein Foto hinzufügen. Zusätzlich können Sie aktuelle Standortdaten übertragen, was bei Regionalnachrichten nützlich sein kann. Benutzer können die Anzeige ihrer Tweets nach der Nähe zum eigenen Standort filtern, um gezielt Tweets aus der Umgebung zu sehen.

# SMS

SMS verlieren zwar bedingt durch mobile Messenger und E-Mails zunehmend an Bedeutung, was nicht zuletzt an den vergleichsweise hohen Kosten liegt. Sie sind aber immer noch eine beliebte Kommunikationsform, vor allem zwischen Benutzern einfacher Handys, die keinen Internetzugang haben. Außerdem werden SMS teilweise heute noch von Mobilfunkprovidern verwendet, um Konfigurationsdaten auf Handys zu übertragen. Viele Onlinedienste nutzen SMS, um Sicherheitscodes zu verschicken, da sich eine SMS im Gegensatz zu einer E-Mail wirklich nur von der Person lesen lässt, die über das Handy verfügt.

**INFO:** In Deutschland werden zurzeit pro Jahr nur noch weniger als 10 Milliarden SMS verschickt, davon etwa 400 Millionen in der Silvesternacht, was jedes Jahr vielerorts zu Zusammenbrüchen der Netze führt. Die Anzahl der versandten SMS wird zugunsten von WhatsApp in Zukunft weiter abnehmen. Im Jahr 2015 wurden in Deutschland nur noch 39,8 Millionen SMS pro Tag verschickt, aber 667 Millionen WhatsApp-Nachrichten. Im besten Jahr 2012 waren es noch 163,8 Millionen SMS pro Tag, was 59,8 Milliarden im Jahr entspricht. Die SMS-Nutzung hat inzwischen wieder das Niveau der »Vor-Smartphone-Ära« vor dem Jahr 2000 erreicht, und das, obwohl mittlerweile neue Anwendungen für SMS entwickelt wurden, etwa mobileTAN für Onlinebanking oder der Parkschein per SMS. Diese SMS dienen zwar nicht der Kommunikation zwischen zwei Menschen, verbessern aber immerhin noch die Statistiken der SMS-Nutzung insgesamt.

### Beim Tarifwechsel beachten

Neue SMS-Dienste wie zum Beispiel mobileTAN für Onlinebanking oder Parkgebühren bezahlen machen die SMS auch auf Smartphones noch interessant. Beachten Sie allerdings beim Wechsel auf einen günstigen Smartphone-Tarif, dass einige der preiswerten Anbieter wie etwa 1&1 keine Premium-SMS-Dienste unterstützen. Mit diesen SIM-Karten können also keine Parkgebühren oder Fahrscheine per SMS bezahlt werden. Einfache SMS an andere Handys funktionieren aber.

Natürlich kann man auch mit dem Samsung Galaxy S10 SMS senden und empfangen. Kommt eine SMS an, ertönt ein Benachrichtigungston und in der Benachrichtigungsleiste erscheint neben den Anzeigen neuer E-Mails und Facebook-Nachrichten ein weiteres Symbol. Ziehen Sie die Benachrichtigungsleiste herunter, um die SMS zu lesen oder zu beantworten.

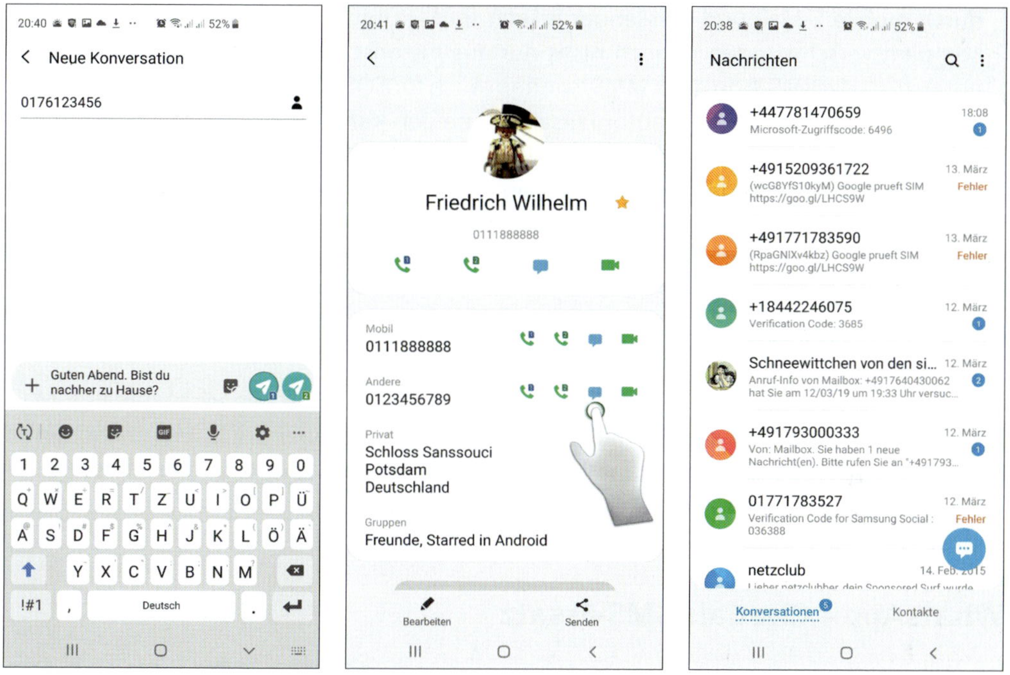


*SMS über die Nachrichten-App oder die Kontakte-App schreiben. Rechts: SMS werden nach Absendern sortiert als Verlauf angezeigt.*

Eine SMS zu schreiben, ist ganz einfach. Starten Sie die *Nachrichten*-App, dort finden Sie eine Liste der Konversationen sowie eine Kontaktliste. Hier können Sie ganz einfach SMS beantworten oder gespeicherte Kontaktpersonen finden.

Um eine SMS an eine Nummer zu schicken, die nicht in der Kontaktliste gespeichert ist, tippen Sie auf das Symbol *Neue SMS*. Auch hier können Sie Kontaktpersonen suchen, oder Sie tippen oben im Suchfeld die Nummer des Empfängers manuell ein. Tippen Sie dann auf *Starten*.

Schreiben Sie anschließend unten den Text. Ist dieser länger als 160 Zeichen, wird die SMS automatisch als mehrere SMS verschickt, wobei auch die Verkettung einige Zeichen kostet. In eine doppelte SMS passen also nicht ganz 320 Zeichen. Unten rechts wählen Sie eine der installierten SIM-Karten, um die SMS abzuschicken.

In einigen Fällen ist es leichter, den SMS-Empfänger in der Kontakte-App auszuwählen und dann in der Symbolleiste auf das Symbol *SMS* zu tippen. Das startet die SMS-App, die Nummer des Empfängers wird direkt übernommen.

**INFO:** Die MMS, ursprünglich als sehr teurer Nachfolger der SMS geplant, kam selbst in besten Zeiten kaum über 0,5 Millionen pro Tag. Die MMS wurde fast vollständig durch mobile E-Mail und Messenger ersetzt und ist mittlerweile aus den Statistiken komplett verschwunden. Jedoch nicht nur aus historischen Kompatibilitätsgründen unterstützt die SMS-App noch MMS, sondern auch für SOS-Nachrichten wird MMS weiterhin genutzt. Hier werden automatisch mit beiden Kameras Bilder fotografiert und diese mit einem Knopfdruck an eine wichtige Kontaktperson versendet. Das Samsung Galaxy S10 verwendet in solchen Notfällen MMS, da diese auch ohne Internetverbindung funktionieren und auf jedem Handy empfangen werden können.

## WhatsApp und andere Messenger

Messenger sind für die private, spontane Kommunikation inzwischen wichtiger als E-Mail. Per Chat kann man sich schnell mit Freunden verabreden oder kurze Informationen in Echtzeit austauschen. Selbstverständlich gehört auch eine Chat-App auf ein Samsung Galaxy S10 – *Google Duo* ist zwar, wie auf fast allen aktuellen Android-Smartphones, bereits vorinstalliert, aber im deutschsprachigen Raum noch wenig verbreitet.

### WhatsApp – Chat als SMS-Ersatz

Die Nummer eins der kostenlosen Apps im Google Play Store ist immer wieder der Messenger *WhatsApp*. WhatsApp ist auf dem besten Weg, die SMS zu ersetzen, und überzeugt durch sein Konzept sowie die einfache Installation und Nutzung. WhatsApp ist das Vorbild für diverse ähnliche Messenger-Systeme.

Anfang Februar 2016 gab das Unternehmen WhatsApp bekannt, dass die Marke von 1 Milliarde aktiven Nutzern überschritten wurde und täglich mit dem Dienst 42 Milliarden Nachrichten versandt wurden. WhatsApp gilt als der am schnellsten wachsende Internetdienst der Geschichte. Im Januar 2018 waren es bereits 1,5 Milliarden aktive Nutzer. Über WhatsApp werden 10 Milliarden Nachrichten in vier Stunden versendet, so viele wie SMS in einem Jahr. Damit kommt WhatsApp zurzeit auf etwa 65 Milliarden Nachrichten pro Tag, was etwa 750.000 pro Sekunde entspricht.

WhatsApp nutzt die Internetverbindung des Smartphones und nicht den SMS-Dienst. So fallen keine SMS-Kosten an. Die Nutzung ist im Rahmen einer Internetflatrate kostenlos, außerdem kann WLAN zum Versand und Empfang der Nachrichten verwendet werden, was bei SMS nicht möglich ist.

WhatsApp ist ein Messenger, der speziell für Smartphones entwickelt und nicht vom PC aufs Smartphone portiert wurde. Bei der Installation kann die App automatisch das Adressbuch auf dem Smartphone durchsuchen und alle Kontakte finden, die bereits WhatsApp nutzen. Damit wird die Verwendung so einfach wie SMS, nur kostenlos und nicht auf 160 Zeichen begrenzt. WhatsApp integriert sich automatisch in das Adressbuch auf dem Smartphone, sodass Sie auch von dort eine Nachricht per WhatsApp an eine in den Kontakten gespeicherte Person schicken können.

Über das Büroklammersymbol unten rechts lassen sich auch Bilder, Dokumente, Videos und Internetlinks verschicken. Alternativ können Sie auch aus allen unterstützten Apps über das *Teilen*-Symbol Daten per WhatsApp versenden.

Die Fotos lassen sich vor dem Versand mit Filtern bearbeiten. Über die Symbolleiste oben beim Verschicken eines Fotos bauen Sie Texte oder Grafiken in die Fotos ein, um zum Beispiel auf bestimmte Details hinzuweisen.

Mit dem Mikrofonsymbol zeichnet man Sprachnachrichten auf. Das Smiley links im Eingabefeld schaltet auf die Emoji-Tastatur um.

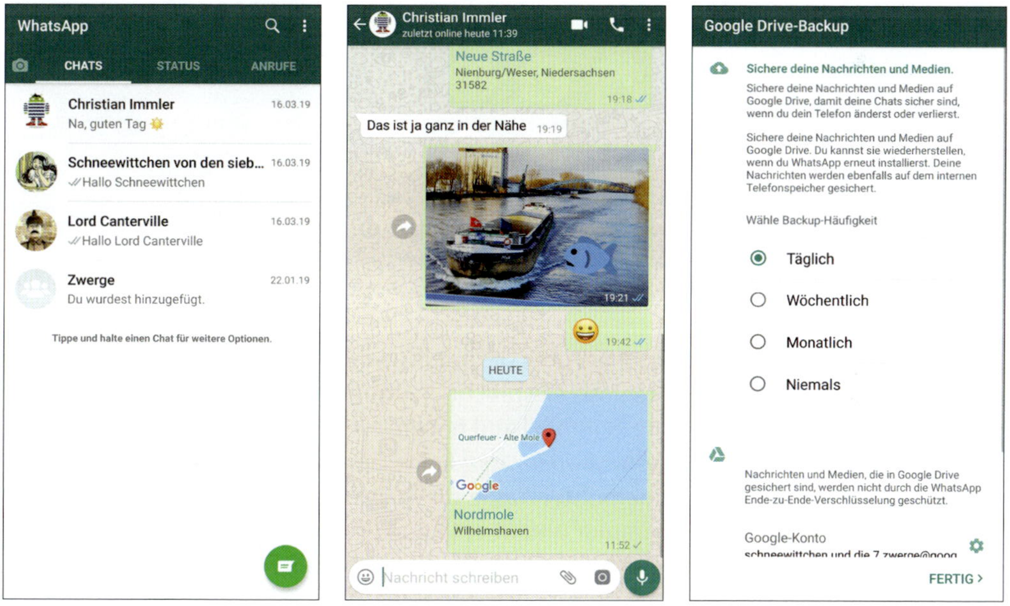


*Chatten per WhatsApp mit Standort und Bildern. Rechts: Datensicherung auf Google Drive.*

## Standort versenden

Um sich leicht zu verabreden, kann WhatsApp die aktuelle Position verschicken. Der Empfänger bekommt einen Google-Maps-Link, in dem die Position des Absenders eingetragen ist. Damit dies wirklich zuverlässig funktioniert, sollte natürlich das GPS auf dem Samsung Galaxy S10 eingeschaltet sein und die Standortdienste müssen aktiviert sein.

WhatsApp benötigt kein Google-Konto und identifiziert die Benutzer auch nicht darüber. Es bietet aber die Möglichkeit, in wählbaren Zeitabständen automatisch alle Daten auf Google Drive zu sichern. Um dort Speicherplatz zu sparen, können Sie die Videos von der Sicherung ausnehmen.

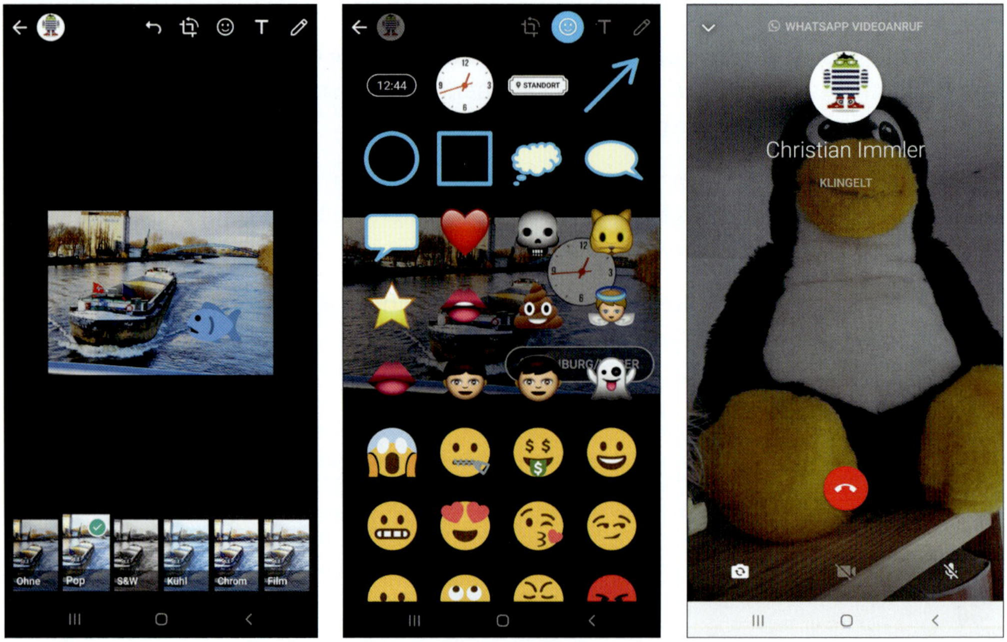


*Bilder vor dem Versenden bearbeiten. Rechts: WhatsApp-Videoanruf.*

WhatsApp bietet auch die Möglichkeit, über die Internetverbindung zu telefonieren – auch mit Video. Damit sind z. B. kostenlose Gespräche ins Ausland möglich, wenn beide Gesprächspartner eine Datenflatrate in ihrem Land haben oder ein WLAN nutzen. WhatsApp-Gespräche verbrauchen nur Datenvolumen, aber keine Gesprächsminuten des Mobilfunkvertrags und schon gar keine überhöhten Tarife für Auslandsgespräche. Im Gegensatz zu WhatsApp-Textnachrichten, die immer und überall funktionieren, stellt die Videotelefonie sehr hohe Anforderungen an die Qualität der Internetverbindung.

## Zwei WhatsApp-Konten mit Dual Messenger nutzen

Auf dem Samsung Galaxy S10 können Sie zwei WhatsApp-Konten parallel nutzen, was normalerweise auf ein und demselben Smartphone nicht möglich ist. Haben Sie zum Beispiel für die beiden Handynummern der beiden SIM-Karten zwei WhatsApp-Konten, können Sie diese jetzt auf demselben Samsung Galaxy S10 verwenden.

1. Nach der Installation von WhatsApp erscheint eine Benachrichtigung des *Dual Messenger*. Tippen Sie darauf, und aktivieren Sie auf dem nächsten Bildschirm den Schalter *WhatsApp*, um das zweite WhatsApp-Profil anzulegen.

2. Mit der Kontaktauswahl können Sie für das zweite WhatsApp-Profil die Kontakte einschränken. Lassen Sie diesen Schalter deaktiviert, stehen im zweiten WhatsApp ebenfalls alle Kontakte zur Verfügung.

3. Jetzt können Sie WhatsApp wie bei einer Neuinstallation mit der Nummer der anderen SIM-Karte einrichten und müssen auch einen per SMS erhaltenen Prüfcode bestätigen. In der App-Liste erscheint ein zweites WhatsApp-Symbol. Beide können Sie auf den Startbildschirm ziehen. Bei Verwendung des zweiten Kontos erscheint unten rechts in der App ein orangefarbenes Symbol.

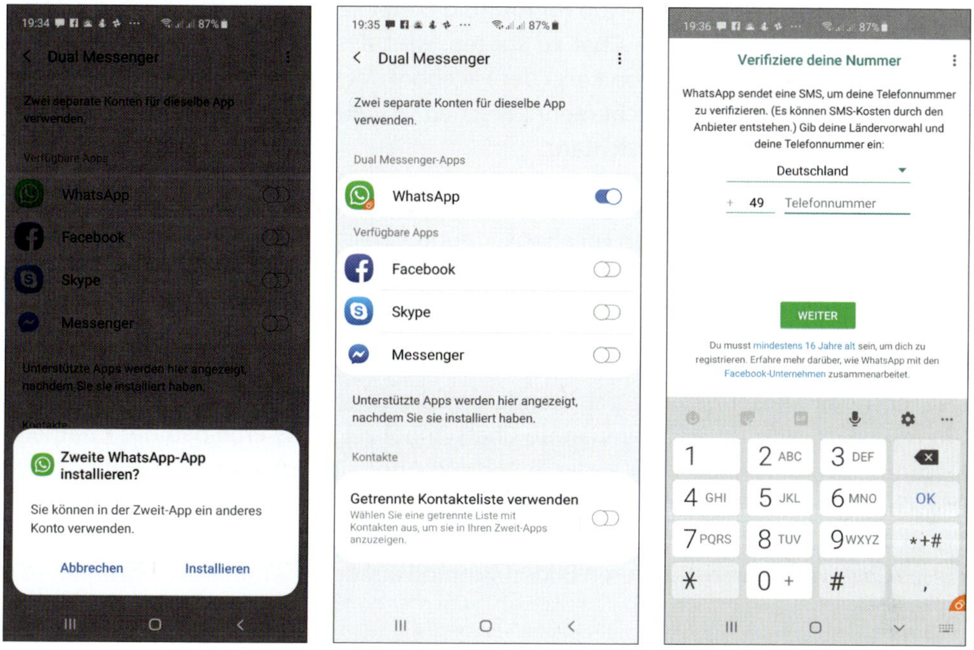


*Zwei WhatsApp-Konten auf einem Gerät einrichten.*

> **INFO:** Die App wird nur einmal installiert und dann ein zweites Profil angelegt. Das bedeutet, wenn Sie die erste Installation (ohne Dual-Messenger-Icon) deinstallieren, werden beide Profile entfernt.

Wenn Sie nicht gleich bei der Installation das zweite Profil eingerichtet haben, finden Sie den Dual Messenger in den *Einstellungen* unter *Erweiterte Funktionen*.

Der Dual Messenger unterstützt neben WhatsApp auch Facebook, Facebook Messenger, Skype, Snapchat, Telegram und Viber. In Zukunft sollen noch weitere Apps unterstützt werden.

## Facebook Messenger

Facebook hat mit seinen Nutzerzahlen alle anderen sozialen Netzwerke längst überholt. Da wundert es nicht, dass auch die Chatfunktion in Facebook den klassischen Chatsystemen immer mehr den Rang abläuft.

Facebook bietet eine eigene Messenger-App an. Diese kann auch im Hintergrund laufen und den Benutzer bei eingehenden Chatnachrichten per LED oder Signalton benachrichtigen. Die klassische Facebook-App für Android bietet seit einiger Zeit keine Chatfunktion mehr an. Beim Versuch, einen Chat zu starten, wird direkt auf den Facebook Messenger verwiesen. Nach der Installation kann der Facebook Messenger auch für SMS verwendet werden. Sie brauchen dann nicht mehr zwischen so vielen Apps zu wechseln und können auf die Standard-SMS-App verzichten.

Der Facebook Messenger ermöglicht auch Gruppenunterhaltungen sowie den Versand von Fotos oder Ortsangaben an Facebook-Freunde. Der Messenger sollte ursprünglich die schnelle Facebook-Kommunikation ermöglichen, ohne erst die »große« App zu starten. Allerdings stellt auch der Messenger hohe Ansprüche an die Qualität der Internetverbindung. WhatsApp funktioniert dagegen auch noch bei schwacher Netzabdeckung.

Der Facebook Messenger legt sich standardmäßig über laufende Apps, wenn eine neue Chatnachricht eintrifft. Das sogenannte Chatsymbol zeigt das Profilbild des Chatpartners als rundes Symbol an, das über anderen Android-Apps eingeblendet wird und frei auf dem Bildschirm verschoben werden kann. So kommt man schnell aus einer anderen App wieder in den Chat und wird benachrichtigt, wenn eine neue Nachricht ankommt. Ziehen Sie dieses Chatsymbol an den unteren Bildschirmrand auf das *x*-Symbol, verschwindet es vom Bildschirm.

Mit dem Schalter *Chatsymbole* in den *Einstellungen* können Sie die Chatsymbole ein- und ausschalten. Um die *Einstellungen* aufzurufen, tippen Sie im Messenger oben rechts auf Ihr Profilbild. Chatbenachrichtigungen werden zusätzlich als Android-Systembenachrichtigung in der Benachrichtigungsleiste angezeigt. Der *Data Saver* verhindert, dass empfangene Videos und Bilder über die Mobilfunkverbindung automatisch heruntergeladen werden. Stattdessen erscheint ein Downloadlink. Unter *Benachrichtigen und Töne* können Sie in den *Einstellungen* festlegen, wann der Facebook Messenger benachrichtigen soll.

### Facebook Messenger auf dem PC

Statt der Facebook-Seite mit dem winzigen Chatfenster kann man auf dem PC im Browser auch über *www.messenger.com* chatten. Diese Seite hat ein deutlich übersichtlicheres Design und verhält sich auch sehr flüssig.

## Facebook Messenger Lite

Der Facebook Messenger ist für seinen hohen Ressourcenverbrauch berühmt-berüchtigt. Facebook liefert deshalb eine neue Lite-Version des Messengers, der auf animierte GIFs, Farbspiele und diverse andere Zusatzfunktionen verzichtet. Wer einfach nur kommunizieren will, schriftlich oder per VoIP-Telefonie, ist damit besser beraten. Das Versenden von Links und Fotos funktioniert auch mit der Lite-Version. Diese verbraucht deutlich weniger Datenvolumen und Speicher auf dem Smartphone. Die App selbst ist nur etwa 10 MByte groß – gegenüber 138 MByte beim »großen« Messenger – und funktioniert auch bei schwacher Internetverbindung.

## Google Duo

*Google Duo* ist eine App, mit der Videoanrufe mit einem Fingertipp möglich sind. Die übersichtliche Oberfläche zeigt häufig kontaktierte Personen, die durch einfaches Antippen angerufen werden können. *Google Duo* ist auf allen neuen Smartphones seit Android 7 Nougat vorinstalliert, auch auf dem Samsung Galaxy S10.

Bei der ersten Anmeldung müssen Sie nur Ihre Telefonnummer bestätigen. Sie erhalten dann per SMS einen Code, der automatisch eingetragen wird, sodass Sie sofort loslegen können.

Mit dem Symbol *Neuer Anruf* können Sie sofort einen Videoanruf starten. Die zuletzt kontaktierten Personen werden direkt auf dem Startbildschirm angezeigt. Die Kontaktliste in *Google Duo* zeigt alle Personen aus dem eigenen Adressbuch an. Sie können aber nur Personen anrufen, die ebenfalls *Google Duo* auf ihrem Smartphone haben. Bei allen anderen öffnet sich die SMS-App, um die Person per SMS zu *Google Duo* einzuladen.

Wenn Sie in den *Einstellungen* die Option *Kuckuck* aktivieren, sieht die angerufene Person bereits eine Live-Vorschau Ihres Kamerabildes. Dies funktioniert allerdings nur, wenn beide Gesprächspartner sich gegenseitig in ihren Kontaktlisten haben.

## Skype

Vom Festnetz ins Ausland telefonieren ist teuer, vom Handy ist es noch teurer. Skype ist auf dem PC schon lange für kostenlose Telefonie im Internet bekannt. Skype funktioniert wie ein Messenger. Man registriert sich einmal mit seinem Namen auf der Skype-Webseite und kann dann alle Freunde, die ebenfalls Skype verwenden, in eine Kontaktliste eintragen und deren Onlinestatus anzeigen lassen. Seit Skype von Microsoft übernommen wurde, kann man sich ganz einfach mit dem Microsoft-Konto anmelden, mit dem man bei Windows 10 am PC angemeldet ist, und benötigt kein eigenes Benutzerkonto mehr.

Beim ersten Start der Android-App müssen verschiedene Berechtigungen gewährt werden, damit Sie mit Skype telefonieren und Daten verschicken können. Wie bei einem klassischen Messenger lassen sich auch Textnachrichten, Bilder und Dateien übertragen.

Tippen Sie auf einen Namen in der Skype-Kontaktliste, können Sie mit der Person chatten. Mit dem Telefonsymbol oben rechts im Chat rufen Sie die Person an. Mit Skype können Sie nicht nur mit anderen Skype-Nutzern kostenlos telefonieren, sondern auch zu sehr günstigen Preisen in das normale Telefonnetz der meisten Länder der Welt anrufen. Dazu kauft man ähnlich wie bei einer Prepaid-Karte online ein SkypeOut-Guthaben und wählt dann in der App die Telefonnummer. Skype listet die Gebühren für Gespräche in verschiedene Länder unter *www.skype.com/de/rates* auf.

Skype verwendet nicht das Mobilfunk-Telefonnetz, sondern eine Internetverbindung. Die App funktioniert am besten über WLAN, aber auch über UMTS oder LTE. Hier braucht man allerdings eine umfangreiche Datenflatrate, da bei VoIP-Gesprächen erhebliches Datenvolumen anfallen kann. Manche Mobilfunkbetreiber schließen VoIP-Gespräche in ihrer Datenflatrate explizit aus.

**Gesprächsqualität**

Für eine gute Gesprächsqualität sollte man sich mit dem Smartphone nicht zu hektisch bewegen und äußere Störquellen meiden.

Auch bei Skype tummeln sich mittlerweile Spammer, die andere Nutzer mit Werbebotschaften belästigen wollen. In Chats und auch bei Anrufen können Sie die betreffende Person ganz einfach blockieren. Tippen Sie oben auf Ihr Profilbild und gehen Sie dann in die *Einstellungen*. Hier können Sie unter *Kontakte/Blockierte Kontakte* diese Blockierungen bei Bedarf wieder aufheben. Unter *Anrufe/Anrufer ID* können Sie Ihre persönliche Telefonnummer eintragen, damit diese bei Skype-Anrufen an ein Telefon übertragen wird und der Gesprächspartner erkennen kann, wer anruft.

# Kapitel 6

# Fotos und Multimedia

Ein Smartphone eignet sich bestens als digitaler Bilderrahmen. Dank heutiger Speichergrößen von vielen GByte kann man Tausende von Fotos bequem mit sich herumtragen.

Die vorinstallierte Galerie-App zeigt alle Bilder, die sich im Gerätespeicher oder auf der Speicherkarte des Samsung Galaxy S10 oder in der Samsung Cloud befinden. Diese können vom PC übertragen, aus dem Internet heruntergeladen oder mit der Kamera fotografiert worden sein.

*Die Galerie auf dem Samsung Galaxy S10.*

Auf der Seite *Bilder* sind alle Fotos chronologisch geordnet, auf der Seite *Alben* nach Ordnern auf der Speicherkarte und im internen Speicher. Mit einer Zweifingerspreizgeste lässt sich die Größe der Vorschaubilder und damit die Anzahl gleichzeitig dargestellter Vorschaubilder verändern. Bei den *Alben* finden Sie auch Favoriten und Orte. Damit können Bilder nach ihren GPS-Koordinaten sortiert werden.

Tippen Sie länger auf ein Bild, wird der Auswahlmodus aktiviert. Jetzt können Sie durch Antippen oder Überstreichen mit dem Finger mehrere Bilder markieren und diese dann über das Menü rechts oben in ein Album kopieren oder verschieben, Tags setzen oder eine Diashow mit diesen Bildern starten. Beim Kopieren in ein Album können Sie auch neue Alben anlegen.

Tippen Sie auf eines der Vorschaubilder, wird das Foto groß dargestellt. Tippen Sie oben links auf den Pfeil, um von der Einzelbildansicht wieder zurück zur Galerie zu kommen. Drehen Sie das Samsung Galaxy S10 in der Hand, erscheinen Querformatfotos in voller Größe.

*Ein Foto in der Galerie-App.*

Mit zwei Fingern lässt sich weiterzoomen. Einfaches Wischen mit dem Finger horizontal über den Bildschirm blättert zu den nächsten oder vorherigen Bildern weiter bzw. zurück. Tippen Sie mitten ins Bild, um die Bedienelemente ein- oder auszublenden. Ohne die Symbolleisten wirken Fotos auf dem randlosen Bildschirm des Samsung Galaxy S10 viel besser. Die Navigationsleiste wird ausgeblendet, wenn Sie auf den kleinen Punkt tippen.

*Dasselbe Foto im Vollbildmodus ohne Bedienelemente der Galerie.*

# Die neuen Kameras auf dem Samsung Galaxy S10

Betrachtet man eine Werbung für das Samsung Galaxy S10, fällt erst auf den zweiten Blick auf, dass man damit auch telefonieren kann. Die neuen Kameras scheinen zu den wichtigsten Bauteilen dieses Smartphones zu gehören. Bei genauem Hinsehen fällt auf, dass das Samsung Galaxy S10 auf der Rückseite drei Kameras hat. Diese haben drei verschiedene Brennweiten. Was bei klassischen Kameras durch unterschiedlich lange Wechselobjektive oder einen analogen Zoom bewerkstelligt wird, wird hier einfach durch drei Kameras gelöst, die über eine gemeinsame App gesteuert werden.

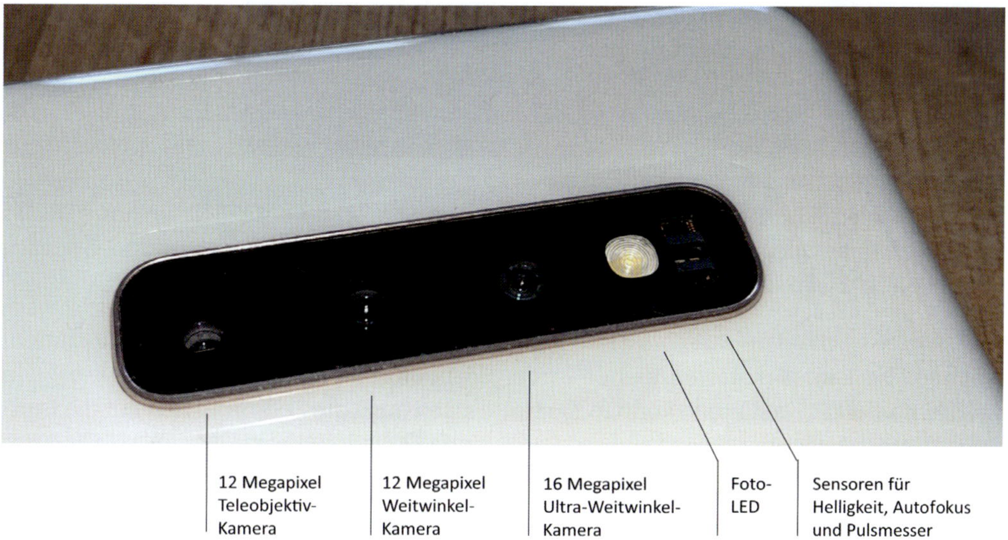


*Die Kameras auf der Rückseite des Samsung Galaxy S10.*

**ACHTUNG:** Achten Sie darauf, dass die Kameralinsen auf der Rückseite des Smartphones nicht verkratzen, wenn Sie das Gerät in die Tasche stecken und sich dort zum Beispiel auch noch ein Schlüsselbund befindet.

Das Samsung Galaxy S10 kann in vielen Fällen die klassische Digitalkamera ersetzen. Die Kameras im Samsung Galaxy S10 gehören zu den besten, die aktuelle Smartphones zu bieten haben.

Die Kamera wird über eine eigene Kamera-App auf dem Samsung Galaxy S10 gestartet. Anstatt auf das Kamerasymbol zu tippen, können Sie auch einfach zweimal kurz hintereinander auf die Einschalttaste des Samsung Galaxy S10 drücken. Das funktioniert auch, wenn sich das Smartphone im Ruhezustand befindet, der Bildschirm also ausgeschaltet ist. Diese Einstellung lässt sich über die Option *Schnellstart* in den Kameraeinstellungen ein- und ausschalten. Bei Verwendung eines Sperrbildschirms ohne PIN oder andere Sperre kann man die Kamera direkt vom Sperrbildschirm starten, indem man das Kamerasymbol aus der rechten unteren Bildschirmecke in Richtung Bildschirmmitte zieht.

*Die Kamera-App auf dem Samsung Galaxy S10.*

Die Bedienelemente der Kamera-App sind so angeordnet, dass sie sich, wenn man das Smartphone im Querformat in beiden Händen hält, bequem mit Daumen und Zeigefingern steuern lassen.

- Die große Schaltfläche rechts ist der Auslöser. Tippen Sie darauf, um ein Bild aufzunehmen. Die Lautstärketasten dienen in der Grundeinstellung zusätzlich als Auslöser. In den Kameraeinstellungen können Sie stattdessen auch die Zoomfunktion auf die Lautstärketasten legen.
- Nicht immer ist der Autofokus die beste Wahl. Um das Bild an einer bestimmten Stelle scharf zu stellen, tippen Sie dort auf den Bildschirm. Gleichzeitig erscheint ein Glühbirnensymbol, das Sie nach oben oder unten schieben können, um die Helligkeit einzustellen.
- Ganz rechts unten wird immer das letzte Foto als Minibild angezeigt. Tippen Sie darauf, öffnet sich die Galerie, in der Sie dieses Foto und auch alle anderen betrachten können.

## Zoom mit den drei Kameras

Die drei Kameras bieten drei verschiedene Brennweiten und bei jeder die volle Bildqualität. Solange Sie die festen Brennweiten nutzen, ergeben sich keine Qualitätsverluste wie beim digitalen Zoom der typischen Smartphone-Kameras.

Mit den drei Baumsymbolen wählen Sie die zu verwendende Kamera aus. Zusätzlich können Sie auch mit der altbekannten Zweifingergeste im Bild zoomen. Dabei erscheint eine Skala, die mit den gleichen Bäumen die Brennweiten der drei Kameras zeigt. Der interaktive Zoom schaltet automatisch auf die jeweils günstigste Kamera um.

*Die drei Kameras im Vergleich.*

*Zoom in der Kamera-App.*

## Die wichtigsten Symbole auf dem Kamerabildschirm

Der Kamerabildschirm zeigt rechts in Fingerreichweite des Auslösers einen Balken, auf dem sich durch Verschieben unterschiedliche Kameramodi auswählen lassen.

Mit dem linken Daumen erreichen Sie Symbole für wichtige Einstellungen. Je nach Kameramodus erscheinen hier auch noch weitere Symbole.

*Die Symbole in der Kamera-App links neben dem Auslöser.*

Das Kamerasymbol rechts oberhalb des Auslösers schaltet zwischen Hauptkamera und Frontkamera um. Das Gleiche funktioniert noch einfacher mit einer horizontalen Wischbewegung über den Kamerabildschirm.

Das Zahnradsymbol ruft die Einstellungen der Kamera auf.

Bei Dunkelheit kann das zu fotografierende Objekt mit der Blitz-LED auf der Rückseite des Samsung Galaxy S10 beleuchtet werden. Im automatischen Modus wird die LED abhängig von der Umgebungshelligkeit bei dunklen Szenen eingeschaltet. Diese sehr helle LED verbraucht viel Akkustrom und sollte daher nur sparsam eingesetzt werden. Bilder mit Blitz wirken oft unecht und sind dank des sehr guten Verhaltens der Kamera bei schwachen Lichtverhältnissen auf dem Samsung Galaxy S10 kaum noch nötig.

Mit einem Zeitauslöser können Sie die Aufnahme um 2, 5 oder 10 Sekunden verzögern, um zum Beispiel selbst noch ins Bild springen zu können.

Dieses Symbol blendet eine Leiste mit verschiedenen Effektfiltern ein, die direkt in Echtzeit auf das Bild gelegt werden können.

Diese Schaltfläche ruft die Samsung-Augmented-Reality-App *Bixby Vision* auf, die aus dem aktuellen Kamerabild Orte, Produkte, Texte oder QR-Codes erkennt und auswertet. Weitere Informationen dazu finden Sie in Kapitel 4.

Ein besonderer Modus der Kamera erstellt aus einem Selfie eine animierte Figur, die Sie später in Chats verwenden können.

## Szenenoptimierung und Scannen

Die Szenenoptimierung oberhalb der Bäume zur Brennweiteneinstellung versucht, automatisch entsprechend der Szene bestimmte Einstellungen vorzunehmen. Bei Dunkelheit kann das Bild automatisch aufgehellt werden. Wird ein Text erkannt, schaltet die Kamera-App in einen speziellen Scannen-Modus, der den Kontrast erhöht, den Text entzerrt und horizontal ausrichtet sowie Schatten und Wellen auf dem

Papier zu unterdrücken versucht. Tippen Sie auf das gelbe Symbol *Scannen*, um das Bild aufzunehmen und automatisch zu verarbeiten.

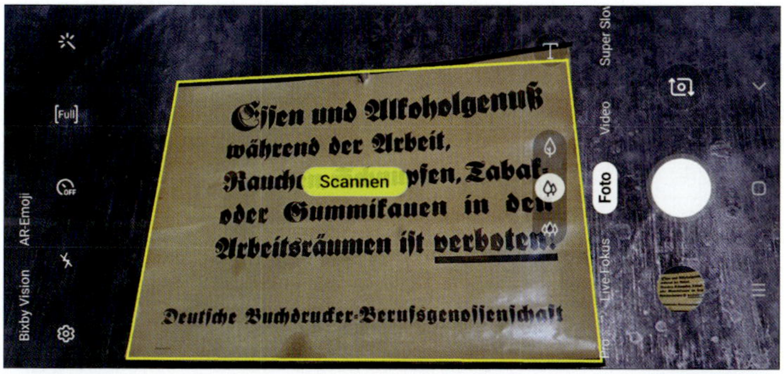


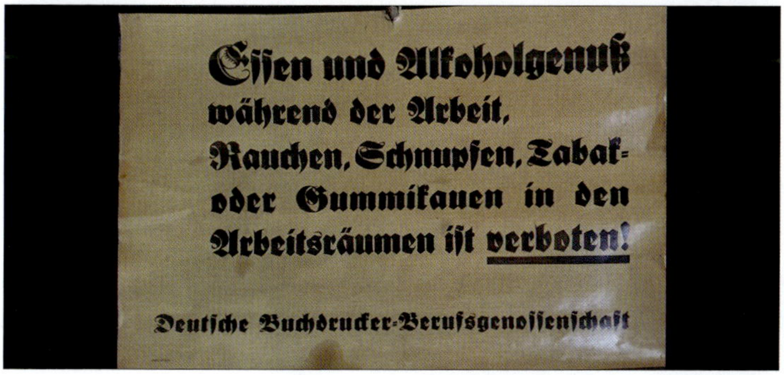


*Altes Schild im Scannen-Modus fotografiert und automatisch entzerrt.*

## Seitenverhältnisse und Bildauflösungen

Die drei Kameras haben unterschiedliche maximale Bildauflösungen. Die Tele- und Weitwinkelkamera liefern bis zu 12 Megapixel, die Ultraweitwinkelkamera sogar bis zu 16 Megapixel.

Fotografiert man mit dem Samsung Galaxy S10 Fotos im Standardseitenverhältnis 4:3, bleibt beim Zeigen auf dem Smartphone immer ein erheblicher Teil des Bildschirms schwarz. Das Symbol *Format* schaltet die Kamera zwischen verschiedenen Seitenverhältnissen um.

- **4:3** – klassisches Format für Papierausdrucke aus Druckautomaten in Drogeriemärkten.
- **16:9** – typisches Format moderner Monitore und Fernsehbildschirme.
- **Full** – Seitenverhältnis des Bildschirms des Samsung Galaxy S10.
- **1:1** – Quadratformat, besonders bei Instagram beliebt.

Das Samsung Galaxy S10 bietet im Gegensatz zu seinen Vorgängern keine Möglichkeit mehr, bei gleichbleibendem Seitenverhältnis zwischen verschiedenen Auflösungen zu wählen.

### Geringere Bildauflösung im Vollbildmodus

Im Vollbildmodus wird die Auflösung herabgesetzt: Die maximale Auflösung der Kameras wird nur im Modus 4:3 erreicht.

| Seitenverhältnis | Bildauflösung (Tele, Weitwinkel) | Megapixel | Bildauflösung (Ultraweitwinkel) | Megapixel |
|---|---|---|---|---|
| 4:3 | 4.032 x 3.024 | 12,2 | 4.608 × 3.456 | 15,9 |
| 16:9 | 4.032 x 2.268 | 9,1 | 4.608 x 2.592 | 11,9 |
| Full | 4.032 × 1.908 | 7,7 | 4.608 x 2.184 | 10,1 |
| 1:1 | 3.024 x 3.024 | 9,1 | 3.456 x 3.456 | 11,9 |

## Serienbilder aufnehmen

Halten Sie den Finger länger auf dem Auslöser, wird eine Bilderserie, zum Beispiel eine bewegte Szene, aufgenommen. Tippen Sie auf das Vorschaubild in der Kamera-App, werden alle Bilder der Serie angezeigt, und Sie können sich gleich das beste heraussuchen und nicht benötigte löschen. Das funktioniert auch später noch in der Galerie, in der die Bilderserie in der Vorschau wie ein Bild dargestellt wird.

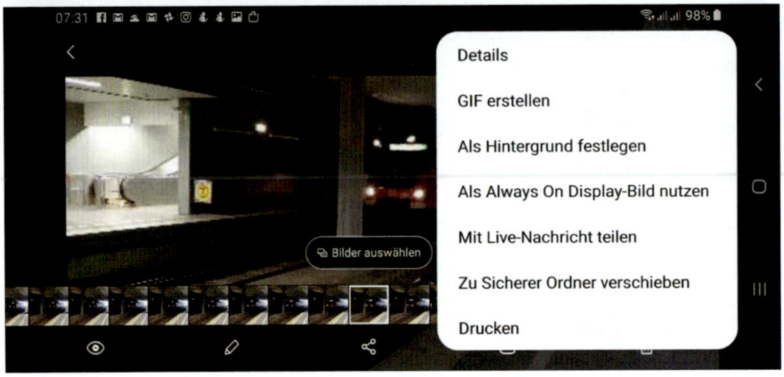


*Bilderserie aufnehmen und als GIF speichern.*

Anstatt sich für ein Bild zu entscheiden, können Sie aus der Serie auch ein animiertes GIF erstellen.

Mit den Symbolen am unteren Bildschirmrand entfernen Sie einzelne Bilder aus dem GIF, ändern das Seitenverhältnis, die Abspielgeschwindigkeit und -richtung.

## Effekte für Fotos

Die Kamera-App bietet verschiedene Filter, die direkt in Echtzeit über das auf dem Bildschirm angezeigte Kamerabild gelegt werden, noch bevor man den Auslöser drückt. Tippen Sie auf das Effekte-Symbol, um die Filterpalette einzublenden.

Unter den Filtern finden Sie bekannte Optionen wie *Satte Farben* und *Graustufen*, aber auch interessante künstlerische Effekte wie zum Beispiel *Evergreen* oder *Nostalgie*.

Wählen Sie den gewünschten Effekt aus, sehen Sie ihn sofort im Bild. Mit dem Modus *Original* kehren Sie zum Originalbild zurück.

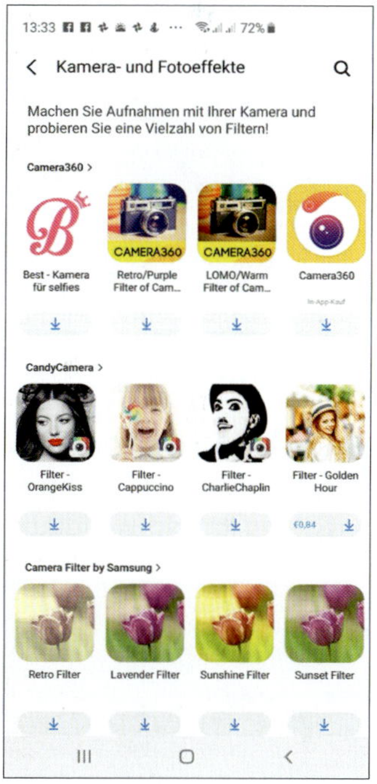


*Die Vorschaubilder schalten zwischen verschiedenen Filtern um, die direkt beim Fotografieren angewendet werden. Rechts: weitere Kamera- und Fotoeffekte herunterladen.*

Über das Download-Symbol ganz oben in der Liste können Sie weitere Filter und Kameraeffekte aus dem Samsung Galaxy Store herunterladen.

**Effekte sparsam verwenden**

Für alle Effekte gilt: Setzen Sie sie sparsam und effektvoll ein. Begehen Sie nicht den typischen Anfängerfehler und versehen jedes Bild mit irgendeinem Effekt. Das wirkt einfach nur kitschig, wohingegen sparsam eingesetzte Effekte ein Bild durchaus interessant wirken lassen. Niemand will sich eine Fotosammlung ansehen, bei der jedes Bild einen Effekt hat.

## PRO – der Profimodus der Kamera

Im Profimodus, erreichbar über die Leiste mit den Kameramodi, können Sie manuell scharf stellen sowie Belichtung, Weißabgleich, ISO-Empfindlichkeit und Farbton einstellen.

*Detaillierte Belichtungseinstellungen im Profimodus der Kamera.*

### Autofokus-Modus

Im Pro-Modus lässt sich auswählen, ob der Autofokus auf die Mitte fokussieren soll oder auf mehrere Bereiche. Dabei erscheinen gelbe Quadrate an Stellen im Bild, wo fokussiert wird.

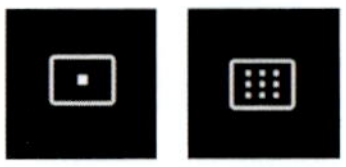

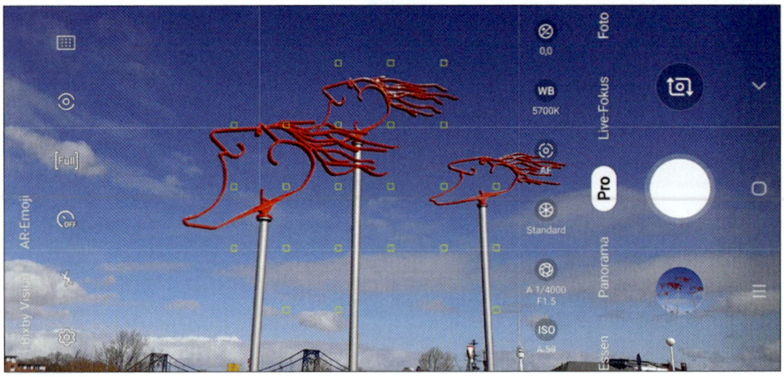


*Multi-Autofokus im Pro-Modus der Kamera.*

## Helligkeitsmessung

Der Pro-Modus bietet drei Methoden zur Helligkeitsmessung im Bild: *Mittenbetont*, *Matrix* oder *Punkt*. Tippen Sie einen Punkt auf dem Kamerabild an, an dem die Messung erfolgen soll.

## Belichtung

Die Belichtungsautomatik findet nicht immer die optimale Belichtung. Besonders bei starkem Gegenlicht oder extrem schwachen Lichtverhältnissen empfiehlt es sich, manuell nachzuhelfen. Tippen Sie auf das Belichtungssymbol, können Sie die Belichtung manuell einstellen.

*Verschiedene Belichtungseinstellungen bei Gegenlicht.*

## Weißabgleich

Je nach Lichtfarbe können Sie einen Weißabgleich beim Fotografieren einstellen. Durch unterschiedliche Einstellungen der Farbtemperatur geben Sie Bildern im grellen Sonnenlicht, bei bewölktem Himmel, beim Licht von Glühbirnen oder Kerzen ein realistisches Aussehen.

Der Weißabgleich kann, wie auch einige andere Effekte, mit dem Schalter *Auto/Manual* ganz oben zwischen Automatik und manueller Einstellung umgeschaltet werden.

*Verschiedene Einstellungen für den Weißabgleich.*

## Autofokus

Bei Fotos mit großer räumlicher Tiefe empfiehlt es sich, den Autofokusbereich manuell einzustellen. Über einen Regler auf dem Kamerabildschirm legen Sie fest, ob der Autofokus auf Objekte in der Nähe oder eher in größerer Entfernung scharf stellen soll. Erkannte Kanten im Bild werden zum Fokussieren grün hervorgehoben.

*Autofokus manuell einstellen.*

## Feinjustierung

Der Pro-Modus bietet statt vorgefertigter Filter die Möglichkeit, verschiedene Parameter selbst zu justieren. Der Effekt ist in Echtzeit auf dem Kamerabild zu sehen.

*Feineinstellung im Pro-Modus der Kamera.*

## Belichtungszeit und Blende

Eine der großen Neuerungen des Samsung Galaxy S9 war die Kamera mit variabler Blende, die sich wie das menschliche Auge der Umgebungshelligkeit anpasst. Die Kamera des Samsung Galaxy S10 bietet die gleichen Möglichkeiten. Im Automatikmodus passt das Objektiv die Blende automatisch an. Im Profimodus kann die Blende manuell gewählt werden, dabei stehen die Blendenzahlen f1.5 und f2.4 zur Auswahl. Ein Regler auf dem Bildschirm ermöglicht auch die freie Einstellung der Belichtungszeit. Mit dem Symbol oben in der Mitte wechseln Sie auch hier schnell zwischen automatischer und manueller Einstellung.

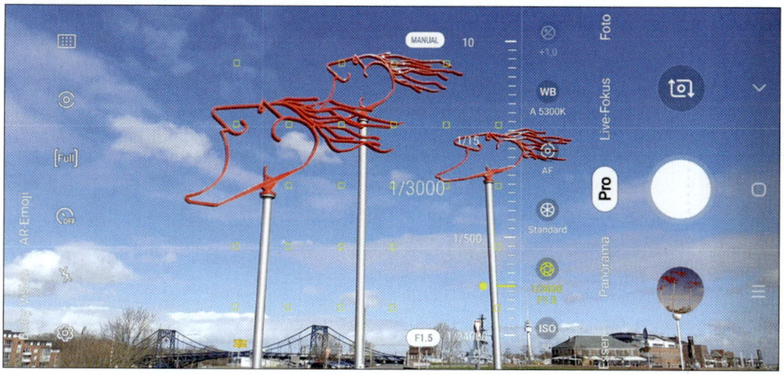


*Einstellung von Blende und Belichtungszeit.*

## ISO

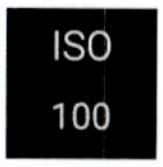


Die Maßeinheit ISO gibt die Lichtempfindlichkeit an. Früher wurde diese durch das Filmmaterial vorgegeben, heute stellt man darüber die Lichtempfindlichkeit des Kamerasensors ein. Bei schwachem Licht braucht man höhere ISO-Werte, bei hellem Licht geringere. Diese ISO-Werte lassen sich im Pro-Modus der Kamera-App simulieren. Die Belichtungszeit der Kamera wird automatisch an den verwendeten ISO-Wert angepasst.

## Instagram

Fotos vom Smartphone in ein soziales Netzwerk hochzuladen, ist nichts Neues mehr. Mit Instagram gibt man dem Bild Stil und veröffentlicht gleich die passende Stimmung mit dazu. Instagram hat alle wichtigen Funktionen eines sozialen Netzwerks. Hier kann man direkt dem Fotostream von Freunden folgen, die auf diese Weise ihr Leben erzählen.

Bei der Vorstellung des Samsung Galaxy S10 wurde ein neuer Modus, speziell für Instagram, innerhalb der Kamera-App angekündigt. Damit braucht man nicht mehr selbst die Instagram-App aufzurufen, um Fotos direkt nach dem Fotografieren auf Instagram zu veröffentlichen.

Nach dem Fotografieren können Sie das Bild noch bemalen, beschriften oder mit Stickern versehen. Unter den Stickern finden sich auch solche, die die Temperatur, Hashtags oder den Standort anzeigen. Die anzuzeigenden Daten lassen sich auswählen und automatisch eintragen. Anschließend kann das Bild veröffentlicht oder als persönliche Nachricht an einen Instagram-Freund gesendet werden.

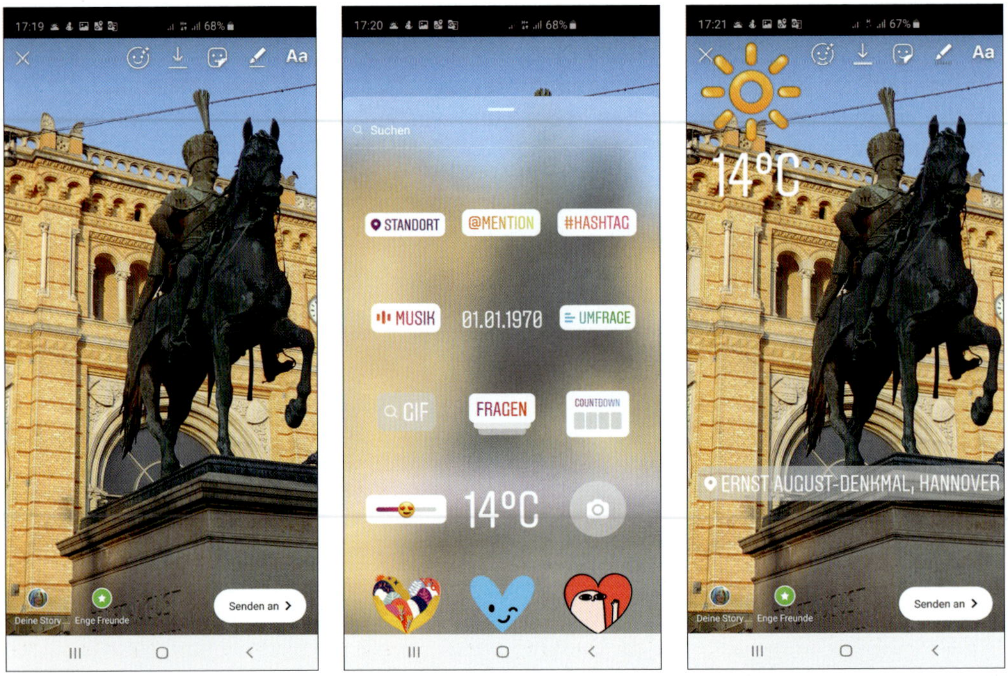


*Foto direkt aus der Kamera auf Instagram posten.*

## Instagram in der Galerie

Die Galerie enthält in der Symbolleiste unten ein Instagram-Symbol. Damit lässt sich ein Foto direkt auf Instagram veröffentlichen. Die Instagram App muss dazu auf dem Samsung Galaxy S10 installiert sein.

### Insta-Foto-Spots

In vielen Städten und Urlaubsorten haben lokale Instagrammer oder auch Tourismus-Organisationen beliebte Fotostandorte vor Sehenswürdigkeiten als Insta-Foto-Spots markiert. So weiß man gleich, wo man eine günstige Fotoperspektive hat. In einigen Fällen sind die Koordinaten auch in interaktiven Stadtführern und Apps enthalten oder werden als QR-Codes auf Infotafeln oder in Prospekten geliefert.

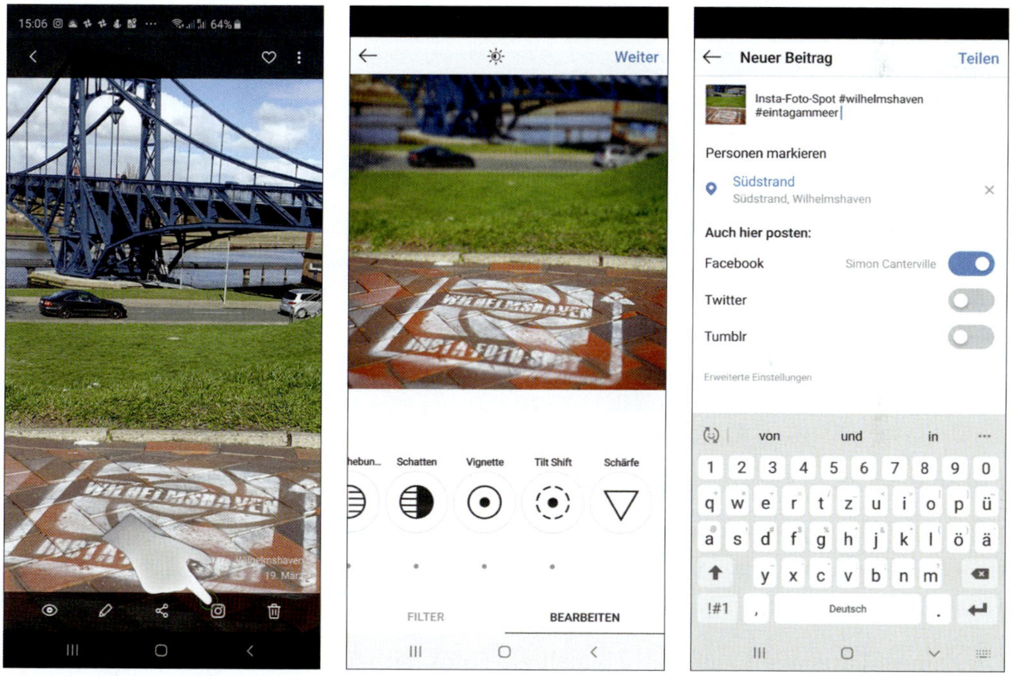


*Foto in der Galerie auf dem Smartphone auswählen, mit Filtern aufbessern, mit Ort und Hashtags versehen und auf Instagram und anderen sozialen Netzwerken posten.*

In der Instagram-App sind jede Menge Farbfilter, Rahmen und Effekte vorgegeben. Diese Effekte lassen sich nachträglich auf bereits auf dem Smartphone gespeicherte Fotos legen. Gerade die Vielzahl und grafische Qualität dieser Effekte und Filter unterscheiden Instagram von ähnlichen Apps und Netzwerken.

In den Texten werden üblicherweise Hashtags verwendet, um auch andere Fotos zum Thema zu finden. Nach Eingabe des #-Zeichens und der ersten Buchstaben schlägt die App automatisch passende Hashtags vor.

Beim Veröffentlichen auf Instagram kann man seine Fotos auch direkt in anderen sozialen Netzwerken teilen, die mit dem eigenen Instagram-Konto verknüpft sind.

## Weitere interessante Kameramodi

Die Samsung-Kamera-App bietet neben der ganz normalen Automatikaufnahme und dem Pro-Modus noch weitere spezielle Aufnahmemodi für Sonderfälle an. Wir stellen hier die interessantesten vor.

Wischen Sie auf dem Kamerabildschirm von oben nach unten, erscheinen rechts im Bild weitere Kameramodi für besondere Fotoszenarien. Die Schaltfläche *Foto* schaltet immer wieder zur normalen Kamerafunktion zurück.

*Weitere Kameramodi auf dem Samsung Galaxy S10.*

### Panorama

Mit dieser Funktion fotografieren Sie eindrucksvolle Landschaftspanoramen. Drücken Sie den Auslöser und drehen Sie sich langsam um Ihre eigene Achse. Halten Sie dabei das Galaxy S10 möglichst ruhig.

Die Kamera fotografiert automatisch mehrere Fotos nacheinander und setzt diese nahtlos zu einem einzigen Panoramabild zusammen, das mit jedem Bildbetrachter angesehen werden kann.

**Google Fotos besser als Galerie**

Betrachten Sie Panoramafotos besser in der Google-Fotos-App. Hier erscheinen sie im Gegensatz zur Galerie unverzerrt und lassen sich interaktiv drehen.

Nicht immer hält die Aufnahme genau nach einer Drehung von 360° an. So kann es passieren, dass Objekte, die an einem Bildrand stehen, am anderen Bildrand ein zweites Mal auftauchen. Achten Sie auch darauf, dass keine sich schnell bewegenden Objekte während der Aufnahme in das Bild geraten, da diese sonst mehrfach erscheinen.

Sie können jederzeit die Panoramaaufnahme durch Antippen des Auslösers mit dem Stopp-Symbol stoppen, auch bevor die 360° erreicht sind.

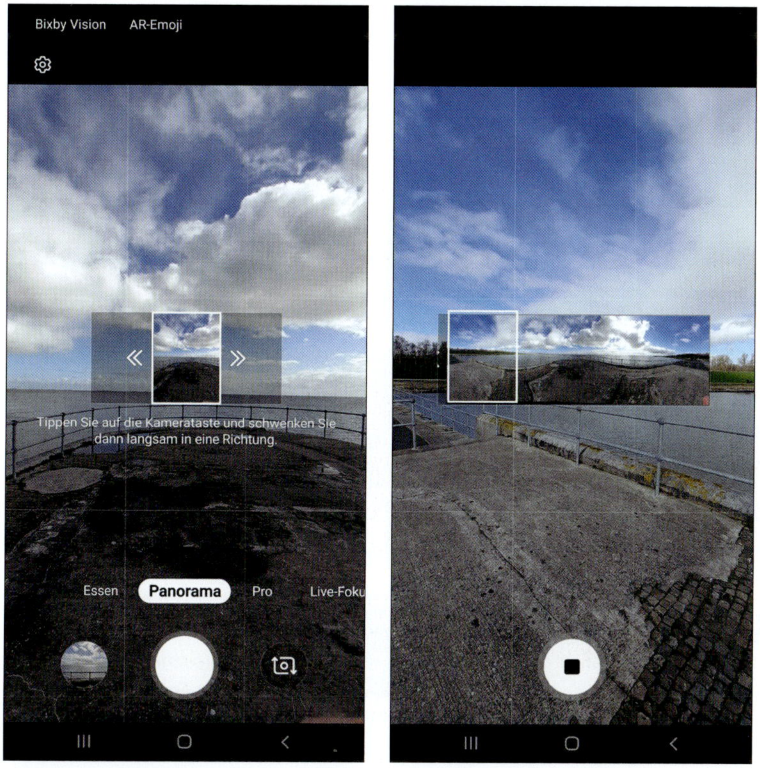


*Panoramafoto mit der Kamera des Samsung Galaxy S10 fotografieren.*

*Ein mit dem Samsung Galaxy S10 aufgenommenes Panorama wirkt in der Gesamtansicht verzerrt.*

## Live-Fokus

Um schnelle Bewegungen oder Dynamik ins Bild zu bringen oder einfach nur in der Mitte ein Objekt zu betonen, können Sie mit dem Live-Fokus verschiedene Unschärfe- und Verzerrungseffekte ins Bild bringen, die von der Mitte nach außen hin immer ausgeprägter werden.

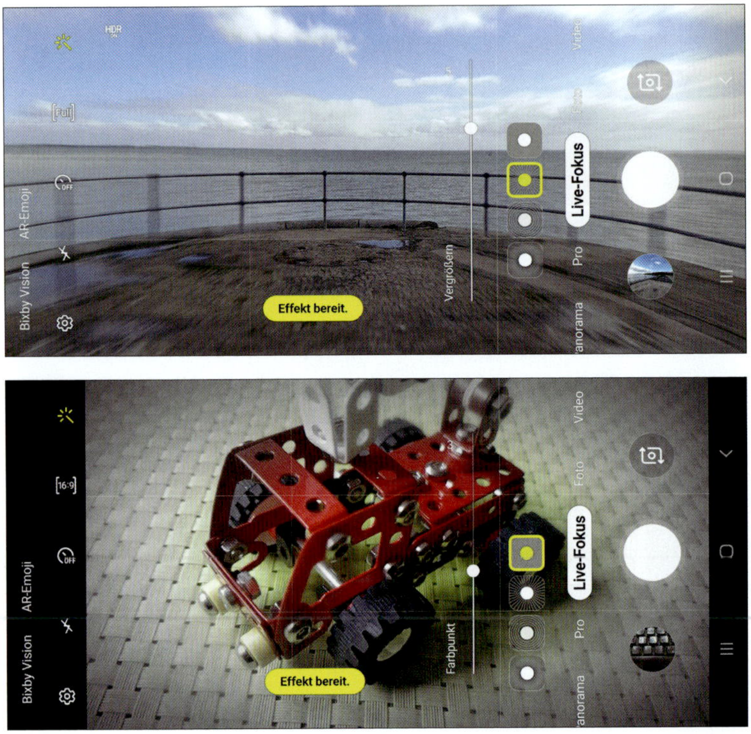


*Fotos mit verschiedenen Live-Fokus-Effekten.*

## Essen

Im Modus *Essen* wird ein runder Bereich in der Mitte scharf gestellt und die Randbereiche werden leicht weichgezeichnet. Weiterhin bietet dieser Modus einen speziellen Farbabgleich, um Fotos von Lebensmitteln besonders appetitlich erscheinen zu lassen.

*Links: Aufnahme im Essen-Modus, rechts: normale Aufnahme.*

## Video

Im Videomodus tippen Sie auf den Auslöser, der jetzt einen roten Punkt zeigt, um die Aufnahme zu starten. Unten läuft eine Anzeige mit der aktuellen Länge des Videos. Tippen Sie ein zweites Mal auf den Auslöser, um die Aufnahme zu stoppen. Die Pause-Taste ermöglicht Pausen während der Aufzeichnung, ohne die Videodatei zu beenden. Tippen Sie noch einmal auf das Pause-Symbol, wird die Aufzeichnung derselben Datei fortgesetzt.

*Video mit der Kamera aufnehmen.*

## Super Slow-Mo

In diesem Aufnahmemodus filmen Sie schnell bewegte Objekte, wobei ein Zeitabschnitt in Superzeitlupe abgespielt wird. Tippen Sie auf den Auslöser, um mit der Aufnahme zu beginnen, und beenden Sie diese, indem Sie nochmals auf den Auslöser tippen, oder automatisch nach ein paar Sekunden. Anschließend können Sie das Video noch bearbeiten. Leider verwendet diese Funktion nicht den Originalton, sondern legt automatisch eine lästige Musik hinter das Video, was sich auch standardmäßig nicht abschalten lässt. Sie können aber beim Bearbeiten auf *Stumm* tippen und die Aufnahme dann ohne Ton speichern.

*Super-Slow-Motion-Video.*

## Hyperlapse

Der Modus *Hyperlapse*, auf Deutsch »Zeitraffer«, nimmt ein Video mit geringerer Bildrate auf, sodass es später schneller und nicht langsamer abgespielt wird als im Original.

## Selbstporträts mit der Frontkamera

Sich selbst mit dem Handy zu fotografieren, war früher mit viel Zufall und akrobatischem Geschick verbunden. Auf dem Samsung Galaxy S10 können Sie, wie bei fast allen Smartphones, über dieses Symbol oder mit einer horizontalen Wischbewegung in der Kamera-App auf die Frontkamera zum Fotografieren umschalten, wenn das Smartphone quer gehalten wird. Halten Sie es im Hochformat, wischen Sie vertikal.

Jetzt sehen Sie sich selbst auf dem Bildschirm und können wesentlich einfacher Selbstporträts – heute vielfach als Selfies bezeichnet – aufnehmen. Ist die Frontkamera eingeschaltet, werden beim Wischen von links nach rechts nur weniger Kameramodi zur Auswahl angeboten als bei der Hauptkamera.

### Gruppen-Selfie

Im Gruppen-Selfie-Modus können Sie eine größere Gruppe von Personen fotografieren, die nicht auf einmal auf das Bild passen würden. Drehen Sie dazu das Smartphone ähnlich wie bei einer Panoramaaufnahme. Der Rahmen auf dem Bildschirm zeigt, welche Personen bereits aufgenommen wurden.

### AR Emojis

AR-Emojis sind animierte Figuren, die man als GIF in Chats einfügen kann anstelle klassischer Emojis.

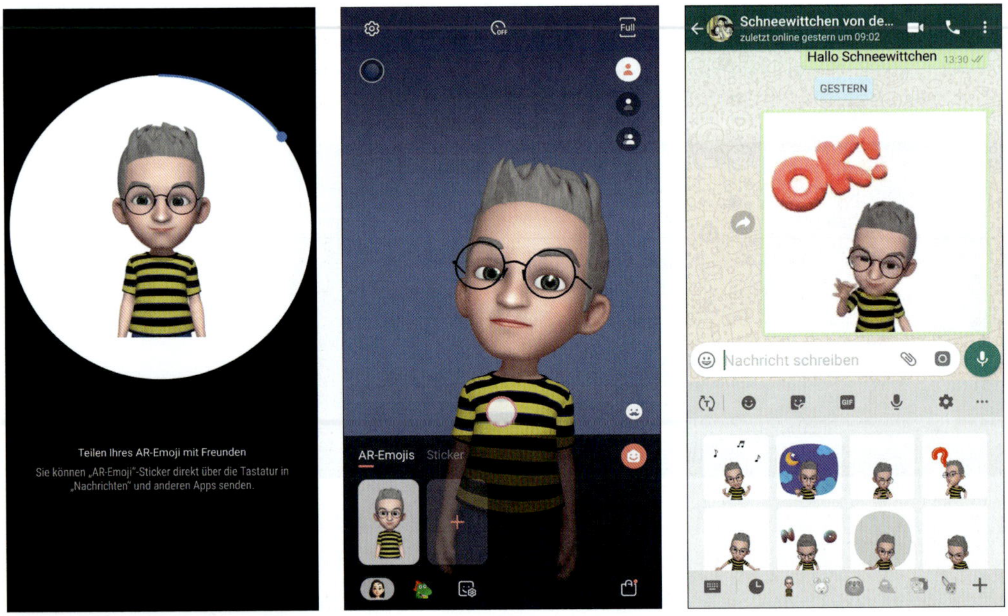


*AR-Emoji erstellen und in Chats versenden.*

Machen Sie im Modus *AR-Emojis* der Kamera-App ein Selfie, wird daraus eine Serie animierter GIFs erstellt, die – glaubt man der Werbung – Ähnlichkeit mit der fotografierten Person haben sollen. Nach der Fotoaufnahme können Sie noch Haare, Brille und Kleidung der Person anpassen.

## Wichtige Kameraeinstellungen

Über das Zahnradsymbol in der Kamera-App können Sie verschiedene wichtige Einstellungen vornehmen. Diese sind nach unterschiedlichen Kategorien aufgeteilt.

### Automatisch beste Aufnahme finden

In den Anfangszeiten halbautomatischer Kameras witzelten Fotografen, die ihr Handwerk noch mit mechanischen Kameras beherrschten, über die sogenannte Motivklingel, die die Leute, die nur noch mit Automatik fotografieren, an geeignete Motive erinnert, damit sie selbst die Motivwahl wie alle anderen Einstellungen nicht mehr selbst vornehmen müssen.

Die *Aufnahmevorschläge* in den Kameraeinstellungen liefern auf dem Samsung Galaxy S10 die langersehnte Lösung. Ist diese Einstellung aktiviert, erscheint ein grauer Ring in der Bildschirmmitte. Zusätzlich ist ein weißer ausgefüllter Kreis zu sehen. Bringen Sie diesen in den Ring, um eine Szene zu finden, die in Komposition und Ausleuchtung möglichst optimal erscheint.

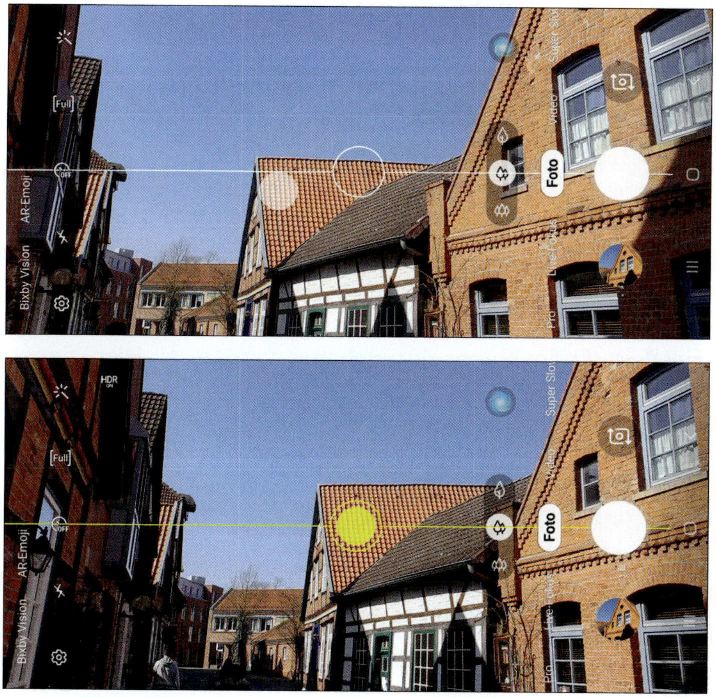


*Szene durch Aufnahmevorschläge verbessern.*

## HDR-Modus

Die Abkürzung **HDR** steht für **H**igh **D**ynamic **R**ange (zu Deutsch »hoher Dynamikumfang«) und bezeichnet eine Technik in der Fotografie, die früher teuren Spezialkameras vorbehalten war. Bei schwierigen Belichtungsverhältnissen wie zum Beispiel gleißendem Tageslicht oder dunklem Kerzenschein wirken Teilbereiche eines Fotos immer zu hell oder zu dunkel. Die HDR-Fotografie bedient sich hier eines Tricks, um auch in dunklen Bereichen eines Fotos noch Details darzustellen. Die Kamera fotografiert im HDR-Modus automatisch drei Bilder mit unterschiedlichen Belichtungseinstellungen und errechnet daraus ein neues Bild mit deutlich höherem Dynamikumfang. Sie brauchen sich um nichts weiter zu kümmern, als die Kamera möglichst ruhig zu halten, damit die drei Aufnahmen auch wirklich exakt das gleiche Bild zeigen.

*Ohne HDR wäre das Schild im Schatten des extrem hellen Tageslichts nicht mehr zu lesen.*

Das Samsung Galaxy S10 verwendet in der Standardeinstellung automatisch einen HDR-Modus, der nur abgeschaltet wird, wenn sich die Umgebung nicht für HDR-Aufnahmen eignet, wie zum Beispiel bei schnell bewegten Objekten. Ob der HDR-Modus aktiv ist, wird durch ein Symbol oben links im Kamerabild angezeigt. In den Kameraeinstellungen unter *HDR* legen Sie fest, ob HDR bei Bedarf oder immer eingeschaltet werden soll. Hier können Sie diesen Modus auch ganz abschalten und auf HDR verzichten.

## Weitere Einstellungen

- **Szenenoptimierung** blendet das Symbol zur Szenenoptimierung ein. Hier gibt es verschiedene Parameter, die bei aktiver Szenenoptimierung automatisch verbessert werden können.
- **Mängelerkennung** meldet, wenn eine Person im Bild blinzelt oder unscharf ist. Auch bei Flecken auf der Kameralinse erscheinen Meldungen.

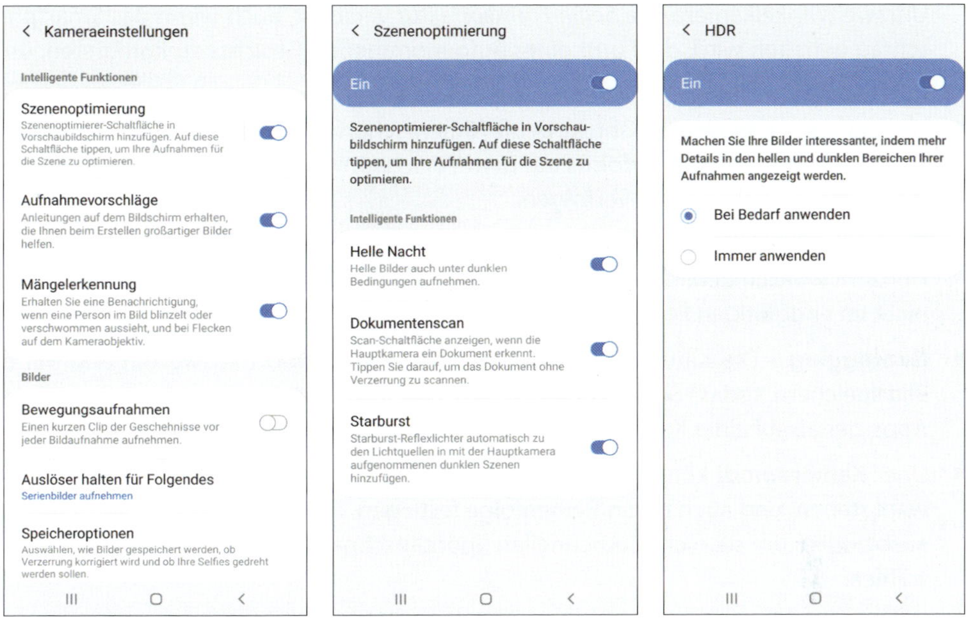


*Kameraeinstellungen zu Szenenoptimierung und HDR.*

- **Bewegungsaufnahmen** nimmt vor einem Foto eine kurze Videosequenz auf. Diese kann in der Galerie-App automatisch vor dem Foto dargestellt werden. Schalten Sie diese Option am besten aus, da bei vielen Schnappschüssen die Sekunden vorher, wenn das Smartphone aus der Tasche gezogen wird, eher stören als nutzen und die Bilder mit dem Bewegungsvideo erheblich mehr Speicherplatz verbrauchen.
- **Auslöser halten für Folgendes** – Drückt man länger auf den Auslöser, werden standardmäßig Serienbilder aufgenommen. Alternativ kann auch ein animiertes GIF erstellt werden oder man schaltet diese Funktion ganz ab. Dann wird immer ein Bild aufgenommen, egal, wie lange der Auslöser berührt wird.
- **Speicheroptionen** – Hier finden Sie Optionen, um Fotos im HEIF-Format zu speichern, das bis jetzt aber nur von wenigen Apps und Bilderdiensten unterstützt wird. Fotos, die im Pro-Modus der Kamera aufgenommen wurden, können zusätzlich zum normalen JPEG-Format auch als unkomprimierte RAW-Datei gespeichert werden. Bedenken Sie dabei, dass RAW-Bilder ein Vielfaches an Speicherplatz gegenüber JPEG-Bildern verbrauchen. Solange Sie Ihre Fotos nicht regelmäßig mit Profisoftware weiterbearbeiten, können Sie sich das Speichern von RAW-Dateien sparen.

Die Einstellung *Bilder wie angezeigt* steuert das Speichern von Selfies: Die Frontkamera wirkt wie ein Spiegel, man sieht sich dort seitenverkehrt. Ist diese Option eingeschaltet, werden die aufgenommenen Fotos auch seitenverkehrt, wie in der Vorschau, gespeichert. Ist der Schalter aus, werden die Fotos so gespeichert, wie sie eine Person gegenüber sehen würde. Die *Ultra-Weitformat-Korrektur* korrigiert Verzerrungen der

Ultraweitwinkelkamera, die *Selfie-Formkorrektur* versucht, auch wenn das Smartphone schräg gehalten wird, die Form eines aufgenommenen Gesichts zu korrigieren, um es realistisch abzubilden.

- Um ein schnell bewegtes Objekt beim Filmen scharf zu halten, können Sie es mit der Option **Verfolgungs-Autofokus** auf dem Vorschaubildschirm markieren und dann automatisch fokussieren und verfolgen.
- **Raster** blendet ein hauchfeines Gitternetz im Sucherbild ein, das dabei hilft, den Horizont wirklich gerade auf das Foto zu bekommen. Natürlich werden diese Hilfslinien nicht im endgültigen Foto dargestellt.
- **Geotagging** – Die Kamera-App kann den eigenen Standort auswerten und mit dem Bild speichern, sodass Sie in Fotoalben, z. B. bei Flickr oder Google, wie auch in diversen Apps, genau auf einer Karte anzeigen lassen können, wo das Foto aufgenommen wurde.
- Über **Kameramodi** können Sie festlegen, welche Aufnahmemodi in der Liste zur Auswahl stehen, und auch deren Reihenfolge festlegen. So können Sie nie benötigte Modi ausblenden, um sie nicht bei schnellen Spontanschnappschüssen versehentlich auszuwählen.

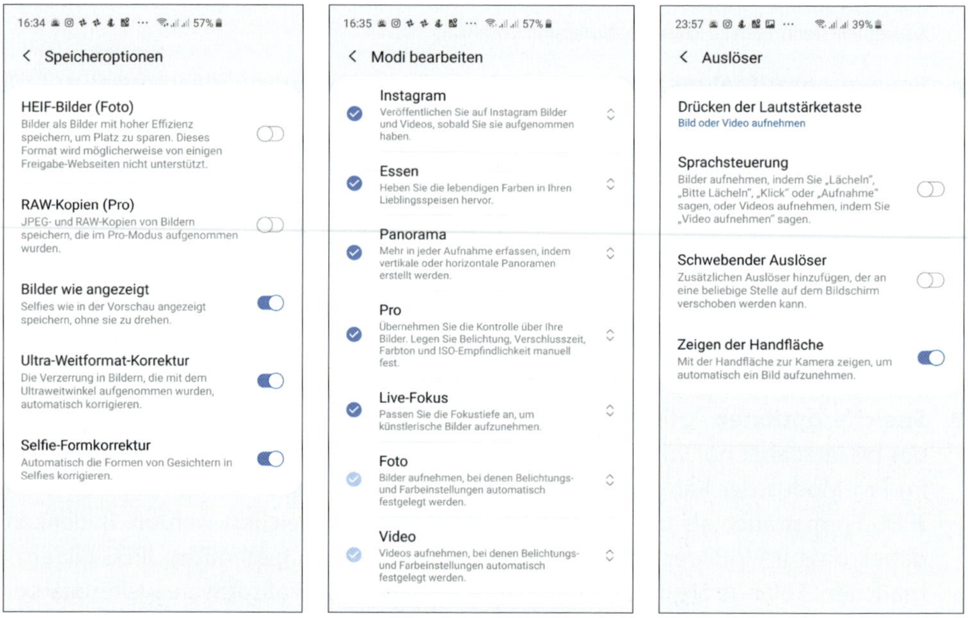

*Einstellungen für Speicheroptionen, Kameramodi und Auslöser.*

- **Schnellstart** ermöglicht es, die Kamera zu starten, indem man aus einer anderen App heraus zweimal schnell hintereinander auf den Ein-/Ausschalter drückt.
- **Schnellbewertung** zeigt ein aufgenommenes Foto direkt nach der Aufnahme auf dem Bildschirm an. Ist diese Funktion ausgeschaltet, wird nach einer Aufnahme wieder das Kamerabild angezeigt, um das nächste Foto aufzunehmen.

**Bildgröße nicht mehr einstellbar**

Das Samsung Galaxy S9 bot noch verschiedene Bildauflösungen an, die frei einstellbar waren.

Auf dem Samsung Galaxy S10 kann in der Kamera nur noch das Seitenverhältnis festgelegt werden, die Auflösung ist immer vorgegeben.

## Bildauslöser einstellen

- **Drücken der Lautstärketaste** – Hier können Sie die Lautstärketasten an der Seite des Samsung Galaxy S10 beim Fotografieren als Auslöser oder zum Zoomen nutzen.
- **Sprachsteuerung** bietet zusätzlich eine Sprachsteuerung für die Kamera, die über bestimmte Sprachkommandos Bilder aufnimmt.
- **Schwebender Auslöser** blendet einen zusätzlichen Auslöser in der Kamera ein, der frei auf dem Bildschirm verschiebbar ist. Der Smartphone-Nutzer kann ihn sich an eine Position legen, die bei der typischen Kamerahaltung gut erreichbar ist.
- **Zeigen der Handfläche** in Richtung der Kamera macht ein Foto.

## Einstellungen für Video

- **Videogröße** – Im Gegensatz zur Fotoauflösung kann die Videoauflösung für Front- und Hauptkamera getrennt eingestellt werden. Videos müssen also nicht immer in voller Auflösung aufgenommen werden.
- **Videostabilisierung** versucht, das Verwackeln bei Videoaufnahmen aus der freien Hand auszugleichen.

## Frontkamera im Vollbildmodus verstecken

Die Frontkamera des Samsung Galaxy S10 ist direkt in den Bildschirm eingebaut und so bei Apps, die im Vollbildmodus laufen, als schwarzes Loch zu sehen. Wenn Sie das stört oder bei bestimmten Vollbild-Apps entscheidende Elemente fehlen, können Sie die Kamera verbergen, indem oben ein schwarzer Balken angezeigt wird und Vollbild-Apps nur einen etwas kleineren Teil des Bildschirms nutzen.

Aktivieren Sie in den *Einstellungen* unter *Anzeige/Vollbild-Apps* den Schalter *Frontkamera verbergen*, um einen schwarzen Balken anstelle des Kameralochs anzuzeigen.

Sie können für jede App entscheiden, ob diese automatisch, wenn möglich oder immer den Vollbildmodus nutzt. Letzteres kann bei älteren Apps zu Problemen mit der Darstellung im Bereich des Kameralochs führen.

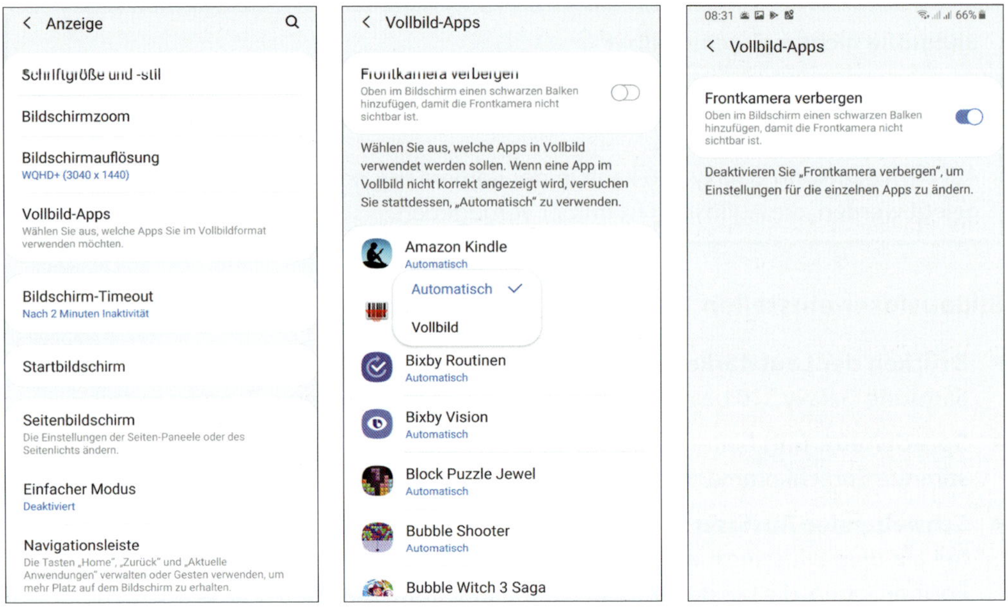


*Das Loch der Frontkamera in den Einstellungen verbergen.*

# Fotos bearbeiten

Die Kamera des Samsung Galaxy S10 enthält bereits verschiedene Effektfilter, um Fotos zu gestalten. Meistens sind die Fotos bereits gut genug, um sie unverändert zu veröffentlichen. In einigen Fällen möchte man aber gern noch nacharbeiten. Dazu ist nicht unbedingt ein PC nötig. Verschiedene Apps ermöglichen es, Bilder direkt auf dem Smartphone nachträglich zu bearbeiten.

## Bildbearbeitung in der Galerie-App

Die Galerie-App liefert einige Filter, Sticker und ein einfaches Malprogramm, um Bilder schnell zu bearbeiten.

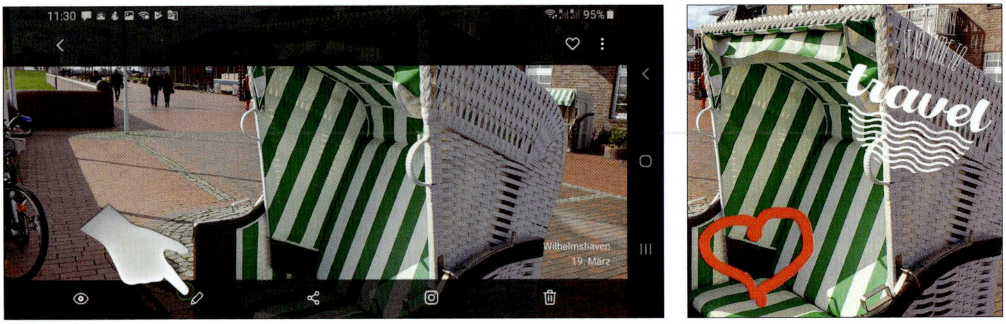


*Foto in der Galerie zuschneiden und bearbeiten.*

Die Bearbeitungsfunktionen finden Sie, wenn Sie auf das Stiftsymbol in der Symbolleiste der Bildansicht tippen.

Dieses Symbol bietet Werkzeuge zum Zuschneiden und Drehen von Fotos. Beim Zuschneiden werden Standard-Seitenverhältnisse zur Auswahl angeboten. Sie können aber auch freie Ausschnitte festlegen. Durch Ziehen an den Ecken kann ein beliebiger Bildausschnitt gewählt werden. Das Quadratsymbol schneidet das Bild auf ein Quadrat zu.

Mithilfe eines Rasters lassen sich schief aufgenommene Fotos gerade ausrichten, um zum Beispiel einen schiefen Horizont, der unprofessionell wirkt, nachträglich zu korrigieren.

*Bildformat anpassen und Horizont korrigieren.*

Das Symbol *Effekte* liefert verschiedene Effekte, die den Kameraeffekten ähnlich sind, aber nachträglich über ein Foto gelegt werden können. Ganz rechts in der Liste finden Sie das Symbol *Verwalten*, mit dem Sie die Anordnung der Effekte in der Liste verändern können. *Herunterladen* lädt weitere Effekte aus dem Samsung Galaxy Store herunter.

Das Symbol *Sticker* bietet eine umfangreiche Palette an Smileys und anderen Bildchen an, die in variabler Größe in ein Foto eingebaut werden können. Unter den Stickern sind auch die selbst erstellten AR-Emojis zu finden. Wenn Sie diese nicht brauchen, können Sie sie über das Zahnradsymbol ganz rechts aus der Stickerablage löschen.

Das Symbol *Text* ermöglicht es, Texte in das Bild zu schreiben. Dabei sind verschiedene Schriftstile und Farben möglich.

Das Symbol *Malen* bietet einfache Malwerkzeuge mit unterschiedlichen Stiften, mit denen Sie in einem Foto malen oder Anmerkungen anbringen können. Mit dem Zurück-Pfeil löschen Sie einzelne gemalte Linien wieder. Das ursprüngliche Foto bleibt davon verschont.

Das Sonnensymbol bietet Einstellungen für Helligkeit, Belichtung, Kontrast, Sättigung, Farbton und Weißabgleich.

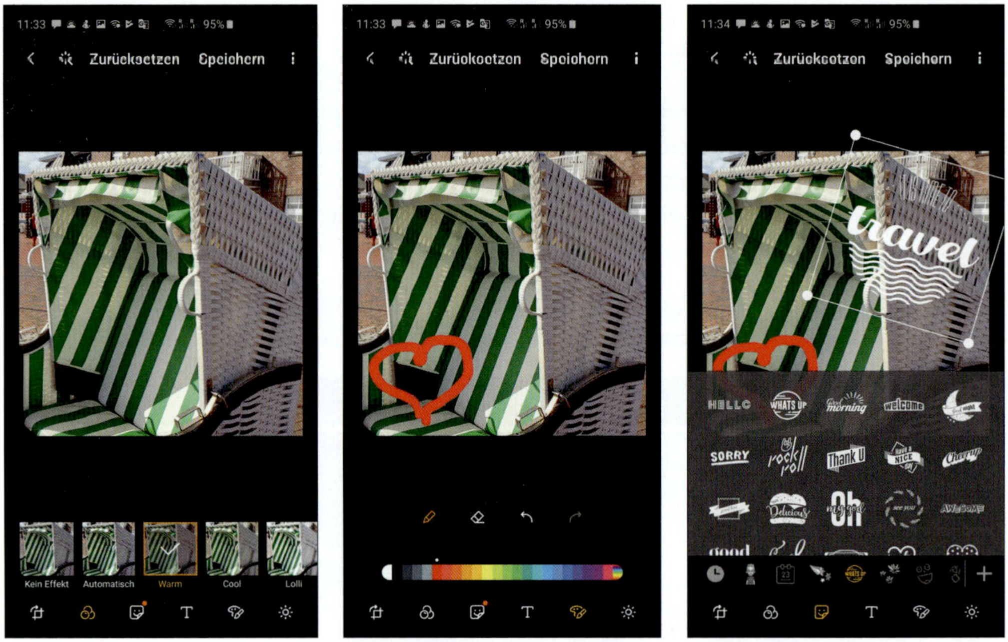


*Links: Auswahl an Effekten in der Galerie-App, Mitte: in ein Foto malen, rechts: Sticker in ein Foto einbauen.*

## Snapseed – die Alternative von Google

Google liefert mit *Snapseed* eine komfortable App zur Bildbearbeitung und Korrektur mit äußerst intuitiver Bedienung. Bilder lassen sich ausrichten, drehen, zuschneiden sowie mit vielerlei Effekten und Korrekturen versehen.

*Snapseed* kann auf dem Smartphone gespeicherte Fotos bearbeiten und auf solche aus Google-Fotos-Alben oder von Google Drive, OneDrive, Dropbox und anderen Cloud-Speichern zugreifen, deren Apps auf dem Smartphone installiert sind. Veränderte Bilder werden im Ordner *Snapseed* auf dem Smartphone gespeichert und können von dort aus geteilt oder auf Google Fotos hochgeladen werden. Aus vielen Apps heraus lassen sich Fotos direkt nach Snapseed teilen, um sie dort weiterzubearbeiten.

Unter den Werkzeugen finden Sie unter anderem Funktionen, um einen Bildausschnitt zu wählen. Diesen Bildausschnitt können Sie mit den dargestellten Griffen auf die gewünschte Größe ziehen. Dabei werden verschiedene Vorgaben für das Seitenverhältnis angeboten. Das Werkzeug zur Feinabstimmung bietet verschiedene Einstellungen wie Helligkeit, Kontrast und Sättigung, zwischen denen man mit einer senkrechten Wischbewegung hin- und herwechselt. Eine horizontale Wischbewegung justiert anschließend die Stärke der jeweiligen Einstellung.

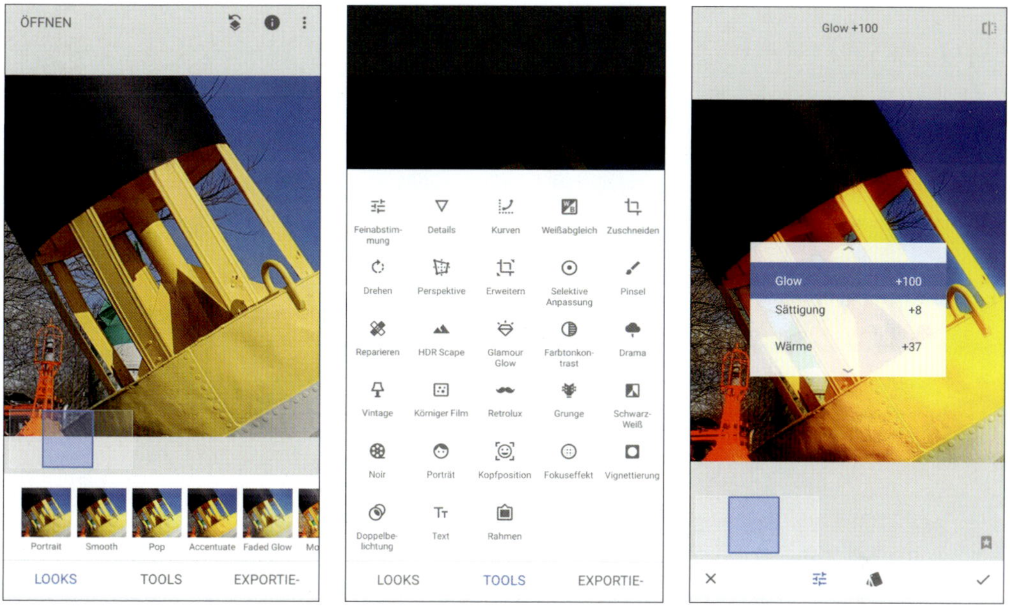


*Looks (Effekte) und Tools (Werkzeuge) in Snapseed. Rechts: Glow-Effekt.*

Alle Änderungen werden erst durch Antippen des Symbols mit dem Häkchen unten rechts auf das Bild angewendet. Über das Kreuz unten links kommen Sie jederzeit zurück, ohne dass das Bild verändert wird.

Das Vergleichssymbol oben rechts zeigt das Originalbild im Vergleich zum veränderten Bild.

Bei den Filtern finden Sie einige der typischen Effekte, die man von vielen Bildbearbeitungsprogrammen kennt, aber auch interessante Filter, die nicht jede Bildbearbeitung in dieser Form bietet. Hier können Sie das ganze Bild klassisch alt, in Pop-Art oder anderen Darstellungsweisen erscheinen lassen. Die meisten Filter bieten unterschiedliche Parameter, die sich mit einer vertikalen Wischbewegung auswählen lassen. Eine horizontale Wischbewegung ändert dann die Stärke des jeweiligen Effektes.

Einige Filter bieten noch weitere Einstellungen. So können Sie beim Fokuseffekt, der einen bestimmten Teil des Bildes zur Hervorhebung scharf belässt, während der Rest mehr oder weniger verschwimmt, nicht nur die Stärke, sondern auch die Form des Effektes einstellen. Durch interaktives Ziehen und Drehen verändern Sie den Effektbereich.

Das Kartensymbol in der unteren Symbolleiste bietet neben einem kreisförmigen Fokusbereich auch verschiedene andere Formen an.

Beim Weißabgleich können Sie, statt die Farbtemperatur über Regler einzustellen, auch einen Punkt im Bild mit der Pipette wählen, der weiß sein soll. Alle anderen Farben werden entsprechend angepasst.

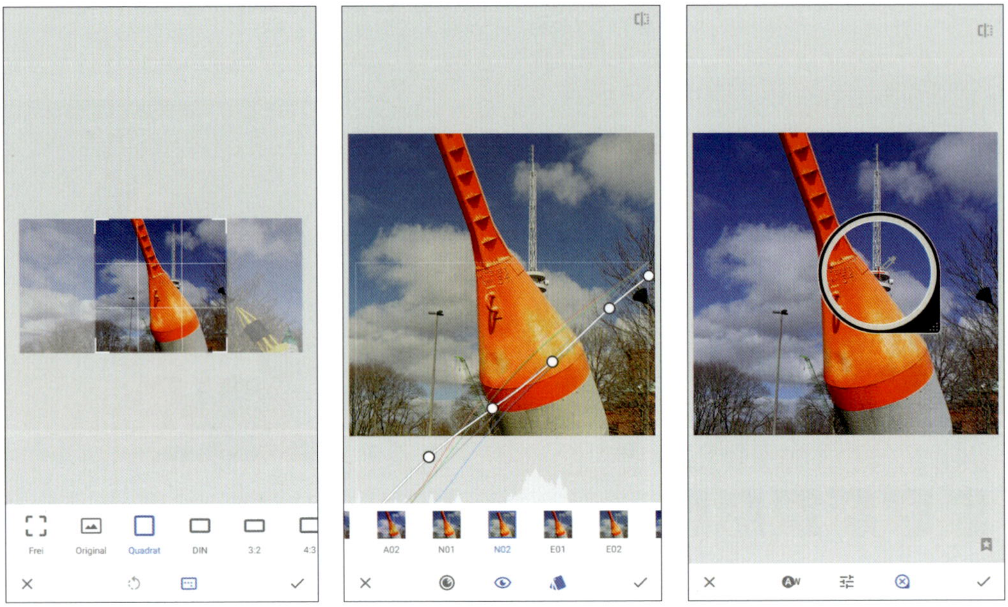


*Bild zuschneiden und Farbkurven einstellen oder Weißabgleich mit Pipette einstellen.*

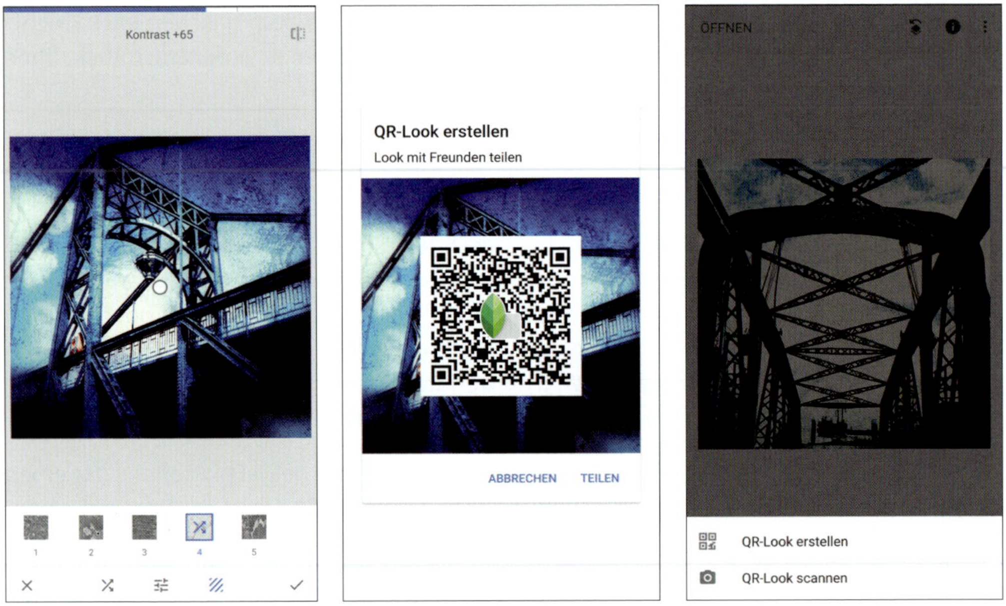


*Persönlich eingestellten Grunge-Effekt über einen QR-Code mit Freunden teilen und auf ein anderes Foto anwenden.*

Der *Grunge*-Filter erzeugt den Eindruck von alten, leicht beschädigten Fotos. Hier können Sie unterschiedliche Effektmuster wählen und diese über eine horizontale Wischbewegung interaktiv anpassen.

Das Ebenensymbol oben bietet die Möglichkeit, alle Änderungen an einem Foto zu sehen und schrittweise nachzuverfolgen, zu ändern oder zurückzunehmen. Hier können Sie für den eingestellten Look einen QR-Code erstellen, den jemand anders scannen und damit den gleichen Look auf ein beliebiges anderes Foto anwenden kann.

# Fotos online zeigen und teilen

Wer seine Fotos online speichert, kann jederzeit und von überall darauf zugreifen. Außerdem sind Onlinefotoalben eine komfortable Lösung, um Fotos Freunden zu zeigen. So braucht man aus dem Urlaub nicht jede Menge Fotos einzeln per E-Mail zu verschicken. Ein Link auf die eigenen Fotos bei Google, OneDrive oder Flickr reicht aus.

Das Samsung Galaxy S10 bietet komfortable Funktionen, um Fotos von der Kamera in die bekannten Onlinefotoalben hochzuladen und umgekehrt die eigenen Alben oder die freigegebenen Alben von Freunden auch auf dem Smartphone zu betrachten.

## Google Fotos

Google Fotos (*photos.google.com*) bietet jedem Nutzer die Möglichkeit, seine Fotos online privat zu verwalten und auf Wunsch einzelne Bilder oder ganze Alben mit anderen zu teilen.

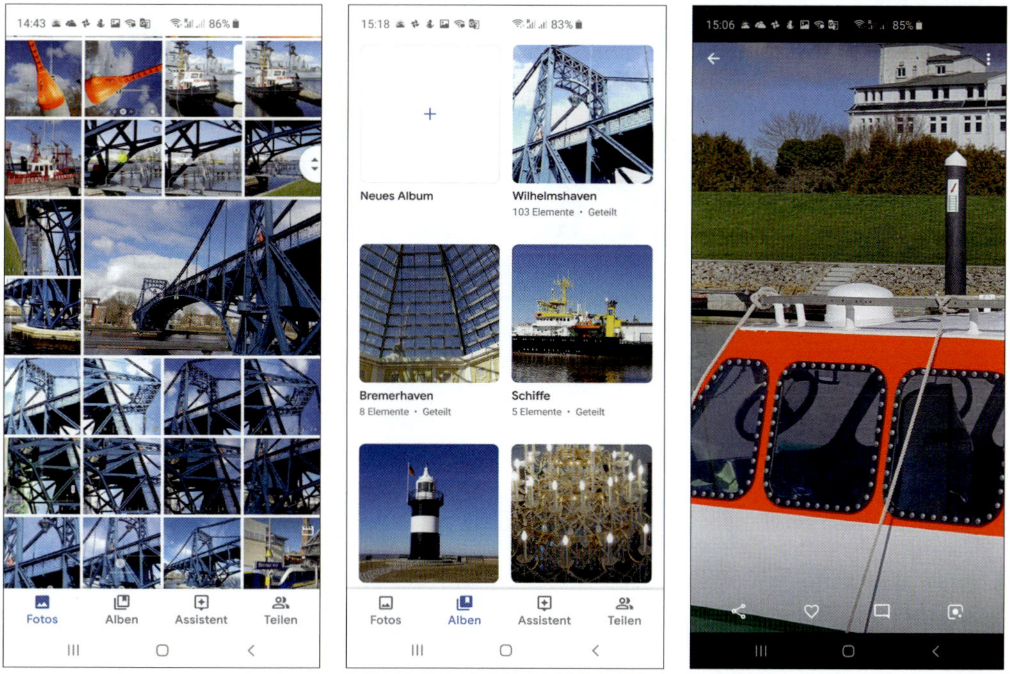


*Google-Fotos-Alben in der Google-Fotos-App auf dem Smartphone. Rechts: Großansicht eines Fotos.*

### Achtung bei privaten Fotos

Die persönlichen Webalben werden automatisch in der Fotos-App des Smartphones angezeigt, auch Fotos, die mit anderen Kameras fotografiert wurden. Dies gilt auch für Alben, die nur persönlich freigegeben sind und der Öffentlichkeit verborgen bleiben – auf dem Smartphone sind die Bilder alle zu sehen, da Sie in der App mit Ihrem Google-Konto angemeldet sind. Denken Sie daran, wenn Sie Ihr Smartphone aus der Hand geben.

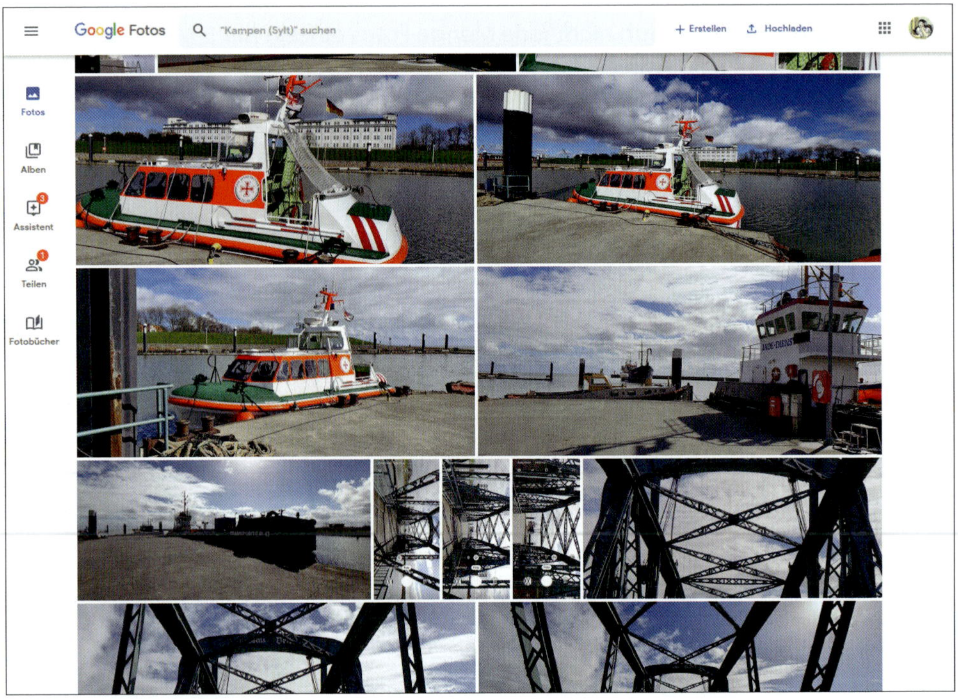


*Private Fotos bei Google Fotos im Browser auf dem PC.*

## Smartphone-Fotos automatisch sichern

In den Einstellungen der Fotos-App lässt sich festlegen, dass alle mit dem Smartphone aufgenommenen Fotos automatisch bei Google in einem privaten Album gesichert werden, auf das nur Sie selbst Zugriff haben. Auf diese Weise haben Sie jederzeit vom PC aus über *photos.google.com* Zugriff auf Ihre Fotos, ohne sie manuell übertragen zu müssen.

Google bietet 15 GByte kostenlosen Speicherplatz für Fotos und andere Daten an. Stellen Sie in den Einstellungen der Fotos-App unter *Backup und Sync* die *Uploadgröße* auf *Hohe Qualität*. Bei einer Auflösung von bis zu 16 Megapixeln ist das Speichern unbegrenzt kostenlos. Diese Bilder werden nicht auf den kostenlosen Speicherplatz bei Google Drive angerechnet. Liefert die Kamera eine höhere Auflösung, werden die Fotos beim Sichern automatisch auf 16 Megapixel reduziert.

Fotos von der Kamera werden bei eingeschalteter Synchronisation immer gesichert. Mit der Option *Geräteordner sichern* können Sie festlegen, welche weiteren Ordner ebenfalls gesichert werden sollen, wie z. B. Screenshots und Downloads.

Um Datenvolumen im Mobilfunk zu sparen, enthält die Fotos-App eine Einstellung, Fotos nur bei aktiver WLAN-Verbindung hochzuladen. Schalten Sie dazu die Option *Sicherung über Mobilnetz* aus. Wer mit einem ständig zu schwachen Smartphone-Akku zu kämpfen hat, kann die automatische Sicherung so einstellen, dass sie nur läuft, wenn das Smartphone am Stromnetz hängt. Videos sollte man am besten gar nicht automatisch sichern, da hier das kostenlose Datenvolumen sehr schnell erreicht wird. Ebenso sollte beim Roaming wegen der möglicherweise hohen Kosten die automatische Sicherung abgeschaltet werden.

## Fotos schneller finden

Die Fotos-App bietet eine praktische Suchfunktion, um Fotos nach bestimmten Stichwörtern zu finden, ohne sie vorher – wie früher üblich – manuell taggen zu müssen.

Tippen Sie auf das Symbol *Alben* auf dem Startbildschirm der Fotos-App. Jetzt werden über den persönlich angelegten Alben ganz oben einige Fotokategorien mit Orten und Dingen automatisch vorgeschlagen. Sie können auch im Suchfeld einen Suchbegriff eingeben. Die App versucht, anhand von Ortsangaben oder typischen Motiven passende Fotos zu finden, was in den meisten Fällen auch sehr gut funktioniert.

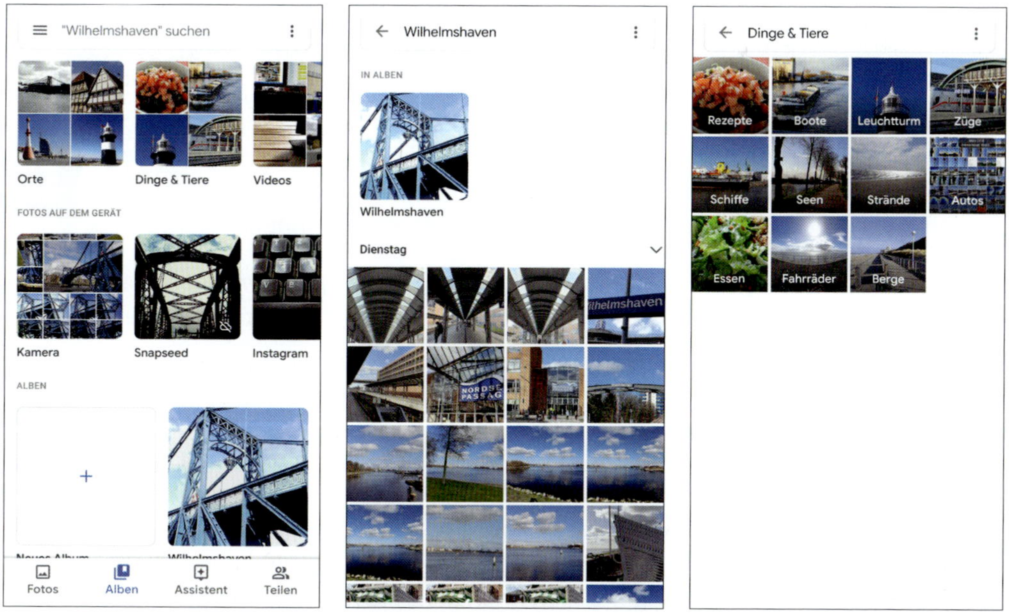


*Fotos kategorisieren und ordnen.*

## Bildbearbeitung in der Fotos-App

Tippen Sie in der Fotos-App auf ein Bild, wird dieses im Vollbildmodus angezeigt und Sie können es auch direkt bearbeiten. Das Einstellungen-Symbol unten bietet ein paar Filter sowie einfache Bearbeitungswerkzeuge an. Bilder, die nur online auf Google Fotos und nicht lokal auf dem Smartphone liegen, müssen zum Bearbeiten zuerst über das Menüsymbol mit den drei Punkten rechts oben heruntergeladen werden.

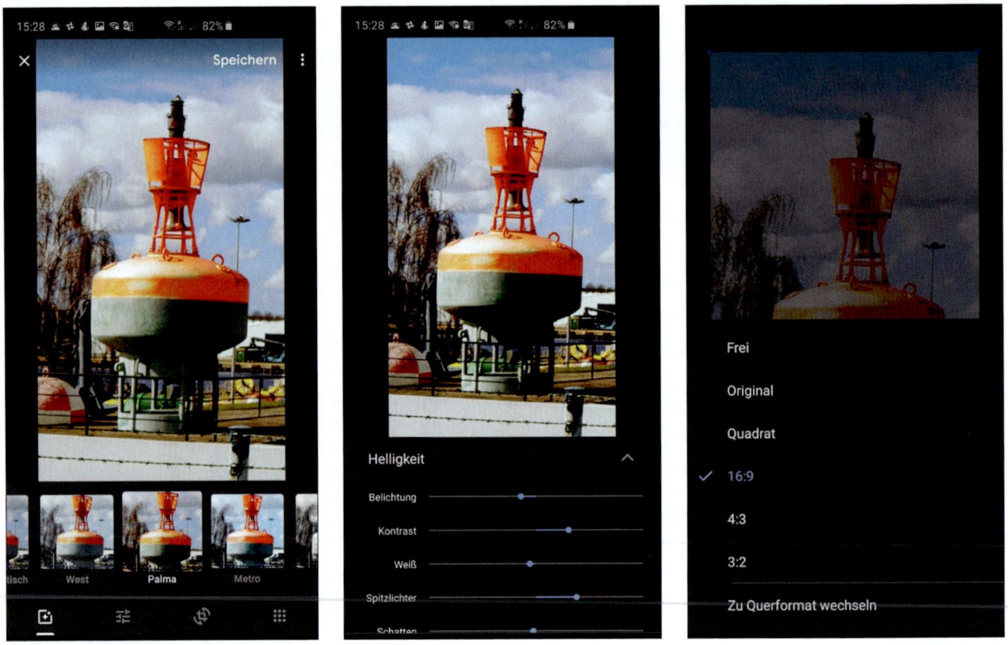


*Filter und Korrekturwerkzeuge in der Fotos-App.*

Bei den Werkzeugen zur Bildkorrektur lässt sich die Stärke des Effektes mit Schiebereglern interaktiv einstellen. Die Filter sind hier nicht nach technischen Details, sondern mit Namen benannt, um sie sich leichter merken zu können.

Alle Filter und Werkzeuge werden erst über die Schaltfläche *Speichern* wirklich auf das Bild angewendet. Über das Menü oben rechts können Sie auch eine Kopie speichern, um das Originalfoto zu behalten.

Durch Ziehen an den Ecken kann ein beliebiger Bildausschnitt gewählt werden. Das Symbol ganz links schneidet das Bild auf ein bestimmtes Seitenverhältnis, zum Beispiel ein Quadrat, zu.

Mithilfe einer Winkelskala lassen sich schief aufgenommene Fotos gerade ausrichten, um zum Beispiel einen schiefen Horizont, der sehr unprofessionell wirkt, nachträglich zu korrigieren. Die Automatik versucht, den Horizont zu erkennen, und das Bild automatisch auszurichten.

## Fotos mit Freunden über E-Mail oder soziale Netzwerke teilen

Die Google-Fotos-App und auch die meisten anderen Android-Apps, die Fotos anzeigen, haben eine Funktion zum Senden von Fotos über verschiedene Kommunikationswege integriert. Tippen Sie dazu in der Anzeige eines Bildes auf das *Teilen*-Symbol unten links.

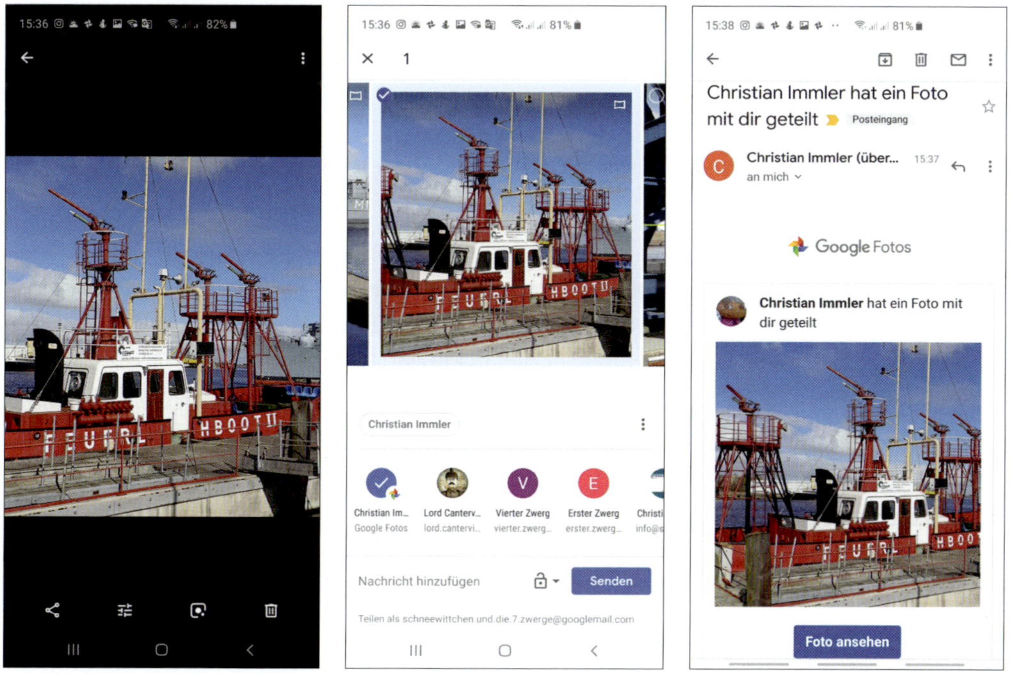


*Foto aus der Fotos-App als Link über Gmail teilen.*

Wählen Sie im oberen Teil der *Teilen*-Palette eine Person aus, bekommt diese eine automatisch erzeugte E-Mail mit einem Vorschaubild und einem Link auf Google Fotos. Sie können noch einen kurzen persönlichen Text hinzufügen.

Der Empfänger kann den Link in jedem Browser auf Smartphones, PCs oder anderen Geräten öffnen und so das Bild sehen.

Der Teilen-Bildschirm zeigt die zuletzt kontaktierten Personen. So können Sie E-Mails mit einem Link auf das Foto verschicken, ohne es in voller Auflösung als Anhang senden zu müssen. Im Gegensatz dazu wird das Bild beim Teilen über Gmail nicht als Link, sondern wirklich als – möglicherweise sehr großer – Dateianhang an die E-Mail gehängt.

Wählen Sie *Link erstellen*, wird ein Link zum Foto erzeugt, der auf beliebigen Wegen weitergegeben werden kann. Fotos, die bereits automatisch hochgeladen wurden, können auf die gleiche Weise aus der Fotos-App heraus geteilt oder in ein anderes Album kopiert werden, ohne dass sie erneut hochgeladen werden müssen.

Aus der Fotoübersicht der Google-Fotos-App können nicht nur einzelne, sondern auch mehrere Fotos auf einmal freigegeben werden, ohne dass man gleich ein ganzes Album freigeben muss.

Dazu wird ein virtuelles Album angelegt, das nur in der Liste *Geteilt* auftaucht.

1. Tippen Sie länger auf ein Foto, wird es markiert und bei allen anderen Fotos erscheinen Markierungskästchen.
2. Wählen Sie jetzt die zusätzlichen Fotos aus und tippen Sie zum Schluss unten auf das *Teilen*-Symbol.
3. Wählen Sie eine Person aus, um eine E-Mail mit den Links zu schicken. Oder wählen Sie *Link erstellen*, dann wird ein Link erzeugt, der genau die gewählten Fotos freigibt. Geben Sie diesen Link per E-Mail, Messenger oder auf anderen Wegen an Ihre Freunde weiter. Diese können dann im Browser die ausgewählten Fotos sehen.

Einmal geteilte Links lassen sich über das Symbol *Teilen* unten rechts in der Google-Fotos-App später jederzeit wieder aufrufen oder auch löschen.

## Fotoalben anlegen

Zur besseren eigenen Übersicht oder auch zum Teilen können Sie bei Google Fotos Ihre Fotos in Alben ordnen.

1. Wählen Sie mehrere Fotos aus und tippen Sie auf das Plussymbol oben. Nachdem Sie ein Foto ausgewählt haben, ziehen Sie mit dem Finger über den Bildschirm, um die folgenden Fotos schnell mit auszuwählen.
2. Tippen Sie dann auf *Album* und geben Sie im nächsten Schritt dem neuen Album einen aussagekräftigen Namen.
3. Hier können Sie auch noch einen Kommentartext und einen Standort hinzufügen.
4. An dieser Stelle können Sie direkt per Drag-and-drop die Reihenfolge der Fotos im Album ändern, was aber auch später noch möglich ist.
5. Über das *Teilen*-Symbol oben rufen Sie einen Link für das Album ab, um diesen an Freunde weiterzugeben.
6. Auf die gleiche Weise können Sie später auch weitere Fotos zu einem vorhandenen Album hinzufügen.

Die Alben werden in der Fotos-App unter *Alben* angezeigt. Hier finden Sie auch Alben, die von Google Fotos automatisch erstellt werden. Selbstverständlich können Sie jedes Album nachträglich bearbeiten, Fotos ergänzen oder aus dem Album entfernen, ohne dass sie gleich bei Google Fotos gelöscht werden.

Mit den Symbolen am oberen Bildschirmrand in der Bearbeitungsansicht können Sie dem Album auch nachträglich Ortsangaben und zusätzliche Texte hinzufügen.

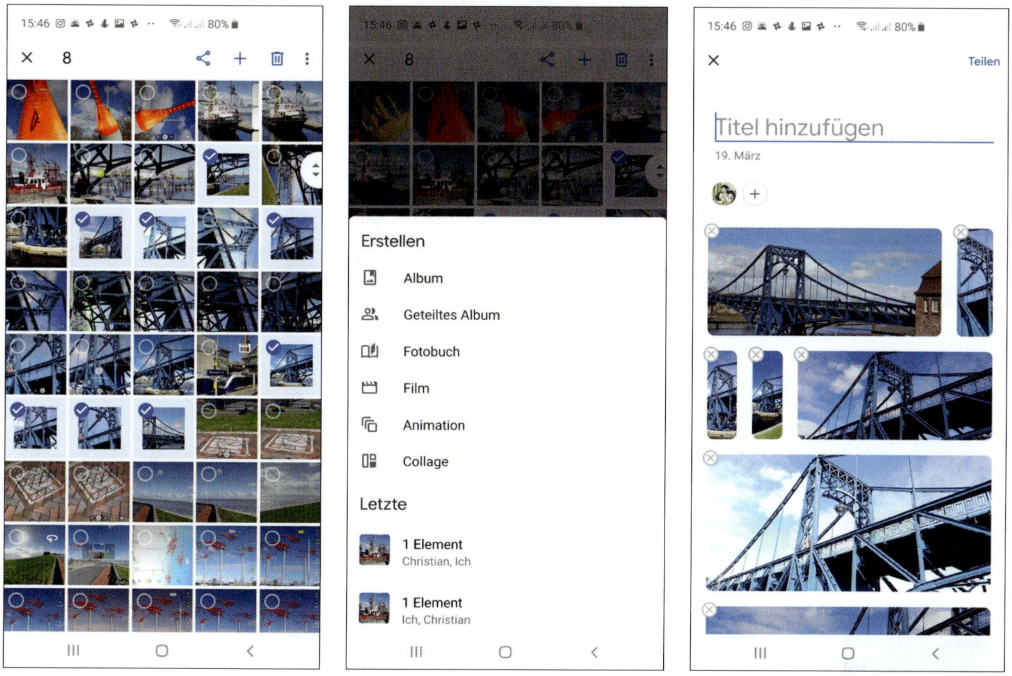


*Automatisch hochgeladene Fotos auswählen, Album erzeugen und teilen.*

### Picasa

Picasa, der frühere Onlinefotodienst von Google, wurde inzwischen voll in Google Fotos integriert. Die ehemaligen Picasa-Webalben lassen sich jetzt in Google Fotos sowie in der Fotos-App betrachten.

Die alte Picasa-Webseite wurde komplett eingestellt, ältere Freigabelinks, die früher einmal an Freunde verschickt wurden, können aber weiterhin genutzt werden und verweisen jetzt auf Google Fotos.

## Panoramafotos in der Google-Fotos-App

Die Fotos-App zeigt Panoramafotos zunächst als komplette Vorschau mit einem Panoramasymbol an. Tippen Sie darauf, bewegen Sie sich mit einem Fingerstrich durch das Panorama. Mit dem Kompass-Symbol unten links können Sie durch Bewegung des Smartphones das Panorama betrachten, als wenn Sie vor Ort wären und sich drehten.

*Panorama in der Fotos-App.*

## Gemeinsame Alben für mehrere Personen

Für Reisegruppen, Partys und andere Gelegenheiten bietet Google Fotos Alben an, in denen mehrere Benutzer Fotos hochladen können.

1. Legen Sie dazu wie gewohnt ein Album an und wählen Sie im Menü der Albumansicht *Option* aus.
2. Aktivieren Sie den Schalter *Zusammenarbeiten*.
3. Teilen Sie dann das Album mit Ihren Freunden.
4. Bei denen erscheint es in der Liste unter *Teilen* in der Fotos-App.
5. In der Albumansicht sieht man oben das Symbol *Fotos hinzufügen*. Einfach darauf tippen und eigene Fotos zum Album hinzufügen. Alle, die den Link zum Album haben, sehen die hinzugefügten Fotos.

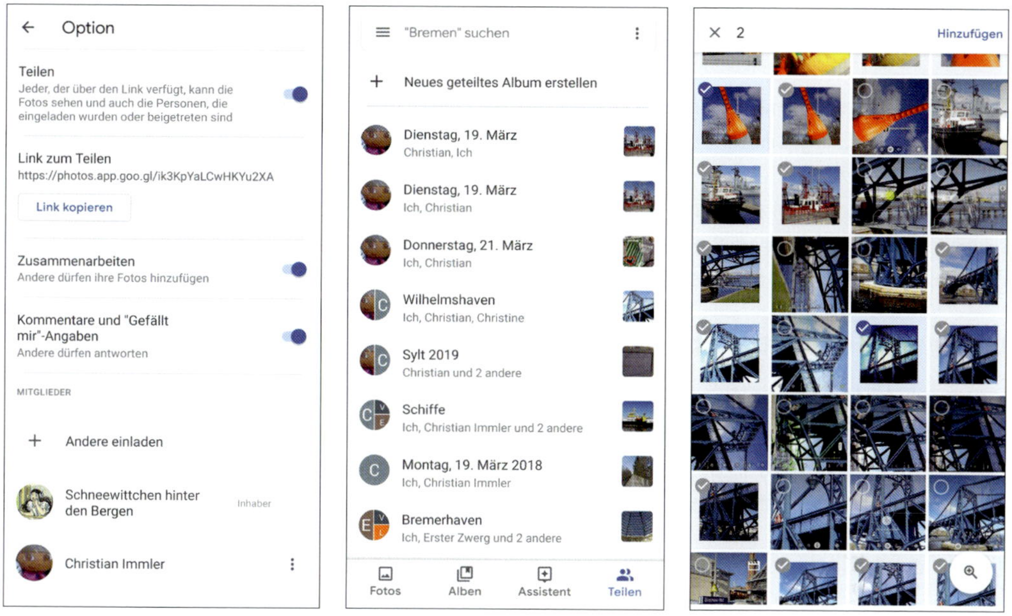


*Album zur Zusammenarbeit freigeben. Rechts: Fotos hinzufügen.*

## Diashows erstellen und betrachten

Möchten Sie ein Album im Ganzen ansehen, aber nicht jedes Mal von einem Bild zum nächsten blättern, lassen Sie sich das erste Bild aus dem Album anzeigen und wählen oben rechts im Menü *Diashow*. Die Bilder werden automatisch nacheinander abgespielt, bis Sie die Diashow durch Antippen auf dem Bildschirm anhalten.

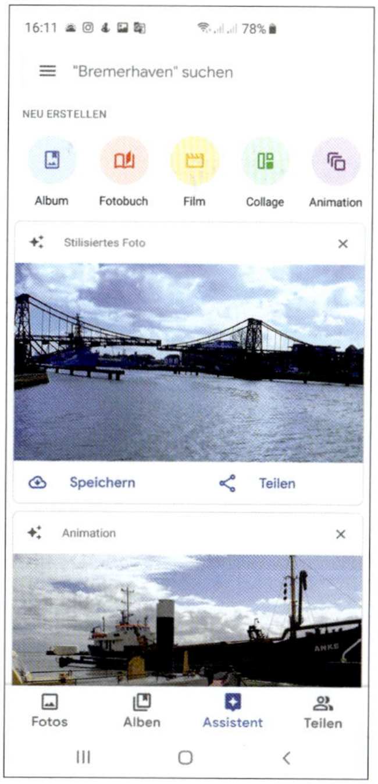


Neben klassischen Fotoalben bietet die Fotos-App die Möglichkeit, Diashows oder Collagen zu erstellen und zu spei-

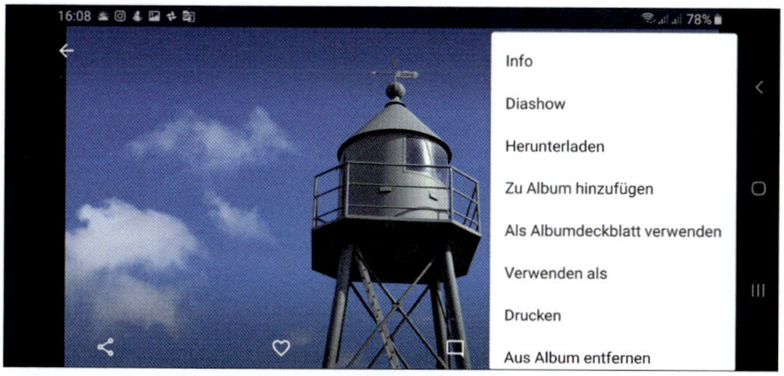


*Diashow im Menü eines Albums. Rechts: der Assistent in Google Fotos.*

chern. Tippen Sie dazu unten auf *Assistent*, dann erscheinen Symbole zum Anlegen von Alben, Animationen, Filmen und Collagen.

Eine Animation ist eine automatisch ablaufende Diashow aus frei wählbaren Fotos. Sie wird als animiertes GIF gespeichert und kann so als Ganzes geteilt werden, ohne jedes Mal alle Bilder wieder auszuwählen oder ein Album anzulegen. Der Assistent erstellt nicht nur Collagen und Filme, sondern bietet auch selbstständig Vorschläge für automatisches Drehen, Animationen, stilisierte Fotos und das Archivieren von Fotos. Welche Karten der Assistent vorschlagen soll, legen Sie in den Einstellungen der Fotos-App unter *Assistentenkarten* fest.

### Collagen in der Fotos-App

Wählen Sie bis zu neun Fotos aus, die Fotos-App erstellt daraus automatisch eine Collage und speichert diese als Bild, das wie jedes andere Bild geteilt werden kann. Nach der Erstellung haben Sie noch die Möglichkeit, die Collage zu bearbeiten und Farbfilter oder Effekte darauf zu legen.

### Filme erstellen

Mehrere Fotos und auch Videos können zu einem Film zusammengefügt werden. Dabei können Sie für jedes Foto festlegen, wie lange es im Film angezeigt werden soll. Im Gegensatz zu Diashows sind Filme Videodateien und keine Bilddateien, die mit einem Videobetrachter angezeigt und auch an beliebigen Stellen gestoppt werden können. Die Fotos-App kann automatisch Musik über den Film legen, die Sie aus einem mitgelieferten Musikarchiv oder aus der eigenen Musiksammlung auswählen können. Die erzeugten Filme sind in der Fotos-App auf der Seite *Alben* unter *Videos* zu finden.

## Instagram

In der Instagram-App veröffentlichen Sie eigene Fotos oder sehen sich Fotos von Freunden an. Sie können auch nach bestimmten Hashtags suchen und Fotos kommentieren. Beim Veröffentlichen stehen zahlreiche Filter und Effekte zur Verfügung, wie auch beim Veröffentlichen eigener Fotos direkt aus der Galerie auf Instagram.

## OneDrive

Die auf dem Samsung Galaxy S10 vorinstallierte Microsoft-App *OneDrive* bietet auch eine automatische Kamerasicherung für Fotos von Android-Smartphones. Sie finden diese Option in den Einstellungen der OneDrive-App unter *Kameraupload*. Dabei können Sie wählen, ob die Fotos nur über WLAN oder auch über das Mobilfunknetz automatisch gesichert werden sollen, oder dass sogar nur dann Fotos automatisch hochgeladen werden, wenn das Smartphone am Ladegerät angeschlossen ist.

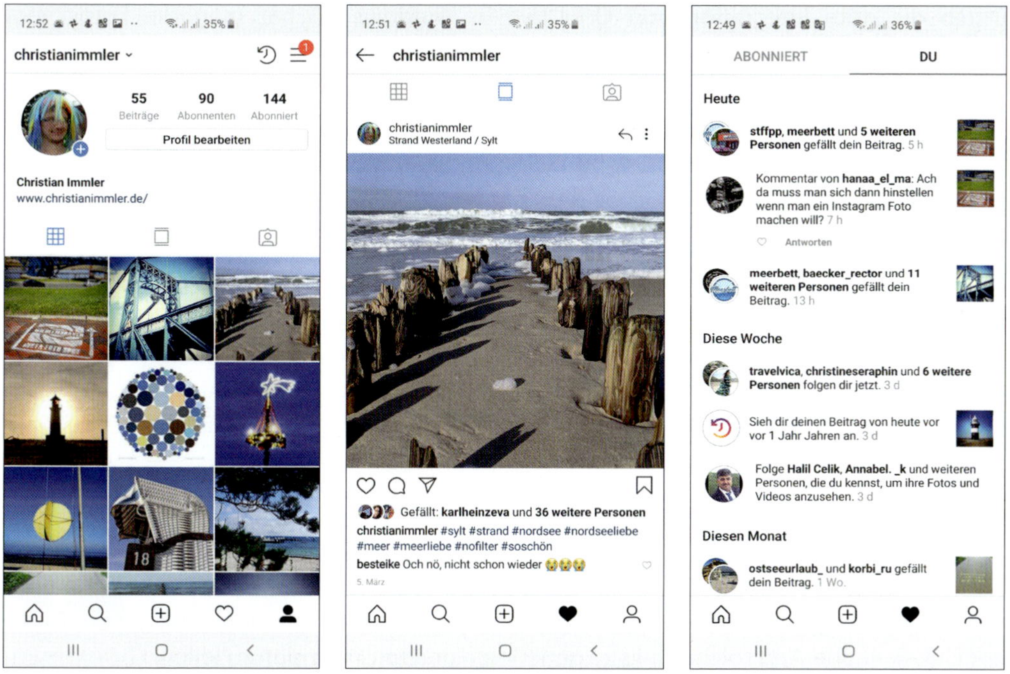


*Die Instagram-App für Android.*

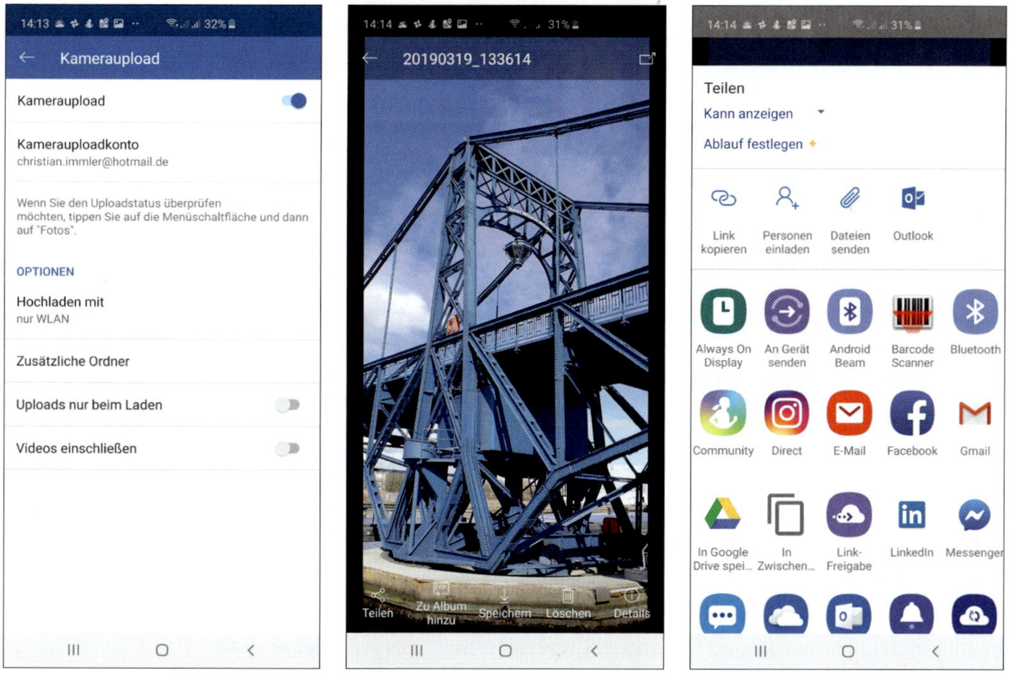


*Fotos per OneDrive synchronisieren und Links teilen.*

Durch die gute Integration von OneDrive in Windows 10 hat man die Fotos vom Smartphone auf dem PC automatisch sofort zur Verfügung. OneDrive bietet umfangreiche Möglichkeiten, Ordner und Alben anzulegen sowie Fotos für Freunde oder öffentlich freizugeben. Dabei kann entweder ein Bild oder ein Link verschickt werden. Auch später noch kann zu jedem Foto angezeigt werden, wer dafür eine Freigabe erhalten hat.

## Bilder über die Samsung-Link-Freigabe versenden

Samsung bietet über die Samsung Cloud einen eigenen Weg zum Freigeben von Fotos und anderen großen Dateien bis zu 2 GByte pro Tag an. Dabei wird per SMS, WhatsApp oder E-Mail ein kurzer Link verschickt, den der Empfänger im Browser öffnen kann. Das empfangende Gerät muss kein Samsung-Smartphone sein. Diese Links gelten immer nur für eine begrenzte Zeit. Bis dahin muss sich der Empfänger das Bild heruntergeladen haben.

Wählen Sie beim Teilen eines Fotos in der Galerie die Option *Große Dateien freigeben*. Danach erscheint ein Link, den Sie per E-Mail oder über andere Kommunikations-Apps den Freunden zur Verfügung stellen können, denen Sie das Foto zeigen möchten. Zusätzlich besteht die Möglichkeit, direkt aus der Link-Freigabe-App solche Links zu generieren und mit Freunden zu teilen.

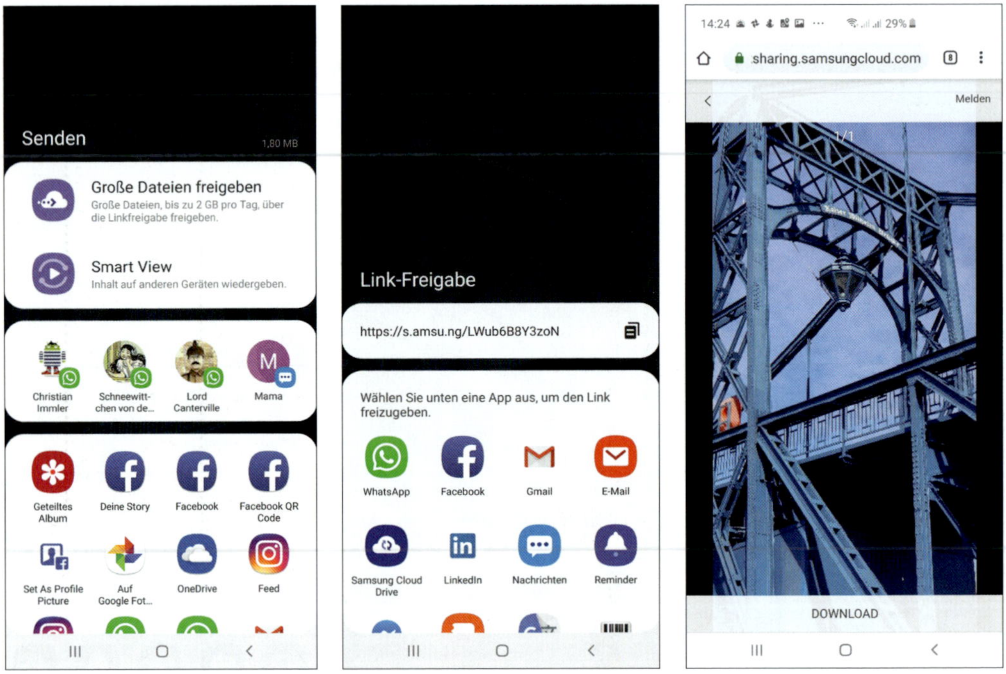


*Bild über Samsung-Link-Freigabe teilen. Rechts: Bild beim Empfänger im Browser.*

### Link-Freigabe aktualisieren

Viele Samsung-Galaxy-S10-Smartphones enthalten werkseitig vorinstalliert noch eine ältere Version der Link-Freigabe-App, die nicht mehr funktioniert. Vor der ersten Verwendung sollten Sie die App über den Samsung Galaxy Store aktualisieren, da sonst diverse Fehlermeldungen erscheinen.

## Flickr

**Flickr** (*www.flickr.com*) ist eine der bekanntesten Onlineplattformen für Fotos. Hier können Sie selbst Onlinefotoalben anlegen und Ihren Freunden Bilder präsentieren. Flickr bietet viele Funktionen eines sozialen Netzwerks, man kann Fotos kommentieren, Gruppen mit Freunden gründen und sich gegenseitig über neue Fotos auf dem Laufenden halten. Flickr hat nach eigenen Angaben 77 Millionen registrierte Nutzer, und etwa 5.000 neue Fotos werden pro Minute hochgeladen. Flickr gehörte früher zu Yahoo!, wurde aber mittlerweile an SmugMug verkauft. Um eigene Fotos hochzuladen, benötigen Sie aber weiterhin eine kostenlose Yahoo!-ID.

Flickr liefert eine eigene App für Android-Smartphones, mit der man jederzeit Zugriff auf seine Fotoalben bei Flickr und die von Freunden hat. Natürlich kann man auch direkt vom Smartphone neue Fotos bei Flickr hochladen.

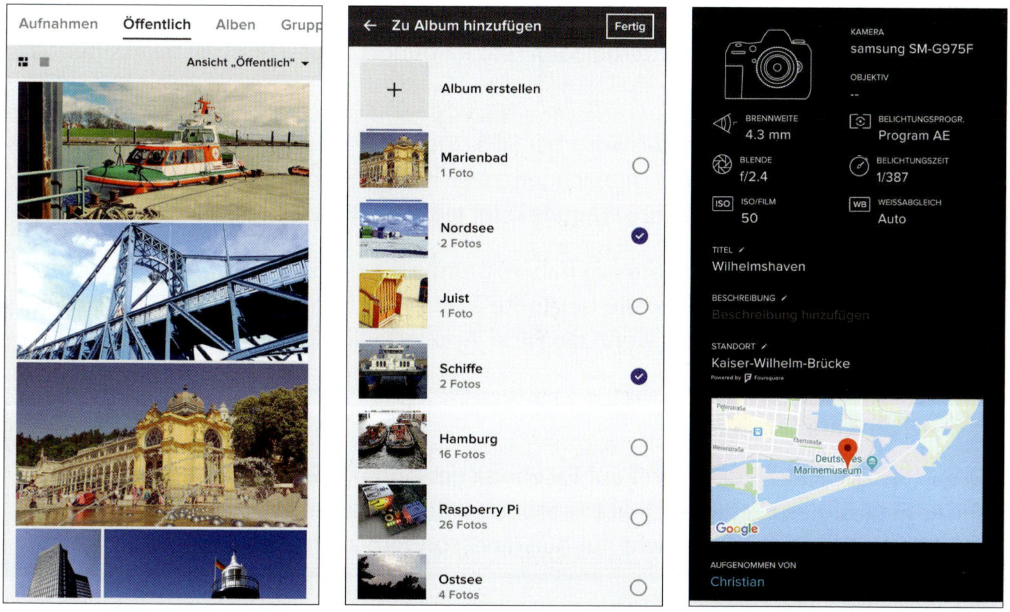


*Der persönliche Fotostream, Alben und Detailinformationen zu einem Foto in der Flickr-App.*

Nach der Anmeldung mit der persönlichen Yahoo!-ID zeigt die Flickr-App den eigenen Fotostream, eigene Fotoalben sowie die letzten Aktualisierungen der Freunde auf einen Blick an. Die Navigation in der App ist intuitiv und weitgehend an das den Nutzern vertraute Design der Flickr-Webseite angelehnt.

Sie können Bilder direkt aus der App oder über das Senden-Symbol in der Galerie-App bei Flickr hochladen. Besonders interessant sind die Filter im rechten Bildschirmbereich, mit denen man den Fotos vor dem Hochladen eine persönliche Note oder auch ein besonders kitschiges Aussehen verpassen kann. Tippen Sie links auf das Symbol mit dem Pinsel, können Sie Belichtung, Weißabgleich, Helligkeit, Kontrast und andere Bildeigenschaften vor dem Hochladen noch anpassen.

*Farbfilter in der Flickr-App.*

Die Bearbeitungsfunktionen der Flickr-App können auch für bereits hochgeladene Fotos genutzt werden. Tippen Sie in der Vollbildansicht eines Fotos auf das Stiftsymbol, wird das Foto auf das Smartphone heruntergeladen und kann dort zugeschnitten, bearbeitet oder mit Filtern versehen werden.

Im nächsten Schritt laden Sie das Foto bei Flickr hoch. Es erscheint dann automatisch in Ihrem persönlichen Fotostream. Je nachdem, welche Privatsphäre-Einstellungen Sie festgelegt haben, können nur Sie, Ihre Freunde oder jeder das Foto sehen.

Um mehr Übersicht bei Ihren Fotos zu haben, ordnen Sie das Bild gleich in ein Album ein. Natürlich können Sie auch über die bekannte *Teilen*-Funktion der meisten Android-Apps Fotos auf Flickr veröffentlichen, wenn die Flickr-App installiert ist.

### Flickr-Fotos auf Facebook

Wenn Sie der Flickr-App Zugriff auf Facebook gewähren, können Sie Fotos direkt aus Flickr heraus gleichzeitig auch auf Facebook veröffentlichen, ohne das Bild zweimal hochladen zu müssen, was nicht nur Aufwand, sondern auch Datenvolumen spart.

### Fotos und Musik von alten Handys übernehmen

Fotos und Musik, die nicht im Google-Konto gespeichert sind, überträgt man bequem mit einer Speicherkarte. Einfach die Speicherkarte aus dem alten Smartphone in das neue stecken und die Daten können dort genutzt werden. Natürlich können Sie auch Daten im Kartenleser am PC auf die Speicherkarte kopieren und diese dann in das Samsung Galaxy S10 stecken.

Ganz alte Handys mit exotischen Speicherkartenformaten oder ganz ohne Speicherkarte können über ein USB-Kabel mit dem PC verbunden werden und werden dort als Kamera oder Wechseldatenträger erkannt. Mit der Windows-Software *Back up & Sync* (photos.google.com/apps) werden diese Fotos vom PC automatisch ins Google-Konto nach Google Fotos hochgeladen und stehen dann sofort auch auf dem Samsung Galaxy S10 zur Verfügung.

## Musik auf dem Samsung Galaxy S10

Digitale Musik unterwegs zu hören, gehört zum Alltag. Portable MP3-Player haben längst Walkman und tragbare CD-Spieler abgelöst. Inzwischen geht das Interesse an klassischen MP3-Playern auch schon wieder zurück. Fast jeder hört seine Musik nur noch auf dem Smartphone über Kopfhörer, deren Musikqualität mit dem, was man aus Walkman-Zeiten kannte, nicht mehr zu vergleichen ist.

*Google Play Musik* ist eine Musikplayer-App, die seit Android 8 Oreo den ehemaligen Musikplayer ersetzt. Sie spielt lokal auf dem Smartphone gespeicherte Musik ab sowie auch Musik aus dem Cloud-Speicher. Der Google Play Musik Store ist integriert. Gekaufte Musiktitel werden direkt im Player angezeigt und abgespielt.

Auf dem Samsung Galaxy S10 verzichtet Samsung wie schon auf dem Samsung Galaxy S9 auf seinen eigenen Musikplayer und liefert nur noch *Google Play Musik* vorinstalliert mit.

**Achtung! Kostenfalle**

Tippen Sie beim ersten Start der Google-Play-Musik-App auf *Nein danke* und nicht auf *Abonnieren*, da Sie sonst den Google-Musik-Dienst abonnieren, der zwar 30 Tage lang kostenlos ist, aber wer denkt schon daran, so etwas rechtzeitig wieder abzumelden. Die App funktioniert auch in der kostenlosen Version. Lediglich das Streaming-Angebot von Google ist kostenpflichtig.

Google Play bietet auch einen Downloadshop für Musik an. Zusammen mit diesem Angebot startete auch ein Cloud-Dienst, auf dem jeder Nutzer kostenlos bis zu 100.000 eigene Songs speichern und dann von jedem Gerät über sein persönliches Google-Konto anhören kann.

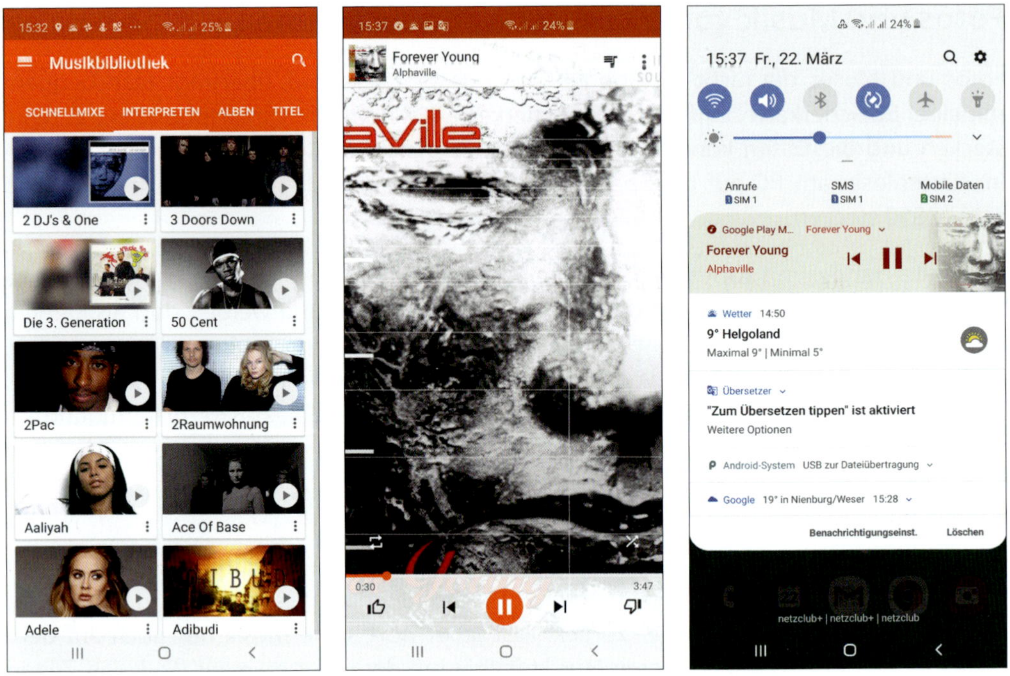


*Google Play Musik auf dem Samsung Galaxy S10. Rechts: Benachrichtigung des Musikplayers.*

Die Bedienung ähnelt den bekannten Musikplayern auf anderen Plattformen: In jeder Ansicht ist ganz unten der gerade laufende Titel zu sehen. Mit den Bedienelementen lassen Sie die Musik pausieren oder springen zum nächsten Titel der aktuellen Wiedergabeliste.

Sie können beliebige Titel zu einer Wiedergabeliste zusammenfassen, indem Sie auf das Symbol mit den drei Punkten rechts in einem Musiktitel tippen. Mit dem Lupensymbol oben rechts finden Sie jeden Titel Ihrer Musiksammlung. Mit der Funktion *Schnellmixe* lassen sich automatisch nach Interpreten Wiedergabelisten erzeugen und abspielen.

### Achtung! Datenvolumen

Um unterwegs Datenvolumen zu sparen, sollten Sie in der Seitenleiste die Option *Nur heruntergeladene* aktivieren. Damit verhindern Sie, dass über Playlisten oder die zufällige Wiedergabe Musik aus dem Cloud-Speicher über eine Mobilfunkverbindung heruntergeladen wird. Die Seitenleiste blenden Sie ein, indem Sie auf das Menüsymbol oben links in der Ecke tippen.

In den Einstellungen der Google-Play-Musik-App können Sie festlegen, dass Musik aus dem Cloud-Speicher nur über WLAN-Verbindungen gestreamt oder heruntergeladen wird.

Während die Musik läuft, können Sie andere Apps nutzen. Tippen Sie einfach auf die Home-Taste. Der Musikplayer verschwindet in den Hintergrund, die Musik läuft weiter. In der Benachrichtigungsleiste ist ein Symbol für den Musikplayer zu sehen. Ziehen Sie die Benachrichtigungsleiste nach unten, erscheint der gerade abgespielte Titel. Tippen Sie darauf, kommen Sie wieder in den Musikplayer zurück.

Das Widget *Google Play Musik* zeigt den aktuellen oder zuletzt gespielten Titel direkt auf dem Startbildschirm und stellt auch die Steuerelemente des Medienplayers dar. Bei automatisch erstellten Mixen können Sie *Gefällt mir* oder *Gefällt mir nicht* antippen, um die Zusammenstellung der Mixe zu beeinflussen.

### Falsche Albumbilder

Wundern Sie sich nicht, wenn der Musikplayer falsche Albumbilder bei lokal gespeicherter Musik anzeigt. Dies ist leider ein gängiges Problem aller Musikplayer-Apps, wenn Musik auf verschiedenen Plattformen verwendet wird. In der MP3-Datei eingebettete Grafiken werden korrekt angezeigt. Einige Systeme verwenden aber zusätzliche Albumbilder im JPEG-Format. Wenn sich solche Bilder auf der Speicherkarte befinden, werden sie von den Musikplayern unterschiedlich und oft falsch zugeordnet.

## Neue Musik aus dem Google Play Store kaufen

Der Google Play Store bietet Musik zum Kauf direkt auf dem Smartphone an. Sie erreichen dieses Musikangebot sowohl über die Google-Play-App als auch direkt aus der Seitenleiste des Google Musik Players. Lassen Sie sich auf der Startseite inspirieren oder suchen Sie gezielt nach Musiktiteln oder Alben. Die meisten Titel werden einzeln verkauft. In viele Titel kann man online hineinhören, ohne sie gleich kaufen zu müssen. Beim Kauf mehrerer Titel ist das ganze Album oft günstiger. Gekaufte Musik steht automatisch auf allen Geräten zur Verfügung, die mit demselben Google-Konto angemeldet sind. Für Leute, die sehr viel aktuelle Musik hören, ist ein monatliches Abonnement oft günstiger als der Kauf der einzelnen Titel.

Einige wenige Alben werden auch kostenlos angeboten. Allerdings ist auch zum kostenlosen Download ein Google-Wallet-Konto mit gültigen Kreditkartendaten oder ein Prepaid-Guthaben notwendig.

### DRM in Google Play Musik

Musik, Filme und E-Books aus dem Google Play Store sind durch DRM (**D**igital **R**ights **M**anagement) geschützt. Das bedeutet, die Medien sind nur auf bestimmten Geräten nutzbar und können nicht auf andere Geräte übertragen werden. In den meisten Fällen heißt das, man kann gekaufte Inhalte auf allen Geräten nutzen, die über das eigene Google-Konto angemeldet sind, aber nicht an andere Nutzer weitergeben.

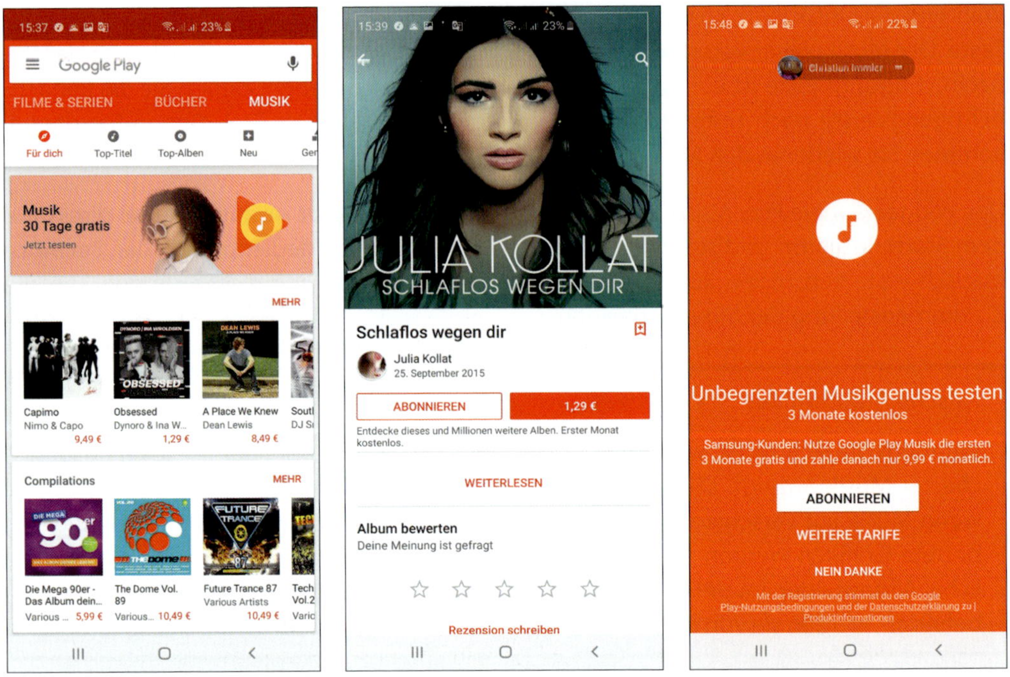


*Musik im Google Play Store kaufen.*

## Lautsprecher und Kopfhörer per Miniklinke anschließen

Wer auf dem Samsung Galaxy S10 genüsslich Musik hören oder Filme ansehen möchte, wird bald merken, dass die Lautsprecher trotz des eingebauten Dolby Atmos alles andere als optimal sind.

Dolby Atmos kann über ein Symbol in den Schnelleinstellungen jederzeit ein- und ausgeschaltet werden.

Das Samsung Galaxy S10 hat unten neben der USB-Buchse eine 3,5-mm-Klinkenbuchse zum Anschluss von Kopfhörern, um in Ruhe, ohne zum Beispiel im Zug seine Mitmenschen zu belästigen, Musik zu hören. Beim Einstecken eines Kopfhörers werden die internen Lautsprecher automatisch abgeschaltet.

Zu Hause oder beim Musikhören mit mehreren Leuten schließen Sie an diese Buchse besser Lautsprecher an, die noch mehr Klang bieten. Dabei sollten Sie Aktivlautsprecher mit eingebautem Verstärker und eigener Stromversorgung oder gleich eine Stereoanlage verwenden. Die Leistung des Audioausgangs am Smartphone reicht sonst nur für eine schwache Lautstärke.

Um den Klang noch weiter zu verbessern, verfügt die Google-Play-Musik-App über einen eigenen Equalizer, der sich hinter dem Menüpunkt *Einstellungen* versteckt.

Wer gern mit Musik einschläft, kann in den Einstellungen über den *Ruhemodus-Timer* eine Zeit einstellen, nach der die Musik automatisch anhält.

## Bluetooth-Lautsprecher anschließen

Um unterwegs Musik zu hören, hat das Smartphone inzwischen alle klassischen CD- und MP3-Player verdrängt – um eine Party damit zu beschallen, eignen sich die eingebauten Lautsprecher allerdings nicht.

Viele Aktivboxen, Stereoanlagen und auch Autoradios lassen sich per Bluetooth koppeln und als Lautsprecher nutzen. Dabei werden alle Medien-Apps unterstützt, die Musik kann von YouTube, Google Play Musik, einem Webradio oder auch lokal vom Smartphone abgespielt werden.

1. Schalten Sie über die Schnelleinstellungen Bluetooth ein.

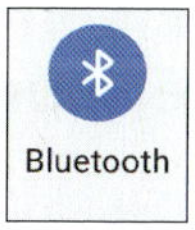


2. Nach dem Aktivieren des Bluetooth-Symbols erscheint eine Liste mit Geräten in der Nähe.
3. Wählen Sie hier den Lautsprecher aus. Bei einigen Lautsprechern müssen Sie jetzt eine Kopplungstaste drücken. Viele Geräte koppeln aber auch automatisch.

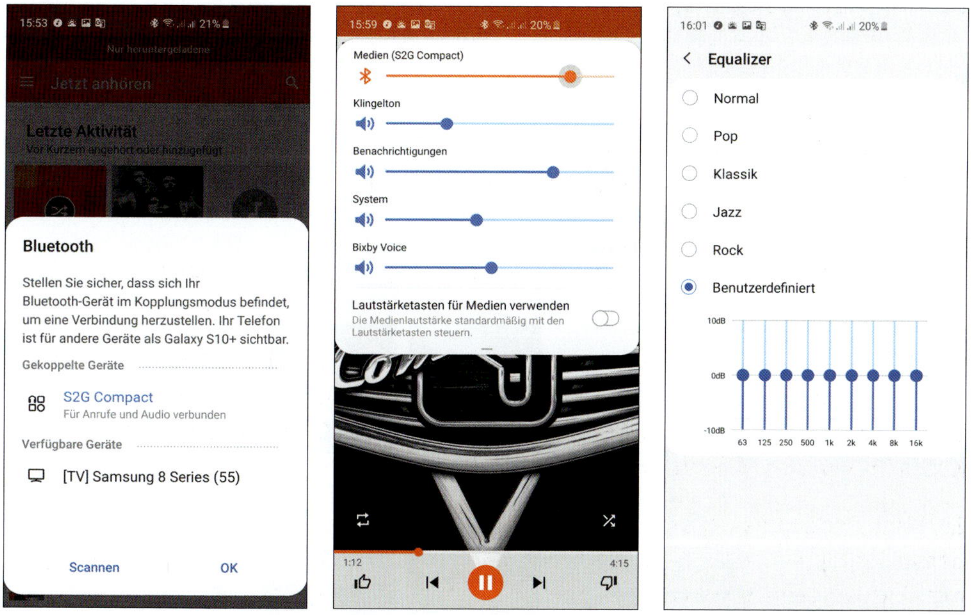


*Bluetooth-Lautsprecher koppeln und Lautstärke einstellen. Rechts: Equalizer in Google Play Musik.*

Haben Sie einmal einen Lautsprecher gekoppelt, erscheint dieser automatisch in der Liste und braucht nicht mehr neu gesucht zu werden. Beim Einschalten von Bluetooth wird er automatisch wieder gekoppelt. Über die Lautstärketasten des Samsung Galaxy S10 können Sie die Lautstärke des Lautsprechers regeln.

> **Freisprecheinrichtungen koppeln**
>
> Bluetooth-Freisprecheinrichtungen werden auf die gleiche Weise wie Lautsprecher gekoppelt. Bei Freisprecheinrichtungen mit Display, wie zum Beispiel in Autos, sollten Sie auch die Kontakte freigeben, damit die Freisprecheinrichtung den Namen des Anrufers anzeigen kann. Bei einigen derartigen Anlagen können Sie auch aus dem Adressbuch des Samsung Galaxy S10 Anrufe tätigen, ohne das Smartphone dazu in die Hand nehmen zu müssen.

## Eigene Musik in der Cloud speichern und auf dem Smartphone erleben

Der Cloud-Dienst Google Play Music bietet jedem Nutzer kostenlosen Speicherplatz für bis zu 100.000 Songs. Laden Sie auf dem PC über *play.google.com/music* Ihre Musikbibliothek hoch, um mit allen Geräten darauf zugreifen zu können. Hier können Sie auch direkt im Browser Ihre gekauften oder selbst gespeicherten Musiktitel anhören.

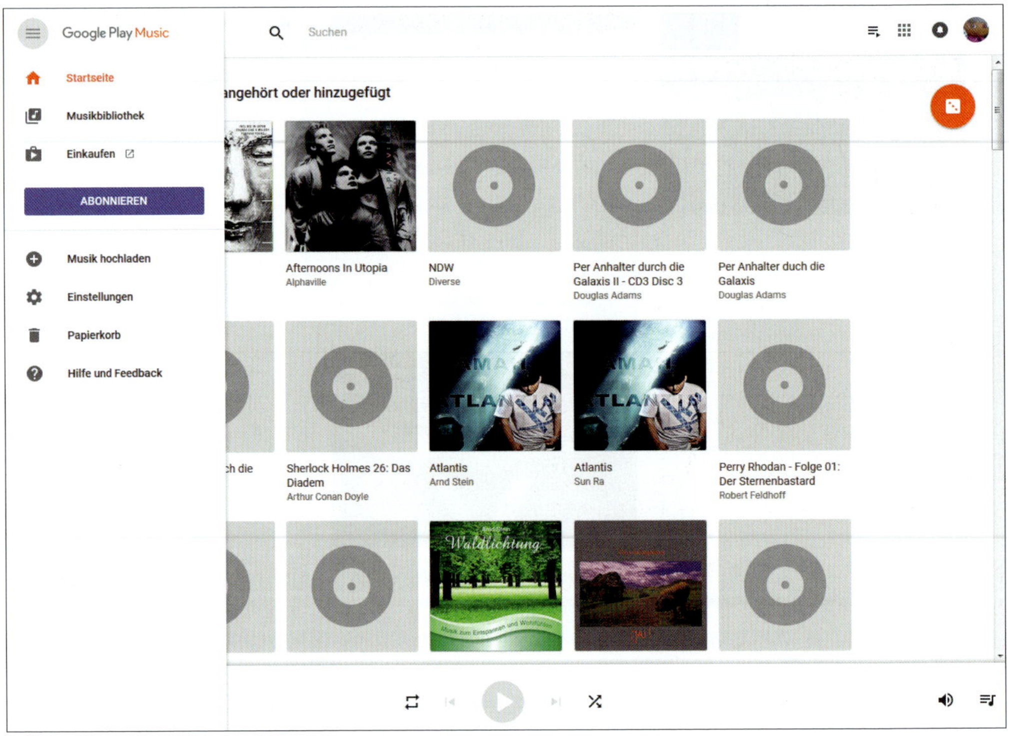


*Google Play Music im Browser auf dem PC.*

Laden Sie über die Schaltfläche *Musik hochladen* den Google Music Manager herunter. Das Programm läuft im Hintergrund und ist als Symbol im Infobereich der Taskleiste zu finden. Im Chrome-Browser können Sie die Musikdateien einfach per Drag-and-drop auf eine Fläche ziehen, um sie hochzuladen. Nach dem Hochladen können die Musiktitel auf allen Geräten, die mit dem eigenen Google-Konto angemeldet sind, angehört werden.

## Google Sound Search – welches Lied läuft gerade?

Jeder kennt das: Im Radio läuft ein schöner Musiktitel, aber man weiß nicht, wie er heißt und wer ihn singt, weil man die Ansage davor verpasst oder einfach nicht zugehört hat. Hier hilft ein Widget auf dem Smartphone, den Titel wiederzufinden.

Ziehen Sie das Widget *Sound Search* aus der Widget-Kategorie *Google* auf den Startbildschirm. Tippen Sie darauf, wenn Sie ein Lied hören, das Sie identifizieren möchten. Google hört ein paar Sekunden zu, zeichnet die Musik auf und überträgt sie an einen Server, der die Aufnahme auswertet und mit sehr hoher Treffsicherheit den passenden Titel findet.

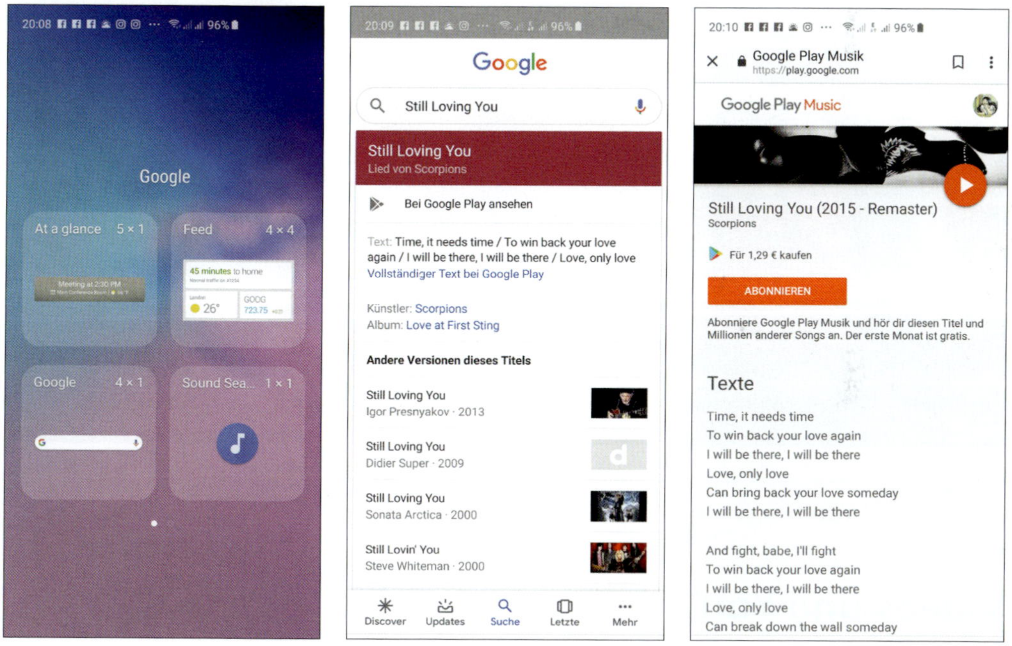


*Sound Search hört Musik und findet diese bei Google Play.*

Neben dem Songtitel findet *Sound Search* oft noch weitere Informationen wie Albumtitel, Veröffentlichungsdatum und Interpreten. Bei einigen Titeln werden kurze Hörproben angeboten. Tippen Sie im Google Play Store auf *Kaufen*, müssen Sie noch nicht gleich kaufen – es wird zunächst die Google-Play-Musik-App gestartet, wo Sie weitere Informationen zum Interpreten finden und dann natürlich die Möglichkeit haben, den Titel oder das ganze Album zu kaufen.

## YouTube Music

Der neue Musik-Streamingdienst von YouTube findet Musik aus offiziellen Veröffentlichungen der Künstler anhand von Titeln, Stichwörtern oder Albumnamen. In der kostenlosen Version wird die Musik oft durch Werbung unterbrochen und läuft auch nicht weiter, wenn der Bildschirm abgeschaltet ist oder eine andere App im Vordergrund läuft. Dies ist nur mit einem kostenpflichtigen Abo möglich.

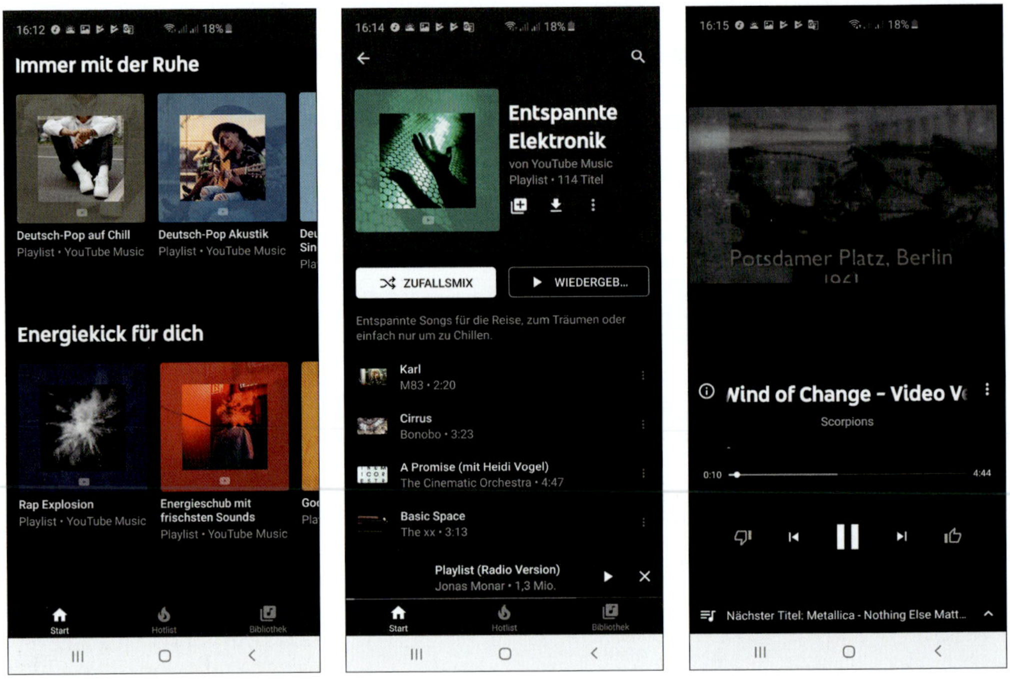


*YouTube Music bietet Musik ganz nach persönlichem Geschmack.*

# Videos und YouTube

YouTube ist mehr denn je die beliebteste Quelle für Videos aller Art im Internet. YouTube bietet zwar die für mobile Geräte optimierte Webseite *m.de.youtube.com*. Deutlich komfortabler ist aber die YouTube-App, die eine speziell für Android-Smartphones optimierte Darstellung bietet. Ist diese App installiert, was auf dem Samsung Galaxy S10 bereits herstellerseitig der Fall ist, wird beim Besuch der mobilen YouTube-Webseite automatisch die App gestartet.

**INFO:** Pro Tag werden über zwei Milliarden Videos auf YouTube betrachtet, und pro Minute wird über 100 Stunden neues Videomaterial hochgeladen. YouTube verursacht etwa 10 % des gesamten Internetdatenverkehrs. Bedenken Sie bei der Nutzung von YouTube über das Mobilfunknetz das zu übertragende Datenvolumen von Videos. Hier kommt man schnell an die Grenzen der Smartphone-Flatrates.

Nach der Anmeldung mit dem auf dem Smartphone installierten Google-Konto hat man in der YouTube-App direkten Zugriff auf eigene Playlisten und Favoriten. Die Suchfunktion sowie die Listen mit Videos des gleichen Anbieters oder ähnlichen Videos anderer Anbieter stehen so, wie man sie vom PC kennt, auch in der YouTube-App zur Verfügung.

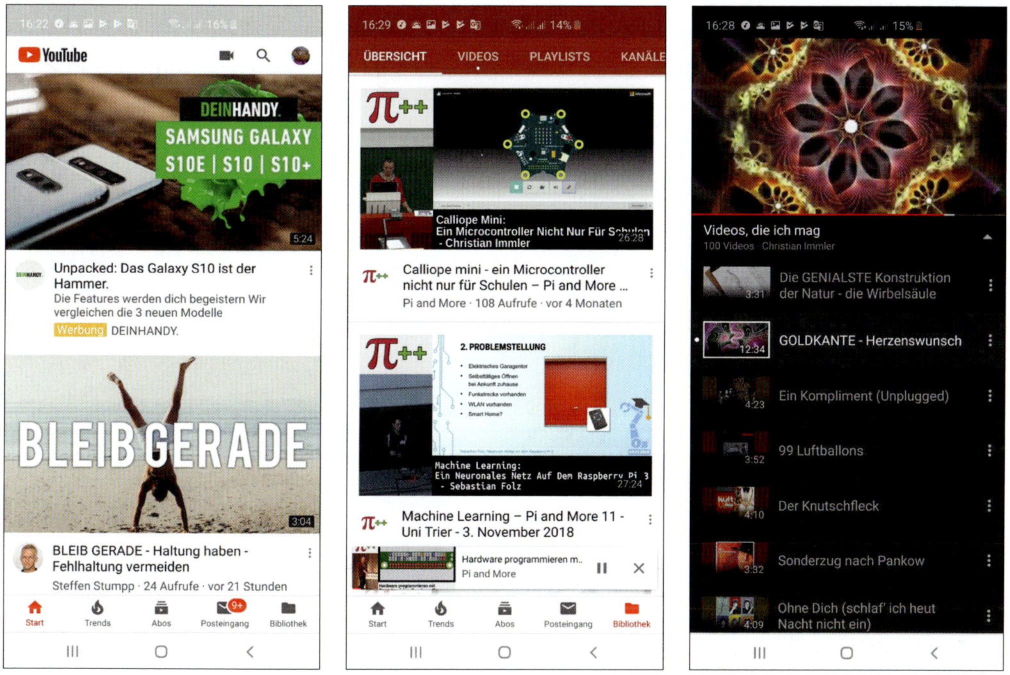


*Die YouTube-App auf dem Samsung Galaxy S10.*

Natürlich lassen sich alle Videos auch im Vollbildmodus abspielen. Dazu braucht man das Samsung Galaxy S10 nur quer zu halten. In diesem Modus sind die Symbole für *Zurück*, *App-Liste* und *Home* deaktiviert, sodass Sie sie nicht versehentlich betätigen können. Um zurück zum Startbildschirm zu kommen, wischen Sie vom rechten Bildschirmrand ins Bild, um diese Symbolleiste einzublenden. Sie können auch das Samsung Galaxy S10 wieder in die Senkrechte drehen. Damit wird der Vollbildmodus beendet und alle Bedienelemente stehen wieder wie gewohnt zur Verfügung.

Auch die Funktionen, Videos zu bewerten oder Links an Freunde zu verschicken, sind in der App enthalten. Dabei werden alle installierten Kommunikations-Apps wie E-Mail, Facebook, Twitter und weitere unterstützt.

### Videooptimierung

Beim ersten Start der YouTube-App auf dem Samsung Galaxy S10 erscheint ein Hinweis, die Videooptimierung einzuschalten. Tippen Sie auf die Benachrichtigung, um das zu tun. Sie finden die Einstellung zur Videooptimierung auch später noch in den *Einstellungen* unter *Erweiterte Funktionen*. Die Videooptimierung funktioniert auch mit einigen anderen Video-Apps auf dem Samsung Galaxy S10.

Mit der YouTube-App können Sie auch eigene Videos, die mit der Smartphone-Kamera aufgenommen wurden, direkt auf YouTube hochladen, ohne dass Sie einen PC dafür benötigen.

# Kapitel 7

# Unterwegs mit dem Samsung Galaxy S10

Wer unterwegs ist, braucht eine Landkarte oder einen Stadtplan des Urlaubsortes. Landkarten auf dem Smartphone haben gegenüber ihren auf großformatiges Papier gedruckten Vorgängern einige Vorteile.

Sie können deutlich aktueller sein als Pläne aus Papier, die auch in Urlaubsregionen höchstens einmal im Jahr erneuert werden, und der eigene Standort lässt sich per GPS direkt auf der Karte anzeigen. Hinzu kommt eine präzise Suchfunktion, die selbst kleine Orte oder einzelne Straßen in Sekundenschnelle findet.

## Google Maps

Google Maps hat sich zur wichtigsten Quelle für Landkarten und geografische Informationen im Internet entwickelt. Genauso einfach, wie die Suchmaschine Google irgendetwas im Internet findet, findet Google Maps die genaue Position in der realen Welt. Auf allen Android-Smartphones ist eine App für Google Maps vorinstalliert, die noch mehr Funktionen bietet als die browserbasierte Version. Das Menüsymbol oben links blendet ein Seitenmenü ein, über das man weitere Informationen in der Karte anzeigen lassen kann.

Mit zwei Fingern lässt sich die Kartenansicht, die normalerweise nach Norden ausgerichtet ist, drehen. Tippen Sie auf das Kompass-Symbol, wird die Karte wieder genordet.

**Achtung! Datenvolumen**

Bedenken Sie, dass die Satellitenbilder ein deutlich höheres Datenvolumen verursachen als die simple Vektorgrafik.

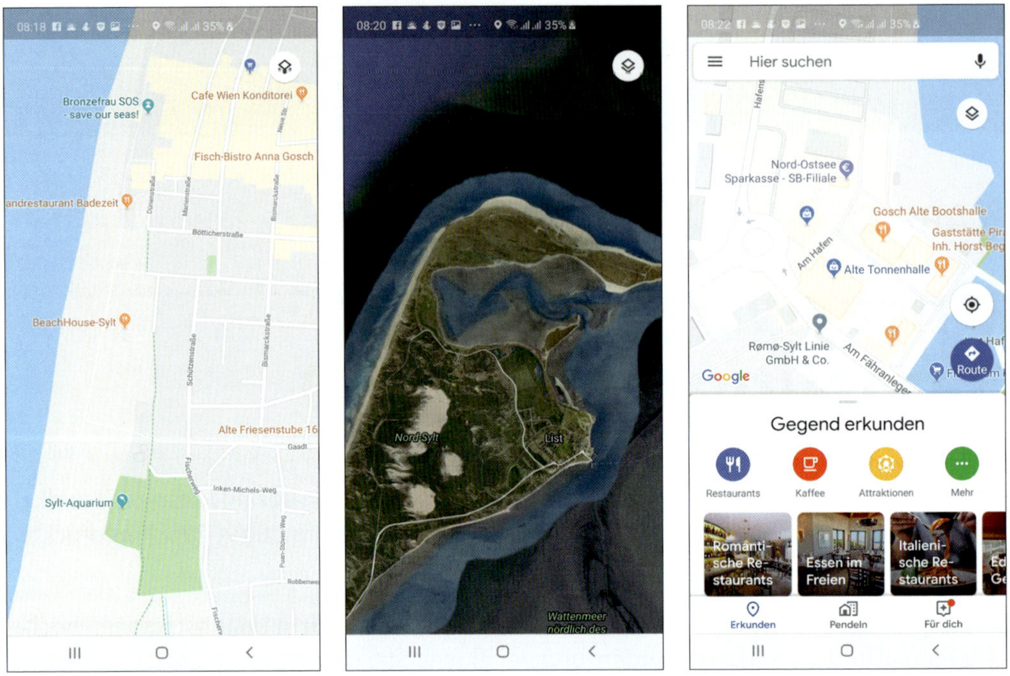


*Google-Maps-App auf dem Samsung Galaxy 10. Rechts: Gegend erkunden.*

Im unteren Bildschirmbereich erscheint eine Symbolleiste, die Sie nach unten schieben können, um den ganzen Bildschirm für die Karte zur Verfügung zu haben. Das Ebenensymbol rechts oben blendet weitere Kartenebenen wie Radwege, Satellitenbild oder Geländeformationen ein.

Schieben Sie die Symbolpalette *Erkunden* nach oben, zeigt die App Gastronomie, Läden und Fotos aus der auf dem Kartenausschnitt dargestellten Region.

Google Maps findet über das Suchfeld nicht nur Orte, sondern auch Straßennamen, Läden, Hotels und Restaurants. Dabei wird immer zuerst in der unmittelbaren Umgebung gesucht. Verschieben Sie den Kartenausschnitt, erscheint eine Schaltfläche, um im neuen Bereich zu suchen. Tippen Sie unten auf das Suchergebnis, erscheinen weitere Informationen. Dies funktioniert bei Sehenswürdigkeiten sowie bei zahlreichen Hotels und Gastronomiebetrieben.

Google kennt nicht erst seit der Street-View-Diskussion die Standorte von Millionen WLANs sehr genau. Anhand der Koordinaten des WLANs, in dem ein Gerät angemeldet ist, lässt sich dessen Standort gut ermitteln. Wenn GPS oder WLAN auf dem Smartphone ausgeschaltet sind, erscheint beim Start von Google Maps eine entsprechende Meldung. Das Standortsymbol unten rechts zeigt den Kartenausschnitt um den eigenen Standort. Um

Google Maps sinnvoll verwenden zu können, müssen Sie beim ersten Start die Anfrage nach Standortinformationen zulassen.

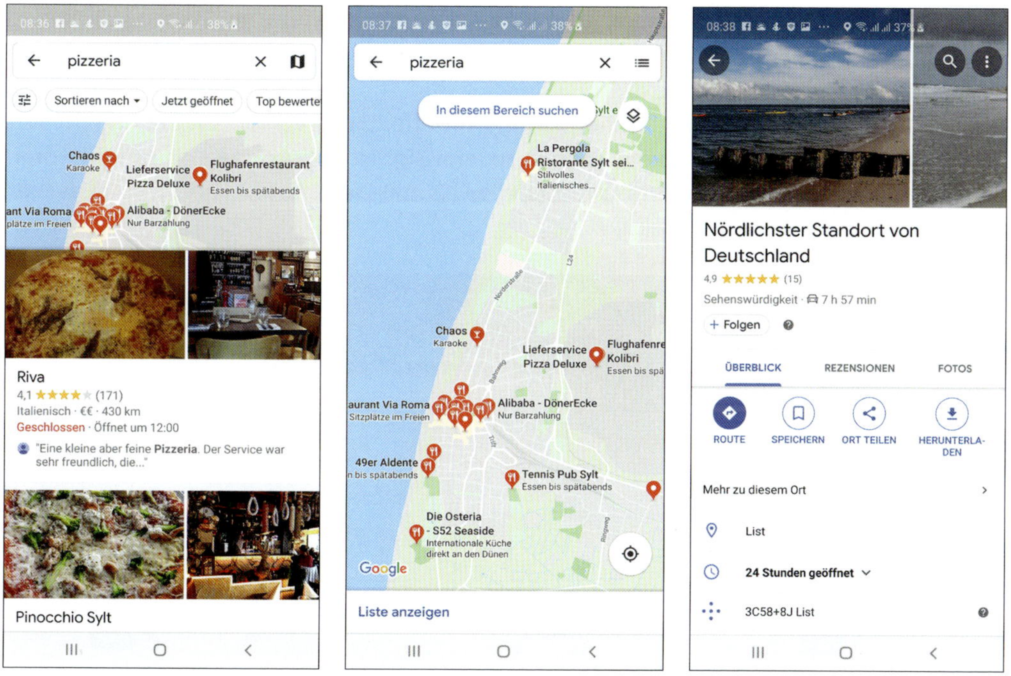


*Suche nach Pizzerien, Hotels, Geldautomaten oder anderen regionalen Suchbegriffen. Rechts: Plus Code.*

## Plus Codes

Einem Freund einen beliebigen Punkt auf der Karte mitzuteilen, ist nicht immer ganz einfach, besonders bei Punkten in der freien Landschaft, die sich nicht über eine Adresse finden lassen.

1. Suchen Sie den gewünschten Punkt aus der Karte und halten Sie den Finger länger an diese Stelle, bis eine rote Kartenmarkierung erscheint und die exakten Koordinaten dieses Punktes angezeigt werden. Tippen Sie dann unten auf das Feld *Gesetzte Markierung*.
2. Auf dem nächsten Bildschirm können Sie diesen Punkt als Lesezeichen speichern oder dorthin routen. Der Plus Code bezeichnet diesen Punkt ebenfalls genau. Tippen Sie darauf, wird der Plus Code in die Zwischenablage kopiert und Sie können ihn auf beliebigem Weg weitergeben. Da es sich nur um eine kurze Zeichenfolge handelt, können Sie Plus Codes sogar per Telefon oder SMS weitergeben.
3. Der Empfänger gibt diesen Code in das Suchfeld auf Google Maps ein. Danach wird der Punkt auf der Karte angezeigt.

## Routenplanung mit Google Maps

Google Maps enthält einen vollwertigen Routenplaner. Hier kann man wahlweise optimale Strecken für Autofahrer, Fußgänger oder Radfahrer errechnen lassen. Dabei wird neben der Entfernung auch die voraussichtliche Zeit für den Weg ermittelt. Bei Radrouten ist die angegebene Zeit nur für extrem sportliche Radrennfahrer zu erreichen. Hier muss Google noch nachbessern. Die Routenplanung für öffentliche Verkehrsmittel funktioniert inzwischen in Deutschland ebenfalls sehr zuverlässig. Ist – besonders in Innenstädten – eine Fahrrad- oder Fußgängerroute schneller als mit dem Auto, wird diese direkt als Alternative auf der Karte angezeigt.

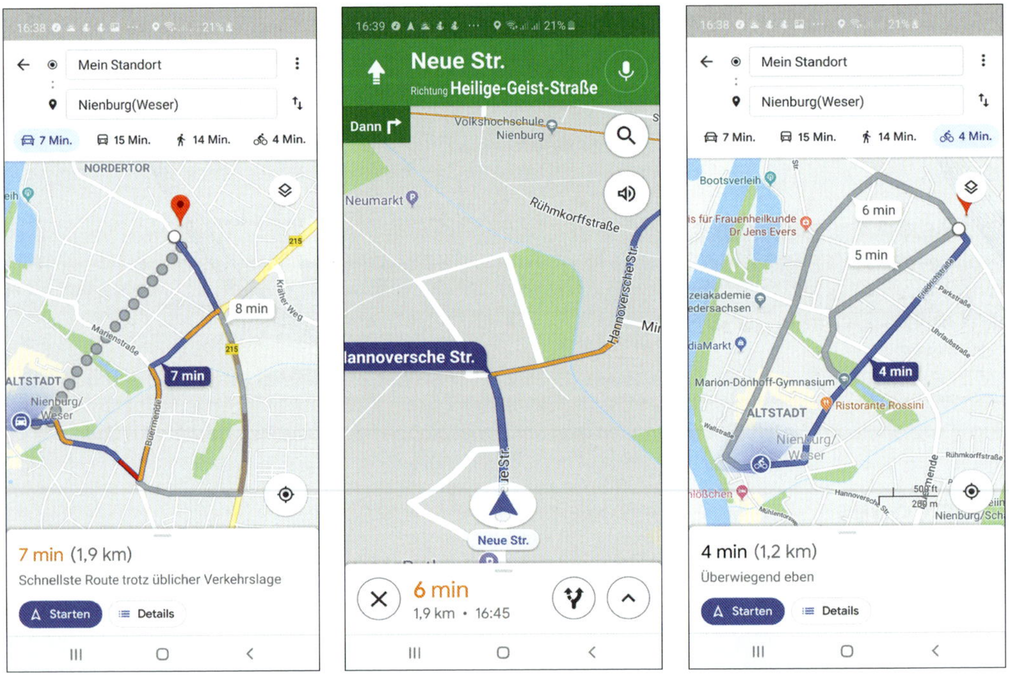


*Routenplanung und Navigation für Autofahrer. Rechts: die gleiche Route für Fahrradfahrer.*

Suchen Sie in Google Maps den Zielort und tippen Sie auf die blaue Schaltfläche *Starten* unten links. Danach starten Sie die Berechnung der Route vom aktuellen Standort. Wählen Sie oben das gewünschte Verkehrsmittel aus. Hier können Sie auch noch einen anderen Startpunkt oder Routenoptionen einstellen.

Während der Fahrt zeigt Google Maps wie ein klassisches Navigationssystem Fahrtangaben mit Pfeilen an und spricht auch dazu. Tippen Sie unten auf die Zeitangabe, erhalten Sie eine Wegbeschreibung. Tippen Sie vor Fahrtbeginn auf das schwarze Banner, um diese Wegbeschreibungen offline herunterzuladen, damit die Daten auch zur Verfügung stehen, wenn Sie unterwegs mal keine Internetverbindung haben.

Nutzen Sie während der Fahrt eine andere App, bleibt die Navigation in einem kleinen Bild-im-Bild-Fenster sichtbar, um jederzeit schnell wieder den Weg zu finden.

Auf Autobahnen zeigt ein Farbcode die aktuelle Verkehrslage an. Dabei steht Grün für problemlos, Gelb für dichten Verkehr und Rot für Stau bzw. Staugefahr. Die Daten werden automatisch anhand der Fahrzeuge ermittelt, die sich auf der Strecke befinden und die Google-Maps-Navigation nutzen. Wird die Verkehrslage nicht angezeigt, schalten Sie sie über das Menüsymbol unten rechts in der Navigationsansicht ein.

### Schneller nach Hause finden

Tragen Sie in Google Maps unter *Meine Orte* Adressen für *Zuhause* und *Arbeit* ein, schlägt Google Maps, wenn Sie sich woanders aufhalten, automatisch Routen vor, wie Sie wieder nach Hause kommen. Sie können in den Start- und Zielfeldern der Routenplanung auch einfach *Zuhause* eingeben, ohne jedes Mal Ihre Adresse eintippen zu müssen.

Planen Sie eine Route mit öffentlichen Verkehrsmitteln, gehen Sie genauso vor und tippen dann im blauen Feld oberhalb der Karte auf das Bahnsymbol bei den Zeitangaben. Jetzt werden die nächsten Verbindungen angezeigt. Die aktuellen Fahrpläne kommen direkt aus den Auskunftssystemen der Deutschen Bahn sowie regionaler Verkehrsbetriebe.

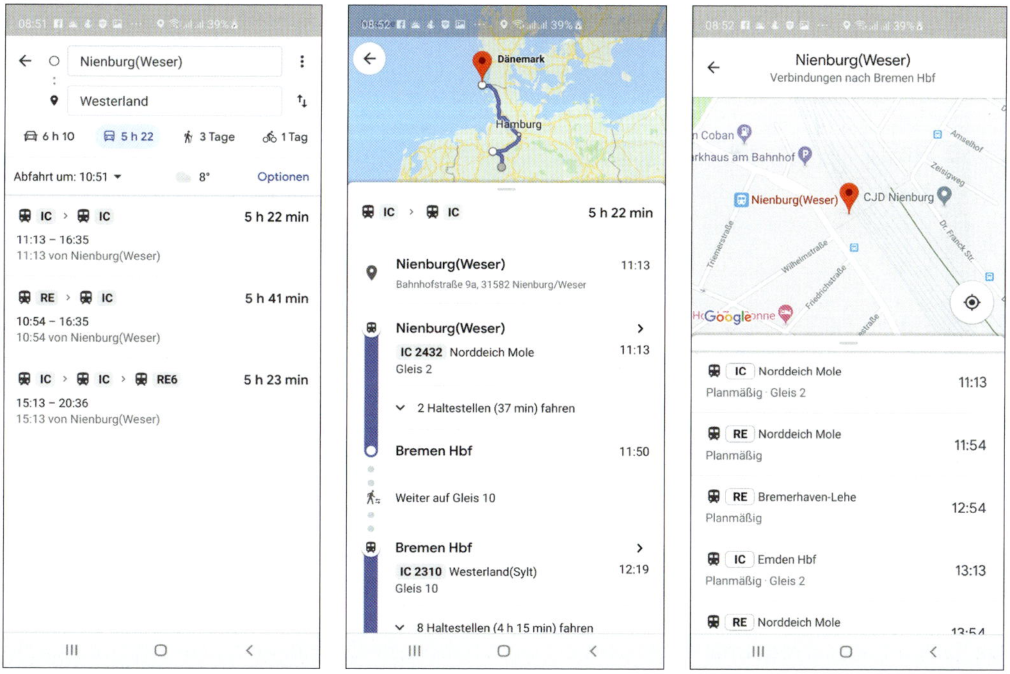

*Fahrplanauskunft in Google Maps.*

Tippen Sie auf eine Verbindung, erhalten Sie Details zu den Zügen sowie Umsteigebahnhöfe und -zeiten. Fußwegstrecken am Start- oder Zielort lassen sich auf einem Kartenausschnitt detailliert anzeigen. Links oben wählen Sie andere Abfahrts- oder Ankunftszeiten.

## Google Maps offline nutzen

Bewegen Sie sich in Gegenden mit schlechter Mobilfunkversorgung oder im Nicht-EU-Ausland, ist die Onlinenutzung von Google Maps nicht möglich oder mit hohen Roamingkosten verbunden. Laden Sie sich deshalb die für eine Reise benötigten Kartenbereiche zu Hause über WLAN herunter, um sie dann vor Ort offline nutzen zu können.

1. Tippen Sie im Seitenmenü von Google Maps auf *Offlinekarten*.
2. Entscheiden Sie sich auf dem nächsten Bildschirm für *Wähle deine eigene Karte aus*.
3. Jetzt können Sie den herunterzuladenden Kartenbereich wählen. Tippen Sie dann auf *Herunterladen*. Beachten Sie, dass ein Kartenausschnitt für eine Offlinekarte höchstens 120.000 km² groß sein kann.

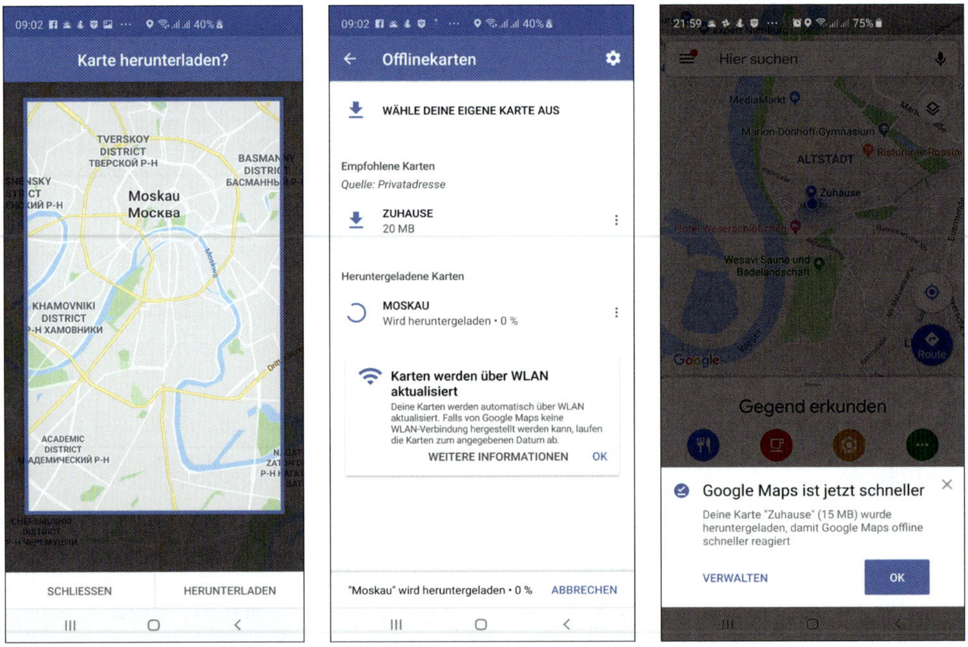


*Karten zur Offlinenutzung (z. B. im Ausland) herunterladen. Rechts: Benachrichtigung bei aktualisierten Karten.*

Da Kartenmaterial regelmäßig aktualisiert wird, haben die Offlinekarten nur eine begrenzte Gültigkeitsdauer von 30 Tagen. Mit dem Zahnradsymbol in der Liste der Offlinekarten kommen Sie in die *Einstellungen*. Hier können Sie festlegen, ob die Offlinekarten bei Ablauf automatisch aktualisiert werden. Dabei sollten Sie die Standardeinstellung beibehalten, dass die Karten wegen der großen Datenmenge nur über WLAN aktualisiert werden.

**Offline-Navigation nur für Autofahrer**

Wenn Sie Offlinekarten nutzen, wird nur die Navigation für Autofahrer angeboten. Eine Routenplanung mit öffentlichen Verkehrsmitteln sowie Wegbeschreibungen für Radfahrer und Fußgänger stehen offline nicht zur Verfügung.

## Google Earth

Beim Google-Vorzeigeprodukt Android darf natürlich der faszinierende interaktive Weltatlas Google Earth nicht fehlen. Mit einem Fingerstrich kann man um die ganze Welt reisen und über die Suchfunktion Orte, Plätze und sogar ausgewählte Geschäfte und Hotels finden.

Da Google Earth erwartungsgemäß sehr hohe Anforderungen an die Hardware stellt, läuft die App auf einfacheren Smartphones nicht. Die dreidimensionalen Gebäudemodelle sind nur auf High-End-Smartphones mit 3D-Grafikprozessor zu sehen. Auf dem Samsung Galaxy S10 ist Google Earth natürlich in voller Pracht zu erleben.

*Google Earth auf dem Samsung Galaxy S10.*

Google Earth verwendet eine komfortable Multitouch-Navigation über Fingergesten mit einem oder zwei Fingern:

- Streichen Sie mit einem Finger über den Bildschirm, um den Globus zu drehen.
- Durch das Auseinander- und Zusammenziehen von zwei Fingern und gleichzeitiges Drehen können Sie die Karte heranzoomen bzw. wieder herauszoomen und Ihren Blickpunkt ändern.
- Ziehen Sie zwei Finger über den Bildschirm, um die Ansicht zu neigen.
- Durch Doppeltippen mit einem Finger wird die Karte herangezoomt.
- Durch Doppeltippen mit zwei Fingern können Sie herauszoomen.

Über das Seitenmenü lassen sich verschiedene Kartenstile anzeigen, die wichtige Orte, Straßen oder Sehenswürdigkeiten einblenden. Die Anzeige von Fotos aus dem Bilderdienst Panoramio ist in der Google-Earth-App weggefallen, da dieser Dienst eingestellt wurde. Wikipedia-Informationen werden nicht mehr als eigene Symbole angezeigt, sondern sind jetzt in den Beschreibungen angezeigter Sehenswürdigkeiten verlinkt.

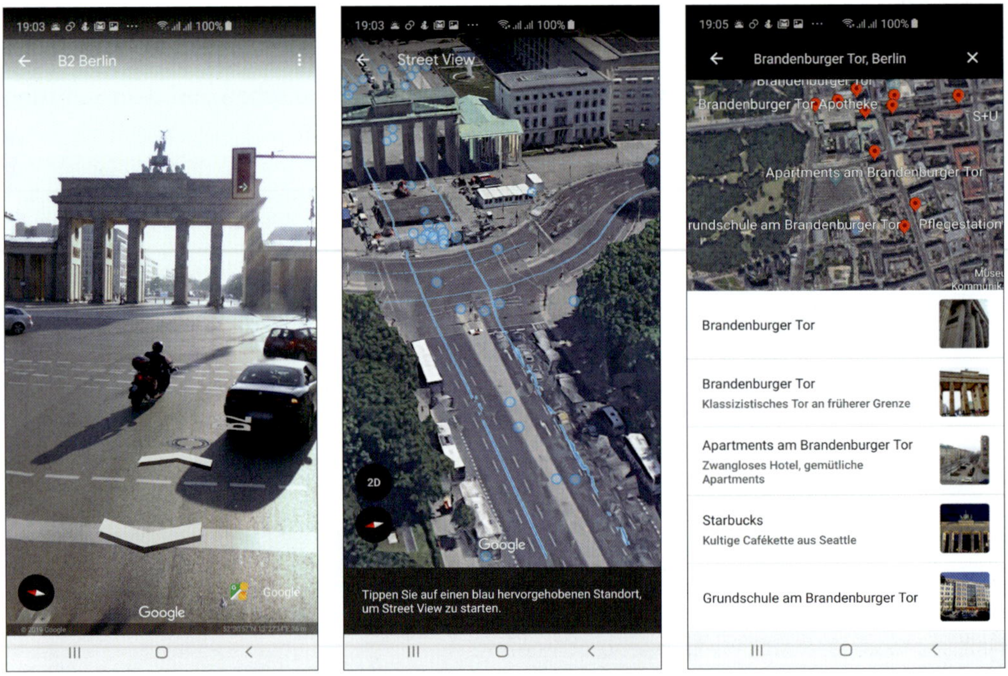


*Street View und Informationen zu Sehenswürdigkeiten in Google Earth.*

Google Street View kann innerhalb der Google-Earth-App ebenfalls verwendet werden. Tippen Sie dazu das Männchen unten links an und ziehen es an die gewünschte Position in den Straßen einer Stadt. Die Straßen, für die Street-View-Ansichten verfügbar sind, werden auf der Karte blau hervorgehoben.

### Postkarten

Haben Sie ein schönes Motiv auf Google Earth gefunden, können Sie es als virtuelle Postkarte an Freunde verschicken. Tippen Sie dazu auf das Kamerasymbol oben rechts, erscheint eine Liste von Apps, über die die Postkarte geteilt werden kann. Dabei werden ein Foto sowie ein Link auf die genaue Position mit Blickrichtung und Zoomfaktor in Google Earth verschickt.

*Postkarte in Google Earth verschicken.*

# Fahrplanauskunft

Onlinefahrpläne gehörten schon zu Zeiten der ersten WAP-Handys zu den beliebtesten und meistgenutzten mobilen Anwendungen. Das hat sich bis heute nicht geändert. Ein aktueller Fahrplan ist für jeden, der unterwegs ist, unverzichtbar.

## DB Navigator

Der *DB Navigator*, die Routenplaner-App der Deutschen Bahn, bietet eine Online-Fahrplanauskunft mit Echtzeitdaten zur aktuellen Verkehrslage. Hier findet man schnell die Information, ob ein Zug pünktlich ist und Anschlüsse passen. Anhand der eigenen Position kann die nächste Haltestelle in der Umgebung gefunden werden.

Man braucht keine Fahrplantabellen zu wälzen, sondern gibt nur Start und Ziel ein und die App sucht alle möglichen Verbindungen innerhalb eines bestimmten Zeitraums. Am Zielort zeigt die App einen Lageplan des Bahnhofs sowie Haltestellen des Nahverkehrs in der Nähe.

Beim ersten Start sollten Sie der App Zugriff auf Standort, Kontakte und Kalender geben. Dann können geplante Fahrten direkt als Termin in den Kalender eingetragen werden, und Sie können Adressen aus dem Adressbuch als Ziel einer Reise angeben, ohne die nächste Haltestelle kennen zu müssen.

Melden Sie sich außerdem mit Ihrem DB-Kundenkonto bei der App an, dann brauchen Sie Ihre Onlinetickets nicht mehr unbedingt auszudrucken, sondern können sie direkt auf dem Smartphone speichern oder auch aus der App heraus Fahrkarten kaufen. Bei einer Kontrolle im Zug zeigen Sie nur noch den QR-Code auf dem Smartphone-Bildschirm vor.

### Der bessere DB Navigator

Mit dem Update im Juli 2015 verlor der *DB Navigator* einiges an Qualität. Auf einmal gingen wichtige Funktionen verloren, die man gerade, wenn es zu Problemen kommt, bei schlechten Internetverbindungen im Zug oder knappen Umsteigezeiten, dringend braucht.

Die Möglichkeit, Fahrpläne offline auf dem Smartphone zu haben oder die aktuellen Abfahrtstafeln häufig genutzter Bahnhöfe direkt auf dem Startbildschirm, wurden zugunsten einer blassen inhaltslosen Grafik aufgegeben. Viele Daten, die früher kompakt dargestellt wurden, sind jetzt erst nach vielen Klicks und langem Scrollen auf fast leeren Bildschirmseiten zu finden – ausgesprochen lästig, wenn man mit einer Hand am Smartphone durch einen Bahnhof einem verspäteten Zug nachrennt.

Besonders ärgerlich: Die übersichtlichen Informationen zu Verspätungen, die während der Fahrt wichtig sind, wurden aus der App gestrichen. Früher konnte man auf einen Blick sehen, welche Anschlusszüge erreicht werden und welche Alternativen es gibt, wenn es mal zu spät wird.

Mehrere Tausend 1-Sterne-Bewertungen im Google Play Store bereits in den ersten Tagen nach Veröffentlichung des Updates sprechen eine eindeutige Sprache.

Mit einem Trick kommt man aber noch an die ältere, bessere Version des *DB Navigator*, die weiterhin alle aktuellen Fahrplandaten zeigt. Die ältere Version ist an einem Farbverlauf im Logo zu erkennen. Der unabhängige **Uptodown** App Store (*de.uptodown.com/android*) liefert zu den meisten Apps zusätzlich zur aktuellen auch ältere Versionen.

Suchen Sie dort den *DB Navigator* und scrollen Sie ganz nach unten zu den vorherigen Versionen. Nach der Installation des *DB Navigator 15.04.P06.00* wird die App bei den eigenen Apps im Google Play Store angezeigt, obwohl sie nicht von dort installiert wurde. Schalten Sie hier gleich das automatische Update aus, sonst haben Sie möglicherweise schon Sekunden später wieder die neue Version auf Ihrem Smartphone. Weitere Informationen finden Sie unter *wp.me/p1mbVt-e4*.

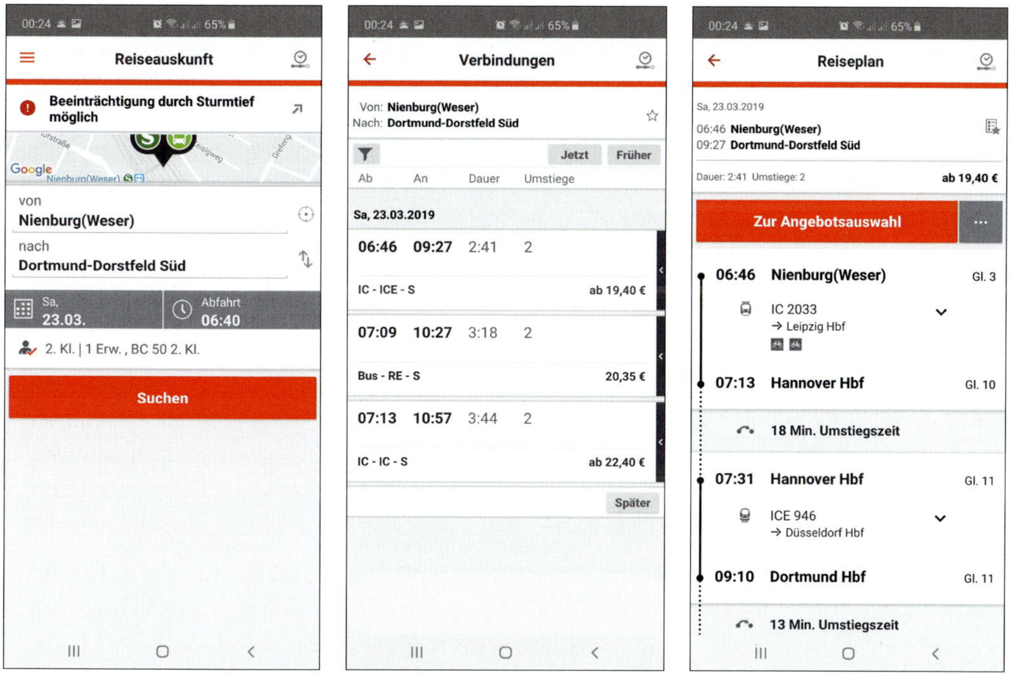


*Aktueller Fahrplan mit dem DB Navigator.*

# Wettervorhersage

Das aktuelle Wetter ist immer ein Gesprächsthema. Ändern kann man es zwar nicht, aber zumindest das Beste daraus machen. Internetseiten mit Wettervorhersagen gibt es wie Sand am Meer, und jeder hat darunter schon seine Lieblingsseite gefunden.

Nur sind die meisten Wetterseiten mit viel Multimedia-Aufwand und jeder Menge Werbung gestaltet, sodass es nicht einfach ist, die wirklichen Wetterdaten zu finden, falls die Seiten auf dem kleinen Smartphone-Bildschirm überhaupt dargestellt werden.

Wesentlich komfortabler ist eine der kostenlosen Wetter-Apps, die die Wettervorhersage für den Heimatort oder das Urlaubsziel direkt aufs Smartphone bringen.

## Die Wetter-App auf dem Samsung Galaxy S10

Samsung liefert auf dem Galaxy S10 eine vorinstallierte Wetter-App mit. Ein Widget auf dem Startbildschirm zeigt das Wetter am eigenen Standort an.

Der Bixby-Home-Bildschirm (siehe Kapitel 4) zeigt ebenfalls eine Karte mit dem Wetter. Tippen Sie darauf, öffnet sich auch hier die vorinstallierte Wetter-App.

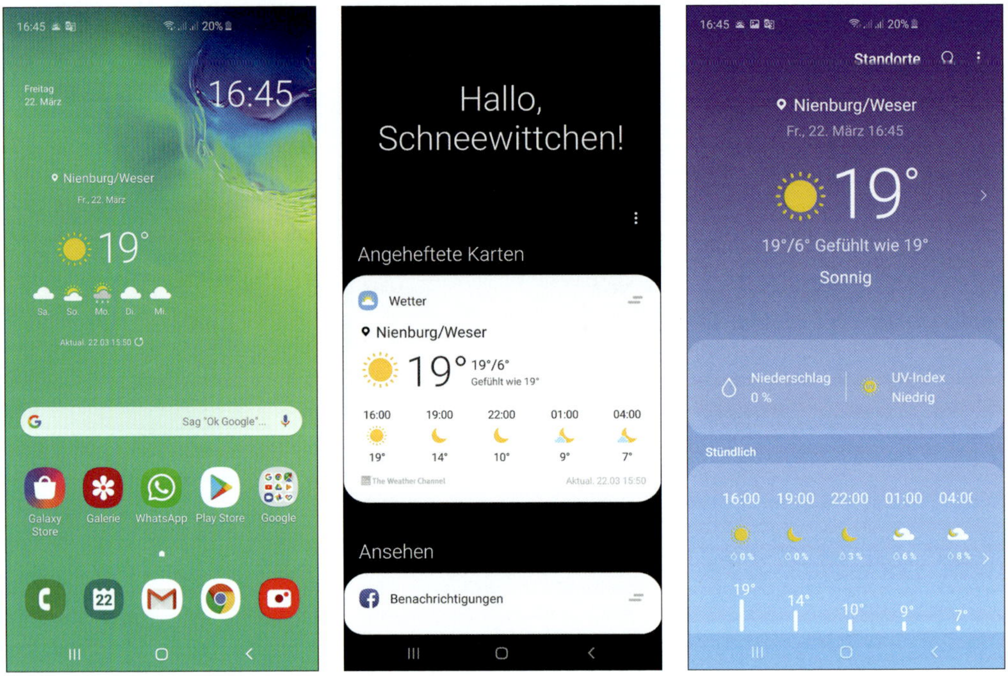


*Wetter-Widget und Bixby Home öffnen die vorinstallierte Wetter-App auf dem Samsung Galaxy S10.*

Tippen Sie auf das Wetter-Widget, zeigt die Wetter-App die Wettervorhersage für die kommenden Tage oder Stunden.

Tippen Sie auf *Standorte*, sehen Sie eine Liste aller bereits eingetragenen Standorte.

Tippen Sie auf *Hinzufügen*, können Sie weitere Standorte auswählen, deren Wetterdaten angezeigt werden sollen.

Über die Schaltfläche *Karte* oben in der Städteliste können Sie eine neue Stadt für die Wetteranzeige interaktiv auf einer Karte suchen.

## Wetter in Google Discover

Die Google-App zeigt das Wetter für den aktuellen Standort an. Dazu muss in den Einstellungen der Google-App unter *Allgemein* der Schalter *Discover* aktiviert sein.

Tippen Sie auf die Wetteranzeige, erscheint eine detaillierte Vorhersage für die nächsten Tage.

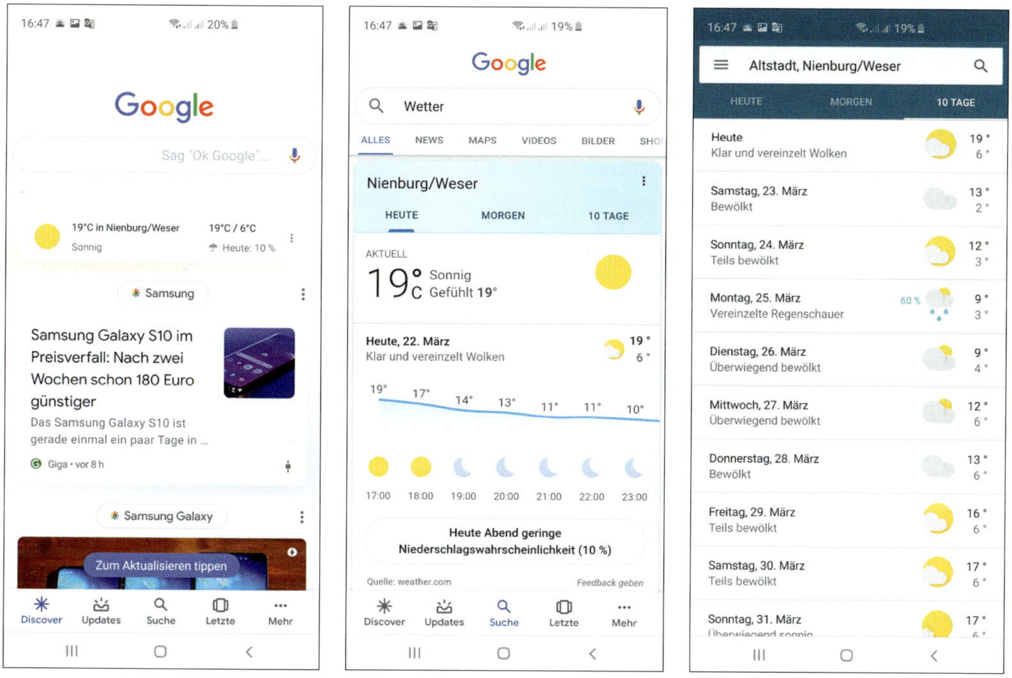


*Das aktuelle Wetter und eine Vorhersage in der Google-App.*

# Telefonnummern, Hotels, Geldautomaten finden

Wer früher unterwegs eine Telefonnummer oder ein Hotel suchte, musste in eine Telefonzelle gehen und dort im Telefonbuch nachschlagen. Das war damals schon umständlich – heute sogar noch mehr, werden doch die Telefonzellen immer seltener, und in denen der neuen Generation hängen auch keine Telefonbücher mehr aus. Wesentlich bequemer ist die Suche mit einer passenden App auf dem Smartphone.

## Regionale Suchergebnisse in der Telefon-App

Auf der Seite *Orte* der Telefon-App finden Sie unter anderem Restaurants oder Geschäfte. Namen können hier auch im Suchfeld eingegeben werden. Das Samsung Galaxy S10 sucht dann automatisch in der Umgebung des eigenen Standorts nach passenden Orten und Telefonnummern und zeigt diese an.

Dazu werden Daten von Yelp, Groupon und anderen Anbietern, je nach Suchregion, genutzt. Soweit verfügbar, werden Webseite und Öffnungszeiten angezeigt. Ein Kartenausschnitt zeigt die Adresse, um leicht dorthin zu finden.

Zur Verwendung dieser Funktion müssen die Standortdienste auf dem Samsung Galaxy S10 aktiviert sein. Wenn dies bei einem neu eingerichteten Smartphone noch nicht gemacht wurde, zeigt die Telefon-App beim ersten Aufruf einen entsprechenden Hinweis an. Schalten Sie hier dann die Standorteinstellungen ein.

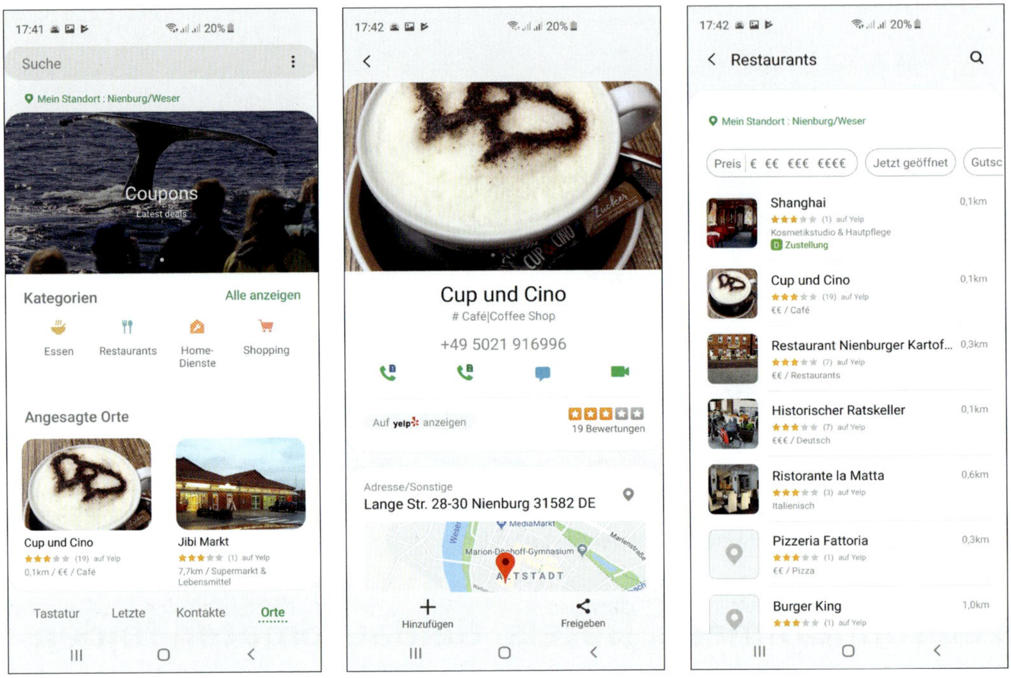


*Regionale Suchergebnisse in der Telefon-App.*

Tippen Sie auf *Alle anzeigen*, finden Sie noch mehr Kategorien mit interessanten Orten. Allerdings ist diese Liste in Deutschland noch lange nicht vollständig.

Tippen Sie auf Ihr gefundenes Lieblingslokal und dann ganz unten auf *Hinzufügen*, um diesen Eintrag in die Kontakte-App zu übernehmen. Sie brauchen dann nicht mehr zu suchen und finden den Eintrag auch schnell, wenn Sie sich an einem anderen Ort aufhalten, an dem die Regionalsuche ihn nicht finden würde.

Über die Google-Maps-Karte kommen Sie direkt aus dem Kontakt auf Google Maps, selbst wenn der Ort dort nicht bekannt ist.

## Regionale Suche

Die Google-Suche auf dem Samsung Galaxy S10 bietet neben der Websuche auch eine lokale Suche nach Restaurants, Cafés und anderen Lokalitäten, sofern der eigene Standort erkannt wird. Damit dies funktioniert, müssen Sie beim ersten Aufruf der Google-Suche die Standortdienste zulassen.

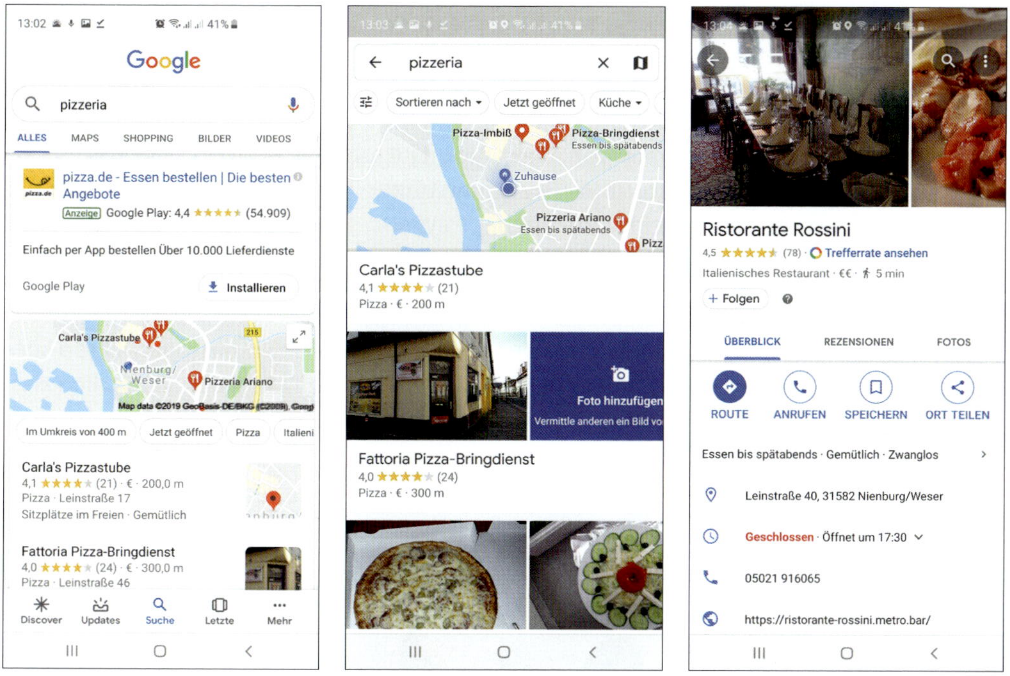


*Websuche und regionale Suche mit Werbung und Karte bei Google.*

Tippen Sie oben auf *Maps* und dann auf die Karte, um sich die Ergebnisse auf einem Stadtplan der Umgebung anzeigen zu lassen. Hier können Sie auch durch Verschieben oder Zoomen mit den Fingern einen anderen Kartenausschnitt wählen und dann dort nach dem gleichen Suchbegriff suchen.

Das Samsung Galaxy S10 kann zur Standortbestimmung neben GPS auch Mobilfunkzellen und bekannte WLAN-Standorte nutzen, sodass die Positionsermittlung auch innerhalb von Gebäuden relativ genau funktioniert. Um die Standortbestimmung verwenden zu können, muss die *Standort*-Option in den Schnelleinstellungen eingeschaltet sein.

Google kann zur lokalen Suche einen ungefähren Standort verwenden, der anhand der Daten des Internetproviders und von WLANs in der Umgebung ermittelt wird. Wesentlich genauere Ergebnisse gibt es mit der GPS-Position. Dazu muss GPS auf dem Smartphone aktiviert und in den *Einstellungen* unter *Google/Standort* der Standortdienst eingeschaltet sein.

Aktivieren Sie dann ganz unten unter *Standortgenauigkeit* den Schalter *Standortgenauigkeit verbessern*, um die Genauigkeit auch bei schlechtem GPS-Empfang zu verbessern.

# Bezahlen mit dem Smartphone

G Pay, der Bezahldienst von Google, wird inzwischen auch in Deutschland angeboten und von immer mehr Läden akzeptiert, unter anderem von Ikea, Aldi, Lidl, Kaufland, MediaMarkt und Saturn. G Pay unterstützt auch PayPal. Hier können Sie ein vorhandenes PayPal-Konto integrieren, auch wenn es auf eine andere E-Mail-Adresse als Ihr Google-Konto lautet.

Um bezahlen zu können, müssen Sie mindestens eine Kreditkarte hinzufügen. Diese können Sie direkt aus der App fotografieren oder die Daten manuell eingeben. Zusätzlich können Kundenkarten von Bonusprogrammen sowie Geschenkkarten verschiedener Anbieter in der App gespeichert und genutzt werden.

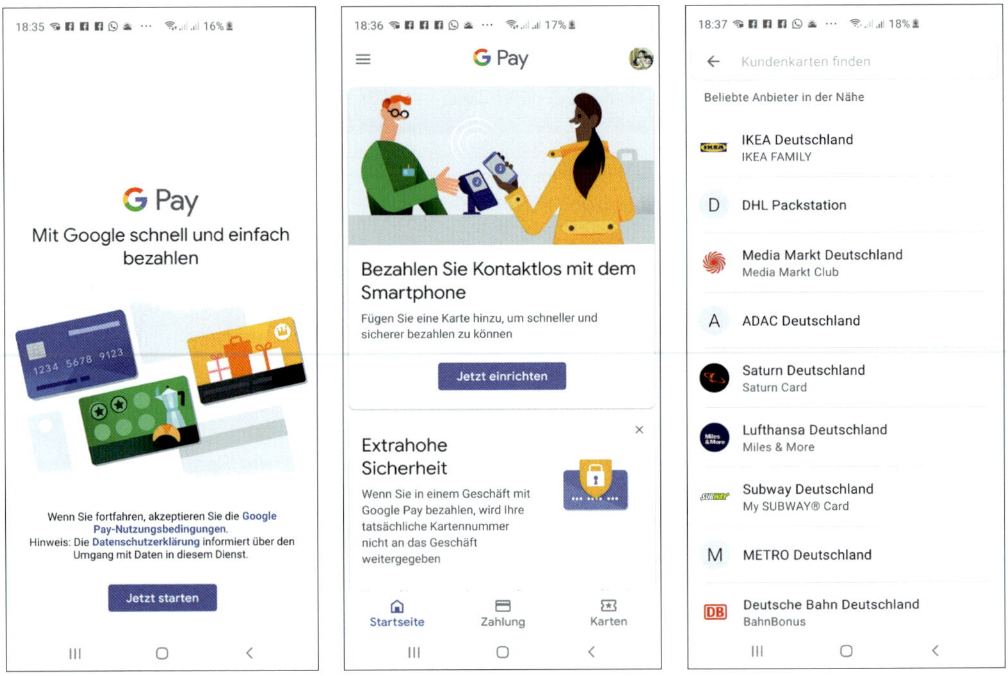


*Kreditkarten und Kundenkarten in G Pay speichern.*

# KAPITEL 8

# Coole Apps

Jeder Computer wird erst durch die installierten Programme interessant. Das gilt natürlich auch für Android-Smartphones. Immer wieder veröffentlichen Zeitschriften und Webseiten die angeblich besten Apps. Aber welche sind die besten? Niemand installiert sich Apps aus Sammlerleidenschaft nur um der Apps willen. Man installiert das, was man braucht, und da muss jeder für sich selbst beurteilen, was wichtig ist und was nicht. Große Teile dieses Buches handeln von Apps und natürlich nur von den besten zu jedem Thema. In diesem Kapitel werden noch einige Apps zu Themen vorgestellt, die bisher unerwähnt blieben.

## Dateimanager

Was dem Android-Betriebssystem bis heute fehlt, ist ein leistungsfähiger Dateimanager. Offenbar gehen die Entwickler der Plattform davon aus, dass Anwender sich für die einzelnen Dateien auf ihren Geräten nicht interessieren, früher heruntergeladene Dateien einfach wieder neu herunterladen, und wenn der Speicher voll ist, ein neues Smartphone kaufen.

### Der Samsung-Dateimanager – Eigene Dateien

Samsung liefert auf dem Galaxy S10 einen Dateimanager mit Namen *Eigene Dateien* im Ordner *Samsung* in der App-Liste mit, der zwar nicht den Funktionsumfang externer Dateimanager bietet, aber für die meisten alltäglichen Aufgaben völlig ausreicht. Hier können Sie Dateien löschen, kopieren, verschieben, über verschiedene Kommunikationskanäle senden oder auch neue Ordner anlegen.

Der Dateimanager erhielt gegenüber früheren Versionen ein verbessertes Design, zeigt aktuell verwendete Dateien und häufig gebrauchte Kategorien an und unterstützt nach der Anmeldung Verbindungen zu Google Drive und OneDrive. Das Samsung Cloud Drive ist ebenfalls integriert.

Halten Sie den Finger länger auf einer Datei, schaltet der Dateimanager in einen Auswahlmodus um, in dem Sie mehrere Dateien markieren können. Mit den Schaltflächen ganz unten können Sie die ausgewählten Dateien kopieren, verschieben, löschen oder über die Schaltfläche *Senden* verschicken. Dabei werden alle für diesen Dateityp geeigneten Kommunikationskanäle zur Auswahl angeboten.

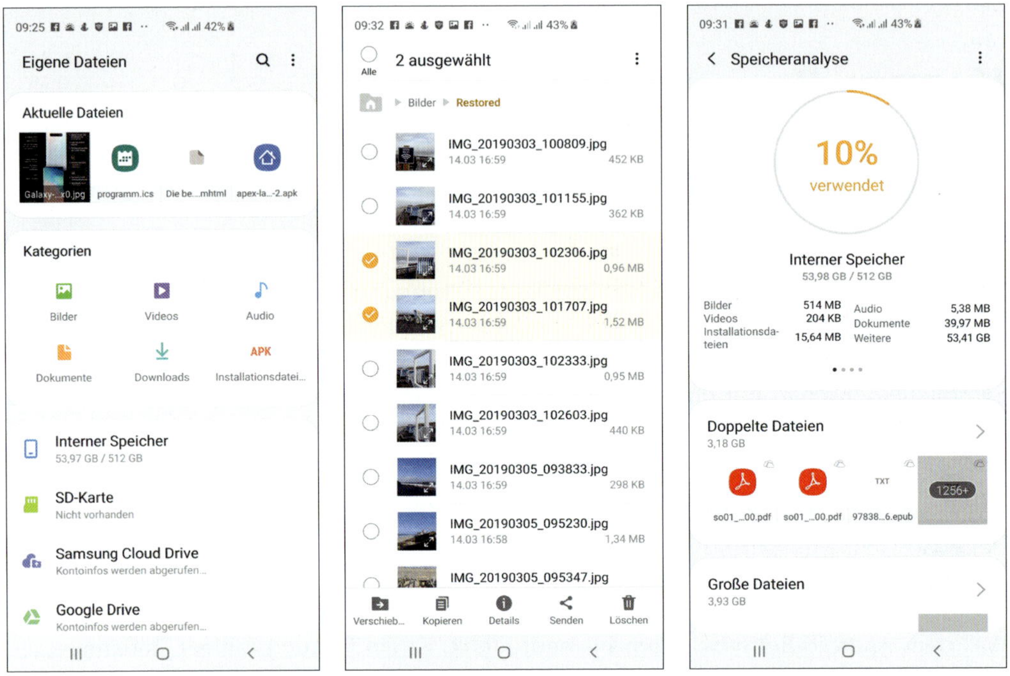


*Der Dateimanager »Eigene Dateien« auf dem Samsung Galaxy S10. Rechts: Speicheranalyse.*

Die *Speicheranalyse* ganz unten auf der Startseite des Dateimanagers prüft, wie stark der interne Speicher und die verbundenen Cloud-Speicher ausgelastet sind. Hier lassen sich auch doppelte und besonders große Dateien finden.

> **Vorsicht**
>
> Der Dateimanager hat zwar nur Zugriff auf den Benutzerbereich des internen Speichers sowie der Speicherkarte, und nicht auf die Systempartition – Sie sollten aber trotzdem die Dateien im Verzeichnis *Android* und in den untergeordneten Verzeichnissen nicht verändern oder verschieben.

# Datenaustausch über Cloud-Speicherdienste

Cloud-Speicherdienste sind die ideale Lösung, um Dateien aller Art komfortabel zwischen Smartphone und PC oder auch mehreren PCs auszutauschen. Musste man früher Smartphones noch mühsam per USB-Kabel mit dem PC verbinden, um Daten auszutauschen, funktioniert das heute über das Internet vollautomatisch, wenn die Daten in den entsprechenden Verzeichnissen liegen.

Die bekanntesten derartigen Dienste – Google Drive, Dropbox und OneDrive von Microsoft – bieten alle neben PC-Anwendungen auch Android-Apps an. Die verschiedenen Anbieter unterscheiden sich nur in kleinen Details. Wer also bereits einen dieser Dienste auf dem PC nutzt, sollte die passende App auch auf dem Smartphone installieren. Google Drive und OneDrive sind auf dem Samsung Galaxy S10 bereits vorinstalliert.

## Samsung Cloud

Samsung bietet mit dem auf dem Samsung Galaxy S10 angemeldeten Samsung-Konto einen Cloud-Speicher an, der zur Sicherung verschiedener Daten des Smartphones genutzt werden kann. 15 GByte sind im kostenlosen Basistarif enthalten. Dies ist besonders interessant für Daten, die nicht automatisch im Google-Konto abgelegt werden, wie Lesezeichen des Samsung-Browsers, Texterkennungsdaten der Tastatur, Notizen aus *Samsung Notes* und Sprachmemos sowie außerhalb des Chrome Browsers gespeicherte Passwörter.

Die App *Samsung Cloud* zeigt die Auslastung des Cloud-Speichers an und bietet verschiedene Möglichkeiten zur Synchronisierung und Sicherung von Daten des Smartphones auf dem Cloud-Speicher.

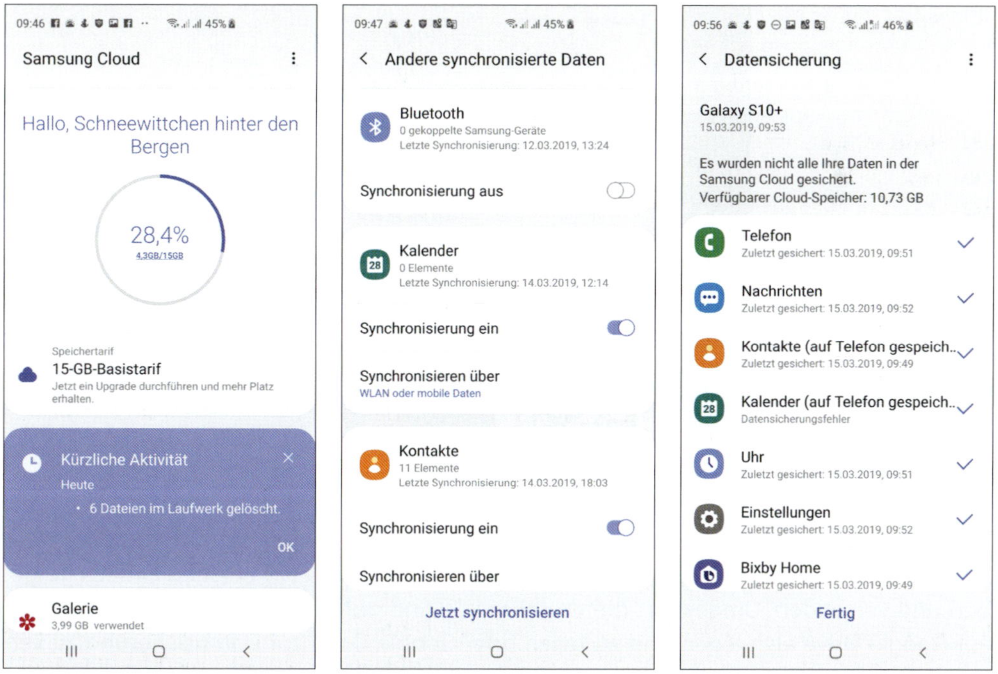


*Die Samsung Cloud auf dem Samsung Galaxy S10.*

Die Samsung Cloud ist auf der Startseite im Dateimanager *Eigene Dateien* eingebunden. Hier können Sie beliebige Dateien vom Smartphone in die Samsung Cloud hochladen. Bei *support.samsungcloud.com* können Sie vom PC auf die gespeicherten Daten zugreifen.

## Google Drive

Google bietet mit Google Drive (*drive.google.com*) allen Benutzern bis zu 15 GByte kostenlosen Onlinespeicherplatz, der für beliebige Dateien genutzt werden kann. Bei regelmäßiger Nutzung und durch Bonusaktionen kann dieser kostenlose Speicherplatz automatisch wachsen.

Die im Ordner *Google* auf dem Samsung Galaxy S10 vorinstallierte Google-Drive-App enthält für viele gängige Dateiformate integrierte Betrachter, um diese Dateien auf dem Smartphone darstellen zu können, ohne spezielle Apps installieren zu müssen. Fotos aus Google Drive werden automatisch in der Fotos-App angezeigt.

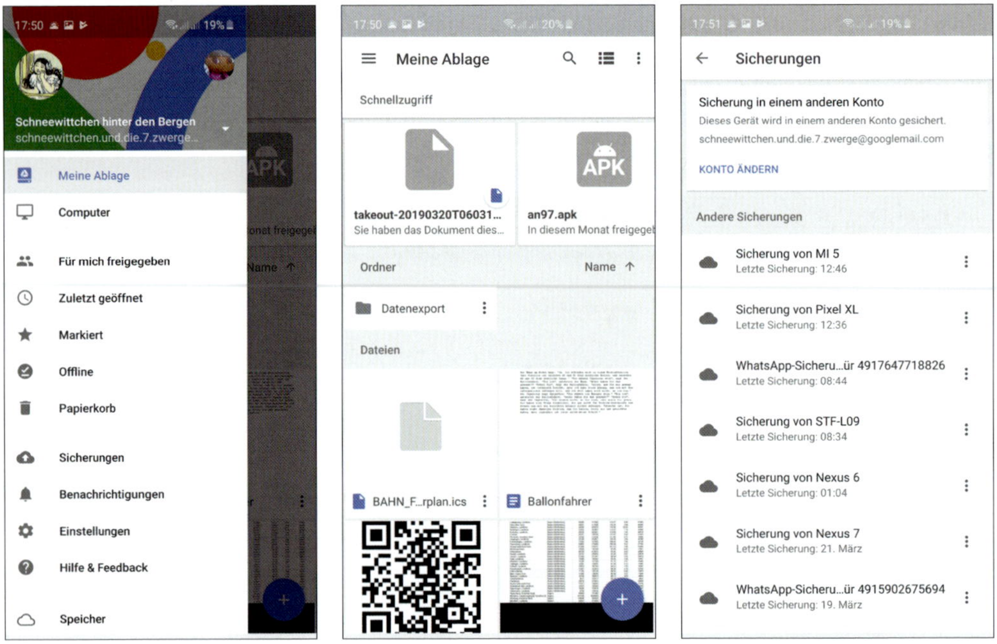

*Die Google-Drive-App mit persönlichen Dateien und Datensicherungen.*

Google Drive ist von allen vergleichbaren Cloud-Speicheranbietern am besten in das Android-Betriebssystem integriert. Dateien lassen sich für andere Personen einfach freigeben und versenden. Umgekehrt bieten sehr viele Android-Apps die Möglichkeit, Dateien auf Google Drive abzulegen und zu teilen oder Google Drive zur Datensicherung zu verwenden.

Bei jeder Datei kann auf dem Smartphone eingestellt werden, ob sie zur Offlinenutzung auf das Gerät heruntergeladen werden soll. Bei jeder Veränderung der Datei wird die Offlinekopie mit der Cloud synchronisiert.

Laden Sie auf dem PC bei *www.google.com/drive/download* das Programm *Google Backup & Sync* für Windows herunter. Damit können Sie auf einfache Weise ein Verzeichnis der lokalen Festplatte automatisch im Hintergrund mit Google Drive synchronisieren und auf diese Weise leicht beliebige Dateien zwischen Smartphone und PC austauschen.

## Dateien aus Google Drive für Freunde freigeben

Dateien lassen sich für andere Personen einfach freigeben und versenden. So spart man sich große E-Mail-Anhänge und die Datei kann leicht aktualisiert werden. Der Empfänger sieht über den freigegebenen Link immer die aktuellste Version.

1. Tippen Sie in der Google-Drive-App bei einer Datei in der Übersicht der eigenen Dateien auf das Symbol mit den drei Punkten.
2. Wählen Sie *Personen einladen*.
3. Auf der nächsten Seite wählen Sie Personen aus, die eine E-Mail zur Freigabe der Datei bekommen sollen. Dabei können Sie auswählen, ob diese die Datei bearbeiten, kommentieren oder nur betrachten dürfen.

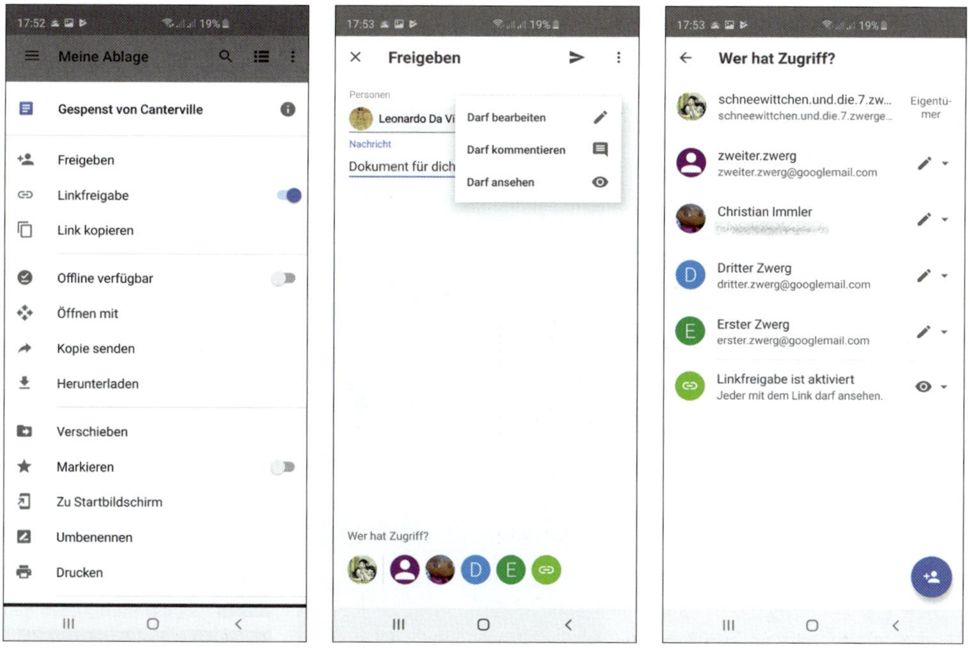


*Personen zu einer Datei einladen.*

4. Die Symbole unten zeigen, wer bereits Zugriff auf die Datei hat. Tippen Sie darauf, wird eine Liste mit kompletten Namen angezeigt, in der Sie auch die einzelnen Zugriffsrechte ändern können.

Alternativ können Sie auch über die Option *Link freigeben* einen Link generieren, der über beliebige Wege weitergegeben werden kann. Dieser Link bietet dann ebenfalls den Zugriff auf die Datei.

## Dokumente scannen mit Google Drive

Die Google-Drive-App beinhaltet eine Scanfunktion, mit der Sie mit der Kamera ein Dokument fotografieren und als PDF auf Google Drive ablegen können. Dabei sind auch mehrseitige PDF-Dokumente möglich.

1. Tippen Sie zum Scannen auf das Plussymbol unten rechts in der Google-Drive-App.

2. Tippen Sie in der Symbolleiste auf das Kamerasymbol *Scannen*. Automatisch startet die Kamera und Sie können die erste Seite des Dokuments fotografieren.
3. Mit dem Symbol *Zuschneiden* wählen Sie den gewünschten Ausschnitt. Auf diese Weise können Sie überflüssigen Text entfernen und auch ein schräg aufgenommenes Foto gerade ziehen.
4. Mit dem Plussymbol unten links fotografieren Sie weitere Seiten, das *OK*-Symbol unten rechts lädt das Dokument als PDF auf Google Drive hoch.

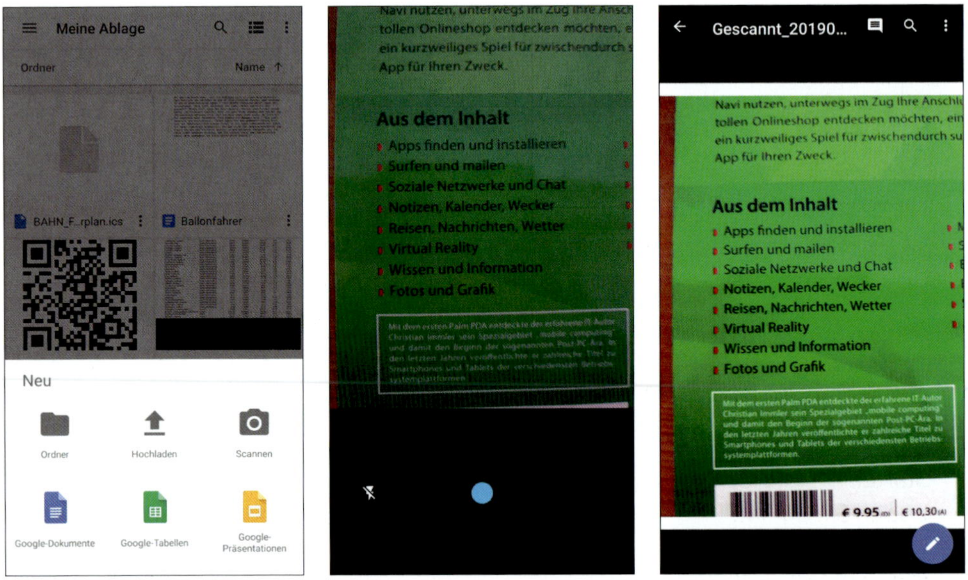


*Dokumente mit Google Drive scannen.*

Die Dokumente bleiben als grafisches PDF erhalten, werden also nicht in Text umgewandelt, die Inhalte sind aber durchsuchbar. Geben Sie im Suchfeld der Google-Drive-App einen Suchbegriff ein, findet die App auch gescannte Dokumente, in denen der gesuchte Begriff enthalten ist.

## App-Shortcuts und Widgets

Über App-Shortcuts (langes Antippen des App-Symbols) lassen sich wichtige Aufgaben schnell aufrufen. Bei Bedarf können diese Shortcuts auf den Startbildschirm gelegt werden. Zusätzlich liefert Google Drive Widgets, mit denen Sie Dokumente scannen oder hochladen können oder auch direkten Zugriff auf einen ausgewählten Ordner auf Google Drive haben.

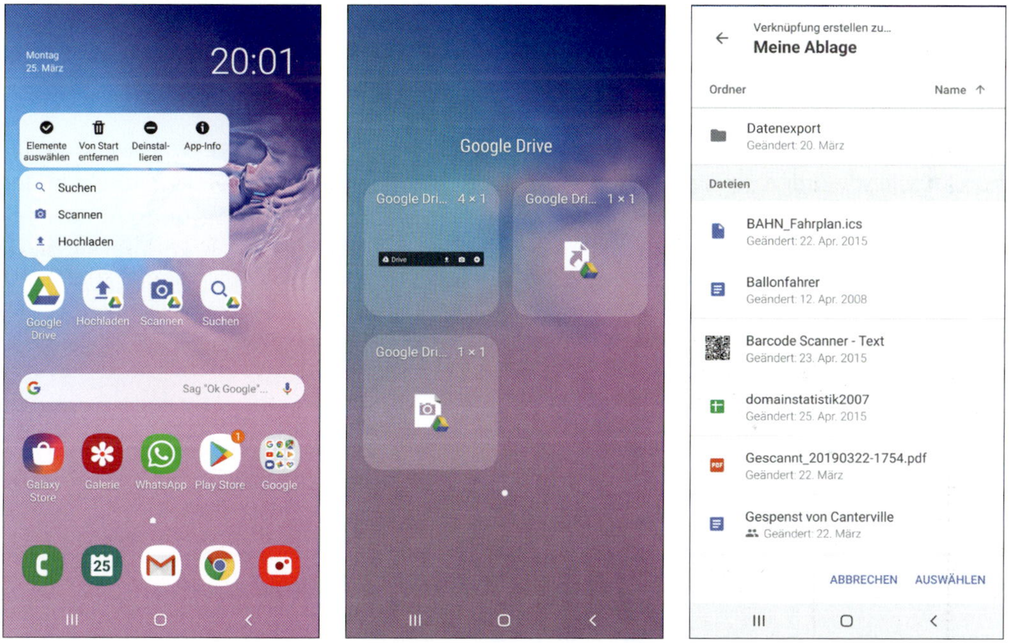


*App-Shortcuts und Widgets für Google Drive. Rechts: Ordner für Google-Drive-Verzeichnis-Widget auswählen.*

## ICS-Dateien aus Google Drive in Kalender importieren

Viele Webseiten bieten Termine wie z. B. Feiertage, Schulferien, Messetermine oder auch Bahnfahrpläne im ICS-Format zum Download an. Speichern Sie diese Dateien auf Google Drive, können Sie sie direkt auf dem Smartphone in den Kalender übernehmen.

1. Starten Sie die Google-Drive-App, suchen Sie die zuvor dort abgelegte ICS-Datei und tippen Sie darauf.

2. Der in der Datei gespeicherte Termin wird angezeigt. Enthält die ICS-Datei mehrere Termine, können Sie auswählen, welche davon Sie importieren möchten.

3. Tippen Sie unten auf *Zum Kalender hinzufügen*. Jetzt wird der Termin in den Kalender übernommen. Wenn Sie mehrere Kalender auf dem Smartphone anzeigen lassen, müssen Sie noch auswählen, in welchen der Termin importiert werden soll.

## OneDrive

Auch Microsoft bietet mit OneDrive (*onedrive.com*) eine Cloud-Speicherlösung an. Diese ist in Windows 10 bereits fest integriert und hat dadurch große Beliebtheit gewonnen.

Für Nutzer von Windows 7 gibt es bei *onedrive.live.com/about/de-de/download* eine PC-Anwendung, die ein Verzeichnis der lokalen Festplatte im Hintergrund mit dem Cloud-Speicher synchronisiert. Mit der passenden Android-App kann man auch vom Smartphone auf seine Dateien zugreifen und sie mit Freunden teilen. Auf dem Samsung Galaxy S10 ist die OneDrive-App für Android vorinstalliert.

Zur Anmeldung wird ein Microsoft-Konto benötigt. Dies kann mit einer Windows-Installation angelegt worden sein, oder Sie melden sich bei *onedrive.com* oder auch direkt in der App kostenlos neu an. OneDrive macht an vielen Stellen in der App Werbung für kostenpflichtige Dienste. Solange Ihnen Ihr kostenloser Speicherplatz ausreicht, können Sie diese Werbung einfach wegklicken.

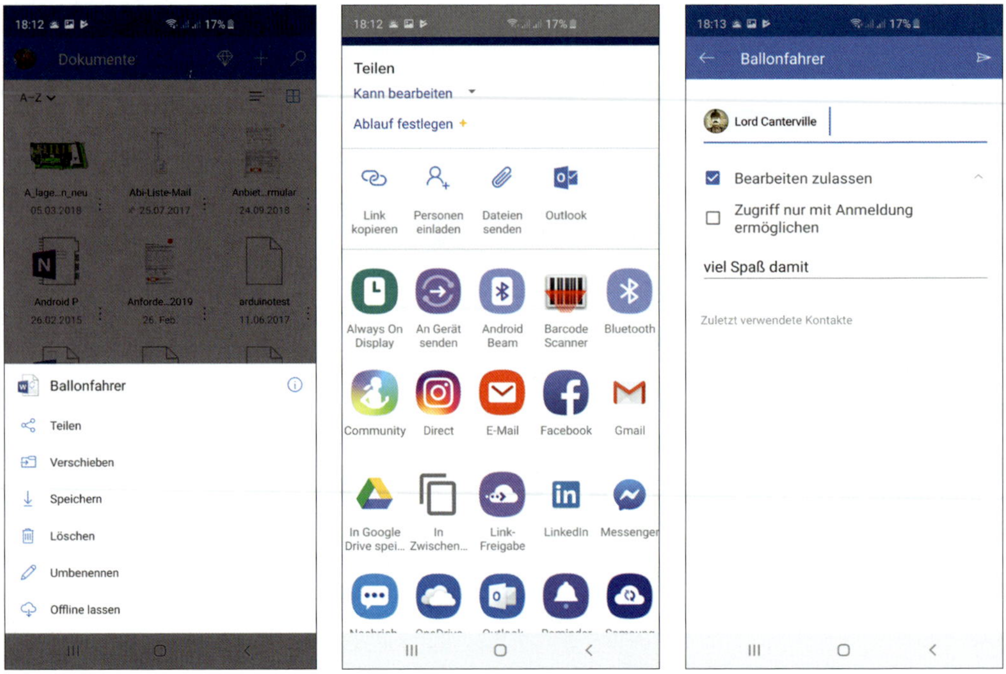


*Dokument aus Microsofts Cloud-Speicher OneDrive für andere Personen freigeben.*

Ein integrierter Betrachter zeigt Office-Dokumente auf OneDrive in den gängigen Formaten direkt in der App an. Über das *Teilen*-Symbol im Menü mit den drei Punkten neben jeder Datei können Sie Links auf eigene Dateien bei OneDrive leicht mit Freunden teilen und dabei festlegen, welche Personen die Datei nur sehen dürfen und wer sie auch bearbeiten darf.

In den Einstellungen der OneDrive-App, erreichbar über das *Ich*-Symbol unten rechts, können Sie den automatischen Kameraupload aktivieren. Neue Fotos werden dann automatisch in ein privates Album auf OneDrive hochgeladen.

## Dropbox

Dropbox ist der bekannteste kostenlose Cloud-Speicherdienst. Die Dropbox-App bietet Zugriff auf alle eigenen Dropbox-Ordner sowie auf die von Freunden freigegebenen. Dateien können zur Offlineverwendung markiert werden und werden dann im Hintergrund auf das Samsung Galaxy S10 heruntergeladen.

Wie bei anderen Cloud-Speicherdiensten auch, können einzelne Dateien oder ganze Ordner über Links mit Freunden geteilt werden.

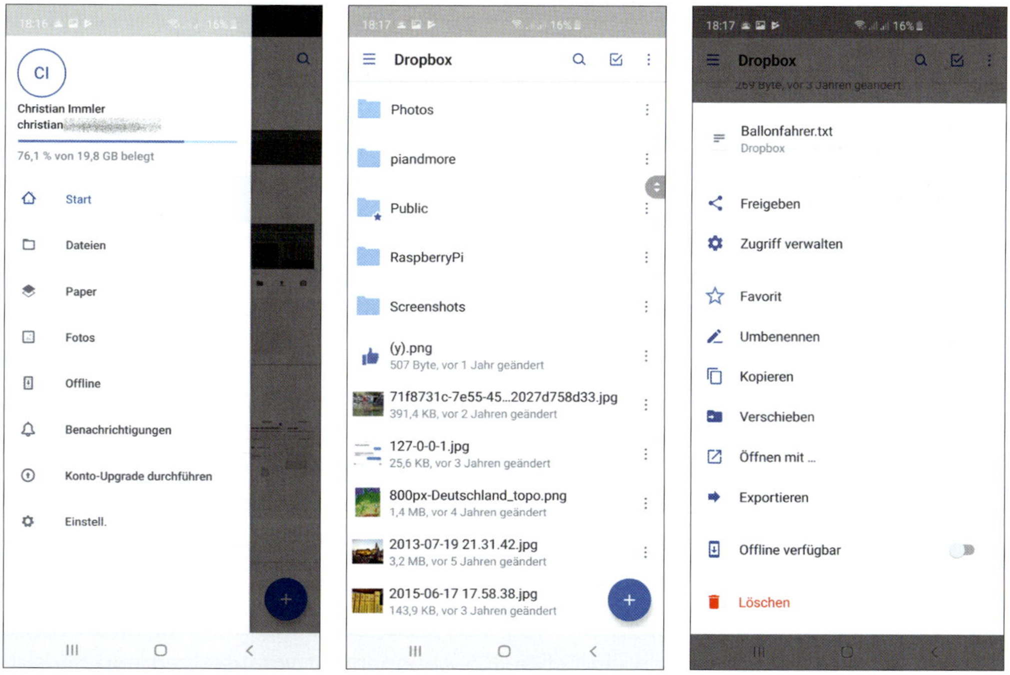

*Die Dropbox-App.*

Bei der Einrichtung der Dropbox-App können Sie festlegen, dass neue Fotos vom Samsung Galaxy S10 automatisch in das Verzeichnis *Camera Uploads* Ihrer persönlichen Dropbox hochgeladen werden sollen. Wählen Sie, um Datenvolumen Ihres Internettarifs zu sparen, die Option *Nur über WLAN*.

**TIPP:** Dropbox stellt jedem Nutzer 2 GByte kostenlosen Speicherplatz zur Verfügung. Melden Sie sich bei Dropbox über den Link *db.tt/vxUArMd* an, bekommen Sie zusätzliche 500 MByte Willkommensbonus. Dropbox kündigte an, in Zukunft nur noch drei Geräte gleichzeitig für ein kostenloses Benutzerkonto zuzulassen, was den Nutzen dieses Cloud-Speichers erheblich einschränkt.

# Vorinstallierte Office-Apps

In den Anfangszeiten der Smartphones waren es im Wesentlichen Geschäftsleute, die diese Geräte nutzten. Heute sieht das anders aus, ein Smartphone ist ein alltäglicher Begleiter der mobilen Internetgeneration. Dennoch gibt es auch diverse nützliche Apps für büroähnliche Funktionen auf dem Samsung Galaxy S10.

## Microsoft Office für Android

Wer öfter längere Texte schreibt, möchte diese auch unterwegs korrigieren oder in einer Besprechung Änderungen einfügen. Das ist oftmals schwierig, weil der Computer mit dem Originaltext gerade nicht zur Hand ist. Microsoft liefert eine vereinfachte Form von Microsoft Office für Android, mit der sich Dokumente auf dem Smartphone lesen und auch bearbeiten lassen.

Auf dem Samsung Galaxy S10 ist im Ordner *Microsoft-Apps* in der App-Liste eine App vorinstalliert, die in den Samsung Galaxy Store verlinkt, wo sich Nutzer aktueller Smartphones der Galaxy-Serie Microsoft Office-Apps für Android herunterladen können. Laden Sie diese Apps wegen ihrer Größe am besten im WLAN herunter.

Über die Office-Apps können Sie gleichermaßen auf lokal auf dem Smartphone gespeicherte Dateien wie auch auf Dokumente auf OneDrive zugreifen. Auf diese Weise können Sie ganz einfach Ihre Dokumente vom PC auf dem Smartphone bearbeiten, Sie brauchen sie nur zu Hause in den persönlichen OneDrive-Ordner zu legen und haben dann unterwegs jederzeit Zugriff darauf.

Beim ersten Start der Office-Apps müssen Sie sich dazu einmal mit Ihrem Microsoft-Konto anmelden, da einige Funktionen ein Office-365-Abonnement voraussetzen und Sie sich damit außerdem bei OneDrive identifizieren.

## Word

Word und Excel laufen auf dem Samsung Galaxy S10 unter einer gemeinsamen Oberfläche *Office Mobile* und werden nicht als getrennte Apps aufgerufen. In welchem Office-Modul man sich gerade befindet, ist ganz einfach an der Farbe des Titelbalkens zu erkennen: Word = blau, Excel = grün.

In der Textverarbeitung Word stehen einfache Bearbeitungsfunktionen zur Verfügung, um schnell an einem Text etwas zu korrigieren oder Schrift und Farbe zu ändern. Änderungen am Text werden standardmäßig automatisch gespeichert. Fortgeschrittene Funktionen wie Verknüpfungen oder Indexerstellung sucht man dagegen vergebens. Der Überarbeitungsmodus wurde auf der Registerkarte *Überprüfen* in die aktuelle Version von Office Mobile aufgenommen, um unterwegs auf dem Smartphone Dokumente leicht prüfen und kommentieren zu können.

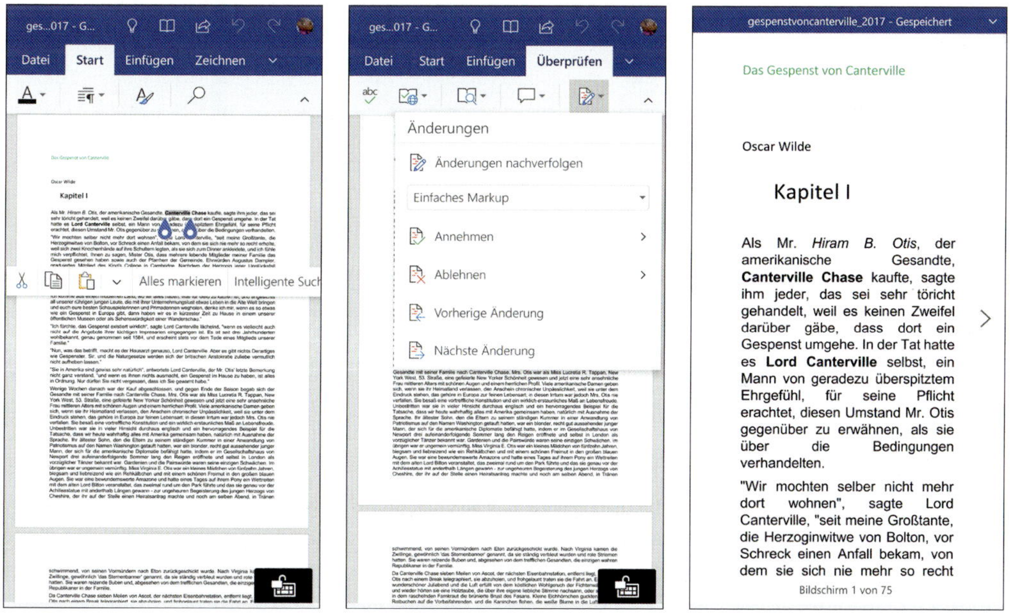


*Word-Dokumente auf dem Smartphone öffnen und überarbeiten: Rechts: der Lesemodus.*

Dieses Symbol in der oberen Symbolleiste schaltet zwischen dem normalen Bearbeitungsmodus und einem zum leichteren Lesen optimierten, gegen versehentliches Ändern geschützten Lesemodus um.

Über das *Teilen*-Symbol können Sie Dokumente, die auf OneDrive gespeichert sind, für andere Benutzer freigeben. Bei jeder Freigabe können Sie wählen, ob die Empfänger der E-Mail das Dokument nur anzeigen lassen oder auch bearbeiten dürfen. Zusätzlich ist es auch möglich, lokal gespeicherte Dokumente aus Office Mobile heraus als E-Mail-Anhang zu verschicken.

## Excel

Auch die Tabellenkalkulation Excel ist in einer App-Version vorinstalliert, mit der Sie Tabellen anzeigen und bearbeiten können. Die Bedienung und auch die Syntax der Funktionen in Excel für Android entsprechen denen der PC-Version. Tippen Sie oben links auf das Symbol *fx*, wird eine Liste aller verfügbaren Funktionen angezeigt.

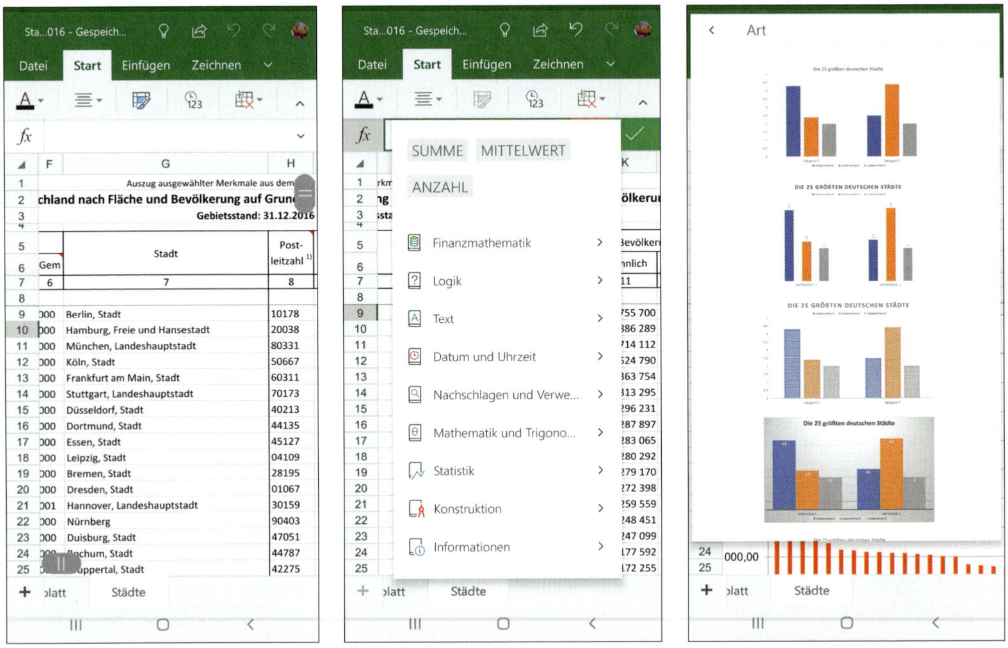


*Die Tabellenkalkulation Excel in Office Mobile für Android mit umfangreichen Funktionen und Grafikunterstützung.*

Trigonometrische und finanzmathematische Berechnungen sind in der Tabellenkalkulation ebenso möglich wie die Statistik oder Umrechnung zwischen Zahlensystemen. Selbst die Logik- und Verweisfunktionen aus Excel zum Bezug zwischen verschiedenen Bereichen einer Tabelle wurden umgesetzt. Enthält eine Tabelle Funktionen, die von der mobilen Version nicht unterstützt werden, kann die Tabelle nur angezeigt, aber nicht bearbeitet werden, damit keine Inhalte verloren gehen.

**INFO:** Manche alles besser wissenden Medien werfen den mobilen Office-Lösungen eingeschränkte Funktionalität vor. Gerade bei Tabellenkalkulationen gilt aber die alte Administratorenweisheit: Weniger als 10 % der Anwender nutzen mehr als 10 % der Funktionen eines Programms. Dass Excel für Android keine Pivot-Tabellen und keine Was-wäre-wenn-Analysen mit verschiedenen Datenszenarien verarbeitet, wird nur einen sehr kleinen Anwenderkreis stören.

## Google Docs

Google bietet für Android und auch andere Plattformen eigene Office-Apps an, die Dateien in den Standard-Office-Formaten bearbeiten können. Die Textverarbeitung Google Docs beinhaltet alle wichtigen Funktionen einer Textverarbeitung. Damit lassen sich Google-Docs-Dokumente auf Google Drive sowie lokal auf dem Smartphone gespeicherte Word-Dokumente bearbeiten.

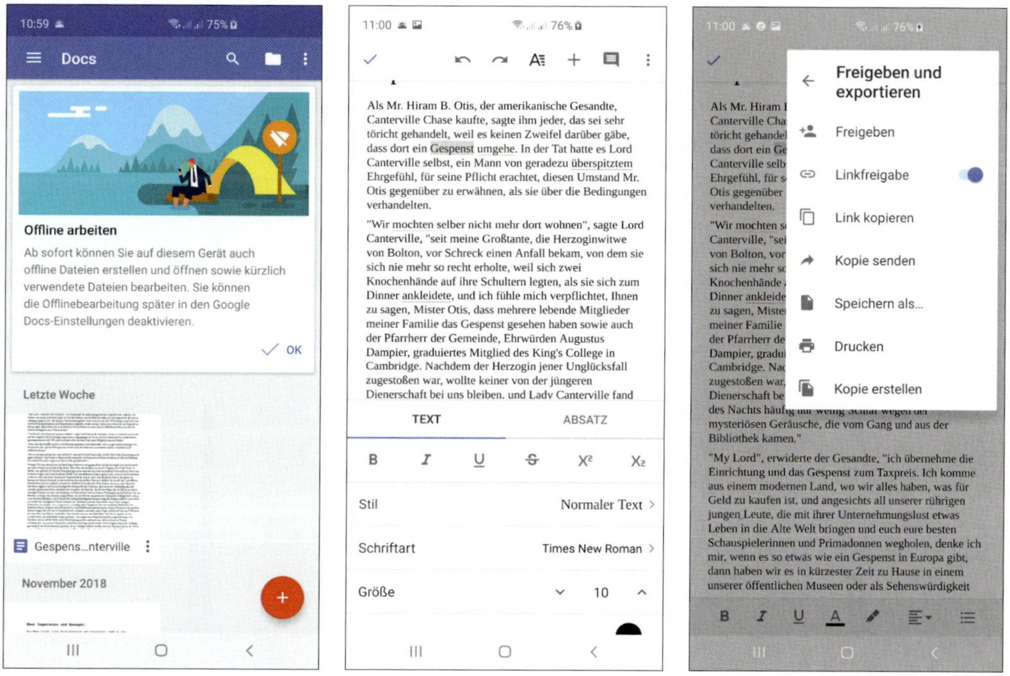


*Dokumente in Google Docs auf dem Smartphone bearbeiten und teilen.*

Setzen Sie den Cursor durch einfaches Antippen an die gewünschte Position. Tippen Sie doppelt, um einen Textbereich zu markieren. Anschließend können Anfang und Ende der Markierung beliebig verschoben werden. Tippen Sie länger auf einen markierten Text, erscheint eine Symbolleiste der Zwischenablage.

Über das Menü oben rechts können Sie das Dokument für andere Personen freigeben. Dabei können Sie diesen Personen verschiedene Rechte für das Dokument zuweisen: nur anzeigen, kommentieren oder sogar bearbeiten. Im Menü finden Sie auch bekannte Funktionen von Textverarbeitungen wie Suchen und Ersetzen sowie das Anzeigen der Dokumentstruktur.

### Google Docs und Tabellen auf dem PC

Auf dem PC finden Sie im Browser bei *docs.google.com* alle Ihre Dokumente und Tabellen und können sie dort auch ohne Installation zusätzlicher Software direkt bearbeiten. Änderungen werden automatisch mit den Smartphone-Apps synchronisiert.

## Google Tabellen

Die Tabellenkalkulation Google Tabellen unterstützt fast alle Formeln sowie auch Sortier- und Filterfunktionen aus Excel. Um Felder zu bearbeiten, tippen Sie in die betreffende Zelle. Jetzt erscheint ein Bearbeitungsfeld am unteren Bildschirmrand. Nach der Bearbeitung der Werte wird die Tabelle automatisch neu berechnet.

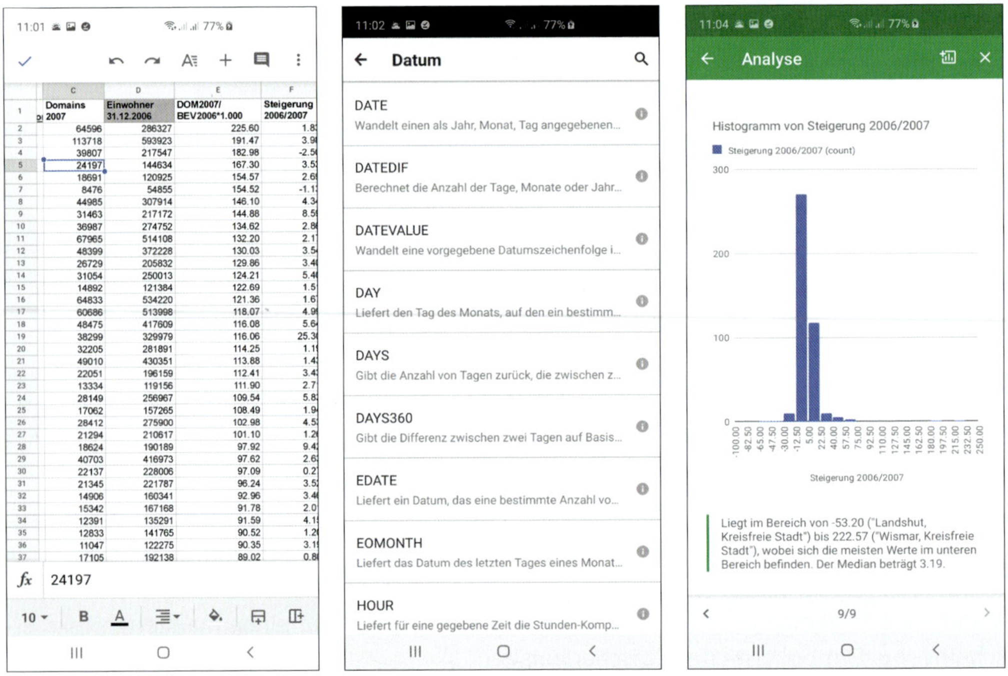


*Tabellenkalkulation, Funktionen und Grafiken in der Google-Tabellen-App.*

Die meisten Funktionsnamen sind in Englisch und heißen daher anders, als vom deutschen Excel bekannt, werden aber beim Import und Export automatisch umgesetzt und in der App auch auf Deutsch beschrieben.

Der Menüpunkt *Erkunden* erstellt automatisch verschiedene Grafiken anhand der Daten. Diese können in das Dokument übernommen und dort auch weiterbearbeitet werden.

## Rechner

Samsung liefert auf dem Samsung Galaxy S10 einen einfachen Taschenrechner mit, der für den Alltag in den meisten Fällen ausreicht. Dieser bietet sogar ein paar wissenschaftliche und trigonometrische Funktionen. Sie erscheinen, wenn man das Smartphone quer hält. Das Linealsymbol schaltet auf den Einheitenumrechner zur Umrechnung verschiedener Maßeinheiten für Fläche, Länge, Temperatur, Volumen, Masse und Dateneinheiten (MB, GB usw.) um.

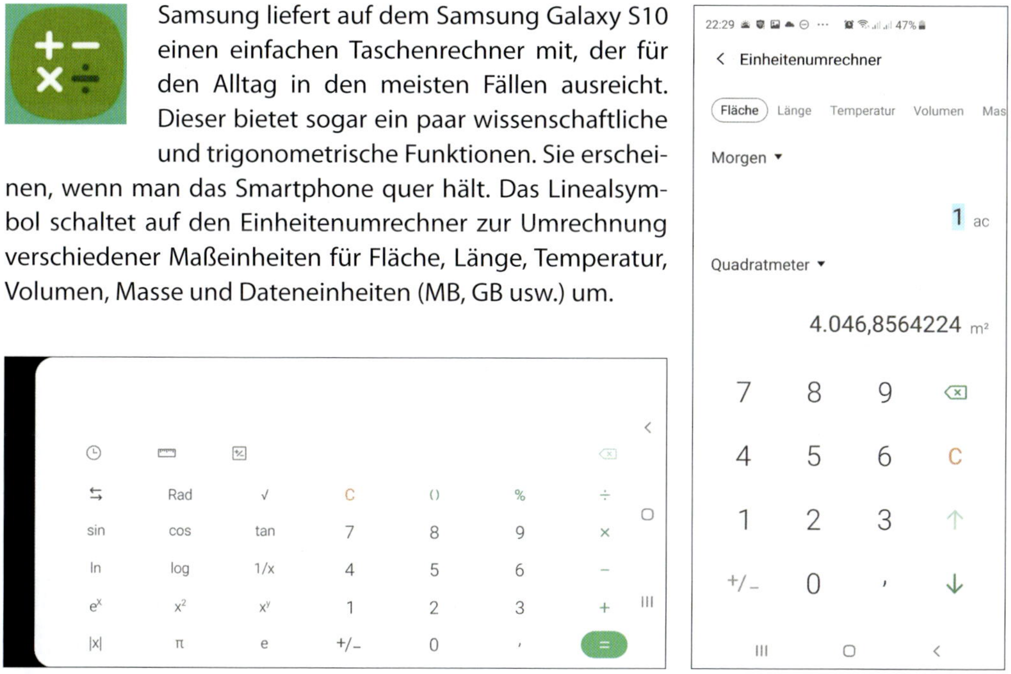


*Der Taschenrechner mit Einheitenumrechnung.*

## Notizen

Lange vor der Ära der Smartphones hatte Ernest Hemingway einen Notizblock neben seinem Bett liegen, um, wenn er nachts aufwachte, Ideen und Kommentare zu seinen unvollendeten Werken niederzuschreiben. Diese musste er dann am nächsten Morgen allerdings mühsam in seine Manuskripte nachtragen. Heute kann man Tag und Nacht und überall Notizen auf dem Smartphone machen. Allerdings beinhaltet Android standardmäßig keine App für Notizen.

### Samsung Notes

Samsung liefert mit *Notes* einen ganz einfachen Notizblock auf dem Galaxy S10 mit, in dem Sie Textnotizen oder auch handschriftliche Notizen erstellen können.

Diese Notizen lassen sich nach Stichwörtern durchsuchen und auch versenden, Sie können Fotos, Freihandzeichnungen und kurze Sprachnotizen anfügen. Die Notizen werden über das Samsung-Konto synchronisiert und können so leicht von einem älteren Smartphone auf das Samsung Galaxy S10 übertragen werden.

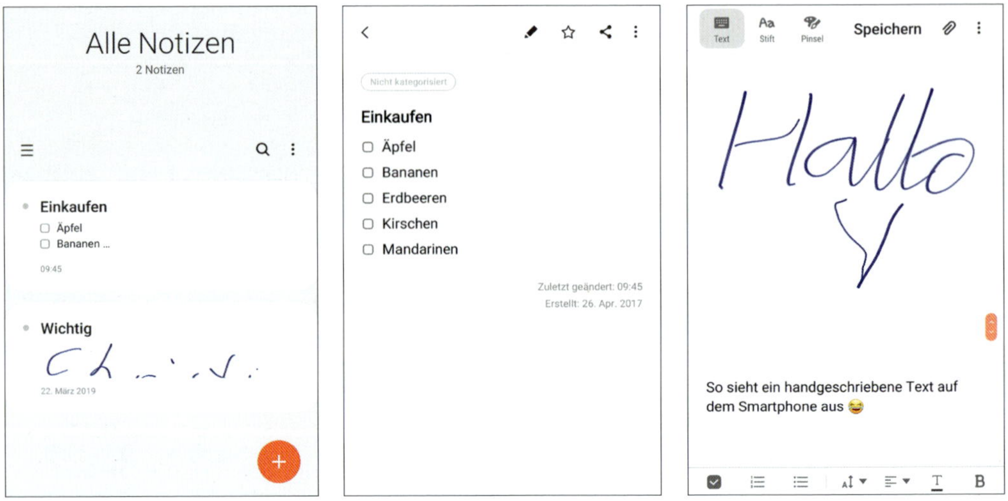


*Der Notizblock auf dem Samsung Galaxy S10.*

## Google Notizen

Mit der App *Google Notizen* können Sie unterwegs schnell und einfach Notizen verfassen und auch auf Ihre zu Hause im Browser unter *keep.google.com* erstellten Notizen unterwegs zugreifen. Änderungen in der Android-App werden automatisch auf dem PC übernommen.

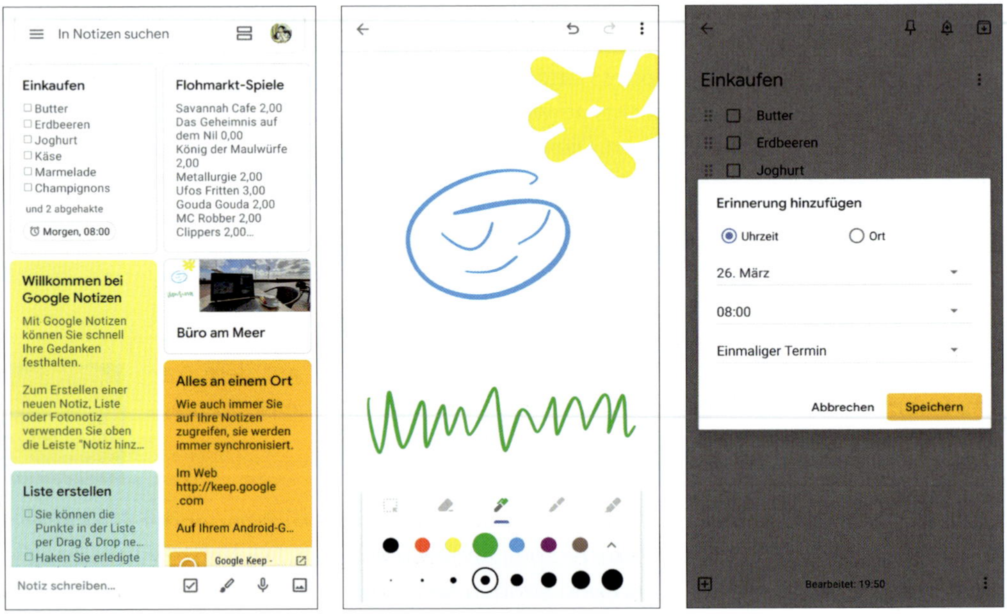


*Google Notizen auf dem Samsung Galaxy S10. Rechts: Erinnerung an eine Notiz.*

### Sprachnotizen mit der App Diktiergerät

Die vorinstallierte App *Diktiergerät* bietet eine einfache Möglichkeit, kurze Sprachnotizen aufzuzeichnen. Dabei gibt es drei verschiedene Betriebsarten. Im Standardmodus werden Sprachnotizen als Audiodateien aufgenommen, die jederzeit in der App wieder abgespielt werden können. Der Modus *Interview* reagiert auf Sprache aus beiden Richtungen, der Ober- und Unterseite des Smartphones.

Sprachnotizen können später abgespielt und dabei auch unwichtige Stellen herausgeschnitten werden. Anschließend lassen sie sich über die installierten Kommunikations-Apps als Audiodatei versenden.

Im Modus *Sprache zu Text* versucht die App, den gesprochenen Text direkt in geschriebenen Text umzuwandeln, anstatt als Audiodatei aufzuzeichnen. Sprechen Sie hier besonders deutlich und halten Sie das Smartphone etwa 20 cm vom Mund entfernt.

## E-Books

Das Samsung Galaxy S10 mit seinem hochauflösenden Bildschirm eignet sich geradezu ideal, um unterwegs E-Books zu lesen. Die digitalen Bücher wiegen nichts, verbrauchen keinen Platz in der Tasche, und man braucht auch nicht daran zu denken, ein Buch für längere Bahnfahrten oder Wartezeiten mitzunehmen – das Smartphone hat man sowieso immer dabei.

E-Books werden in verschiedenen digitalen Formaten zum kostenlosen Download und auch zum Downloadkauf angeboten. Das bekannteste Format ist EPUB. Einige Bücher werden aber auch in den vom PC bekannten Dateiformaten PDF und RTF geliefert. Zum Lesen von E-Books auf dem Smartphone brauchen Sie eine E-Book-Reader-App.

### Google Play Bücher

Google Play bietet neben Apps, Musik und Hardware auch einen Downloadshop für E-Books an. Für die hier gekauften Bücher gibt es eine eigene Reader-App, die auf dem Samsung Galaxy S10 allerdings nicht vorinstalliert ist. Damit lassen sich die im eigenen Google-Konto gespeicherten Bücher direkt online lesen oder auch zum Offlinelesen auf dem Gerät zur Verfügung stellen.

Die Startseite der App zeigt Empfehlungen und Bestseller. Auf der Seite *Bibliothek* sind die im eigenen Google-Konto heruntergeladenen oder gekauften Bücher zu finden. Im Bereich *Einkaufen* ist der Google-E-Book-Store fest integriert. Bei vielen Büchern gibt es kostenlose Leseproben, die auch ohne Angabe von Zahlungsdaten gelesen werden können. Öffnen

Sie ein Buch durch Antippen. Es wird im Hintergrund heruntergeladen, man kann sofort mit dem Lesen beginnen.

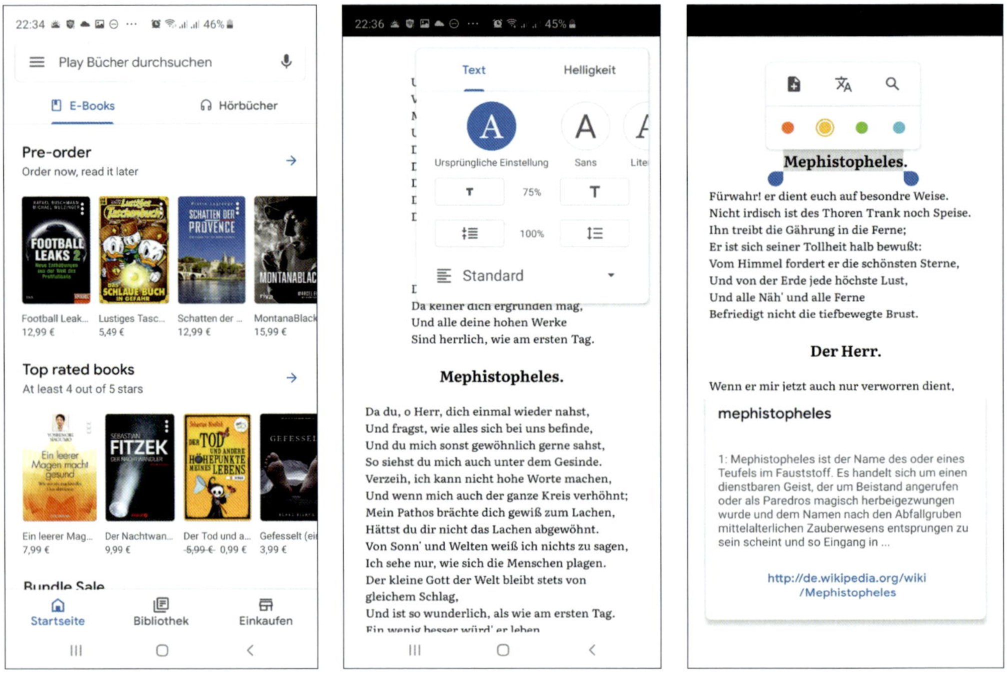


*E-Books in Google Play Bücher. Mitte: Einstellungen zur Schriftgröße und Textformatierung. Rechts: Wort markieren und im Wörterbuch suchen.*

Im Buch kann man mit Fingergesten blättern. Statt mit dem Finger über den Bildschirm zu wischen, reicht auch ein kurzes Antippen am rechten Bildschirmrand, um eine Seite weiterzublättern. Tippen Sie auf den linken Bildschirmrand, kommen Sie wieder eine Seite zurück. Tippen Sie kurz in die Bildschirmmitte, erscheint oben eine Symbolleiste und unten ein Balken, der die aktuelle Position im Buch anzeigt. Hier können Sie auch rasch zu einer beliebigen Position springen.

Das Lupensymbol oben blendet ein Suchfeld zur Volltextsuche nach einem beliebigen Wort im ganzen Text ein. Das Symbol neben dem Lupensymbol blendet das Inhaltsverzeichnis des Buches ein. Hier können Sie schnell direkt zu einer Überschrift springen.

In den Anzeigeoptionen über das *Aa*-Symbol können Sie die Helligkeit einstellen und zum Lesen im Dunkeln auf ein augenfreundliches Nachtlicht umschalten, bei dem je nach Umgebungshelligkeit der Blauanteil der Bildschirmbeleuchtung mehr oder weniger reduziert wird. Außerdem lassen sich hier Schriftgröße, Zeilenhöhe und Schriftart festlegen. Um nur kurz zu zoomen, ohne gleich die Schriftgröße zu verändern, tippen Sie doppelt in die Bildschirmmitte.

Halten Sie den Finger länger auf ein Wort, wird dieses markiert und es erscheint eine Symbolleiste, mit deren Hilfe Sie eine Notiz anfügen, den markierten Text übersetzen oder im Buch suchen lassen können. Steht das Wort im Wörterbuch, wird automatisch die Definition angezeigt.

Markieren Sie einen Satz oder einen Textabsatz und tippen Sie auf das Übersetzungssymbol, um diesen in eine andere Sprache zu übersetzen. Hier werden alle Sprachen des Google Übersetzers angeboten.

**TIPP:** Der Google-Play-Bücher-Reader kann auch eigene E-Books in den Formaten EPUB und PDF darstellen, solange diese keinen Kopierschutz haben. Laden Sie Ihre E-Books vom PC über die Seite *play.google.com/books/uploads* in Ihr Google-Konto hoch. Sie können auch E-Books aus Ihrer persönlichen Google-Drive-Ablage direkt über die Google-Drive-App in Ihre E-Book-Bibliothek übernehmen. Bei E-Books im EPUB-Format stehen alle Funktionen des E-Book-Readers zur Verfügung, unter anderem die Volltextsuche, das Inhaltsverzeichnis, Notizen, die Einstellung der Schriftgröße. Im PDF-Format können Sie nur Lesezeichen setzen.

## Amazon Kindle

Der Onlinebuchhändler Amazon machte mit seinem E-Book-Lesegerät Kindle das Lesen von E-Books erst richtig populär. Anstelle eines »echten« Kindle kann man auch die Kindle-App nutzen, um seine bei Amazon gekauften E-Books unterwegs zu lesen. Amazon verwendet für den Kindle ein eigenes Dateiformat, das die anderen E-Book-Reader nicht lesen können. Diese App bietet natürlich auch Zugang zum Onlineshop, der innerhalb der App in einem für Smartphones optimierten Format dargestellt wird, sowie zu den kostenlosen Büchern.

Auch die kostenlosen Bücher muss man bei Amazon »kaufen«. Dazu ist ein Amazon-Kundenkonto erforderlich, das man aber auch schnell im Kindle-Shop anlegen kann, wenn man noch nie bei Amazon eingekauft hat. Nach der »Bestellung« wählt man nur noch das Gerät aus, auf dem man das Buch lesen möchte, falls man mehrere Kindle oder Geräte mit Kindle-App in Verwendung hat. Die Bücher werden automatisch über Amazons eigene Whispersync-Technologie direkt auf das Smartphone zugestellt, ohne dass Sie noch irgendetwas dazu tun müssen.

In der Kindle-App finden Sie alle gekauften sowie die kostenlos heruntergeladenen Bücher. Bei den bereits angelesenen Büchern zeigt eine kleine Prozentzahl die aktuelle Leseposition im Buch.

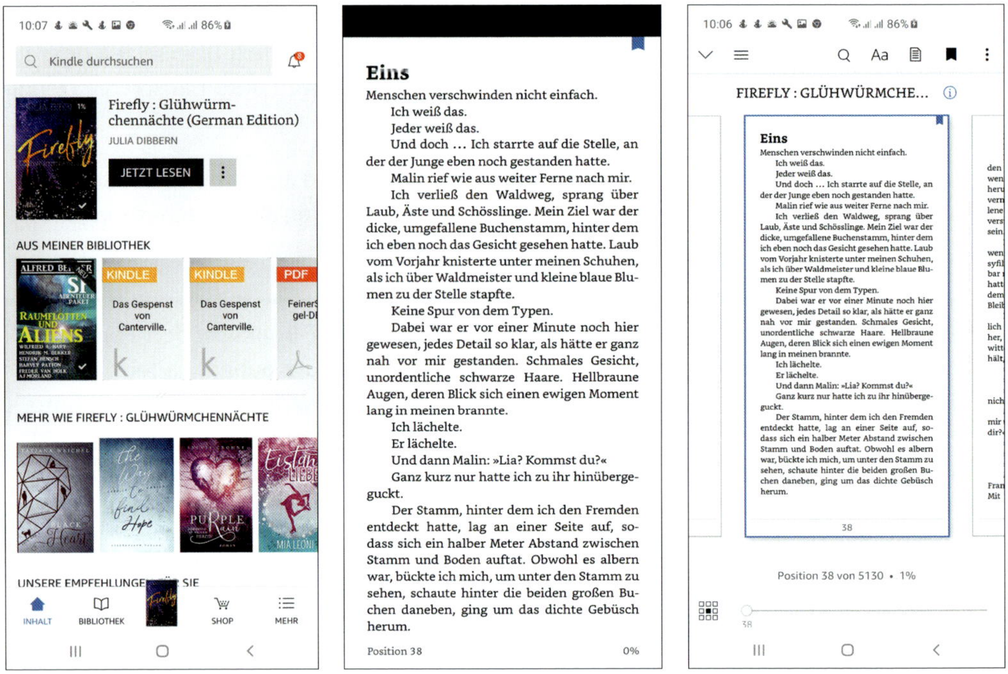


*Die Kindle-App auf dem Samsung Galaxy S10.*

Beim Lesen in der Nacht schalten Sie am besten auf den augenfreundlichen Nachtmodus um, der helle Schrift auf dunklem Grund zeigt und so den Leser nicht so stark blendet. Außerdem können Sie je nach Lesegewohnheit die Schriftgröße auf ein angenehmes Maß einstellen.

Ein Symbol links unten blendet eine Seitenübersicht ein, um schnell eine bestimmte Seite im Buch zu finden.

Sie können jederzeit die aktuelle Position als Lesezeichen speichern, um so wichtige Textstellen schnell wiederzufinden. Tippen Sie dazu auf die Seite und dann in der rechten oberen Bildschirmecke auf das Lesezeichensymbol. Die Lesezeichen erreichen Sie später über das Notizbuchsymbol oben rechts.

## Suche, Wörterbuch, Übersetzer und Wikipedia im Kindle

Markieren Sie ein einzelnes Wort durch längeres Antippen, können Sie dieses in Wikipedia nachschlagen. Über die Symbolleiste können Sie diesen Begriff auch per Volltextsuche im Buch suchen oder über den Browser im Internet.

Amazon bietet das *Duden Universalwörterbuch* sowie verschiedene fremdsprachige Wörterbücher kostenlos für alle Kindle-Nutzer an. Beim ersten Mal müssen Sie es nur herunterladen, brauchen dazu aber Ihr gerade geöffnetes E-Book nicht zu verlassen.

Schieben Sie den Wikipedia-Kasten nach links, erscheinen ein Kasten für die Übersetzung mit Bing und das Wörterbuch. Der Link *Vollständige Definition* in der Kurzbeschreibung, nach dem Herunterladen des Wörterbuches, blendet das *Duden Universalwörterbuch* mit der ausführlichen Begriffsbeschreibung ein. Mit der Zurück-Taste kommen Sie aus dem *Duden Universalwörterbuch* wieder zurück ins E-Book.

Im Gegensatz zur Wikipedia-Suche kann das *Duden Universalwörterbuch* nach dem erstmaligen Download offline genutzt werden.

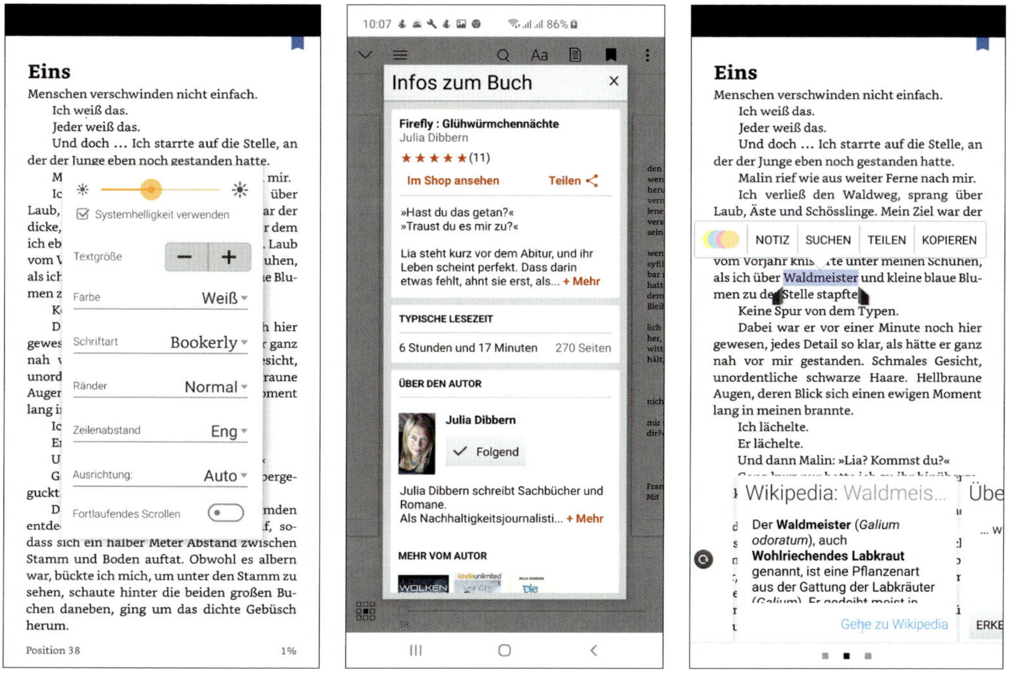


*Links: Leseeinstellungen, Mitte: Infos zum Buch, rechts: Text markieren und Wikipedia in der Kindle-App.*

# Gesundheit und Fitness

Ein Smartphone, das man immer bei sich hat, ist ideal dafür geeignet, Fitness- und Gesundheitsdaten zu erfassen.

Samsung liefert auf dem Galaxy S10 die App *Samsung Health* vorinstalliert mit, mit der man Fitnessziele festlegen und die erzielten Fortschritte überprüfen kann. Durch regelmäßiges Erfassen von Gesundheitsinformationen kann man seinen eigenen Gesundheitszustand im Blick behalten.

*Samsung Health* beinhaltet einen Schrittzähler, der über den Bewegungssensor die gelaufenen Schritte mitzählt, wenn das Samsung Galaxy S10 in der Tasche steckt. Weitere Fitness-

und Trainingsdaten können direkt in der App eingetragen werden. Zusätzlich besteht die Möglichkeit, Daten eines Fitnessarmbands automatisch zu erfassen oder die App mit einer Samsung Gear Smartwatch zu verbinden.

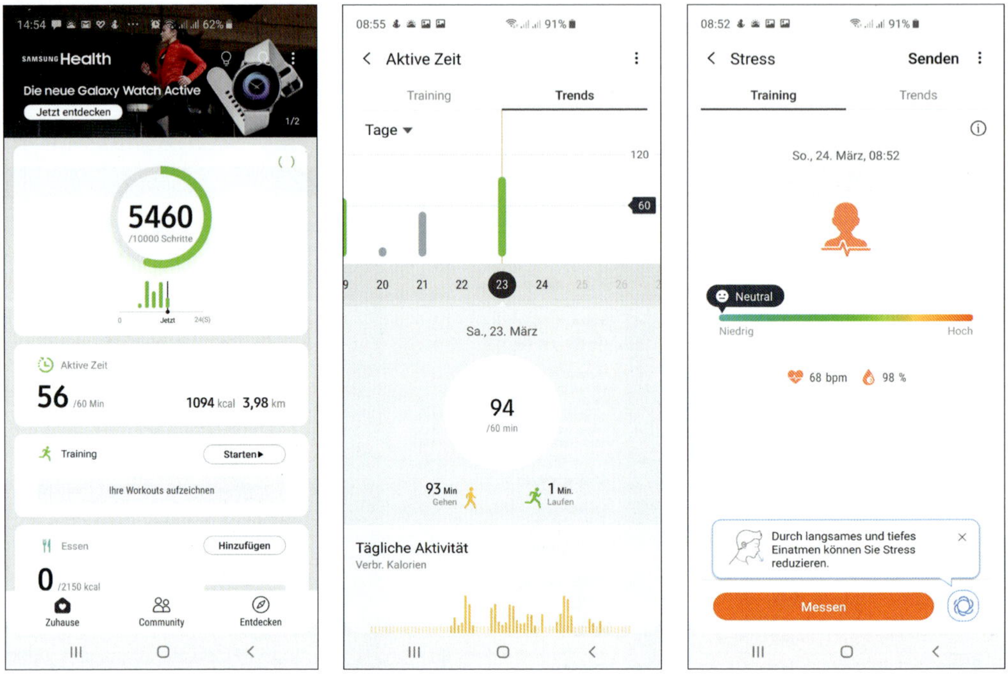


*Die App Samsung Health auf dem Samsung Galaxy S10.*

Im Samsung Galaxy S10 ist auf der Rückseite neben der Kamera ein Herzfrequenzsensor eingebaut, damit können Sie Ihren Puls und Stresspegel messen. Legen Sie einen Finger auf diesen Sensor und halten Sie das Smartphone möglichst ruhig, um einen genauen Wert zu messen. Die Messwerte werden automatisch in der App gespeichert und können jederzeit als Tabelle oder Grafik – wie die anderen Fitnessdaten auch – angezeigt werden.

Die App kann auch die täglich gegessenen Lebensmittel auswerten. Allerdings besteht die mitgelieferte Lebensmitteldatenbank vorrangig aus Fertiggerichten der großen Supermarkt- und Schnellrestaurantketten. Frische Lebensmittel können aber selbst hinzugefügt werden.

## Google Fit

*Google Fit*, eine vergleichbare App von Google, motiviert zu mehr Bewegung im Alltag. Jeden Tag mindestens eine Stunde Bewegung oder auch andere persönliche Ziele können gesetzt werden. Im Nachhinein kann man den täglichen Aktivitätenverlauf verfolgen.

Die App eignet sich auch dazu, Radtouren oder Laufstrecken per GPS zu tracken und später auszuwerten.

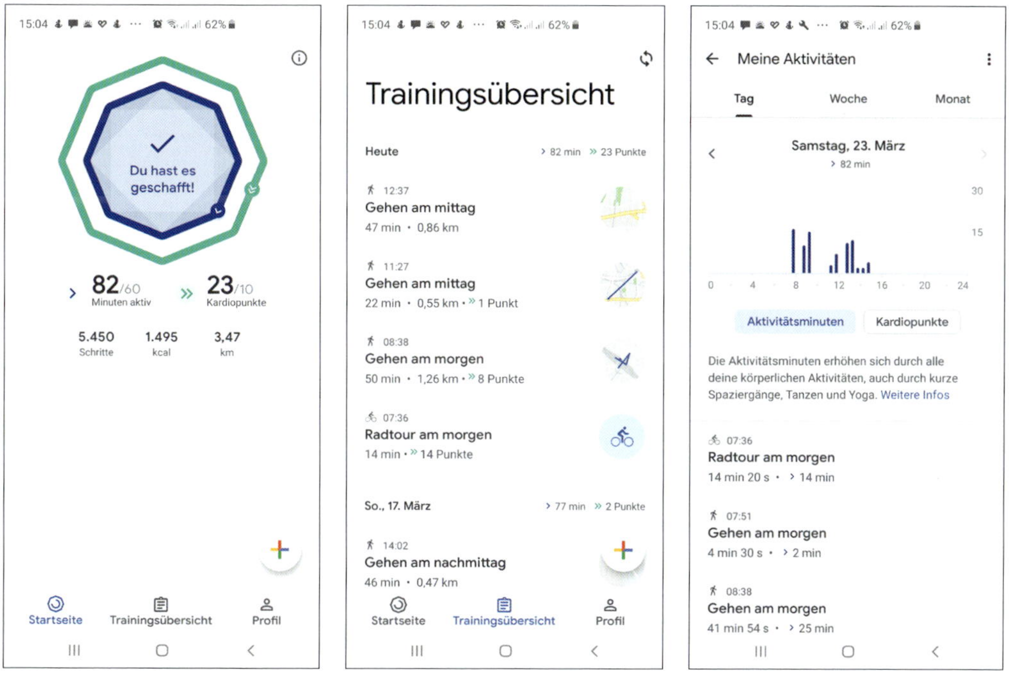


*Tägliche Aktivitäten mit Google Fit.*

## Der Game Launcher

Für alle, die gern auf dem Smartphone spielen, bietet das Samsung Galaxy S10 den Game Launcher in den *Einstellungen* unter *Erweiterte Funktionen*.

Der Game Launcher erscheint nach seiner Aktivierung als spezielles Ordnersymbol auf dem Startbildschirm. Neu installierte Spiele werden automatisch in diesem Ordner angezeigt. Über den Menüpunkt *Apps hinzufügen* lassen sich weitere Apps, die nicht automatisch als Spiele erkannt wurden, mit aufnehmen. Die Schaltfläche *Mehr Spiele entdecken* führt zu Spielen im Google Play Store, die von Samsung beworben werden.

In den Einstellungen des Game Launchers, erreichbar über das Menüsymbol oben rechts, können Sie die Symbole installierter Spiele auf dem Startbildschirm und in der App-Liste ausblenden. Diese werden dann nur noch im Game Launcher angezeigt. Schalten Sie in den Einstellungen auch die Marketing-Informationen aus, um nicht über Benachrichtigungen mit Werbung belästigt zu werden.

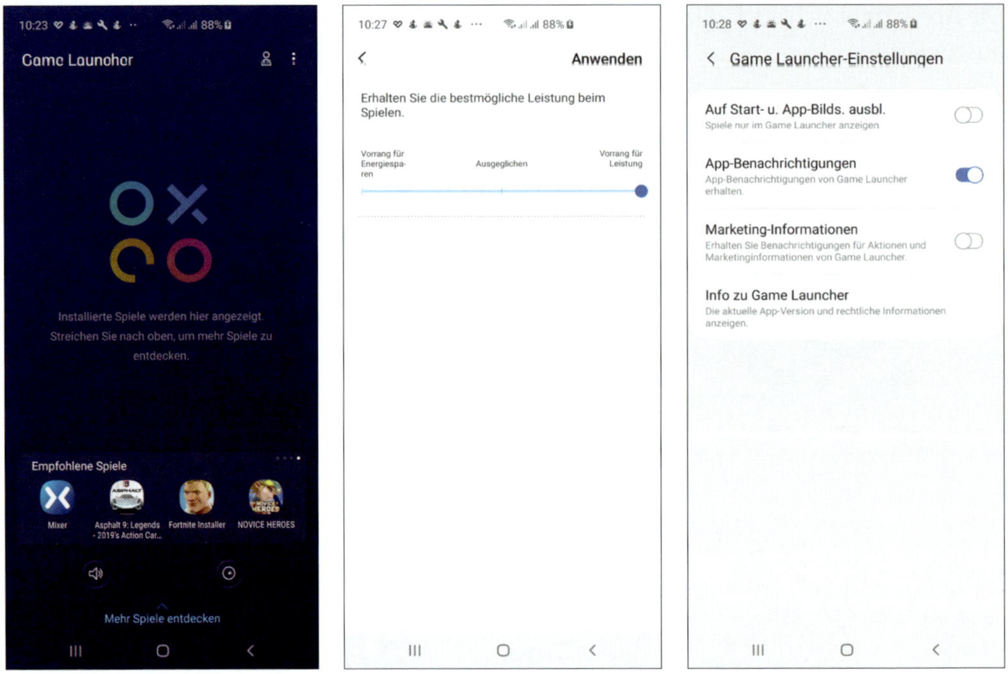


*Der Game Launcher auf dem Samsung Galaxy S10, Mitte: Game Launcher Einstellungen, rechts: Leistungsmodus.*

Möchten Sie während eines Spiels die volle Leistung des Samsung Galaxy S10 zur Verfügung haben, können Sie über das Symbol unten rechts in der Symbolleiste des Game Launchers alle Energiesparfunktionen während eines Spiels abschalten oder aber umgekehrt ein Spiel mit geringerer Leistung laufen lassen, um Energie zu sparen.

## Google Play Spiele

Google Play Spiele ist eine Plattform, auf der man Erfolge und Belohnungen aus verschiedenen unterstützten Spielen sammeln und sich mit anderen Spielern vergleichen kann. Einige Spiele sind sogar mehrspielerfähig, sodass man direkt gegeneinander antreten kann. Mit der App *Google Play Spiele* werden ein paar einfache Gelegenheitsspiele installiert, mit denen Sie sofort beginnen können. Bereits auf dem Smartphone installierte Spiele werden ebenfalls hier angezeigt, soweit sie die Funktionen von *Google Play Spiele* unterstützen.

Haben Sie bereits auf anderen Android-Geräten über *Google Play Spiele* gespielt, werden Ihr Spielerprofil, zuletzt gespielte Spiele und Erfolge automatisch in der App *Google Play Spiele* angezeigt.

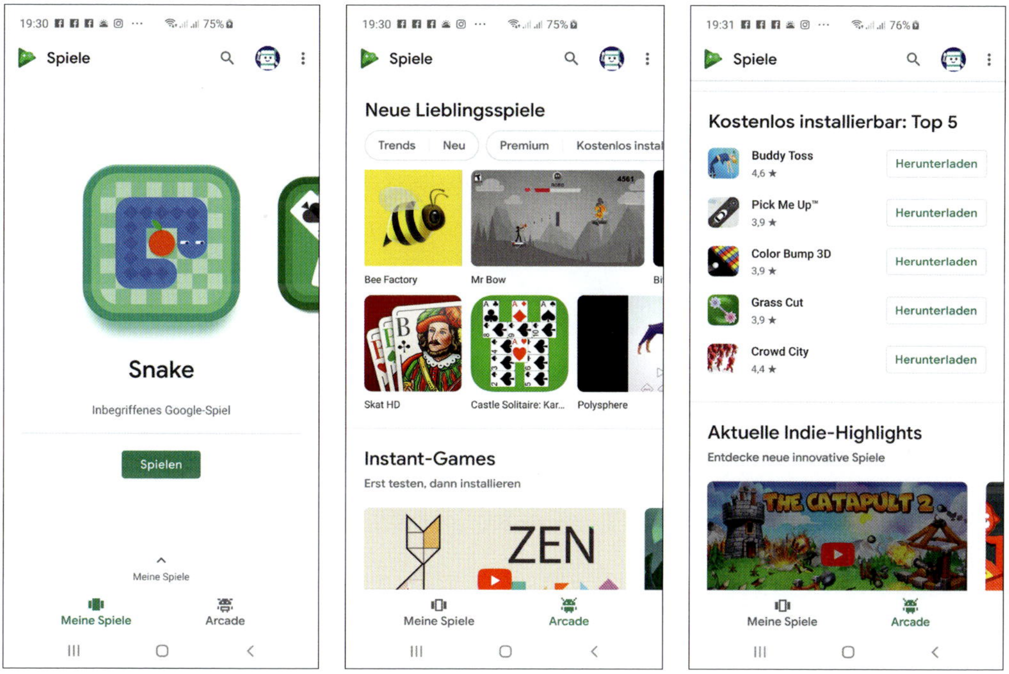


*Die Spielplattform Google Play Spiele.*

# Samsung Galaxy S10 für Kinder

Kinder spielen gern mit Smartphones – größere Kinder kennen sich oft besser aus als ihre Eltern. Samsung liefert auf dem Samsung GalaxyS10 einen besonderen *Kinder-Startbildschirm* mit, mit dem auch schon ganz kleine Kinder den alltäglichen Umgang mit dem Smartphone spielerisch üben können.

Der *Kinder-Startbildschirm* wird über ein Symbol in den Schnelleinstellungen gestartet und stellt unter einer kindgerechten Oberfläche spezielle Apps und Lernspiele für Kinder zur Verfügung. In diesem Modus besteht kein Zugriff auf die anderen auf dem Smartphone gespeicherten Daten.

Beim ersten Start muss der Kinder-Startbildschirm eingerichtet werden. Dazu werden die nötigen Komponenten automatisch heruntergeladen, die standardmäßig nicht vorinstalliert sind. Legen Sie hier eine PIN fest, die das Kind nicht kennen sollte. Nur mit dieser PIN kann man den Kinder-Startbildschirm verlassen oder Veränderungen an den Einstellungen vornehmen.

Installieren Sie jetzt durch einfaches Antippen der Symbole die wichtigsten Apps *Telefon*, *Kamera*, *Galerie* und *Browser*.

*Kinder-Startbildschirm einrichten.*

## Eigenes Telefon

Auf dem Kinder-Startbildschirm gibt es eine eigene Telefon-App, die nur bestimmte Kontakte zulässt.

### Notruf auf dem Kinder-Startbildschirm

Nach der internationalen Notrufverordnung muss man von jedem Telefon jederzeit einen Notruf tätigen können, auch wenn das Telefon über PIN, Passwort oder biometrische Verfahren gesperrt ist.

Auf dem Kinder-Startbildschirm erscheint bei jeder Funktion, die über die PIN geschützt ist, oben rechts ein Symbol mit einem Telefon und einem roten Kreuz. Tippt man darauf, kommt man zum klassischen Notrufbildschirm des Samsung Galaxy S10. Hier kann man den Notruf oder auch eine der dort gespeicherten Kontaktpersonen anrufen.

Erklären Sie Ihren Kindern je nach Alter und Verständnis, wie dieser Notruf funktioniert, und weisen Sie auch auf das Verbot missbräuchlicher Nutzung hin. Aber immer daran denken: Auch ein Kind kann über einen Notruf Leben retten.

Tippen Sie auf das Plussymbol oben rechts, um Kontakte aus dem Adressbuch hinzuzufügen, die vom Kinder-Startbildschirm angerufen werden dürfen. Diese Kontakte erscheinen als großformatige Bilder. Ist bei einem Kontakt kein Kontaktfoto gespeichert, werden automatisch Symbolbilder im Comicstil verwendet. Um neue Kontakte hinzuzufügen, müssen Sie die zuvor festgelegte PIN eingeben.

*Die App Eigenes Telefon auf dem Kinder-Startbildschirm.*

## Eigener Browser

Der Browser auf dem Kinder-Startbildschirm lässt nur bestimmte, für Kinder geeignete Webseiten zu. In der Grundeinstellung sind nur Seiten des englischsprachigen Kinder-Nachrichtenportals DOGOnews eingetragen. Sie können aber selbst weitere Webseiten hinzufügen, aber nur nach Eingabe der PIN.

Versucht ein Kind, über die Suche eine Seite aufzurufen, die nicht zugelassen ist, erscheint eine entsprechende Meldung. Nach Eingabe der PIN kann diese Seite direkt aus der Meldung heraus freigegeben werden. Anschließend geben Sie der Seite einen Namen und wählen ein Symbol aus, mit dem sie in Zukunft auf dem Startbildschirm des eigenen Browsers erscheinen soll.

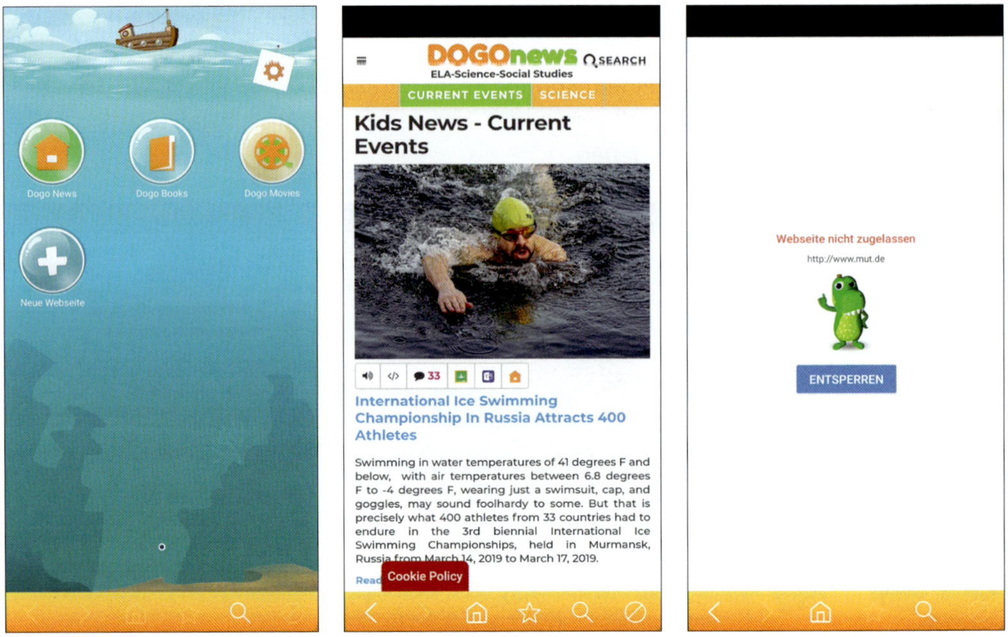


*Der eigene Browser auf dem Kinder-Startbildschirm.*

## Meine Kamera

Mit der App *Meine Kamera* können Kinder fotografieren und die Fotos mit lustigen Effekten versehen. Technisch bietet die App keinerlei Einstellungen, ist also nicht vergleichbar mit der Standard-Kamera-App, sondern nur für Spaßfotos gedacht.

## Meine Galerie

Die Galerie auf dem Kinder-Startbildschirm zeigt nur die Fotos, die mit der App *Meine Kamera* erstellt wurden. Sie können aber mit dem Plussymbol oben rechts – nach Eingabe der PIN – weitere Fotos aus der Galerie des Smartphones oder auch ganze Ordner hinzufügen, die in der App *Meine Galerie* betrachtet werden können.

## Einstellungen zur Kindersicherung

Über das Menü mit den drei Punkten rechts oben auf dem Kinder-Startbildschirm verlassen Sie diesen. Natürlich muss auch hier die PIN eingegeben werden. In diesem Menü finden Sie auch die Einstellungen für die *Kindersicherung*. Hier können Sie Profile für mehrere Kinder anlegen und in jedem Profil die tägliche Spielzeit an Wochentagen und Wochenenden begrenzen.

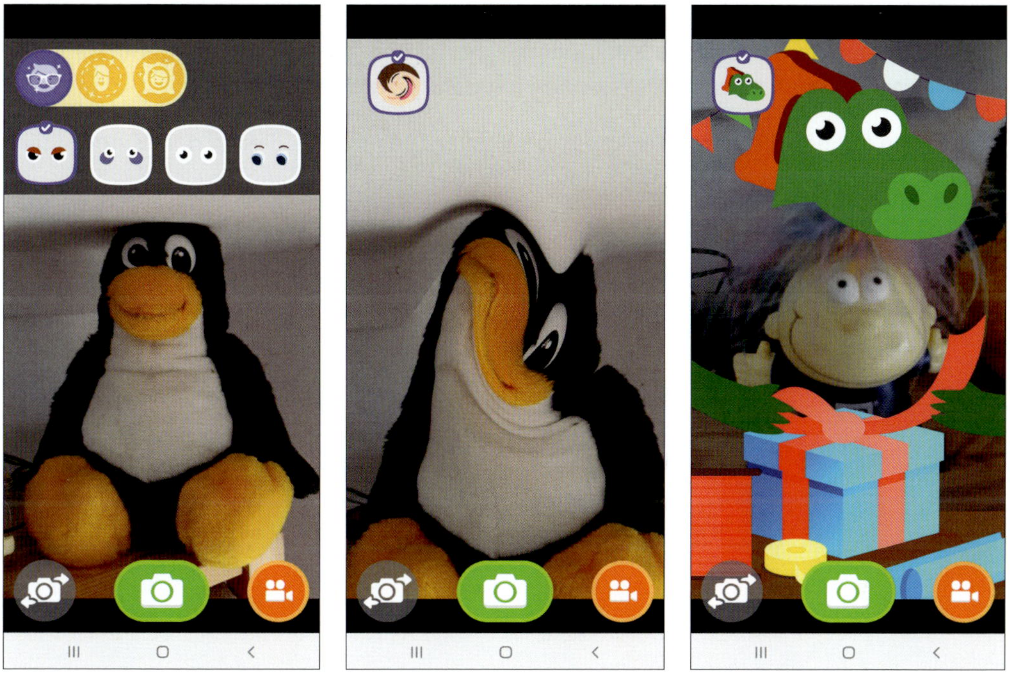

*Fotografieren mit der App Meine Kamera.*

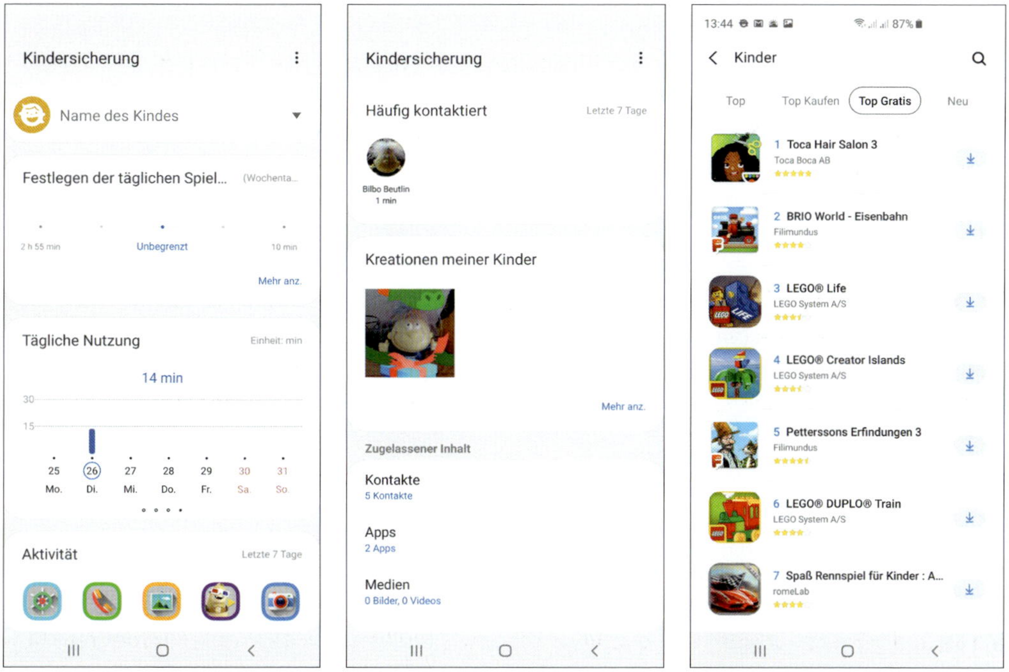


*Einstellungen für die Kindersicherung. Rechts: Apps für Kinder aus dem Samsung Galaxy Store herunterladen.*

Weiter unten können Sie sich selbst einen Überblick über das Nutzungsverhalten verschaffen. Hier sehen Sie die tägliche Nutzungszeit der letzten Wochen, häufig genutzte Apps, angerufene Personen sowie die Kreationen mit der App *Meine Kamera*.

Ganz unten können Sie Kontakte, Apps und Medien hinzufügen, die auf dem Kinder-Startbildschirm angezeigt werden sollen, oder auch aus einem speziellen Bereich des Samsung Galaxy Store Apps für Kinder herunterladen und installieren.

Im Menü mit den drei Punkten oben rechts können Sie die PIN ändern, falls das Kind sie herausgefunden hat.

## Kapitel 9

# Insidertipps zur Bedienung

Die Bedienung der One-UI-Oberfläche auf dem Samsung Galaxy S10 erfolgt weitgehend intuitiv, sodass man kaum etwas falsch machen kann. Aber natürlich gibt es wie bei jedem System einige Tricks, auf die man nicht sofort kommt, zumal Samsung die Oberfläche gegenüber dem klassischen Android deutlich verändert hat.

## Wenn die Automatik versagt – Internetzugang manuell einrichten

Normalerweise erkennt das Samsung Galaxy S10 anhand der SIM-Karte die richtigen Einstellungen für den Internetzugang über das Mobilfunknetz. In einigen Fällen klappt dies aber nicht, was daran zu erkennen ist, dass man mit dem Smartphone zwar telefonieren kann, aber ohne WLAN nicht ins Internet kommt.

Besonders beim Mobilfunkanbieter Netzclub und einigen Discountern, die das Netz von O2 nutzen, kommt es immer wieder zu Problemen mit der automatischen Einrichtung des Internetzugangs.

1. Wählen Sie in den *Einstellungen* die Optionsfolge *Verbindungen/Mobile Netzwerke*. Hier wird der Netzwerkmodus für beide SIM-Karten angezeigt.
2. Tippen Sie auf die SIM-Karte, die für mobile Daten genutzt werden soll, und entscheiden Sie sich für den bestmöglichen Netzwerktyp, den die SIM-Karte unterstützt. Bei SIM-Karten ohne LTE-Tarif muss also *3G* ausgewählt werden, auch wenn das Samsung Galaxy S10 standardmäßig LTE vorschlägt.
3. Wenn die Automatik nicht funktioniert, tippen Sie unter *Netzbetreiber* auf *Automatisch auswählen*. Wählen Sie ganz unten auf dem Bildschirm die gewünschte SIM-Karte. Jetzt wird die Datenverbindung getrennt und eine Liste verfügbarer Netzwerke gesucht. Ist Ihr Anbieter dabei, tippen Sie darauf, um die Internetverbindung automatisch zu konfigurieren.

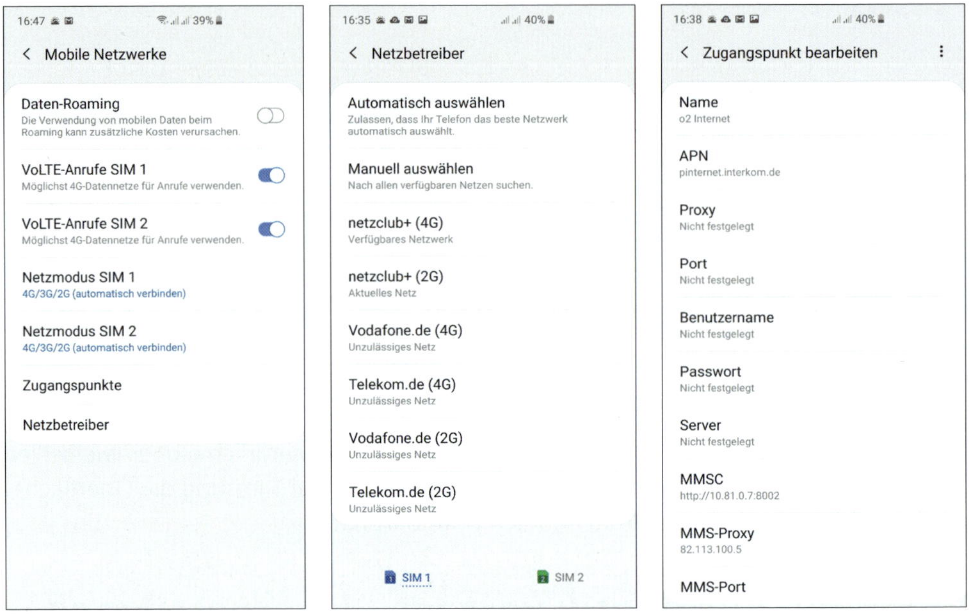


*Einstellungen für Mobilfunknetze und APN-Zugangspunkt bearbeiten.*

4. Auch das funktioniert nicht immer. Versuchen Sie, in der Liste *Manuell auswählen* den richtigen Netzbetreiber zu finden.

5. Funktioniert auch das nicht, tippen Sie auf die Zeile *Zugangspunkte*. Wählen Sie den eingetragenen Zugangspunkt durch Antippen aus. Sollten es mehrere sein, tippen Sie auf den markierten.

6. Tragen Sie im Feld *Name* Ihren Netzbetreiber ein. Dieses Feld dient nur dazu, Zugangspunkte zu unterscheiden, wenn mehrere eingerichtet sind.

7. Geben Sie im Feld *APN* den APN-Namen ein, den Sie von Ihrem Mobilfunkanbieter erhalten. Bei Netzclub und einigen anderen O2-Discountern lautet dieser *pinternet.interkom.de* und nicht, wie oft automatisch vorgeschlagen, *internet*.

8. Die Felder *Proxy*, *Port*, *Benutzername*, *Passwort* und *Server* müssen bei den meisten Anbietern leer bleiben.

Eine ausführliche Liste von APN-Einstellungen aller wichtigen deutschen Mobilfunkanbieter finden Sie unter *www.softwarehandbuch.de/apn-einstellungen*.

# Hintergrundbilder

Das Hintergrundbild des Bildschirms, sei es auf dem PC oder auf dem Smartphone, ist ein höchst emotionales Thema. Die einen vertreten äußerst vehement die Meinung, der Bildschirmhintergrund sei das Unwichtigste überhaupt, anderen liegt dieses Bild so am Herzen, dass es je nach Tageslaune ständig geändert werden muss.

Auf dem Samsung Galaxy S10 stehen einige vorinstallierte Hintergrundbilder zur Auswahl, aber wer möchte schon, dass sein Smartphone aussieht wie alle?

Tippen Sie etwas länger auf den Startbildschirm und dann auf das Symbol *Hintergründe*. Jetzt erscheint der neue Katalog *Galaxy Themes*. Wählen Sie in der Leiste am oberen Bildschirmrand eines der vorinstallierten Hintergrundbilder aus und tippen Sie auf *Als Hintergrundbild festlegen*. Damit wird es automatisch als Hintergrundbild übernommen.

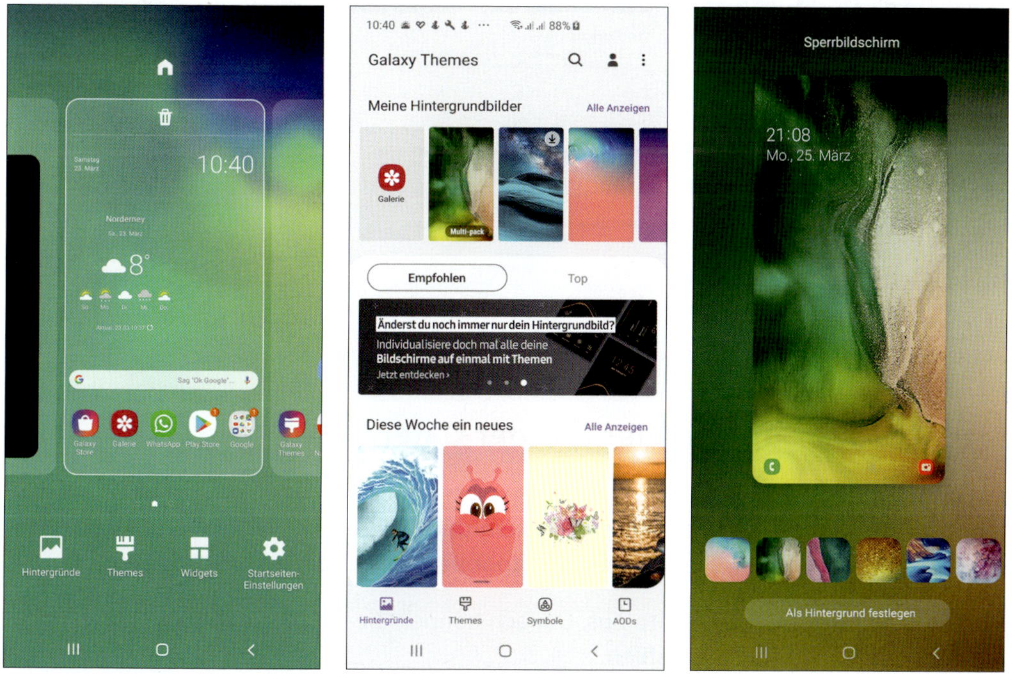


*Hintergrundbilder auf dem Samsung Galaxy S10 auswählen.*

## Neue Bildschirmthemen

Über Bildschirmthemen lässt sich die Oberfläche des Samsung Galaxy S10 noch stärker verändern als nur über Hintergrundbilder. Themen verändern Farben, Symbole und Schriftarten und wirken sich nicht nur auf den Startbildschirm und die App-Liste aus, sondern auch auf einige der vorinstallierten Samsung-Apps.

Der Katalog *Galaxy Themes* enthält eine Vielzahl von Themen und Symbolpaketen, wovon einige kostenpflichtig sind. Es gibt aber auch eine eigene Liste der beliebtesten kostenlosen Themen.

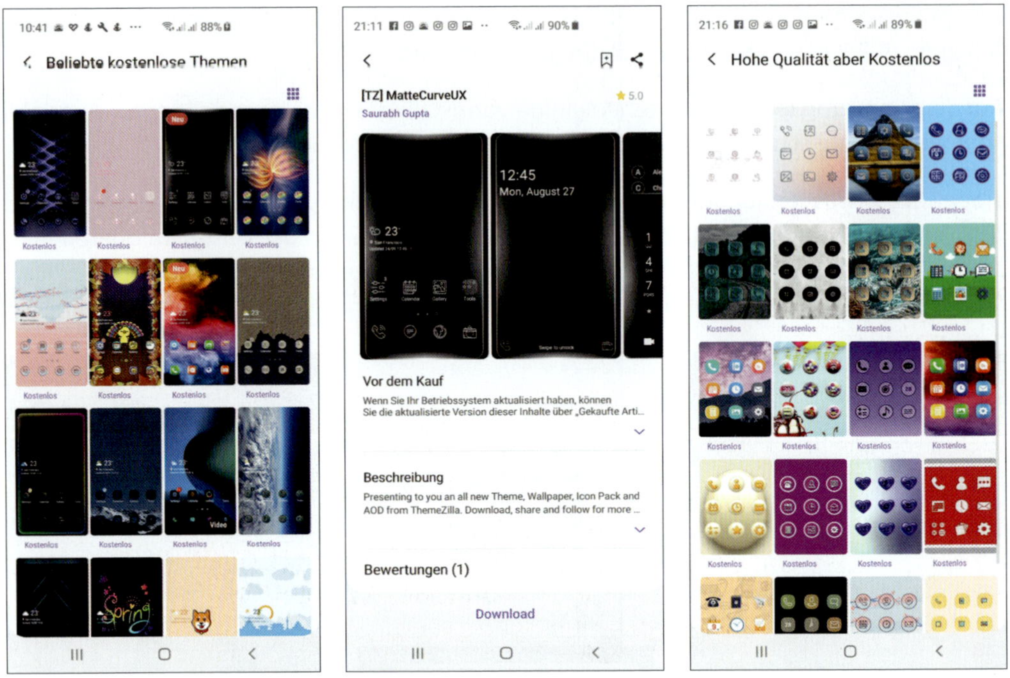


*Bildschirmthemen verändern das Aussehen stärker als Hintergründe.*

## Eigene Hintergrundbilder aus der Galerie

Noch wesentlich persönlicher ist ein eigenes selbst fotografiertes Hintergrundbild auf dem Smartphone. Wählen Sie dazu bei den Hintergrundbildern ganz links oben *Meine Hintergrundbilder*. Jetzt werden alle auf dem Smartphone gespeicherten Fotos angezeigt.

Wählen Sie das gewünschte Foto aus. Danach können Sie den *Startbildschirm*, den *Sperrbildschirm* oder gleich beide wählen.

Die meisten Fotos haben ein anderes Seitenverhältnis, als für das Hintergrundbild benötigt wird. Wählen Sie den passenden Bildausschnitt, indem Sie das Bild einfach waagerecht verschieben. Jetzt brauchen Sie nur noch auf *Als Hintergrund festlegen* zu tippen und das Foto wird als Hintergrund für den Startbildschirm übernommen. Der *Bewegungseffekt* bewegt das Hintergrundbild leicht, wenn das Smartphone geneigt wird.

Betrachten Sie gerade Fotos in der Galerie und finden dabei eines, das Sie gern jeden Tag als Bildschirmhintergrund sehen möchten, brauchen Sie nicht den Umweg über den Startbildschirm zu gehen. Tippen Sie oben rechts auf das Menüsymbol und wählen Sie den Menüpunkt *Als Hintergrund festlegen*. Auch hier haben Sie noch die Möglichkeit, den Bildausschnitt durch Verschieben genau festzulegen.

*Eigenes Foto als Hintergrundbild verwenden. Rechts: Hintergrundbild aus der Galerie auswählen.*

# Zwei Apps gleichzeitig auf dem Bildschirm

Das Samsung Galaxy S10 bietet die Möglichkeit, zwei Apps gleichzeitig auf dem Bildschirm darzustellen. Dieser wird dazu, wie schon aus Windows 10 bekannt, in der Mitte mit einer Trennlinie geteilt.

1. Starten Sie zuerst eine der beiden gewünschten Apps.
2. Tippen Sie auf das Quadratsymbol und dann in der Liste der zuletzt verwendeten Apps oben auf das Symbol der gewünschten App.

3. Tippen Sie im Pop-up-Fenster auf *In geteilter Bildschirmansicht öffnen.*
4. Die App erscheint jetzt nur im obersten Bildschirmviertel.
5. Wählen Sie eine App aus der Liste der zuletzt verwendeten Apps aus, die in der unteren Bildschirmhälfte angezeigt werden soll. Sie können auch mit einer Wischgeste von unten die App-Liste einblenden und dort eine App auswählen.
6. Der Modus *In Pop-up-Ansicht öffnen* zeigt die App in einem kleinen Fenster auf dem Bildschirm.

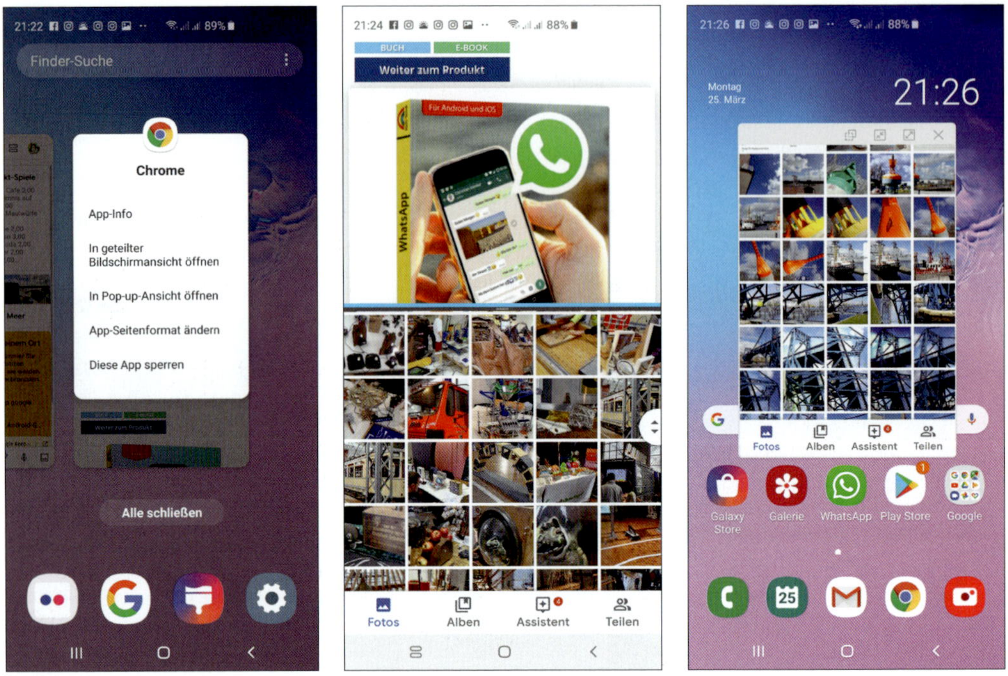


*Bildschirmteilung auf dem Samsung Galaxy S10. Rechts: Pop-up-Ansicht einer App.*

Durch Verschieben der Trennlinie zwischen den beiden Apps können Sie ein Fenster größer ziehen. Das andere wird automatisch entsprechend kleiner. Ziehen Sie die Trennlinie ganz nach oben oder unten, wird die Bildschirmteilung aufgehoben und beide Apps werden wieder in voller Größe angezeigt.

Im geteilten Modus zeigt auch das Quadratsymbol eine Teilung. Tippen Sie darauf, können Sie im unteren Bildschirmteil eine andere App auswählen.

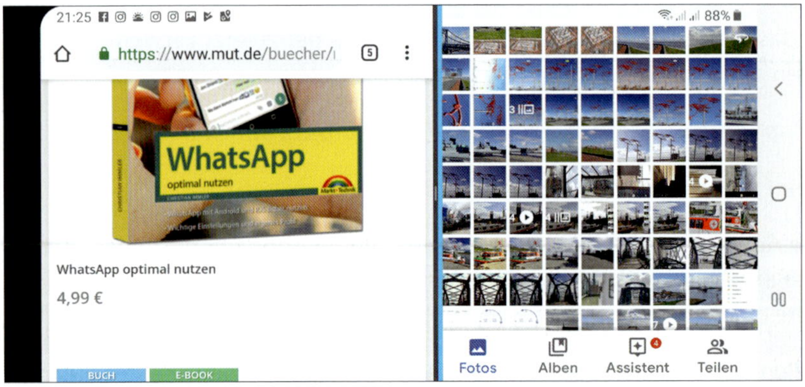


*Im Querformat werden die beiden Apps nebeneinander dargestellt.*

## Smarte Pop-up-Benachrichtigungen

Das Samsung Galaxy S10 bietet zusätzlich zu den klassischen Android-Benachrichtigungen über die Benachrichtigungsleiste noch eine weitere Methode, sich bei bestimmten ausgewählten Apps benachrichtigen zu lassen.

Die sogenannte smarte Pop-up-Ansicht in den *Einstellungen* unter *Erweiterte Funktionen* ermöglicht es bestimmten Apps, bei Benachrichtigungen Symbole auf dem Startbildschirm anzuzeigen. Wählen Sie in der Liste aus, welche Apps auf diese Weise benachrichtigen dürfen.

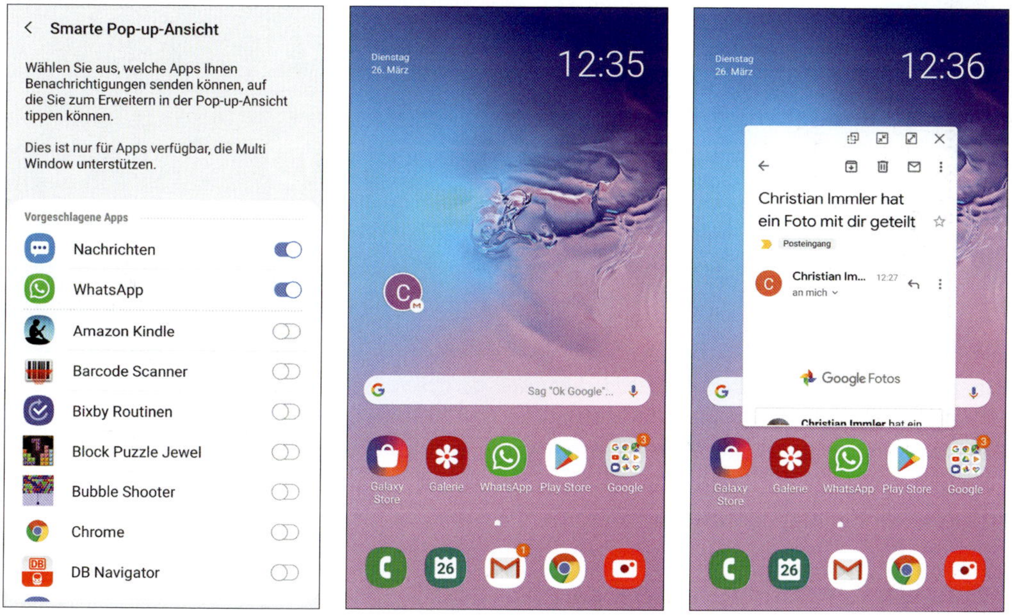


*Smarte Pop-up-Benachrichtigungen bei einer eingehenden E-Mail.*

Tippen Sie auf ein solches Symbol, wird die entsprechende App in einem kleinen Fenster auf dem Bildschirm geöffnet, wo Sie die Nachricht lesen und auch beantworten können.

# Startbildschirm und App-Liste anpassen

Nicht nur das Aussehen, auch die Funktionen des Startbildschirms und der App-Liste lassen sich dem persönlichen Geschmack anpassen und erweitern.

Tippen Sie länger auf den Startbildschirm und wählen Sie *Startseiten-Einstellungen*. Unter *Startbildschirmlayout* können Sie statt der üblichen Trennung zwischen Startbildschirm und App-Liste auf die App-Liste ganz verzichten und alle installierten Apps auf mehreren Seiten des Startbildschirms darstellen, zwischen denen Sie mit horizontalen Wischbewegungen hin- und her wechseln. Die aktuelle Anordnung der App-Symbole auf dem App-

Bildschirm wird auf dem Startbildschirm übernommen und dazu werden zusätzliche Startbildschirmseiten angehängt.

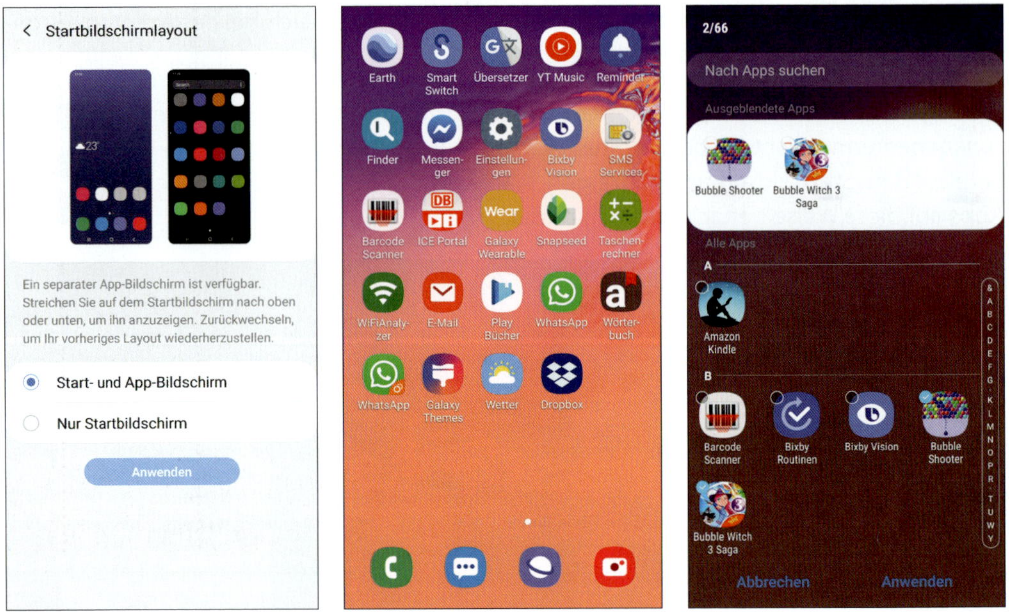


*Alle Apps ohne eigene App-Liste auf Startbildschirmseiten darstellen. Rechts: Apps ausblenden.*

*Apps ausblenden* unter *Startseiten-Einstellungen* ermöglicht es, einzelne Apps in der App-Liste nicht mehr anzuzeigen, ohne sie zu deinstallieren. Auf dem gleichen Weg können sie jederzeit wieder eingeblendet werden.

## Widgets für schnelle und persönliche Infos

Widgets sind kleine interaktive Elemente, die bestimmte Informationen oder Daten zum schnellen Zugriff auf den Startbildschirm bringen. Android liefert eine Liste nützlicher Widgets bereits mit. Viele Apps installieren weitere Widgets, z. B. Facebook, Twitter und diverse Wetter-Apps.

Tippen Sie länger auf den Startbildschirm und dann auf das Symbol *Widgets*. Jetzt erscheint eine mehrere Bildschirmseiten lange Liste von Widgets. Um ein Widget auf den Startbildschirm zu bringen, ziehen Sie es einfach wie eine App aus der Liste heraus und platzieren es an der gewünschten Stelle auf einem der Startbildschirme.

Bei jedem Widget ist die Größe in Rastereinheiten angezeigt, die dieses Widget belegt. Eine Rastereinheit entspricht der Größe eines App-Symbols. Einige Widgets sind in verschiedenen Größen verfügbar, manche lassen sich auch in der Größe verändern. Je nach freiem Platz auf dem Startbildschirm können Sie bei einigen Widgets unterschiedlich viele Informationen anzeigen lassen.

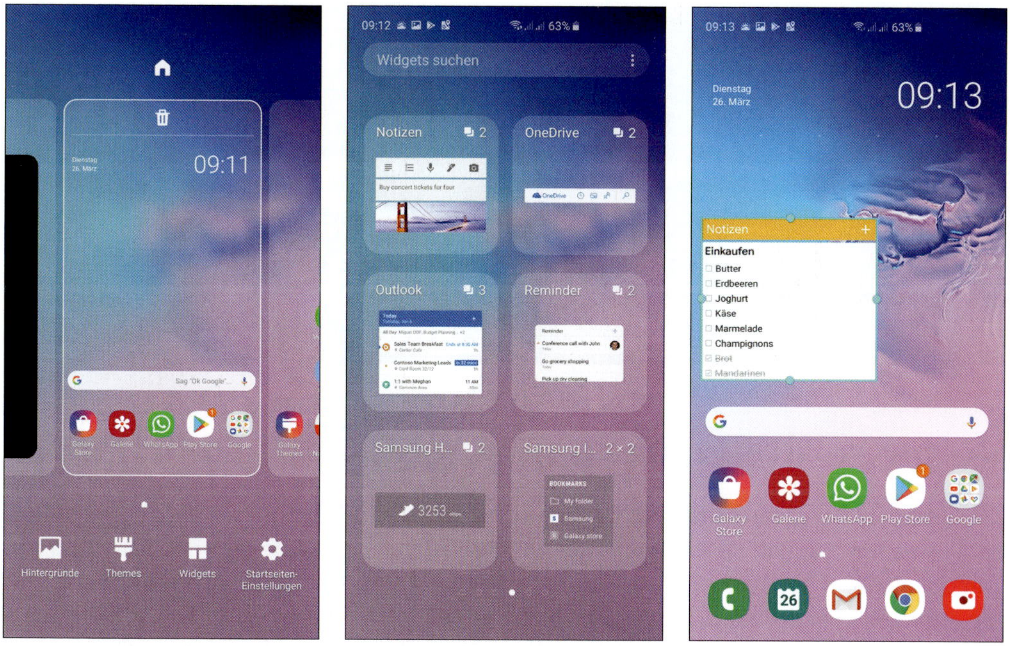


*Widgets auf den Startbildschirm bringen und in der Größe anpassen.*

Um ein Widget auf den Startbildschirm zu bringen, ziehen Sie es einfach wie eine App aus der Liste heraus und platzieren es an der gewünschten Stelle auf einem der Startbildschirme.

Widgets können auch später noch jederzeit wie App-Symbole auf dem Startbildschirm verschoben werden. Zeigt ein Widget eine farbige Umrandung mit weißen Griffen an den Seiten, lässt sich dieses interaktiv in der Größe verändern.

Um ein Widget wieder vom Startbildschirm zu löschen, gehen Sie genauso vor wie bei Apps. Tippen Sie länger darauf und dann auf das Symbol *Von Start entfernen*.

## Das Smartphone als Lupe

Bei Arbeiten mit Kleinteilen ist es manchmal praktisch, eine Lupe und eine Taschenlampe zur Hand zu haben. Das Widget *Vergrößerung* macht das Samsung Galaxy S10 zur Lupe.

Der Vergrößerungsfaktor der Lupe lässt sich variabel einstellen. Die eingebaute Taschenlampe hilft, die Kleinteile noch besser zu erkennen. Das Symbol *Aufnahme* macht einen Schnappschuss des Bildes, der auf dem Bildschirm stehen bleibt. So kann man das Smartphone beiseitelegen und hat wieder beide Hände frei. Das Bild lässt sich auch als Foto speichern.

*Die Vergrößerungslupe.*

# Verbesserungen der Samsung-One-UI-Oberfläche

Die Samsung-Benutzeroberfläche war auf früheren Samsung-Smartphones bei vielen Nutzern unbeliebt. Sie galt als träge und mit unnützen Funktionen überfrachtet. Samsung verwendet auf dem Samsung Galaxy S10 mit One UI nach Samsung Experience und TouchWiz die dritte völlig eigenständige Benutzeroberfläche.

## Schriftgröße und Bildschirmzoom

Um mehr Informationen auf dem Bildschirm zu sehen oder umgekehrt alles etwas größer und leichter erkennbar zu haben, können Sie in den *Einstellungen* unter *Anzeige* die Parameter *Schriftgröße* und *Bildschirmzoom* unabhängig voneinander einstellen.

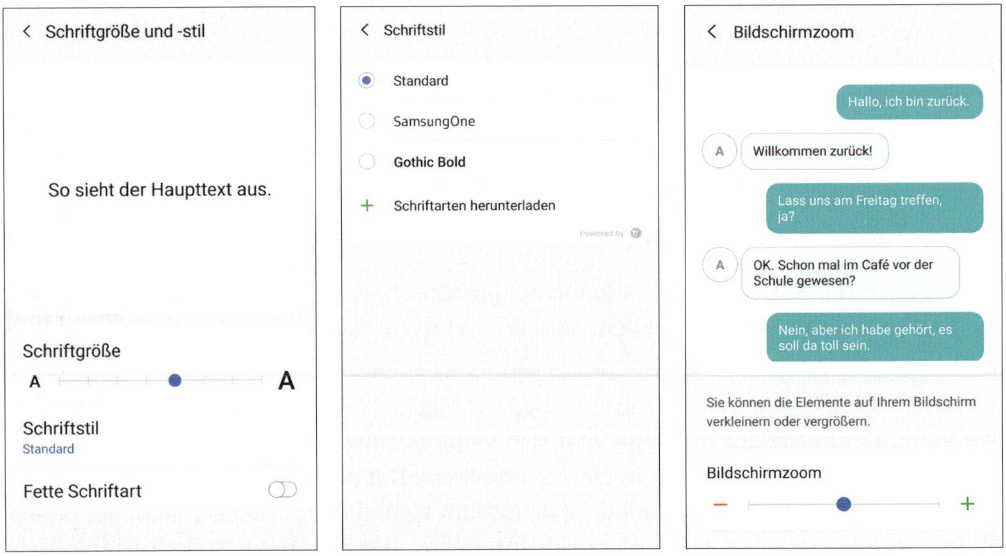


*Veränderung von Schriftart, -größe und Bildschirmzoom.*

Die Schriftgröße beeinflusst nur die Darstellung von Systemschriften, wogegen der Bildschirmzoom auch alle grafischen Elemente auf dem Bildschirm vergrößert oder verkleinert.

In der oberen Bildschirmhälfte sehen Sie die Auswirkung der Einstellungen direkt. Weiter unten besteht die Möglichkeit, eine andere Systemschrift auszuwählen.

## Blaufilter

Das bläuliche Leuchten des Smartphone-Bildschirms stört beim Einschlafen. Wer sein Samsung Galaxy S10 spät abends noch verwendet, sollte in den *Einstellungen* unter *Anzeige/Blaufilter* den Blaufilter aktivieren, der den Bildschirm leicht gelblich erscheinen lässt. Diese Einstellung kann manuell oder automatisch über einen Zeitplan geregelt werden, der benutzerdefinierte Zeiten enthält oder sich nach Sonnenauf- und -untergang am aktuellen Standort richtet.

## Nachtmodus

Noch mehr als der Blaufilter schont der Nachtmodus die Augen und sogar den Akku. Weiße Schrift auf schwarzem Grund spart deutlich Strom. Allerdings wird dieser Modus bei Weitem nicht von allen Apps unterstützt. In den Einstellungen für den Nachtmodus können Sie diesen automatisch nach Zeitplan, nach Sonnenuntergang oder manuell einschalten.

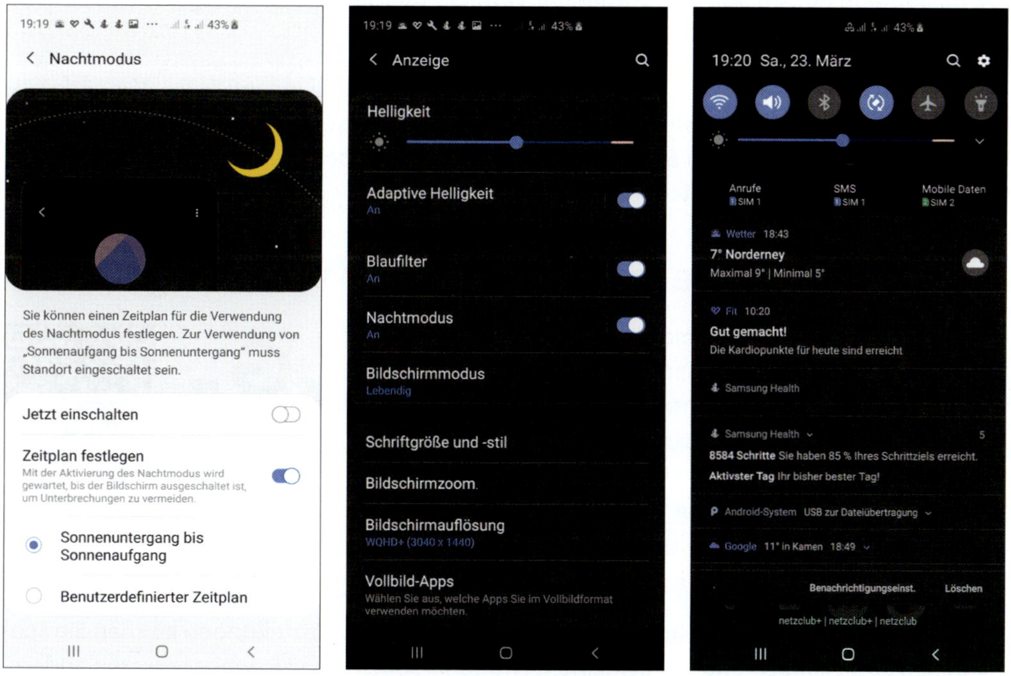


*Einstellungen für den Nachtmodus. Rechts: Benachrichtigungen im Nachtmodus.*

**Nachtmodus und Themes**

Der Nachtmodus funktioniert nur mit dem Standard-Bildschirmthema und nicht mit speziellen Themes aus dem Galaxy Themes Store. Ein verändertes Hintergrundbild allein hat keinen Einfluss auf die Funktion des Nachtmodus. Sie können jedes beliebige Hintergrundbild verwenden. Dieses wird durch den Nachtmodus auch nicht verändert.

### Versehentliche Berührung sperren

Wenn keine Bildschirmsperre eingerichtet ist, passiert es leicht, dass ein Smartphone, das in der Tasche steckt, durch Berührungen ungewollte Aktionen startet. Schalten Sie in den *Einstellungen* unter *Anzeige* die Option *Schutz vor versehentlicher Berührung* ein. Damit prüft das Smartphone über die Helligkeits- und Annäherungssensoren, ob es in einer Tasche steckt, und löst dann keine Aktionen aus.

### Download-Booster

Das Samsung Galaxy S10 unterstützt drahtlose Internetverbindungen über LTE, die schneller sind als manche WLAN-Verbindung. Normalerweise wird die Mobilfunk-Datenverbindung getrennt, wenn sich das Smartphone im WLAN befindet. Mit dem Download-Booster können Sie über 30 MByte große Dateien schneller herunterladen, wenn Sie WLAN und LTE gleichzeitig nutzen. Allerdings wird das verbrauchte Datenvolumen dann auch auf Ihre LTE-Flatrate angerechnet.

Der Download-Booster kann in den *Einstellungen* unter *Verbindungen/Weitere Verbindungseinstellungen/Download-Booster* jederzeit ein- und ausgeschaltet werden. Wenn diese Funktion aktiviert ist, nutzen auch alle Apps, die auf *Nur über WLAN herunterladen* eingestellt sind, WLAN und LTE gleichzeitig.

## Gboard – die alternative Tastatur von Google

Auch die Tastatur auf dem Smartphone ist eine Frage des persönlichen Geschmacks. Samsung hat gegenüber der Standard-Android-Bildschirmtastatur deutliche Veränderungen vorgenommen. Wer von einem anderen Android-Smartphone auf das Samsung Galaxy S10 gewechselt hat, kann seine gewohnte Tastatur aus dem Google Play Store nachinstallieren.

Beim ersten Start müssen ein paar Systemeinstellungen bestätigt werden, damit *Gboard* zur Standardtastatur in allen unterstützten Apps wird. Diese Einstellungen können Sie später in den *Einstellungen* unter *Allgemeine Verwaltung/Sprache und Eingabe* jederzeit ändern, wenn Sie zum Beispiel zur Samsung-Tastatur zurückwechseln möchten.

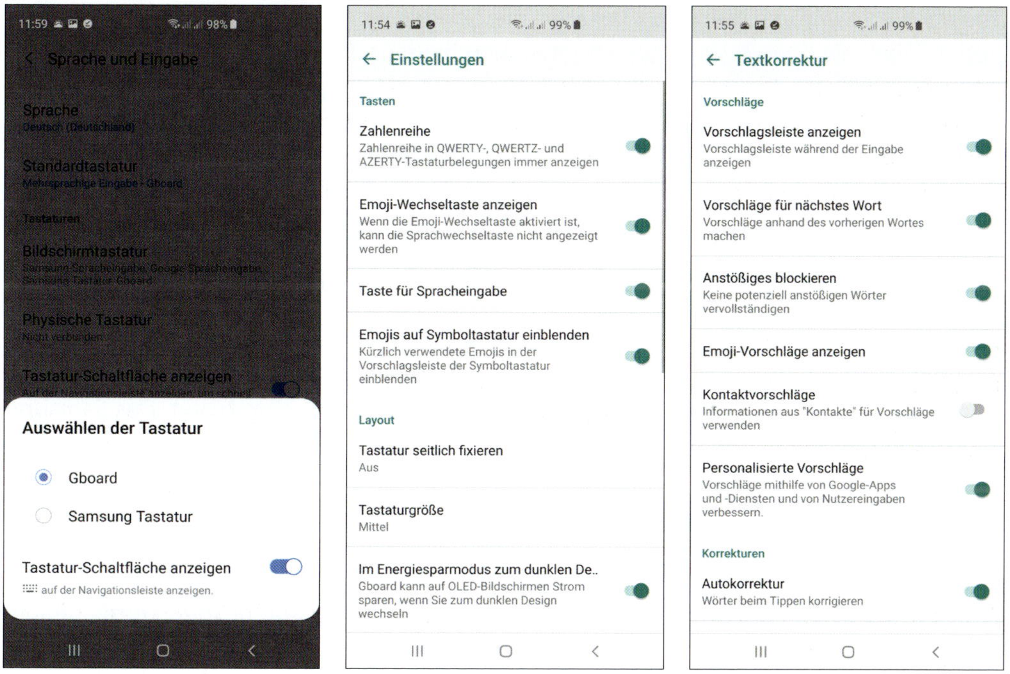


*Einstellungen zur Gboard-Tastatur.*

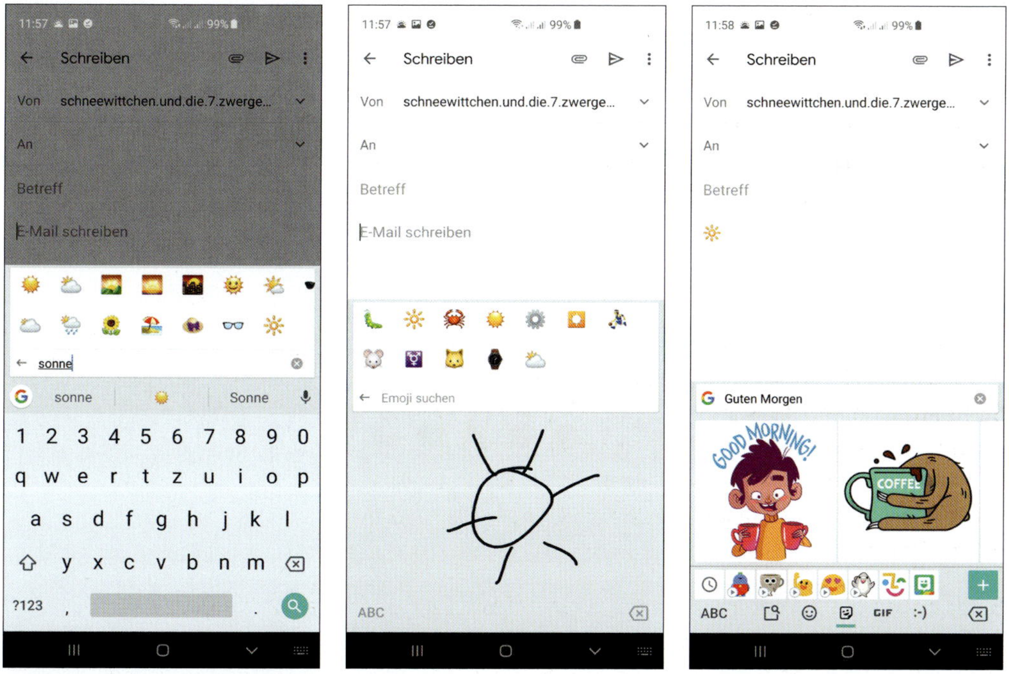


*Emojis und Sticker auf der Gboard-Tastatur suchen.*

Gboard bietet wie die Samsung-Tastatur alle Sonderzeichen und Emojis, Wischen statt Tippen – hier als *Glide Typing* bezeichnet –, verschiedene Tastaturdesigns sowie auch Anpassungen in der Größe. Neu ist die Möglichkeit, durch Antippen des Google-Symbols auf der Tastatur Emojis und Sticker nach Stichwörtern zu suchen. Tippen Sie auf das Smiley-Symbol ganz rechts in der Emoji-Suche, können Sie mit dem Finger ein paar Striche auf den Bildschirm malen und Gboard sucht passende Emojis.

# Funktionen für den Seitenbildschirm

Die Modelle Samsung Galaxy S10 und Samsung Galaxy S10+ sehen mit ihren abgerundeten Kanten nicht nur schick aus. Ein wesentliches Merkmal sind zudem die zusätzlichen Möglichkeiten, die der jetzt auch von der Seite sichtbare Bildschirm bietet. Das Samsung Galaxy S10e hat keine Seitenbildschirme.

## Seiten-Paneele

Der Startbildschirm zeigt im oberen Teil des rechten Bildschirmrandes eine Griffleiste. Schieben Sie diese in Richtung Bildschirmmitte, erscheinen mehrere sogenannte Seiten-Paneele. Diese Seiten-Paneele überlagern die aktuell dargestellte Bildschirmansicht und bieten so die Möglichkeit, schnell auf wichtige Informationen, Apps und Kontakte zuzugreifen. Jede weitere Wischbewegung blendet ein anderes Seiten-Paneel ein, auf diese Weise kann man zwischen unterschiedlichen Paneelen wechseln.

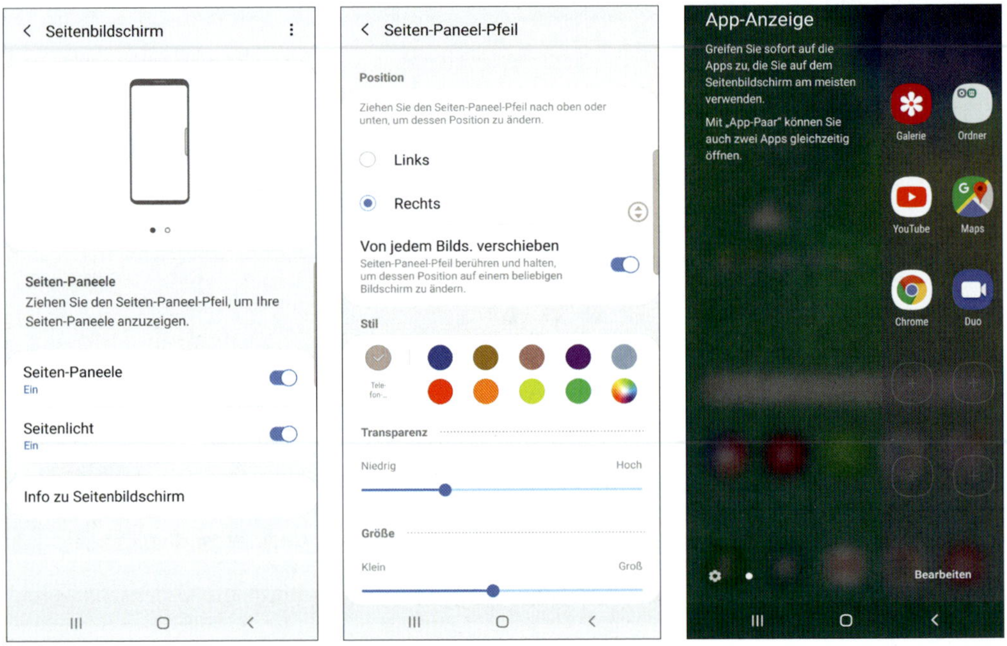


*Einstellungen für Seiten-Paneele. Rechts: App-Anzeige als Seiten-Paneel.*

Jedes der Paneele zeigt beim ersten Aufruf einen kurzen Informationstext zur Bedienung. Tippen Sie auf eines der Plussymbole, um weitere Apps oder Kontakte zum Paneel hinzuzufügen. Per Drag-and-drop können Sie die Anordnung der Apps auf dem Paneel verändern.

Tippen Sie auf das Zahnradsymbol unten links, um zu den Einstellungen für die Seiten-Paneele zu gelangen. Dort wählen Sie aus, welche Seiten-Paneele angezeigt werden sollen. Neben den standardmäßig verwendeten Seiten-Paneelen sind noch einige andere vorinstalliert. Mit dem Symbol *Bearbeiten* unterhalb der Vorschaubilder der Paneele können Sie für einige Paneele weitere Einstellungen vornehmen.

Der Menüpunkt *Seiten-Paneel-Pfeil* in der Liste der Seiten-Paneele führt zu einer Einstellungsseite, auf der Sie die Position, Größe und Transparenz des Grifffeldes für die Seiten-Paneele festlegen können. Die Zusatzfunktionen des Seitenbildschirms werden nur auf einer Seite, links oder rechts angezeigt.

Tippen Sie in der Liste der Seiten-Paneele auf den Pfeil oben links. Hier können Sie Seiten-Paneele und auch das Seitenlicht bei Bedarf abschalten, wenn Sie beim Bedienen von Apps versehentlich oft den Seitenbildschirm aufrufen.

Weitere Paneele werden über den Samsung Apps Store zum Download angeboten. Bei den standardmäßig inaktiven Seiten-Paneelen finden Sie unter anderem ein Wetter-Paneel sowie das nützliche *Quick Tools*, das einen Kompass, ein Lineal sowie eine in der Helligkeit verstellbare Taschenlampe anbietet.

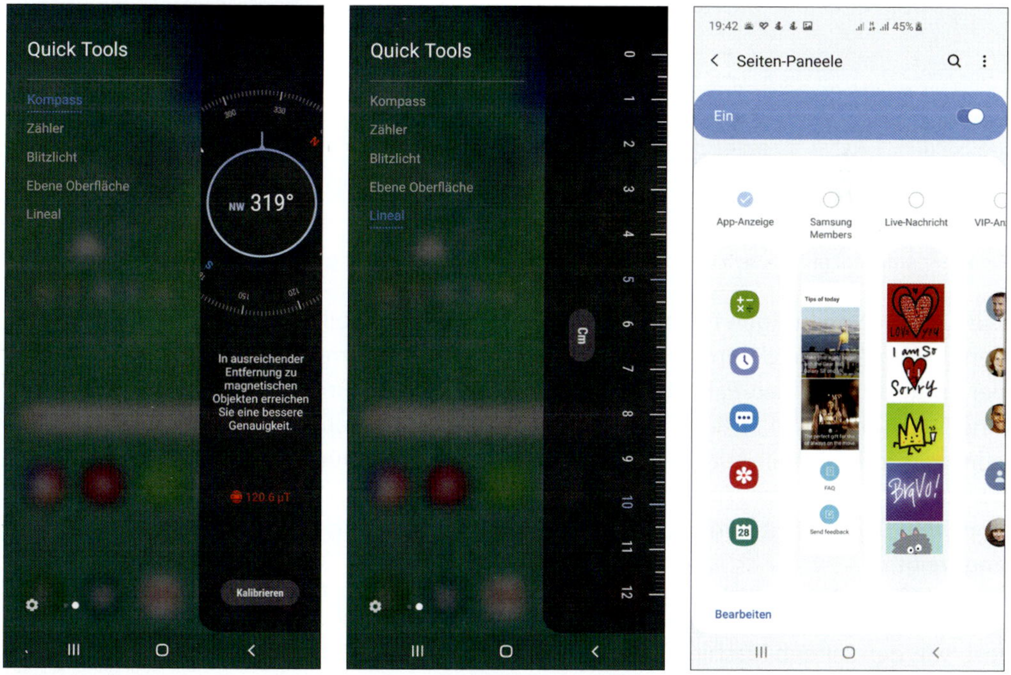


*Lineal und Kompass aus den Quick Tools auf dem Seiten-Paneel. Rechts: Weitere Seiten-Paneele installieren.*

## VIP-Anrufer auf dem Seitenbildschirm

Der Seitenbildschirm kann in einer bestimmten Farbe leuchten, wenn das Smartphone mit dem Bildschirm nach unten auf dem Tisch liegt und eine der als VIP gekennzeichneten Personen anruft. Eines der Seiten-Paneele enthält die VIP-Kontakte, die automatisch aus den Favoriten ausgewählt sind. Natürlich können Sie jederzeit andere Kontakte als VIP anzeigen. Schieben Sie dazu einen der VIP-Kontakte nach oben auf das Papierkorbsymbol. Tippen Sie dann auf die freigewordene Fläche, um einen anderen Kontakt auszuwählen. Auf die gleiche Weise können Sie auch die Reihenfolge der VIP-Kontakte auf dem Bildschirm ändern.

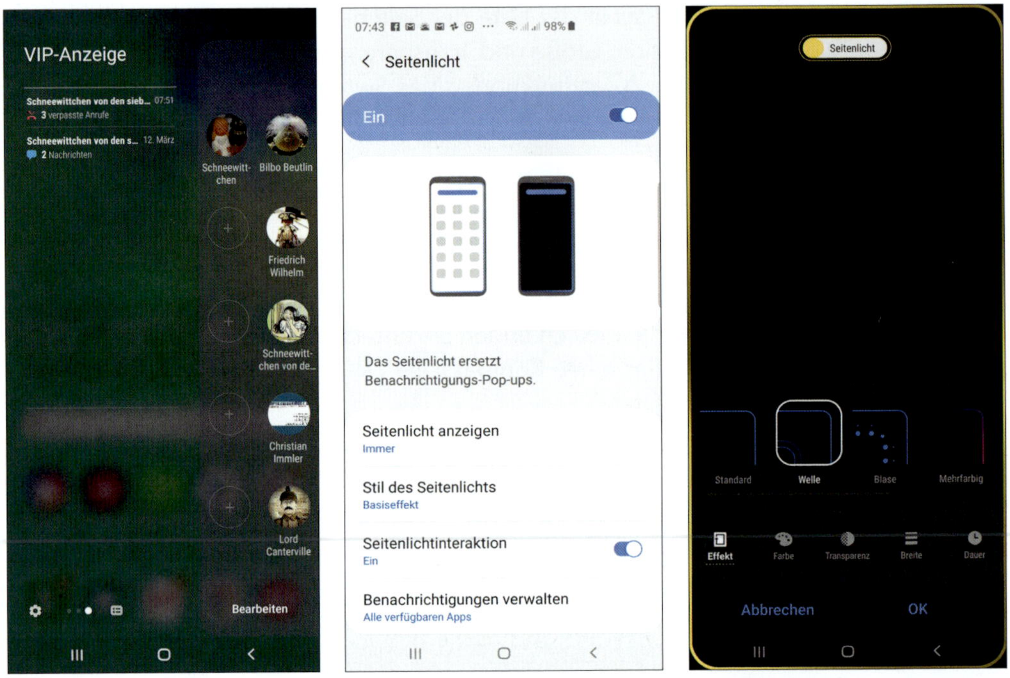


*Ein VIP-Kontakt hat in Abwesenheit angerufen. Mitte und rechts: Einstellungen fürs Seitenlicht.*

Die VIP-Kontakte bringen nicht nur bei Anrufen den Seitenbildschirm zum Leuchten, sondern helfen auch, die betreffenden Personen schnell zu erreichen. Tippen Sie auf einen der Kontakte im Seiten-Paneel, erscheinen zwei Symbole, um die Person anzurufen oder eine SMS oder E-Mail zu schicken. Tippen Sie darauf, können Sie, wenn mehrere Telefonnummern oder E-Mail-Adressen gespeichert sind, die gewünschte auswählen oder eine als Standard definieren. Anrufe von VIP-Kontakten in Abwesenheit werden zusätzlich zur normalen Benachrichtigung auch mit einer kleinen Meldung auf dem VIP-Anzeige-Paneel angezeigt.

In den *Einstellungen* unter *Anzeige/Seitenbildschirm/Seitenlicht* legen Sie den Lichteffekt fest, wie der Seitenbildschirm aufleuchten soll, wenn das Samsung Galaxy S10 mit dem Bildschirm nach unten auf dem Tisch liegt.

Über das Symbol *Seitenlicht* in den Schnelleinstellungen lässt sich das Aufleuchten des Seitenbildschirms bei Anrufen auf Wunsch ein- und ausschalten.

# Gerätewartung liefert Infos zum Gerätestatus

Die *Gerätewartung* in den *Einstellungen* liefert auf einen Blick eine Übersicht über den Akkuladestand sowie den freien und verfügbaren Speicherplatz. Zusätzlich sind Funktionen enthalten, die das Smartphone auf Sicherheitsrisiken prüfen.

Die Startseite der Gerätewartung zeigt einen Indexwert zum Gerätestatus. Solange dieser auf *Ausgezeichnet* steht, brauchen Sie nichts zu tun. Wird ein Problem angezeigt, sollten Sie einmal auf *Jetzt optimieren* tippen, um die erkannten Probleme zu beheben und wieder eine möglichst hohe Leistung des Smartphones zur Verfügung zu haben.

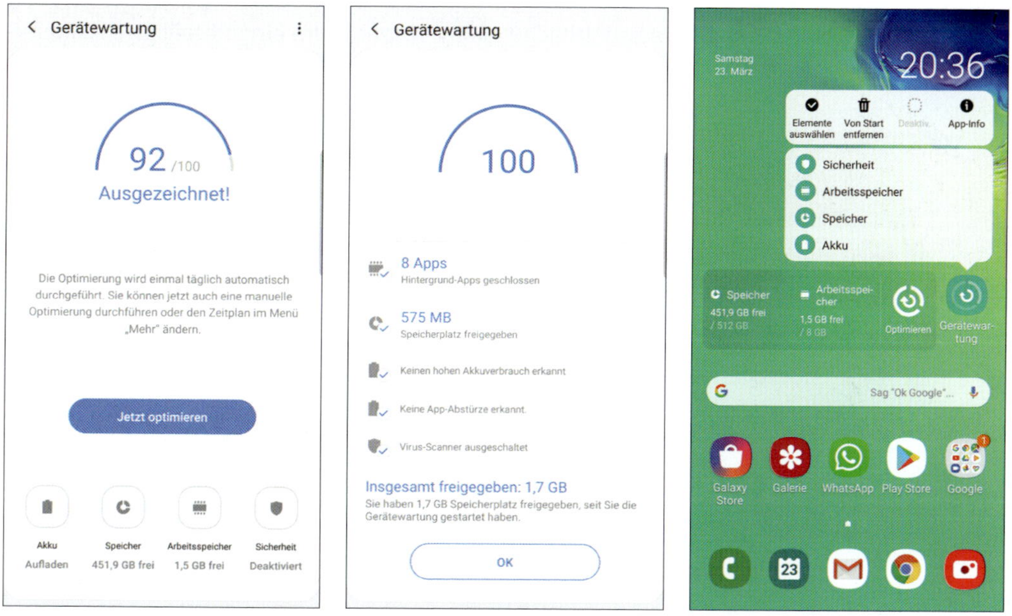


*Die Gerätewartung. Rechts: Widget, App-Symbol und App-Shortcuts für die Gerätewartung.*

> **Schneller Zugriff auf die Gerätewartung auf dem Startbildschirm**
>
> Im Menü der Gerätewartung oben rechts finden Sie eine Option, um ein Symbol auf dem App-Bildschirm hinzuzufügen. Sie brauchen dann die Gerätewartung nicht mehr mühsam über die Einstellungen zu starten. Noch komfortabler ist das angebotene Widget, das Daten zum belegten Speicher und Arbeitsspeicher direkt auf dem Startbildschirm anzeigt. Über das Widget können Sie direkt eine Optimierung starten.

## Akkuverbrauch anzeigen

Wie bei jedem batteriebetriebenen Gerät ist auch auf dem Samsung Galaxy S10 der Akku immer viel zu schnell leer, obwohl er deutlich mehr Energie liefert, als bei den meisten anderen Smartphones. Bei keiner anderen Zahl in den Datenblättern oder der Werbung für Smartphones beweisen Hersteller so viel Fantasie wie bei Stand-by- und Gesprächszeiten. Angaben von mehreren Hundert Stunden können nur unter extremen Laborbedingungen gelten, wenn optimaler Netzempfang besteht und keine einzige App sich im Hintergrund Daten holt. Um im Alltag Laufzeiten von mehr als einem Tag zu erreichen, ist bewusstes Akkusparen mit den richtigen Einstellungen wichtig.

Die Gerätewartung zeigt sehr detailliert an, welche Apps oder Systemkomponenten den Akku leer saugen. Neben den großen Stromfressern GPS, Bluetooth und WLAN sorgen auch die Hintergrundbeleuchtung sowie einige Apps mit viel Hintergrundaktivität, wie zum Beispiel Messenger oder Cloud-Speicherdienste, dafür, dass der Akku nicht so lange hält wie erwartet. Tippen Sie auf das Akkusymbol in der Gerätewartung. Auf dem nächsten Bildschirm tippen Sie auf die Schaltfläche *Akkuverbrauch*, um eine detaillierte Akkuverlaufskurve zu sehen.

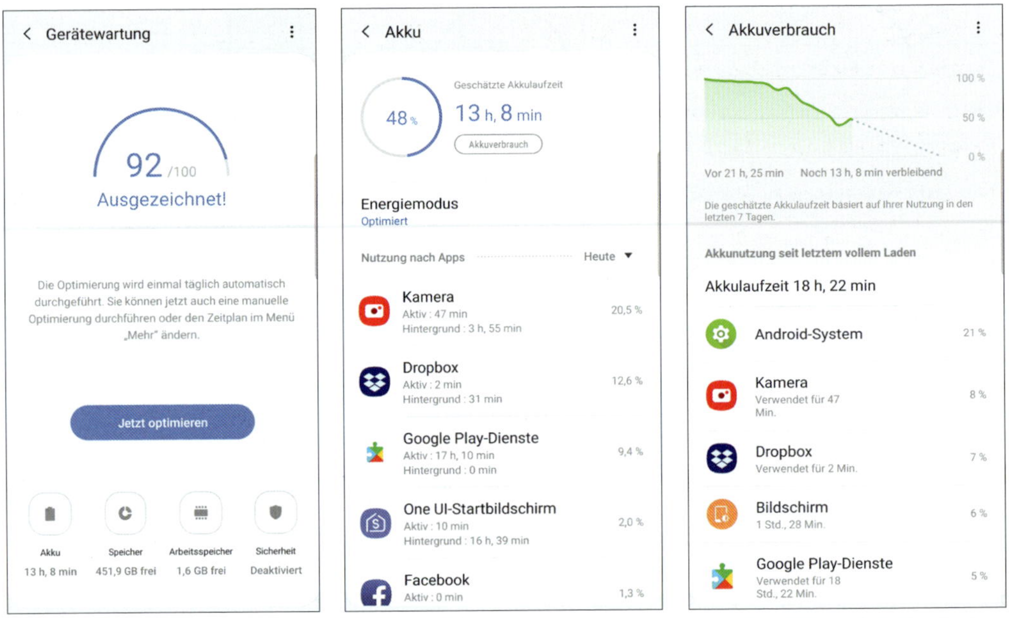


*Die Akkuverbrauchsanzeige in der Gerätewartung.*

Auf diese Weise lassen sich Stromfresser gezielt abschalten oder betreffende Apps bei Akkuknappheit nicht mehr nutzen. Nur eingeschränkt nützlich ist die Vorhersage, wie lange es noch dauern wird, bis der Akku voraussichtlich komplett leer oder wieder voll aufgeladen ist, da sie von einem konstant gleichbleibenden Stromverbrauch ausgeht, was im Alltag aber nie gegeben ist.

## Tipps für sparsamen Akkuverbrauch

- Schon der Modus *Mittleres Energiesparen* in der Gerätewartung bringt ein paar Stunden mehr Akkulaufzeit.
- Der Akku funktioniert bei Temperaturen zwischen 10 °C und 40 °C am besten. Setzen Sie das Samsung Galaxy S10 nach Möglichkeit nicht über längere Zeit höheren oder niedrigeren Temperaturen aus, da dies die Akkuleistung beeinträchtigt.
- Verringern Sie die Bildschirmhelligkeit. Ziehen Sie dazu die Benachrichtigungsleiste zweimal herunter und schieben Sie den Helligkeitsregler ein Stück nach links. Auch der Nachtmodus spart deutlich Strom gegenüber dem weißen Bildschirmmodus.
- Die Bildschirmanimationen beim Öffnen und Schließen von Apps verbrauchen Strom ohne wirklichen Nutzen. Schalten Sie diese in den *Einstellungen* unter *Erweiterte Funktionen/Animationen verringern* aus.
- Wenn Sie sich außerhalb eines WLANs befinden, schalten Sie WLAN aus. Wer nicht immer daran denken will, WLAN ein- und auszuschalten, sollte zumindest in den erweiterten WLAN-Einstellungen den Schalter *WLAN Energiesparmodus* eingeschaltet lassen.
- Der Flugmodus spart noch mehr Strom. Schalten Sie das Smartphone in Regionen mit schlechter Mobilfunkabdeckung in den Flugmodus, da die Sendeleistung stark erhöht wird, um zu versuchen, eine Mobilfunkverbindung aufzubauen.
- Vermeiden Sie das Streamen von Musik und besonders von Videos, wenn Sie in absehbarer Zeit keine Lademöglichkeit haben.
- Schließen Sie die App *Maps* und andere Karten-Apps, wenn Sie sie nicht nutzen. Laufen diese Apps im Hintergrund, verwenden sie GPS und verbrauchen somit mehr Strom.
- Schalten Sie die automatische Synchronisation in den Einstellungen des Google-Kontos für alle Dienste ab, die Sie nicht so oft benötigen. Das spart Strom, allerdings zulasten des Komforts, da Sie jetzt die Datensynchronisierung manuell vornehmen müssen.
- Laden Sie größere Dateien, vor allem System-Updates nur herunter, wenn das Smartphone an die Stromversorgung angeschlossen ist.
- Um zu verhindern, dass sich der Bildschirm versehentlich einschaltet und damit Strom verbraucht, wenn das Samsung Galaxy S10 in einer Tasche steckt, schalten Sie in den *Einstellungen* unter *Anzeige* die Option *Versehentliche Berührung sperren* ein.

## Energieverbrauch von Apps

In der Liste der Apps unter *Gerätewartung/Akku* sehen Sie bei jeder App die Nutzungszeit heute oder in der letzten Woche und können einzelne Apps manuell in den Stand-by-Zustand versetzen. Tippen Sie dazu auf eine App. Sowie eine App manuell gestartet wird, wird sie automatisch wieder in den Normalzustand versetzt und empfängt auch wieder Benachrichtigungen.

Das Samsung Galaxy S10 kann Apps, die länger als 30 Tage nicht verwendet wurden, automatisch deaktivieren. Sie empfangen dann auch keine Benachrichtigungen über neue Ereignisse mehr. Im Menüpunkt *Einstellungen* der Akkuanzeige finden Sie unter *Deaktivierte Apps* eine Liste deaktivierter Apps, wo Sie diese wieder aktivieren können.

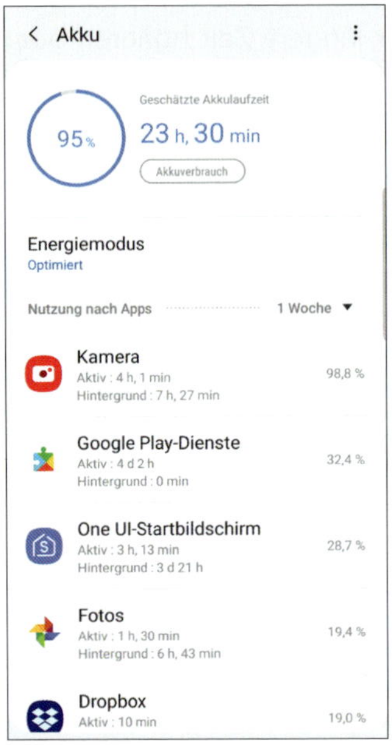

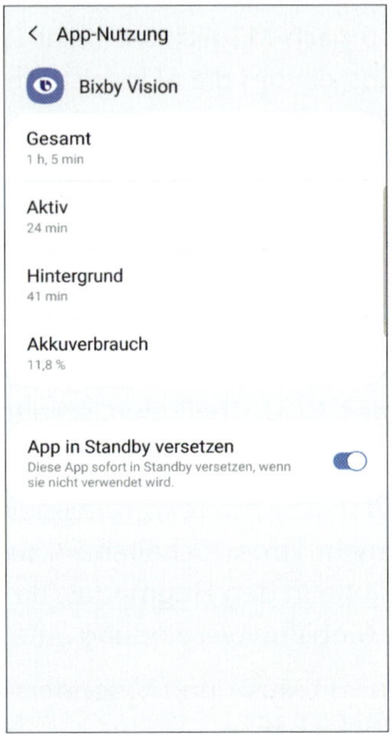

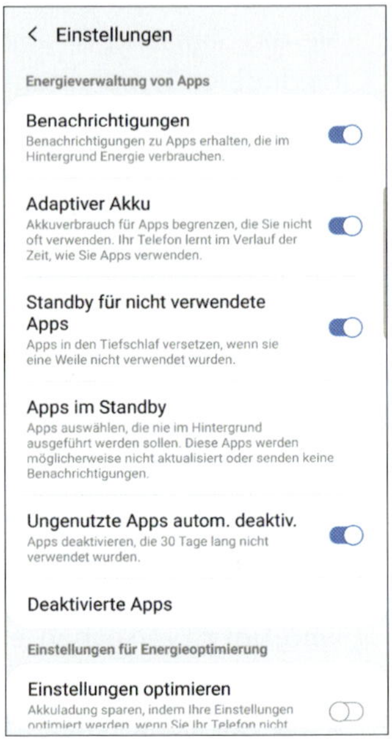


*Übersicht über den Energieverbrauch von Apps.*

## Der Energiesparmodus

Um Akku zu sparen, können auf dem Samsung Galaxy S10 verschiedene Stufen im Energiesparmodus eingestellt werden, bei denen je nach persönlichem Nutzerverhalten bestimmte Funktionen abgeschaltet werden.

Tippen Sie auf das Symbol *Energie sparen* in der erweiterten Benachrichtigungsleiste oder auf *Mittel* in der Akkuanzeige der Gerätewartung, um den Energiesparmodus einzurichten. Dieses Symbol schaltet immer in den zuletzt verwendeten Energiesparmodus. Tippen Sie länger auf dieses Symbol, kommen Sie zu den *Einstellungen*, wo Sie zwischen den Energiesparmodi wechseln können.

Im mittleren Energiesparmodus wird die maximale CPU-Leistung eingeschränkt, die Bildschirmhelligkeit und Bildschirmauflösung können herabgesetzt werden, die Hintergrundnetznutzung sowie der Always On Bildschirm werden ganz abgeschaltet.

Die Gerätewartung schätzt die Zeit, wie lange das Smartphone im mittleren Energiesparmodus noch genutzt werden kann. Allerdings ist diese Schätzung sehr ungenau und zeigt manchmal eine nur unwesentlich längere Laufzeit als im normalen Modus.

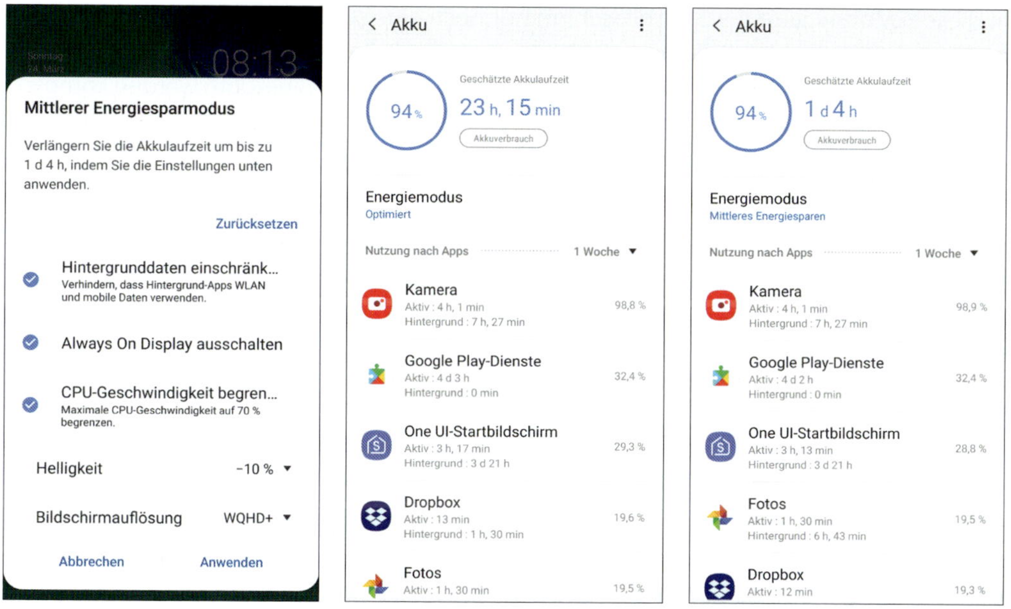


*Mittleren Energiesparmodus einstellen. Mitte und rechts: unterschiedliche Akkulaufzeiten in verschiedenen Modi.*

## Maximaler Energiesparmodus

Das Samsung Galaxy S10 bietet zusätzlich einen sogenannten *Maximalen Energiesparmodus* an, mit dem Sie noch einige Stunden erreichbar sind, selbst wenn der Akku schon fast leer ist.

*Der maximale Energiesparmodus.*

In diesem Modus zeigt der Startbildschirm nur noch eine stark vereinfachte Darstellung in geringer Auflösung ohne Widgets und Hintergrundbild, die mobile Datenverbindung wird ausgeschaltet, solange der Bildschirm aus ist, und WLAN sowie Bluetooth werden komplett deaktiviert. Weiterhin wird die Nutzung auf wenige vorher ausgewählte Apps begrenzt, um im Hintergrund laufende Stromfresser abzuschalten.

Der schlanke Startbildschirm ist extrem stromsparend gestaltet. Tippen Sie auf eines der Plussymbole, um weitere Apps zuzulassen. Hier werden nur wichtige Apps angeboten, die zur Kommunikation nötig sein könnten. Über das Menü des Startbildschirms oben rechts schalten Sie diesen Energiesparmodus wieder aus.

## Der Leistungsmodus für besondere Fälle

Möchten Sie im Gegenteil die volle Leistung des Samsung Galaxy S10 für Spiele oder Unterhaltung nutzen, ohne dabei auf den Stromverbrauch zu achten, können Sie über das Symbol *Energiemodus* in den Schnelleinstellungen einen speziellen Modus für hohe Leistung einschalten.

Ein wichtiger Vorteil dieses Leistungsmodus ist, dass Sie sich nicht mehr zu merken brauchen, welche Einstellungen Sie hochgesetzt haben, wenn Sie später einmal wieder auf einen sparsamen Modus zurückschalten möchten.

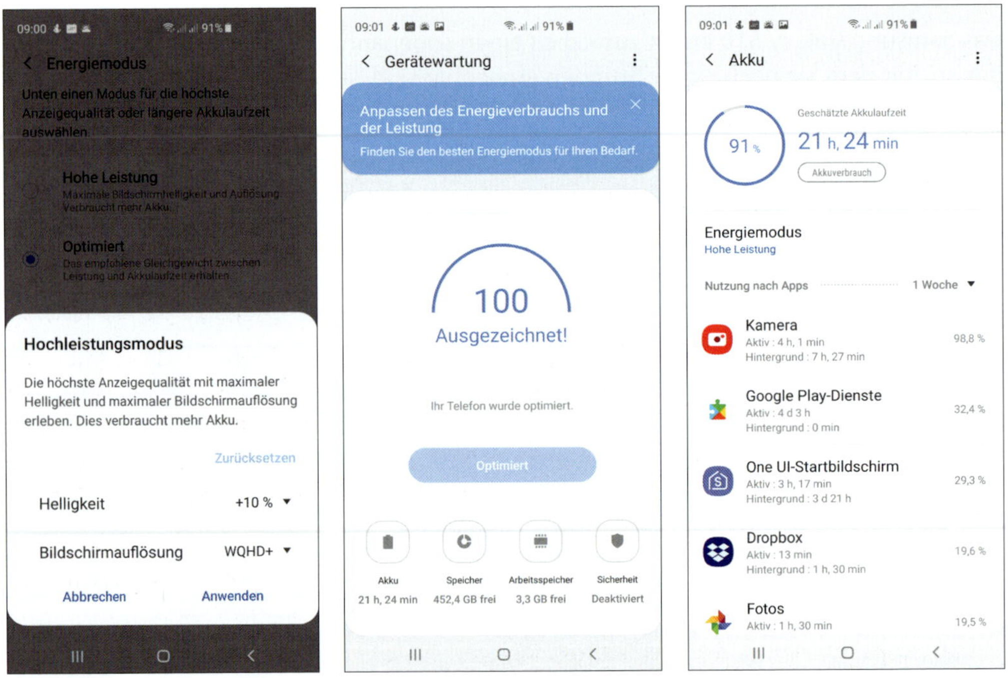


*Einstellungen für den Leistungsmodus.*

## Andere Geräte drahtlos aufladen

Die drahtlose Ladetechnik des Samsung Galaxy S10 kann nicht nur zum Aufladen des Smartphones genutzt werden, sondern umgekehrt kann das Samsung Galaxy S10 unterwegs, wenn keine Steckdose zur Verfügung steht, auch andere Geräte wie Smartphones oder drahtlose Kopfhörer aufladen.

Schalten Sie in den Schnelleinstellungen den Schalter *Wireless PowerShare* ein und beachten Sie die Hinweise auf dem Bildschirm. Legen Sie das aufzuladende Gerät auf das Samsung Galaxy S10.

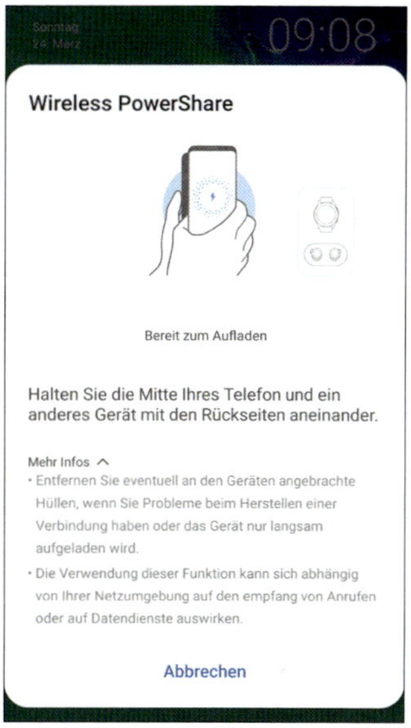


*Andere Geräte mit dem Samsung Galaxy S10 drahtlos aufladen.*

## Speicherauslastung optimieren

Die Gerätewartung bietet zwei Speicheranzeigen, die grundsätzlich unterschiedliche Daten anzeigen. Beide Werte werden auch auf dem Widget der Gerätewartung auf dem Startbildschirm angezeigt:

- **Speicher** – gespeicherte Dateien im Gerätespeicher, Apps, Bilder, Musik, zwischengespeicherte Dateien.
- **Arbeitsspeicher** – Speicherauslastung des Arbeitsspeichers durch laufende Apps.

Im Bereich *Speicher* können Sie sich detailliert anzeigen lassen, welche Arten von Dateien wie viel Platz im Benutzerspeicher verbrauchen. Die Schaltfläche *Bereinigen* löscht nur den Cache und Temporärdateien. Hier gehen keine persönlichen Daten verloren. Allerdings ist der Speicherplatzgewinn im Verhältnis zum Gesamtspeicher oft auch nur gering. Deutlich mehr bringt es, in regelmäßigen Abständen nicht mehr benötigte große Dateien wie z. B. Videos zu löschen. Tippen Sie dazu auf die entsprechende Kategorie, können Sie einzelne oder alle Dateien zum Löschen auswählen.

Von Apps belegten Arbeitsspeicher freigeben zu können, hört sich auf den ersten Blick gut an, bringt aber kaum etwas. Beim Beenden von Apps wird der Speicher kurzfristig freigegeben, Apps mit Hintergrundaktivitäten starten aber gleich danach automatisch wieder neu und belegen den Speicherplatz wieder. Eine leider erkennbare Wirkung ist ein deutlich erhöhter Akkuverbrauch durch den Neustart der Apps und die vermehrten Schreibzugriffe auf den Arbeitsspeicher.

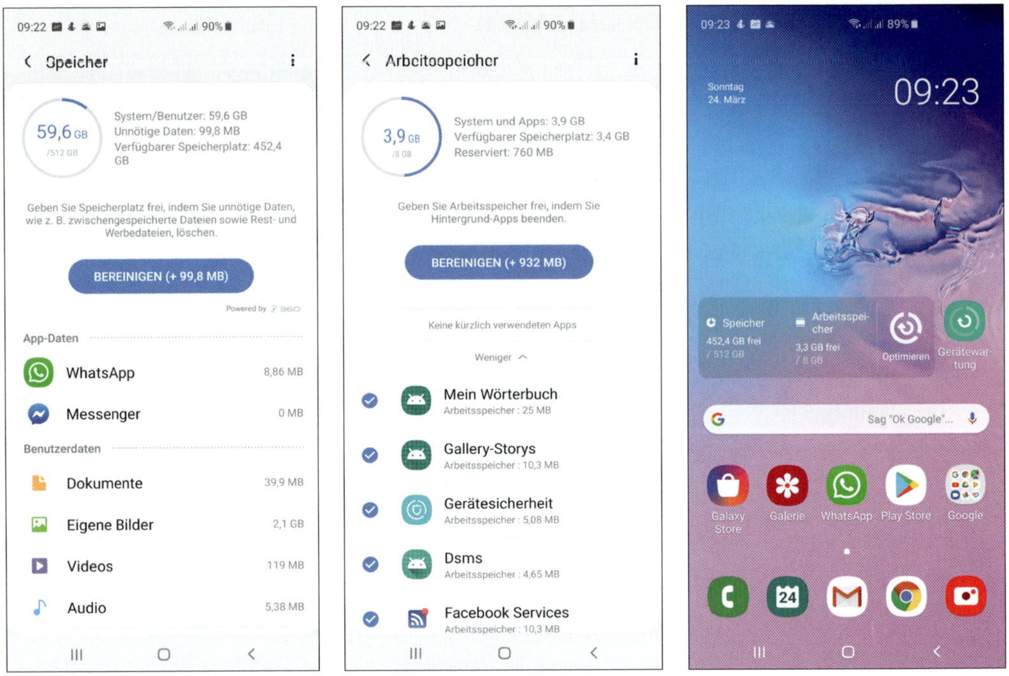


*Speicher- und Arbeitsspeicher-Anzeige in der Gerätewartung.*

## Automatische Optimierung und automatischer Neustart

Ähnlich wie auf einem PC sammeln sich auch auf einem Smartphone bei längerer Benutzung unnötige Daten an. Apps, die im Hintergrund laufen, bremsen das System aus. Am besten ist es, man startet das Gerät ab und zu einfach neu.

Die Gerätewartung bietet im Menü oben rechts Optionen zur automatischen Optimierung sowie zum automatischen Neustart.

- **Automatische Optimierung** schließt nach einem Zeitplan einmal am Tag – am besten in der Nacht – alle im Hintergrund laufenden Apps außer den zuletzt verwendeten. Es werden keine persönlichen Daten gelöscht, nur unwichtige, wie zum Beispiel der App-Cache. Die automatische Optimierung startet nur, wenn der Bildschirm ausgeschaltet ist und das Samsung Galaxy S10 nicht benutzt wird.
- **Automatischer Neustart** geht noch etwas weiter und startet das Samsung Galaxy S10 einmal in der Nacht neu. Dazu darf keine SIM-Sperre eingerichtet sein, da der automatische Neustart sonst nicht komplett durchgeführt werden kann. Das Smartphone stünde sonst am nächsten Morgen nicht automatisch wieder zur Verfügung. Auch der automatische Neustart wird nur ausgeführt, wenn der Bildschirm ausgeschaltet ist und das Samsung Galaxy S10 nicht benutzt wird. Zusätzlich muss die Akkuladung über 30 % betragen, da ein Neustart mehr Strom verbraucht als der normale Ruhezustand.

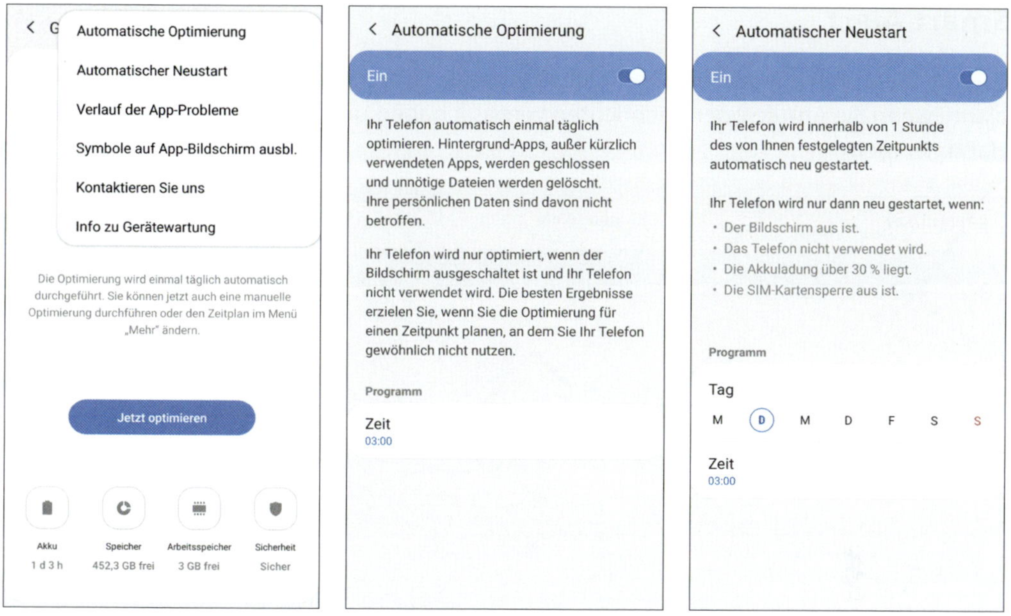


*Automatische Optimierung und automatischer Neustart in der Gerätewartung.*

# Gesten- und Bewegungssteuerung

Das Samsung Galaxy S10 lässt sich nicht nur über Symbole auf dem Touchscreen steuern, sondern auch mit verschiedenen Bewegungsgesten. Je nach persönlichen Vorlieben schalten Sie nur bestimmte Steuerungsmöglichkeiten ein oder aus. Ungewohnte Steuermechanismen können leicht zu unbeabsichtigten Reaktionen des Gerätes führen.

Tippen Sie in den *Einstellungen* unter *Erweiterte Funktionen* auf *Bewegungen und Gesten*, können Sie einzelne Gesten aktivieren oder deaktivieren.

## Bildschirm leicht aktivieren

Wenn das Samsung Galaxy S10 auf dem Tisch liegt und sich der Bildschirm automatisch ausgeschaltet hat, können Sie ihn wieder einschalten, indem Sie das Smartphone hochheben oder zweimal auf den Bildschirm tippen. Diese Einstellungen finden Sie unter *Zum Aktivieren hochheben* und *Zum Aktivieren zweimal tippen*.

## Smart Stay

*Smart Stay* sorgt dafür, dass der Bildschirm sich nicht ausschaltet, solange man darauf blickt. Zur Augenerkennung wird die Frontkamera verwendet. Es muss also ausreichend Umgebungslicht vorhanden sein, damit die Option *Smart Stay* funktioniert, und die Frontkamera darf nicht gerade von einer App verwendet werden.

## Smart Alert

Lag das Gerät mit ausgeschaltetem Bildschirm auf dem Tisch, meldet sich ein Vibrationsalarm, wenn Sie Anrufe oder Nachrichten verpasst haben und Sie es das nächste Mal in die Hand nehmen.

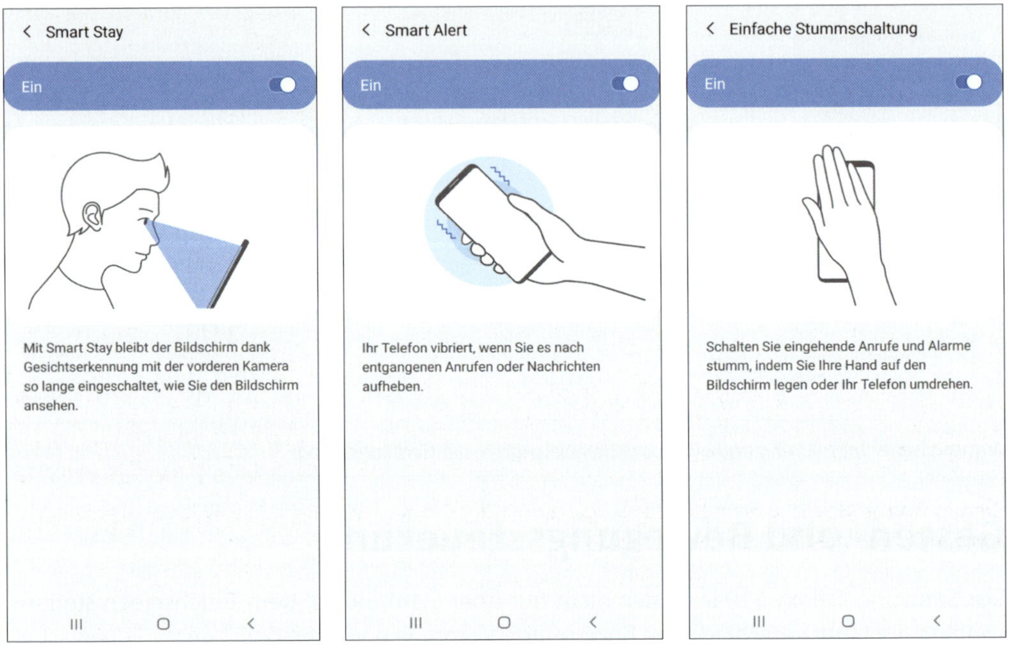


*Smart Stay, Smart Alert und Einfache Stummschaltung in den Einstellungen unter Erweiterte Funktionen/Bewegungen und Gesten.*

## Einfache Stummschaltung

Klingelt das Telefon in einer unpassenden Situation, legen Sie es einfach mit dem Bildschirm nach unten auf den Tisch oder halten die flache Hand auf den Bildschirm. Damit verstummt das Klingeln, ohne dass der Anrufer etwas davon bemerkt. Mit der gleichen Bewegung lassen sich auch Alarmtöne des Weckers und laufende Musik zum Schweigen bringen. Musik wird dabei nicht nur stumm geschaltet, sondern pausiert automatisch. Sie können später an der gleichen Stelle weiterhören.

## Einhändiger Modus

Sehr große Smartphones wie das Samsung Galaxy S10+ lassen sich nur schwer mit einer Hand bedienen. Die Option *Einhändiger Modus* erleichtert den einhändigen Betrieb, indem der ganze Bildschirm und auch die Eingabefelder der Bildschirmtastaturen verkleinert in der unteren linken oder rechten Ecke dargestellt werden.

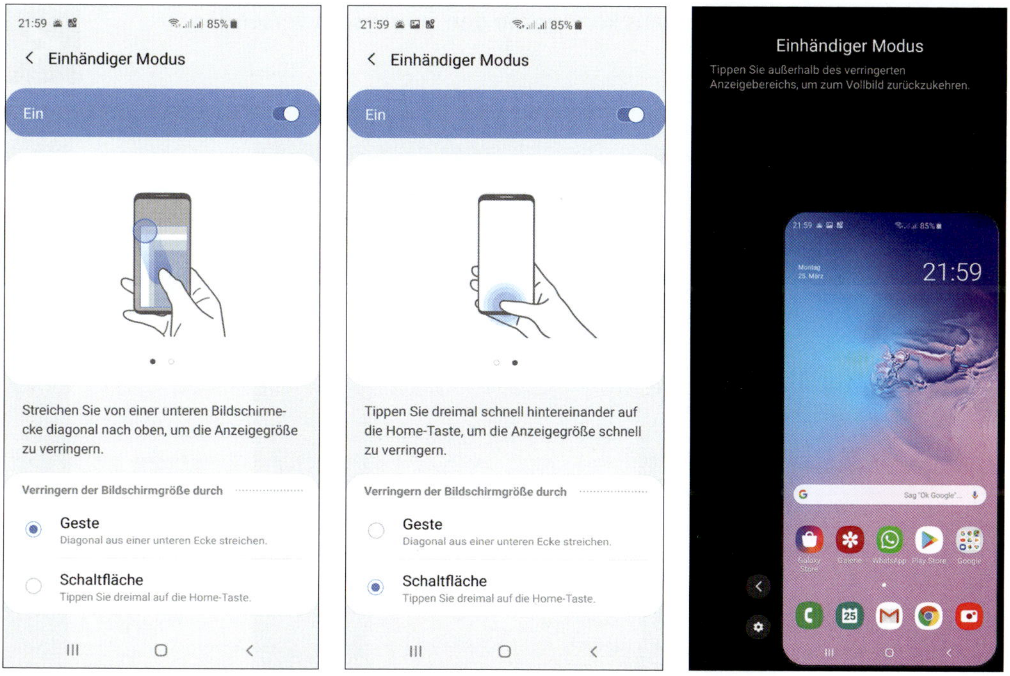


*Der einhändige Modus kann über eine Wischgeste oder durch dreimaliges Antippen des Home-Symbols am unteren Bildschirmrand aufgerufen werden.*

## Screenshot

Mit dieser Einstellung können Sie Screenshots des aktuellen Bildschirminhalts erstellen, indem Sie mit der Handkante quer über den Bildschirm streichen. Ohne diese Einstellung können Sie durch gleichzeitiges Drücken des Einschalters und der Leiser-Taste einen Screenshot erstellen. Mit der Einstellung *Smart Aufnahme* unter *Erweiterte Funktionen* legen Sie fest, ob nach dem Screenshot für kurze Zeit automatisch eine Symbolleiste mit einfachen Funktionen zur Bildbearbeitung und zum Senden des Screenshots eingeblendet werden soll.

Mit diesem Symbol erfassen Sie den gesamten Bildschirm, auch die nicht sichtbaren Bereiche unterhalb des aktuellen Bildschirmausschnitts. Bei Webseiten im Browser funktioniert dies nicht für die gesamte Seite. Hier wird meistens nur noch ein Stück unterhalb mit erfasst.

Dieses Symbol bietet die Möglichkeit, einen Teil des Bildschirms auszuschneiden. Standardmäßig ist der Bildschirmbereich ohne die Navigationsleiste oben und die Symbolleiste unten ausgewählt. Mit den Markierungen in den Ecken können Sie den Ausschnitt verändern.

Hier können Sie im Bildschirm malen, um einfache Hinweise anzubringen.

Direkt aus der Symbolleiste heraus können Sie den Screenshot versenden.

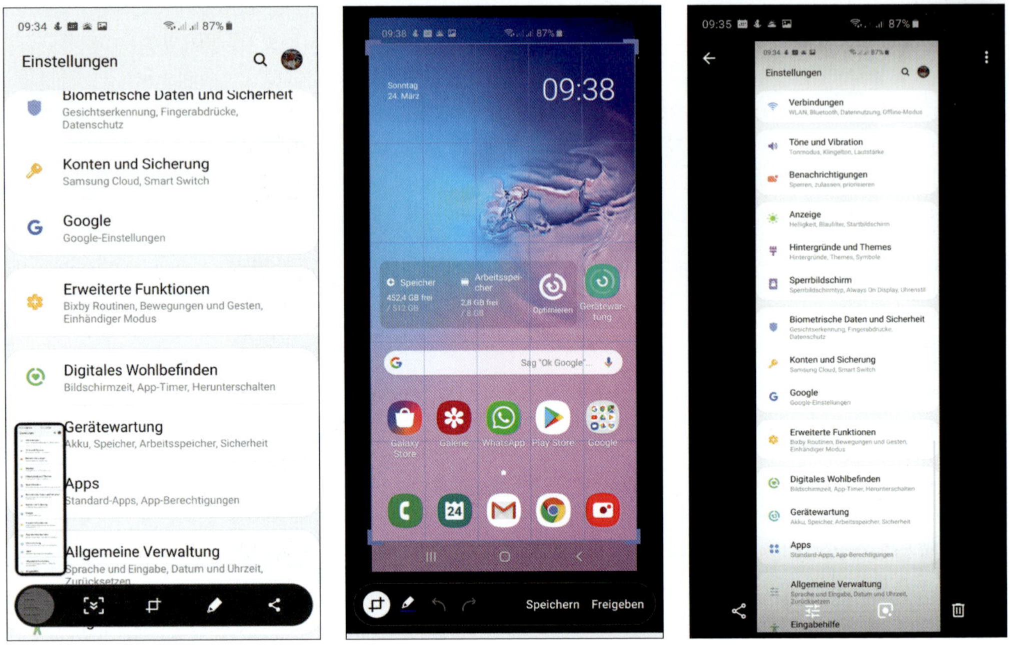


*Links: Symbolleiste für Screenshots. Mitte: Screenshot ausschneiden. Rechts: Screenshot einer App, größer als der Bildschirmausschnitt, in der Galerie.*

### Für Anruf/Nachrichten streichen

In der Kontakte-App können Sie durch horizontales Wischen auf einem Eintrag diese Person anrufen oder eine SMS schicken. Wenn Sie diese Funktion leicht versehentlich aufrufen, können Sie sie mit dem Schalter *Für Anruf/Nachrichten streichen* abschalten.

## Daten zwischen zwei Smartphones übertragen

Für die Verbindung zweier Geräte per WLAN braucht man üblicherweise einen Router, der unterwegs allerdings nicht überall vorhanden ist. Es gibt jedoch auch Möglichkeiten, Daten zwischen zwei Smartphones ohne Internetverbindung zu übertragen.

### Daten per Bluetooth übertragen

Bluetooth ist eine drahtlose Übertragungstechnik mit einer Reichweite von wenigen Metern, mit der Sie Daten zwischen verschiedenen Geräten übertragen können. Fast alle Smartphones unterschiedlichster Betriebssysteme und selbst ältere Handys unterstützen Bluetooth. Per Bluetooth können Sie auch Daten auf PCs oder die Fotodruckautomaten in Drogerie- und Elektronikmärkten übertragen. Das Samsung Galaxy S10 unterstützt den aktuellen Bluetooth-Standard 5.0, der auch kompatibel zu älteren Geräten ist.

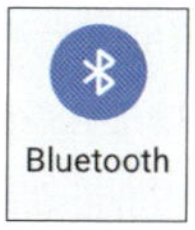


Da Bluetooth viel Strom frisst, empfiehlt es sich, es nur einzuschalten, wenn es wirklich benutzt wird. Ein Symbol in den Schnelleinstellungen ermöglicht es, Bluetooth jederzeit ein- und wieder auszuschalten. Bei Bluetooth verwendet jedes Gerät einen eigenen Namen, unter dem es von anderen Geräten identifiziert werden kann. Damit sich die Geräte gegenseitig finden, müssen sie auf sichtbar geschaltet werden. Das Samsung Galaxy S10 ist automatisch immer dann sichtbar, wenn der Bluetooth-Einstellungen-Bildschirm sichtbar ist.

1. Möchten Sie ein Foto oder eine andere Datei vom Samsung Galaxy S10 per Bluetooth auf ein anderes Smartphone übertragen, schalten Sie auf beiden Geräten Bluetooth ein und machen Sie sie sichtbar (ab Android 5 automatisch geregelt).

2. Wählen Sie in der entsprechenden App das zu sendende Objekt, zum Beispiel ein Foto, und tippen Sie auf das *Teilen*-Symbol. Wählen Sie in der Liste der Apps zum Teilen *An Gerät senden*. Damit wird automatisch ein optimales Übertragungsverfahren ausgewählt.
3. Jetzt erscheint eine Liste der sichtbaren Geräte in der Nähe. Wählen Sie hier das Gerät aus, an das das Foto gesendet werden soll.

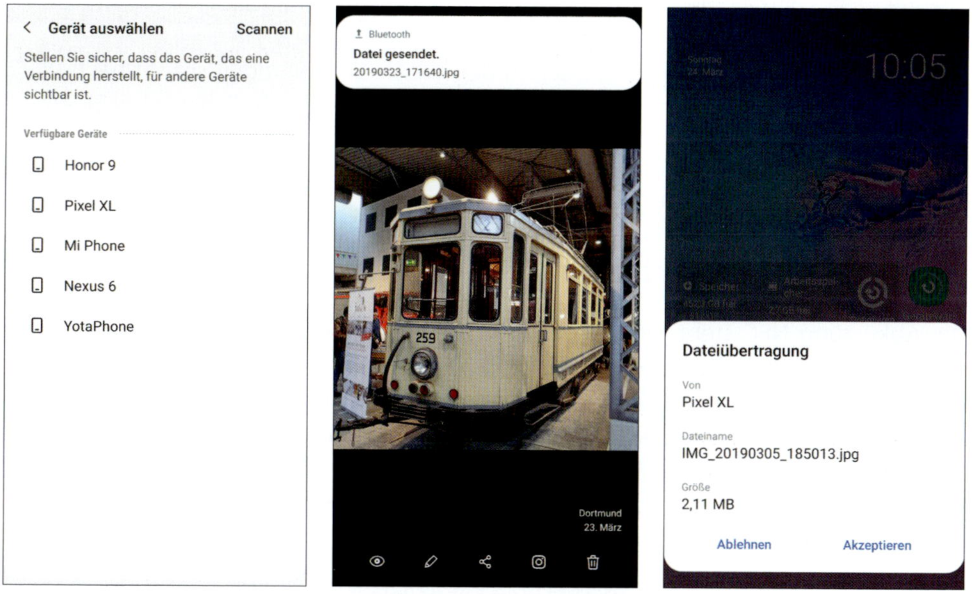


*Foto per Bluetooth übertragen. Links: Gerät auswählen, rechts: Datei per Bluetooth empfangen.*

4. Auf dem empfangenden Gerät müssen Sie die Annahme der Datei noch bestätigen. So wird verhindert, dass jemand unbemerkt per Bluetooth auf das eigene Smartphone zugreift.

5. Nach erfolgreicher Übertragung erscheint auf dem empfangenden Gerät eine Benachrichtigung, aus der heraus Sie die Datei direkt öffnen können.

Taucht das gewünschte Gerät in der Liste nicht auf, was besonders bei älteren Handys der Fall ist, wählen Sie statt *An Gerät senden* das Symbol *Bluetooth*.

### Bluetooth-Namen ändern

Das Samsung Galaxy S10 erscheint standardmäßig genau unter diesem Namen in der Liste sichtbarer Geräte auf anderen Smartphones. Hier kann es schnell zu Verwirrungen kommen, wenn mehrere Geräte mit diesem Namen in der Nähe sind. Sie können Ihrem Smartphone in den *Einstellungen* unter *Telefoninfo* einen persönlichen Namen geben. Tippen Sie dazu oben unter dem Namen auf die Schaltfläche *Bearbeiten*.

## Daten per Wi-Fi Direct übertragen

Wi-Fi Direct ist ein Standard zur Übertragung von Daten direkt zwischen zwei WLAN-fähigen Geräten, ohne dass ein Router dazwischengeschaltet ist. Wi-Fi Direct ist eine schnelle Alternative zum altbekannten Bluetooth, wird aber bis jetzt noch längst nicht von allen Geräten unterstützt.

Die Schaltfläche *Wi-Fi Direct* ganz oben in den WLAN-Einstellungen scannt nach Wi-Fi-Direct-Geräten in der Nähe. Das Senden einer Datei funktioniert ähnlich wie bei Bluetooth.

Wählen Sie auch hier in der Liste der Apps zum Teilen *WiFi Direct*. Anschließend wählen Sie das gewünschte Gerät aus.

## Daten per NFC übertragen

Die Abkürzung NFC steht für **N**ear **F**ield **C**ommunication, ein Verfahren zur Datenübertragung über wenige Zentimeter. NFC wird zum drahtlosen Bezahlen an Kassenterminals und für Zugangskontrollen verwendet. Das Samsung Galaxy S10 kann wie viele aktuelle Android-Smartphones NFC nutzen, um kleine Informationen wie einen Weblink, Google-Maps-Koordinaten oder eine Visitenkarte auf ein anderes Handy zu übertragen. Zur Übertragung größerer Datenmengen ist NFC wegen seiner langsamen Übertragungsrate von nur 424 KBit/s nicht geeignet.

1. Tippen Sie auf das *NFC*-Symbol in den Schnelleinstellungen oder schalten Sie in den *Einstellungen* unter *Verbindungen/NFC und Zahlung* NFC und auch *Android Beam* ein. NFC benötigt im Ruhezustand so wenig Strom, dass es bedenkenlos immer eingeschaltet bleiben kann.

2. Starten Sie die gewünschte App und lassen Sie sich dort die Daten anzeigen, die übertragen werden sollen, beispielsweise einen Adressbucheintrag, einen Weblink oder einen Kartenausschnitt in Google Maps.

3. Wählen Sie die *Teilen*-Funktion der App und dort *Android Beam*.

4. Halten Sie jetzt die beiden Smartphones mit den Rückseiten gegeneinander, bis sie sich berühren. Auf dem Bildschirm erscheint *Halten Sie das andere Gerät näher*.

5. Auf dem anderen Smartphone erscheint eine Meldung, wie die Daten angenommen werden sollen. Gibt es nur eine Möglichkeit, weil z. B. nur ein Browser installiert ist oder ein Standardbrowser eingerichtet ist, wird dieser sofort gestartet.

### NFC für Bezahlung verwenden

NFC ermöglicht sicheres Bezahlen mit dem Handy an Supermarktkassen, ohne dass eine Mobilfunkverbindung benötigt wird, da die Daten nur auf dem Smartphone gespeichert werden und über eine verschlüsselte NFC-Verbindung mit dem Kassenterminal ausgetauscht werden. Wegen der Reichweite von nur wenigen Zentimetern ist dieses Übertragungsverfahren sehr gut vor Missbrauch geschützt. Allerdings hat sich diese Bezahlweise in Deutschland noch nicht durchgesetzt. Die großen Mobilfunkanbieter bieten jeweils eigene Bezahldienste auf Basis von NFC an, Google Pay gewinnt in Deutschland zunehmend an Beliebtheit, wogegen der von Samsung gelieferte Bezahldienst Samsung Pay noch kaum unterstützt wird.

## Drucken mit dem Smartphone

Die meisten WLAN-fähigen Drucker liefern bereits Apps mit, um auch von Smartphones drahtlos drucken zu können, ohne dass ein PC laufen muss. Diese Apps erscheinen im Teilen-Dialog von Webbrowsern, Bildbetrachtern oder Office-Apps auf dem Smartphone.

*Google Cloud Print* bietet eine allgemeine Lösung, um jeden Drucker im Netzwerk oder an einem PC cloudfähig zu machen und von Smartphones darüber zu drucken. Auf dem Samsung Galaxy S10 muss dazu die App installiert werden, die auf vielen anderen Android-Smartphones bereits vorinstalliert ist. Ohne diese App kann das Samsung Galaxy S10 über das *Drucken*-Symbol PDF-Dateien erzeugen und versenden.

1. Zur Einrichtung eines Druckers auf dem PC benötigen Sie den Chrome-Browser für Windows. Geben Sie in der Adresszeile *chrome://devices* ein.

2. Hier werden alle im Netzwerk erkannten Geräte angezeigt. Im Bereich *Klassische Drucker* können Sie die auf dem PC lokal installierten Drucker zu Google Cloud Print hinzufügen.

3. Auf der Seite *google.com/cloudprint* sehen Sie alle Ihre Drucker und Druckaufträge über Google Cloud Print. Hier können Sie Drucker verwalten und umbenennen.

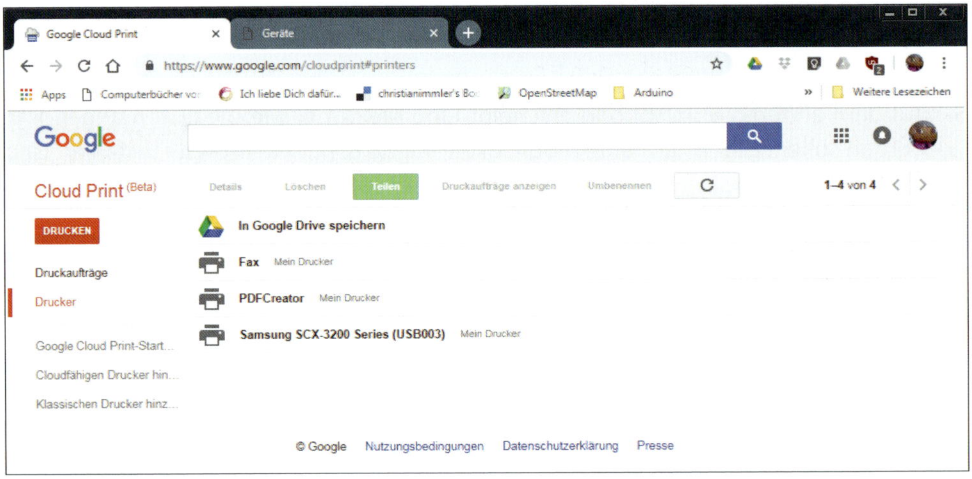


*Eigene Drucker in Google Cloud Print.*

4. Tippen Sie in einer unterstützten App auf dem Smartphone, zum Beispiel im Chrome-Browser oder Gmail, im Menü auf *Drucken* oder auf *Teilen* und dann auf *Drucken*.

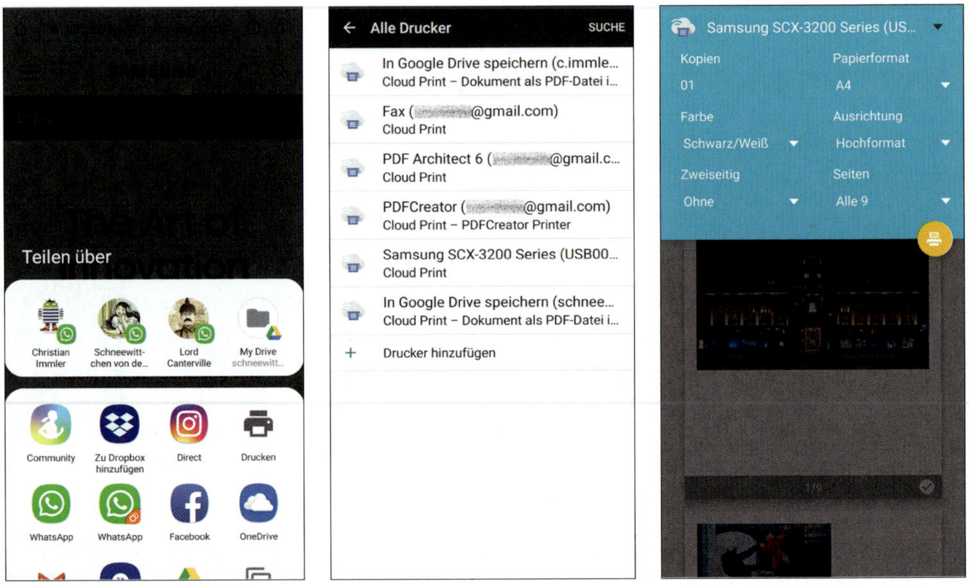


*Drucken vom Samsung Galaxy S10.*

5. Jetzt können Sie einen Cloud-Print-Drucker auswählen. Zusätzlich besteht die Möglichkeit, das Dokument als PDF auf dem Smartphone oder auf Google Drive zu speichern.

6. Je nach Drucker wählen Sie noch Papierformat, Ausrichtung, Farbe und andere Einstellungen. Tippen Sie dann auf das Druckersymbol, um das Dokument zu drucken.

**Drucken auf Samsung-Druckern**

Samsung bietet für seine eigenen Drucker eine App an, die komfortables Drucken direkt vom Smartphone ermöglicht. Die App *Samsung Mobile Print* ermöglicht auch das Scannen auf Samsung-Multifunktionsgeräten und den direkten Versand der gescannten Dokumente vom Smartphone, ohne dass ein PC benötigt wird.

# Mit dem Notebook über das Smartphone ins Internet

Moderne Smartphones liefern zumindest in Großstädten mit guter HSPA- oder LTE-Versorgung Datenübertragungsraten, die mit DSL über Telefonkabel durchaus mithalten können. Da bietet es sich an, unterwegs das Smartphone als mobilen Internetzugang für das Notebook zu nutzen. Allgemein wird dieses Verfahren als Tethering bezeichnet, abgeleitet von dem englischen Wort für »anbinden«.

## Smartphone als mobiler WLAN-Hotspot

Das Samsung Galaxy S10 bietet eine Möglichkeit, einen mobilen WLAN-Hotspot einzurichten. Sie können sich dann mit anderen Geräten wie Notebooks, Tablets, Spielkonsolen oder E-Book-Readern per WLAN am Smartphone anmelden und die Mobilfunkverbindung des Smartphones als Internetzugang nutzen.

1. Um den mobilen Hotspot nutzen zu können, deaktivieren Sie als Erstes in den *Einstellungen* unter *Verbindungen/Datennutzung* den Schalter *Datensparen*.

2. Schalten Sie in den Schnelleinstellungen den *Mobile Hotspot* ein. Ein Symbol in der Statusleiste markiert den aktiven WLAN-Hotspot. Er wird sofort auf den anderen Geräten als verfügbar angezeigt. Die WLAN-Verbindung des Samsung Galaxy S10 wird getrennt.

3. Der Bildschirm zeigt anschließend den Namen des Hotspots, der auf den Geräten eingegeben werden muss, sowie das Passwort an. Tippen Sie auf das Passwort, können Sie dieses ändern.

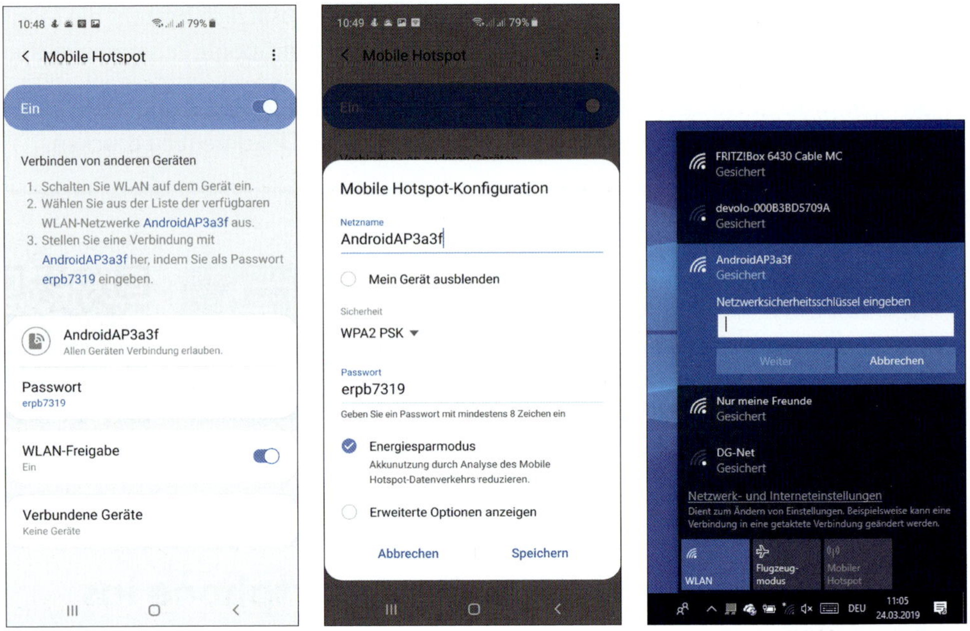


*WLAN-Hotspot auf dem Smartphone einrichten. Rechts: Windows-10-Notebook mit dem WLAN-Hotspot auf dem Android-Smartphone verbinden.*

4. Über den Menüpunkt *Mobile Hotspot-Konfiguration* im Menü oben rechts können Sie den Namen des Hotspots, die Verschlüsselung und auch das Passwort ändern. Wählen Sie hier *WPA2 PSK*, da es bei begrenztem Mobilfunk-Datenvolumen besonders ärgerlich ist, wenn ein Fremder das eigene Smartphone als Hotspot nutzt.

5. In den *Timeout-Einstellungen* können Sie festlegen, nach welcher Inaktivitätszeit der mobile Hotspot automatisch deaktiviert werden soll.

6. Der mobile Hotspot wird auf den anderen Geräten in der Liste verfügbarer WLANs angezeigt. Hier brauchen Sie nur noch das Passwort einzugeben und die Verbindung herzustellen.

### Stromverbrauch und Reichweite

Bedenken Sie, dass die Reichweite bei Weitem nicht so groß ist wie die eines klassischen WLAN-Routers. Außerdem verbraucht die Nutzung als WLAN-Hotspot sehr viel Strom des Smartphone-Akkus.

Schließen Sie am besten das Smartphone die ganze Zeit ans Ladegerät an und beenden Sie den WLAN-Hotspot, sobald Sie ihn nicht mehr benötigen.

# Das Smartphone mit dem PC verbinden

Das Samsung Galaxy S10 muss nicht mehr unbedingt mit dem PC verbunden werden, um Daten zu synchronisieren. Fast alle Daten lassen sich auch drahtlos über Cloud-Dienste austauschen. Die Synchronisation von Adressbuch und Kalender erfolgt automatisch über das Google-Konto. Weitere Daten wie Anrufprotokolle, SMS oder Notizen, die Google nicht synchronisiert, lassen sich mit dem Samsung-Konto synchronisieren.

Es gibt aber auch noch Fälle, in denen eine USB-Verbindung mit einem PC durchaus nützlich sein kann, zum Beispiel um eine größere Musiksammlung vom PC aufs Smartphone zu bringen oder umgekehrt Fotos von der Smartphone-Kamera unterwegs ohne Internetverbindung auf den PC zu übertragen. Auch lassen sich Smartphones mit ihrer großen Speicherkapazität als tragbarer Datenspeicher statt eines USB-Sticks oder gar als Sicherungsmedium für persönliche Daten nutzen. Vom PC hat man per USB-Kabel Zugriff auf den internen Gerätespeicher wie auch die Speicherkarte im Samsung Galaxy S10.

1. Schließen Sie das Samsung Galaxy S10 über das mitgelieferte USB-Kabel an den PC an.
2. Auf dem Samsung Galaxy S10 wird automatisch der Verbindungsmodus *Dateien übertragen* ausgewählt. In diesem Modus können Sie Fotos importieren, Dateien öffnen und auch digitale Medien zwischen PC und Smartphone synchronisieren. Sie müssen nur beim ersten Mal den Datenzugriff zulassen.

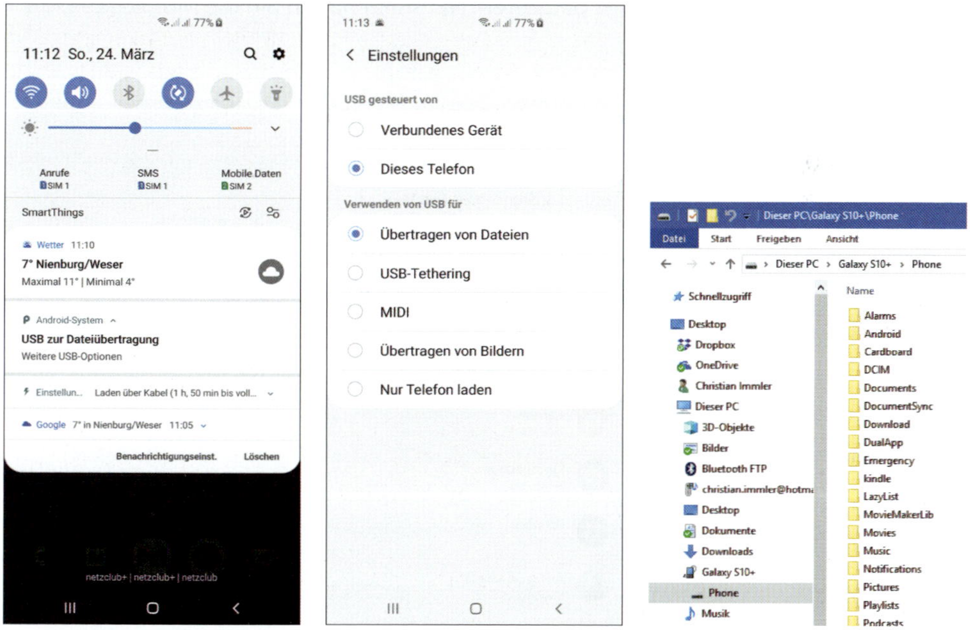


*USB-Verbindung auf dem Samsung Galaxy S10. Rechts: Samsung Galaxy S10 im Explorer auf dem PC.*

3. In der Benachrichtigungsleiste erscheint eine Benachrichtigung. Ziehen Sie diese Leiste nach unten, können Sie auf die USB-Verbindung tippen, um alternativ das Gerät als Kamera mit dem PC zu verbinden (*Bilder übertragen*), falls dieser den Standard-Verbindungsmodus nicht unterstützt, oder an einem fremden PC auch einfach nur aufzuladen.

4. Bei der ersten Verbindung mit dem PC werden USB-Treiber installiert. Auf dem Smartphone müssen Sie bei der ersten Verbindung eine Android-Systemberechtigung bestätigen, ohne die die USB-Verbindung nicht funktioniert.

5. Das interne Speicherlaufwerk des Samsung Galaxy S10 sowie auch die Speicherkarte erscheinen im Windows-Explorer auf dem PC. Jetzt können Sie Daten in beide Richtungen kopieren.

## Digitales Wohlbefinden

Besonders in den USA scheint die sogenannte Handysucht zumindest in bestimmten Bevölkerungsschichten ein ernstes Problem zu sein. Der auf dem Samsung Galaxy S10 neue Bereich *Digitales Wohlbefinden* in den *Einstellungen* soll die Nutzer dazu bewegen, das Smartphone auch mal aus der Hand zu legen.

Der Übersichtsbildschirm zeigt, welche App wie lange genutzt wurde. Über das Dashboard können Sie Timer einrichten, die eine App nach Überschreitung einer bestimmten Nutzungszeit bis zum Ende des Tages pausieren. Natürlich haben Sie die Möglichkeit, die App jederzeit wieder freizuschalten.

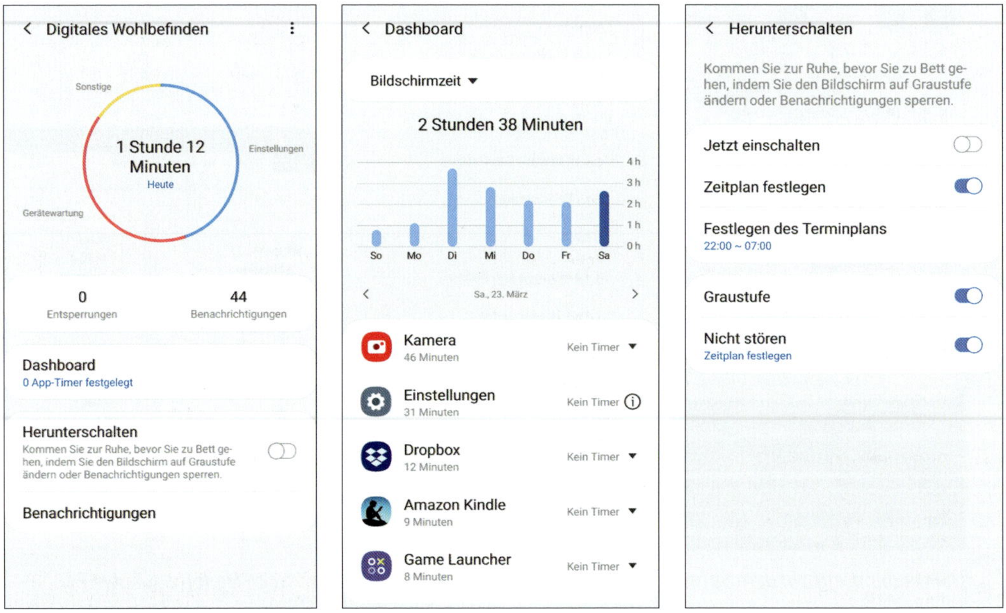


*Einstellungen für Digitales Wohlbefinden.*

Der Modus *Herunterschalten* schaltet den Bildschirm zu einer bestimmten Tageszeit auf Graustufen, was die Augen schont und den Benutzer dazu anhalten soll, das Smartphone wegzulegen und schlafen zu gehen oder sich zumindest auszuruhen. Am nächsten Morgen schaltet sich der Graustufenmodus wieder ab. Weiterhin kann auch der Bitte-nicht-stören-Modus aktiviert werden, um den Nutzer vor Benachrichtigungen aller Art zu schützen. Nur der Wecker bleibt aktiv und darf den Nutzer aus seinem verdienten Schlaf reißen. *Digitales Wohlbefinden* soll nur eine Hilfestellung sein. Jeder darf selbst entscheiden, inwieweit er diese Funktion nutzen möchte.

# Datensicherung

Android-Smartphones sichern App-Daten, Anruflisten und Geräteeinstellungen automatisch auf Google Drive, um sie auf einem neuen Smartphone oder bei der Neuinstallation einer App wieder zur Verfügung zu haben.

In den *Einstellungen* unter *Google/Sicherung* sehen Sie, welche Daten wann zuletzt gesichert wurden. Sollte die automatische Sicherung abgeschaltet sein, können Sie sie auch hier wieder aktivieren. Eine laufende Sicherung wird in den Benachrichtigungen angezeigt. Haben Sie mehrere Google-Konten auf dem Samsung Galaxy S10 eingerichtet, tippen Sie auf das angezeigte Konto, um ein Konto für die Sicherung auszuwählen.

Die gleichen Einstellungen finden Sie auch unter *Konten und Sicherung/Sichern und Wiederherstellen/Google-Konto*.

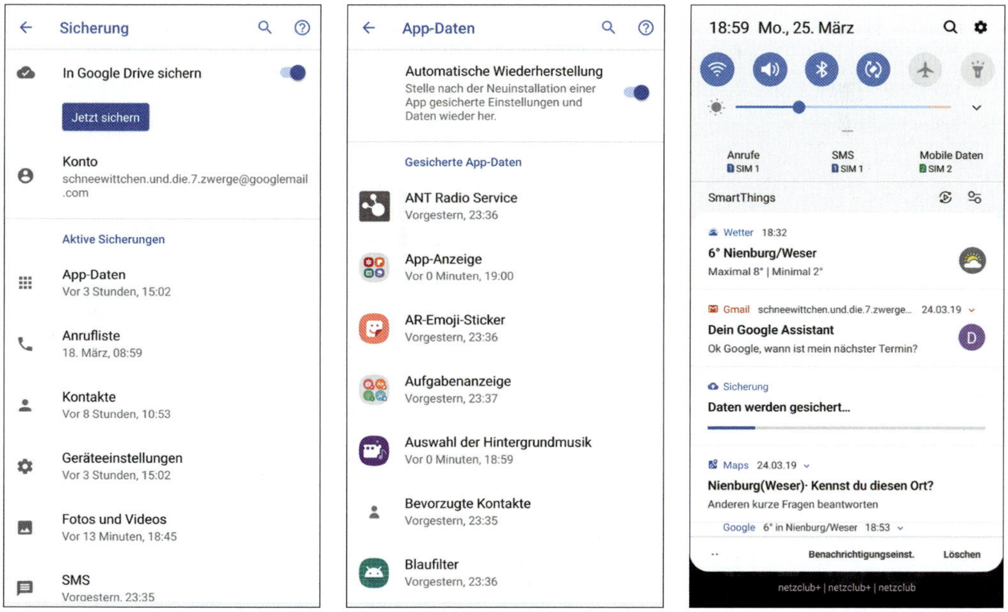


*Eine Datensicherung durchführen.*

Weiter unten in der Liste unter *Fotos und Videos* finden Sie die Einstellungen zur automatischen Sicherung von Fotos auf Google Fotos. Hier können Sie ein anderes Google-Konto auswählen als für die Sicherung der anderen App-Daten und Geräteeinstellungen.

Bevor Sie auf ein neues Smartphone umsteigen, tippen Sie einmal auf *Jetzt sichern*, um eine manuelle Sicherung anzustoßen. Damit können Sie sicherstellen, dass die Datensicherung auch aktuell ist. Schalten Sie in der Liste *App-Daten* die automatische Wiederherstellung ein, um nach der Neuinstallation einer App – auch auf einem anderen Smartphone – Ihre Daten und Einstellungen wieder zur Verfügung zu haben.

Ist eine App hier nicht aufgelistet, bedeutet das noch nicht, dass diese App keine Daten sichert. Einige Apps verwalten die Sicherung selbst. So sichert zum Beispiel WhatsApp alle Chats automatisch in regelmäßigen Abständen auf Google Drive. Die Einstellungen dazu finden Sie in den WhatsApp-Einstellunegn unter *Chat/Chat-Backup*.

## Smartphone zurücksetzen

Bei manchen Problemen ist es oft die einfachste Lösung, bestimmte Funktionen des Smartphones auf die Grundeinstellung zurückzusetzen und die betreffenden Dienste und Apps wieder neu einzurichten.

Das Samsung Galaxy S10 bietet in den *Einstellungen* unter *Allgemeine Verwaltung/Zurücksetzen* verschiedene Möglichkeiten, einzelne Komponenten zurückzusetzen.

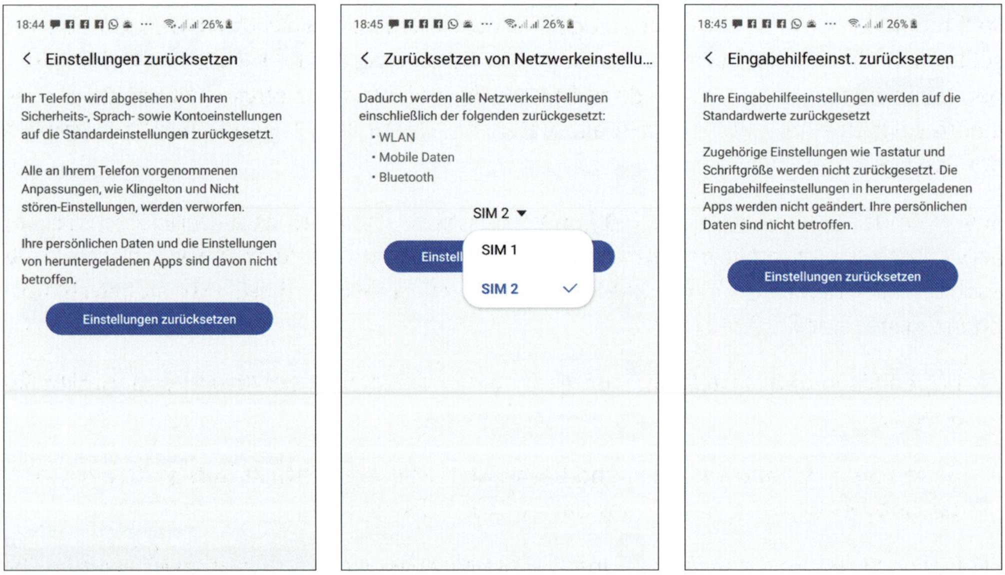

*Einstellungen, Netzwerkeinstellungen und Eingabehilfen zurücksetzen.*

*Einstellungen zurücksetzen* setzt nur Geräteeinstellungen zurück. Konten, Sicherheitseinstellungen, Apps und persönliche Daten bleiben erhalten.

*Eingabehilfen zurücksetzen* setzt das Samsung Galaxy S10 auf normale Bedienung ohne spezielle Eingabehilfen zurück. Auch hier bleiben Konten, Sicherheitseinstellungen, Apps und persönliche Daten erhalten.

## Netzwerkeinstellungen zurücksetzen

Diese Methode setzt nur alle drahtlosen Netzwerkverbindungen zurück. Das bedeutet im Einzelnen:

- Alle bekannten WLAN-Netzwerke werden »vergessen« und müssen neu erkannt werden. Gespeicherte WLAN-Schlüssel werden gelöscht.
- Einstellungen zu Mobilfunknetzwerken werden gelöscht und müssen aus der SIM-Karte neu ausgelesen werden. Telefonieren funktioniert weiterhin, aber APN und andere Einstellungen zu mobilen Datenverbindungen müssen neu konfiguriert werden. Vorher können Sie noch wählen, für welche SIM-Karte die Einstellungen zurückgesetzt werden sollen.
- Alle Bluetooth-Kopplungen werden gelöscht und Bluetooth-Einstellungen zurückgesetzt. Geräte müssen neu gekoppelt werden.

## Hard-Reset – Zurücksetzen auf Werkseinstellungen

Möchten Sie das Samsung Galaxy S10 verkaufen, sollten Sie es vorher auf die Werkseinstellungen zurücksetzen, um sicherzugehen, dass alle Daten gelöscht werden. Umgekehrt sollte man ein gebraucht gekauftes Smartphone auch als Erstes auf die Werkseinstellungen zurücksetzen, um eventuell darauf gespeicherte bösartige Software zu beseitigen. Bei einem solchen Hard-Reset werden alle Daten im Gerätespeicher gelöscht. Die Daten auf der Speicherkarte bleiben erhalten.

Bevor Sie das Samsung Galaxy S10 komplett zurücksetzen, um es zu verkaufen oder im Servicefall zurückzuschicken, entfernen Sie erst Ihr Google-Konto vom Gerät. Nehmen Sie auch die Speicherkarte und die SIM-Karte heraus und geben Sie diese nicht an den zukünftigen Eigentümer weiter.

1. Tippen Sie in den *Einstellungen* unter *Konten und Sicherung* auf *Konten* und wählen Sie *Google*.
2. Tippen Sie auf *Konto entfernen* und bestätigen Sie die Sicherheitsabfrage. Danach wird das Google-Konto vom Samsung Galaxy S10 entfernt.
3. Tippen Sie in den *Einstellungen* unter *Allgemeine Verwaltung* auf *Zurücksetzen* und wählen Sie auf dem nächsten Bildschirm *Auf Werkseinstellungen zurücksetzen*.

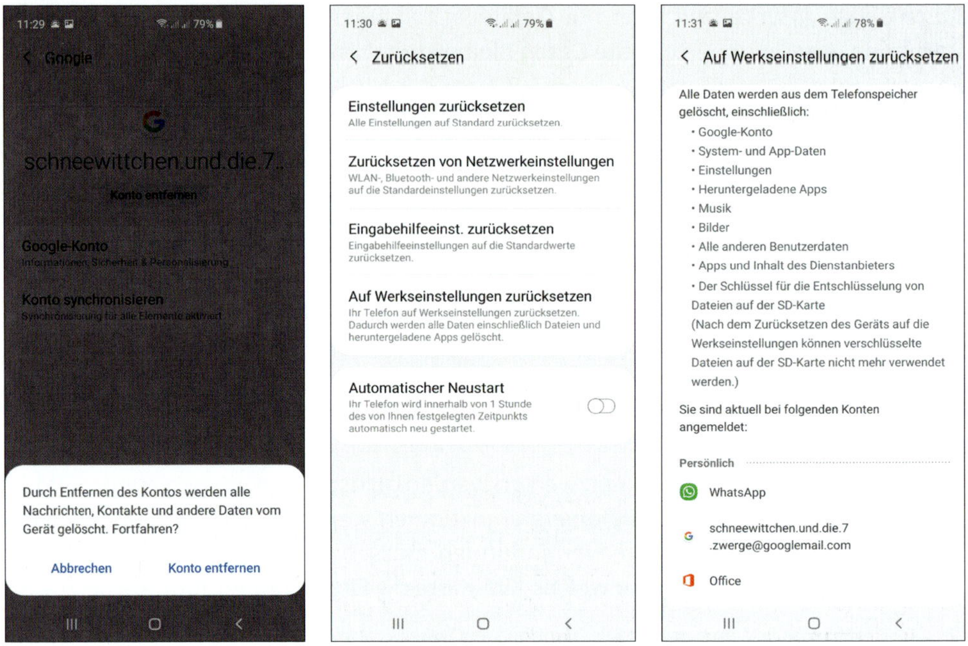


*Smartphone auf Werkseinstellungen zurücksetzen.*

4. Jetzt sehen Sie noch einmal eine Übersicht aller Konten, bei denen Sie mit dem Smartphone angemeldet sind. Die Verbindungen zu diesen Konten werden gelöscht, die Daten der Konten selbst bleiben in der Cloud erhalten. Tippen Sie ganz unten auf *Zurücksetzen*. Verwenden Sie ein Sperrmuster, PIN oder Passwort, muss auch dieses erst noch einmal eingegeben werden. Zuletzt müssen Sie noch das Passwort des Samsung-Kontos eingeben.

5. Erst danach wird das Samsung Galaxy S10 tatsächlich unwiderruflich zurückgesetzt.

Im Gegensatz dazu setzt *Einstellungen zurücksetzen* nur die Einstellungen zurück, behält aber alle Daten und Apps auf dem Smartphone.

## Kapitel 10

# Die Sicherheitsproblematik bei Android

Onlinekriminelle greifen dort an, wo es sich lohnt – und das sind nicht mehr nur PCs. Daher ist es nicht verwunderlich, dass Android-Smartphones und -Tablets immer stärker in den Fokus der Malware-Autoren rücken, denn nur wenige Anwender haben eine Sicherheitslösung installiert. Das macht es den Tätern leicht, Angriffe mit relativ geringem Aufwand erfolgreich umzusetzen und persönliche Daten und wertvolle Firmeninformationen zu stehlen.

Die Angreifer setzen auf Varianten von Schadcode-Apps, die bereits in Umlauf waren, und manipulierte Kopien von eigentlich harmlosen Applikationen. Die Kriminellen versenden Kurznachrichten an teure Rufnummern und haben es auf persönliche Daten der Nutzer abgesehen, beispielsweise Kontakte und Telefonnummern, sowie das Anmelden bei kostenpflichtigen Diensten. So kann ein Angriff auf dem Smartphone sehr schnell viel teurer werden als ein Virus auf dem PC. In letzter Zeit hat sich die Anzahl gefährlicher Apps für Android nach Medienberichten um ein Vielfaches erhöht. Allerdings sind diese Berichte mit Vorsicht zu lesen, dort werden häufig schon Werbe-Apps, die Standortdaten auslesen, als gefährlich eingestuft.

Android macht es Malware-Autoren deutlich leichter als andere Plattformen, Schadcode zu verbreiten. Google bietet mit seinem Play Store zwar eine wichtige und von einem Großteil der Anwender auch vorrangig genutzte Quelle zur Installation von Apps. Hersteller können Apps aber auch über eigene Webseiten oder alternative Downloadportale anbieten. Im Gegensatz zu anderen Plattformen ist auch eine Installation von Apps über einfache Downloadlinks im Browser, E-Mail-Anhänge, Speicherkarten oder per USB-Kabel vom PC möglich. Sicherheitskritische und bösartige Anwendungen können ungehindert ihren Weg auf die Geräte finden. Keine zentrale Qualitätskontrolle kann das verhindern oder solche Apps gar nachträglich von den Geräten entfernen. Google prüft im Play Store hochgeladene Apps nicht automatisch auf technische Risiken, sondern erst dann, wenn ein konkreter Verdachtsfall vorliegt. Selbst wenn der Google Play Store eine App sperrt, heißt das noch lange nicht, dass sie damit von allen Smartphones dieser Welt verschwindet.

Ein Android-Smartphone unterliegt also ähnlichen Sicherheitsrisiken wie ein PC, im Gegensatz zum Windows Phone und iPhone, deren Systeme deutlich geschlossener sind. Da jeder Gerätehersteller selbst für die Betriebssystem-Updates verantwortlich ist, kommt es hier teilweise zu erheblichen Verzögerungen beim Schließen kritischer Sicherheitslücken.

**Stand der Sicherheitsupdates-anzeigen**

Das Samsung Galaxy S10 zeigt in den *Einstellungen* unter *Telefoninfo/Softwareinformationen* in der Zeile *Android Sicherheitspatch-Ebene* das Datum der aktuellsten Sicherheitsupdates an. Auf diese Weise lässt sich der aktuelle Updatestand bei neu aufgetauchten Sicherheitslücken feststellen, da nicht jedes kleine Update bereits eine höhere Versionsnummer zeigt. Google stellt etwa monatlich aktuelle Sicherheitsupdates für Android zur Verfügung.

## Die größten Sicherheitsprobleme

- Das größte Sicherheitsproblem bei Smartphones sind die Nutzer und weniger die Technik. Installieren Sie nicht, ohne nachzudenken, irgendwelche Apps. Besonders kostenlose Apps, die Funktionen versprechen, die das Smartphone technisch gar nicht leisten kann, sind extrem verdächtig.
- Auch ein zweites Problem ist eher menschlich: Phishing in E-Mails und sozialen Netzen. Auf dem Smartphone sind gefälschte Links schwerer zu erkennen als in einem E-Mail-Programm auf dem PC. Lesen Sie E-Mails noch genauer. Besonders falsche Rechtschreibung und einfältiges Deutsch deuten auf Phishing hin.
- Ein weiteres großes Sicherheitsrisiko ist Rooting. Viele Medien versprechen unbedarften Nutzern damit Wunder. Tatsächlich öffnen Sie mit Rooting alle sicherheitskritischen Bereiche des Smartphones und machen es damit extrem anfällig für Malware.

**Stille SMS**

Stille SMS sind SMS, die auf dem Smartphone nicht angezeigt werden und auch keine Benachrichtigung erscheinen lassen. Diese spezielle Art von SMS wird im großen Stil von Polizei, Zoll und Verfassungsschutz eingesetzt, um die Standorte von Smartphones zu ermitteln. Obwohl sie auf den Endgeräten nicht angezeigt werden, erscheinen diese stillen SMS natürlich in den Versandprotokollen der Mobilfunkprovider, einschließlich Angaben zur Funkzelle, in der sie an das dort eingebuchte Handy zugestellt wurden. Die Behörden lassen sich diese Protokolle aushändigen und werten die Daten ihrer versendeten SMS entsprechend aus. Da die stillen SMS direkt mit dem Mobilfunkmodul des Smartphones kommunizieren, ohne Betriebssystemfunktionen zu nutzen, lassen sie sich auch mit externen Apps nicht anzeigen oder gar blockieren.

# Google Play Protect warnt vor gefährlichen Apps

Google Play Protect untersucht das Smartphone regelmäßig auf gefährliche Apps, da selbst bei Apps aus dem Google Play Store nicht auszuschließen ist, dass sie nach einiger Zeit bösartige Daten nachträglich herunterladen und ausführen, die bei der Einstellung und Überprüfung im Google Play Store noch nicht bekannt waren.

Diese Überprüfung erfolgt automatisch bei jedem Update einer App aus dem Google Play Store, aber auch im Hintergrund für Apps aus anderen Quellen.

Play Protect wird über das Seitenmenü des Google Play Store aufgerufen. Hier sehen Sie jederzeit den aktuellen Überprüfungsstatus.

Achten Sie darauf, dass die Option *Gerät auf Sicherheitsbedrohungen prüfen* eingeschaltet ist. Damit wird das Smartphone automatisch auf bekannte gefährliche Apps überprüft.

Um auch vor bisher unbekannten Apps besser geschützt zu werden, sollten Sie die Option *Erkennung schädlicher Apps verbessern* ebenfalls aktivieren.

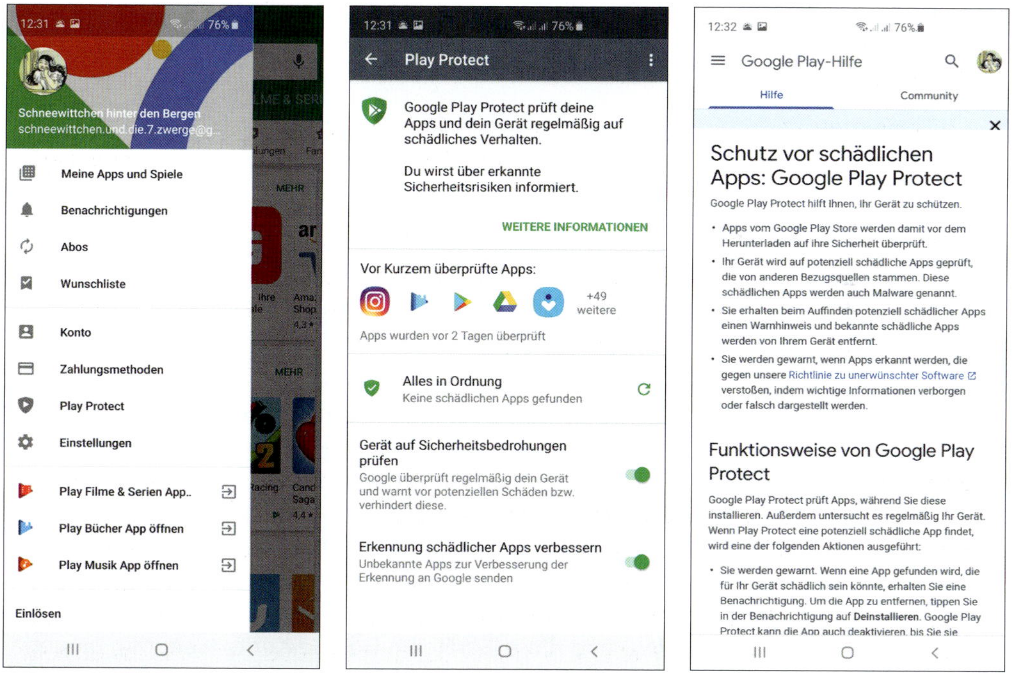


*App-Überprüfung durch Google Play Protect.*

# Sicherheitsüberprüfung in der Gerätewartung

Samsung liefert in der *Gerätewartung* einen einfachen Malware-Scanner mit, der das Gerät und installierte Apps überprüfen kann. Die Links im unteren Bildschirmbereich der Seite *Sicherheit* führen nur zu Werbelinks.

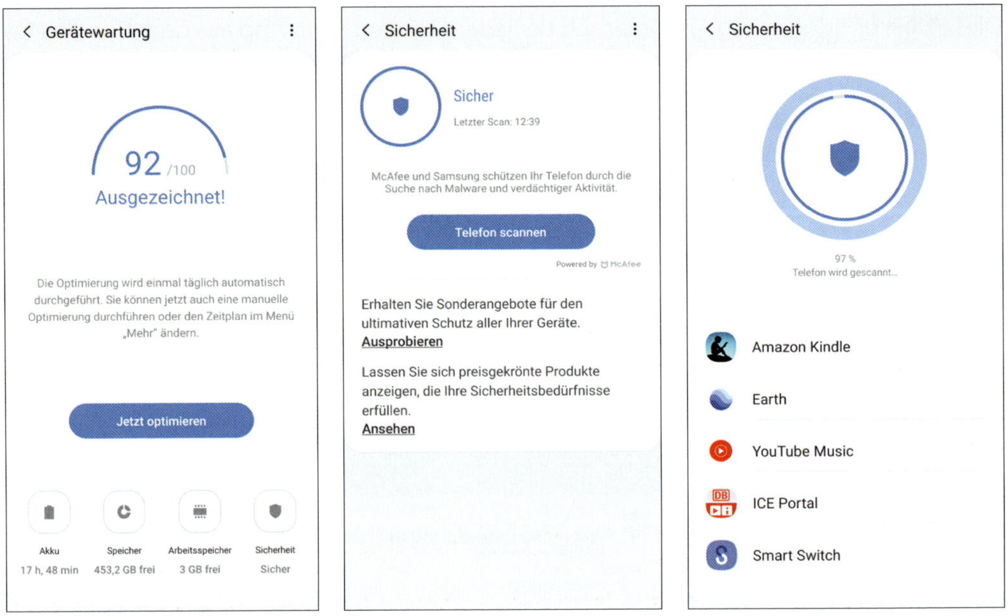


*Gerätesicherheit in der Gerätewartung.*

# Google-Kontoschutz

Bei der Anmeldung eines neuen Gerätes am Google-Konto benachrichtigt Google Sie per E-Mail, damit Sie eventuellen Missbrauch Ihres Google-Kontos sofort bemerken. Bestätigen Sie in dieser Mail, die auf *myaccount.google.com* verlinkt, dass Sie es waren, der sich mit dem neuen Smartphone angemeldet hat.

Bei dieser Gelegenheit sollten Sie gleich andere dort angezeigte Sicherheitsereignisse überprüfen. Entfernen Sie das Google-Konto von Geräten, die Sie nicht benutzen, wie zum Beispiel von Smartphones, die Sie verschenkt oder verkauft haben. Selbst wenn alle Daten auf den Geräten gelöscht wurden, sind diese Geräte im Google-Konto weiterhin eingetragen und können unter Umständen wiederhergestellt werden.

Sollten Sie für ein älteres Programm früher einmal den Zugriff durch weniger sichere Apps im Google-Konto freigeschaltet haben, prüfen Sie, ob Sie diesen Zugriff noch brauchen, und schalten ihn sonst ab.

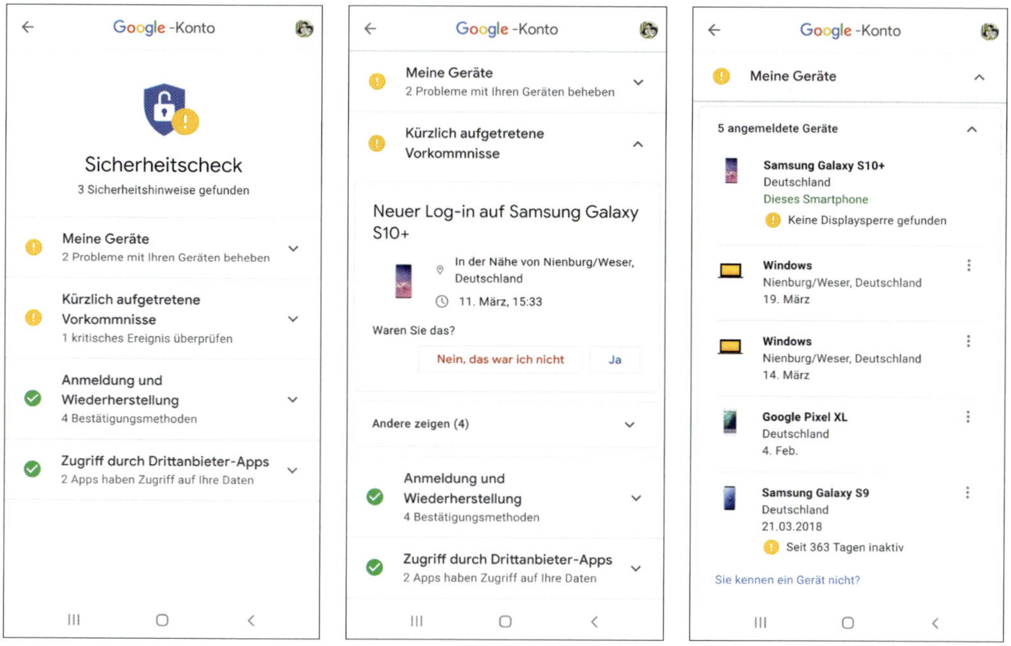


*Meldungen zum Kontoschutz bei Google.*

## Phishing bei E-Mails und sozialen Netzen

Phishing ist eine kriminelle Methode, mit der Betrüger versuchen, an Passwörter und private Daten zu kommen. Dabei werden keine technischen Mittel eingesetzt, um Passwörter zu knacken, sondern man versucht, Benutzer geschickt zu überzeugen, ihre Passwörter freiwillig herauszugeben. Dazu bauen die Betrüger eigene Webseiten, die im Design echten Banken, Onlineshops oder sozialen Netzwerken sehr nahekommen.

Die Trickbetrüger verschicken Massenmails, in denen sie sich als Vertreter einer Bank oder eines Onlinedienstes ausgeben. Über einen Link in der E-Mail sollen die Benutzer auf eine Webseite gehen und dort ihre Benutzerdaten, Kontoinformationen, Passwörter und TANs eingeben. Diese werden natürlich nicht an die wirklichen Banken oder Onlineshops, sondern an den Betrüger übermittelt, der sie für seine Zwecke nutzt. Bei etwas genauerem Hinsehen sind die Phishingmails und die betreffenden Webseiten leicht zu entlarven:

- Phishingmails sind fast immer in relativ schlechtem Deutsch formuliert. Kein professionelles Unternehmen würde derartige Texte verfassen.
- Üblicherweise wird eine anonyme oder gar keine Anrede verwendet. Professionelle Anbieter sprechen ihre Kunden mit Namen an.
- Weder eine Bank noch PayPal oder eBay fordern ihre Kunden auf, Zugangsdaten preiszugeben.

- Drohende Formulierungen zum Ablaufen einer zeitlichen Frist oder einer Kontosperrung werden von professionellen Anbietern nicht verwendet.
- Oft hat die Absenderadresse nichts mit dem Inhalt der E-Mail zu tun. Seriöse Firmen versenden E-Mails immer mit ihrer Domain als Absender.
- Wird in einer E-Mail ausdrücklich darauf hingewiesen, einen Anhang zu öffnen, handelt es sich meistens um Malware. Vermeiden Sie in eigenen E-Mails daher solche Formulierungen.

Leider ist Phishing auf dem Smartphone ein größeres Problem als auf dem PC, da man in den E-Mail-Apps nicht den Quelltext der Mail und oft nicht einmal die wirkliche E-Mail-Adresse des Empfängers sehen kann. Auch wird bei Links in HTML-Mails das tatsächliche Linkziel nicht angezeigt. Lassen Sie also besonders bei HTML-Mails erhöhte Vorsicht walten und achten Sie auf korrektes Deutsch, eine professionelle Anrede und mögliche drohende oder anderweitig verdächtige Formulierungen.

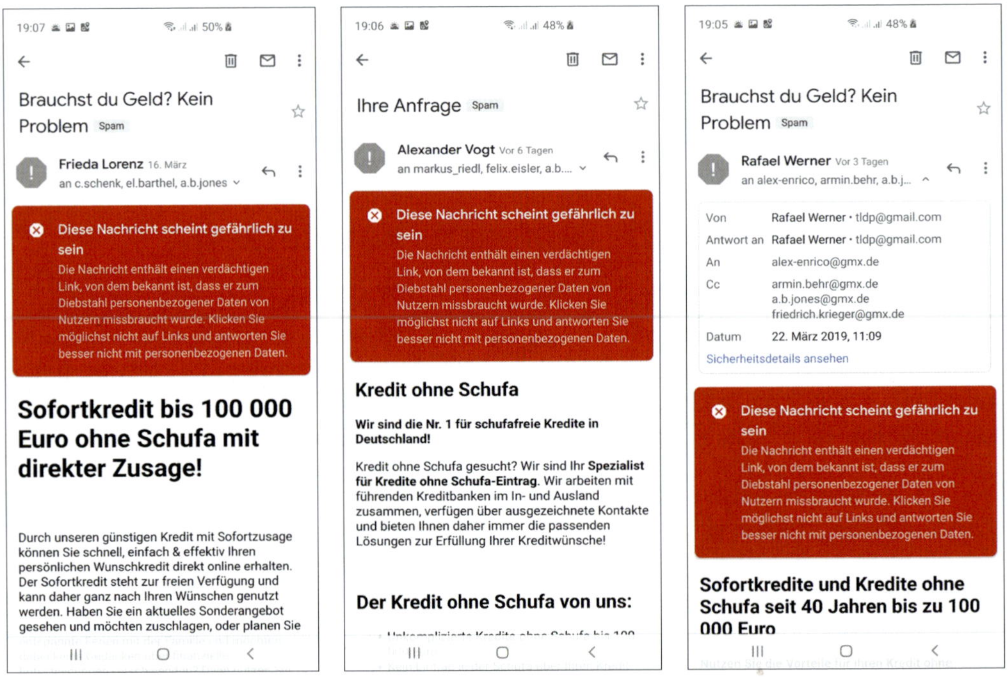


*E-Mails mit typischen Spam-Merkmalen.*

Tippen Sie bei verdächtigen E-Mails oben auf den kleinen Pfeil neben dem Empfängernamen, um Namen und E-Mail-Adressen von Absender und Empfänger zu sehen. Auch hier kann man bereits Verdacht schöpfen, wenn eine E-Mail an viele Empfänger geht, die Sie nicht kennen, und Sie möglicherweise selbst gar nicht in der Liste stehen. Nicht alle Phishingmails werden von Gmail automatisch als Spam erkannt. Also Vorsicht!

# Gestohlenes oder verlorenes Smartphone wiederfinden

Die Gefahr eines Virus ist bei Android sehr gering, wesentlich höher ist das Risiko, dass das neue Smartphone gestohlen wird oder man es einfach irgendwo liegen lässt. Sie können sich einigen Ärger sparen und die Chance erhöhen, das Gerät wiederzubekommen, wenn Sie rechtzeitig Vorsorge treffen.

- Schreiben Sie die Seriennummer und die IMEI des Samsung Galaxy S10 auf. Diese brauchen Sie, um es im Falle eines Verlustes eindeutig zu identifizieren. Sie finden diese Angaben auf dem Strichcode-Aufkleber auf der Verpackung des Samsung Galaxy S10 sowie in den *Einstellungen* unter *Telefoninfo*. Die beiden SIM-Kartensteckplätze haben jeweils eine eigene IMEI.
- Schalten Sie in den *Einstellungen* unter *Google/Standort* die Optionen *Google-Standortfreigabe* und *Google-Standortverlauf* ein, um die Ortung über Google optimal nutzen zu können. Unter *Google-Standortverlauf* sehen Sie die Zeitpunkte, wann Ihr Gerät zum letzten Mal den Standort gespeichert hat.
- Schalten Sie in den *Einstellungen* unter *Google/Sicherheit* die Option *Mein Gerät finden* ein.

## Samsung Find My Mobile

Samsung bietet bei *findmymobile.samsung.com* einen Dienst an, um ein verlorenes Smartphone wiederzufinden. Hier müssen Sie sich auf dem PC mit Ihrem Samsung-Konto anmelden. Auf einer Karte finden Sie den aktuellen Standort Ihres Samsung Galaxy S10.

Das Symbol *Karte wechseln* wechselt von der eher schlichten HERE-Karte zur deutlich detaillierteren Karte von OpenStreetMap.

Mit einem Klick auf *Klingeln* können Sie das Samsung Galaxy S10 klingeln lassen, um es zu finden, wenn Sie es irgendwo in der Nähe verlegt haben. Das funktioniert auch, wenn das Smartphone lautlos gestellt ist. Auf dem Bildschirm wird der Ortungsversuch angezeigt. Voraussetzung ist natürlich, dass das Gerät eine Internetverbindung hat. War das Gerät zuletzt in einem WLAN angemeldet, wird dies ebenfalls angezeigt, was auch ein Hinweis auf den letzten Standort sein kann.

Zusätzlich können Sie hier die Anrufliste des Smartphones auslesen und Daten in die Samsung Cloud hochladen, die sonst verloren wären, falls Sie Ihr Smartphone nicht zurückbekommen. Durch Auslesen der Anrufliste können Sie auch feststellen, mit wem ein möglicher Dieb telefoniert hat.

Über das Symbol *Akkulaufzeit verlängern* können Sie das Samsung Galaxy S10 in den maximalen Energiesparmodus versetzen, um es so möglicherweise noch länger orten zu können.

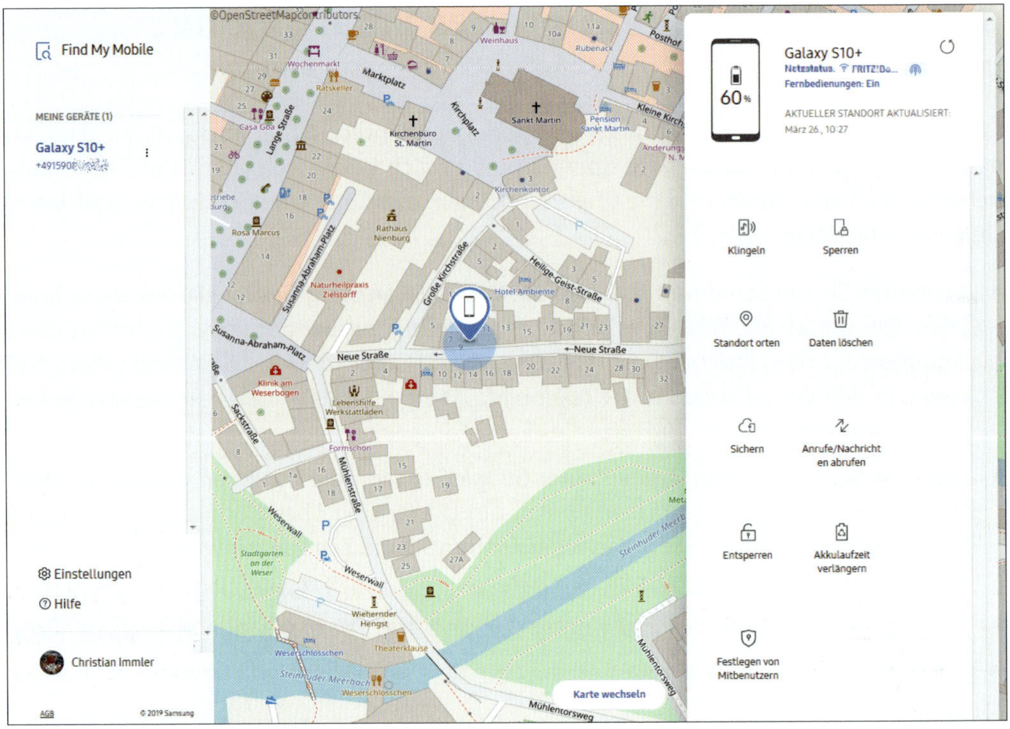


*Samsung-Smartphone auf einer Karte vom PC aus orten.*

Damit *Find My Mobile* funktioniert, müssen Sie mit einem Samsung-Konto angemeldet sein. Außerdem müssen in den *Einstellungen* unter *Biometrische Daten und Sicherheit/Find My Mobile* die zu verwendenden Dienste eingeschaltet sein. Um diese Einstellungen zu ändern, müssen Sie sich mit Ihrem Samsung-Konto identifizieren.

## Mein Gerät finden – die Alternative von Google

Mit der App *Mein Gerät finden* können Sie vom Smartphone aus Ihre anderen Android-Geräte finden, die mit dem gleichen Google-Konto angemeldet sind. Dies funktioniert auch bei Geräten, die nicht von Samsung stammen. Über den Gastzugang in der App können Sie Freunden helfen, ihre Geräte zu finden. Hier melden Sie sich zeitweilig mit einem anderen Google-Konto an, das nur auf diese App, nicht aber auf die anderen Daten Zugriff hat.

Auf der Seite *android.com/find* finden Sie nach der Anmeldung mit dem persönlichen Google-Konto auf dem PC alle Android-Geräte, die in diesem Google-Konto registriert sind.

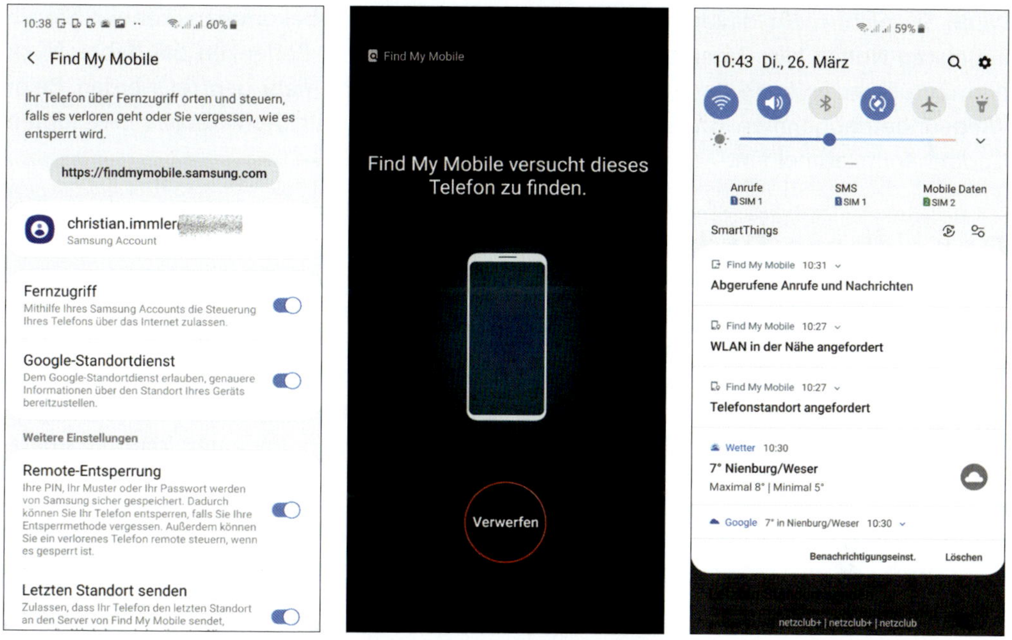


*Links: Einstellungen für Find My Mobile. Mitte und rechts: Benachrichtigungen über Aktivitäten von Find My Mobile.*

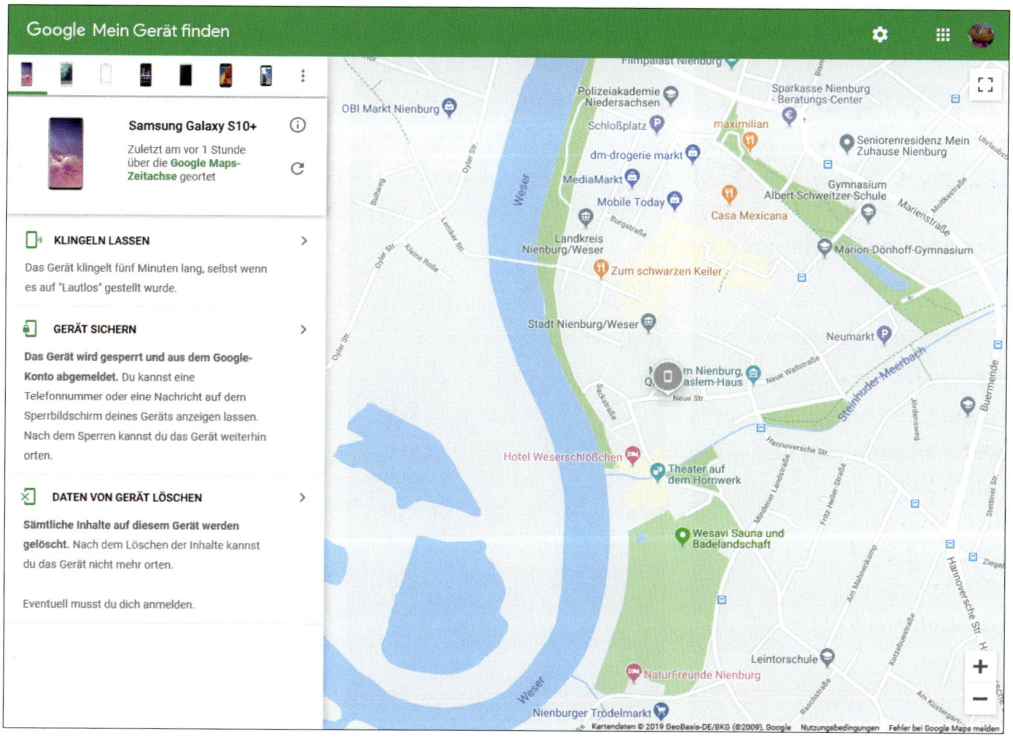


*Smartphone auf dem PC orten.*

Wenn Sie nicht mehr davon ausgehen können, es zurückzubekommen, können Sie im äußersten Notfall alle Daten auf dem Smartphone löschen. Bedenken Sie dabei: Nach dem Zurücksetzen kann das Smartphone über Google nicht mehr geortet werden. Beim Wiederinbetriebnehmen muss man sich mit dem zuletzt auf dem Gerät verwendeten Google-Konto anmelden.

## Der sichere Ordner

Smartphones sind sehr persönliche Geräte, die man besonders wegen der darauf befindlichen Informationen nur ungern aus der Hand gibt. Das Samsung Galaxy S10 bietet einen sicheren Ordner an, in dem man nur selbst Zugriff auf die darin enthaltenen Daten und Apps hat. Zur Identifizierung muss man ein Sperrmuster eingeben oder den Fingerabdruckscanner berühren. So bleiben private Daten für andere Personen, die das Smartphone kurzfristig in den Händen haben, unsichtbar.

Wenn Sie den sicheren Ordner in den *Einstellungen* unter *Biometrische Daten und Sicherheit/Sicherer Ordner* zum ersten Mal aktivieren, müssen Sie ein Entsperrmuster, PIN oder Passwort festlegen oder einen gespeicherten Fingerabdruck verwenden, um den sicheren Ordner später nutzen zu können. So sind Ihre privaten Daten immer geschützt, wenn das Smartphone irgendwo herumliegt, wo jemand anders Zugriff darauf haben könnte.

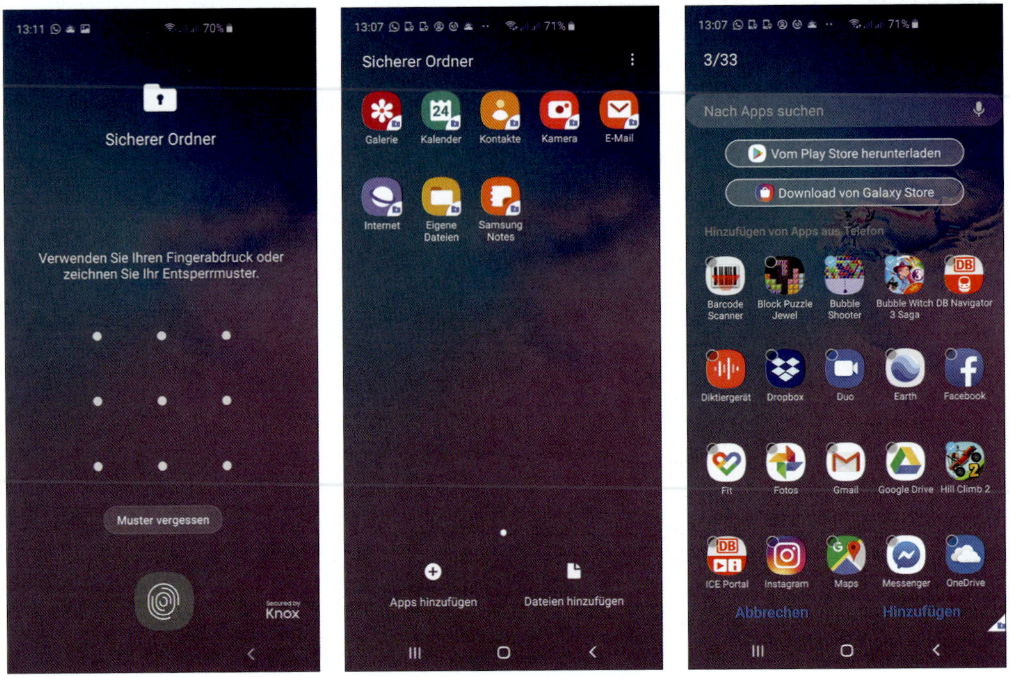


*Sicheren Ordner öffnen, anzeigen und Apps zum sicheren Ordner hinzufügen.*

Tippen Sie auf das Symbol *Sicherer Ordner* in der App-Liste, müssen Sie sich mit dem Fingerabdruckscanner oder dem Entsperrmuster, PIN oder Passwort identifizieren. Der sichere Ordner enthält standardmäßig bereits einige Samsung-Apps. Alle Daten, die Sie mit diesen Apps im sicheren Ordner neu erstellen, sind auch nur im sicheren Ordner zugänglich.

Über die Symbole *Apps hinzufügen* und *Dateien hinzufügen* können Sie weitere Apps oder Daten aus anderen Apps in den sicheren Ordner verschieben oder kopieren. Um Fotos, Videos, Musik oder eigene Dateien im öffentlichen Modus auszublenden und nur noch im sicheren Ordner anzuzeigen, markieren Sie in der jeweiligen App die entsprechenden Daten, z. B. Fotos in der Galerie, tippen auf das Menüsymbol und dann auf *Zu Sicherer Ordner verschieben*. Anschließend sollten Sie die Kopie des Fotos noch aus der Samsung Cloud entfernen, in der sie weiterhin zu sehen ist.

Starten Sie diese Apps aus dem sicheren Ordner, tippen Sie auf *Aus sicherem Ordner verschieben*, um bestimmte Daten wieder in den allgemein zugänglichen Bereich zu verschieben.

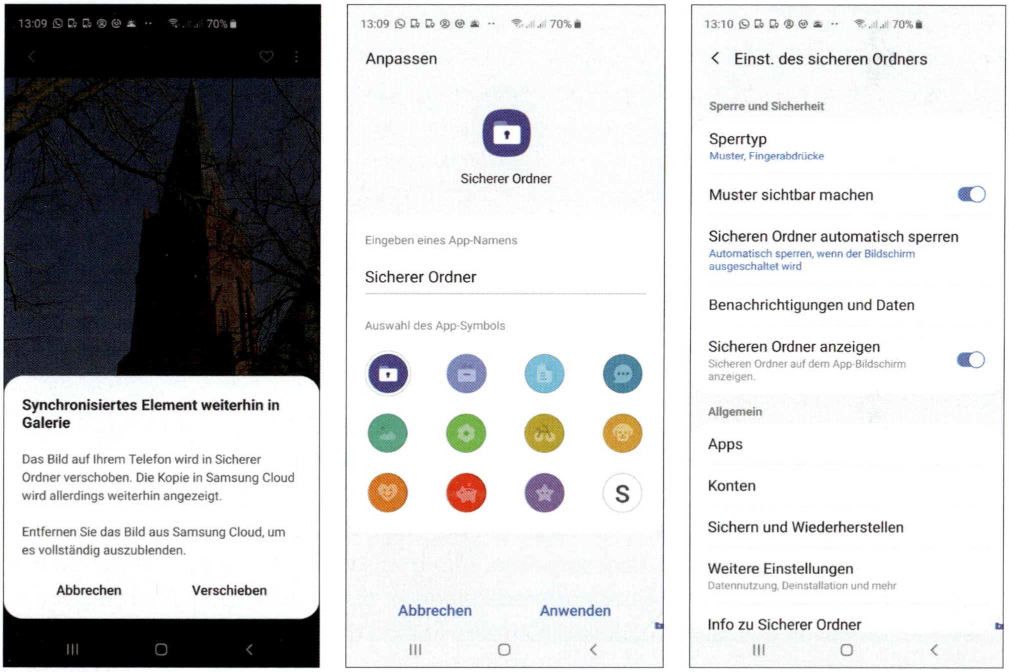


*Fotos in sicheren Ordner verschieben, sicheren Ordner umbenennen und Einstellungen für den sicheren Ordner.*

Im Menü des sicheren Ordners können Sie diesen umbenennen und ein anderes Symbol verwenden, um ihn in der App-Liste unauffälliger zu machen.

Mit dem Symbol *Sicherer Ordner* in den Schnelleinstellungen zeigen Sie den sicheren Ordner auf dem App-Bildschirm an oder verstecken ihn. Tippen Sie länger auf dieses Symbol, kommen Sie direkt zum sicheren Ordner.

# Android Smart Lock

Smart Lock ist eine weitere Methode zum sicheren Zugriff auf ein Gerät, ohne jedes Mal ein Passwort oder ein Sperrmuster einzugeben.

Zunächst muss in den *Einstellungen* unter *Sperrbildschirm* eine PIN, ein Passwort oder ein Sperrmuster eingerichtet sein, da das Gerät sonst nicht gesperrt ist. Nur dann ist die Option *Smart Lock* aktiv.

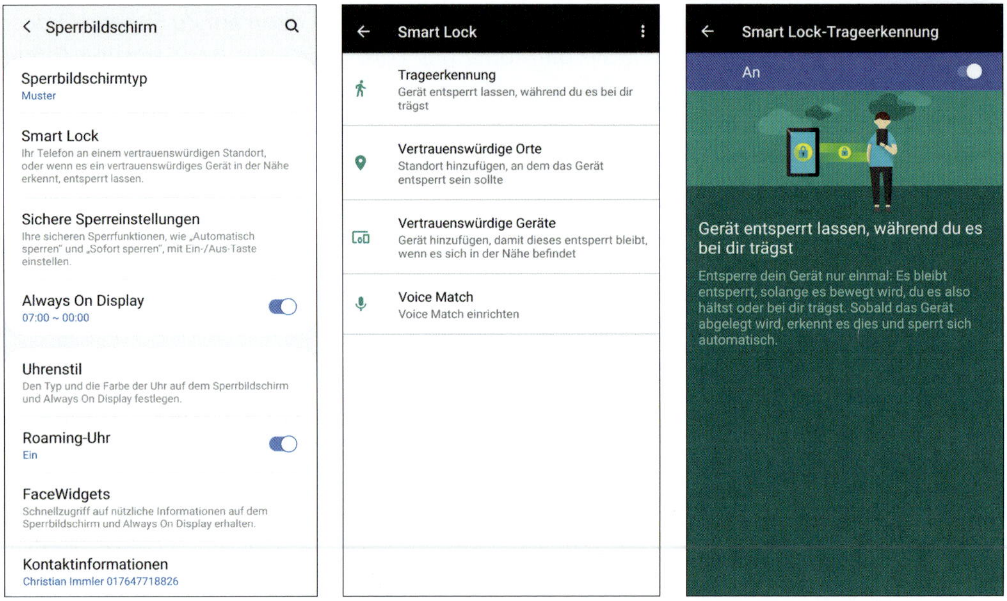


*Die Trageerkennung in den Smart-Lock-Einstellungen.*

Die Trageerkennung lässt das Smartphone automatisch entsperrt, solange es in der Hand gehalten oder in der Jacken- oder Hosentasche herumgetragen wird. Sowie Sie es aber irgendwo ablegen, wird es wieder automatisch gesperrt. Die Trageerkennung nutzt dazu die Daten der Bewegungs- und Lagesensoren. Allerdings kann die Trageerkennung nicht erkennen, wenn Sie das Gerät einer anderen Person in die Hand geben. Allerdings ist in diesen Fällen davon auszugehen, dass die andere Person das Smartphone auch benutzen darf – warum würden Sie es sonst weitergeben?

## Vertrauenswürdige Orte

In Android Smart Lock können Orte festgelegt werden, an denen das Gerät automatisch entsperrt wird. Die Positionsbestimmung innerhalb von Gebäuden ist nur auf etwa 80 m genau. Daher werden manchmal falsche Hausnummern angezeigt, was Sie aber nicht weiter zu stören braucht. Um Smart Lock zu aktivieren, verlassen Sie die Einstellungen-App und drücken einmal auf den Einschalter, um das Gerät zu sperren. Jedes Mal, wenn Sie an den Smart-Lock-Einstellungen etwas verändern, müssen Sie das Sperrmuster oder Passwort eingeben.

*Links: vertrauenswürdigen Ort hinzufügen, Mitte: vertrauenswürdiges Gerät hinzufügen, rechts: Smart Lock Trust Agent einrichten.*

Sie können auch an einem vertrauenswürdigen Ort das Samsung Galaxy S10 jederzeit sperren, sodass es nur über die Eingabe von PIN, Passwort oder Sperrmuster wieder freigeschaltet werden kann. Schalten Sie dazu den Bildschirm kurz aus und wieder ein und tippen Sie danach ganz unten auf das Schloss-Symbol. Smart Lock entsperrt nur, wenn sich der Bildschirm nach einer gewissen Zeit selbstständig ausgeschaltet hat, nicht beim Ausschalten über den Ein-/Ausschalter.

**Wichtige Voraussetzungen für Smart Lock**

Damit Smart Lock funktioniert, muss in den *Einstellungen* unter *Biometrische Daten und Sicherheit* der Standortzugriff eingeschaltet sein. Weiterhin muss in den *Einstellungen* unter *Biometrische Daten und Sicherheit/Andere Sicherheitseinstellungen/Trust Agents* der Schalter *Smart Lock (Google)* aktiviert sein.

## Vertrauenswürdige Geräte

Hier können Sie jetzt z. B. vertrauenswürdige Bluetooth-Geräte wie Smartwatches oder einen per Bluetooth gekoppelten Laptop hinzufügen. Wenn eines dieser Geräte in der Nähe ist, entsperrt sich das Samsung Galaxy S10 automatisch.

### Entsperren über die eigene Stimme

Mit der Option *Voice Match* können Sie Ihr Smartphone entsperren, indem Sie *Ok Google* sprechen. Dabei können Sie das Gerät auf Ihre eigene Stimme trainieren, damit es möglichst nur auf Sie und nicht auf andere Personen reagiert.

## Der Notfallmodus

Ich wünsche keinem, in einen derartigen Notfall zu geraten und möglicherweise tagelang auf das Handy angewiesen zu sein, ohne die Möglichkeit zu haben, an eine Steckdose zu kommen. Manövrierunfähig auf See oder verletzt in einer unwegsamen Gegend kann ein Handy lebensrettend sein – nur halten die Akkus heutiger Smartphones im Fall der Fälle oft nicht mal mehr einen Tag.

Samsung hat dieses Problem erkannt und, wie schon bei den Vorgängermodellen, einen eigenen Notfallmodus in das Samsung Galaxy S10 eingebaut. Der Notfallmodus kombiniert die Akkusparfunktionen des maximalen Energiesparmodus mit wichtigen Funktionen, die in einem Notfall lebensrettend sein können und die man unter Stress auf dem Smartphone nur mühsam findet.

Wenn Sie in einen Notfall geraten, drücken Sie länger auf den Ausschalter. Auf diesem Bildschirm kann der *Notfallmodus* aktiviert werden.

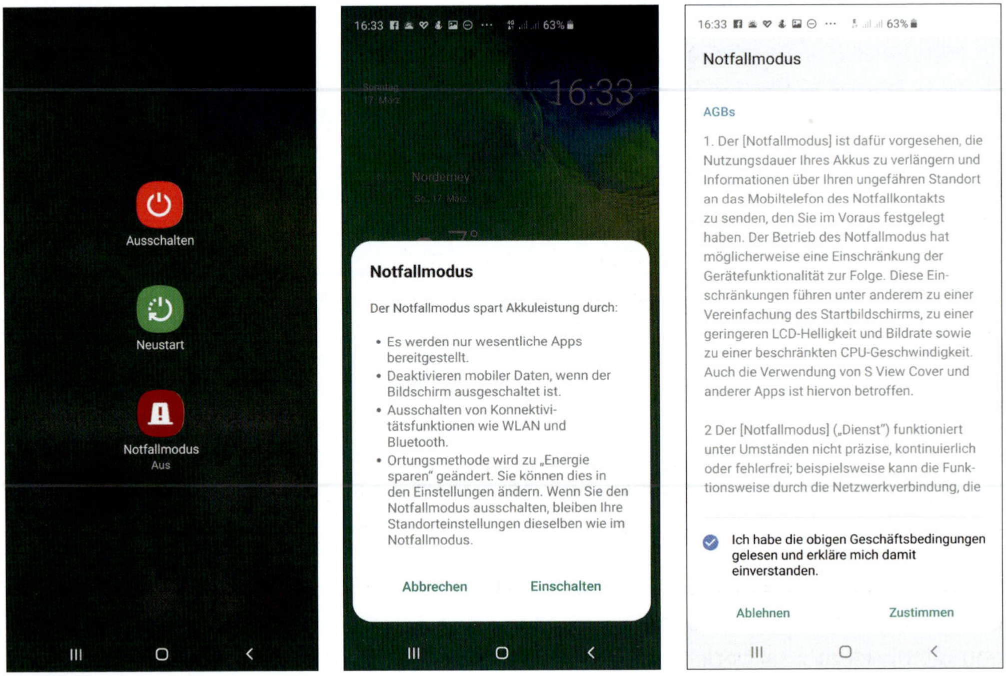


*Notfallmodus aktivieren.*

**Notruf**

Probieren Sie den Notfallmodus einmal in Ruhe aus, damit er in einem tatsächlichen Notfall vertraut ist, aber tippen Sie auf keinen Fall zum Ausprobieren auf das Notrufsymbol. Hier wird ein echter Notruf an die Notrufnummer 112 ausgelöst!

Der Notfallmodus zeigt einen äußerst stromsparenden niedrig auflösenden Bildschirm und schaltet WLAN, Bluetooth und andere Stromfresser aus. Solange der Bildschirm ausgeschaltet ist, wird auch sämtlicher Datenverkehr im Hintergrund deaktiviert.

Der Startbildschirm im Notfallmodus schaltet sich nach sehr kurzer Zeit aus, um maximal Strom zu sparen. Er zeigt unten jederzeit die verbleibende Akkukapazität sowie die geschätzte Stand-by-Zeit an. Wichtige Funktionen für den Notfall sind bereits auf dem Startbildschirm angeordnet.

- Die *Taschenlampe* schaltet die Foto-LED ein. Diese sollte allerdings mit Bedacht verwendet werden, da sie relativ viel Strom verbraucht.
- Der *Notfallalarm* lässt eine laute Sirene ertönen, mit der man sich in einer unübersichtlichen Umgebung, wie zum Beispiel nach einem Erdbeben, Brand oder Hochwasser, den Hilfskräften bemerkbar machen kann.
- Das Symbol *Eigenen Standort senden* sendet eine SMS mit den Google-Maps-Koordinaten des eigenen Standorts an vorher festgelegte Notfallkontakte. Hier können Sie auch selbst noch andere Personen auswählen, die diese SMS bekommen sollen.
- Über das Pluszeichen können Sie eine weitere App auf den Startbildschirm bringen. Hier werden nur Apps angeboten, die im Notfall wichtig sein könnten, unter anderem Google Maps oder Facebook (wegen des Safety Checks).

Legen Sie über den Menüpunkt *Notfallkontakte verwalten* die wichtigsten Kontakte fest, die die Standortnachricht im Notfall durch einfaches Antippen bekommen, ohne dass Sie extra noch Kontakte auszuwählen brauchen. Über das Menü können Sie auch den Notfallmodus wieder ausschalten und zum Normalmodus zurückkehren.

## SOS-Nachrichten

Wenn Sie in den *Einstellungen* unter *Erweiterte Funktionen* die Option *SOS-Nachrichten senden* aktivieren, können Sie, indem Sie schnell dreimal hintereinander auf den Ein-/Ausschalter drücken, automatisch einen Hilferuf an wichtige Kontaktpersonen senden.

Dies funktioniert im normalen Modus des Samsung Galaxy S10. Dazu muss nicht eigens der Notfallmodus aktiviert sein. Diese Hilfenachricht kann auch Bild- und Tonaufnahmen enthalten, die automatisch kurz vor dem Versenden mit beiden Kameras aufgenommen werden. Die Nachricht wird als MMS gesendet, da dies auch ohne Internetverbindung über einfaches Mobilfunknetz möglich ist und MMS bei nicht ausreichendem Mobilfunknetz so lange wiederholt werden, bis sie erfolgreich übermittelt werden konnten.

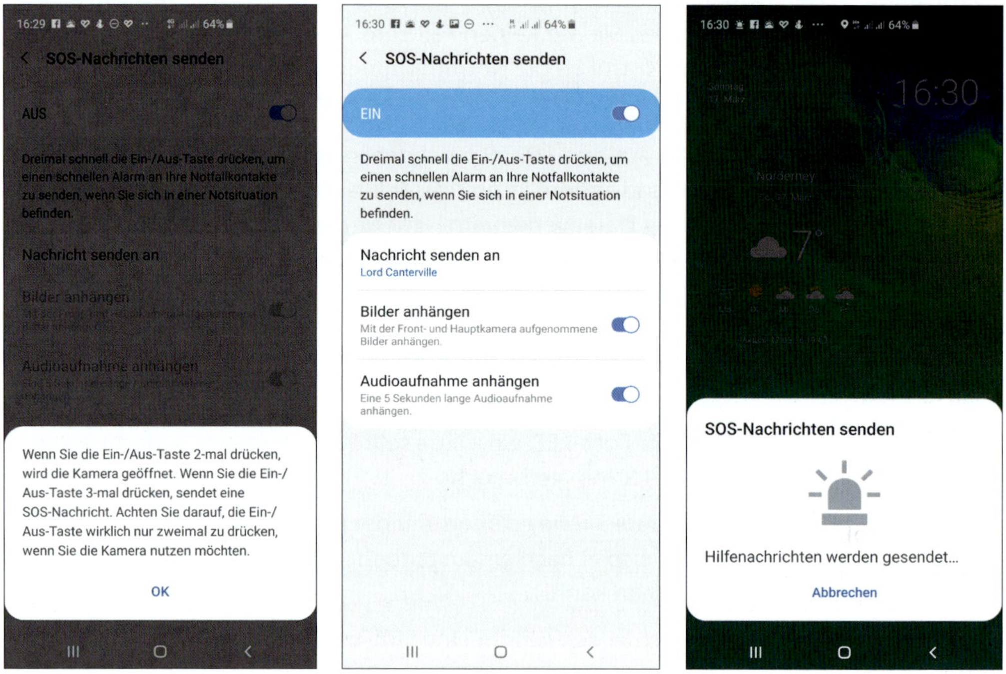


*Einstellungen für SOS-Nachrichten.*

Die SOS-Nachrichten sind kein Ersatz für einen Notruf an eine Notrufzentrale. Sie dienen nur dazu, eine vertraute Person über die eigene Notlage zu informieren. Diese Person kann dann weitere Hilfsmaßnahmen einleiten.

In diesem Sinne viel Spaß mit dem Samsung Galaxy S10 und dass Sie Notfallmodus und SOS-Nachrichten nie wirklich brauchen werden!

Christian Immler und das Markt+Technik Team

# Stichwortverzeichnis

## T

## Y



## Z